eXamen.press

eXamen.press ist eine Reihe, die Theorie und Praxis aus allen Bereichen der Informatik für die Hochschulausbildung vermittelt.

Günter Kemnitz

Test und Verlässlichkeit von Rechnern

Mit 244 Abbildungen

 Springer

Günter Kemnitz
Institut für Informatik
Technische Universität Clausthal
Julius-Albert-Str. 4
38678 Clausthal-Zellerfeld
kemnitz@in.tu-clausthal.de

Bibliografische Information der Deutschen Nationalbibliothek
Die Deutsche Nationalbibliothek verzeichnet diese Publikation in der Deutschen
Nationalbibliografie; detaillierte bibliografische Daten sind im Internet über
http://dnb.d-nb.de abrufbar.

ISSN 1614-5216
ISBN 978-3-540-45963-7   Springer Berlin Heidelberg New York

Springer ist ein Unternehmen von Springer Science+Business Media
springer.de

Satz: Druckfertige Daten des Autors
Herstellung: LE-TeX, Jelonek, Schmidt & Vöckler GbR, Leipzig
Umschlaggestaltung: KünkelLopka Werbeagentur, Heidelberg
Gedruckt auf säurefreiem Papier   33/3100 YL – 5 4 3 2 1 0

Ich danke allen, die bei der Entstehung des Buches mitgeholfen haben, insbesondere R. Kärger, C. Giesemann, D. Jantz und R. Ebelt.

Vorwort

Auf einen Rechner – ein informationsverarbeitendes System aus Hardware und Software – sollte Verlass sein. Das ist eine Anforderung, die in der Praxis oft nur mit sehr großem Aufwand oder in unbefriedigendem Maße zu erfüllen ist.

In dem Buch geht es um den Test von Rechnern und den Einfluss der Tests auf die Verlässlichkeit. Rechner sind informationsverarbeitende Systeme, die nicht vollkommen sind. Sie enthalten Fehler, unterliegen Störungen und manchmal fallen sogar Komponenten aus. Die Fehler sind natürlich nicht bekannt. Sonst wären sie beseitigt. Genauso wenig sind Störungen und Ausfälle als Einzelereignisse vorhersagbar. Aber über die zu erwartende Anzahl der Fehler, die Häufigkeit der Fehlfunktionen etc. gibt es nicht nur Möglichkeiten der Vorhersage, sondern auf diese Größen kann auch gezielt Einfluss genommen werden.

Welche Rolle spielt dabei der Test?

Fehler haben ihre Entstehungsursache. Das sind ganz allgemein Fehler und Störungen im Entstehungsprozess. Ein Entstehungsprozess kann ein Entwurfsprozess oder ein Fertigungsprozess sein. Des Weiteren haben Fehler eine Wirkung. Das sind die Fehlfunktionen, die die Verlässlichkeit, insbesondere die Zuverlässigkeit des Systems beeinträchtigen. Die Sicherung der Verlässlichkeit erstreckt sich deshalb über drei Ebenen. Sie beginnt mit der Unterbindung der Fehlerentstehung, d. h. mit der Fehlerbeseitigung in den Entstehungsprozessen und der Minderung ihrer Störanfälligkeit. Die zweite Ebene ist die Beseitigung der Fehler selbst und die Minderung der Störanfälligkeit der Systeme. Die letzte Ebene ist die Reaktion auf erkannte Fehlfunktionen, um die Fehlerwirkungen und den entstehenden Schaden zu begrenzen. Das prinzipielle Vorgehen ist auf allen drei Ebenen gleich. Zuerst müssen die Probleme, die es zu beseitigen gilt, gefunden oder erkannt werden. Das ist die Aufgabe der Tests und der Überwachung. Die anschließende Beseitigung ist eine Iteration, bei der solange versucht wird, die erkannten Probleme zu beseitigen, bis diese nicht mehr nachzuweisen sind.

Kein Test und keine Kontrolle ist perfekt. Es rutschen immer Fehler und Fehlfunktionen durch, und diese bestimmen letztendlich die Verlässlichkeit. Genau wegen dieser Filterwirkung in den Problembeseitigungsprozessen kommt der Testgüte eine Schlüsselrolle zu. Damit soll keineswegs die Bedeutung fehlerarmer Fertigungs- und Entwurfsprozesse, guter Reparaturtechnologien und eingebauter Fehlerbehandlungsfunktionen bis hin zur Fehlertoleranz herabgewürdigt werden, die auch alle einen wichtigen Beitrag zur Sicherung der Verlässlichkeit eines Systems leisten.

Im ersten Kapitel des Buches werden die Größen, Modelle und Verfahren für die Beschreibung und Sicherung der Verlässlichkeit eingeführt. Großer Wert wurde auf abschätzbare Kenngrößen und anschauliche Experimente für ihre Abschätzung gelegt. Im zweiten Kapitel werden die statistischen Zusammenhänge und Gesetzmäßigkeiten zwischen der Verlässlichkeit eines Systems und den Maßnahmen, die für ihre Sicherung eingesetzt werden, aufgezeigt. Im dritten Kapitel wird es konkreter. Hier geht es nur noch um die Auswahl und die Bewertung der Güte der Testsätze. Behandelt werden die Fehlermodellierung, die Fehlersimulation etc. bis hin zum prüfgerechten Entwurf. Die Lösung, um eine hohe Verlässlichkeit zu erzielen, ist in erster Linie, so banal wie es klingen mag, ausreichend lange zu testen, bei Bedarf Stunden, Tage oder Wochen. Die Barriere, warum das oft nicht möglich ist, sind die Kosten. Der zukunftsweisende Weg, um die Kosten in Grenzen zu halten, ist der Selbsttest. Im abschließenden Kapitel werden deshalb die Konstruktionsprinzipien für Systeme, die sich selbst testen können, vorgestellt.

Test und Verlässlichkeit ist ein spannendes Gebiet, vor allem der praktische Teil, nicht immer schön, aber auf jeden Fall voller Überraschungen. Der Umgang mit den Unvollkommenheiten und den Unwägbarkeiten der Systeme ist das größte Betätigungsfeld in der gesamten IT-Branche. Mit der ständig wachsenden Komplexität der Systeme steigt der Bedarf an Spezialisten für alles, was mit der Qualitätssicherung, dem Umgang mit Rechnerproblemen, dem Test und der Verlässlichkeit zu tun hat. Leider wird an den deutschen Hochschulen bisher wenig darüber gelehrt. Das vorliegende Buch soll helfen, diese Lücke zu schließen.

Das Buch richtet sich an Studierende der Fachrichtungen Informatik und Informationstechnik in höheren Semestern, die über Grundkenntnisse der Funktionsweise und des Entwurfs von Hard- und Software sowie über Grundkenntnisse der Stochastik verfügen. Praktiker aus den Bereichen Entwicklung, Test und Qualitätssicherung werden in dem Buch zahlreiche interessante Anregungen finden.

Auch wenn das Buch viele gute Ratschläge für die Fehlervermeidung, die Fehlersuche und die Fehlerbeseitigung enthält, ist es selbst wie jedes andere Buch nicht fehlerfrei. Auf technix.in.tu-clausthal.de/tv befindet sich eine Web-

Seite mit Ergänzungen zu diesem Buch, über die Sie mich auch erreichen können. Über Hinweise, Fragen und Anregungen würde ich mich freuen.

Clausthal-Zellerfeld,   *Günter Kemnitz*
März 2007

Inhaltsverzeichnis

1

Test und Verlässlichkeit von Rechnern

Die rechnergestützte Verarbeitung von Informationen ist der Innovationsmotor der gegenwärtigen wissenschaftlichen und technischen Entwicklung. Rechner werden heute in den unterschiedlichsten Bereichen eingesetzt:

- am Arbeitsplatz
- als Mikrocontroller in Haushaltgeräten, in Mobiltelefonen, in Fahrzeugen, in medizinischen Geräten
- in Informationssystemen, Verwaltungen, Banken und Betrieben
- als Steuerrechner von Produktions- und Transportsystemen
- als Rechner in sicherheitskritischen Anwendungen wie Atomkraftwerken und Waffensystemen.

In jeder dieser Anwendungen wird erwartet, dass der Rechner korrekt arbeitet, was aber nicht immer der Fall ist. Ein Rechner kann plötzlich ein einzelnes falsches Ergebnis oder eine Folge von falschen Ergebnissen liefern. Programme stürzen gelegentlich ab oder die Hardware fällt aus, so dass der Rechner überhaupt keine Ergebnisse mehr liefert. Das nachfolgend geschilderte Ereignis illustriert deutlich, dass bereits ein einzelnes falsches Ergebnis erheblichen Schaden verursachen kann:

> Am 3. Juni 1980 meldete ein Rechner des nordamerikanischen Luft-verteidigungszentrums den Anflug sowjetischer Nuklearraketen. Sofort wurden Vergeltungsmaßnahmen vorbereitet. Eine Überprüfung der Daten von Radarstationen und Satelliten konnte den Angriff nicht bestätigen, so dass der Start amerikanischer Raketen mit Nuklearsprengköpfen in letzter Minute gestoppt wurde.

Urheber der nahen Katastrophe war ein defekter Schaltkreis in einem Rechner [56].

1.1 Begriffe und Grundzusammenhänge

1.1.1 Verlässlichkeit, Zuverlässigkeit, Verfügbarkeit und Sicherheit

Definition 1.1 (Verlässlichkeit) *Verlässlichkeit (engl. dependability) ist ein Tupel $(Z, V, Z_\dagger)$ der Systemeigenschaften Zuverlässigkeit, Verfügbarkeit und Sicherheit, das beschreibt, in welchem Umfang das Vertrauen, das der Anwender in das System setzt, gerechtfertigt ist.*

Definition 1.2 (Zuverlässigkeit) *Die Zuverlässigkeit[1] Z eines Systems ist die Zeit, die das System im Mittel zwischen zwei Fehlfunktionen korrekt arbeitet. Eine Fehlfunktion ist entweder eine einzelne falsche Ausgabe oder eine durch einen Zustandsfehler verursachte Folge von Ausgabefehlern.*

Definition 1.3 (funktionsfähig) *Ein System ist funktionsfähig, wenn es eine Mindestzuverlässigkeit Z_{min} besitzt.*

Definition 1.4 (Ausfall) *Ein Ausfall ist ein (zufälliges) Ereignis, bei dem ein System die Eigenschaft, funktionsfähig zu sein, verliert.*

Definition 1.5 (Verfügbarkeit) *Die Verfügbarkeit V eines Systems (engl. availability) ist die Wahrscheinlichkeit, dass es zu einem gegebenen Zeitpunkt in der Lage ist, die Aufgaben, für die es spezifiziert ist, zu erfüllen. Dazu zählt, dass es funktionsfähig ist und sich in einem zulässigen Zustand befindet.*

Definition 1.6 (Sicherheit) *Die Sicherheit eines Systems ist die mittlere Zeit zwischen zwei Fehlfunktionen mit katastrophalen Auswirkungen.*

Definition 1.7 (Risikoanalyse) *Eine Risikoanalyse ist eine Zusammenstellung aller denkbaren Katastrophenszenarien, die ein System in seiner Anwendungsumgebung verursachen kann, und der kausalen Ketten für die Katastrophenentstehung.*

Testen ist teuer. Weit mehr als die Hälfte der Entwicklungskosten für Hard- und Software entfällt erfahrungsgemäß auf den Test, die Inbetriebnahme und die Fehlerbeseitigung. Auch bei der Hardwarefertigung entfällt ein erheblicher Teil der Kosten auf den Test. Welcher Nutzen rechtfertigt so hohe Kosten?

Das Testen ist eine der Grundvoraussetzungen dafür, dass ein System benutzbar ist. Quantitativ bildet sich der Aufwand für das Testen auf die Produkteigenschaft Verlässlichkeit ab. Die Verlässlichkeit wird durch drei Kennwerte beschrieben: Zuverlässigkeit, Verfügbarkeit und Sicherheit.

---

[1] Zuverlässigkeit ist nach DIN 40042 die Fähigkeit eines Systems, innerhalb der vorgegebenen Grenzen alle Anforderungen zu erfüllen, die an es gestellt werden [16]. Nach dieser Definition wären nur Systeme mit $Z \to \infty$ zuverlässig. Da es solche informationsverarbeitenden Systeme in der Praxis nicht gibt, wurde die Zuverlässigkeitsdefinition hier im Buch geändert.

Zuverlässigkeit

Die Zuverlässigkeit eines Systems ist die mittlere Betriebsdauer zwischen zwei Fehlfunktionen. Eine Fehlfunktion ist entweder eine einzelne falsche Ausgabe oder eine Folge von Ausgabefehlern, verursacht durch einen Zustandsfehler. Sie ergibt sich abschätzungsweise aus dem Verhältnis eines hinreichend langen Beobachtungszeitraums t_B, in dem sich mehrere Fehlfunktionen ereignet haben, zur Anzahl der beobachteten Fehlfunktionen $\varphi_\triangleright$:

$$Z \approx \frac{t_B}{\varphi_\triangleright} \qquad (1.1)$$

Die Zuverlässigkeit ändert sich im Laufe des Lebens eines Systems. Ein neues, ungetestetes System hat meist eine geringe Zuverlässigkeit. Es liefert keine oder fast keine richtigen Ausgaben und muss einer aufwändigen Iteration aus Test und Fehlerbeseitigung unterzogen werden. In dieser Iteration nimmt die Fehleranzahl ab und die Zuverlässigkeit zu. Ab einer Mindestzuverlässigkeit

$$Z \geq Z_{\min} \qquad (1.2)$$

ist ein System funktionsfähig und wird für seinen Bestimmungszweck eingesetzt. Die im Einsatz auftretenden Fehlfunktionen stören natürlich. Der Anwender sucht naturgemäß nach Möglichkeiten, diese zu vermeiden. Entweder er vermeidet künftig Eingaben und Systemzustände, bei denen Probleme auftreten, oder er wendet sich an den Hersteller mit der Bitte, die Probleme zu beseitigen. Mit jeder Eingabebeschränkung und mit jedem beseitigten Fehler nimmt die Zuverlässigkeit zu. Das System reift.

Die Hardware unterliegt einem Verschleiß. Es kann plötzlich passieren, dass im System ein neuer Fehler entsteht, so dass die Zuverlässigkeit sprunghaft abnimmt. Wenn die Zuverlässigkeit dabei ihren Mindestwert $Z_{\min}$ unterschreitet, spricht man von einem Ausfall. Nach einem Ausfall muss das System ersetzt oder repariert werden, bevor es wieder für seinen Bestimmungszweck eingesetzt werden kann.

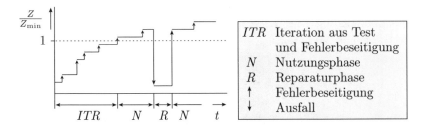

Abb. 1.1. Die Zuverlässigkeit eines informationsverarbeitenden Systems

Die Zuverlässigkeit eines Systems lässt sich in Teilzuverlässigkeiten auf-spalten. Dazu werden die Fehlfunktionen in Klassen eingeteilt. Die Klassifikation kann wahlweise nach dem Entstehungsort, der Größe des Schadens, der Ursache, den Maßnahmen, wie auf die Fehlfunktion zu reagieren ist, oder der Wirkungsdauer der Fehlfunktion erfolgen. Die Klassifikation nach der Wirkungsdauer unterscheidet insbesondere einzelne verfälschte Ausgaben, Folgen verfälschter Ausgaben und Systemabstürze, bei denen das System bis zur nächsten Neuinitialisierung überhaupt keine sinnvollen Ausgaben mehr liefert.

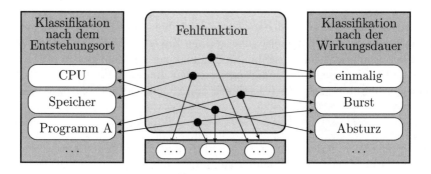

Abb. 1.2. Klassifikationsmöglichkeiten für Fehlfunktionen

Bei einer eindeutigen (nicht überlappenden) Zuordnung der Fehlfunktionen zu Fehlfunktionsklassen ist die Gesamtanzahl der Fehlfunktionen gleich der Summe der Anzahl der Fehlfunktionen der einzelnen Klassen:

$$\varphi_\triangleright = \sum_{i=1}^{N_{\mathrm{FK}}} \varphi_{\triangleright i} \qquad (1.3)$$

(N_{FK} – Anzahl der Fehlfunktionsklassen; $\varphi_\triangleright$ – Gesamtanzahl der Fehlfunktionen; $\varphi_{\triangleright i}$ – Anzahl der Fehlfunktionen der Klasse i). Die Zuverlässigkeit verhält sich umgekehrt proportional zur Anzahl der Fehlfunktionen. Bei der Zusammenfassung der Teilzuverlässigkeiten zur Gesamtzuverlässigkeit sind folglich die Reziproken zu addieren:

$$Z^{-1} = \sum_{i=1}^{N_{\mathrm{FK}}} Z_i^{-1} \qquad (1.4)$$

(Z_i – Teilzuverlässigkeit bezüglich einer Fehlfunktionsklasse i).

Zuverlässigkeitsverbessernde Maßnahmen bewirken, dass ein Teil der Fehlfunktionen, die ohne sie auftreten würden, nicht mehr auftritt. Sie verringern die Anzahl der Fehlfunktionen und werden entweder durch Vergrößerungsfaktoren oder negative Teilzuverlässigkeiten beschrieben.

Verfügbarkeit

Die Verfügbarkeit ist die Wahrscheinlichkeit, dass ein System in der Lage ist, seine Aufgaben zu erfüllen. Mögliche Gründe für eine Nichtverfügbarkeit sind:

- Das System befindet sich in einem unzulässigen Betriebszustand und muss neu initialisiert werden.
- Ein unentbehrliches Teilsystem ist ausgefallen und muss repariert oder ersetzt werden.

Die fehlerhaften Betriebszustände und Ausfallmöglichkeiten können ihrerseits in Klassen unterteilt werden, z. B. nach den Maßnahmen, die für die System-wiederbelebung erforderlich sind. Jeder Aspekt potenzieller Nichtverfügbar-keit wird durch eine Teilverfügbarkeit beschrieben:

$V_{\blacktriangledown.i}$ Teilverfügbarkeit in Bezug auf den Zustandsfehler i (1 minus der Wahr-scheinlichkeit, dass sich das System in einem Fehlerzustand i befindet und sich davon noch nicht wieder erholt hat)

$V_{\blacklozenge.i}$ Teilverfügbarkeit in Bezug auf die Ausfallmöglichkeit i (1 minus der Wahrscheinlichkeit, dass ein Teilsystem i ausgefallen und noch nicht re-pariert oder ersetzt ist).

Das Gesamtsystem ist verfügbar, wenn es keinen Grund für eine Nichtver-fügbarkeit gibt. In einem System ohne Strukturredundanz[2] und ohne Abhän-gigkeiten zwischen den möglichen Ursachen einer Nichtverfügbarkeit, ist die Gesamtverfügbarkeit eines Systems das Produkt aller Teilverfügbarkeiten:

$$V = \prod_{i=1}^{N_{\blacktriangledown}} V_{\blacktriangledown.i} \cdot \prod_{i=1}^{N_{\blacklozenge}} V_{\blacklozenge.i} \qquad (1.5)$$

($N_{\blacktriangledown}$ – Anzahl der zu unterscheidenden Zustandsfehler; $N_{\blacklozenge}$ – Anzahl der zu un-terscheidenden Ausfallmöglichkeiten). Die folgende Beispielrechnung soll die Größenordnung der Verfügbarkeit eines Rechners illustrieren.

Beispiel 1.1: *Die Anzahl der Rechnerkomponenten, die unabhängig voneinander ausfallen können, betrage $N_{\blacklozenge} = 10$. Die ausfallbezogene Verfügbarkeit je Komponente sei $V_{\blacklozenge.i} = 1 - 10^{-5}$. Die Wahrscheinlichkeit, dass das System zum Betrachtungszeit-punkt abgestürzt und noch nicht wieder neu gestartet ist, sei 10^{-3} und die Wahr-scheinlichkeit, dass das System nicht betriebsbereit ist, weil es gerade eine Daten-bankinkonsistenz beseitigt, sei gleichfalls 10^{-3}. Wie groß ist die Gesamtverfügbarkeit unter der Annahme, dass zwischen den betrachteten Gründen der Nichtverfügbarkeit keine Abhängigkeiten bestehen?*

Die Teilverfügbarkeiten in Bezug auf Zustandsfehler betragen in beiden Fällen:

---

[2] Systeme mit Strukturredundanz enthalten Ersatzkomponenten, die die Aufgaben nicht verfügbarer Hauptkomponenten übernehmen (siehe später Abschnitt 2.7.4).

$$V_{\blacktriangledown.i} = 1 - 10^{-3}$$

Die ausfallbezogenen Teilverfügbarkeiten sind direkt vorgegeben. Die Gesamtverfügbarkeit nach Gl. 1.5

$$V = \prod_{i=1}^{2} V_{\blacktriangledown.i} \cdot \prod_{i=1}^{10} V_{\blacklozenge.i}$$

$$= \left(1 - 10^{-3}\right)^{2} \cdot \left(1 - 10^{-5}\right)^{10}$$

ist etwa 1 abzüglich der Summe der einzelnen Wahrscheinlichkeiten der Nichtverfügbarkeit:

$$V \approx 1 - \left(2 \cdot 10^{-3} + 10 \cdot 10^{-5}\right) = 99{,}79\%$$

Sie wird hauptsächlich von den kleineren Teilverfügbarkeiten bestimmt, im Beispiel von den beiden potenziellen Zustandsfehlern.

Ein normaler Rechner besitzt eine Verfügbarkeit von weit über 99%.

Sicherheit

Potenzielle Ausgabefehler mit katastrophalen Folgen:

- Gefahr für das Leben und die Gesundheit von Menschen
- große materielle Schäden

müssen bei der Bewertung der Verlässlichkeit eines Systems gesondert berücksichtigt werden. Die Sicherheit $Z_\dagger$ ist eine Teilzuverlässigkeit eines Systems, und zwar die Teilzuverlässigkeit bezüglich der Fehlfunktionen mit katastrophalen Folgen. Sie gibt die mittlere Zeit zwischen zwei Katastrophen an. Die Maßeinheit ist Jahre. Zur Katastrophenvermeidung sollte die Nutzungsdauer eines Systems immer viel kürzer als seine Sicherheit sein. Auch die Sicherheit selbst kann in Teilsicherheiten aufgeteilt werden. Die Klassifizierung kann nach der Art der Katastrophe oder den Maßnahmen, die zu ihrer Vermeidung ergriffen werden, erfolgen. Analog zur Zusammenfassung von Teilzuverlässigkeiten ist bei einer eindeutigen Zuordnung von Katastrophen zu Katastrophenklassen das Reziproke der Gesamtsicherheit gleich der Summe der Reziproken der Teilsicherheiten:

$$Z_\dagger^{-1} = \sum_{i=1}^{N_\dagger} Z_{\dagger i}^{-1} \tag{1.6}$$

($N_\dagger$ – Anzahl der zu unterscheidenden Katastrophenklassen).

Für die Abschätzung der Mindestsicherheit eines Systems wird ein Bezugssystem benötigt. Bei einer Gefahr für Leben und Gesundheit von Menschen, wie sie z. B. von Transportsystemen und von medizinischen Geräten ausgeht, ist das Bezugssystem der Mensch. Ein Mensch hat im technischen Sinne eine Sicherheit gegenüber Todesfällen in der Größenordnung von

$$Z_{\dagger B} \approx 10^2 \frac{\text{Jahre}}{\text{Todesfall}} \tag{1.7}$$

($Z_{\dagger B}$ – Sicherheit des Bezugssystems). Die technischen Systeme dienen zum einen zur Verbesserung der Sicherheit. Sie verhindern Todesfälle, die ohne sie eintreten würden. Ein Airbag verhindert z. B. tödliche Verletzungen bei Autounfällen. Die Sicherheitserhöhung $Z_{\dagger\uparrow}$ ist eine negative Teilsicherheit. Zum andern besitzt jedes technische System selbst eine endliche Sicherheit:

$$Z_{\dagger T} < \infty$$

Ein Airbag, der durch eine Funktionsstörung falsch auslöst, stellt z. B. ein Unfallrisiko mit potenziell katastrophalen Folgen dar. Die Gesamtsicherheit beträgt:

$$Z_{\dagger}^{-1} = Z_{\dagger B}^{-1} + Z_{\dagger\uparrow}^{-1} + Z_{\dagger T}^{-1} \tag{1.8}$$

Sie soll durch den Technikeinsatz verbessert werden:

$$Z_{\dagger} > Z_{\dagger B} \tag{1.9}$$

Daraus folgt, dass die Sicherheit eines technischen Systems mindestens so groß sein muss wie der Betrag der Sicherheitserhöhung:

$$Z_{\dagger T} \geq -Z_{\dagger\uparrow} \tag{1.10}$$

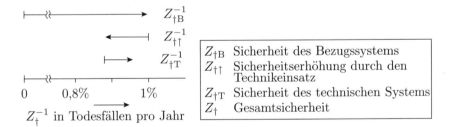

	$Z_{\dagger B}$	Sicherheit des Bezugssystems
	$Z_{\dagger\uparrow}$	Sicherheitserhöhung durch den Technikeinsatz
	$Z_{\dagger T}$	Sicherheit des technischen Systems
	$Z_{\dagger}$	Gesamtsicherheit

Abb. 1.3. Abschätzung der Mindestsicherheit für ein technisches System

Schwierig wird die Festlegung der Mindestsicherheit, wenn das technische System nur in der Lage ist, zusätzliche Katastrophen zu verursachen. Denn dann verschlechtert sich die Gesamtsicherheit in jedem Fall. Hier gilt, dass die Systemsicherheit des technischen Systems um Zehnerpotenzen über der Sicherheit des Bezugssystems liegen muss:

$$Z_{\dagger T} \gg Z_{\dagger B}$$

Das führt zu schwer zu gewährleistenden Sicherheitsanforderungen in der Größenordnung von Tausenden von Jahren.

Die Abschätzung der Sicherheit eines Systems beginnt mit einer Risikoanalyse. Eine Risikoanalyse beinhaltet:

- die Zusammenstellung aller denkbaren Katastrophenszenarien
- die Zusammenstellung aller kausalen Verkettungen, die zu den unterschiedlichen Katastrophen führen können
- die Aufstellung eines Wahrscheinlichkeitsmodells für jede dieser Verkettungen.

Die Schwierigkeit besteht darin, wirklich *alle* potenziellen Katastrophenszenarien korrekt vorherzusagen, die Kausalitäten, die zu den potenziellen Katastrophen führen können, hinreichend genau zu modellieren und eine Garantie für die geschätzte Sicherheit zu geben.

Hinsichtlich der Auslöser und der Gegenmaßnahmen für Katastrophen wird zwischen Betriebssicherheit und Zugangssicherheit unterschieden. Die Betriebssicherheit (engl. safety) berücksichtigt Katastrophen, die unbeabsichtigt entstehen. Auslöser solcher Katastrophen können nicht erkannte Systemfehler, Systemausfälle, Störungen, Fehlbedienungen und Naturereignisse sein.

In sicherheitskritischen Anwendungen stellt auch die Boshaftigkeit des Menschen ein erhebliches Risiko dar (terroristische Aktivitäten, Computerkriminalität, Viren, logische Bomben etc.). Rechner schützen sich dagegen vor allem mit Zugangsbeschränkungen. Moderne kryptographische Verfahren garantieren Zugangssicherheiten von Hunderten oder Tausenden von Jahren bis zum ersten erfolgreichen Angriff gegenüber den bekannten Angriffsarten. Problematisch sind die unbekannten Sicherheitslücken, Hintertüren und Trojaner, die das Zugangskontrollsystem umgehen. Auch die Schaffung von Zugangssicherheit ist ein Kampf gegen das Unbekannte.

1.1.2 Rechner und die Gefahren für ihre Verlässlichkeit

Definition 1.8 (Eingabe) *Die Eingabe X eines Systems ist das Tupel aller Eingabedaten, die die Systemausgabe und/oder den Folgezustand in einem Abbildungsschritt beeinflussen.*

Definition 1.9 (Ausgabe) *Die Ausgabe Y ist das Tupel aller Daten, die das System in einem Abbildungsschritt ausgibt.*

Definition 1.10 (Zustand) *Der Zustand S ist das Tupel aller im System gespeicherten Daten.*

Definition 1.11 (System) *Ein System ist in diesem Buch ein informationsverarbeitendes System, das seine Eingaben und seinen Zustand in jedem Abbildungsschritt im fehlerfreien Fall über eine Funktion f auf seine Ausgabe und seinen Folgezustand abbildet.*

Definition 1.12 (kombinatorisches System) *Ein kombinatorisches System, kurz Kombinatorik, ist ein System ohne Zustandsspeicher, das eine direkte Abbildung der Eingabe auf die Ausgabe realisiert.*

Definition 1.13 (Signal) *Ein Signal ist der zeitliche Werteverlauf einer physikalischen Größe, der zur Darstellung von Information verwendet wird [76].*

Definition 1.14 (Datenfehler) *Ein Datenfehler (engl. error) ist eine wesentliche Abweichung des Wertes eines Datenobjekts oder eines Signalwertes von seinem Soll-Wert oder von allen zulässigen Werten.*

Definition 1.15 (Ausgabefehler) *Ein Ausgabefehler ist ein Datenfehler der Ausgabe.*

Definition 1.16 (Zustandsfehler) *Ein Zustandsfehler ist ein Datenfehler des gespeicherten Zustands. Ein nachweisbarer Zustandsfehler ist ein Zustandsfehler, der sich in nachfolgenden Abbildungsschritten auf einen einzelnen Ausgabefehler oder auf eine Folge von Ausgabefehlern abbildet.*

Definition 1.17 (Fehlfunktion) *Eine Fehlfunktion ist entweder ein Ausgabefehler oder ein nachweisbarer Zustandsfehler. Eine Folge von Ausgabefehlern, die denselben Zustandsfehler als Ursachen haben, wird als eine einzelne Fehlfunktion gezählt.*

Definition 1.18 (Absturz) *Der Absturz eines Systems ist ein Zustandsfehler, bei dem das System in einen fehlerhaften Zustand übergeht, den es nicht selbstständig wieder verlassen kann und in dem es bis zur Neuinitialisierung falsche oder keine Ausgaben produziert.*

Definition 1.19 (Neuinitialisierung) *Eine Neuinitialisierung ist eine Wiederherstellung eines zulässigen Systemzustands nach einem Absturz.*

Definition 1.20 (Störung) *Eine Störung ist ein lokaler Datenfehler, verursacht durch (zufällige) Fremdeinflüsse, der sich für bestimmte Variationen der Eingabe und des Zustands auf eine Fehlfunktion abbildet.*

Definition 1.21 (beständiges Fehlverhalten) *Ein beständiges Fehlverhalten ist eine Veränderung der Abbildungsfunktion, die mit einer bestimmten Menge von Eingaben und Zuständen nachgewiesen werden kann und die bei einer Wiederholung des Tests vom selben Anfangszustand mit derselben Eingabefolge die Ausgabe immer in derselben Weise verändert.*

Definition 1.22 (Fehler) *Ein (beständiger) Fehler (engl. fault) ist eine Veränderung der Systemfunktion, die ein beständiges Fehlverhalten verursacht.*

Definition 1.23 (unbeständiger Fehler) *Ein unbeständiger Fehler ist eine Veränderung der Systemfunktion, die eine Erhöhung der Störanfälligkeit und ein unbeständiges Fehlverhalten verursacht.*

Definition 1.24 (Nachweismenge) *Die Nachweismenge $\mathbf{T}_{\diamond i}$ für einen Fehler i ist die Menge aller Variationen der Eingabe und des Zustands, bei denen der Fehler eine Fehlfunktion verursacht.*

Definition 1.25 (Struktur) *Die Struktur eines Systems beschreibt seine Zusammensetzung aus Teilsystemen.*

Definition 1.26 (Fehleranregung) *Ein Fehler ist angeregt, wenn er einen lokalen Datenfehler verursacht.*

Definition 1.27 (Beobachtungspfad) *Ein Beobachtungspfad ist ein Informationspfad, entlang dem sich ein durch einen Fehler oder eine Störung verursachter lokaler Datenfehler im System ausbreitet.*

Ein Rechner als programmierte Maschine aus Hard- und Software ist ein hierarchisches System (Abbildung 1.4). Die oberste Ebene der Funktionalität bilden die Programme. Programme bestehen aus Programmbausteinen, Programmbausteine aus Befehlen. Die Rechnerhardware, die die Befehle ausführt, setzt sich aus Baugruppen zusammen. Baugruppen bestehen aus Bauteilen, überwiegend aus Schaltkreisen. Die kleinsten informationsverarbeitenden Bausteine sind die logischen Gatter der Hardware.

| Gatter | Funktions-blöcke | Schaltkreise | Baugruppen | Geräte | | Programme |

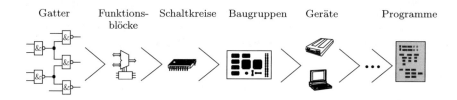

Abb. 1.4. Rechner als hierarchisches System

Im Weiteren werden wir uns in der Hierarchie eines Rechners auf unterschiedlichen Ebenen bewegen. Der Betrachtungsgegenstand ist wahlweise ein Gatter, eine digitale Schaltung aus mehreren Gattern etc. bis zum kompletten programmierten Rechner. Ein allgemeines Funktionsmodell für ein informationsverarbeitendes System, sei es Hardware oder Software, ist ein endlicher Automat mit der Abbildungsfunktion

$$Y_n, S_n = f(X_n, S_{n-1}) \tag{1.11}$$

($X \in \mathbf{X}$ – Eingabe; $Y \in \mathbf{Y}$ – Ausgabe; $S \in \mathbf{S}$ – Zustand; f – Soll-Funktion; $\mathbf{X}$ – Eingaberaum; $\mathbf{Y}$ – Ausgaberaum; $\mathbf{S}$ – Zustandsraum, n – Abbildungsschritt). Ausgehend von einem Anfangszustand S_0 bildet es eine Eingabefolge $X^* = \langle X_1, X_2, \ldots \rangle$ auf eine Ausgabefolge $Y^* = \langle Y_1, Y_2, \ldots \rangle$ ab. Ein häufig betrachteter Sonderfall ist ein kombinatorisches System. Ein kombinatorisches System ist ein System ohne Speicher, das eine direkte Abbildung der Eingabe auf die Ausgabe realisiert:

$$Y = f(X) \tag{1.12}$$

Zur Modellierung der Verlässlichkeitsaspekte werden in dieses Modell die Gefahren für die Verlässlichkeit, die die korrekte Arbeit des Systems beeinträchtigen können, einbezogen:

- Fehler
- Störungen
- Datenfehler.

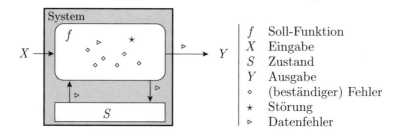

f	Soll-Funktion
X	Eingabe
S	Zustand
Y	Ausgabe
$\diamond$	(beständiger) Fehler
$\star$	Störung
$\triangleright$	Datenfehler

Abb. 1.5. Funktionsmodell eines informationsverarbeitenden Systems

Datenfehler

Ein Datenfehler (engl. error) ist eine wesentliche Abweichung des Wertes eines Datenobjekts oder eines Signalwertes von seinem Soll-Wert. Ab wann eine Abweichung als wesentlich gilt, ist in gewissen Grenzen eine Ermessensfrage. Ausgabefehler sind Datenfehler der Ausgabe. Nur sie beeinträchtigen die Zuverlässigkeit. Zustandsfehler sind Datenfehler des Zustands. Sie bilden sich meist mit einer gewissen Zeitverzögerung auch auf Ausgabefehler ab, zum Teil auch auf ganze Folgen von Ausgabefehlern. Eine Teilmenge der Zustandsfehler bewirkt, dass das System nicht mehr von selbst in einen zulässigen Zustand übergeht und entsprechend auch keine verwertbaren Ausgaben mehr liefert. Dieser Zustandsfehlertyp wird als Systemabsturz bezeichnet. Der Oberbegriff für Ausgabefehler, Zustandsfehler, die Ausgabefehler verursachen (eingeschlossen Systemabstürze), ist Fehlfunktion. Für die Modellierung der Zuverlässigkeit sei vereinbart, dass ein Zustandsfehler, der eine Folge von Ausgabefehlern verursacht, und auch ein Absturz nur als eine Fehlfunktion zählt.

Störungen

Eine Störung ist ein lokaler Datenfehler, verursacht durch Fremdeinflüsse, der für bestimmte Variationen der Eingabe und des Zustands zu einer Fehlfunktion führt. Zu den potenziellen Fremdeinflüssen auf das Verhalten der Rechnerhardware zählen Temperatur, Spannungsspitzen, elektrische und magnetische Felder und hochenergetische Strahlung. Störungsbedingte Datenfehler treten selten auf. Das zeitgleiche Auftreten einer bestimmten Störung und eines Tupels aus Eingabe und Zustand, das den verursachten lokalen Datenfehler auf eine Fehlfunktion abbildet, ist ein äußerst seltenes Ereignis. Eine Fehlfunktion, verursacht durch eine Störung, tritt praktisch nie ein zweites Mal in derselben Weise auf.

Auch Software unterliegt Fremdeinflüssen. Das sind die Daten anderer Prozesse auf dem Rechner, Initialwerte im Speicher und die Ressourcenverfügbarkeit. Idealerweise sollte ein Programm so entworfen sein, dass es gegenüber allen potenziellen Störquellen robust ist. In der Praxis zeigen Programme jedoch oft das für Störungen charakteristische einmalige, nicht reproduzierbare Fehlverhalten.

Fehler

Fehler sind Veränderungen der Systemfunktion, die unter bestimmten Zusatzbedingungen lokale Datenfehler verursachen. Für bestimmte Variationen der Eingabe und des Zustands bilden sich die lokalen Datenfehler auf Fehlfunktionen ab. Die Menge aller Variationen der Eingabe und des Zustands, bei denen Fehlfunktionen entstehen (oder entstehen können), ist die Nachweismenge des Fehlers $\mathbf{T}_{\diamond i}$. Sie ist eine Teilmenge des karthesischen Produkts aus dem Eingabe- und dem Zustandsraum:

$$\mathbf{T}_{\diamond i} \in \mathbf{X} \times \mathbf{S} \qquad (1.13)$$

($\mathbf{X}$ – Eingaberaum; $\mathbf{S}$ – Zustandsraum).

Es ist zwischen beständigen Fehlern, unbeständigen Fehlern und Fehlern durch Ausfall zu unterscheiden. Bei einem beständigen Fehler ist die Fehlerwirkung nur von der Eingabe und vom Zustand abhängig. Jede Variation der Eingabe und des Zustands aus der Nachweismenge verursacht eine bestimmte, bei jeder Wiederholung identische Fehlfunktion. Wenn ein System mit einem beständigen Fehler von einem bekannten Anfangszustand startet und in jedem Abbildungsschritt dieselbe Eingabe erhält, liefert es immer dieselbe Ausgabefolge mit denselben Ausgabefehlern. Das Fehlverhalten ist reproduzierbar.

Ein unbeständiger Fehler ist eine Veränderung der Systemfunktion, die eine Erhöhung der Störanfälligkeit bewirkt. Unbeständige Fehler begünstigen Fehlfunktionen, lösen sie jedoch nur in Kombination mit weiteren, in der Regel zufälligen Einflüssen aus. Ein Beispiel wäre eine fehlende Initialisierung einer Variablen, so dass in Abhängigkeit vom Anfangswert der Variablen beim Systemstart unterschiedliche oder manchmal auch keine Fehlfunktionen auftreten. Das Fehlverhalten ist unbeständig.

Fehler durch Ausfälle entstehen erst nach einer gewissen Betriebsdauer. Sie können beständig oder unbeständig sein und beeinträchtigen in erster Linie die Verfügbarkeit.

Ausbreitung von Fehlfunktionen und Fehlernachweis

Die Abbildung von Fehlern und Störungen auf Fehlfunktionen hängt von der Struktur des Systems ab. Die Struktur beschreibt die Zusammensetzung des Systems aus Teilsystemen. Jedes Teilsystem bildet Eingaben auf Ausgaben ab und gibt seine Ausgaben an nachfolgende Teilsysteme oder Speicherelemente weiter. Datenverfälschungen pflanzen sich von ihrer Quelle, dem Ort des Fehlers oder der Störungseinwirkung, in Signalflussrichtung fort. Für den Fehlernachweis muss ein Fehler angeregt und der Fehlerort beobachtbar sein. Ein Fehler ist angeregt, wenn er systeminterne Daten oder Signale verfälscht. Das erfordert bestimmte Werte an den Eingängen des defekten Teilsystems, die über die Eingaben und den Zustand des Gesamtsystems eingestellt werden müssen. Um einen lokalen Datenfehler sichtbar zu machen, muss weiterhin mindestens ein Beobachtungspfad zu einem der Systemausgänge sensibilisiert werden. Auch das erfordert bestimmte interne Daten- oder Signalwerte, die über die Eingabe und den Zustand des Systems eingestellt werden müssen.

Beispiel 1.2: *Das Beispielprogramm in Abbildung 1.6 realisiert eine Multiplikation einer komplexen Zahl mit einer aus einer Tabelle auswählbaren komplexen Konstanten. Als Fehler ist unterstellt, dass die Leseoperation des Imaginärteils (Operation 2) für den dritten Tabelleneintrag einen falschen Wert zurückgibt. Welche Möglichkeiten der Fehleranregung gibt es? Was sind die potenziellen Beobachtungspfade und wie können sie sensibilisiert werden?*

Im Beispiel verlangt die Fehleranregung die Eingabe c = 3. Der angeregte Fehler verursacht einen Datenfehler der Variablen c_ im und kann über zwei mögliche Beobachtungspfade, zum einen über die Operationen 4 und 7 zum Ausgang re und zum anderen über die Operationen 6 und 8 zum Ausgang im, sichtbar gemacht werden. Die Sensibilisierung des Beobachtungspfades zum Ausgang re verlangt am Eingang e_ im einen Wert ungleich Null und die Sensibilisierung des Beobachtungspfades zum Ausgang im am Eingang e_ re einen Wert ungleich Null.

Die Fehlerlokalisierung geht den umgekehrten Weg. Über vergleichende Simulationen oder Tests werden sichtbare Verfälschungen der Ausgabe zu ihrem Entstehungsort zurückverfolgt. Das kann auch über mehrere vorherige Abbildungsschritte sein. Dort, wo die Beobachtungspfade der Datenverfälschungen beginnen, liegt die Ursache.

Auch Systeme mit bidirektionalen Datenverbindungen und zentralen Informationsknoten (Bussysteme und Rechnernetze) haben einen gerichteten Informationsfluss (Abbildung 1.7). Die Informationsknoten bilden hier zeitlich nacheinander Informationsverbindungen von je einer Quelle zu einem oder mehreren Empfängern. Das lässt sich genau wie bei einem Programm oder einer digitalen Schaltung durch einen gerichteten Informationsflußgraphen beschreiben. Für den Test und die Fehlersuche haben die Busse und

```
1:  c_re = Tab_real(c)      // Tabelle Realteil
▷ 2:  c_im = Tab_imag(c)   ◦ ⚡  // Tabelle Imaginärteil
3:  p_re1 = e_re * c_re
▷ 4:  p_re2 = e_im * c_im
5:  p_im1 = e_im * c_re
▷ 6:  p_im2 = e_re * c_im
▷ 7:  re = p_re1 - p_re2
▷ 8:  im = p_im1 + p_im2
```

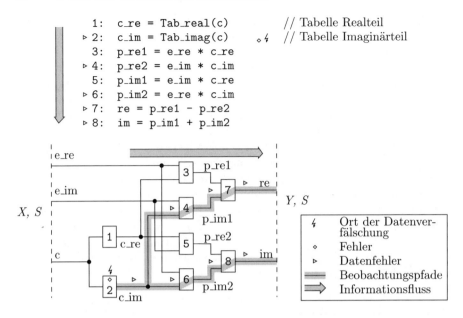

Abb. 1.6. Entstehung und Ausbreitung von Datenfehlern

Netzwerkknoten eine Sonderstellung. Sie sind zentrale Informationsknoten, von denen aus oft mehrere Teilsysteme getrennt voneinander getestet werden können.

Struktur   Informationsfluss

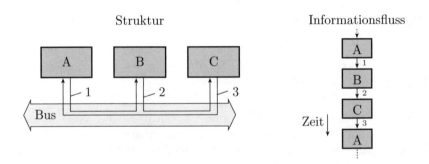

Abb. 1.7. Informationsfluss in einem busorientierten System

1.1.3 Entstehungsprozesse

Definition 1.28 (Entstehungsprozess) *Der Entstehungsprozess eines (informationsverarbeitenden) Systems ist eine Folge von Arbeitsschritten, in denen das System mit all seinen Bestandteilen und seinen Fehlern entsteht.*

Definition 1.29 (Fertigungsprozess) *Ein Fertigungsprozess ist in diesem Buch ein Entstehungsprozess für Rechnerhardware oder Hardwarekomponenten.*

Definition 1.30 (Entwurfsprozess) *Ein Entwurfsprozess ist in diesem Buch ein Entstehungsprozess für Software oder für Hardwareentwürfe.*

»*Wer arbeitet, macht Fehler.*« (Sprichwort)

Die meisten Fehlfunktionen eines Systems haben Fehler als Ursache. Fehler sind nicht plötzlich da, sondern sie entstehen in demselben Prozess wie auch das System. Der Entstehungsprozess eines informationsverarbeitenden Systems ist aus Sicht der Verlässlichkeit selbst ein System, das

- schrittweise Eingaben über Zwischenergebnisse aus Ausgaben abbildet
- Fehler enthält
- Störungen unterliegt
- durch seine Zuverlässigkeit, seine Verfügbarkeit und seine Sicherheit charakterisiert werden kann.

Es ist zwischen Entwurfs- und Fertigungsprozessen zu unterscheiden. Entwurfsprozesse haben als Eingaben Entwurfsvorgaben. Die Zwischenergebnisse und Ausgaben sind Entwurfsbeschreibungen. Ein Fertigungsprozess hat als Eingaben Fertigungsvorgaben, als Zwischenergebnisse Zwischenprodukte und als Ausgaben gefertigte Produkte bzw. deren Eigenschaften. Die Ausgabefehler eines Entstehungsprozesses sind Entwurfs- bzw. Produktfehler. Ein weiterer wesentlicher Unterschied zwischen einem informationsverarbeitenden System und einem Entstehungsprozess ist aus Sicht der Verlässlichkeit der Umfang der zufälligen Einflüsse. Entstehungsprozesse sind oft viel störanfälliger und verhalten sich zum Teil nur näherungsweise oder gar nicht deterministisch.

1.1.3.1 Deterministische Entstehungsprozesse

Ein deterministischer Entstehungsprozess realisiert eine eindeutige Abbildung von Vorgaben und vorhandenen Zwischenergebnissen auf Produkteigenschaften und neue Zwischenergebnisse (Gl. 1.11):

$$Y_n, S_n = f(X_n, S_{n-1})$$

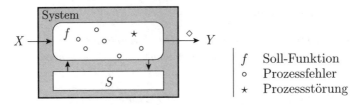

	Entwurfsprozess	Fertigungsprozess
X	Entwurfsvorgaben	Fertigungsvorgaben
S	Zwischenergebnisse	Eigenschaften der Zwischenprodukte
Y	Entwurfsergebnis	Eigenschaften der Produkte
$\diamond$	Entwurfsfehler	Produktfehler

Abb. 1.8. Modellierung von Entstehungsprozessen als System

Ausgehend von einem Anfangszustand S_0 entstehen mit derselben Vorgabefolge X^* Schritt für Schritt identische Produkte mit identischen Eigenschaften. Ein offensichtliches Beispiel für einen Entwurfsprozess mit deterministischem Verhalten ist das Übersetzen eines Programms mit einem Compiler. Der Entstehungsprozess ist hier der Compilerlauf, d. h. ein informationsverarbeitendes System. Auch automatisierte Fertigungsstrecken und Menschen am Fließband arbeiten weitgehend deterministisch.

In einem deterministischen Entstehungsprozess bilden sich die prozessinternen Fehler wie in einem informationsverarbeitenden System auf ein beständiges Fehlverhalten ab. Bei gleichen Vorgaben entstehen Produkte mit denselben Fehlern. Prozessstörungen verursachen einmalige, nicht reproduzierbare Produktfehler. Unbeständige Fehler erhöhen die Störanfälligkeit und verursachen gehäuft gleiche Produktfehler.

Jeder Entstehungsprozess hat eine Zuverlässigkeit Z_{Proz}. Das ist die mittlere Zeit zwischen zwei Fehlfunktionen des Prozesses, d. h. zwischen dem Entstehen von zwei Produkt- oder Zwischenproduktfehlern. Die Prozesszuverlässigkeit ergibt sich abschätzungsweise aus dem Verhältnis eines hinreichend langen Beobachtungszeitintervalls t_{B}, in dem mehrere Produktfehler entstanden sind, zur Anzahl der entstandenen Produktfehler $\varphi_{\mathrm{E}\diamond}$:

$$Z_{\mathrm{Proz}} \approx \frac{t_{\mathrm{B}}}{\varphi_{\mathrm{E}\diamond}} \tag{1.14}$$

Die zu erwartende Fehleranzahl in einem Produkt ist entsprechend das Verhältnis aus der Entstehungsdauer t_{Proz} und der Prozesszuverlässigkeit Z_{Proz}:

$$E\left(\varphi_{\mathrm{E}\diamond}\right) = \frac{t_{\mathrm{Proz}}}{Z_{\mathrm{Proz}}} \tag{1.15}$$

Für Systeme, deren Größe N_{Sys} sich proportional zur Entstehungsdauer verhält, gilt die Proportionalität auch zur Systemgröße:

$$E\left(\varphi_{\mathrm{E}\diamond}\right) = N_{\mathrm{Sys}} \cdot Q_{\mathrm{Proz}}^{-1} \qquad (1.16)$$

Der Proportionalitätsfaktor ist das Reziproke der Prozessgüte des Entstehungsprozesses. Gebräuchliche Bezugsgrößen für die Systemgröße sind:

- Anzahl der Codezeilen einer Entwurfsbeschreibung
- Anzahl der Hardwarekomponenten.

Die Prozessgüte wird entsprechend in Codezeilen je Fehler oder Hardwarekomponenten je Fehler angegeben. Die Ansatzpunkte für die Fehlervermeidung in deterministischen Entstehungsprozessen sind die Suche und Beseitigung der Prozessfehler und die Verringerung der Störanfälligkeit.

1.1.3.2 Nicht deterministische Entstehungsprozesse

Das menschliche Vorgehen in handwerklichen Fertigungsprozessen und Entwurfsprozessen ist nicht deterministisch. Der Mensch erlernt in seinem Leben eine große Menge von Vorgehensmodellen, die er auf die jeweilige Lebenssituation oder Arbeitsaufgabe anpasst, zu neuen Vorgehensmodellen erweitert und abspeichert. Die Vorgehensmodelle enthalten Zufallselemente. Wenn ein Mensch mehrfach hintereinander vor derselben Aufgabe steht, geht er jedesmal etwas anders vor. Es entsteht ein anderes Ergebnis. Durch die menschliche Fähigkeit, Vorgehensmodelle weiterzuentwickeln und zu optimieren, stabilisiert sich der Lösungsweg mit der Zeit und nähert sich einem deterministischen Vorgehen an.

Nicht deterministische Entstehungsprozesse haben gegenüber deterministischen Entstehungsprozessen den prinzipiellen Nachteil, dass der Arbeitsaufwand, die Güte der Ergebnisse und die Zuverlässigkeit des Entstehungsprozesses schlecht vorhersagbar sind.

Beispiel 1.3: *In einem Experiment aus [3] hatte eine Gruppe von 72 Studenten die Aufgabe, aus der Beschreibung eines PLAs[3] eine Gatterschaltung zu entwickeln und diese über die grafische Benutzeroberfläche eines CAD-Systems in den Rechner einzugeben. Der Entwurfsaufwand wurde in elementaren Entwurfsoperationen, die Güte des Entwurfsergebnisses in Form der erforderlichen Gatteranzahl und die Prozesszuverlässigkeit in elementaren Entwurfsoperationen je Entwurfsfehler gemessen. Als elementare Entwurfsoperationen galten z. B. das Anordnen eines Gatters auf dem Bildschirm und das Zeichnen einer Verbindung. Wie gut sind die Ergebnisse eines solchen Entwurfsprozesses vorhersagbar?*

Die Vorhersagbarkeit einer Zufallsgröße wird durch ihre Streuung charakterisiert. Je weniger sie streut, desto besser ist ihr Wert vorhersagbar. Abbildung 1.9 zeigt die Verteilungen der betrachteten Größen. Die Gatteranzahl der Entwürfe bewegte sich in einem Bereich von 131 bis 245, der gemessene Entwurfsaufwand zwischen 160 und 940 elementaren Entwurfsoperationen und die Prozesszuverlässigkeit in einem

---

[3] PLA: programmable logic array

Bereich von 29 bis 550 elementaren Operationen je Entwurfsfehler. Das sind auffällig breite Streuungsbereiche. Der betrachtete Entwurfsprozess lieferte offenbar extrem schlecht vorhersagbare Ergebnisse.

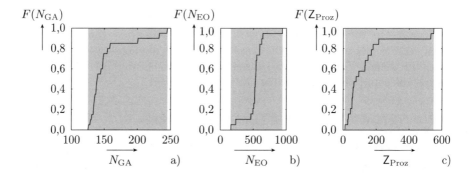

Abb. 1.9. Parameterverteilungen eines Entwurfsexperiments: a) Gatteranzahl, b) Entwurfsaufwand in elementaren Entwurfsoperationen, c) Prozesszuverlässigkeit in elementaren Entwurfsoperationen je Entwurfsfehler

Bei erfahrenen Entwicklern, die mit derselben Aufgabe regelmäßig konfrontiert sind, streuen die Ergebnisse natürlich wesentlich weniger. Würde man den Versuch mit denselben Studenten mehrfach wiederholen, käme es gleichfalls zu einer Stabilisierung der Vorgehensmodelle. Die Qualität und die Vorhersagbarkeit der Entwurfsergebnisse würde bei jeder Wiederholung zunehmen, bis die Aufgabe zur Routine wird und der Entwurfsprozess nahezu deterministisch abläuft. Bevor andere Maßnahmen zur Fehlervermeidung wirksam angewendet werden können, ist es für nicht deterministische Entstehungsprozesse wichtig, die Prozessabläufe zu stabilisieren.

Es gibt jedoch eine natürliche Grenze für die Prozessstabilisierung. Das ist die menschliche Kreativität. Viele Prozesse verlangen explizit, dass die eingebundenen Personen eigene Ideen einbringen, lernen und sich selbstständig auf veränderte Situationen einstellen, d. h., dass sie nicht nach einem exakt vorgegebenen Algorithmus arbeiten.

1.1.3.3 Prozessmodelle

Das wichtigste Instrumentarium zur Stabilisierung von Entwurfsprozessen sind die Prozessmodelle. Sie legen den Rahmen für die Schrittfolge, die Administration und die Überwachung der Prozessabläufe fest. Das Grundmodell ist das Stufenmodell [17]. Es unterteilt einen Entwurf in sequenziell zu durchlaufende Entwurfsphasen. Jede Entwurfsphase muss abgeschlossen sein, bevor die nächste Entwurfsphase beginnt. Der Abschluss muss kontrolliert und dokumentiert werden. Die Erweiterung, das Wasserfallmodell [23], beschreibt die einzelnen Entwurfsphasen als Iterationen. In jeder Entwurfsphase wird solange nachgebessert, bis das Entwurfsziel erreicht ist. Während das Wasserfallmodell nur Nachbesserungen in der aktuellen Entwurfsphase vorsieht, erlaubt das erweiterte Wasserfallmodell [50] auch Rückgriffe auf vorherige Entwurfsphasen.

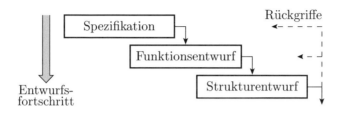

Abb. 1.10. Das Stufenmodell

Oft sind die Anforderungen an ein neu zu entwerfendes System noch nicht vollständig spezifiziert oder teilweise noch unklar. In diesem Fall ist das »schnelle Prototyp-Modell« der Favorit. Der Entwicklungsprozess beginnt hier mit einer versuchsweisen Zusammenstellung der Anforderungen, gefolgt von einem »quick-and-dirty-Entwurf« bis zum funktionierenden Prototypen. Anhand des Prototyps werden die Anforderungen korrigiert und verfeinert. Anschließend beginnt der Prozess von vorn. Die Prototypphase dient nicht nur als Grundlage für die Ausarbeitung der Spezifikation, sondern sie hilft auch den Entwicklern, das zu lösende Problem besser zu verstehen und ein geeignetes Vorgehen zu entwickeln.

Sehr große Entwurfsprojekte folgen evolutionären Vorgehensmodellen. Der stufenweise Entwicklungsprozess wird mehrfach durchlaufen. Bei jedem Durchlauf werden weitere Funktionen ergänzt. Die Funktionalität des Systems wächst im Laufe des Lebens des Produktes. Ein Beispiel für ein evolutionäres Prozessmodell ist das Spiralmodell in Abbildung 1.11.

Die Grundphasen in jedem Entwurfsprozess sind:

- Spezifikation: Festlegung der Anforderungen
- Funktionsentwurf: Festlegung der Funktion
- Strukturentwurf: Nachbildung der Funktion durch Teilsysteme und Grundbausteine
- Einsatz: Inbetriebnahme, Fehlerbeseitigung, Nutzung.

Jede dieser Phasen kann aus mehreren Teilphasen bestehen.

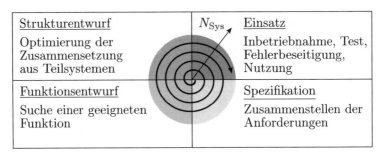

Strukturentwurf	N_{Sys} Einsatz
Optimierung der Zusammensetzung aus Teilsystemen	Inbetriebnahme, Test, Fehlerbeseitigung, Nutzung
Funktionsentwurf	Spezifikation
Suche einer geeigneten Funktion	Zusammenstellen der Anforderungen

Abb. 1.11. Spiralmodell (N_{Sys} – Systemgröße)

Spezifikation

Die Spezifikation beschreibt die wesentlichen Anforderungen an das künftige System. Üblich ist eine kurze Beschreibung des allgemeinen Verwendungszwecks und der besonderen Merkmale, die es gegenüber vergleichbaren Systemen auszeichnen soll. Die zu realisierende Funktionalität, die technischen, kommerziellen und rechtlichen Randbedingungen und eine grobe Planung des Entwicklungsbudgets werden in der Regel nur stichpunktartig aufgelistet. Den Anforderungen werden Prioritäten zugeordnet (z. B. unentbehrlich, wichtig, nette Zusatzeigenschaft). Selbstverständliche Anforderungen, z. B., dass eine Software auch installierbar sein muss, erscheinen nicht in der Spezifikation [7].

Funktionsentwurf

Der Funktionsentwurf definiert den Ein- und Ausgaberaum des Systems und die Soll-Funktion. Die in der Spezifikation verbal aufgelisteten Anforderungen werden unter Berücksichtigung der Realisierbarkeit und des zu erwartenden Aufwands konkretisiert und in Datenstrukturen, Algorithmen oder Objekte aufgeteilt. Anschließend werden die einzelnen Datenstrukturen, Algorithmen und Objekte entworfen. Innerhalb dieses zum Teil iterativen Prozesses wird u. a. auch festgelegt, welche der spezifizierten »netten Zusatzeigenschaften« das System wirklich aufweisen soll. Allgemein gilt, dass es für eine Spezifikation unbegrenzt viele mögliche Funktionen gibt, die diese erfüllen. Das Ergebnis, die Funktionsbeschreibung, ist idealerweise auf einem Rechner ausführbar oder simulierbar.

Strukturentwurf

Der Strukturentwurf optimiert die Zusammensetzung des Gesamtsystems aus Teilsystemen. Er ist oft in mehrere sequenziell zu durchlaufende Phasen unterteilt. Optimierungsziele für die Struktur von Software sind Änderbarkeit,

Testbarkeit, Portierbarkeit, Geschwindigkeit/Rechenzeitbedarf und Ressourcenbedarf. Die letzten Feinarbeiten – die Übersetzung aus der Beschreibungssprache in ein ausführbares Programm und die Codeoptimierung – sind heute praktisch immer automatisiert. Im Softwarebereich wird eine Strukturoptimierung ohne Funktionsänderung auch als Refaktorisierung bezeichnet [10].

Der Strukturentwurf für Hardware ist aufwändiger als für Software. Nach der Optimierung der Datenstrukturen und Algorithmen auf Hochsprachenniveau wird das System durch Hardwarebausteine nachgebildet. Für den Baugruppenentwurf sind die Bausteine Schaltkreise und andere elektronische Bauteile. Die Bausteine des Schaltkreisentwurfs sind wahlweise vorentworfene Funktionsblöcke, Grundgatter, Transistoren oder Halbleiterstrukturen. Nach dem Schaltungsentwurf folgen die Platzierung und die Verdrahtung. Auch beim Hardwareentwurf ist der Stand der Technik, dass die Strukturoptimierung auf der Ebene der Funktionsbeschreibung überwiegend manuell und die Schaltungsberechnung, die Platzierung und die Verdrahtung überwiegend automatisch erfolgen.

1.2 Überwachungssysteme

Definition 1.31 (Überwachungssystem) *Ein Überwachungssystem (engl. checker) ist ein Teilsystem, das Daten eines anderen Systems auf Richtigkeit überprüft und eine Gut/Schlecht-Aussage liefert. Der Signalwert für gut ist hier im Buch 0 und für schlecht 1.*

Definition 1.32 (Phantomfehler) *Ein Phantomfehler ist ein vermeintlich beobachteter Datenfehler, der in Wirklichkeit nicht aufgetreten ist.*

Definition 1.33 (Plausibilitätstest) *Ein Plausibilitätstest ist eine Datenüberwachung auf Zulässigkeit.*

Definition 1.34 (Syntaxtest) *Ein Syntaxtest ist ein Plausibilitätstest, der den Wert eines Datenobjekts auf Zugehörigkeit zu einer künstlichen Sprache überprüft.*

Definition 1.35 (Code) *Ein Code ist eine eindeutige Zuordnung von Zeichen eines Zeichenvorrates zu Zeichen eines anderen Zeichenvorrates.*

Definition 1.36 (pseudozufällig) *Pseudozufällig bedeutet, dass eine Auswahl oder eine Zuordnung Zufallscharakter besitzt, aber dass bei Wiederholung des Auswahlverfahrens exakt dieselbe Auswahl getroffen wird, bzw. dass die Zuordnung eindeutig ist.*

Definition 1.37 (Fehlererkennender Code) *Ein fehlererkennender Code ist eine pseudozufällige und umkehrbar eindeutige Zuordnung eines kleineren Zeichenvorrates zu einem wesentlich größeren Zeichenvorrat, wobei die ungenutzten Zeichen des größeren Zeichenvorrates als unzulässig interpretiert werden.*

Definition 1.38 (Prüfkennzeichen) *Ein Prüfkennzeichen ist ein Zusatz-datenobjekt, das aus dem zu überwachenden Datenobjekt zur Plausibilitäts-kontrolle gebildet wird. Das Prüfkennzeichen wird mit seinem Datenobjekt gemeinsam gespeichert und übertragen. Das Plausibilitätskriterium ist, dass die Zuordnungsvorschrift zwischen Datenobjekt und Prüfkennzeichen erhalten bleibt.*

Definition 1.39 (Diversität) *Die Diversität ist das Verhältnis aus der An-zahl der durch Fehler verursachten Datenfehler, die durch Mehrfachberechnung und Ergebnisvergleich erkannt werden, zur Anzahl aller durch Fehler verur-sachten Datenfehler.*

»*Vertrauen ist gut, Kontrolle ist besser.*« (Sprichwort)

Ein Überwachungssystem hat die Aufgabe, die Ausgabe und optional auch interne Daten des überwachten Systems auf Datenfehler zu kontrollieren und eine Klassifikationsaussage:

$$\mathcal{F} = \begin{cases} \text{gut} & (\text{kein Datenfehler erkannt}) \\ \text{schlecht} & (\text{Datenfehler erkannt}) \end{cases} \tag{1.17}$$

zu bilden. Wenn Datenfehler erkannt werden, initiiert das Überwachungssys-tem eine Fehlerbehandlung.

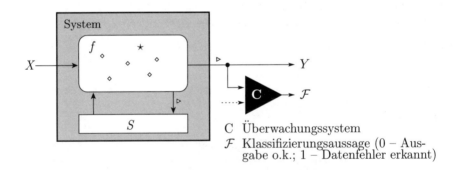

C Überwachungssystem
$\mathcal{F}$ Klassifizierungsaussage (0 – Aus-gabe o.k.; 1 – Datenfehler erkannt)

Abb. 1.12. System mit Ausgabeüberwachung

Aus der Klassifizierungssicht ist ein Überwachungssystem ein Filter. Rich-tige Daten (.) und Datenfehler (▷) werden abgebildet auf:

- $\sqrt{}$ richtige und als richtig klassifizierte Daten
- ▷$\sqrt{}$ erkannte Datenfehler
- ▷! nicht erkannte Datenfehler und
- ▷̷ Phantomfehler.

Phantomfehler sind vermeintlich beobachtete Datenfehler, die in Wirklichkeit nicht aufgetreten sind. Sie entstehen zum Teil durch Fehler im Überwachungssystem, zum Teil – z. B. bei Mehrfachberechnung und Vergleich – sind sie verfahrensbedingt (Abbildung 1.13). In der Messtechnik werden nicht erkannte Datenfehler auch als Klassifikationsfehler erster Art und Phantomfehler als Klassifikationsfehler zweiter Art bezeichnet.

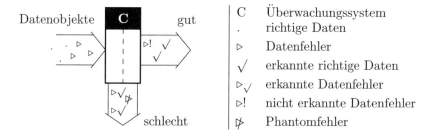

Abb. 1.13. Überwachungssystem als Filter

Die Güte eines Überwachungssystems wird im Weiteren durch zwei Kenngrößen beschrieben:

- Die Datenfehlerüberdeckung als Verhältnis der Anzahl der nachgewiesenen Datenfehler zur Anzahl der aufgetretenen Datenfehler:

$$FC_\triangleright = \frac{\varphi_{\triangleright\checkmark}}{\varphi_\triangleright} = 1 - \frac{\varphi_{\triangleright!}}{\varphi_\triangleright} \qquad (1.18)$$

($\varphi_\triangleright$ – Anzahl aller in einem Beobachtungszeitraum aufgetretenen Datenfehler; $\varphi_{\triangleright\checkmark}$ – Anzahl der davon nachgewiesenen Datenfehler; $\varphi_{\triangleright!}$ – Anzahl der nicht erkannten Datenfehler).

- Die Teilzuverlässigkeit in Bezug auf Phantomfehler als die mittlere Zeit zwischen dem Auftreten von zwei Phantomfehlern. Abgeschätzt wird die phantomfehlerbezogene Teilzuverlässigkeit wie jede andere Teilzuverlässigkeit aus dem Quotienten eines Beobachtungszeitraums t_B und einer Datenfehleranzahl, hier der Anzahl $\varphi_{\not\triangleright}$ der Phantomfehler, die in diesem Zeitraum beobachtet wurden:

$$Z_{\not\triangleright} \approx \frac{t_B}{\varphi_{\not\triangleright}} \qquad (1.19)$$

Die Größenordnung der Datenfehlerüberdeckung reicht von $FC_\triangleright < 50\%$ für einfache Wertebereichsüberprüfungen bis weit über 99% für fehlererkennende Codes, Soll/Ist-Vergleiche und Proben.

Ein System aus mehreren Überwachungssystemen bildet eine Filterkette. Ein Datenobjekt wird nur als gut klassifiziert, wenn es von allen Überwachungssystemen als gut klassifiziert wird. Nach Definition 1.31 ist der Signalwert für gut $\mathcal{F} = 0$, so dass die einzelnen Klassifikationsaussagen ODER-verknüpft werden:

$$\mathcal{F} = \mathcal{F}_1 \vee \mathcal{F}_2 \tag{1.20}$$

Die Anzahl der Phantomfehler und die Reziproken der phantomfehlerbezogenen Teilzuverlässigkeiten addieren sich:

$$Z_{\not{F}}^{-1} = Z_{\not{F}1}^{-1} + Z_{\not{F}2}^{-1} \tag{1.21}$$

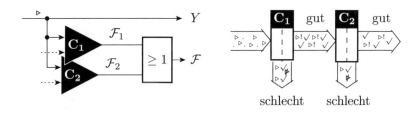

Abb. 1.14. Zusammenfassung von Überwachungssystemen

Verfahren zur Datenkontrolle sind

- Inspektion
- Vergleich
- Probe
- Plausibilitätstest.

Eine Inspektion ist eine manuelle Kontrolle der Daten auf erkennbare Datenfehler. Das Vorgehen ist intuitiv und nicht formalisierbar. Die anderen Verfahren sind formalisier- und automatisierbar und sollen hier genauer betrachtet werden.

1.2.1 Vergleich

Es gibt zwei Arten der Datenkontrolle durch Vergleich:

- Soll/Ist-Vergleich
- Mehrfachberechnung und Vergleich.

Bei einem Soll/Ist-Vergleich gelten die Vergleichswerte als richtig. Sie werden entweder manuell berechnet, durch Simulation einer als gut definierten Entwurfsbeschreibung erzeugt oder mit einem »Golden Device« erzeugt. Ein Golden Device ist ein gründlich getestetes Funktionsmuster, dessen Ausgaben per

Definition als richtig gelten[4]. Die typische Anwendung des Soll/Ist-Vergleichs ist die Ergebnisauswertung während eines Tests.

Ein Datenwert gilt als richtig, wenn er hinsichtlich eines Abstandsmaßes nicht stärker als eine vorgegebene Schranke ε vom Soll-Wert abweicht:

$$\mathcal{F} = \begin{cases} \text{gut} & \text{wenn Abst}\,(Y_{\text{ist}},\, Y_{\text{soll}}) \leq \varepsilon \\ \text{schlecht} & \text{sonst} \end{cases} \tag{1.22}$$

(ε – Fehlerschranke, maximal zulässiger Abstand). Die Funktion zur Berechnung des Abstandsmaßes Abst (...) hängt von der inhaltlichen Bedeutung der Daten ab. Für die Überwachung einzelner Bits z. B. in einem Logiktester ist der Wertebereich der Soll-Werte $\{0, 1, X\}$. Der Wert X steht für beliebig und bedeutet, dass die zugehörigen Ist-Werte nicht auszuwerten sind. Das bitweise Abstandsmaß lautet:

$$\text{Abst}\,(y_{\text{ist}.i},\, y_{\text{soll}.i}) = \begin{cases} 0 \text{ falls} & (y_{\text{ist}.i} = y_{\text{soll}.i}) \vee (y_{\text{soll}.i} = X) \\ 1 \text{ sonst} \end{cases}$$

und ist ein logischer Ausdruck. Der maximal zulässige Abstand ist $\varepsilon = 0$.

Für numerische Ergebnisse und Messwerte ist das Abstandsmaß der Betrag der Differenz:

$$\text{Abst}\,(Y_{\text{ist}},\, Y_{\text{soll}}) = |Y_{\text{ist}} - Y_{\text{soll}}| \tag{1.23}$$

Wird der maximal zulässige Abstand zu klein gewählt, entstehen Phantomfehler. Richtige Daten werden als falsch gewertet. Wird der Abstand zu groß gewählt, werden erkennbare falsche Daten als richtig gewertet, was die Datenfehlerüberdeckung verringert.

Je komplizierter die Datenobjekte sind, desto schwieriger ist die Formulierung eines geeigneten Abstandsmaßes und des maximal zulässigen Abstands. Letztendlich hängt die Anwendbarkeit des Überwachungsverfahrens Vergleich davon ab, ob es überhaupt möglich ist, ein sinnvolles Abstandsmaß zu definieren und zu berechnen. Wie quantifiziert man z. B. die inhaltliche Übereinstimmung von zwei Bildern?

In der Anwendungsumgebung gibt es in der Regel weder vorberechnete Ergebnisse noch ein »Golden Device«. Statt dessen werden die Ausgaben doppelt berechnet und miteinander verglichen. Der wesentliche Unterschied zum Vergleich mit Soll-Werten ist, dass beide Berechnungsversionen Datenfehler

---

[4] Definition ist die einzige Möglichkeit, für ein System zu garantieren, dass seine Ausgaben immer richtig sind. Das menschliche Gegenstück zu einem »Golden Device« ist ein Experte. Experten haben immer Recht. Der interessante Sonderfall, dass sich mehrere Experten gegenseitig beschuldigen, unrecht zu haben, tritt auch bei technischen Systemen auf und verlangt, dass die »Golden Devices« einer weiteren Fehlerbeseitigungsiteration unterzogen werden, bis die Meinungsunterschiede beseitigt sind.

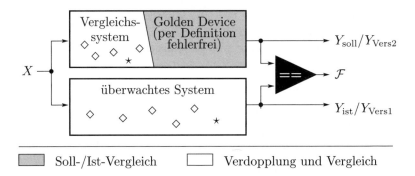

Abb. 1.15. Ergebnisüberwachung durch Vergleich

produzieren, das überwachte System die Datenfehler, die erkannt werden sollen, und das Vergleichssystem Phantomfehler.

Bei Verdopplung und Vergleich hängt die Datenfehlerüberdeckung von der Häufigkeit ab, mit der beide Systeme übereinstimmende falsche Daten liefern. Wegen der ungeheuren Vielfalt möglicher Datenfehler ist das Risiko, dass zwei Systeme durch Zufall übereinstimmende falsche Daten erzeugen, vernachlässigbar klein. Aber es besteht das Risiko, dass beide Systeme gleiche Fehler enthalten. Übereinstimmende Fehler bilden sich bei auch ansonsten identischen Berechnungen immer auf übereinstimmende und damit nicht erkennbare Datenfehler ab.

Eine Ausweitung auf den Nachweis von Datenfehlern, die durch Fehler verursacht werden, verlangt Diversität. Nach Definition 1.39 ist die Diversität das Verhältnis aus der Anzahl der durch Fehler verursachten Datenfehler $\varphi_{\triangleright\diamond\checkmark}$, die durch Mehrfachberechnung und Ergebnisvergleich erkannt werden, zur Anzahl aller durch Fehler verursachten Datenfehler $\varphi_{\triangleright\diamond}$:

$$\eta_{\text{Div}} = \frac{\varphi_{\triangleright\diamond\checkmark}}{\varphi_{\triangleright\diamond}} \tag{1.24}$$

Diversität resultiert entweder aus der Vermeidung gleicher Fehler oder der Abbildung gleicher Fehler über unterschiedliche Berechnungswege auf abweichende Fehlfunktionen. Die Fehler selbst sind dabei unbekannt oder beseitigt. Gleiche Fehler lassen sich deshalb nur über den Ausschluss von übereinstimmenden Fehlerentstehungsursachen vermeiden:

- Unterschiedliche Hardware vermeidet gleiche Fertigungsfehler durch Prozessstörungen.
- Unterschiedliche Fertigungsprozesse für die Hardware vermeiden gleiche Fertigungsfehler durch Prozessfehler.
- Unabhängige Entwurfsprozesse vermeiden die Entstehung gleicher Entwurfsfehler.

Der Ausschluss aller potenziellen Ursachen für die Entstehung übereinstimmender Fehler ist jedoch nicht möglich. Die Systeme, mit denen die zu vergleichenden Berechnungen erfolgen, müssten vollkommen unabhängig und ohne Nutzung gleicher, möglicherweise fehlerhafter Informationen, Software oder Maschinen erfolgen. Irgendein Leck, über das dieselbe kontaminierte Information in die getrennten Entstehungsprozesse eindringen kann, gibt es immer. Die größten potenziellen Lecks sind natürlich die notwendigen Absprachen der Aufgabenstellung, der Algorithmen und der Datenstrukturen, damit die Systeme im fehlerfreien Fall vergleichbare Ergebnisse liefern.

Die Alternative zur Vermeidung übereinstimmender Fehler sind unterschiedliche Rechenwege. Durch Umformulierung der Aufgabenstellung oder des Lösungsalgorithmus ändern sich die Nachweismengen der Fehler und die Abbildung der Fehler auf Datenfehler. Dadurch verursacht auch ein Teil der übereinstimmenden Fehler in beiden Berechnungsversionen abweichende und damit nachweisbare Datenfehler. Leider liefern unterschiedliche Algorithmen oft unterschiedliche richtige Ergebnisse. Das Problem verlagert sich auf die Formulierung geeigneter Abstands- oder Übereinstimmungsmaße, mit denen dann die Gleichheit der Ergebnisse zu erkennen ist.

1.2.2 Probe

Eine Probe ist die Überprüfung eines hinreichenden Kriteriums dafür, dass das Ergebnis richtig ist. Viele Aufgabenstellungen sind durch ihre Probefunktion definiert:

»Entwickle eine Funktion, die Eingabedaten auf Ausgabedaten abbildet

$$f : X \mapsto Y,$$

so dass die Ergebnisse bzw. die Ergebnisse in Relation zu den Eingaben die Bedingung

$$\mathcal{F} = \mathrm{Probe}\,(X, Y) \tag{1.25}$$

erfüllen.«

Ein Beispiel für eine Aufgabenstellung, die durch ihre Probe definiert ist, ist die Testsatzberechnung. Die Aufgabe lautet, für eine vorgegebene Modellfehlermenge einen Testsatz zu suchen, der alle Modellfehler nachweist (siehe später Abschnitt 3.3). Die Probe ist hier eine Fehlersimulation, die kontrolliert, dass der Testsatz alle Modellfehler nachweist. Für Aufgabenstellungen von diesem Typ ist es empfehlenswert, die Probe zu Testzwecken und zur Überwachung mit in das System zu integrieren.

Eine spezielle Form der Probe für umkehrbar eindeutige Abbildungen ist die Rückgewinnung der Eingabe aus der Ausgabe und der Vergleich mit der tatsächlichen Eingabe (engl. reversal check):

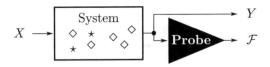

Abb. 1.16. Ergebnisüberwachung durch Probe

$$\mathcal{F} = \left(\mathrm{Abst} \left(f^{-1}\left(Y^* \right), X^* \right) < \varepsilon \right) \tag{1.26}$$

(X^* – Eingabefolge; Y^* – Ausgabefolge). Beispiele hierfür sind:

- die Quadrierung als Umkehrfunktion der Wurzelberechnung
- die Analog/Digital-Wandlung als Umkehrfunktion zur Digital/Analog-Wandlung
- der serielle Datenempfang als Umkehrfunktion für das serielle Versenden.

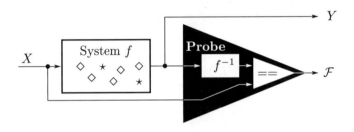

Abb. 1.17. Probe mit der inversen Funktion

1.2.3 Plausibilitätstest

Ein Plausibilitätstest (engl. reasonableness check) überwacht die Ergebnisse eines Systems auf Zulässigkeit. Es wird nicht geprüft, ob die Ergebnisse richtig sind, sondern nur, ob sie richtig sein könnten. Ein zulässiges Ergebnis kann auch falsch sein. Ein unzulässiges Ergebnis ist immer falsch (Abbildung 1.18). Die Voraussetzung für einen wirksamen Plausibilitätstest ist, dass nur ein kleiner Teil der Variationen des überwachten Datenobjekts zulässig ist bzw. dass die meisten darstellbaren Werte unzulässig sind.

Ein typischer Plausibilitätstest ist der Rechtschreibtest. Einfache Programme zur Überwachung der Rechtschreibung suchen in einem vorgegebenen Text alle Wörter, die nicht im Wörterbuch des Programms stehen. Falsche Ergebnisse in der Form, dass ein zulässiges Wort durch einen Fehler in ein unzulässiges Wort umgewandelt wird, erkennt ein Plausibilitäts- und damit auch ein Rechtschreibtest. Wird ein zulässiges Wort in ein anderes zulässiges Wort umgewandelt (z. B. durch einen Tippfehler *Haus* in *Maus*), wird das

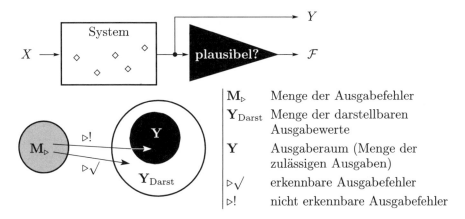

Abb. 1.18. Ergebnisüberwachung durch Plausibilitätstest

nicht erkannt. Der Trick dabei ist, dass es in einer natürlichen Sprache viel mehr unzulässige als zulässige Wörter gibt, so dass ein erheblicher Teil der Rechtschreibfehler gefunden wird.

1.2.3.1 Syntaxtest

Ein Syntaxtest ist auch ein Plausibilitätstest. Er überprüft, ob ein Datenobjekt ein Wort einer künstlichen Sprache ist oder nicht. Eine künstliche Sprache – z. B. eine Programmiersprache oder eine Datenbeschreibungssprache – ist genau wie eine natürliche Sprache eine kleine Teilmenge aus einer riesigen Menge darstellbarer Wörter. Die praktisch benutzten künstlichen Sprachen haben jedoch gegenüber natürlichen Sprachen einen gewaltigen Vorteil. Die Sprachdefinition erfolgt über einen Kontrollalgorithmus, mit dem für eine Zeichenfolge geprüft werden kann, ob sie ein Wort der Sprache ist oder nicht. Die Zugehörigkeitskontrolle ist entscheidbar und verlangt einen erheblich geringeren Aufwand als ein Rechtschreibtest für natürliche Sprachen.

1.2.3.2 Hardwareschnittstellen

In einem Hardwaresystem werden die Informationen zwischen den einzelnen Teilsystemen über Signale weitergereicht. Signale sind zeitliche Werteverläufe physikalischer Größen, meist Spannungsverläufe. Die Zuordnung zwischen der dargestellten Information und den Signalverläufen legt das Protokoll der Schnittstelle fest. Jedes Signal an einer Schnittstelle muss bestimmte Plausibilitätsbedingungen erfüllen.

Eine einfache Schnittstelle ist ein beschreibbares Register (Abbildung 1.19). Die zu schreibenden Daten liefert der Bus X. Die Übernahmezeitpunkte legt der Takt fest. In Abbildung 1.19 erfolgt die Datenübernahme mit der

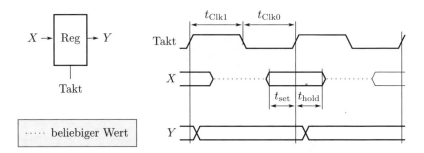

Abb. 1.19. Protokoll zum Beschreiben eines Registers

steigenden Taktflanke. Damit die Daten korrekt übernommen werden, sind folgende Zeitbedingungen einzuhalten:

Merkmal	Bezeichnung	Zeitbedingung
t_{Clk1}	Dauer Takt = 1	$t_{\text{Clk1}} \geq \tau_{\text{Clk1}}$
t_{Clk0}	Dauer Takt = 0	$t_{\text{Clk0}} \geq \tau_{\text{Clk0}}$
t_{set}	Vorhaltezeit	$t_{\text{set}} \geq \tau_{\text{set}}$
t_{hold}	Haltezeit	$t_{\text{hold}} \geq \tau_{\text{hold}}$

($\tau_{...}$ – Zeitkonstanten der Schnittstellenbeschreibung). Die Zeitbedingungen sind im Grunde Plausibilitätsbedingungen, die sich zumindest theoretisch auch während des Betriebs überwachen lassen.

Datenschnittstellen zwischen kompletten Rechnern enthalten praktisch immer überwachte Plausibilitätskriterien. Abbildung 1.20 zeigt als Beispiel das Übertragungsprotokoll der seriellen RS232-Schnittstelle. Die Übertragung beginnt mit der 1/0-Flanke zu Beginn des Startbits. Anschließend folgen acht Datenbits, optional ein Paritätsbit und mindestens ein Stoppbit. Plausibilitätskriterien sind, dass keine Signaländerungen in den gekennzeichneten Zeitfenstern in Abbildung 1.20 stattfinden sowie dass das Startbit gleich 0, das Paritätsbit gleich der Modulo-2-Summe der Datenbits (oder der negierten Modulo-2-Summe) und das Stopbit gleich 1 ist.

1.2.3.3 Fehlererkennender Code

Die Idee der fehlererkennenden Codes ist es, Daten vor der Übertragung, vor der Speicherung oder vor anderen fehleranfälligen Operationen so zu codieren, dass sich Verfälschungen leicht erkennen lassen. Ein fehlererkennender Code bildet den Zeichenvorrat für die Darstellung der Information pseudozufällig auf einen wesentlich größeren Zeichenvorrat ab. Die Menge der zulässigen Zeichen bleibt gleich, aber die Menge der unzulässigen Zeichen vergrößert sich

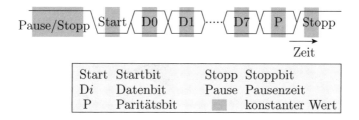

Start	Startbit	Stopp	Stoppbit
Di	Datenbit	Pause	Pausenzeit
P	Paritätsbit		konstanter Wert

Abb. 1.20. Protokoll der seriellen RS232-Schnittstelle

stark. Dadurch erhöhen sich die Chancen, dass eine Fehlfunktion ein zulässiges Zeichen auf ein unzulässiges statt auf ein anderes zulässiges Zeichen abbildet. Unzulässige Zeichen werden bei der Decodierung daran erkannt, dass es kein zugeordnetes Originalzeichen gibt.

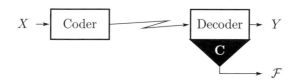

Abb. 1.21. Datenüberwachung mit fehlererkennenden Codes

1.2.3.4 Prüfkennzeichen

Fehlererkennende Codes haben den Nachteil, dass die Information in einer modifizierten, unlesbaren Form gespeichert und übertragen wird. Das ist vielfach nicht erwünscht. Der Plausibilitätstest mit Prüfkennzeichen funktioniert ganz ähnlich, nur wird die Information nicht umcodiert.

Ein Prüfkennzeichen ist eine Zusatzinformation zu einem Datenobjekt. Es wird genau wie die Codewörter eines fehlererkennenden Codes über eine pseudozufällige Abbildung aus den Datenobjekten gebildet, ist in der Regel aber nur ein bis vier Byte groß und wird gemeinsam mit dem Datenobjekt übertragen und gespeichert. Wenn das Datenobjekt und/oder das Prüfkennzeichen verfälscht wird, passen beide mit sehr hoher Wahrscheinlichkeit nicht mehr zusammen. Die Kontrolle besteht darin, das Prüfkennzeichen nach einer möglichen Verfälschung ein zweites Mal zu bilden und mit dem potenziell verfälschten Prüfkennzeichen zu vergleichen.

Ein gebräuchliches Prüfkennzeichen ist die Prüfsumme. Die Daten werden hier als eine Menge von Zahlen interpretiert. Die Prüfsumme ist die Summe dieser Zahlen unter Vernachlässigung des Übertrags.

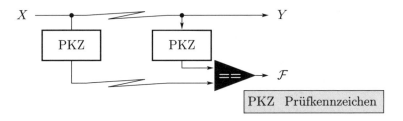

Abb. 1.22. Datenüberwachung mit Prüfkennzeichen

1.2.3.5 Zeitüberwachung

Ein weiteres Plausibilitätskriterium ist die Verarbeitungszeit. Eine Zeitüberwachung erkennt Fehlfunktionen, die verhindern, dass eine Berechnung rechtzeitig terminiert. Das schließt auch die Kontrolle auf mögliche Systemabstürze mit ein. Ein Systemabsturz ist der Übergang des Systems in einen unzulässigen Zustand, den das System nicht selbstständig wieder verlässt. Die Kontrolle auf Abstürze ist damit auch ein wirkungsvoller Plausibilitätstest für die Abbildung der Eingabe und des aktuellen Zustands auf den Folgezustand:

$$f : X_n, S_{n-1} \mapsto S_n$$

Die klassische Mikrorechnerlösung zur Zeitüberwachung und Neuinitialisierung ist der Watchdog. Ein Watchdog besteht aus einem Zeitzähler, der vom fehlerfreien System in regelmäßigen Zeitabständen über einen bestimmten Ausgabebefehl zurückgesetzt wird. Damit dieser Ausgabebefehl ausgeführt wird, muss das System regelmäßig bestimmte zulässige Zustände erreichen. Solange das passiert, überschreitet der Zeitzähler den maximal zulässigen Zählwert nicht. Bei einem Systemabsturz bleiben die Rücksetzsignale aus. Der Zähler läuft über und das Überlaufsignal startet den Rechner neu (Abbildung 1.23).

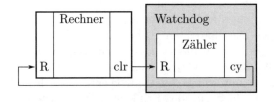

		R	Rücksetzeingang des Rechners und des Zählers
		clr	Rücksetzsignal für den Watchdogzähler
		cy	Zählerüberlauf

Abb. 1.23. Rechner mit Watchdog

1.3 Test und Fehlerbeseitigung

Definition 1.40 (Testobjekt) *Das Testobjekt, engl. DUT (device under test), ist das System, das gerade getestet wird.*

Definition 1.41 (Test) *Ein Test ist ein Funktionsablauf, bei dem das Testobjekt mit Eingaben stimuliert wird und seine Ausgaben auf Richtigkeit überwacht werden. Das Ergebnis eines Tests ist eine Gut/Schlecht-Aussage.*

Definition 1.42 (Testsatz) *Der Testsatz ist die Eingabefolge während des Tests.*

Definition 1.43 (Initialisierungsfolge) *Eine Initialisierungsfolge ist eine Eingabefolge, die einen für den Fehlernachweis geeigneten Systemzustand einstellt.*

Definition 1.44 (Nachweisschritt) *Ein Nachweisschritt ist ein Abbildungsschritt, in dem ein Fehler auf eine Fehlfunktion abgebildet wird.*

Definition 1.45 (Visualisierungsfolge) *Eine Visualisierungsfolge ist eine Eingabefolge, die einen Zustandsfehler auf einen Ausgabefehler abbildet.*

Definition 1.46 (Testschritt) *Ein Testschritt ist zum einen eine Teilfolge aus einem Testsatz, die auf den Nachweis eines bestimmten Fehlers zielt. Diese Eingabefolge besteht aus der Eingabe für den Nachweisschritt, der optional eine Initialisierungsfolge vorausgehen und eine Visualisierungsfolge nachfolgen kann. Zum anderen ist ein Testschritt ein Funktionsablauf, bei dem ein Testobjekt mit der zugehörigen Eingabefolge stimuliert und seine Ausgabe überwacht wird.*

Definition 1.47 (Testbeispiel) *Ein Testbeispiel ist die Eingabefolge eines Testschritts mit dem zugehörigen Kontrollkriterium für die Ausgabe. Das Kontrollkriterium ist in der Regel der Soll-Wert.*

Definition 1.48 (Erschöpfender Testsatz) *Ein erschöpfender Testsatz ist ein Testsatz, der ein bestimmtes Vollständigkeitskriterium erfüllt. Ohne explizite Angabe lautet das Vollständigkeitskriterium, dass der Testsatz alle Eingabevariationen für das Testobjekt in einer beliebigen Reihenfolge enthält.*

Definition 1.49 (Erschöpfender Test) *Ein erschöpfender Test (engl. exhaustive test) ist ein Test mit einem erschöpfenden Testsatz.*

»Keine Tests zu schreiben ist, als würde man einen steilen Gebirgspfad mit geschlossenen Augen entlang gehen, weil man sich jedesmal, wenn man die Augen öffnet, erschreckt.« (Kent Beck [15])

Die Fehler, die während des Entwurfs und der Fertigung eines Systems entstehen, sind vor seinem Einsatz nach Möglichkeit zu beseitigen. Dazu müssen sie zuerst erkannt werden. Das Aufspüren der Fehler ist Aufgabe des Tests. Das zu testende System wird im Weiteren als Testobjekt bezeichnet.

1.3.1 Der Test

Der Test ist ein Funktionsablauf, bei dem das Testobjekt, eingebettet in eine Testumgebung, mit einem Testsatz stimuliert wird und seine Ausgaben auf Richtigkeit überwacht werden (Abbildung 1.24). Das Ergebnis ist eine Gut/Schlecht-Aussage:

$$\mathcal{T} = \begin{cases} \text{gut} & \text{(keine beobachtbare Fehlfunktion)} \\ \text{schlecht} & \text{(mindestens eine beobachtbare Fehlfunktion)} \end{cases} \quad (1.27)$$

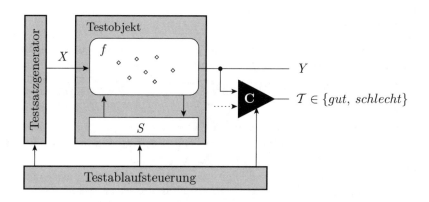

Abb. 1.24. Testumgebung

Entscheidend für die Güte eines Tests ist der Testsatz. Der Testsatz ist die Eingabefolge während des Tests. Er setzt sich aus vielen Testschritten zusammen, die alle auf den Nachweis unterschiedlicher potenzieller Fehler abzielen. Ein Testschritt besteht aus einer Initialisierungsfolge, einer Eingabe für den Nachweisschritt und einer Visualisierungsfolge. Die Initialisierungsfolge stellt einen für den Fehlernachweis geeigneten Zustand ein. Im Nachweisschritt bildet sich der Fehler i über eine Eingabe und einen Zustand aus der Nachweismenge

$$(X, S) \in \mathbf{T}_{\diamond i} \quad (1.28)$$

auf eine Fehlfunktion ab. Die Visualisierungsfolge ist eine Eingabefolge, die einen durch den Fehler möglicherweise verursachten Zustandsfehler auf einen Ausgabefehler abbildet. Der Testsatz fasst die Testschritte überlagernd zusammen (Abbildung 1.25).

Aus der Klassifizierungssicht ist der Test ein Filter. Die Filtereingabe sind die unbekannten Fehler im Testobjekt. Der Test klassifiziert einen Teil dieser Fehler als erkannt. Die nicht erkannten Fehler bleiben unbekannt. Das Gütemaß ist die Fehlerüberdeckung:

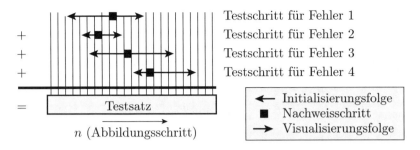

Abb. 1.25. Zusammenfassung von Testschritten zu einem Testsatz

$$FC_\diamond = \frac{\varphi_{\diamond\surd}}{\varphi_\diamond} \qquad (1.29)$$

($\varphi_{\diamond\surd}$ – Anzahl der nachweisbaren Fehler; $\varphi_\diamond$ – Anzahl der vorhandenen Fehler).

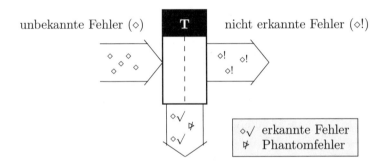

Abb. 1.26. Test als Filter

Der Test ist selbst ein System, das möglicherweise Fehler enthält und Störungen unterliegt. Das bedeutet, dass auch das Testsystem oder die Testumgebung getestet werden muss. Die Messtechnik unterscheidet auch bei einem Test genau wie bei einer Überwachung zwischen zwei Arten von Klassifikationsfehlern. Klassifikationsfehler erster Art bewirken, dass Fehler, die der Testsatz nachweist, von der Gesamttestlösung nicht erkannt werden. Sie verringern die Fehlerüberdeckung. Klassifikationsfehler zweiter Art verursachen Phantomfehler.

1.3.2 Ein Test garantiert keine Fehlerfreiheit

»Der schlimmste aller Fehler ist, sich keines solchen bewusst zu sein.«
(Thomas Carlyle, 1795 - 1881)

Das Klassifikationsergebnis eines Tests »gut« garantiert nicht, dass das System keine Fehler enthält. Beginnen wir mit den kleinsten informationsverarbeitenden Bausteinen im Rechner, den Gattern. Ein Gatter ist ein kombinatorisches System mit N_{BX} zweiwertigen Eingängen, einem zweiwertigen Ausgang und einer Soll-Funktion:

$$f\colon \mathcal{B}^{N_{BX}} \to \mathcal{B} \quad \text{mit } \mathcal{B} = \{0, 1\} \tag{1.30}$$

Die Soll-Funktion kann durch eine Wertetabelle beschrieben werden (Abbildung 1.27 a). Das Gatter soll möglichst erschöpfend getestet werden. Das naheliegendste Vollständigkeitskriterium für einen erschöpfenden Test einer kombinatorischen Schaltung ist die Abarbeitung aller Zeilen der Wertetabelle:

Wiederhole für alle Zeilen der Wertetabelle
Anlegen der Eingabe
Kontrolle der Ausgabe

Das erfordert einen Testsatz der Länge von

$$n = 2^{N_{BX}} \tag{1.31}$$

(n – Testsatzlänge in Abbildungsschritten; N_{BX} – Bitanzahl der Eingabe). Das NAND-Gatter in Abbildung 1.27 a besitzt z. B. $N_{BX} = 2$ Eingänge und benötigt $n = 4$ Testschritte.

Berücksichtigung von Signallaufzeiten

Leider garantiert ein erschöpfender Test mit allen Eingabevariationen nicht, dass das System fehlerfrei ist. Das Fehlverhalten eines Gatters kann z. B. auch darin bestehen, dass die Ausgabe für bestimmte Variationen der Eingabeänderung einige Nanosekunden zu spät am Gatterausgang ankommt. Die Kontrolle der Signallaufzeiten verlangt die Überprüfung der Systemreaktion für Eingabeänderungen, d. h. für Eingabefolgen aus zwei unterschiedlichen Eingaben (2-Pattern-Test). Die Anzahl der Testschritte eines erschöpfenden 2-Pattern-Tests wächst quadratisch mit der Größe der Wertetabelle:

$$n = 2^{2 \cdot N_{BX}} - 2^{N_{BX}} \tag{1.32}$$

Für ein Gatter mit $N_{BX} = 2$ Eingängen sind $n = 12$ Testschritte erforderlich (Abbildung 1.27 b).

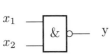

Testschritt	$x(n) \to x(n+1)$
1	$00 \to 01$
2	$00 \to 10$
3	$00 \to 11$
4	$01 \to 00$
5	$01 \to 10$
6	$01 \to 11$
7	$10 \to 00$
8	$10 \to 01$
9	$10 \to 11$
10	$11 \to 00$
11	$11 \to 01$
12	$11 \to 10$

b)

Testschritt	x_2 x_1	y
1	0 0	1
2	0 1	1
3	1 0	1
4	1 1	0

a)

Abb. 1.27. Test eines NAND-Gatters: a) Überprüfung aller Zeilen der Wertetabelle, b) Überprüfen aller Schaltvorgänge

Unbeständige Fehler

Ein Gatter kann auch Fehler enthalten, die nur in einem bestimmten Temperaturbereich oder einem bestimmten Bereich der Betriebsspannung zu Fehlfunktionen führen. Wenn der Test zusätzlich auch für alle Variationen der Temperatur, der Betriebsspannung etc. durchzuführen ist, wird bereits der Test eines einzelnen Gatters aufwändig.

Es ist meist nicht möglich, die Gatter in einem Rechner einzeln zu testen

In einem integrierten Schaltkreis mit vielen Tausend Gattern kann die Funktion der einzelnen Gatter nicht isoliert von ihrer Schaltungsumgebung getestet werden. Es besteht meist weder die Möglichkeit, die Gattereingabe direkt einzustellen, noch unmittelbar die Ausgabe zu kontrollieren. Die kleinsten separat testbaren Einheiten eines Rechners sind Funktionsblöcke mit vielen Ein- und Ausgängen sowie Speicherelementen.

Ein typischer Funktionsblock eines Rechners, der getrennt von der übrigen Schaltung getestet werden kann, ist das Rechenwerk. Es verknüpft üblicherweise zwei Operanden zu einem Ergebnis. Die Operation wird über zusätzliche Eingabesignale ausgewählt. Das Ergebnis kann weiterhin von Flags, z. B. einem eingangsseitigen Übertrag, abhängen. Ein Testschritt für das Rechenwerk in einem Prozessor besteht aus dem Laden der Operanden, dem Ausführen der Operation und dem Speichern sowie dem Auswerten der Ergebnisse.

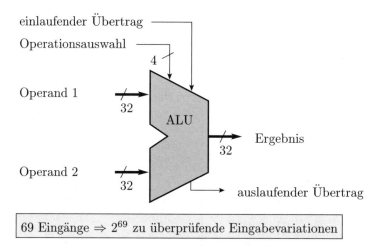

$$69 \text{ Eingänge} \Rightarrow 2^{69} \text{ zu überprüfende Eingabevariationen}$$

Abb. 1.28. Test eines 32-Bit-Rechenwerks

Beispiel 1.4: *Wie lange dauert der erschöpfende Test für das 32-Bit-Rechenwerk in Abbildung 1.28, wenn ein Testschritt im Mittel eine Mikrosekunde dauert?*

Das Rechenwerk in Abbildung 1.28 besitzt 2 Operanden zu je 32 Bit, 4 Bit für die Operationsauswahl und 1 Bit für den eingangsseitigen Übertrag. Das sind insgesamt 69 zweiwertige Eingänge. Ein erschöpfender Test für alle Variationen der Eingabe umfasst nach Gl. 1.31:

$$n = 2^{69}$$

Testschritte. Bei einer Dauer je Testschritt von einer Mikrosekunde beträgt die erforderliche Testzeit:

$$t_{\mathrm{T}} \approx 19 \; Millionen \; Jahre$$

Das Beispiel zeigt, wo das Problem liegt. Ein 32-Bit-Rechenwerk und auch jedes System mit dieser oder einer größeren Anzahl von Eingängen kann nicht mit allen Eingabevariationen getestet werden. Es ist erst recht nicht möglich, die Signallaufzeiten für alle Schaltvorgänge zu überprüfen. Ein praktischer Test überprüft die Funktion nur für eine winzige Stichprobe des Eingaberaums. Ob die Ausgaben für die anderen Eingabevariationen auch richtig sind, ist Glückssache.

Auf der anderen Seite wird von einem System, das 19 Millionen Jahre benötigen würde, um seine Funktiontüchtigkeit für jede Variation der Eingabe wenigstens einmal auszuprobieren, während der gesamten Lebensdauer nur ein winziger Teil des Eingabevariationen genutzt. Es würde genügen, den Test auf den genutzten Teil des Eingaberaums zu beschränken. Nur ist dieser zum Zeitpunkt des Tests nicht bekannt.

Bereits kleine Programmbausteine sind für einen erschöpfenden Test zu komplex!

Für Programmbausteine ist die Kluft zwischen der verfügbaren Testzeit und der Dauer eines erschöpfenden Tests nach der Wertetabelle noch wesentlich größer. Die Anzahl der Testschritte ist genau wie bei einer digitalen Schaltung von der Menge der zu verarbeitenden Information abhängig. Verarbeitet werden N_{BX} Bit Eingabeinformation und N_{BS} Bit gespeicherte Information. Ein vollständiger Test nach der Wertetabelle müsste

$$n = 2^{N_{BS}+N_{BX}} \qquad (1.33)$$

Testschritte umfassen. Das folgende Beispiel illustriert, dass es selbst für einen winzigen Programmausschnitt unmöglich ist, einen solchen Test komplett abzuarbeiten.

Beispiel 1.5: *Gegeben ist folgender Programmausschnitt:*

```
a, b, c seien 80-Bit-Gleitkommavariablen
c = a + b;
...
```

Wie lange würde ein erschöpfender Test dieses Programms bei einer Testgeschwindigkeit von einer Million Tests pro Sekunde dauern?

Der Programmausschnitt enthält nur eine Anweisung mit zwei Operanden zu je 80 Bit. Insgesamt werden $N_{BX} = 160$ Bit Eingabeinformation und $N_{BS} = 0$ Bit gespeicherte Information verarbeitet. Die Anzahl der Testschritte für den winzigen Programmausschnitt beträgt entsprechend Gl. 1.33:

$$n = 2^{160}$$

Bei einer Testgeschwindigkeit von einer Million Tests pro Sekunde entspricht das einer Testzeit von etwa $4,6 \cdot 10^{40}$ Jahren. Das Alter des Universums (die Zeit seit dem Urknall) wird mit 10^{10} Jahren angegeben [141]. Ein erschöpfender Test des kleinen Programms würde mehr als das 10^{30}-fache dieser Zeit erfordern.

Zusammenfassend kann die Abbildungsfunktion eines Systems immer nur für eine winzige Stichprobe der Variationen der Eingabe und des Zustands überprüft werden. Für alle anderen Variationen ist es Glückssache, ob das System richtig arbeitet. Folglich kann das System immer Fehler enthalten, die der Test nicht bemerkt, ja sogar Fehler, die in einer Nutzungsdauer von vielen Jahren nicht bemerkt werden.

1.3.3 Testauswahl

Definition 1.50 (Modellfehler) *Ein Modellfehler ist eine geringfügige Modifikation der Systemstruktur.*

Definition 1.51 (Fehlermodell) *Ein Fehlermodell ist ein Algorithmus zur Berechnung einer Modellfehlermenge aus einer Beschreibung des Testobjekts.*

Definition 1.52 (Nachweisidentität) *Ein Fehler i ist identisch mit einem Fehler j nachweisbar, wenn beide Fehler dieselbe Nachweismenge besitzen.*

Definition 1.53 (Nachweisimplikation) *Ein Fehler i impliziert den Nachweis eines Fehlers j, wenn jeder Testschritt, der den Fehler i nachweist, auch den Fehler j nachweist.*

Definition 1.54 (Ähnlicher Nachweis) *Ein Fehler i ist ähnlich wie ein Fehler j nachweisbar, wenn sich beide Fehler einen erheblichen Teil ihrer Nachweisbedingungen teilen, so dass ein Testschritt, der den Fehler i nachweist auch mit einer relativ großen Wahrscheinlichkeit den Fehler j nachweist.*

Die Güte eines Tests wird durch die Anzahl und die Auswahl der Testschritte bestimmt. Die grundsätzlichen Auswahlstrategien sind:

- funktionsorientierte Auswahl
- strukturorientierte Auswahl
- zufällige Auswahl.

Funktionsorientierte Testauswahl

Funktionsorientierte Testauswahl bedeutet, dass die Funktion des Testobjekts – Informationen aus Datenblättern von Schaltkreisen oder die Bedienungsanleitung eines Programms – in die Auswahl einbezogen werden. Das erlaubt, den Testaufwand auf die wichtigsten Funktionen eines Systems, vor allem auf die sicherheitskritischen Funktionen, zu konzentrieren.

Vor einer funktionsorientierten Testauswahl wird die Gesamtfunktion

$$Y^* = f(X^*) \text{ mit } X^* \in \mathbf{X}^* \tag{1.34}$$

(X^* – Eingabefolge; Y^* – Ausgabefolge) nach funktionalen Gesichtspunkten in Teilfunktionen

$$Y^* = f_i(X^*) \text{ mit } X^* \in \mathbf{X}_i^*$$

($\mathbf{X}_i^*$ – Teilmenge der möglichen Eingabefolgen) aufgeteilt. Jede Teilfunktion $f_i(X^*)$ beschreibt die Systemreaktion für eine bestimmte Art oder Menge von Eingaben, darunter auch auf unzulässige Eingaben. Vorschläge für die Funktionsaufteilung sind in [114] zu finden. Die entstehende Struktur erinnert an eine große Case-Anweisung und hat in der Regel keine Gemeinsamkeiten mit der tatsächlichen Struktur des Systems. Für die Testauswahl interessieren nur die zu unterscheidenden Eingabeteilbereiche $\mathbf{X}_i^*$ (Abbildung 1.29). Auf Basis der Eingabeteilbereiche lassen sich unterschiedliche Auswahl- oder Vollständigkeitskriterien formulieren, z. B.:

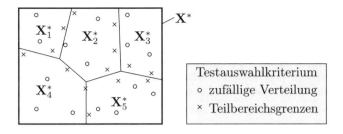

Abb. 1.29. Strukturierung des Eingaberaums

- Aus jedem Teilbereich werden ein oder mehrere Repräsentanten (zufällig) ausgewählt.
- Es werden vorrangig Eingaben an den Grenzen zwischen den Teilbereichen ausgewählt.

Umgangssprachlich ist ein Funktionstest, der sein Vollständigkeitskriterium erfüllt, auch ein erschöpfender Test. Ein erschöpfender Test, der für jeden Eingabebereich mindestens ein Testbeispiel enthält, ist natürlich wesentlich schlechter als ein erschöpfender Test, der als Vollständigkeitskriterium alle Zeilen der Wertetabelle überprüft. Um unterschiedliche Testsätze mit unterschiedlichen Vollständigkeitskriterien miteinander vergleichen zu können, stellt sich die Frage nach einem objektiveren Gütemaß. Hier muss leider gesagt werden, dass auf Basis einer Funktionsbeschreibung wenig Aussagen über die zu erwartende Fehlerüberdeckung eines Testsatzes möglich sind. Denn jede Funktion lässt sich durch unbegrenzt viele unterschiedliche Strukturen nachbilden. Unterschiedliche Strukturen besitzen zum Teil erheblich voneinander abweichende Fehlermöglichkeiten und Testanforderungen.

Strukturorientierte Testauswahl

Die Struktur eines Systems ist seine Zusammensetzung aus Teilsystemen. Eine Strukturbeschreibung bietet zwei Ansatzpunkte für die Testsatzberechnung und für die Abschätzung der Fehlerüberdeckung:

- Zellentest und
- modellfehlerorientierte Testauswahl.

Der Zellentest ist der Positivansatz für die Testauswahl. Die Teilsysteme werden als Zellen bezeichnet. Für jede Zelle ist ein Testsatz in Form einer Menge von Testschritten vorgegeben. Der Algorithmus für die Testsatzberechnung lautet:

Wiederhole für jede Zelle
Wiederhole für jeden Testschritt der Zelle
Suche einen Testschritt für das Gesamtsystem, bei dem der vorgegebene Testschritt an den Zelleneingängen gesteuert wird und die Zellenausgabe beobachtbar ist

Dieser Ansatz ist für regelmäßig strukturierte Systeme wie z. B. Addierer gebräuchlich. Das Überdeckungsmaß zur Abschätzung der Fehlerüberdeckung ist der Anteil der Zellentestschritte, die im Systemverbund ausgeführt werden.

Beispiel 1.6: *Für zwei unterschiedliche 16-Bit-Addierer, einen Ripple-Addierer und einen als 16-Bit-Addierer programmierten Festwertspeicher, soll nach dem Prinzip des Zellentests je ein Testsatz aufgestellt werden, der alle Zellen erschöpfend (nach der Wertetabelle) testet. Ziel des Beispiels ist es auch zu zeigen, dass die Struktur und nicht die Funktion die Testanforderungen bestimmt.*

Die Zellen des Ripple-Addierers in Abbildung 1.30 oben sind die $N_{VA} = 16$ Volladdierer. Jeder Volladdierer bildet aus dem eingangsseitigen Übertrag c_{i-1} und den Summandenbits a_i und b_i ein Summenbit s_i und ein Übertragsbit c_i. Die beiden Eingänge a_i und b_i der Volladdierer können direkt gesteuert werden. Der Übertragseingang ist indirekt steuerbar, indem an die direkt steuerbaren Eingänge des vorherigen Volladdierers a_{i-1} und b_{i-1} entweder gleichzeitig Null (carry kill) oder gleichzeitig Eins (carry generate) angelegt wird. Der Summenausgang s_i ist direkt beobachtbar. Der Übertragsausgang der einzelnen Volladdierer c_i ist indirekt beobachtbar, denn ein fehlerhafter Wert am Übertragsausgang invertiert den Wert am Summenausgang s_{i+1} des nachfolgenden Volladdierers. Insgesamt werden 8 Testschritte für den erschöpfenden Test der geradzahligen und acht Testschritte für den erschöpfenden Test der ungeradzahligen Volladdierer benötigt. Der gesamte Testsatz umfasst 16 Testschritte.

In dem programmierten Festwertspeicher in Abbildung 1.30 unten sind die Zellen, die erschöpfend getestet werden sollen, die Speicherzellen, die alle mindestens einmal gelesen werden müssen. Das erfordert den erschöpfenden Test des Gesamtsystems. Das Gesamtsystem besitzt $N_{BX} = 2 \cdot 16 + 1$ binäre Eingänge. Nach Gl. 1.31 ergibt sich daraus eine Testsatzlänge von

$$n = 2^{33} \approx 8{,}6 \cdot 10^9$$

Testschritten.

Beide Addierer haben dieselbe Funktion. Die Testsätze wurden nach demselben Vollständigkeitskriterium ausgewählt. Dennoch unterscheiden sich die Testsatzlängen um den Faktor $\approx 5 \cdot 10^8$. Die Funktion allein sagt offenbar wenig darüber aus, wie ein System getestet werden muss.

Die modellfehlerorientierte Testauswahl verfolgt einen Negativansatz. Aus der Struktur des Testobjekts wird eine Menge von Modellfehlern abgeleitet.

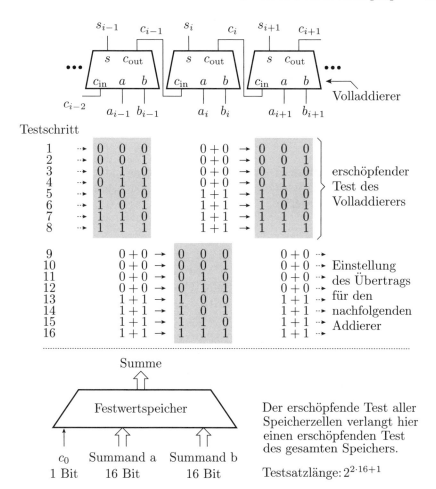

Abb. 1.30. Ripple-Addierer und programmierter Festwertspeicher, zwei mögliche Realisierungen einer Addition mit ganz unterschiedlichen Anforderungen an den Test

Modellfehler sind geringfügige Modifikationen der Strukturbeschreibung. Der Algorithmus für die Berechnung der Modellfehlermenge ist das Fehlermodell. Das Fehlermodell für ein Programm könnte z. B. lauten: »Nehme den Quellcode und streiche eine Codezeile.« Die Fehlermenge wäre in diesem Beispiel eine Menge von Programmen, denen je eine Codezeile fehlt. Das Gütemaß für die Abschätzung der Fehlerüberdeckung eines Testsatzes ist bei diesem Ansatz die Modellfehlerüberdeckung als der Anteil der nachweisbaren Modellfehler $\varphi_{\mathrm{M}\checkmark}$ zur Anzahl der unterstellten Modellfehler φ_{M}:

$$FC_{\mathrm{M}} = \frac{\varphi_{\mathrm{M}\checkmark}}{\varphi_{\mathrm{M}}} \qquad (1.35)$$

Die Modellfehlermenge dient entweder zur Konstruktion oder zur Bewertung von Testsätzen. Der Algorithmus für die Konstruktion von Testsätzen lautet:

Wiederhole für alle Modellfehler
Suche Testschritte, für die sich die Ausgabe des fehlerfreien Testobjekts von der des fehlerhaften Testobjekts unterscheidet

Dient die Modellfehlermenge nur zur Bestimmung der Modellfehlerüberdeckung, wird für jeden Modellfehler geprüft, ob ihn mindestens ein Testschritt aus dem Testsatz nachweist.

Zufällige Testauswahl

Aus dem Eingaberaum des Testobjekts wird eine Teilmenge von Eingabewerten ausgelost oder pseudozufällig ausgewählt. Pseudozufällig bedeutet hier, dass die Auswahl Zufallscharakter besitzt, aber dass bei Wiederholung des Auswahlverfahrens exakt dieselbe Auswahl getroffen wird. Die Bewertung der Güte der Testsätze bzw. die Bestimmung der erforderlichen Testsatzlänge erfolgt nach dem strukturorientierten Ansatz.

Beispiel 1.7: *Wie lang muss ein Zufallstestsatz für die beiden Addierer aus Abbildung 1.30 mindestens sein, damit alle Zellenfehler mit einer Wahrscheinlichkeit von 99% nachgewiesen werden?*

Die Aufgabe ist für das Beispiel einfach zu lösen, weil alle Zellenfehler dieselbe Nachweiswahrscheinlichkeit besitzen. Um einen Zellenfehler im Ripple-Addierer nachzuweisen, muss der Eingabevektor 4 definierte Bitwerte enthalten. Die Wahrscheinlichkeit, dass ein Zufallsvektor die 4 definierten Bits für den Ripple-Addierer enthält, ist:

$$p_{\diamond 1} = 2^{-4}$$

Der Fehlernachweis im programmierten Festwertspeicher erfordert für alle 33 Eingänge definierte Werte. Die Nachweiswahrscheinlichkeit je Testschritt beträgt hier:

$$p_{\diamond 2} = 2^{-33}$$

Die Wahrscheinlichkeit, dass eine Folge von n Zufallsvektoren mindestens einmal einen Wert mit der Auftrittshäufigkeit $p_{\diamond i}$ enthält, beträgt:

$$p_{\diamond i}(n) = 1 - (1 - p_{\diamond i})^n$$

Die erforderliche Testsatzlänge ist:

$$n \geq \frac{\log(1 - p_{\diamond i}(n))}{\log(1 - p_{\diamond i})}$$

Für eine angestrebte Nachweiswahrscheinlichkeit von $p_{\circ i}(n) \geq 99\%$ benötigt der Ripple-Addierer einen Testsatz von mindestens $n \geq 72$ Testschritten und der programmierte Festwertspeicher einen Testsatz von mindestens $n \geq 3{,}7{\cdot}10^{10}$ Testschritten.

Auch die erforderliche Testsatzlänge eines Zufallstests hängt in erster Linie von der Struktur des Testobjekts und nicht von seiner Funktion ab. Eine ausreichende Modellfehlerüberdeckung kann sehr lange Zufallstestsätze erfordern.

Tatsächliche Fehler und Modellfehler

Die modellfehlerorientierte Testauswahl ist das wichtigste Hilfsmittel, um für unbekannte Fehler Testsätze aufzustellen und zu bewerten. Das Konzept funktioniert jedoch nur, wenn die Modellfehler in bestimmten Nachweisbeziehungen zu den zu erwartenden Fehlern stehen. Für eine gezielte Testauswahl sind das:

- Nachweisidentität: Die Modellfehlermenge enthält einen identisch nachweisbaren Modellfehler. Identisch bedeutet, dass die Nachweismenge des tatsächlichen Fehlers gleich der des Modellfehlers ist.
- Nachweisimplikation: Die Modellfehlermenge enthält einen oder mehrere Modellfehler, deren Nachweis den Nachweis des tatsächlichen Fehlers impliziert. Die Nachweismengen der Modellfehler müssen hierzu Teilmengen der Nachweismenge des tatsächlichen Fehlers sein.
- Ähnlicher Nachweis: Die Modellfehlermenge enthält Modellfehler, deren Nachweis mit hoher Wahrscheinlichkeit den Nachweis des tatsächlichen Fehlers nach sich ziehen. Das bedeutet, dass die Nachweismenge des betrachteten Fehlers und die der ähnlich nachweisbaren Modellfehler größere gemeinsame Teilmengen besitzen.

Tatsächliche Fehler, die in keiner dieser Nachweisbeziehungen zur Modellfehlermenge stehen, werden nur durch Zufall erkannt. Die gezielte Testauswahl ist für diesen Typ von Fehlern nicht besser als eine zufällige Auswahl.

Dienen die Modellfehler nur zur Abschätzung der Fehlerüberdeckung für funktionsorientiert oder zufällig ausgewählte Testsätze, sind die Anforderungen an das Fehlermodell geringer. Es genügt, wenn das Fehlermodell eine Menge von Modellfehlern generiert, die von einem Zufallstestsatz mit einer vergleichbaren Wahrscheinlichkeit wie die zu erwartenden Fehler nachgewiesen werden. Nachweisidentität, Nachweisimplikation und ähnlicher Nachweis sind nur eine Möglichkeit, das sicherzustellen. Notfalls genügt hier auch eine Menge vollkommen anders nachweisbarer Modellfehler oder eine Verteilung der Fehlerauftrittshäufigkeiten in Abhängigkeit von den fehlerbezogenen Nachweiswahrscheinlichkeiten.

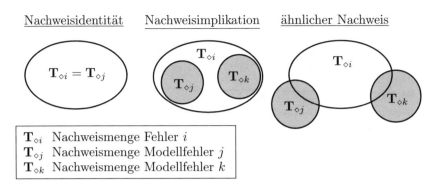

Abb. 1.31. Nachweisbeziehungen

1.3.4 Experimentelle Reparatur

Definition 1.55 (Reparaturmöglichkeit) *Eine Reparaturmöglichkeit ist eine mögliche Modifikation des Systems, die einen Fehler beseitigen könnte, z. B. ein Komponententausch.*

Definition 1.56 (Fehlerlokalisierung) *Fehlerlokalisierung ist die Suche nach einer Reparaturmöglichkeit.*

Definition 1.57 (Reparaturversuch) *Ein Reparaturversuch ist das Ausprobieren einer Reparaturmöglichkeit.*

Definition 1.58 (Wiederherstellung) *Wiederherstellung bedeutet, dass der ursprüngliche Systemzustand nach einem erfolglosen Reparaturversuch wiederhergestellt wird, indem alle Modifikationen rückgängig gemacht werden.*

Definition 1.59 (Experimentelle Reparatur) *Eine experimentelle Reparatur ist eine Iteration aus Test, Fehlerlokalisierung, Reparaturversuchen und Wiederherstellung, in der ein mit dem Testsatz nachweisbarer Fehler beseitigt wird und möglicherweise neue Fehler entstehen.*

» *Wer einen Fehler begangen hat und ihn nicht korrigiert, begeht einen weiteren Fehler.* « (Konfuzius, 551 v.Chr. bis 479 v.Chr.)

Fehler, die der Test erkennt, müssen anschließend beseitigt werden. Ein erfahrener Service-Mechaniker, der vor dieser Aufgabe steht, arbeitet nach dem Prinzip der experimentellen Reparatur. Er testet das System und vergleicht seine Testergebnisse mit der Beschreibung der Fehlersymptome im Reparaturauftrag. Wenn er die Fehlersymptome wiederfindet, analysiert er das Fehlerbild, führt eine Fehlerlokalisierung durch, stellt eine Hypothese auf, was kaputt sein könnte, und versucht die Fehlerhypothese durch einen Reparaturversuch zu bestätigen oder auszuschließen. Nach jedem Reparaturversuch wird der Test wiederholt.

Nehmen wir als Beispiel einen Arbeitsplatzrechner, der nicht mehr funktioniert. Der Mechaniker würde zuerst die Steckverbinder auf Kontaktprobleme kontrollieren, indem er nacheinander Steckverbinder löst, reinigt und wieder zusammensteckt. Zwischendurch wird getestet, ob die Reparaturversuche schon Erfolg gezeigt haben. Danach würde er nach einer intuitiven Strategie nacheinander Baugruppen gegen neue austauschen. Entweder funktioniert der Rechner nach einer begrenzten Anzahl von Reparaturversuchen oder die Reparatur wird aufgegeben und der gesamte Rechner ersetzt. Der Mechaniker muss weder die Funktionweise des Systems noch die Wirkung des Fehlers genau verstehen. Außer allgemeinen Mechanikerkenntnissen genügen ein gutes Testprogramm und ausreichend Ersatzteile.

Auch die Fehlerbeseitigung in Entwürfen erfolgt nach diesem Prinzip. Wenn der Test eine Fehlfunktion aufzeigt,

- wird eine Vermutung über die Ursache der Fehlfunktion aufgestellt
- der vermutete Fehler beseitigt
- der Test wiederholt.

Reparaturversuche könnten hier sein: »Änderung eines Variablennamens« oder »Ergänzung einer zusätzlichen Fallunterscheidung«. Funktioniert das System nach dem Fehlerbeseitigungsversuch besser, war der Reparaturversuch erfolgreich. Im anderen Fall wird der Systemzustand vor der Reparatur wieder hergestellt und es folgt ein weiterer Reparaturversuch.

Wir wollen den Prozess der experimentellen Reparatur genauer analysieren. Die Eingabe einer experimentellen Reparatur als »schwarzer Kasten« ist ein Testsatz und ein System, das bei diesem Testsatz eine Fehlfunktion zeigt. Das Ergebnis ist ein System ohne nachweisbare Fehler. Der interne Algorithmus ist eine Iteration aus Test, Wiederherstellung, Fehlerlokalisierung und Reparaturversuch, bis der Test keinen Fehler mehr nachweist. Solange der Test einen Fehler nachweist, wird ab dem zweiten Iterationsdurchlauf zuerst der Zustand vor dem letzten erfolglosen Reparaturversuch wiederhergestellt, über eine Fehlerlokalisierung der nächste Reparaturversuch vorbereitet und durchgeführt. Im Extremfall wird die Iteration solange fortgeführt, bis das gesamte System ersetzt ist. In jedem Fall werden alle nachweisbaren Fehler beseitigt. Aber es besteht das Risiko, dass insbesondere bei vielen erfolglosen Reparaturversuchen die Wiederherstellung des Vorzustandes fehlerhaft ausgeführt wird und dadurch neue Fehler entstehen, darunter auch solche, die der Testsatz nicht nachweist.

Ein System enthält in der Regel viele Fehler, die nacheinander beseitigt werden müssen. Zur Kontrolle des Reparaturerfolgs ist es am besten, wenn der Testsatz immer nur einen Fehler auf einmal offenlegt, so dass der Test nach der

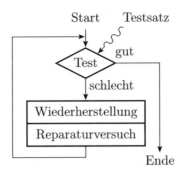

Abb. 1.32. Experimentelle Reparatur für einen Fehler

Fehlerbeseitigung erfolgreich durchläuft. Dazu wird die experimentelle Reparatur in eine übergeordnete Iteration eingebettet. Das System wird fortlaufend immer neuen Tests unterzogen, bis eine Fehlfunktion auftritt. Dann erfolgt eine experimentelle Reparatur mit dem Testsatz bis zu diesem Punkt. Sobald der Testsatz erfolgreich durchläuft, werden weitere Testschritte hinzugenommen, bis die nächste Fehlfunktion auftritt. Dann erfolgt eine experimentelle Reparatur mit dem Testsatz bis zu diesem Punkt.

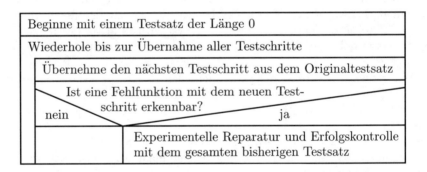

Abb. 1.33. Der gesamte Fehlerbeseitigungsprozess

Das Black-Box-Verhalten einer experimentellen Reparatur ist die Beseitigung aller nachweisbaren Fehler und die eventuelle Erzeugung neuer Fehler. Um das Risiko der Entstehung neuer Fehler gering zu halten, ist es wichtig, die Anzahl der erfolglosen Reparaturversuche zu minimieren und nach erfolglosen Reparaturversuchen sorgfältig den alten Zustand wiederherzustellen.

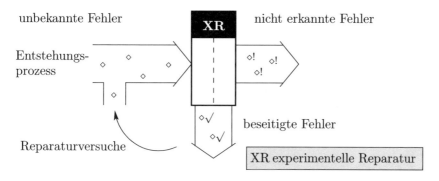

Abb. 1.34. Experimentelle Reparatur als Filter

1.3.5 Fehlerlokalisierung

Die Fehlerlokalisierung ist die Suche nach einer Reparaturmöglichkeit, die ein beobachtbares Fehlersymptom beseitigt. Die grundsätzlichen Konzepte hierfür sind:

- systematisches Tauschen
- erfahrungsbasierte Reparaturentscheidung
- Rückverfolgung.

Systematisches Tauschen

Das systematische Tauschen verlangt ein System mit einer Baumstruktur von austauschbaren Komponenten. Die Blätter des Baums sind die kleinsten austauschbaren Einheiten, z. B. Schaltkreise. Diese sind zu größeren austauschbaren Einheiten zusammengefasst, z. B. zu Baugruppen. Baugruppen sind wieder zu Rechnern zusammengefasst und Rechner zu Rechnernetzen. Wenn im Rechnernetz eine reproduzierbare Fehlfunktion auftritt, werden zuerst systematisch nacheinander Rechner aus dem Netz genommen, bis klar ist, welcher Rechner die Fehlfunktion verursacht. Anschließend werden die Baugruppen im Rechner systematisch gegen Ersatzbaugruppen ausgetauscht, bis auch hier klar ist, welche Baugruppe das Problem verursacht hat. Anschließend wird die Baugruppe repariert, indem die Schaltkreise systematisch ausgetauscht werden.

Erfahrungsbasierte Reparaturentscheidung

Erfahrungsbasierte Reparaturentscheidungen beruhen auf dem Pareto-Prinzip. Das Pareto-Prinzip besagt, dass oft 80% der Probleme auf 20% der Ursachen zurückgehen. Gleiche Fehlfunktionen haben oft dieselbe fehlerhafte Komponente als Ursache. Mit einer Statistik über die Häufigkeit erfolgreicher Reparaturversuche lässt sich die Suche der defekten Einheit stark verkürzen.

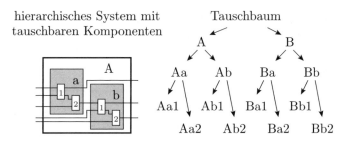

Abb. 1.35. Tauschbaum

Die Entscheidungsfindung funktioniert ähnlich wie ein einlagiges neuronales Netz. Eingabe ist die beobachtete Fehlfunktion, Ergebnis die Reparaturentscheidung. Jedem Eingabe/Ausgabe-Paar ist eine Häufigkeit zugeordnet. Wenn eine Fehlfunktion auftritt, wird ermittelt, welche Reparaturmöglichkeit in der Vergangenheit am häufigsten zum Erfolg geführt hat. Diese wird ausgeführt. Bei Erfolg wird der zugeordnete Häufigkeitswert erhöht. Wenn die Reparatur nicht erfolgreich war, wird wieder der Zustand vor dem Reparaturversuch hergestellt und die Reparaturmöglichkeit mit dem nächstkleineren Häufigkeitswert ausprobiert.

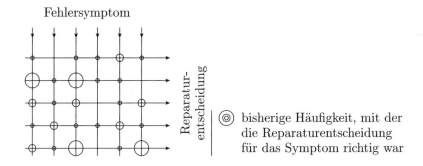

Abb. 1.36. Erfahrungsbasierte Reparaturentscheidung

Rückverfolgung

Bei der Rückverfolgung wird der Fehler über die Fortpflanzung der Datenverfälschungen lokalisiert. Das System wird als gerichteter Graph betrachtet. Die Knoten sind informationsverarbeitende Teilsysteme (z. B. logische Gatter oder Programmanweisungen). Die Kanten beschreiben den Informationsfluss. Jedes Teilsystem übernimmt Eingaben von vorgelagerten Teilsystemen und

gibt seine Ergebnisse an nachfolgende Teilsysteme weiter. Durch systematische Vergleiche der Ist- und der Soll-Werte lassen sich in einem solchen System die Beobachtungspfade der lokalen Datenfehler bis zum Entstehungsort
zurückverfolgen. Endet ein solcher Pfad am Ausgang eines Teilsystems, ist
dieses Teilsystem der potenzielle Fehlerkandidat. Aber Achtung, ein Fehler
kann auch darin bestehen, dass das falsche Teilsystem die Daten verändert
(z. B. ein Schreibzugriff auf eine falsche Adresse).

Die zurückverfolgten Pfade können auch an Speicherausgängen enden.
Dann muss die Rückverfolgung in dem Abbildungsschritt fortgesetzt werden,
in dem der falsche Wert in den Speicher geschrieben wird. Dazu ist das System neu zu initialisieren und der Test bis zu dem entsprechenden vorgelagerten
Testschritt zu wiederholen.

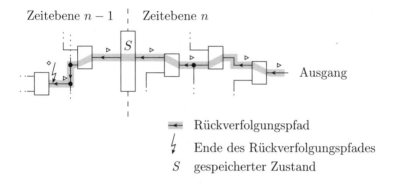

Abb. 1.37. Fehlerlokalisierung durch Rückverfolgung

1.3.6 Reifeprozesse

Definition 1.60 (Reifeprozess) *Ein Reifeprozess ist die Fortsetzung der
Iteration aus Test und Fehlerbeseitigung in der Einsatzphase.*

Definition 1.61 (Reifezeit) *Die Reifezeit ist die akkumulierte Nutzungsdauer eines Systems, während der ein Reifeprozess stattfindet.*

Definition 1.62 (Fehlerbericht) *Ein Fehlerbericht ist eine Beschreibung
einer beobachteten Fehlfunktion durch einen Anwender.*

Definition 1.63 (Eingabebeschränkung) *Eine Eingabebeschränkung (engl.
input work-around) ist eine Vermeidung von Eingaben und Konfigurationen,
bei denen Fehlfunktionen beobachtet wurden.*

Ein Reifeprozess ist die Fortsetzung der Iteration aus Test und Fehlerbeseitigung in der Einsatzphase. Informationsverarbeitende Systeme besitzen

zu Beginn ihrer Einsatzphase nur eine Mindestzuverlässigkeit Z_{min}. Sie enthalten noch zahlreiche Fehler, die im Einsatz Fehlfunktionen verursachen, die aber von den Herstellertests nicht nachgewiesen werden. Um auch diese Fehler beseitigen zu können, braucht der Hersteller die Unterstützung der Anwender. Die Anwender übernehmen das Testen. Wenn sie störende Fehlfunktionen bemerken, haben sie zwei Möglichkeiten, das Problem zu beseitigen:

- Eingabebeschränkung
- Fehlerbericht.

Die Eingabebeschränkung ist der schnelle Weg. Der Anwender untersucht, bei welchen Eingaben und Konfigurationseinstellungen die beobachteten Fehlfunktionen nicht auftreten und beschränken sich anschließend auf diese Bereiche. Oft genügt eine kleine Änderung in den Konfigurationseinstellungen des Systems. Jede zweckmäßige Eingabebeschränkung verringert die Auftrittshäufigkeit von Fehlfunktionen und erhöht dadurch die Zuverlässigkeit.

Zusätzlich oder als Alternative sendet der Anwender einen Fehlerbericht an den Hersteller mit der Bitte, den Fehler zu beseitigen. Der Hersteller konstruiert aus den Angaben in den Fehlerberichten Testschritte, die verborgene Fehler nachweisen. Angaben zu den Eingabebereichen und Konfigurationseinstellungen, bei denen die Fehlfunktionen auftreten bzw. nicht auftreten, sind hierfür sehr hilfreich [158]. Mit dem erweiterten Testsatz wird das System weiteren experimentellen Reparaturschritten unterzogen, die die zusätzlich nachweisbaren Fehler beseitigen. In gewissen Zeitabständen gibt der Hersteller neue, fehlerärmere Versionen an die Anwender aus. Die Fehleranzahl sinkt mit der Produktnutzungsdauer. Mit der Fehleranzahl nimmt auch die Häufigkeit der Fehlfunktionen ab und die Zuverlässigkeit des Systems nimmt genau wie durch die Eingabebeschränkungen zu. Das Produkt reift.

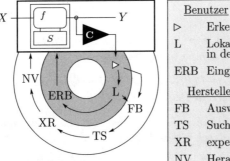

Abb. 1.38. Reifeprozess als Iteration aus Systemüberwachung, Eingabebeschränkung und Fehlerbeseitigung

Der wesentliche Unterschied zwischen der Iteration aus Test und Fehlerbeseitigung vor dem Einsatz und einem Reifeprozess während des Einsatzes ist die Größenordnung der Testzeit. Dadurch, dass die Anwender das Testen übernehmen, fließen in die Testzeit die Nutzungsdauern bei allen Anwendern ein, die Fehlerberichte liefern. Die effektive Testzeit eines Reifeprozesses bewegt sich in der Größenordnung von Monaten oder Jahren. Dabei werden viel mehr Funktionsfälle ausprobiert und viel mehr Problemsituationen erkannt als von den Herstellertests.

Aus dem Zusammenhang zwischen der Nutzungsdauer eines Systems und seiner Zuverlässigkeit folgt, dass Systeme, die über viele Jahre gereift sind, sehr zuverlässig sind. Manche Programme werden deshalb viel länger genutzt, als es ihre Autoren ursprünglich geplant hatten. Dadurch entstand z. B. das Jahrtausendproblem. Zur Jahrtausendwende wurden noch viele Programme genutzt, die zu einer Zeit entwickelt wurden, zu der zwei Bytes für eine Jahreszahl als überhöhter Aufwand galten [1]. Diese Programme waren in veralteten Sprachen für seit langem nicht mehr genutzte Rechner geschrieben und liefen nur noch unter Emulatoren. Zur Jahrtausendwende wurden diese Programme erstmalig mit der Situation konfrontiert, dass auf die größte darstellbare Jahreszahl 99 die kleinste darstellbare Jahreszahl 0 folgte. Dieser Funktionsfall war nicht vorgesehen. Warum wurden die Programme in den vielen Jahren nicht durch moderne Programme in modernen Sprachen für moderne Rechner ersetzt? Der Grund ist die Zuverlässigkeit. Wenn ein Programm erst einmal ein gewisses Alter und eine gewisse Zuverlässigkeit erreicht hat, ist es schwer, Ersatz mit vergleichbarer Zuverlässigkeit zu schaffen. Denn die neuen Programme müssten vor ihrem Einsatz über Jahrzehnte reifen.

Umgekehrt erlauben die Betrachtungen hier auch eine Antwort auf die Frage, warum viele der heutigen Programme so erschreckend oft Fehlfunktionen liefern (z. B. Betriebssysteme mit einem Absturz pro Tag). Die Systeme sind zu groß. Bei ihrer Entwicklung entstehen zu viele Fehler. Die Testzeiten und die Reifezeiten sind zu kurz. Geringe Zuverlässigkeit ist eine natürliche Begleiterscheinung hoher Innovationsgeschwindigkeit.

1.3.7 Prüfgerechter Entwurf, testgetriebener Entwurf und Selbsttest

Definition 1.64 (Testbarkeit) *Die Testbarkeit (engl. testability) ist eine verbale Beschreibung, wie einfach oder schwierig es ist, für ein System und alle seine Bestandteile ausreichend gute Testsätze zu finden und die Tests durchzuführen.*

Definition 1.65 (Prüfgerechter Entwurf) *Prüfgerechter Entwurf, Schlagwort DFT (engl. design for testability), ist ein Sammelbegriff für Entwurfsmaßnahmen zur Gewährleistung einer ausreichenden Testbarkeit.*

Definition 1.66 (Steuerbarkeit) *Die Steuerbarkeit $s_{\diamond i}$ eines Fehlers i ist die Wahrscheinlichkeit, dass der Fehler i in einem Testschritt bei einem Zufallstest oder einem Test mit betriebstypischen Eingaben angeregt wird.*

Definition 1.67 (Sichtbarkeit) *Ein Fehlerort ist sichtbar, wenn eine Daten- oder Signalverfälschung am Fehlerort im selben oder in einem späteren Testschritt auf eine Fehlfunktion abgebildet wird.*

Definition 1.68 (Beobachtbarkeit) *Die Beobachtbarkeit $b(z)$ ist die Wahrscheinlichkeit, dass der Fehlerort, die Variable oder das Signal z, in einem Testschritt bei einem Zufallstest oder einem Test mit betriebstypischen Eingaben sichtbar ist.*

Definition 1.69 (Nachweiswahrscheinlichkeit) *Die Nachweiswahrscheinlichkeit $p_{\diamond i}$ eines Fehlers i ist die Wahrscheinlichkeit, dass der Fehler in einem Testschritt nachgewiesen wird, d. h., dass er angeregt wird und dass der Fehlerort gleichzeitig sichtbar ist.*

Definition 1.70 (Selbsttest/BIST) *Ein Selbsttest (engl. built-in self-test) ist ein Test mit im System eingebauten Testfunktionen.*

» Wenn der Berg nicht zum Propheten kommt, muss der Prophet zum Berg gehen.« (Sprichwort)

Auf Grund der Größe, der Geschwindigkeit und des Informationsdurchsatzes der heutigen informationsverarbeitenden Systeme ist es riskant, erst nach der Produktentwicklung mit der Suche nach geeigneten Testmöglichkeiten und Testsätzen zu beginnen. Denn es gibt einige Fallstricke, die letzteres verhindern können. Der prüfgerechte Entwurf besteht im Wesentlichen darin, alle test-, reparatur- und wartungsspezifischen Aspekte genau wie die funktionalen Aspekte, Kostenaspekte etc. bereits ab der Spezifikation mit in den Entstehungsprozess einfließen zu lassen, z. B.:

- Welche Prüftechnik ist vorgesehen? Welche Anforderungen stellt diese Prüftechnik an den Testsatz und an das Testobjekt?
- Wie soll die Testauswahl erfolgen? Welche Softwareunterstützung steht zur Verfügung? Welche Anforderungen stellt diese Software an das Testobjekt?
- Wie sollen die gefundenen Fehler lokalisiert und beseitigt werden? Wie sollen die Anwender Fehlerberichte erstellen? Was soll in den Fehlerberichten stehen? Wie sollen daraus die Testbeispiele erstellt werden?

Ein Grundprinzip des prüfgerechten Entwurfs ist die Partitionierung. Das System wird während des Tests in überschaubare Testobjekte geteilt, die unabhängig voneinander getestet werden. Das stellt gewisse Anforderungen an seine Struktur. Bei Hardware ist darauf zu achten, dass alle Signale für den Anschluss der Prüftechnik über die Schaltkreis- bzw. Baugruppenanschlüsse zugänglich sind.

Die Testbarkeit von Entwürfen steht in engem Zusammenhang mit der Übersichtlichkeit, der Verständlichkeit und der Lesbarkeit der Entwurfsbeschreibungen. Modulare Programmierung, klare Schnittstellen, übersichtliche Beschreibungen der Eingaberäume, Ausgaberäume, Zustandsräume und der Soll-Funktionen aller Teilsysteme sind nicht nur für den Entwurf, sondern auch für den Test wichtig.

Ein Prinzip der Softwaretechnik, das speziell auf die Testbarkeit abzielt, ist der testgetriebene Entwurf. Bei einem testgetriebenen Entwurf werden zu jedem Teilsystem während seines Entwurfs gleichzeitig auch einige Testbeispiele entwickelt, an die Beschreibung des Teilsystems gebunden und nach jeder Änderung abgearbeitet [10]. Diese Vorgehensweise deckt nicht nur Entwurfsfehler, sondern auch potenzielle Testprobleme auf.

Die logische Weiterführung des prüfgerechten Entwurfs ist der Selbsttest. Zusätzlich zu den erforderlichen Testhilfen, um das System überhaupt testen zu können, werden die Testbeispiele und die Funktionen zur Testdurchführung mit in das System eingebaut. Das hat den Vorteil, dass auch sehr lange und sehr gründliche Tests mit einem ökonomisch vertretbaren Aufwand durchgeführt werden können.

1.4 Fehlerbehandlung

Definition 1.71 (Fehlerisolation) *Fehlerisolation bedeutet, dass mit Hilfe von Überwachungs- und Fehlerbehandlungsfunktionen verhindert wird, dass sich Fehlfunktionen über die Schnittstellen zwischen Teilsystemen fortpflanzen.*

Definition 1.72 (Fehlertoleranz) *Ein fehlertolerantes System ist dadurch gekennzeichnet, dass es einen Teil seiner intern auftretenden Fehlfunktionen automatisch korrigiert. Das schließt die Wiederherstellung der Betriebsbereitschaft nach Fehlfunktionen und Ausfällen mit ein.*

Jedes System hat eine endliche Zuverlässigkeit. In einem mittleren zeitlichen Abstand gleich seiner Zuverlässigkeit treten Fehlfunktionen auf. Die Zeitpunkte und die Art der Fehlfunktionen sind nicht vorhersagbar. Die möglichen Reaktionen auf erkannte Fehlfunktionen sind:

- Abbruch
- Schadensbegrenzung
- Wiederherstellen der Betriebsbereitschaft
- Maskierung oder Korrektur (Fehlertoleranz).

Bei einem Ausgabefehler ist im Allgemeinen davon auszugehen, dass auch der Zustand des Systems kontaminiert ist. Eine sinnvolle Weiterarbeit ist nicht möglich. Das System stoppt im einfachsten Fall seine Verarbeitung mit einer

Fehlermeldung über den Grund des Verarbeitungsabbruchs und mit Hinweisen zur künftigen Problemvermeidung.

Ein plötzlicher Abbruch der Verarbeitung kann in bestimmten Anwendungen erheblichen Schaden verursachen. Steuerungen für technische Systeme müssen die angesteuerten Systeme zuvor in einen sicheren Zustand versetzen. Ein Gebäudezugangssystem muss bei Systemausfall die Fluchttüren offen lassen. Eine Festplattensteuerung muss vor Anhalten des Motors die Schreib/Leseköpfe anheben und in eine Parkposition bringen. Die Motorsteuerung eines Autos schaltet die Zündung ab, wenn eine schwerwiegende, nicht korrigiertbare Fehlfunktion im System auftritt. In komplizierteren sicherheitskritischen Systemen, wie Flugzeugen, Kraftwerken und Fertigungsanlagen, für die es kein einfaches Standardvorgehen für Notfälle gibt, erfolgt in der Regel der Übergang auf manuelle Steuerung.

Die Wiederherstellung der Betriebsbereitschaft nach einer Fehlfunktion verlangt eine Neuinitialisierung. Es gibt zwei Arten der Neuinitialisierung:

- statische Neuinitialisierung und
- dynamische Neuinitialisierung.

Eine statische Neuinitialisierung ist ein Neustart. Das System wird wieder in seinen Anfangszustand

$$S = S_0$$

versetzt (Abbildung 1.39 a). Die unterbrochene Aufgabe bleibt unvollendet oder muss komplett von vorn wiederholt werden.

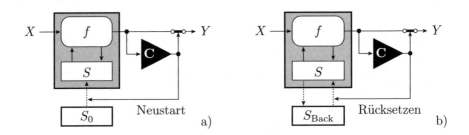

Abb. 1.39. Neuinitialisierung: a) statisch, b) dynamisch

Bei einer dynamischen Neuinitialisierung übernimmt das System den letzten fehlerfreien zwischengespeicherten Zustand S_{Back}. Das setzt voraus, dass das System regelmäßig Sicherheitskopien seines Zustands in einem geschützten Speicher abgelegt, der nicht durch Fehlfunktionen des Systems kontaminiert werden kann (Abbildung 1.39 b). Die Kopien werden in der Regel an den Kontrollpunkten (engl. check points) im Verarbeitungsfluss angefertigt, an denen auch die Systemdaten kontrolliert werden. Wird an einem Kontrollpunkt eine Fehlfunktion erkannt, kopiert das System den gesicherten Zustand zurück in den Zustandsspeicher. Die unterbrochene Aufgabe muss nur ab dem letzten Kontrollpunkt wiederholt werden [106].

1.4.1 Fehlerisolation

Jede automatische Fehlerbehandlung – sei es zur Schadensbegrenzung, zur Wiederherstellung der Funktionsbereitschaft oder zur Korrektur – verlangt, dass nach einer Fehlfunktion funktionierende, nicht kontaminierte Teilsysteme vorhanden sind. Für die Reaktion »dynamische Neuinitialisierung und Wiederholung« darf z. B. die Sicherheitskopie des Zustands nicht kontaminiert sein. Das führt auf das Konzept der Fehlerisolation. Fehlerisolation bedeutet, dass

- ein System in Teilsysteme gegliedert ist
- die Kommunikation an den Schnittstellen zwischen den Teilsystemen überwacht wird
- bei erkannten Datenfehlern der Datentransfer unterbunden und eine Fehlerbehandlung eingeleitet wird.

Die Teilsysteme sind hier in der Regel größere selbstständige Funktionseinheiten z. B. Anwenderprogramme oder komplette programmierte Rechner. Die Kommunikation wird entweder von einem übergeordneten Kontrollsystem gesteuert, das die Zeitpunkte für den Datenaustausch, den Verarbeitungsstart und die Ergebnisweitergabe festlegt, oder sie erfolgt nach dem Quittungsprinzip, bei dem sich beide Kommunikationspartner für den Datenaustausch bereit erklären müssen. An den Kommunikationsschnittstellen werden überwacht:

- Zugriffsrechte: Ist der Initiator der Kommunikation autorisiert, die Aktion anzufordern?
- Datenkorrektheit oder -plausibilität: Sind die übertragenen Daten richtig bzw. zulässig?
- Lebenszeichen: Geben alle potenziellen Kommunikationspartner Lebenszeichen von sich, die darauf schließen lassen, dass sie noch betriebsbereit sind?

In einem Softwaresystem sind die Grundfunktionen der Kommunikationsüberwachung ein Bestandteil des Betriebssystems. Die zu isolierenden Teilsysteme sind Prozesse. Die Kontrolle der Autorisierung erfolgt in der Speicherverwaltung. Jeder Prozess erhält nur für die Teile des Speichers Lese- und/oder Schreibberechtigungen, mit denen er im fehlerfreien Fall arbeiten muss. Die Daten- und die Lebenszeichenüberwachung und die Reaktionen auf erkannte Fehlfunktionen sind anwendungsspezifisch. Sie verlangen eine zusätzliche anwendungsspezifische Kommunikationsschicht zwischen dem Anwenderprogramm und dem Betriebssystem. Diese Kommunikationsschicht besteht aus einer Menge von Routinen, die die Korrektheits- und Plausibilitätskontrollen und die Fehlerbehandlungen ausführen und als einzige Routinen autorisiert sind, auf Speicherbereiche mehrerer Teilsysteme zuzugreifen [118].

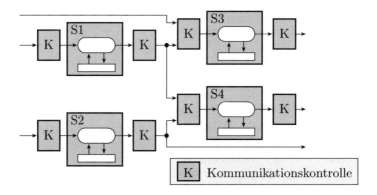

Abb. 1.40. Prinzip der Fehlerisolation

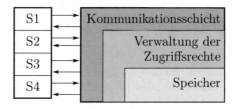

Abb. 1.41. Fehlerisolation in Softwaresystemen

Bei sehr hohen Sicherheitsanforderungen ist das Konzept der Fehlerisolation auch auf die Ursachen der Fehlfunktionen zu erweitern. Es ist zusätzlich sicherzustellen, dass auch Fehler, Ausfälle und Störungen nicht gleichzeitig alle Systeme kontaminieren können. Das erfordert ein erhebliches Maß an Strukturredundanz. Das System muss aus mehreren autonomen Teilsystemen bestehen, idealerweise örtlich getrennte Rechner, mit unabhängigen Spannungsversorgungen und einer Kommunikation über redundante Bussysteme. Die Kommunikationsüberwachung erfolgt hier an der Schnittstelle zwischen den Teilsystemen und den Bussen.

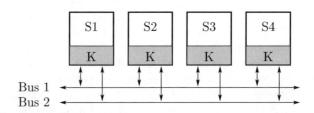

Abb. 1.42. Fehlerisolation in einem Rechnersystem

1.4.2 Wiederholung

Die einfachste Form der Datenfehlerkorrektur ist eine dynamische Neuinitialisierung, gefolgt von einer Wiederholung der Berechnung ab dem letzten Kontrollpunkt, an dem noch keine Fehlfunktion zu beobachten war. Korrektur durch Wiederholung wird auch als Zeitredundanz bezeichnet [81]. Für die Korrektur störungsbedingter Datenfehler genügt meist eine einzige Wiederholung. Datenfehler durch unbeständige Fehler verlangen eine Schleife, in der die Berechnung so lange wiederholt wird, bis kein Datenfehler mehr zu erkennen ist. Wenn nach einer großen Anzahl von Wiederholungen immer wieder derselbe Datenfehler auftritt, ist die Ursache offensichtlich ein (beständiger) Fehler und es muss auf eine andere Art der Fehlerbehandlung zurückgegriffen werden. Wiederholung ist z. B. das Standardkorrekturverfahren für Lesefehler von Massenspeichern und für Datenübertragungsfehler. In der Literatur gibt es Angaben, dass eine Wiederholung auch einen großen Anteil der durch Softwarefehler verursachten Fehlfunktionen korrigiert [55, 88].

Eine Ausweitung auf die Korrektur von Fehlfunktionen durch beständige Fehler verlangt eine Eingabebeschränkung und/oder einen anderen Rechenweg. Eingabebeschränkung bedeutet hier, dass die Aufgabenstellung so umformuliert wird, dass die Eingaben und Zustände, bei denen Fehlfunktionen auftreten, vermieden werden. Für die Umformulierung einer Aufgabenstellung gibt es folgende Ansätze [8]:

- Eingabetransformation
- Ein- und Ausgabetransformation
- Aufspaltung der Aufgabe.

Für eine Wiederholung mit Eingabetransformation muss eine Funktion $f_{\mathrm{ET}}(X)$ verfügbar sein, für die die Abbildung

$$Y = f\left(\left(f_{\mathrm{ET}}(X)\right)\right) \tag{1.36}$$

ein richtiges Ergebnis liefert. Eine mögliche Eingabetransformation ist die Änderung der Reihenfolge vertauschbarer Eingabewerte.

Ein- und Ausgabetransformation bedeutet, dass die Eingabe so transformiert wird, dass ein Ergebnis entsteht, das in eine zulässige Ausgabe umgerechnet werden kann:

$$Y = f_{\mathrm{AT}}\left(f\left(f_{\mathrm{ET}}(X)\right)\right) \tag{1.37}$$

Wenn sich ein Dokument, z. B. ein Bild, in einem Format nicht bearbeiten lässt, transformiert man es in ein anderes Format, bearbeitet es in diesem Format und transformiert es anschließend zurück.

Bei der Aufspaltung der Aufgabe wird die ursprüngliche Eingabe X in mehrere Eingaben X_i zerlegt. Auf die einzelnen Eingaben wird nacheinander die eigentliche Funktion angewendet. Abschließend werden die Ergebnisse zusammengefasst:

wiederhole für $i = 1$ bis ...
$X_i = f_{\mathrm{ET}.i}(X)$
$Y_i = f(X_i)$

$Y = f_{\mathrm{AT}}(Y_1, Y_2, ...)$

Dieser Ansatz bietet sich z. B. für lineare Systeme an. Für jedes lineare System, auch für sehr große lineare Berechnungen in der Signalverarbeitung, bei der Simulation etc., gilt der Überlagerungssatz:

$$f(k_1 \cdot X_1 + k_2 \cdot X_2) = k_1 \cdot f(X_1) + k_2 \cdot f(X_2) \tag{1.38}$$

(k_i- beliebige Faktoren), über den eine Berechnung in beliebig vielen Variationen aufgeteilt und wieder zusammengesetzt werden kann.

1.4.3 Berechnungspaare

Die Verwendung von zwei Systemen ist die einfachste Form der Strukturredundanz. Die beiden Systeme, in der Regel zwei separate Rechner, können ihre Ergebnisse zur Kontrolle miteinander vergleichen. Bei einem Absturz oder Ausfall eines Teilsystems kann das noch betriebsbereite System weiterarbeiten, während an dem ausgefallenen oder abgestürzten System Diagnose-, Wiederherstellungs-, Wartungs- oder Reparaturarbeiten durchgeführt werden.

1.4.4 Mehrversionstechnik

Das klassische Mehrversionsschema ist Mehrfachberechnung und Mehrheitsentscheid. Jede Berechnung wird $N_{\mathrm{Vers}} \geq 3$-mal ausgeführt. Die Ergebnisse werden miteinander verglichen. Falls sie nicht übereinstimmen, wird das Mehrheitsergebnis ausgewählt. Vergleich und Mehrheitsentscheid sind Aufgabe des Voters (Abbildung 1.43). Gibt es kein Mehrheitsergebnis, signalisiert der Voter, dass Datenfehler aufgetreten sind, die nicht korrigiert werden können. Dieses Konzept wurde bereits 1956 von JOHN VON NEUMANN[5] vorgeschlagen und gehört damit zu den ältesten Architekturkonzepten in der Rechnergeschichte.

Das Schema Mehrfachberechnung mit Mehrheitsentscheid verhindert, dass Fehlfunktionen die Modulgrenzen überschreiten. In weiter ausgebauten Fehlertoleranzschemen folgen auf das Erkennen einer Fehlfunktion Diagnose-, Wiederherstellungs- und Rekonfigurationsschritte.

---

[5] John von Neumann (Johann Baron von Neumann), 1903-1957, amerikan. Mathematiker östr.-ungar. Herkunft. Grundlegende Arbeiten auf vielen Gebieten der modernen Mathematik; lieferte maßgebliche Beiträge zur Automatentheorie.

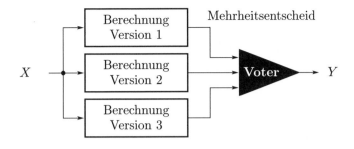

Abb. 1.43. Mehrfachberechnung und Mehrheitsentscheid

Check-Point-Roll-Back-Recovery

Das Fehlertoleranzschema Check-Point-Roll-Back-Recovery ist eine aufwands-optimierte Kombination einer Mehrfachberechnung mit Mehrheitsentscheid und mit einer dynamischen Neuinitialisierung nach einer Fehlfunktion. Um eine Fehlfunktion zu erkennen, genügen die ersten zwei Berechnungen. Die dritte Berechnung für den Mehrheitsentscheid erfolgt nur, wenn die Ergebnisse der ersten beiden Berechnungen nicht übereinstimmen. Ein gründlich getestetes System liefert nur selten falsche Ergebnisse, so dass die dritte Berechnung fast nie erforderlich ist.

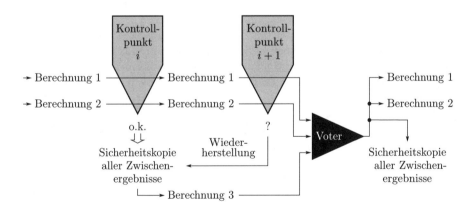

Abb. 1.44. Check-Point-Roll-Back-Recovery

Die Berechnungsergebnisse und Zwischenzustände der beiden parallel ausgeführten Berechnungen werden an den Kontrollpunkten im Programmfluss miteinander verglichen. Wenn sie übereinstimmen, wird der übereinstimmende Bearbeitungszustand (Inhalt aller Variablen und Prozessorregister) in einen stabilen Speicher gesichert und die Berechnungen werden fortgesetzt. Im Falle einer Abweichung wird die Berechnung ein drittes Mal ab dem letzten übereinstimmenden Bearbeitungszustand wiederholt (roll-back-recovery), ein Mehrheitsentscheid durchgeführt und mit dem Mehrheitsergebnis weitergearbeitet [107].

Im Sequoia-System [21] besteht jedes Verarbeitungselement aus zwei Prozessoren, die dasselbe Programm zeitgleich abarbeiten. Ein Komparator vergleicht in jedem Takt die Ergebnisdaten. Jedes Prozessorelement besitzt einen Write-Back-Cache. Bei Ereignissen wie Stack-Überlauf oder Prozesswechsel wird der gesamte Cache und der Prozessorstatus in den Hauptspeicher kopiert, der die Funktion des stabilen Speichers besitzt.

Im Tandem-System [160] sendet der Hauptprozessor, der Master, periodisch seinen Zustand an einen zweiten Prozessor, den Checker, und einen Backup-Speicher. Im Fehlerfall, wenn die Zwischenergebnisse des Hauptprozessors nicht mit denen des Checkers übereinstimmen, wird der Prozesszustand zum Zeitpunkt des letzten Backups restauriert. Ein Reserveprozessor, der zuvor als Checker gearbeitet hat, übernimmt die Funktion des Hauptprozessors.

Flugsteuersystem des Airbus A3XX [143]

In hochgradig sicherheitskritischen Anwendungen muss das System möglichst alle Fehlfunktionen unabhängig von ihrer Ursache tolerieren. Zu den Ursachen für Fehlfunktionen gehören außer Störungen, Entwurfsfehlern und Fertigungsfehlern auch Hardwareausfälle, Ausfälle von Aktoren[6], mechanische Zerstörungen und Ausfälle der Spannungsversorgung.

Das Flugsteuersystem des Airbus A3XX besteht aus zwei identischen Systemen. Jedes dieser Systeme besteht aus zwei Rechnerpaaren und eigenen Aktoren zur Flugsteuerung. Jedes Rechnerpaar besteht aus einem Steuerrechner, der die Aktoren ansteuert, und einem Überwachungsrechner, der die Arbeit des Steuerrechners kontrolliert. In der Grundkonfiguration ist das Rechnerpaar 1 von System 1 aktiv. Alle anderen Rechnerpaare arbeiten im Stand-by. Die Aktoren von System 2 sind abgeschaltet. Bei einer Fehlfunktion im Rechnerpaar 1 von System 1 übernimmt Rechnerpaar 2. Wenn beide Rechnerpaare oder Aktoren von System 1 ausgefallen sind, übernimmt System 2.

Zur Verhinderung von Katastrophen durch Software- und Hardwarefehler wurde bei der Systemkonzeption auf ein hohes Maß an Diversität geachtet. Die Hardware der vier Rechner eines Teilsystems, zwei Steuerrechner und zwei Überwachungsrechner, stammen von unterschiedlichen Herstellern. Damit sind übereinstimmende Hardwarefehler, die alle Systeme in gleicher Weise beeinträchtigen, sehr unwahrscheinlich. Die Softwarediversität wurde dadurch gesichert, dass die Spezifikationen für den Steuerrechner und für den Überwachungsrechner unabhängig voneinander aus einer gemeinsamen Grundspezifikation abgeleitet wurden und der Entwurf durch getrennte Arbeitsgruppen erfolgte.

---

[6] Aktoren sind hier die Stellglieder für die Flugsteuerung

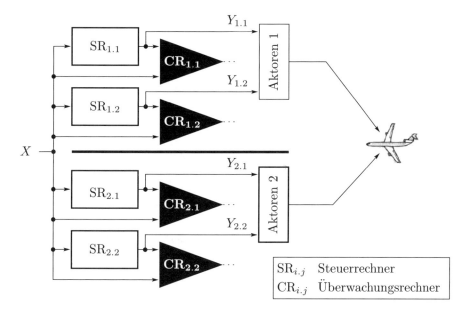

Abb. 1.45. Flugsteuersystem des Airbus A3XX [143]

1.4.5 Fehlerkorrigierende Codes

Für die Tolerierung von Datenverfälschungen bei der Übertragung und Speicherung gibt es ein weniger aufwändiges Verfahren als die Mehrfachberechnung mit Mehrheitsentscheid. Es genügt eine geringere Informationsredundanz, als die N_{Vers}-fache Datenmenge zu übertragen oder zu speichern. Das ist der Einsatz fehlerkorrigierender Codes. Die zu übertragenden oder zu speichernden Daten werden so codiert, dass sich für einen großen Teil der zu erwartenden Verfälschungen das ursprüngliche Codewort aus dem verfälschten Codewort zurückgewinnen lässt.

Ein fehlerkorrigierender Code teilt die Variationen des Codewortes in drei Teilmengen ein:

- Gültige Codewörter
- Ungültige korrigierbare Codewörter: Das sind Codewörter, die mit großer Wahrscheinlichkeit durch eine Verfälschung eines bestimmten gültigen Codewortes entstanden sind. Bei der Ergebniskorrektur werden sie wieder durch das zugeordnete gültige Codewort ersetzt.
- Ungültige nicht korrigierbare Codewörter: Das sind Codewörter, die mit vergleichbarer Wahrscheinlichkeit aus mehreren unterschiedlichen gültigen Codewörtern entstanden sein könnten, so dass das ursprüngliche unverfälschte Codewort nicht mehr bestimmt werden kann.

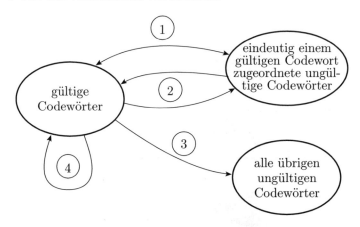

Abb. 1.46. Möglichkeiten der Verfälschung eines gültigen Codewortes

Wird ein gültiges Codewort verfälscht, sind vier Fälle zu unterscheiden (Abbildung 1.46):

1) Korrigierbare Verfälschung: Der Fehler verfälscht ein gültiges Codewort so, dass ein diesem Codewort zugeordnetes ungültiges Codewort entsteht. Eine solche Verfälschung kann später korrigiert werden, indem das ungültige Codewort wieder durch das ihm zugeordnete gültige Codewort ersetzt wird.

2) Maskierung von Datenfehlern durch Korrektur: Der Fehler verfälscht ein gültiges Codewort so, dass ein ungültiges Codewort entsteht, das einem anderen gültigen Codewort zugeordnet ist. Die Korrektur ersetzt das ungültige Codewort durch ein falsches gültiges Codewort.

3) Erkennen falscher Ergebnisse, ohne dass diese korrigiert werden können: Es entsteht ein ungültiges Codewort, das keinem der gültigen Codewörter zugeordnet ist. Der Datenfehler wird zwar erkannt, eine Korrektur ist aber nicht möglich.

4) Direkte Maskierung: Ein gültiges Codewort wird auf ein anderes gültiges Codewort abgebildet. Der Datenfehler wird weder erkannt, noch wird er korrigiert.

Der Trick eines fehlerkorrigierenden Codes besteht darin, die Codewörter so einzuteilen, dass der überwiegende Teil der zu erwartenden Verfälschungen korrigiert und der Rest der Verfälschungen möglichst erkannt wird.

Die Gesamtanzahl aller Codewörter ist durch die Anzahl der Variationen des gesamten Datenobjekts gegeben. Ein N_{Bit} großes Datenobjekt kann $2^{N_{Bit}}$ Variationen annehmen. Diese Menge muss für alle gültigen Codewörter und alle ungültigen Codewörter, die gültigen Codewörtern zugeordnet sind, ausreichen:

$$N_{CWG} \cdot \left(N_{CWK/CWG} + 1 \right) \ll 2^{N_{Bit}} \tag{1.39}$$

(N_{CWG} – Anzahl der gültigen Codewörter; $N_{\mathrm{CWK/CWG}}$ – Anzahl der jedem gültigen Codewort zugeordneten ungültigen Codewörter; N_{Bit} – Bitanzahl des Gesamtcodewortes). Die Anzahl der korrigierbaren Verfälschungen eines Codewortes ist dabei stets wesentlich kleiner als die Anzahl der möglichen Variationen für die Verfälschung des N_{Bit} Bit großen Datenobjekts:

$$N_{\mathrm{CWK/CWG}} \leq \frac{2^{N_{\mathrm{Bit}}}}{N_{\mathrm{CWG}}} - 1 \qquad (1.40)$$

Ein fehlerkorrigierender Code kann nur einen kleinen Teil der möglichen Bitverfälschungen korrigieren.

Bei der Übertragung und Speicherung von Daten werden meist nur wenige Bits verfälscht. Oft ist es nur ein einzelnes falsches Bit. Seltener werden zwei oder mehr unabhängige Bits innerhalb eines Datenobjekts verfälscht. Der fehlerkorrigierende Code braucht nur Verfälschungen von bis zu N_{Korr} Bits zu korrigieren. Diese Vorüberlegung führt zu den Hamming-Codes.

Ein N_{Bit} Bit großes Codewort mit maximal N_{Korr} verfälschten Bitstellen kann in

$$N_{\mathrm{CWK/CWG}}\left(N_{\mathrm{Korr}}\right) = \sum_{i=1}^{N_{\mathrm{Korr}}} \binom{N_{\mathrm{Bit}}}{i} \qquad (1.41)$$

Varianten verfälscht sein. Es muss nach Gl. 1.39 die Bedingung:

$$N_{\mathrm{CWG}} \cdot \left(\sum_{i=1}^{N_{\mathrm{Korr}}} \binom{N_{\mathrm{Bit}}}{i} + 1\right) \leq 2^{N_{\mathrm{Bit}}} \qquad (1.42)$$

erfüllen. Angenommen, es gibt 256 gültige Codewörter und es ist nur 1 Bit zu korrigieren, dann muss für die Bitanzahl des Codewortes gelten:

$$256 \cdot (N_{\mathrm{Bit}} + 1) \leq 2^{N_{\mathrm{Bit}}}$$

Das gesamte Codewort muss mindestens 12 Bit groß sein. Für die Korrektur von 2-Bit-Fehlern ist eine Codewortlänge von

$$256 \cdot \left(N_{\mathrm{Bit}} + \frac{N_{\mathrm{Bit}} \cdot (N_{\mathrm{Bit}} - 1)}{2} + 1\right) \leq 2^{N_{\mathrm{Bit}}}$$

$$N_{\mathrm{Bit}} \geq 15$$

erforderlich. Das ist immer noch weniger als die $3 \cdot 8 = 24$ Bit für die Übertragung oder Speicherung eines Datenobjekts, das 256 verschiedene Werte annehmen kann, in drei Versionen.

Zur Konstruktion der gültigen Codewörter wird der Begriff *Hamming-Abstand* benötigt. Der Hamming-Abstand N_{Ham} ist die Anzahl der Bitstellen, in denen sich zwei Codewörter unterscheiden. Eine Korrektur von N_{Korr} verfälschten Bits ist nur möglich, wenn der Hamming-Abstand zwischen zwei gültigen Codewörtern mindestens

$$N_{\text{Ham}} \geq 2 \cdot N_{\text{Korr}} + 1 \tag{1.43}$$

Bitstellen beträgt. Jedes fehlerhafte Codewort mit maximal N_{Korr} verfälschten Bitstellen besitzt dann genau zu einem gültigen Codewort einen Hamming-Abstand:

$$N_{\text{Ham}} \leq N_{\text{Korr}}$$

Das ursprüngliche Codewort kann eindeutig zurückgewonnen werden (Abbildung 1.47).

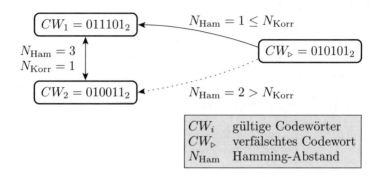

Abb. 1.47. Korrekturentscheidung mittels Hamming-Abstand

Beträgt der Hamming-Abstand von einem ungültigen Codewort zum nächsten gültigen Codewort maximal $N_{\text{Ham}} \leq N_{\text{Korr}}$, dann ist das ungültige Codewort eindeutig einem gültigen Codewort zugeordnet. Es gibt keine ungültigen Codewörter für erkennbare und nicht korrigierbare Fehler. Damit gibt es auch keine Ergebnisüberwachung ohne Korrektur.

Um die nicht zu korrigierenden Datenverfälschungen mit mehr als N_{Korr} falschen Bits wenigstens zu erkennen, ist der Hamming-Abstand gegenüber Gl. 1.43 zu vergrößern. Bei $N_{\text{Erk}} > N_{\text{Korr}}$ verfälschten Bits müssen alle ungültigen Codewörter mit mehr als N_{Korr} und maximal N_{Erk} fehlerhaften Bitstellen immer noch zum nächsten gültigen Codewort einen Hamming-Abstand $N_{\text{Ham}} > N_{\text{Korr}}$ besitzen. Der Hamming-Abstand zwischen zwei gültigen Codewörtern muss folglich mindestens

$$N_{\text{Ham}} \geq N_{\text{Erk}} + N_{\text{Korr}} + 1 \text{ mit } N_{\text{Erk}} \geq N_{\text{Korr}} \tag{1.44}$$

betragen (N_{Erk} – maximale Anzahl der erkennbaren falschen Bits je Codewort; N_{Korr} – maximale Anzahl der korrigierbaren falschen Bits je Codewort).

Die Hamming-Codes sind auf die Korrektur unabhängiger Bitverfälschungen spezialisiert. Unabhängige Bitverfälschungen werden z. B. durch Alpha-Teilchen in DRAMs verursacht (siehe später Abschnitt 2.6.4.1). Es gibt aber auch andere Arten von Bitverfälschungen, für die andere fehlerkorrigierende

Codes besser geeignet sind. Elektromagnetische Störungen bei einer Übertragung von Daten über lange Leitungen oder Kratzer auf einer CD verfälschen z. B. oft gleich eine ganze Folge aufeinanderfolgender Bits. Diese Art der Datenverfälschung wird als Burstfehler bezeichnet. Es gibt natürlich weniger Varianten für die Anordnung von N_{Korr} fehlerhaften Bits in einem Codewort, wenn die verfälschten Bits aufeinander folgen, als wenn sie beliebig angeordnet sein können. Weniger Variationen für mögliche Verfälschungen bedeutet nach Gl. 1.39, dass für die Ergebniskorrektur möglicherweise auch kürzere Codewörter konstruierbar sind.

Ein Code zur Korrektur von Einzelburstfehlern der Länge L_{KB} kann z. B. durch bitweise Verschränkung von mehreren Codewörtern, in denen je maximal ein Bit korrigierbar ist, realisiert werden. In Abbildung 1.48 sind vier Codewörter so ineinander verschränkt, dass nur jedes vierte Bit der Datenfolge zum selben Codewort gehört. Jeder Burstfehler der Länge $L_{\mathrm{KB}} \leq 4$ verfälscht von jedem Codewort maximal ein Bit, so dass für die Einzelcodewörter eine Einzelbitfehlerkorrektur ausreicht.

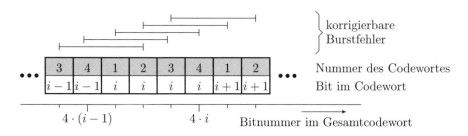

Abb. 1.48. Fehlerkorrigierender Code für Burstfehler durch Verschränkung von Codewörtern, in denen nur Einzelbitfehler korrigierbar sind

1.5 Zusammenfassung

Die Fehlerbehandlung schließt den Kreis der Maßnahmen zur Schaffung verlässlicher Systeme (Abbildung 1.49).

Fehler müssen, soweit das möglich ist, vermieden werden. Denn ein Fehler, der nicht vorhanden ist, braucht nicht gefunden und nicht beseitigt zu werden. Er verursacht keine Fehlfunktionen, keinen Schaden und keine Kosten. Die Fehlervermeidung ist eine Iteration aus Prozessüberwachung, Produkttest, Bestimmung der Ursachen für die Fehlerentstehung und Beseitigung der Fehler im Entstehungsprozess.

Fehler, die sich nicht vermeiden ließen, müssen beseitigt werden. Der schwierigere Teil hierbei ist, sie zu erkennen. Das ist die Aufgabe der Tests.

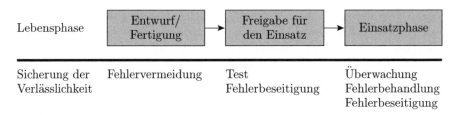

| Lebensphase | Entwurf/
Fertigung | → | Freigabe für
den Einsatz | → | Einsatzphase |

| Sicherung der
Verlässlichkeit | Fehlervermeidung | Test
Fehlerbeseitigung | Überwachung
Fehlerbehandlung
Fehlerbeseitigung |

Abb. 1.49. Maßnahmen zur Sicherung der Verlässlichkeit

Leider gibt es keinen Test, der alle Fehler nachweist. Die Beseitigung nachgewiesener Fehler ist zwar oft sehr mühsam, aber lösbar. Nicht nachgewiesene Fehler bleiben im System und verursachen in der Einsatzphase falsche Ergebnisse. Voraussetzung dafür, dass ein hinreichend großer Anteil von Fehlern nachweisbar und beseitigbar ist, ist ein prüfgerechter Entwurf.

Die nichtbeseitigten Fehler im System und auch die Störungen verursachen mit einer gewissen Häufigkeit Fehlfunktionen im Einsatz. Der hierbei möglicherweise entstehende Schaden ist durch eine Überwachung des Systems und eine geeignete Fehlerbehandlung zu minimieren. Erkannte Fehler sind zu beseitigen.

Das Buch gliedert sich in weitere drei Kapitel. Das folgende Kapitel behandelt die quantitativen Zusammenhänge zwischen der Verlässlichkeit und den Maßnahmen zur Sicherung der Verlässlichkeit. Kapitel 3 konzentriert sich auf die Fehlermodellierung, die Testauswahl und den prüfgerechten Entwurf. Das abschließende Kapitel behandelt Selbsttestfunktionen.

1.6 Aufgaben und Kontrollfragen

Aufgabe 1.1

Ein Arbeitsplatzrechner sei im Mittel für folgende Zeiten nicht verfügbar:

- wegen notwendiger Reparaturen: zwei Stunden pro Jahr
- wegen Stromausfalls: zehn Stunden pro Jahr
- wegen Störungen der Netzwerkverbindung: 50 Stunden pro Jahr
- wegen Problemen nach dem Einspielen von Updates: 40 Stunden pro Jahr
- zur Datenwiederherstellung nach schwerwiegenden Bedienfehlern: 20 Stunden pro Jahr
- wegen Rechnerabstürzen: 80 Stunden pro Jahr.

Wie groß ist die Gesamtverfügbarkeit des Rechners, wenn zwischen den einzelnen Verfügbarkeitsproblemen keine Abhängigkeiten bestehen?

Aufgabe 1.2

Für ein fiktives System elektronischer Verkehrsschilder für Vorfahrtsregelungen und Geschwindigkeitsbegrenzungen hat die Risikoanalyse Folgendes ergeben: Die Bezugssicherheit $Z_{\dagger B}$ sei die Sicherheit gegenüber Unfällen durch Nichtbeachten der Vorfahrt oder der Geschwindigkeitsbegrenzung und betrage zwei Jahre je Fahrzeug und Unfall. Wenn das System korrekt arbeitet, würde es etwa 90% dieser Unfälle verhindern. Die Teilsicherheit des Systems, dass es durch technisches Versagen (Störungen, Fehler oder Ausfälle) zu Unfällen kommt, die bei der herkömmlichen Art der Fahrzeugsteuerung nicht entstehen würden, wurde mit $Z_{\dagger T} = 20$ Jahren je Fahrzeug und Unfall abgeschätzt. Darüber hinaus muss eine weitere Teilsicherheit $Z_{\dagger X}$ berücksichtigt werden, die das Risiko beschreibt, dass Unfälle durch vorsätzliche Manipulationen an den elektronischen Verkehrsschildern (Wandalismus, gezielte Störung etc.) entstehen. Wie hoch muss die Wandalismussicherheit $Z_{\dagger X}$ mindestens sein, damit sich die Verkehrssicherheit in Bezug auf Unfälle durch Nichtbeachten der Vorfahrt oder der Geschwindigkeitsbegrenzung mindestens verdreifacht?

Aufgabe 1.3

Überlegen Sie, ob Datenfehler verursacht durch

F1: Fehler im Algorithmus
F2: fehlerhafte Umsetzung des Algorithmus in ein Programm
F3: Entwurfsfehler der Hardware
F4: Fertigungsfehler
F5: Störungen

bei einer Ausgabeüberwachung nach dem Prinzip Verdopplung und Vergleich überwiegend erkannt werden, wenn die beiden Berechnungen

B1: nacheinander mit demselben Programm auf derselben Hardware
B2: mit diversitären Programmversionen nacheinander auf demselben Rechner
B3: mit demselben Programm auf unterschiedlichen Rechnern vom gleichen Typ
B4: mit unterschiedlichen Programmversionen auf unterschiedlichen Rechnern unterschiedlichen Typs

erfolgen.

Aufgabe 1.4

a) Warum ist es so wichtig, dass sich Entstehungsprozesse möglichst nahezu deterministisch verhalten?
b) Warum ist es unvermeidbar, dass sich Teile von Entwurfsprozessen nicht deterministisch verhalten?

Aufgabe 1.5

Wie viele Testschritte sind erforderlich, um einen Algorithmus

a) zur Berechnung aller Primzahlen von 3 bis 1000
b) für die Multiplikation von fünf 16-Bit-Zahlen
c) zum Sortieren von $1 < N < 10000$ 16-Bit-Zahlen

erschöpfend (mit allen Eingabevariationen) zu testen?

Aufgabe 1.6

Wie viele Bitstellen müssen die Codewörter eines Codes zur Korrektur von 3-Bit-Fehlern mindestens umfassen, wenn die Anzahl der gültigen Codewörter

a) 2^8
b) 2^{32}

beträgt?

Aufgabe 1.7

Ein fehlerkorrigierender Code für Einzelburstfehler der Länge $L_{KB} \leq 8$ Bit für $N_{IB} = 1024$ Bit große Datenobjekte kann wahlweise durch Verschränkung von:

a) $N_{VCW} = 8$ Codewörtern mit je $N_{IB} = 128$ Informationsbits zur Korrektur von 1-Bit-Fehlern
b) $N_{VCW} = 4$ Codewörtern mit je $N_{IB} = 256$ Informationsbits zur Korrektur von 2-Bit-Fehlern
c) $N_{VCW} = 2$ Codewörtern mit je $N_{IB} = 512$ Informationsbits zur Korrektur von 4-Bit-Fehlern oder
d) mit einem Codewort mit allen Informationsbits zur Korrektur von 8-Bit-Fehlern

realisiert werden. Wie viele zusätzliche (redundante) Bits verlangt jede dieser Lösungen?

2

Schätzen von Kenngrößen der Verlässlichkeit

»Die Welt der Fehler ist bizarr und rätselhaft. Überall lauern Überra-
schungen. Erst die Statistik erlaubt es, Gesetzmäßigkeiten zu erken-
nen.«

Die Vielfalt der möglichen Fehler und Störungen in einem System ist praktisch
unbegrenzt, genau wie die Vielfalt der möglichen Fehlfunktionen, auf die sich
die Fehler und Störungen abbilden. Bei der Entstehung, der Erkennung, der
Korrektur und der Beseitigung der Fehler und Fehlfunktionen wirken jedoch
so viele zufällige Einflüsse zusammen, dass über die Anzahl der Fehler, die
Auftrittshäufigkeit der Fehlfunktionen und über die Zuverlässigkeit brauchbare Vorhersagen möglich sind.

2.1 Fehleranzahl und Zuverlässigkeit

Fehler entstehen ungewollt, meist durch eine Verkettung unterschiedlicher Ursachen. Es kann praktisch alles fehlerhaft sein. In einem Programm kann jedes
Operationssymbol, jede Variable und jede Adresse fehlen, falsch oder überflüs-
sig sein. Es können Fallunterscheidungen oder auch komplette Funktionsteile
fehlen. Vor dem Test eines Systems ist nie bekannt, welche Fehler das System
enthält. Und auch nach dem Test können nur die gefundenen Fehler angegeben
werden.

2.1.1 Die Fehleranzahl als Zufallsgröße

Definition 2.1 (Bernoulli-Versuch) *Ein Bernoulli-Versuch ist ein statis-*
tischer Versuch mit zwei möglichen Ergebnissen, beschreibbar durch eine zwei-
wertige Zufallsvariable.

Ein System enthält $N_{\text{Pot}\diamond}$ potenzielle Fehler. Das ist eine sehr große Zahl, deren Wert nicht bestimmbar ist und auch nicht bekannt sein muss. Die Anzahl der Fehler $\varphi_\diamond$, die das System davon tatsächlich enthält, ist eine Zufallsvariable, darstellbar als eine Summe fehlerbezogener zweiwertiger Zufallsvariablen $\varphi_{\diamond i}$:

$$\varphi_\diamond = \sum_{i=1}^{N_{\text{Pot}\diamond}} \varphi_{\diamond i} \tag{2.1}$$

Jede der fehlerbezogenen Zufallsvariablen wird durch einen Bernoulli-Versuch beschrieben:

Versuchsergebnis	Wert	Wahrscheinlichkeit
Fehler i nicht vorhanden	$\varphi_{\diamond i} = 0$	$1 - h_{\diamond i}$
Fehler i vorhanden	$\varphi_{\diamond i} = 1$	$h_{\diamond i}$

($h_{\diamond i}$ – Fehlerauftrittshäufigkeit). Die Verteilung der Zufallsgrößen $\varphi_{\diamond i}$ lautet:

$$P\left(\varphi_{\diamond i} = k\right) = \begin{cases} 1 - h_{\diamond i} & k = 0 \\ h_{\diamond i} & k = 1 \end{cases} \tag{2.2}$$

Der Erwartungswert ist gleich der Auftrittshäufigkeit $h_{\diamond i}$ des Fehlers:

$$E\left(\varphi_{\diamond i}\right) = \sum_{k=0}^{1} \left(P\left(\varphi_{\diamond i} = k\right) \cdot k\right) = h_{\diamond i} \tag{2.3}$$

Die Varianz als die mittlere quadratische Abweichung vom Erwartungswert beträgt:

$$D^2\left(\varphi_{\diamond i}\right) = \sum_{k=0}^{1} P\left(\varphi_{\diamond i} = k\right) \cdot \left(k - E\left(\varphi_{\diamond i}\right)\right)^2 = h_{\diamond i} \cdot \left(1 - h_{\diamond i}\right) \tag{2.4}$$

Von den praktisch unbegrenzt vielen potenziellen Fehlern enthält das System nur einen winzigen Anteil. Die Auftrittshäufigkeit $h_{\diamond i}$ eines einzelnen Fehlers kann in der Klammer gegenüber Eins vernachlässigt werden. Die Varianz ist praktisch gleich ihrem Erwartungswert:

$$D^2\left(\varphi_{\diamond i}\right) = \lim_{h_{\diamond i} \to 0} h_{\diamond i} \cdot \left(1 - h_{\diamond i}\right) = h_{\diamond i} = E\left(\varphi_{\diamond i}\right) \tag{2.5}$$

Es sei unterstellt, dass Fehler unabhängig voneinander entstehen. Unter dieser Annahme ist der Erwartungswert der Fehleranzahl gleich der Summe der Erwartungswerte der Zufallsvariablen $\varphi_{\diamond i}$:

$$E\left(\varphi_\diamond\right) = \sum_{i=1}^{N_{\text{Pot}\diamond}} E\left(\varphi_{\diamond i}\right) = \sum_{i=1}^{N_{\text{Pot}\diamond}} h_{\diamond i} \tag{2.6}$$

Die Varianz ist gleich der Summe der Varianzen der Summanden:

$$D^2 \left(\varphi_\diamond \right) = \sum_{i=1}^{N_{\text{Pot}\diamond}} D^2 \left(\varphi_{\diamond i} \right) \tag{2.7}$$

Da Varianz und Erwartungswert der Summanden gleich sind, sind auch die Varianz und der Erwartungswert der Summe gleich:

$$D^2 \left(\varphi_\diamond \right) = E \left(\varphi_\diamond \right) \tag{2.8}$$

Die Standardabweichung als die Wurzel aus der Varianz lautet:

$$\sigma \left(\varphi_\diamond \right) = \sqrt{E \left(\varphi_\diamond \right)} \tag{2.9}$$

Das Versuchsschema, mit dem hier die Fehleranzahl beschrieben wird, ein statistischer Zählprozess für sehr viele seltene Ereignisse mit einem Erwartungswert gleich der Varianz, ist ein Poisson-Prozess [40]. Die Fehleranzahl besitzt die Poisson-Verteilung:

$$\begin{aligned} P \left(\varphi_\diamond = k \right) &= \text{Poi} \left(k, \, E \left(\varphi_\diamond \right) \right) \\ &= e^{-E(\varphi_\diamond)} \cdot \frac{E \left(\varphi_\diamond \right)^k}{k!} \end{aligned} \tag{2.10}$$

Eine Poisson-Verteilung besitzt nur einen Parameter, den Erwartungswert. Die Anzahl der potenziellen Fehler und die individuellen Fehlerauftrittshäufigkeiten werden dadurch zu reinen Rechengrößen, deren Zahlenwerte für die Abschätzung der Fehleranzahl nicht mehr gebraucht werden.

Abbildung 2.1 zeigt Beispiele für die Verteilung der Fehleranzahl für unterschiedliche Erwartungswerte. Die Poisson-Verteilung liegt im Einzugsbereich der Normalverteilung. Mit zunehmendem Erwartungswert tritt die charakteristische Glockenkurve stärker hervor. Ab einer zu erwartenden Fehleranzahl von ca. 15 Fehlern kann von einer näherungsweise normalverteilten Zufallsvariablen ausgegangen werden:

$$\begin{aligned} P \left(\varphi_\diamond \leq k \right) &\approx \Phi \left(k, \, E \left(\varphi_\diamond \right), \, E \left(\varphi_\diamond \right) \right) \\ &= \int_{-\infty}^{k} \frac{1}{\sqrt{2\pi \cdot E \left(\varphi_\diamond \right)}} \cdot e^{-\frac{(k - E(\varphi_\diamond))^2}{2 \cdot E(\varphi_\diamond)}} \cdot dt \end{aligned} \tag{2.11}$$

Die tatsächliche Fehleranzahl in einem System weicht immer um einen zufälligen Betrag von ihrem Erwartungswert ab. Ein Maß für die zu erwartende relative Abweichung ist der Varianzkoeffizient als das Verhältnis aus der Standardabweichung und dem Erwartungswert:

$$\nu \left(\varphi_\diamond \right) = \frac{\sigma \left(\varphi_\diamond \right)}{E \left(\varphi_\diamond \right)} \tag{2.12}$$

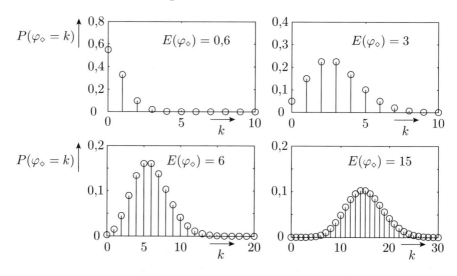

Abb. 2.1. Verteilung der Fehleranzahl als Funktion ihres Erwartungswerts

Für eine poisson-verteilte Zufallsvariable beträgt er:

$$\nu\left(\varphi_{\diamond}\right) = \frac{1}{\sqrt{E\left(\varphi_{\diamond}\right)}} \tag{2.13}$$

Die zu erwartende relative Abweichung zwischen der Fehleranzahl und ihrem Erwartungswert nimmt umgekehrt proportional zur Wurzel des Erwartungswerts ab. Je mehr Fehler ein System enthält, desto geringer ist der zu erwartende relative Schätzfehler.

Beispiel 2.1: *Die geschätzte Größe eines neu zu entwerfenden Softwaresystems ist $N_{Sys} = 10^4$ Codezeilen. Die Güte des Entwurfsprozesses sei aus früheren vergleichbaren Projekten bekannt und betrage $Q_{Proz} = 20$ Codezeilen je Fehler. Von diesen Fehlern wurden in den vergangenen Projekten im Mittel 80% in der Iteration aus Test und Fehlerbeseitigung vor dem Einsatz und 20% aufgrund von Fehlerberichten erst während des Einsatzes beseitigt. Wie viele Fehler sind in dem neuen Projekt voraussichtlich vor und während des Einsatzes zu beseitigen?*

Es sei unterstellt, dass sich der Entwurfsprozess näherungsweise deterministisch und die Systemgröße proportional zur Entstehungsdauer verhält. Unter dieser Annahme gilt Gl. 1.16. Die zu erwartende Fehleranzahl ist dann das Verhältnis aus der Systemgröße und der Prozessgüte:

$$E\left(\varphi_{\diamond}\right) = \frac{10^4\,\text{Codezeilen}}{20\,\frac{\text{Codezeilen}}{\text{Fehler}}} = 500\,\text{Fehler}$$

Von den zu erwartenden 500 Fehlern sind ca. 80%, d. h. 400 Fehler, vor dem Einsatz und ca. 20%, d. h. 100 Fehler, während des Einsatzes zu beseitigen. Die Standard-

*abweichung beträgt nur 20 bzw. 10 Fehler und der Varianzkoeffizient 5% bzw. 10%.
Die Größenordnung der geschätzten Werte ist auf jeden Fall richtig.*

Größere Entwicklungsprojekte – nicht nur Software, sondern auch Hardwareentwürfe – enthalten viele Fehler. Dadurch ist die Anzahl der Fehler, die gesucht und beseitigt werden müssen, eine recht gut vorhersagbare und planbare Größe.

2.1.2 Fehleranteil und Ausbeute

Wenn fehlerhafte Objekte ersetzt, statt repariert werden, interessiert nicht, wie viele Fehler ein Objekt enthält, sondern nur, ob es fehlerhaft oder fehlerfrei ist.

Fehleranteil

Der Fehleranteil (engl. defect level) ist der Anteil der fehlerhaften Objekte in einer Menge gleichartiger Objekte:

$$DL = \frac{N_{\mathrm{Obj}\diamond}}{N_{\mathrm{Obj}}} \tag{2.14}$$

(N_{Obj} – Anzahl der gleichartigen Objekte; $N_{\mathrm{Obj}\diamond}$ – Anzahl der Objekte, die davon fehlerhaft sind). Die Anzahl der fehlerhaften Objekte lässt sich als Summe von N_{Obj} objektbezogenen Zufallsvariablen beschreiben:

$$N_{\mathrm{Obj}\diamond} = \sum_{i=1}^{N_{\mathrm{Obj}}} \zeta_i \tag{2.15}$$

Die objektbezogenen Zufallsvariablen ζ_i ergeben sich wieder über Bernoulli-Versuche. Sie drücken aus, ob das zugehörige Objekt i mindestens einen Fehler enthält oder fehlerfrei ist:

Versuchsergebnis	Wert	Wahrscheinlichkeit
Objekt i ist fehlerfrei	$\zeta_i = 0$	$P(\varphi_\diamond = 0)$
Objekt i ist fehlerhaft	$\zeta_i = 1$	$P(\varphi_\diamond > 0)$

Alle Zufallsvariablen ζ_i besitzen dieselbe Verteilung:

$$P(\zeta_i = k) = \begin{cases} P(\varphi_\diamond = 0) & k = 0 \\ P(\varphi_\diamond > 0) & k = 1 \end{cases} \tag{2.16}$$

Die Summe der Versuchsergebnisse identischer Bernoulli-Versuche mit den möglichen Ergebnissen 0 und 1 gehorcht der Binomialverteilung:

$$P\left(N_{\mathrm{Obj}\diamond} = k\right) = \mathrm{Bin}\left(k,\, P\left(\varphi_\diamond > 0\right),\, N_{\mathrm{Obj}}\right) \tag{2.17}$$

$$= \begin{pmatrix} N_{\mathrm{Obj}} \\ k \end{pmatrix} \cdot P\left(\varphi_\diamond > 0\right)^k \cdot \left(1 - P\left(\varphi_\diamond > 0\right)\right)^{N_{\mathrm{Obj}} - k}$$

Die zu erwartende Anzahl der fehlerhaften Objekte lautet:

$$E\left(N_{\mathrm{Obj}\diamond}\right) = N_{\mathrm{Obj}} \cdot P\left(\varphi_\diamond > 0\right) \tag{2.18}$$

und die Varianz beträgt:

$$D^2\left(N_{\mathrm{Obj}\diamond}\right) = N_{\mathrm{Obj}} \cdot P\left(\varphi_\diamond > 0\right) \cdot \left(1 - P\left(\varphi_\diamond > 0\right)\right) \tag{2.19}$$

Im Weiteren interessiert nur der Erwartungswert des Fehleranteils. Das ist der Erwartungswert der Anzahl der fehlerhaften Objekte geteilt durch die Gesamtanzahl der Objekte:

$$E\left(DL\right) = \frac{E\left(N_{\mathrm{Obj}\diamond}\right)}{N_{\mathrm{Obj}}} = P\left(\varphi_\diamond > 0\right) \tag{2.20}$$

Er ist gleich der Wahrscheinlichkeit, dass ein Objekt mindestens einen Fehler enthält. Für eine poisson-verteilte Fehleranzahl beträgt er:

$$E\left(DL\right) = 1 - e^{-E(\varphi_\diamond)} \tag{2.21}$$

Experimentell wird der zu erwartende Fehleranteil aus dem Anteil der beanstandeten fehlerhaften Objekte abgeschätzt:

$$\widetilde{DL} \approx \frac{N_{\mathrm{Obj}\diamond!}}{N_{\mathrm{Obj}}} \tag{2.22}$$

($N_{\mathrm{Obj}\diamond!}$ – Anzahl der fehlerhaften Objekte, die als solche erkannt wurden). Diese Schätzung beinhaltet einen systematischen Schätzfehler. Getestete und als fehlerfrei ausgewiesene Objekte sind funktionsfähig. Sie zeigen nur selten Fehlfunktionen und werden von den Anwendern überwiegend als brauchbar akzeptiert. Die Anzahl der beanstandeten Objekte ist oft nur ein kleiner Teil der tatsächlich fehlerhaften Objekte, so dass der geschätzte Fehleranteil erheblich kleiner als der wirkliche Fehleranteil ist:

$$\widetilde{DL} \ll E\left(DL\right) \tag{2.23}$$

In einem System aus N_{BT} Teilsystemen ist die Fehleranzahl gleich der Summe der Anzahl der Bauteilfehler und der Verbindungsfehler:

$$E\left(\varphi\right) = E\left(\varphi_{\mathrm{VB}}\right) + \sum_{i=1}^{N_{\mathrm{BT}}} E\left(\varphi_{\mathrm{BT}.i}\right) \tag{2.24}$$

($\varphi_{\mathrm{BT}.i}$ – Anzahl der Fehler in Teilsystem i; φ_{VB} – Anzahl der Verbindungsfehler). Unter der Annahme, dass die Fehleranzahl des Systems und all seiner

Bauteile poisson-verteilt ist, gilt nach Gl. 2.21 für den zu erwartenden Fehleranteil des Gesamtsystems:

$$- \ln \left(1 - E\left(DL\right) \right) = - \sum_{i=1}^{N_{\mathrm{BT}}} \ln \left(1 - E\left(DL_{\mathrm{BT}.i}\right) \right) + E\left(\varphi_{\mathrm{VB}}\right)$$

$$E\left(DL\right) = 1 - e^{-E\left(\varphi_{\mathrm{VB}}\right)} \cdot \prod_{i=1}^{N_{\mathrm{BT}}} \left(1 - E\left(DL_{\mathrm{BT}.i}\right) \right) \qquad (2.25)$$

Der Fehleranteil geprüfter elektronischer Erzeugnisse wird in dpu (defects per unit) oder dpm (defects per million) angegeben:

$$1\,\mathrm{dpu} = 10^6\,\mathrm{dpm} \qquad (2.26)$$

Ein Richtwert für gründlich getestete Schaltkreise ist:

$$100 \ldots 1000\,\mathrm{dpm} = 10^{-4} \ldots 10^{-3}\,\mathrm{dpu}$$

Kleinere Hardwaresysteme aus bis zu 100 Schaltkreisen enthalten nach der Fertigung kaum Bauteilfehler.

Beispiel 2.2: *Wie groß ist der Fehleranteil eines Rechners, der aus 100 getesteten Schaltkreisen mit einem Fehleranteil von $DL_{\mathrm{IC}} \approx 100\,\mathrm{dpm}$ besteht, nach einer Fehlerbeseitigungsiteration, die alle Verbindungsfehler, aber kaum Bauteilfehler beseitigt hat?*

Zur Abschätzung des zu erwartenden Fehleranteils sind in Gl. 2.25 einzusetzen: $E\left(\varphi_{\mathrm{VB}}\right) = 0$ (keine Verbindungsfehler), $E\left(DL_{\mathrm{BT}.i}\right) = DL_{\mathrm{IC}} = 10^{-4}$ und $N_{\mathrm{BT}} = 100$ Schaltkreise. Das Ergebnis ist:

$$E\left(DL\right) = 1 - e^{-0} \cdot \prod_{i=1}^{10^2} \left(1 - 10^{-4} \right) \approx 10^{-2}$$

Etwa jeder hundertste Rechner enthält einen fehlerhaften Schaltkreis. Hierzu ist anzumerken, dass getestete und als gut befundene fehlerhafte Schaltkreise die Rechnerfunktion selten so stark beeinträchtigen, dass der betroffene Rechner nicht funktionsfähig ist. Es ist lediglich manchmal zu beobachten, dass sich ein einzelner Rechner in einem Pool identischer Rechner mit gleicher Hardware und Software geringfügig anders verhält als der Rest, z. B. dass er öfter abstürzt.

Die Kernaussage des Überschlags ist, dass es bei einem Baugruppentest in der Regel genügt, die korrekte Bestückung und die Verbindungen zu überprüfen. Dazu werden die Baugruppen auf einen Nadeladapter aufgespannt, der alle Schaltungspunkte – die Eingänge, die Ausgänge und die internen Verbindungen – an den Tester anschließt (Abbildung 2.2). Der Verbindungs- und Bestückungstest erfolgt im einfachsten Fall über elektrische Zweipunktmessungen mit geringen Strömen und Spannungen (siehe später Abschnitt 3.6.5).

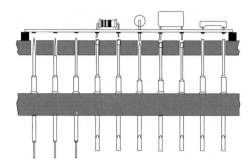

Abb. 2.2. Kontaktierung einer Baugruppe mit einem Nadeladapter für den Verbindungs- und Bestückungstest

Auch optische Inspektionen der eingebauten Bauteile und der Lötverbindungen kommen zum Einsatz. Von der Funktion wird nicht einmal geprüft, ob das System nach dem Einschalten vernünftig reagiert. Der Käufer, der zufällig eines der ganz seltenen funktionsunfähigen Geräte erwirbt, wundert sich dann, warum das der Hersteller nicht bemerkt hat. Die Antwort lautet, er hat es nicht ausprobiert.

Ausbeute

Die Ausbeute Y (engl. yield) ist der Anteil der Objekte, die vom Test als fehlerfrei ausgewiesen werden:

$$Y = \frac{N_{\mathrm{Obj}\sqrt{}}}{N_{\mathrm{Obj}}} \tag{2.27}$$

(N_{Obj} – Anzahl der entworfenen oder gefertigten Objekte; $N_{\mathrm{Obj}\sqrt{}}$ – Anzahl der als fehlerfrei ausgewiesenen Objekte). Als fehlerfrei werden Objekte ausgewiesen, die tatsächlich fehlerfrei sind oder die vom Test nicht als fehlerhaft erkannt werden:

$$N_{\mathrm{Obj}\sqrt{}} = \underbrace{N_{\mathrm{Obj}} - N_{\mathrm{Obj}\diamond}}_{\text{fehlerfrei}} + \underbrace{N_{\mathrm{Obj}\diamond} \cdot (1 - FC_{\mathrm{Obj}})}_{\text{nicht erkannt}} \tag{2.28}$$

($N_{\mathrm{Obj}\diamond}$ – Anzahl der fehlerhaften Objekte; FC_{Obj} – Objektüberdeckung, Anteil der erkannten fehlerhaften Objekte). Eingesetzt in Gl. 2.27

$$Y = \frac{N_{\mathrm{Obj}} - N_{\mathrm{Obj}\diamond} + N_{\mathrm{Obj}\diamond} \cdot (1 - FC_{\mathrm{Obj}})}{N_{\mathrm{Obj}}} \tag{2.29}$$

und unter Einbeziehung der Definitionsgleichung für den Fehleranteil Gl. 2.14 besteht zwischen der Ausbeute, dem Fehleranteil und der Objektüberdeckung der folgende Zusammenhang:

$$Y = 1 - DL \cdot FC_{\text{Obj}} \tag{2.30}$$

Bei einem idealen Test, der alle fehlerhaften Objekte erkennt

$$FC_{\text{Obj}} = 1$$

ist die Ausbeute gleich dem Anteil der fehlerfrei gefertigten Objekte:

$$Y = 1 - DL \tag{2.31}$$

Ohne Test oder wenn der Test keine Fehler erkennt, ist die Ausbeute 1.

Die Ausbeute ist ein Maß für die Rentabilität der Entstehungsprozesse für Objekte, die nicht repariert werden. Der Fertigungsaufwand wird repräsentiert durch die Anzahl N_{Obj} der Objekte, die zur Herstellung von $N_{\text{Obj}\surd}$ guten Objekten erforderlich ist, und verhält sich umgekehrt proportional zur Ausbeute:

$$N_{\text{Obj}} = \frac{N_{\text{Obj}\surd}}{Y} \tag{2.32}$$

Bei einer Ausbeute von 50% muss die doppelte Produktanzahl und bei einer Ausbeute von nur 10% die zehnfache Produktanzahl gefertigt werden. Die Kosten steigen mit sinkender Ausbeute enorm an.

Die Kopplung zwischen der Ausbeute und der Rentabilität hat für nicht reparierbare Produkte zu enormen Forschungsanstrengungen in allen Bereichen, die mit Fehlern zu tun haben, geführt. Das Paradebeispiel für nicht reparierbare Produkte sind integrierte Schaltkreise. Sowohl beim Entwurf als auch bei der Fertigung von Schaltkreisen sind Ausbeuten von über 50% zu fordern. Ein schwerwiegender Entwurfsfehler in einem Schaltkreis, der erst im Einsatz bemerkt wird, bringt ein kleines Unternehmen in finanzielle Schwierigkeiten, der zweite Fehler dieser Art an den Rand des Untergangs. Die Unternehmen, die überlebt haben, verfügen zwangsläufig über das notwendige Know-how, um fehlerarm zu entwerfen und zu fertigen und ausreichend gut zu testen.

Bei Software ist in vielen Anwendungsbereichen die Entwicklung in entgegengesetzter Richtung verlaufen. Die Benutzer sind zwar bereit, für mehr Funktionalität, aber nicht für mehr Zuverlässigkeit zu bezahlen. Die Systeme werden immer größer. Die Anzahl der entstehenden Fehler steigt. Das müsste theoretisch durch einen höheren Testaufwand kompensiert werden. Da viele Marktsegmente im Softwarebereich aber keine wachsenden Testkosten und auch keine Forschungsanstrengungen in diesem Bereich tragen, ist es in weiten Produktbereichen zu einem Absinken der von den Anwendern akzeptierten Mindestzuverlässigkeit gekommen. Die heutigen Verlässlichkeitsprobleme der Software sind nicht unlösbar, sondern ein Ergebnis der ökonomischen Randbedingungen.

2.1.3 Fehlercluster

Die Güte eines Entstehungsprozesses Q_{Proz} unterliegt zeitlichen und örtlichen Schwankungen. Einmal entstehen Objekte mit einer höheren und einmal

Objekte mit einer geringeren mittleren Fehleranzahl. Objektchargen oder Objektbereiche, in denen sich Fehler häufen, werden als Fehlercluster bezeichnet.

Ein einfaches Experiment zur Visualisierung der Fehlerclusterung ist ein langer Text. Die Häufigkeit der Schreibfehler ist zum einen personenspezifisch. Wenn der Schreiber wechselt, ändert sich auch die mittlere Fehleranzahl je geschriebener Text. Zum anderen treten auch bei einem einzelnen Schreiber Fehlercluster auf, und zwar wenn der Schreiber gestört wird, abgelenkt ist oder ermüdet[1].

Zur Modellierung der statistischen Eigenschaften der Fehleranzahl unter Berücksichtigung der Fehlercluster werden die Objekte nach ihrer zu erwartenden Fehleranzahl in mehrere Grundgesamtheiten eingeteilt. Jede Grundgesamtheit i repräsentiert einen Anteil von a_i Objekten und hat eine zu erwartende Fehleranzahl $E(\varphi_{\diamond i})$. Bei einer zufälligen Auswahl eines Objekts aus der Gesamtheit aller Objekte, gehört das Objekt jeweils mit einer Häufigkeit a_i zur Grundgesamtheit i und besitzt deren statistische Eigenschaften. Insgesamt ist eine Mischverteilung aus den Einzelverteilungen zu beobachten

$$P(\varphi = k) = \sum_{i=1}^{N_{\mathrm{GG}}} a_i \cdot P(\varphi_{\diamond i} = k) \tag{2.33}$$

mit

$$1 = \sum_{i=1}^{N_{\mathrm{GG}}} a_i \tag{2.34}$$

(N_{GG} – Anzahl der Grundgesamtheiten; a_i – Anteil der Objekte, die zur Grundgesamtheit i gehören). Der Erwartungswert ist entsprechend der gewichtete Mittelwert der Erwartungswerte der einzelnen Grundgesamtheiten:

$$E(\varphi_{\diamond}) = \sum_{i=1}^{N_{\mathrm{GG}}} a_i \cdot E(\varphi_{\diamond i}) \tag{2.35}$$

Die einzelnen Grundgesamtheiten sind nach unseren bisherigen Abschätzungen poisson-verteilt. Mit N_{GG} poisson-verteilten Grundgesamtheiten lautet die Mischverteilung:

$$\begin{aligned} P(\varphi_{\diamond} = k) &= \sum_{i=1}^{N_{\mathrm{GG}}} a_i \cdot \mathrm{Poi}(k, E(\varphi_{\diamond i})) \\ &= \sum_{i=1}^{N_{\mathrm{GG}}} a_i \cdot e^{-E(\varphi_{\diamond i})} \cdot \frac{E(\varphi_{\diamond i})^k}{k!} \end{aligned} \tag{2.36}$$

---

[1] Das Manuskript des vorliegenden Buches war ein hervorragendes Anschauungsobjekt für die Fehlerclusterung. Der Autor hofft jedoch, dass die Fehlerüberdeckung des Korrekturlesens so hoch war, dass die Fehlercluster nicht mehr zu finden sind.

Beispielhaft soll eine Mischverteilung aus zwei poisson-verteilten Grundgesamtheiten betrachtet werden, bei der die mittlere Fehleranzahl in den Fehlerclustern k_{Cl}-mal so groß wie in den fehlerarmen Bereichen ist

$$E(\varphi_{\diamond 2}) = k_{Cl} \cdot E(\varphi_{\diamond 1}) \tag{2.37}$$

und sich die Hälfte der zu erwartenden Fehler in den Fehlerclustern und die andere Hälfte in den sonstigen Bereichen befinden:

$$a_1 \cdot E(\varphi_{\diamond 1}) = a_2 \cdot E(\varphi_{\diamond 2}) = 0{,}5 \cdot E(\varphi_{\diamond}) \tag{2.38}$$

Die fehlerarmen Bereiche sind unter dieser Annahme natürlich, wie auch meist in der Praxis, entsprechend größer als die Fehlercluster. Unter Einbeziehung von Gl. 2.34 und Gl. 2.35 lauten die Parameter für diese spezielle Mischverteilung:

i	Grundgesamtheit	a_i	$E(\varphi_{\diamond i})$
1	sonstiger Bereich	$\frac{k_{Cl}}{1+k_{Cl}}$	$\frac{1+k_{Cl}}{2 \cdot k_{Cl}} \cdot E(\varphi_{\diamond})$
2	Fehlercluster	$\frac{1}{1+k_{Cl}}$	$\frac{1+k_{Cl}}{2} \cdot E(\varphi_{\diamond})$

Beispiel 2.3: *Ein Profi und ein Anfänger entwickeln gemeinsam Softwarebausteine mit einer zu erwartenden Fehleranzahl von $E(\varphi_{\diamond}) = 5$ Fehlern je Objekt. Der Anfänger produziert die $k_{Cl} = 3$-fache Anzahl von Fehlern pro Objekt. Dafür produziert der Profi die $a_1 = 3 \cdot a_2$-fache Anzahl von Objekten. Wie ist die Fehleranzahl verteilt? Wie wäre die Fehleranzahl verteilt, wenn der Erwartungswert in allen Objekten gleich wäre (keine Fehlerclusterung)?*

Die Parameter der Mischverteilung lauten:

i	*Grundgesamtheit*	a_i	$E(\varphi_{\diamond i})$
1	*Profi*	0,75	10/3
2	*Anfänger*	0,25	10

Eingesetzt in Gl. 2.36 lautet die Verteilung mit der vorgegebenen Fehlerclusterung:

$$P(\varphi_{\diamond MC} = k) = 0{,}75 \cdot e^{-\frac{10}{3}} \cdot \frac{\left(\frac{10}{3}\right)^k}{k!} + 0{,}25 \cdot e^{-10} \cdot \frac{10^k}{k!}$$

Ohne Clusterung wäre die Verteilung der Fehleranzahl eine Poisson-Verteilung mit dem Erwartungswert 5:

$$P(\varphi_{\diamond OC} = k) = e^{-5} \cdot \frac{5^k}{k!}$$

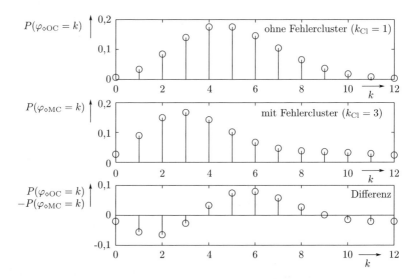

Abb. 2.3. Verteilung der Fehleranzahl pro Objekt mit und ohne Clusterung

Abbildung 2.3 zeigt beide Verteilungen einzeln und zusätzlich noch die Differenz zwischen den Verteilungen. Die Fehlerclusterung bewirkt vor allem, dass sich bei gleichem Erwartungswert der Anteil der fehlerfreien Objekte erhöht.

Die Erhöhung des Anteils der fehlerfreien Objekte durch die Fehlerclusterung ist eine vorteilhafte Eigenschaft. Denn dadurch erhöht sich die Ausbeute bei gleichem Erwartungswert bzw. der Fehleranteil verringert sich. Abbildung 2.4 illustriert den Zusammenhang genauer. Sie zeigt für unterschiedliche Erwartungswerte, dass das Minimum des Anteils der fehlerfreien Objekte genau bei $k_{Cl} = 1$ liegt.

Ein Abschätzung der Ausbeute bzw. des Fehleranteils unter Vernachlässigung der Clusterung ist eine Worst-Case-Abschätzung, die für die Ausbeute eine untere Schranke und für den Fehleranteil eine obere Schranke liefert.

Fehlerclusterung auf Schaltkreisen

Auch die Schaltkreisfertigung ist ein Entstehungsprozess mit ausgeprägter Fehlerclusterung. Auf einem getesteten Wafer[2] sind in der Regel Gebiete mit überwiegend fehlerfreien Schaltkreisen und Gebiete mit überwiegend fehlerhaften Schaltkreisen zu beobachten (Abbildung 2.5). Zwischen dem Anteil der

---

[2] Ein Wafer ist die Siliziumscheibe, auf der integrierte Schaltkreise hergestellt werden.

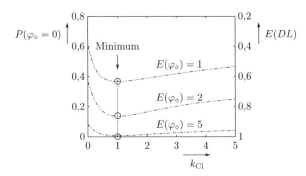

Abb. 2.4. Anteil der fehlerfreien Objekte und zu erwartender Fehleranteil in Abhängigkeit von der zu erwartenden Fehleranzahl und vom Clusterparameter k_{Cl}

fehlerfreien Schaltkreise und der Fehleranzahl besteht laut [12] der empirische Zusammenhang:

$$P\left(\varphi_\diamond = 0\right) \approx Y \approx \left(1 - \frac{E\left(\varphi_\diamond\right)}{\alpha}\right)^\alpha \tag{2.39}$$

(Y – Ausbeute; $\varphi_\diamond$ – Fehleranzahl; α – Clusterparameter). In Abhängigkeit vom Fertigungsprozess liegt der Clusterparameter α im Bereich 0,5 bis 5. Kleine Werte bedeuten stärkere und größere Werte schwächere Clusterung. Für Entstehungsprozesse ohne örtliche und zeitliche Güteschwankungen ist für den Clusterparameter der Grenzwert gegen unendlich einzusetzen

$$P\left(\varphi_\diamond = 0\right) = \lim_{\alpha \to \infty} \left(1 - \frac{E\left(\varphi_\diamond\right)}{\alpha}\right)^\alpha = e^{-E(\varphi_\diamond)},$$

bei dem der zu erwartende Anteil der fehlerfreien Objekte wieder den entsprechenden Wert einer Poisson-Verteilung annimmt.

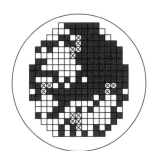

□   funktionsfähige Schaltkreise
■   erkannte fehlerhafte Schaltkreise
⊠   Strukturen für Test und Diagnose

Abb. 2.5. Fehlercluster auf einem Wafer [45]

Eine Ursache für die Fehlerclusterbildung auf Schaltkreisen ist die örtliche Verteilung von Staub. Während der Belichtungs-, Beschichtungs-, Diffusions- und Ätzprozesse ist Staub einer der Hauptverursacher für die Entstehung fehlerhafter Halbleiter-, Leiter- und Isolationsstrukturen. Staub neigt zur Clusterung. Abbildung 2.6 zeigt typische Bilder der örtlichen Staubverteilung, sichtbar gemacht mit gestreutem Licht auf der Oberfläche von Wasser. Bestimmte Bereiche sind fast staubfrei, in anderen häufen sich die Staubpartikel.

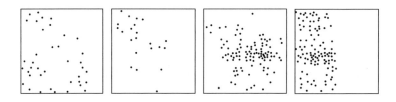

Abb. 2.6. Flächenhafte Verteilung von Staubpartikeln [130]

Die Fehlerclusterung kann für die Auswahl besonders zuverlässiger Schaltkreise genutzt werden. Dazu werden für jeden vom Test als fehlerfrei ausgewiesenen Schaltkreis die Anzahl der erkannten fehlerhaften Nachbarn gezählt. Fehlerfreie Schaltkreise ohne fehlerhafte Nachbarn stammen aus Wafer-Bereichen außerhalb der Fehlercluster. In diesen Bereichen, in Abbildung 2.5 den weißen Bereichen, ist die zu erwartende Fehleranzahl vor dem Test niedriger. Der Test wirkt wie ein Filter. Eine geringere Fehleranzahl vor dem Test bildet sich auch auf eine geringere Fehleranzahl der getesteten und als gut befundenen Schaltkreise ab [124]. Die so ausgewählten Schaltkreise sind zuverlässiger und entsprechend für höherwertigere Systeme geeignet. Als fehlerfrei ausgewiesene Schaltkreise mit mehreren fehlerhaften Nachbarn stammen aus Fehlerclustern, in Abbildung 2.5 den überwiegend dunklen Bereichen, enthalten vor und damit auch nach dem Test im Mittel mehr Fehler und sind entsprechend unzuverlässiger.

2.1.4 Fehlerdichte und Zuverlässigkeit

Die Zuverlässigkeit eines Systems ist die Zeit, die das System im Mittel zwischen zwei Fehlfunktionen korrekt arbeitet. Sie kann nach unterschiedlichen Klassifikationen der Fehlfunktionen in Teilzuverlässigkeiten aufgeteilt und nach Gl. 1.4 wieder zu einer Gesamtzuverlässigkeit zusammengefasst werden.

In diesem Abschnitt werden die Fehlfunktionen nach der Ursache klassifiziert:

• Ist die Ursache ein Fehler oder eine Störung?

- Wenn sie ein Fehler ist, welcher der potenziellen Fehler hat die Fehlfunktion verursacht?

Dabei wird davon ausgegangen, dass jede Fehlfunktion genau eine Ursache hat. Die Gesamtzuverlässigkeit setzt sich bei dieser Klassifikation aus einer fehlerbezogenen Teilzuverlässigkeit $Z_\diamond$ und einer störungsbezogenen Teilzuverlässigkeit $Z_\star$ zusammen:

$$Z^{-1} = Z_\diamond^{-1} + Z_\star^{-1} \qquad (2.40)$$

Die störungsbezogene Teilzuverlässigkeit ist dabei im Allgemeinen so groß, dass sie gegenüber der fehlerbezogenen Teilzuverlässigkeit vernachlässigt werden kann. Die fehlerbezogene Teilzuverlässigkeit errechnet sich ihrerseits aus den Teilzuverlässigkeiten der einzelnen potenziellen Fehler. Die Häufigkeit, mit der ein einzelner potenzieller Fehler Fehlfunktionen erzeugt, ist das Produkt der Auftrittshäufigkeit des Fehlers multipliziert mit dem Reziproken seiner Teilzuverlässigkeit. Aufsummiert für alle potenziellen Fehler ergibt sich:

$$Z_\diamond^{-1} = \sum_{i=1}^{N_{\text{Pot}\diamond}} h_{\diamond i} \cdot Z_{\diamond i}^{-1} \qquad (2.41)$$

($N_{\text{Pot}\diamond}$ – Anzahl der potenziellen Fehler; $h_{\diamond i}$ – Fehlerauftrittshäufigkeit von Fehler i; $Z_{\diamond i}$ – Teilzuverlässigkeit von Fehler i).

Fehlerverteilung

Die Auftrittshäufigkeiten und die Teilzuverlässigkeiten der potenziellen Fehler bilden zusammen eine riesige Menge von Parametern, die sich weder rechnerisch noch experimentell bestimmen lassen. Deshalb soll eine neue Beschreibung für das Testobjekt eingeführt werden, die Fehlerverteilung. Die Fehlerverteilung gibt für jeden Wert der Zuverlässigkeit $Z > 0$ den Anteil der Fehler an, die keine höhere Teilzuverlässigkeit als Z besitzen:

$$F_\diamond(Z) = P\left(Z_\diamond \leq Z\right) = \frac{1}{E\left(\varphi_\diamond\right)} \cdot \sum_{\forall i \,|\, Z_{\diamond i} \leq Z} h_{\diamond i} \qquad (2.42)$$

Die Fehlerverteilung bildet eine Treppenfunktion, die bei Null beginnt und an jeder Stelle $Z = Z_{\diamond i}$, an der ein neuer potenzieller Fehler hinzukommt, sprunghaft um den Wert $h_{\diamond i}/E\left(\varphi_\diamond\right)$ zunimmt. Da die Anzahl der potenziellen Fehler in einem System sehr groß ist, liegen die Stufen dicht beieinander und sind sehr niedrig.

Die betrachteten Systeme haben in der Regel bereits eine erste Fehlerbeseitigungsiteration hinter sich. Das ist im einfachsten Fall das Einschalten des Systems und die Beschränkung der weiteren Betrachtung auf Systeme, die überhaupt etwas Sinnvolles tun. Dabei werden alle Fehler mit einer Teilzuverlässigkeit $Z_{\diamond i} \leq Z_0$ beseitigt. Der Wert für Z_0 liegt in der Größenordnung der

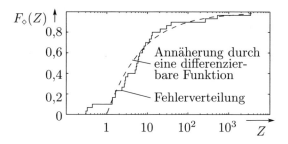

Abb. 2.7. Fehlerverteilung und Annäherung durch eine Potenzfunktion nach Gl. 2.44

Zuverlässigkeit, die das System nach dieser ersten Fehlerbeseitigungsiteration hat. Im System verbleiben nur Fehler mit $Z_{\diamond i} > Z_0$, so dass die Fehlerverteilung für alle Werte von $Z \leq Z_0$ Null ist:

$$F_\diamond (Z) = 0 \quad \text{für } Z \leq Z_0 \tag{2.43}$$

Der ungefähre weitere Verlauf der Fehlerverteilung lässt sich aus den Beobachtungen abschätzen, die man gewöhnlich bei einer Fehlerbeseitigungsiteration machen kann. Den ersten Fehler findet man oft schon mit dem ersten Testbeispiel. Je mehr Fehler man bereits beseitigt hat, desto mehr Testbeispiele sind erforderlich, bis der nächste Fehler nachweisbar wird. Die Zunahme der erforderlichen Anzahl der Testbeispiele vervielfacht sich dabei tendenziell mit jeder erfolgreichen Fehlerbeseitigung, d. h., die Teilzuverlässigkeit des nächsten zu beseitigenden Fehlers ist auch etwa ein Vielfaches der des zuletzt beseitigten Fehlers. Das deutet auf eine Potenzfunktion für die Fehlerverteilung vom Typ:

$$F_\diamond (Z) = \begin{cases} 0 & Z < Z_0 \\ 1 - \left(\frac{Z}{Z_0}\right)^{-k} & \text{sonst} \end{cases} \tag{2.44}$$

Der Exponent der Fehlerverteilung ist größer 0 und liegt typischerweise im Bereich:

$$0{,}2 < k < 1 \tag{2.45}$$

Fehlerdichte

Die Fehlerdichte $f_\diamond (Z)$ ist die Dichtefunktion zur Fehlerverteilung. Sie ist wie jede Dichtefunktion dadurch definiert, dass für jedes Zuverlässigkeitsintervall $\mathbf{Z}_i = [Z_i, Z_{i+1})$ das folgende Integral erfüllt sein muss:

$$F_\diamond (Z_{i+1}) - F_\diamond (Z_i) = \int_{Z_i}^{Z_{i+1}} f_\diamond (Z) \cdot dZ \tag{2.46}$$

Die Zuverlässigkeit, über die integriert wird, hat die Maßeinheit einer Zeit. Die Maßeinheit der Fehlerdichte ist entsprechend eine Wahrscheinlichkeit pro Zeit.

Für die abschnittsweise differenzierbare Fehlerverteilung nach Gl. 2.44 ist die Fehlerdichte die abschnittsweise Ableitung:

$$f_\diamond(Z) = \begin{cases} 0 & Z < Z_0 \\ k \cdot Z_0^k \cdot Z^{-(k+1)} & \text{sonst} \end{cases} \tag{2.47}$$

Die Treppenfunktion Gl. 2.42 ist als solche nicht diffenzierbar. Es lässt sich nur abschätzen, mit welcher Wahrscheinlichkeit die Teilzuverlässigkeit eines Fehlers in einem (größeren) Intervall $\mathbf{Z}_i = [Z_i, Z_{i+1})$ liegt. Wir wollen die Dichtefunktion hier dadurch annähern, dass wir den gesamten Bereich der Zuverlässigkeit von Z_0 bis unendlich lückenlos in sich nicht überlagernde Intervalle $\mathbf{Z}_i$ aufteilen und die Fehlerdichte je Intervall gleich dem Quotienten der Wahrscheinlichkeit der Intervallzugehörigkeit geteilt durch die Intervallgröße setzen:

$$f_\diamond(Z) = \frac{P(\mathbf{Z}_i)}{|\mathbf{Z}_i|} \text{ für } Z_i \le Z < Z_{i+1} \tag{2.48}$$

mit

$$P(\mathbf{Z}_i) = F_\diamond(Z_{i+1}) - F_\diamond(Z_i)$$

und

$$|\mathbf{Z}_i| = Z_{i+1} - Z_i.$$

Das ergibt eine Stufenfunktion, die für alle so definierten Zuverlässigkeitsintervalle $\mathbf{Z}_i$ Gl. 2.46 erfüllt. Der Wert der Fehlerdichte im Intervall i wird im Weiteren mit $f_{\diamond i}$ bezeichnet (Abbildung 2.8).

Der Wertebereich der Zuverlässigkeit, in dem die Fehlerdichte ungleich Null ist, beginnt bei Z_0 und erstreckt sich über viele Dekaden. Es ist anschaulicher, für die Intervallgrenzen eine geometrische Reihe zu wählen:

$$Z_i = Z_0 \cdot \nu^i \tag{2.49}$$

($\nu > 1$ – Basis der geometrischen Reihe). Das führt auf eine zur Zuverlässigkeit proportionale Intervallbreite bzw. gleichbreite Intervalle bei einer logarithmischen Unterteilung der Zuverlässigkeitsachse:

$$|\mathbf{Z}_i| = Z_{i+1} - Z_i = (\nu - 1) \cdot Z_i \tag{2.50}$$

Die Fehlerdichte in den so gewählten Intervallen beträgt:

$$f_{\diamond i} = \frac{P(\mathbf{Z}_i)}{|\mathbf{Z}_i|} = \frac{F_\diamond(Z_0 \cdot \nu^{i+1}) - F_\diamond(Z_0 \cdot \nu^i)}{(\nu - 1) \cdot Z_0 \cdot \nu^i} \tag{2.51}$$

Für die Potenzfunktion Gl. 2.44 als Fehlerverteilung gilt beispielsweise im Bereich $Z \ge Z_0$:

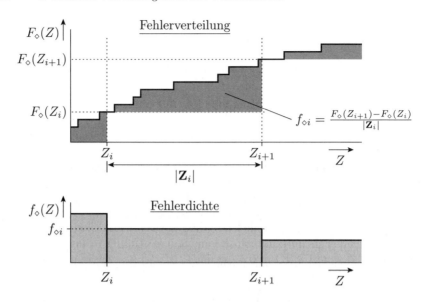

Abb. 2.8. Intervallbasierte Bestimmung der Fehlerdichte

$$f_{\diamond i} = \frac{\left(1 - \left(\frac{Z_0 \cdot \nu^{i+1}}{Z_0}\right)^{-k}\right) - \left(1 - \left(\frac{Z_0 \cdot \nu^i}{Z_0}\right)^{-k}\right)}{(\nu - 1) \cdot Z_0 \cdot \nu^i}$$

$$= \frac{\nu^{-i \cdot k} - \nu^{-(i+1) \cdot k}}{(\nu - 1) \cdot Z_0 \cdot \nu^i}$$

$$f_{\diamond i} = \frac{1 - \nu^{-k}}{\nu - 1} \cdot \frac{\nu^{-i \cdot (k+1)}}{Z_0} \tag{2.52}$$

Durch Einsetzen von Gl. 2.49 wird daraus die Fehlerdichte:

$$f_{\diamond i} = \frac{1 - \nu^{-k}}{\nu - 1} \cdot Z_0^k \cdot Z_i^{-(k+1)}, \tag{2.53}$$

die mit dem Grenzwert

$$\lim_{\nu \to 1} \left(\frac{1 - \nu^{-k}}{\nu - 1}\right) = k \tag{2.54}$$

(siehe Anhang C.1) für kleine relative Intervallbreiten gegen die in Gl. 2.47 über die Ableitung der Fehlerverteilung gefundene Fehlerdichte strebt:

$$f_{\diamond i} = f_{\diamond}(Z_i) = k \cdot Z_0^k \cdot Z_i^{-(k+1)} \text{ für } Z_i \geq Z_0 \tag{2.55}$$

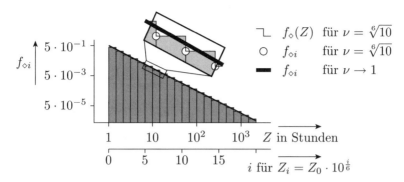

Abb. 2.9. Annäherung einer Potenzfunktion als Fehlerdichte durch eine Treppenfunktion ($k = 0{,}5$; $Z_0 = 1$ Stunde)

Zuverlässigkeit

Das Reziproke der fehlerbezogenen Teilzuverlässigkeit ist nach Gl. 2.41 die Summe der Reziproken der Teilzuverlässigkeiten aller potenziellen Fehler gewichtet mit ihren Auftrittshäufigkeiten:

$$Z_\diamond^{-1} = \sum_{i=1}^{N_{\mathrm{Pot}\diamond}} h_{\diamond i} \cdot Z_{\diamond i}^{-1}$$

Mit der Fehlerdichte $f_\diamond(Z)$ lässt sich die Summation so umsortieren, dass ein Integral über alle Zuverlässigkeitswerte entsteht:

$$Z_\diamond^{-1} = E(\varphi_\diamond) \cdot \int_0^\infty f_\diamond(Z) \cdot Z^{-1} \cdot dZ \tag{2.56}$$

Für eine Potenzfunktion nach Gl. 2.47 als Fehlerdichte beträgt die fehlerbezogene Teilzuverlässigkeit:

$$Z_\diamond^{-1} = E(\varphi_\diamond) \cdot \int_{Z_0}^\infty \frac{k \cdot Z_0^k \cdot Z^{-(k+1)}}{Z} \cdot dZ$$

$$Z_\diamond^{-1} = E(\varphi_\diamond) \cdot \int_{Z_0}^\infty k \cdot Z_0^k \cdot Z^{-(k+2)} \cdot dZ \tag{2.57}$$

$$Z_\diamond = \frac{k+1}{E(\varphi_\diamond) \cdot k} \cdot Z_0 \tag{2.58}$$

Sie ist umgekehrt proportional zur zu erwartenden Fehleranzahl und proportional zu dem Parameter Z_0, der beschreibt, bis zu welcher Teilzuverlässigkeit bereits alle Fehler beseitigt sind.

Für die Stufenfunktion Gl. 2.51 beträgt die fehlerbezogene Teilzuverlässigkeit:

$$Z_\diamond^{-1} = E\left(\varphi_\diamond\right) \cdot \sum_{i=0}^{\infty} \int_{Z_0 \cdot \nu^i}^{Z_0 \cdot \nu^{i+1}} f_{\diamond i} \cdot Z^{-1} \cdot dZ$$

$$= E\left(\varphi_\diamond\right) \cdot \ln\left(\nu\right) \cdot \sum_{i=0}^{\infty} f_{\diamond i} \tag{2.59}$$

Sie ist umgekehrt proportional zur zu erwartenden Fehleranzahl und zur Summe der Dichtewerte $f_{\diamond i}$. Setzt man für die Dichtewerte die Potenzfunktion nach Gl. 2.51 ein, ergibt sich dieselbe Beziehung wie in Gl. 2.58.

Das bis hierher entwickelte Modell erlaubt bereits gewisse Vorabschätzung darüber, wie sich der Test in einer Fehlerbeseitigungsiteration auf die Zuverlässigkeit des Systems auswirkt. Der Test erhöht nur die fehlerbezogene Teilzuverlässigkeit und beeinflusst die Gesamtzuverlässigkeit nur dann maßgeblich, wenn die störungsbezogene Teilzuverlässigkeit wesentlich größer ist. Davon kann in der Regel ausgegangen werden. Zum anderen muss zwischen zwei Arten von Tests unterschieden werden. Ein Test, der die Fehler unabhängig von ihren Teilzuverlässigkeiten nachweist, z. B. ein Syntaxtest, verringert die Anzahl der Fehler im System, ohne die Fehlerdichte zu beeinflussen. Die Zuverlässigkeit nimmt etwa umgekehrt proportional zur Abnahme der Fehleranzahl zu. Wenn der Test jedoch immer vorrangig auf die Fehler mit der geringsten Teilzuverlässigkeit abzielt, erhöht sich mit fortschreitender Fehlerbeseitigung auch der Parameter Z_0 in Gl. 2.58, so dass die fehlerbezogene Teilzuverlässigkeit wesentlich stärker als umgekehrt proportional zur Anzahl der Fehler, die durch den Test schlüpfen, zunimmt.

2.2 Test und Fehlerbeseitigung

»Die Reparatur alter Fehler kostet oft mehr als die Anschaffung neuer.« (Wieslaw Brudzinski, 1920*)

In einer Iteration aus Test und Fehlerbeseitigung werden alle vom Test nachweisbaren Fehler beseitigt. Bei den Beseitigungsversuchen können jedoch neue Fehler entstehen (vgl. Abschnitt 1.3.4). Die Menge $\mathbf{M}_{E\diamond}$ der Fehler aus dem Entstehungsprozess und die Menge der Fehler $\mathbf{M}_{R\diamond}$, die bei Reparaturversuchen entstehen, bilden die Menge $\mathbf{M}_\diamond$ der zu findenden Fehler. Der Test sortiert alle erkannten Fehler aus. Der Anteil der aussortierten Fehler ist die Fehlerüberdeckung (vgl. Gl. 1.29):

$$FC_\diamond = \frac{\varphi_{\diamond\checkmark}}{\varphi_\diamond} = \frac{\left|\mathbf{M}_{\diamond\checkmark}\right|}{\left|\mathbf{M}_\diamond\right|}$$

Die restlichen Fehler

$$\mathbf{M}_{T\diamond} = \mathbf{M}_\diamond \setminus \mathbf{M}_{\diamond\checkmark}$$

($\setminus$ – Mengendifferenz) bleiben unerkannt im System und beeinträchtigen seine fehlerbezogene Teilzuverlässigkeit.

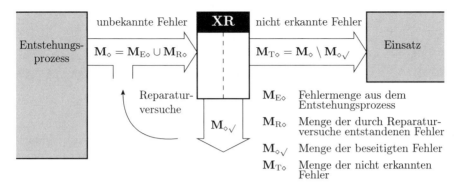

Abb. 2.10. Test und Fehlerbeseitigung

2.2.1 Einfluss der Reparatur auf die Zuverlässigkeit

Die Fehlerbeseitigung ist eine Iteration, bei der so lange Reparaturversuche ausgeführt werden, bis der Test keinen Fehler mehr nachweist. Solange der Test einen Fehler erkennt, wird die vorherige erfolglose Reparaturmaßnahme rückgängig gemacht, ein anderer Reparaturversuch gestartet und der Reparaturerfolg durch Wiederholung des Tests überprüft. Die Fehler, die bei Reparaturversuchen und bei der Wiederherstellung des Vorzustandes nach erfolglosen Reparaturversuchen entstehen, vergrößern die Fehleranzahl vor dem Test. Im selben Maße vergrößert sich auch die Anzahl der Fehler, die nicht gefunden und nicht beseitigt werden, so dass sie die Zuverlässigkeit im Einsatz beeinträchtigen.

Die Fehlerbeseitigungsiteration soll durch folgende Kenngrößen beschrieben werden:

η_{Rep} Fehlerbeseitigungsrate der Reparatur: Verhältnis der Anzahl der beseitigten Fehler zur Anzahl der Reparaturversuche

Q_{Rep} Güte der Reparaturarbeiten: Anzahl der Fehlerbeseitigungsversuche je neu entstehendem Fehler

K_{XR} Vergrößerungsfaktor der Fehleranzahl durch die Fehlerbeseitigungsiteration

$FC_\diamond$ Fehlerüberdeckung: Verhältnis der Anzahl der erkannten Fehler zur Anzahl der vorhandenen Fehler.

Eine Fehlerbeseitigungsiteration ist ein System aus Tests (T) und Reparaturversuchen. Ein Test teilt die Fehler, mit denen er konfrontiert wird, in nachweisbare und nicht nachweisbare Fehler auf:

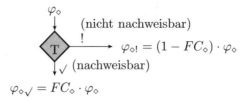

$$\varphi_{\diamond\surd} = FC_\diamond \cdot \varphi_\diamond$$

Jeder erkannte Fehler löst einen Reparaturversuch aus. Ein Reparaturversuch beseitigt mit einer Häufigkeit η_{Rep} den vorhandenen Fehler und baut mit einer Häufigkeit Q_{Rep}^{-1} neue Fehler in das System ein:

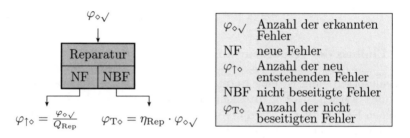

Die ursprünglichen Fehler, die der Test erkennt, durchlaufen so lange Reparaturversuche, bis sie beseitigt sind. Die dabei neu entstehenden Fehler werden vom Test in nachweisbare und nicht nachweisbare Fehler eingeteilt. Neu entstandene nachweisbare Fehler werden gleichfalls so lange Reparaturversuchen unterzogen, bis sie beseitigt sind. Auch dabei entstehen wieder neue Fehler. Aufgerollt bildet der gesamte Ablauf der Tests und der Reparaturversuche einen binären Baum ohne Tiefenbegrenzung (Abbildung 2.11).

Von den ursprünglichen Fehlern

- erkennt der Test einen Anteil von $FC_\diamond$ Fehlern und
- beseitigt bei jedem Reparaturversuch einen Anteil von η_{Rep} Fehlern.

Die zu erwartende Anzahl der ursprünglichen Fehler, die erkannt, aber nicht beseitigt werden, und deshalb einem weiteren Reparaturversuch unterzogen werden, nimmt nach einer geometrischen Reihe ab:

$$\varphi_{\mathrm{T}\diamond i} = FC_\diamond \cdot \varphi_{\mathrm{E}\diamond} \cdot (1 - \eta_{\mathrm{Rep}})^i \qquad (2.60)$$

(i – Nummer des Reparaturversuchs). Die zu erwartende Anzahl der Beseitigungsversuche für ursprüngliche Fehler ist die Summe der Anzahl der Fehler vor alle $i = 1$ bis ∞ Reparaturversuchen. Die Summation beginnt folglich bei $i = 0$:

$$N_{\mathrm{ERep}} = \sum_{i=0}^{\infty} \varphi_{\mathrm{T}\diamond i} = FC_\diamond \cdot \varphi_{\mathrm{E}\diamond} \cdot \sum_{i=0}^{\infty} (1 - \eta_{\mathrm{Rep}})^i = \frac{FC_\diamond \cdot \varphi_{\mathrm{E}\diamond}}{\eta_{\mathrm{Rep}}} \qquad (2.61)$$

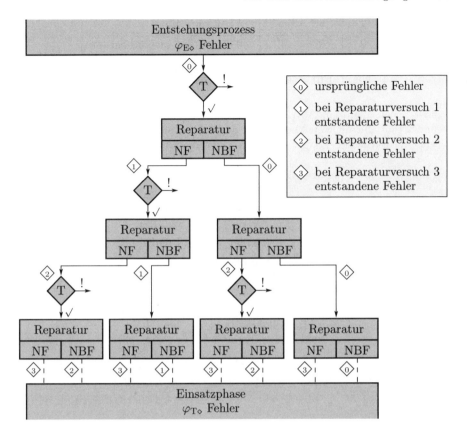

Abb. 2.11. Entstehung der reparaturbedingten Fehler

(N_{ERep} – zu erwartende Anzahl der Reparaturversuche für alle ursprünglichen Fehler zusammen; η_{Rep} – Fehlerbeseitigungsrate der Reparatur).

Als zweites soll die Anzahl $\varphi_{\mathrm{R}\diamond}$ der neu entstehenden Fehler und die Anzahl N_{RRep} der Reparaturversuche für diese abgeschätzt werden. Die Anzahl der neu entstehenden Fehler ist zum einen der Quotient aus der Anzahl der Reparaturversuche (für ursprüngliche und neue Fehler zusammen) und der Güte der Reparaturarbeiten:

$$\varphi_{\mathrm{R}\diamond} = \frac{N_{\mathrm{Rep}}}{Q_{\mathrm{Rep}}} \tag{2.62}$$

Zum anderen durchlaufen neue Fehler, die der Test erkennt, selbst solange Reparaturversuche, bis sie beseitigt sind. Angenommen, es entsteht eine endliche Anzahl $\varphi_{\mathrm{R}\diamond}$ von neuen Fehler, dann sind insgesamt

$$N_{\mathrm{RRep}} = \frac{FC_{\diamond} \cdot \varphi_{\mathrm{R}\diamond}}{\eta_{\mathrm{Rep}}} \tag{2.63}$$

Reparaturversuche für sie erforderlich. Die Gesamtanzahl aller Reparaturversuche ist die Summe von Gl. 2.61 und Gl. 2.63:

$$N_{\text{Rep}} = N_{\text{ERep}} + N_{\text{RRep}} = \frac{FC_\diamond}{\eta_{\text{Rep}}} \cdot (\varphi_{\text{E}\diamond} + \varphi_{\text{R}\diamond}) \tag{2.64}$$

Eingesetzt in Gl. 2.62

$$\varphi_{\text{R}\diamond} = \frac{FC_\diamond}{Q_{\text{Rep}} \cdot \eta_{\text{Rep}}} \cdot (\varphi_{\text{E}\diamond} + \varphi_{\text{R}\diamond}) \tag{2.65}$$

und aufgelöst nach der Anzahl der neu entstehenden Fehler ergibt sich:

$$\varphi_{\text{R}\diamond} = \frac{FC_\diamond \cdot \varphi_{\text{E}\diamond}}{Q_{\text{Rep}} \cdot \eta_{\text{Rep}} - FC_\diamond} \tag{2.66}$$

Gültigkeitsvoraussetzung für Gl. 2.66 ist, dass die Anzahl der neu entstehenden Fehler, wie in Gl. 2.63 vorausgesetzt, endlich ist. Das verlangt, dass jeder Reparaturschritt im Mittel mehr nachweisbare Fehler beseitigt als dabei entstehen. Das Produkt aus der Güte der Reparaturarbeiten und der Fehlerbeseitigungsrate der Reparatur muss größer als die Fehlerüberdeckung sein:

$$Q_{\text{Rep}} \cdot \eta_{\text{Rep}} > FC_\diamond \tag{2.67}$$

Eine Erhöhung der Anzahl der Fehler vor dem Test vergrößert die Fehleranzahl in den getesteten Produkten. Der Vergrößerungsfaktor, um den sich die Fehleranzahl vor und nach dem Test durch die Fehlerbeseitigungsiteration erhöht, beträgt:

$$K_{\text{XR}} = \frac{\varphi_{\text{E}\diamond} + \varphi_{\text{R}\diamond}}{\varphi_{\text{E}\diamond}} = \frac{Q_{\text{Rep}} \cdot \eta_{\text{Rep}}}{Q_{\text{Rep}} \cdot \eta_{\text{Rep}} - FC_\diamond} \tag{2.68}$$

Eine gute Reparaturtechnik zeichnet sich dadurch aus, dass die Beseitigungsiteration die Gesamtfehleranzahl nur unerheblich vergrößert. Das erfordert eine hohe Fehlerbeseitigungsrate η_{Rep} und eine hohe Güte Q_{Rep} der Reparaturarbeiten. Aus praktischer Sicht ist eine Erhöhung der Fehleranzahl um 10% praktisch kaum nachzuweisen und somit akzeptabel:

$$K_{\text{XR}} \leq 1{,}1$$

Für die Fehlerüberdeckung ist 100% anzustreben. Eine erfolgreiche Fehlerbeseitigung erfordert erfahrungsgemäß zwei bis vier Versuche:

$$\eta_{\text{Rep}} = \frac{1}{2} \cdots \frac{1}{4}$$

Die Reparaturgüte sollte entsprechend mindestens eine Güte von

$$Q_{\text{Rep}} = \frac{K_{\text{XR}} \cdot FC_\diamond}{(K_{\text{XR}} - 1) \cdot \eta_{\text{Rep}}} \approx 20 \dots 40 \tag{2.69}$$

Reparaturversuchen je neu entstehendem Fehler haben. Das ist nur dann zu schaffen, wenn tatsächlich nach jedem erfolglosen Reparaturversuch der Zustand vor dem Reparaturversuch gewissenhaft wiederhergestellt wird.

Studenten, die sich noch im Lernprozess befinden, tappen bei Programmierpraktika oft in die Falle, dass sie bei der Fehlerbeseitigung nicht ausreichend gewissenhaft arbeiten. Mangelnde Gewissenhaftigkeit drückt sich in einer zu geringen Fehlerbeseitigungsrate der Reparatur und/oder einer zu geringen Reparaturgüte aus. Das Programm selbst ist schnell geschrieben, aber es funktioniert nicht richtig. Die Fehlerbeseitigungsiteration, bis die Testbeispiele laufen, will nicht konvergieren. Der Student ist nach Stunden, Tagen oder Wochen immer noch bei der Fehlersuche. Damit er überhaupt fertig wird, beschränkt er sich auf wenige Testbeispiele. Wenn die Testbeispiele endlich durchlaufen, passiert bei der Programmabnahme etwas sehr Unangenehmes. Der Prüfer gibt ein neues Testbeispiel vor und das Programm funktioniert wieder nicht. Warum ist das so?

Eine im Verhältnis zur Systemgröße sehr lange Inbetriebnahmephase deutet auf einen interessanten Grenzfall. Wenn das Produkt aus Fehlerbeseitigungsrate und Reparaturgüte im Bereich

$$FC_\diamond < \eta_{\mathrm{Rep}} \cdot Q_{\mathrm{Rep}} < 1 \qquad (2.70)$$

liegt, werden im Mittel zwar mehr nachweisbare Fehler beseitigt als neue *nachweisbare* Fehler entstehen, aber insgesamt entstehen mehr neue Fehler als beseitigt werden. Die Fehleranzahl nimmt zu, obwohl der Test den gegenteiligen Eindruck erweckt. Wenn alle verwendeten Testbeispiele endlich ohne erkennbare Fehlfunktionen durchlaufen, ist das System derart fehlerhaft, dass nicht einmal ein einziges zufällig ausgewähltes Testbeispiel irgendeine Chance hat, erfolgreich abgearbeitet zu werden. Gibt es Anzeichen, dass dieser Fall eingetreten ist (nachprüfbar mit einem kurzen Zufallstest), sollte der komplette Entwurf verworfen und neu angefertigt werden. Das gilt nicht nur für das Studium, sondern auch später im Beruf.

Die schlimmste Notlösung, wenn der Beseitigungsprozess nicht konvergiert, ist, zum Schluss ein paar Testbeispiele zu suchen, die richtig abgearbeitet werden. Das ist manchmal sogar industrielle Praxis. Nicht nur das System, sondern auch der Prüfer des Systems muss getestet werden. Eine Grundregel für das Qualitätsmanagement und auch für Anwender sei deshalb:

Akzeptiere nie ein System, bevor kontrolliert wurde, dass es in der Lage ist, einige zufällig ausgewählte, unvorbereitete Testbeispiele ohne Beanstandung abzuarbeiten.

Dabei ist explizit darauf zu achten, dass die Testbeispiele vorher nicht bekannt sind. Funktionsfähige Systeme verkraften einen kurzen Zufallstest, aber Systeme, die sich an der Qualitätssicherung vorbeigemogelt haben, nicht.

2.2.2 Die ideale Fehlerbeseitigung ist Ersatz

Statt der Reparaturversuche werden die Objekte mit erkannten Fehlern durch gleichartige Objekte ersetzt. Die Ersatzobjekte können natürlich auch fehlerhaft sein, so dass sie selbst ersetzt werden müssen. Wie Abbildung 2.12 zeigt, bildet die Anzahl der Objekte, die ersetzt werden müssen, eine geometrische Reihe:

$$N_{\text{Obj}.i} = N_{\text{Obj}\checkmark} \cdot (1 - Y)^i \tag{2.71}$$

(i – Nummer des Ersetzungsschrittes; Y – Ausbeute, Anteil der vom Test als gut klassifizierten Objekte). Um N_{Obj} gute Objekte zu erhalten, müssen insgesamt

$$N_{\text{Obj}} = N_{\text{Obj}\checkmark} \cdot \sum_{i=0}^{\infty} (1 - Y)^i = \frac{N_{\text{Obj}\checkmark}}{Y} \tag{2.72}$$

Objekte getestet werden (vgl. Gl. 2.27).

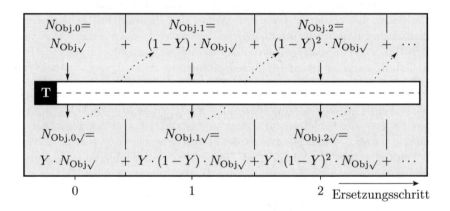

Abb. 2.12. Ersetzen der defekten Objekte einschließlich der defekten Ersatzobjekte

Ein Objekt wird aussortiert, wenn es mindestens einen nachweisbaren Fehler enthält. Der Anteil der Objekte mit $\varphi_\diamond = k$ Fehlern, die aussortiert werden, beträgt:

$$FC_{\text{Obj}}(k) = 1 - (1 - FC_\diamond)^k \tag{2.73}$$

($FC_{\text{Obj}}(k)$ – Objektüberdeckung; $FC_\diamond$ – Fehlerüberdeckung). Dadurch ändert sich die Verteilung der Fehleranzahl in den nicht ersetzten Objekten:

$$P(\varphi_{\text{T}\diamond} = k) = \frac{P(\varphi_\diamond = k) \cdot (1 - FC_{\text{Obj}}(k))}{\sum_{i=0}^{\infty} P(\varphi_\diamond = i) \cdot (1 - FC_{\text{Obj}}(i))} \tag{2.74}$$

Eine poisson-verteilte Fehleranzahl bildet sich wieder auf eine poisson-verteilte Fehleranzahl ab. Lediglich der Erwartungswert reduziert sich:

$$P\left(\varphi_{\mathrm{T}\diamond} = k\right) = \frac{e^{-E(\varphi_\diamond)} \cdot \frac{E(\varphi_\diamond)^k \cdot (1 - FC_\diamond)^k}{k!}}{\sum_{i=0}^{\infty} e^{-E(\varphi_\diamond)} \cdot \frac{E(\varphi_\diamond)^i \cdot (1 - FC_\diamond)^i}{i!}}$$

$$= e^{-E(\varphi_\diamond) \cdot (1 - FC_\diamond)} \cdot \frac{\left(E\left(\varphi_\diamond\right) \cdot \left(1 - FC_\diamond\right)\right)^k}{k!}$$

$$= \mathrm{Poi}\left(k, E\left(\varphi_\diamond\right) \cdot \left(1 - FC_\diamond\right)\right) \tag{2.75}$$

Eine Mischverteilung aus unterschiedlichen Poisson-Verteilungen vor dem Test nach Gl. 2.36 bildet sich auf eine Mischverteilung von Poisson-Verteilungen mit entsprechend reduzierten Erwartungswerten ab:

$$P\left(\varphi_{\mathrm{T}\diamond} = k\right) = \sum_{i=1}^{N_{\mathrm{GG}}} a_i \cdot \mathrm{Poi}\left(k, E\left(\varphi_{\diamond i}\right) \cdot \left(1 - FC_\diamond\right)\right) \tag{2.76}$$

(N_{GG} – Anzahl der Grundgesamtheiten; a_i – Anteil der Objekte, die zur Grundgesamtheit i gehören). Fehlercluster, die den Anteil der fehlerfreien Objekte im Verhältnis zur zu erwartenden Fehleranzahl erhöhen (vgl. Abschnitt 2.1.3) bleiben beim Aussortieren fehlerhafter Objekte erhalten. Der zu erwartende Anteil der beseitigten Fehler ist gleich der Fehlerüberdeckung.

Wenn defekte Objekte ersetzt werden, ist der Anteil der nicht beseitigten Fehler gleich dem Anteil der nicht gefundenen Fehler. Eine Erhöhung der zu erwartenden Fehleranzahl wie bei der Reparatur fehlerhafter Objekte gibt es nicht. Aus Sicht der Zuverlässigkeit ist Ersatz deshalb die ideale Form der Fehlerbeseitigung.

Ersetzte Objekte haben eine geringere zu erwartende Fehleranzahl als reparierte Objekte und sind deshalb zuverlässiger. Die Reparatur eines defekten Objekt ist nur aus Kostengründen akzeptabel, d. h., wenn sie wesentlich billiger als die Herstellung eines neuen Objektes ist.

2.2.3 Fehlernachweisprofil

Definition 2.2 (effektive Testzeit) *Die effektive Testzeit* t_{T} *ist die äquivalente Dauer eines Tests in der Anwendungsumgebung, der dieselbe zu erwartende Anzahl von Fehlern nachweist.*

Definition 2.3 (Fehlernachweisprofil) *Das Fehlernachweisprofil* $p_\diamond(Z)$ *beschreibt die Nachweiswahrscheinlichkeit eines Fehlers in Abhängigkeit von seiner Teilzuverlässigkeit.*

Das Fehlernachweisprofil eines Tests hängt von der Art des Test und der Testauswahl ab.

2.2.3.1 Zufallstest

Bei einem Zufallstest werden die Testeingaben zufällig ausgewählt. Ein Testschritt besteht aus einer zufälligen Initialisierungsfolge, einer zufälligen Eingabe für den Nachweisschritt und einer zufälligen Visualisierungsfolge (vgl. Abschnitt 1.3.1). Die Initialisierungsfolge überlagert sich mit den vorherigen Testschritten und die Visualisierungsfolge mit den nachfolgenden Testschritten. Jeder Abbildungsschritt ist ein neuer Testschritt (Abbildung 2.13).

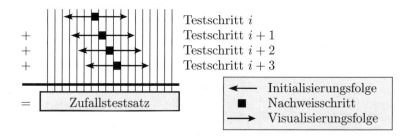

Abb. 2.13. Zusammenfassung von Testschritten zu einem Testsatz

Die Wahrscheinlichkeit, dass ein Fehler in einem Abbildungsschritt nachgewiesen wird, ist das Verhältnis aus der Dauer eines Abbildungsschrittes τ_0 zur mittleren Zeit zwischen zwei Fehlfunktionen. Die mittlere Zeit zwischen zwei Fehlfunktionen, die ein Fehler verursacht, ist seine Teilzuverlässigkeit $Z_{\diamond i}$ und mindestens so groß wie die Dauer eines Abbildungsschrittes:

$$p_{\diamond i} = \frac{\tau_0}{Z_{\diamond i}} \text{ mit } Z_{\diamond i} \geq \tau_0 \tag{2.77}$$

Die Wahrscheinlichkeit, dass der Fehler in mindestens einem von n Abbildungsschritten nachgewiesen wird, ist das komplementäre Ereignis dazu, dass er in keinem Abbildungsschritt nachgewiesen wird:

$$p_{\diamond i}(n) = 1 - (1 - p_{\diamond i})^n \tag{2.78}$$

In einem funktionsfähigen System verursachen alle Fehler zusammen nur selten Fehlfunktionen. Die Wahrscheinlichkeit $p_{\diamond i}$, dass ein einzelner Fehler in einem Abbildungsschritt eine Fehlfunktion verursacht, ist winzig. Für kleine Werte von $p_{\diamond i}$ geht Gl. 2.78 über in:

$$p_{\diamond i}(n) = 1 - e^{-n \cdot p_{\diamond i}} = 1 - e^{-\frac{n \cdot \tau_0}{Z_{\diamond i}}} \tag{2.79}$$

(vgl. Anhang C.2). Das Produkt aus der Anzahl der Testschritte und der Dauer eines Abbildungsschrittes ist die Testzeit:

$$t_{\mathrm{T}} = n \cdot \tau_0 \tag{2.80}$$

Eingesetzt in Gl. 2.79 beträgt die Nachweiswahrscheinlichkeit des betrachteten Fehlers:

$$p_{\diamond i}\left(t_{\mathrm{T}}\right) = 1 - e^{-\frac{t_{\mathrm{T}}}{Z_{\diamond i}}} \tag{2.81}$$

Das Fehlernachweisprofil, nach Definition 2.3 die Nachweiswahrscheinlichkeit eines Fehlers in Abhängigkeit von seiner Teilzuverlässigkeit, ist für einen Zufallstest:

$$p_{\diamond}\left(Z\right) = 1 - e^{-\frac{t_{\mathrm{T}}}{Z}} \tag{2.82}$$

Testbedingungen

Unter Testbedingungen oder bei einer Simulation des Systems unterscheidet sich die Dauer eines Abbildungsschrittes zum Teil erheblich von der unter Betriebsbedingungen. Wird z. B. das Verhalten langsamer mechanischer Aktoren und Sensoren auf einem Rechner simuliert, geht das wesentlich schneller als in der Wirklichkeit. Ein Beispiel für das Gegenteil ist der Test mit Debug-Hilfen, z. B. Testausgaben und Überdeckungsanalysen. Die testspezifischen Zusatzfunktionen kosten auch Rechenzeit. Zur Erzielung vergleichbarer Ergebnisse kann es zweckmäßiger sein, die Testzeit und die Zuverlässigkeit in Abbildungsschritten statt in Zeiteinheiten zu messen:

$$p_{\diamond}\left(\mathsf{Z}\right) = 1 - e^{-\frac{n}{\mathsf{Z}}} \tag{2.83}$$

($\mathsf{Z} = Z/\tau_0$ – relative Zuverlässigkeit in Abbildungsschritten; n – Testsatzlänge in Abbildungsschritten).

Ein weiterer potenzieller Unterschied zwischen Betriebs- und Testbedingungen bestehen darin, dass der Test der Hierarchie folgt. Teilsysteme werden zuerst getrennt vom System und später im System getestet. Bei einem isolierten Test eines Teilsystems besitzen die internen Fehler in der Regel eine wesentlich höhere Nachweiswahrscheinlichkeit als nach der Systemintegration. Es genügen kürzere Zufallstestsätze, um dieselbe Anzahl von Fehlern nachzuweisen. Die Testzeit müsste mit einem entsprechenden Skalierungsfaktor gewichtet werden. Wir wollen dieses Problem dadurch umgehen, dass wir die Testzeit t_{T} als effektive Testzeit definieren, d. h. als die Zeit, die ein Zufallstest in der Anwendungsumgebung benötigen würde, um im Mittel genauso viele Fehler nachzuweisen. Mit diesem Taschenspielertrick gilt Gl. 2.82 auch unter Testbedingungen.

Nahezu erschöpfender Test

Bei einem Test unter Testbedingungen wiederholen sich in der Regel keine Testschritte. Das ist das sog. Versuchsschema »ohne Zurücklegen«. Die Wahrscheinlichkeit, dass ein Fehler N_{TpF}-mal nachgewiesen wird, gehorcht der hypergeometrischen Verteilung:

$$P\left(N_{\mathrm{TpF}} = k\right) = \frac{\dbinom{2^{N_{\mathrm{BX}}} \cdot p_{\diamond i}}{k} \dbinom{2^{N_{\mathrm{BX}}} \cdot (1 - p_{\diamond i})}{n - k}}{\dbinom{2^{N_{\mathrm{BX}}}}{n}} \qquad (2.84)$$

N_{BX} ist hierbei die Bitanzahl der Eingabe, $2^{N_{\mathrm{BX}}}$ die Anzahl der möglichen Eingaben, $p_{\diamond i}$ die Nachweiswahrscheinlichkeit des Fehlers je Testschritt, $2^{N_{\mathrm{BX}}} \cdot p_{\diamond i}$ die Anzahl der Eingaben, mit denen der Fehler nachweisbar ist, $2^{N_{\mathrm{BX}}} \cdot (1 - p_{\diamond i})$ die Anzahl der Eingaben, mit denen der Fehler nicht nachzuweisen ist und n die Anzahl der Testschritte, mit denen getestet wird. Die Wahrscheinlichkeit, dass der Fehler mindestens von einem Testschritt nachgewiesen wird, beträgt:

$$p_{\diamond i}(n) = P\left(N_{\mathrm{TpF}} > 0\right) = 1 - \frac{\dbinom{2^{N_{\mathrm{BX}}} \cdot (1 - p_{\diamond i})}{n}}{\dbinom{2^{N_{\mathrm{BX}}}}{n}} \qquad (2.85)$$

Sie ist geringfügig größer als bei einem echten Zufallstest, bei dem sich Testschritte wiederholen können. Ein Zufallstest ohne Wiederholung mit der Länge des erschöpfenden Tests ist ein erschöpfender Test. Ein Zufallstest der Länge eines erschöpfenden Tests mit Wiederholungen enthält im Mittel nur $1 - e^{-1} \approx 63{,}2\%$ der Eingaben aus dem Eingaberaum. Die restlichen 36,8% sind Wiederholungen.

In der Regel enthält ein Testsatz nur eine winzige Teilmenge eines erschöpfenden Testsatzes:

$$n \ll 2^{N_{\mathrm{BX}}}$$

(vgl. Abschnitt 1.3.2). Unter dieser Bedingung spielt es keine Rolle, ob Wiederholungen möglich sind oder nicht. Sie treten statistisch gesehen so selten auf, dass Gl. 2.85 und Gl. 2.79 übereinstimmende Wahrscheinlichkeitswerte liefern und gegeneinander austauschbar sind.

2.2.3.2 Funktionsunabhängiger Fehlernachweis

Wenn der Fehlernachweis nicht über das Eingabe/Ausgabe-Verhalten des Systems erfolgt, sondern über andere Merkmale, steht die Fehlernachweiswahrscheinlichkeit in keinem Zusammenhang mit der Teilzuverlässigkeit der Fehler. Das Fehlernachweisprofil ist konstant, die Konstante ist die Fehlerüberdeckung:

$$p_{\diamond}(Z) = FC_{\diamond} \qquad (2.86)$$

Beispiele für Tests mit konstantem Fehlernachweisprofil sind

- Syntaxtests
- Inspektionen von Entwurfsbeschreibungen und
- optische Inspektionen von Hardwarekomponenten.

2.2.3.3 Modellfehlerorientierte Testsatzberechnung

Bei einer modellfehlerorientierten Testsatzberechnung wird

- für das Testobjekt eine Modellfehlermenge aufgestellt und
- ein Testsatz gesucht, der diese Modellfehler nachweist.

Das Fehlernachweisprofil eines solchen Testsatzes wird von der Modellfehlerüberdeckung FC_M, der Anzahl der Testschritte, die für jeden Modellfehler
gesucht werden, und von der effektiven Testzeit bestimmt.

Die Berechnung der Testschritte erhöht nur die tatsächliche Fehlerüberdeckung gegenüber einem Zufallstest, wenn zwischen den tatsächlichen Fehlern
und der Modellfehlermenge eine der nachfolgenden Beziehungen besteht (vgl.
Abschnitt 1.3.3):

Identität

Die Nachweismenge des betrachteten Fehlers i ist identisch mit der eines der
Modellfehler. Die Wahrscheinlichkeit, dass der Testsatz einen (zufällig ausgewählten) Modellfehler nachweist, ist gleich der Modellfehlerüberdeckung, so
dass die Nachweiswahrscheinlichkeit des betrachteten Fehlers hier auch gleich
der Modellfehlerüberdeckung ist:

$$p_{\diamond i} = FC_M \qquad (2.87)$$

Nachweisimplikation

Nachweisimplikation bedeutet, dass die Modellfehlermenge Fehlerannahmen
enthält, deren Nachweis den Nachweis des betrachteten Fehlers implizieren.
Die Nachweismengen der Modellfehler müssen hierzu Teilmengen der Nachweismenge des betrachteten Fehlers sein (vgl. Abschnitt 1.3.3).

Die Wahrscheinlichkeit, dass ein Testsatz einen implizit nachweisbaren
Fehler i erkennt, ist gleich der Wahrscheinlichkeit, dass er mindestens einen
von $N_{Impl.i}$ Modellfehlern nachweist. Die Nachweiswahrscheinlichkeiten der
einzelnen Modellfehler sind wieder gleich der Modellfehlerüberdeckung. Für
den implizit nachweisbaren Modellfehler gilt folglich:

$$p_{\diamond i} = 1 - (1 - FC_M)^{N_{Impl.i}} \qquad (2.88)$$

($N_{Impl.i}$ – Anzahl der Modellfehler, die den Nachweis von Fehler i implizieren).
Sie ist deutlich größer als die Modellfehlerüberdeckung. In Abbildung 2.14 b
ist der Zusammenhang zwischen der Nachweiswahrscheinlichkeit eines implizit nachweisbaren Fehlers und der Modellfehlerüberdeckung für $N_{Impl.i} = 2$
dargestellt.

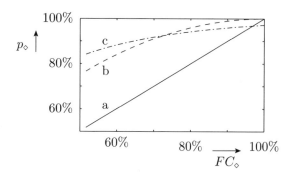

Abb. 2.14. Fehlernachweiswahrscheinlichkeit in Abhängigkeit von der Modellfehlerüberdeckung: a) Nachweisidentität Gl. 2.87, b) Nachweisimplikation Gl. 2.88 mit $N_{\mathrm{Impl}.i} = 2$, c) ähnlicher Nachweis nach Gl. 2.91

Ähnlicher Nachweis

Nachweisähnlichkeit bedeutet, dass sich die Modellfehler und die tatsächlichen Fehler Nachweisbedingungen teilen:

- gleiche Beobachtungspfade
- gleiche lokale Fehleranregungsbedingungen.

Jeder Test, der für einen ähnlich nachweisbaren Modellfehler gefunden wird, impliziert mit einer Wahrscheinlichkeit $p_{\diamond i.j}$ den Nachweis des betrachteten Fehlers:

$$p_{\diamond i} \approx 1 - \prod_{j=1}^{N_{\mathrm{SD}}} \left(1 - p_{\diamond i.j}\right)^{N_{\mathrm{TpF}.j}} \tag{2.89}$$

(N_{SD} – Anzahl der ähnlich nachweisbaren Modellfehler; $N_{\mathrm{TpF}.j}$ – Anzahl der unterschiedlichen Testschritte, mit denen der Testsatz den ähnlich nachweisbaren Modellfehler j nachweist). Die Modellfehlerüberdeckung ist in dieser Beziehung nur indirekt enthalten. Sie sagt etwas darüber aus, für wie viele der ähnlich nachweisbaren Modellfehler der Testsatz mindestens *einen* Testschritt enthält. Die Anzahl der unterschiedlichen Testschritte je Modellfehler ist dabei etwa das Produkt aus der Anzahl der unterschiedlichen Testschritte, die je Fehler gesucht werden, und der Modellfehlerüberdeckung:

$$N_{\mathrm{TpF}.j} \approx N_{\mathrm{TpFsoll}} \cdot FC_{\mathrm{M}} \tag{2.90}$$

In Abbildung 2.14c ist als Beispiel der Zusammenhang für $N_{\mathrm{SD}} = 5$ ähnlich nachweisbare Modellfehler, bedingte Nachweiswahrscheinlichkeit $p_{\diamond i.j} = 0{,}3$ und eine angestrebte Anzahl von $N_{\mathrm{TpFsoll}} = 2$ unterschiedliche Tests je Modellfehler eingezeichnet:

$$p_{\diamond i} \approx 1 - (1 - 0{,}3)^{10 \cdot FC_{\mathrm{M}}} \tag{2.91}$$

Der dargestellte Verlauf ist typisch. Für Modellfehlerüberdeckungen bis zu etwa 90% ist die Nachweiswahrscheinlichkeit der tatsächlichen Fehler oft deutlich größer als die Modellfehlerüberdeckung. Aber für sehr große Modellfehlerüberdeckungen strebt sie nicht gegen 100%. Um sie weiter zu erhöhen, muss eine größere Anzahl N_{TpFsoll} von unterschiedlichen Testschritten für jeden Modellfehler gesucht werden.

Die zu erwartende tatsächliche Fehlerüberdeckung ist der Mittelwert von vielen unterschiedlichen, zum Teil identisch, zum Teil implizit und zum Teil auch nur ähnlich nachweisbaren Fehlern. Für Modellfehlerüberdeckungen unter 90% sind die Fehlernachweiswahrscheinlichkeiten der meisten tatsächlichen Fehler größer als die Modellfehlerüberdeckung, so dass in der Regel auch die tatsächliche Fehlerüberdeckung deutlich größer als die Modellfehlerüberdeckung sein wird. Für hohe Modellfehlerüberdeckungen wird der Zusammenhang vom Nachweisverhalten der ähnlich nachweisbaren Fehler bestimmt, die dafür verantwortlich sind, dass die tatsächliche Fehlerüberdeckung mit der Modellfehlerüberdeckung nicht gegen 100%, sondern einen kleineren Wert strebt, der erheblich von der Anzahl der unterschiedlichen Testschritte, die für jeden Modellfehler gesucht werden, abhängt [20].

Bei einer gezielten Testsatzberechnung ist es sehr zu empfehlen, für jeden Modellfehler mehrere unterschiedliche Testschritte zu suchen, die ihn nachweisen.

Was ist mit den potenziellen Fehlern, für die die gezielte Suche erfolglos war, weil

- für einen Teil der Modellfehler keine Testschritte gefunden wurden
- die gefundenen Testschritte zufällig alle in den Bereichen der Nachweismengen der Modellfehler liegen, mit denen der betrachtete Fehler nicht zu erkennen ist, oder
- der betrachtete Fehler in keiner Nachweisbeziehung zu den Modellfehlern steht?

Für diese Fehler ist der ausgewählte Testsatz ein Zufallstestsatz. Die Nachweiswahrscheinlichkeit für den zufälligen Fehlernachweis ist für den einzelnen Testschritt meist nur winzig, nimmt aber stetig mit der Testsatzlänge bzw. mit der Testdauer zu. Der Fehlernachweis eines gezielt berechneten Testsatzes lässt sich entsprechend, wie in Abbildung 2.15 dargestellt, als eine Verkettung von zwei Tests beschreiben, einem Test, der die Fehler aussortiert, für die die gezielte Suche erfolgreich war, und einem Zufallstest.

Der Erfolg einer gezielten Suche hängt nicht (oder nicht primär) von der Teilzuverlässigkeit der Fehler ab. Das Fehlernachweisprofil des ersten Teiltests in der Kette ist konstant:

$$p_{\diamond 1}\left(Z\right) = \eta_{\diamond} \tag{2.92}$$

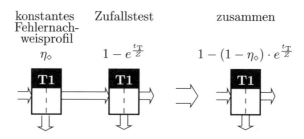

Abb. 2.15. Allgemeines Fehlernachweisprofil als Verkettung eines Tests mit einem konstanten Fehlernachweisprofil und einem Zufallstest

($\eta_\diamond$ – Anteil der Fehler, die unabhängig von ihren Teilzuverlässigkeiten nachgewiesen werden). Der zweite Test in der Kette ist ein Zufallstest mit einem Fehlernachweisprofil nach Gl. 2.82:

$$p_{\diamond 2}(Z) = 1 - e^{-\frac{t_T}{Z}} \tag{2.93}$$

Beide Tests zusammen weisen alle Fehler nach, die mindestens einer der beiden Tests nachweist:

$$p_\diamond(Z) = 1 - (1 - p_{\diamond 1}(Z)) \cdot (1 - p_{\diamond 2}(Z))$$
$$= 1 - (1 - \eta_\diamond) \cdot e^{-\frac{t_T}{Z}} \tag{2.94}$$

Das Ergebnis ist ein verallgemeinertes Fehlernachweisprofil, das die Sonderfälle

- zufälliger Fehlernachweis $\eta_\diamond = 0$ und
- funktionsunabhängiger Fehlernachweis $t_T = 0$

einschließt.

Unter Testbedingungen kann es wieder zweckmäßig sein, in Analogie zu Gl. 2.83 das Verhältnis aus Testzeit und Zuverlässigkeit durch das Verhältnis aus der Testsatzlänge und der relativen Zuverlässigkeit zu ersetzen:

$$p_\diamond(\mathsf{Z}) = 1 - (1 - p_\diamond) \cdot e^{-\frac{n}{\mathsf{Z}}} \tag{2.95}$$

($\mathsf{Z} = Z/\tau_0$ – relative Zuverlässigkeit).

2.2.3.4 Das Fehlernachweisprofil der gesamten Prüftechnologie

Bisher wurde unterstellt, dass ein System erst komplett hergestellt oder entworfen und danach getestet und einer Fehlerbeseitigungsiteration unterzogen wird. So ist das aber nicht in der Praxis. Ein informationsverarbeitendes System und seine Komponenten werden vielen, zum Teil ganz unterschiedlichen

Tests an unterschiedlichen Stellen im Entstehungsprozess unterzogen, die auf unterschiedliche Arten von Fehlern ausgerichtet sind. Das gesamte System der Test- und Reparaturschritte bildet die Prüftechnologie. Der Grund, den Test in Teiltests aufzuspalten und auf den gesamten Entstehungsprozess zu verteilen, sind die fehlerbezogenen Kosten [81].

Hierarchischer Test

Die Hierarchie eines informationsverarbeitenden Systems ist nicht nur die Grundlage, um den Entwurf, sondern auch um den Test und die Fehlersuche zu beherrschen. Der hierarchische Test der Hardware beginnt von unten (Abbildung 2.16). Die kleinsten testbaren, austauschbaren und reparierbaren Einheiten sind diskrete elektronische Bauteile, Schaltkreise und Verdrahtungsträger. Sie werden mindestens einem Abschlusstest unterzogen, um sicherzustellen, dass sie funktionieren. Komplexe Schaltkreise, die für einen ganzheitlichen Test zu groß sind, enthalten eingebaute Teststrukturen, die sie in mehrere voneinander getrennt testbare Teilsysteme aufspalten (siehe später Abschnitt 3.6.3).

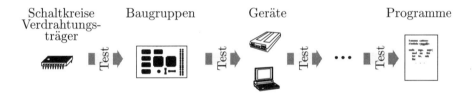

Abb. 2.16. Rechner als hierarchisches Testobjekt

Die als gut befundenen Bauteile werden zu Baugruppen verarbeitet. Nach der Baugruppenfertigung gibt es einen Abschlusstest, der kontrolliert, dass die richtigen Bauteile eingebaut wurden und die Bauteile richtig verbunden sind. Rechner werden stets aus getesteten und als gut befundenen Baugruppen zusammengesetzt und abschließend einem Test unterzogen. Der Rechnertest ist im einfachsten Fall der Einschaltselbsttest, der automatisch bei jedem Neustart des Rechners durchgeführt wird.

Auch der Softwaretest folgt der Hierarchie. Die kleinsten Programmbausteine sind:

- von der Hardware bereitgestellte Funktionen
- vom Übersetzer generierte Programmsequenzen
- Funktionen des Betriebssystems
- Funktionen aus eingebundenen Bibliotheken und Programmpaketen.

Der Anwendungsprogrammierer geht davon aus, dass alle diese Grundbausteine getestet sind und (überwiegend) fehlerfrei arbeiten. Aus den Grundbausteinen setzt er zunächst kleine Funktionseinheiten zusammen, testet sie und baut aus den getesteten Teilsystemen größere Einheiten. Diese werden getestet und zu noch größeren Funktionseinheiten verbunden.

Zehnerregel

Das viele Testen ist natürlich teuer. Auf jeder Ebene der Hierarchie fallen Kosten an, und zwar für

- den prüfgerechten Entwurf
- die Entwicklung der Testprogramme
- die Prüftechnik
- die Testdurchführung
- die Fehlersuche und die Fehlerbeseitigung
- die Beseitigung der Entstehungsursachen der Fehler.

Aber nicht beseitigte Fehler sind auch teuer. Die fehlerbezogenen Kosten vervielfachen sich mit jeder Hierarchieebene, die ein Fehler unentdeckt passiert. In der Literatur wird für die fehlerbezogenen Kosten oft die Zehnerregel benutzt (Abbildung 2.17). Sie besagt, dass, wenn ein Fehler, den der Test auf der Hierarchieebene findet, auf der er entstanden ist, eine Geldeinheit kostet, dann kostet derselbe Fehler

- 10 Geldeinheiten, wenn er auf der nächsten Hierarchieebene gefunden wird
- 100 Geldeinheiten, wenn er auf der übernächsten Hierarchieebene gefunden wird
- 1000 Geldeinheiten, wenn er auf der überübernächsten Hierarchieebene gefunden wird.

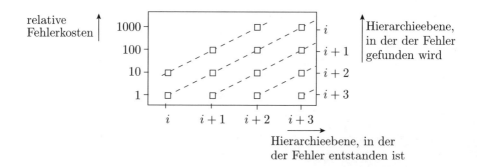

Abb. 2.17. Zehnerregel

Stark vereinfacht nehmen die Testkosten mit der Anzahl der Zwischentests linear zu und die fehlerbezogenen Kosten exponential ab. Das Kostenminimum liegt bei mehr als einer Testebene. Die Tests auf der untersten Hierarchieebene sollten hierbei möglichst alle Fehler in den kleinsten testbaren Bausteinen nachweisen. Von den Tests der nachfolgenden Ebenen wird nur erwartet, dass sie die Fehler, die zwischen der letzten und der aktuellen Hierarchieebene entstehen können, erkennen.

Tests begleiten den Entstehungsprozess

Produkte – Schaltkreise, Baugruppen, Programme, ... – entstehen schrittweise (vgl. Abschnitt 1.1.3). Zur Herstellung eines Schaltkreises wird zuerst das Basismaterial hergestellt und in Wafer gesägt. Auf den Wafern werden in Hunderten technologischen Schritten Halbleiterstrukturen, Isolationsschichten und Verbindungen erzeugt. Auch hier ist es aus Kostengründen notwendig, Zwischentests durchzuführen.

Dasselbe gilt für Entwürfe. Das erste Zwischenergebnis eines Entwurfsprozesses ist die Spezifikation (vgl. Abschnitt 1.1.3.3). Eine Spezifikation wird immer von Anwendern, Entwicklern und auch vom Management auf fehlende/falsche Entwurfsziele, Fehler und Widersprüche durchgesehen. Bei Hardwareentwürfen folgt nach der Überprüfung der Spezifikation idealerweise ein funktionaler Entwurf, der als Zwischenergebnis eine simulierbare Beschreibung liefert. Diese wird ausgiebig simuliert. Erkannte Fehler im Funktionsmodell und in der Spezifikation werden beseitigt. Erst dann wird der Entwurfsprozess mit einer Folge aus Entwurfsschritten und Testschritten bis zum funktionierenden Prototypen fortgesetzt. Auch hier gilt das Gesetz, dass die fehlerbezogenen Kosten exponential wachsen, je länger ein fehlerhaftes Zwischenprodukt weiterverarbeitet wird. Für die Gesamtkosten gelten ähnliche Zusammenhänge wie für den hierarchischen Test. Die Testkosten nehmen mit der Anzahl der Zwischentests linear zu und die fehlerbezogenen Kosten exponential ab. Das Optimum ist eine Prüftechnologie mit mehreren Zwischentests.

Fehlerspezifische Tests

Die einzelnen Schritte im Entstehungsprozess haben unterschiedliche Vorzugsfehler. Beispiele hierfür sind:

Schritt im Entstehungsprozess	Vorzugsfehler
Herstellung einer Halbleiterschicht	veränderte Schichteigenschaft
Herstellung von Halbleiterstrukturen	veränderte Geometrie
Leiterplattenbestückung	Löt- und Bestückungsfehler

Für eingeschränkte Zielfehlermengen gibt es zum Teil wesentlich kostengünstigere und effektivere Nachweisverfahren als den Test über das Eingabe/Ausgabe-Verhalten. Es ist beispielsweise viel einfacher, Verbindungsfehler auf einer

Baugruppe mit einem Durchgangsprüfer nachzuweisen und zu lokalisieren. In einer Serienfertigung ist der Durchgangsprüfer natürlich kein Multimeter, sondern ein automatischer Tester, der das Testobjekt mit Nadeln oder auf andere Art kontaktiert und die Messungen programmgesteuert durchführt (vgl. Abbildung 2.2). Der Nachweis von Löt- und Bestückungsfehlern erfolgt überwiegend durch optische Inspektion, früher manuell heute mit Bildverarbeitungssystemen.

Abschätzung des Fehlernachweisprofils einer Prüftechnologie

Eine Prüftechnologie enthält außer dem Abschlusstest auch zahlreiche Zwischentests, die zum Teil nur auf Fehler in einzelnen Systembestandteilen oder auf Fehler, die in bestimmten Prozessschritten entstehen können, abzielen. Abbildung 2.18 oben zeigt ein Beispiel für eine Prüftechnologie für ein Teilsystem aus zwei Bauteilen. Bei der Bauteilfertigung folgt jeweils nach einer Teilfolge von Entstehungsschritten ein Zwischentest. Die getesteten Bauteile werden in Teilsysteme eingebaut, wobei auch hier jeweils nach einigen Arbeitsschritten ein Test folgt. Auf der nächsthöheren Hierarchieebene passiert dasselbe und auf den möglicherweise vorgelagerten Hierarchieebenen ebenfalls.

Wir wollen die Tests im Entstehungsfluss in Gedanken nach hinten verschieben (Abbildung 2.18 unten). Die Tests filtern dann immer noch dieselben Fehler heraus. Auf die Fehleranzahl und die Zuverlässigkeit der getesteten und als gut befundenen Systeme hat diese Transformation keinen Einfluss. Die Fehler bleiben lediglich länger im System, was nach der zuvor behandelten Zehnerregel die fehlerbezogenen Kosten drastisch erhöhen würde. Aber es ist ja nur ein Rechenmodell, um die Gesamttestgüte, nicht um die Kosten abzuschätzen. Ergebnis ist ein baumartiger Entstehungsprozess, gefolgt von einer baumartigen Struktur von Tests.

Zur Abschätzung des Fehlernachweisprofils der gesamten Prüftechnologie werden die einzelnen Tests zusammengefasst. Für eine Folge sequenziell abzuarbeitender Tests gilt, dass ein Fehler insgesamt nachgewiesen wird, wenn ihn mindestens einer der Tests bzw. wenn ihn »nicht kein« Test nachweist. Unter der in der Regel zutreffenden Annahme, dass die Tests keine gleichen Testschritte enthalten, ist die Wahrscheinlichkeit, dass ein Fehler von mehreren Tests nicht nachgewiesen wird, das Produkt der Wahrscheinlichkeiten, dass er von allen Einzeltests nicht nachgewiesen wird. Das Gesamtfehlernachweisprofil lautet:

$$p_\diamond (Z) = 1 - \prod_{i=1}^{N_{\text{Test}}} (1 - p_{\diamond i}(Z)) \tag{2.96}$$

Mit dem allgemeinen Fehlernachweisprofil nach Gl. 2.94 für die Einzeltests ergibt sich für alle Tests zusammen:

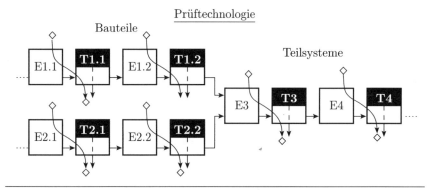

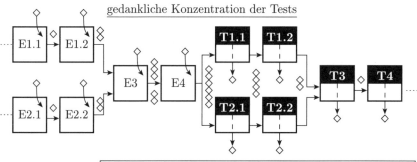

Ex.x   Folge von Arbeitsschritten des Entstehungsprozesses
Tx.x   Iteration aus Test und Fehlerbeseitigung
◇   Fehler

Abb. 2.18. Gedankliche Konzentration der Tests einer Prüftechnologie

$$p_\diamond(Z) = 1 - \prod_{i=1}^{N_{\text{Test}}} \left((1 - \eta_{\diamond i}) \cdot e^{-\frac{t_{\text{T}.i}}{Z}} \right)$$

$$= 1 - (1 - \eta_{\diamond\text{ges}}) \cdot e^{-\frac{t_{\text{T}.\text{ges}}}{Z}} \qquad (2.97)$$

Das Ergebnis ist wieder ein Fehlernachweisprofil nach Gl. 2.94, jedoch mit geänderten Parametern. Der Anteil der Fehler, die unabhängig von ihrer Teilzuverlässigkeit nachgewiesen werden, beträgt für das Gesamtsystem:

$$\eta_{\diamond\text{ges}} = 1 - \prod_{i=1}^{N_{\text{Test}}} (1 - \eta_{\diamond i}) \qquad (2.98)$$

Die effektive Testzeit aller Tests zusammen ist die Summe der effektiven Testzeiten der einzelnen Tests:

$$t_{\text{T}.\text{ges}} = \sum_{i=1}^{N_{\text{Test}}} t_{\text{T}.i} \qquad (2.99)$$

(N_{Test} – Anzahl der sequenziell abzuarbeitenden Tests). Über diesen Ansatz können die Teiltests für die Komponenten und das Gesamtsystem in Abbildung 2.18 unten je zu einem Gesamttest zusammengefasst werden. Übrig bleibt die in Abbildung 2.19 dargestellte Struktur aus den Komponententests T1.x und T2.x sowie dem Gesamttest des Teilsystems T3-4.

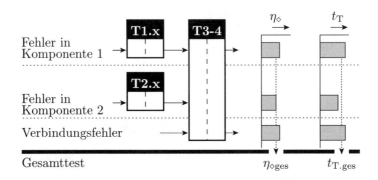

Abb. 2.19. Zusammenfassen der Tests einer Prüftechnologie

Die Zusammenfassung der Komponententests mit dem Test für das übergeordnete System verlangt eine Fallunterscheidung nach Fehlergruppen. Die Fehler aus der ersten Komponente durchlaufen die Tests der ersten Komponente und den Gesamttest. Das ist wieder eine Sequenz aus zwei Tests, für die nach den Gl. 2.97 bis 2.99 ein Gesamtfehlernachweisprofil abgeschätzt werden kann. Die Fehler in der zweiten Komponente durchlaufen auch zwei Tests, aber nicht dieselben. Das Gesamtfehlernachweisprofil unterscheidet sich möglicherweise von dem für die Fehler in der ersten Komponente. Die Verbindungsfehler durchlaufen nur einen Test. Insgesamt lässt sich der Test für jede Fehlergruppe wieder durch zwei Parameter beschreiben:

- den Anteil der Fehler, die unabhängig von ihrer Teilzuverlässigkeit nachgewiesen werden, und
- der effektiven Testzeit.

Daraus lassen sich, wie in Abbildung 2.19 dargestellt, zumindest Richtwerte für die Parameter des Gesamtfehlernachweisprofils abschätzen. Auch eine komplette Prüftechnologie hat in Näherung das allgemeine Fehlernachweisprofil nach Gl. 2.94, nur mit anderen Werten für die beiden Parameter.

2.2.4 Fehleranzahl und Zuverlässigkeit nach der Beseitigung der gefundenen Fehler

Vor der Iteration aus Test und Fehlerbeseitigung besteht die Fehlermenge aus einer zu erwartenden Anzahl von $E\left(\varphi_{E\diamond}\right)$ Fehlern, die eine bestimmte

Fehlerdichte besitzen. Die Iteration aus Test und Fehlerbeseitigung erhöht die Fehleranzahl, mit der der Test konfrontiert wird, um einen Faktor K_{XR} auf (vgl. Gl. 2.68) :

$$E\left(\varphi_\diamond\right) = K_{\mathrm{XR}} \cdot E\left(\varphi_{\mathrm{E}\diamond}\right) \tag{2.100}$$

Fehler und beseitigt von den ursprünglichen und den bei der Reparatur entstandenen Fehlern alle, die der Test nachweist. Im Weiteren wird unterstellt, dass die bei der Reparatur entstehenden Fehler dieselbe Fehlerdichte wie die Fehler aus dem Entstehungsprozess haben.

2.2.4.1 Einfluss des Tests auf die Fehleranzahl, die Fehlerdichte und die Zuverlässigkeit

Die zu erwartende Anzahl der Fehler mit einer bestimmten Teilzuverlässigkeit beträgt vor dem Test:

$$E\left(\varphi_\diamond, Z\right) = E\left(\varphi_\diamond\right) \cdot f_\diamond\left(Z\right) \cdot dZ \tag{2.101}$$

($E\left(\varphi_\diamond\right)$ – zu erwartende Gesamtfehleranzahl; $f_\diamond$ – Fehlerdichte; dZ – differenziell kleines Zuverlässigkeitsintervall). Der Test erkennt davon nach Gl. 2.94 einen Anteil von:

$$p_\diamond\left(Z\right) = 1 - \left(1 - \eta_\diamond\right) \cdot e^{-\frac{t_{\mathrm{T}}}{Z}}$$

($\eta_\diamond$ – der Anteil der Fehler, die unabhängig von ihrer Teilzuverlässigkeit nachgewiesen werden; t_{T} – effektive Testzeit). Diese werden beseitigt. Übrig bleiben im Mittel

$$\begin{aligned}
E\left(\varphi_{\mathrm{T}\diamond}, Z\right) &= E\left(\varphi_\diamond\right) \cdot f_\diamond\left(Z\right) \cdot \left(1 - p_\diamond\left(Z\right)\right) \cdot dZ \\
&= E\left(\varphi_\diamond\right) \cdot f_\diamond\left(Z\right) \cdot \left(1 - \eta_\diamond\right) \cdot e^{-\frac{t_{\mathrm{T}}}{Z}} \cdot dZ \tag{2.102}
\end{aligned}$$

Fehler. Integriert über alle differenziellen Bereiche der Zuverlässigkeit beträgt die zu erwartende Fehleranzahl nach der Iteration aus Test und Fehlerbeseitigung:

$$E\left(\varphi_{\mathrm{T}\diamond}\right) = E\left(\varphi_\diamond\right) \cdot \left(1 - \eta_\diamond\right) \cdot \int_0^\infty f_\diamond\left(Z\right) \cdot e^{-\frac{t_{\mathrm{T}}}{Z}} \cdot dZ \tag{2.103}$$

Für einen reinen Zufallstest gilt $\eta_\diamond = 0$. Gl. 2.103 vereinfacht sie sich zu:

$$E\left(\varphi_{\mathrm{T}\diamond}\right) = E\left(\varphi_\diamond\right) \cdot \int_0^\infty f_\diamond\left(Z\right) \cdot e^{-\frac{t_{\mathrm{T}}}{Z}} \cdot dZ \tag{2.104}$$

Die Fehlerdichte nach dem Test ist das Produkt aus der Fehlerdichte vor dem Test und der Wahrscheinlichkeit, dass die Fehler mit der betrachteten Teilzuverlässigkeit nicht nachgewiesen werden – das ist Eins abzüglich des Fehlerprofils –, und einem Normierungsfaktor, der dafür sorgt, dass das Integral über die Fehlerdichte Eins bleibt:

$$f_{T\diamond}(Z) = \frac{f_\diamond(Z) \cdot (1 - \eta_\diamond) \cdot e^{-\frac{t_T}{Z}}}{\int_0^\infty f_\diamond(Z) \cdot (1 - \eta_\diamond) \cdot e^{-\frac{t_T}{Z}} \cdot dZ}$$

$$= \frac{f_\diamond(Z) \cdot e^{-\frac{t_T}{Z}}}{\int_0^\infty f_\diamond(Z) \cdot e^{-\frac{t_T}{Z}} \cdot dZ} \tag{2.105}$$

Wird die zu erwartende Fehleranzahl nach Gl. 2.103 und die Fehlerdichte nach Gl. 2.105 in Gl. 2.56 eingesetzt, so ergibt sich für die fehlerbezogene Teilzuverlässigkeit eines getesteten und als gut befundenen Systems:

$$Z_{T\diamond}^{-1} = E(\varphi_{T\diamond}) \cdot \int_0^\infty \frac{f_{T\diamond}(Z)}{Z} \cdot dZ \tag{2.106}$$

$$Z_{T\diamond}^{-1} = E(\varphi_\diamond) \cdot (1 - \eta_\diamond) \cdot \int_0^\infty \frac{f_\diamond(Z)}{Z} \cdot e^{-\frac{t_T}{Z}} \cdot dZ \tag{2.107}$$

2.2.4.2 Potenzfunktion als Fehlerdichte

Die Potenzfunktion nach Gl. 2.47 aus Abschnitt 2.1.4 als Fehlerdichte springt an der Stelle Z_0 von 0 auf den Wert k/Z_0. Wir wissen inzwischen, dass es keinen Test gibt, der alle Fehler mit einer Teilzuverlässigkeit $Z_{\diamond i} < Z_0$ erkennt und alle anderen Fehler nicht erkennt. Die Funktion, die die Fehlerdichte nach unten abschneidet, ist in Wirklichkeit vom Typ:

$$e^{-\frac{t_T}{Z}}$$

(t_T – effektive Testzeit). Unterstellt man, dass dem eigentlichen Test ein kurzer Grobtest, der kontrolliert, ob das System überhaupt etwas Sinnvolles tut oder nicht, mit einer effektiven Testzeit t_{T0} vorangestellt ist, und dass nur Systeme betrachtet werden, die diesen Grobtest bestanden haben, ist die Fehlerdichte:

$$f_\diamond(Z) = \frac{\left(\frac{Z}{t_{T0}}\right)^{-(k+1)} \cdot e^{-\frac{t_{T0}}{Z}}}{\int_0^\infty \left(\frac{Z}{t_{T0}}\right)^{-(k+1)} \cdot e^{-\frac{t_{T0}}{Z}} \cdot dZ} \tag{2.108}$$

Aus dem Integral im Nenner wird t_{T0} ausgeklammert:

$$t_{T0} \cdot \int_0^\infty t_{T0}^k \cdot Z^{-(k+1)} \cdot e^{-\frac{t_{T0}}{Z}} \cdot dZ \tag{2.109}$$

Das verbleibende bestimmte Integral ist die Gammafunktion von k (siehe Gl. C.3 im Anhang). Gl. 2.108 vereinfacht sich zu:

$$f_\diamond(Z) = \frac{t_{T0}^k}{\Gamma(k)} \cdot Z^{-(k+1)} \cdot e^{-\frac{t_{T0}}{Z}} \tag{2.110}$$

Zur Bestimmung der zu erwartenden Fehleranzahl nach dem Test und der Beseitigung der erkannten Fehler ist die Fehlerdichte Gl. 2.110 in Gl. 2.103 einzusetzen:

$$E\left(\varphi_{T\diamond}\right) = E\left(\varphi_{\diamond}\right) \cdot (1 - \eta_{\diamond}) \cdot \int_0^{\infty} \frac{t_{T0}^k}{\Gamma(k)} \cdot Z^{-(k+1)} \cdot e^{-\frac{t_{T0}}{Z}} \cdot e^{-\frac{t_{T1}}{Z}} \cdot dZ$$

Umgestellt in

$$E\left(\varphi_{T\diamond}\right) = \frac{E\left(\varphi_{\diamond}\right) \cdot (1 - \eta_{\diamond}) \cdot t_{T0}^k}{\Gamma(k) \cdot (t_{T0} + t_{T1})^k} \cdot \int_0^{\infty} (t_{T0} + t_{T1})^k \cdot Z^{-(k+1)} \cdot e^{-\frac{t_{T0} + t_{T1}}{Z}} \cdot dZ$$

wird das verbleibende bestimmte Integral entsprechend Gl. C.3 durch die Gammafunktion von k ersetzt und herausgekürzt. Die Summe der effektiven Einzeltestzeiten soll darüber hinaus durch die effektive Gesamttestzeit

$$t_T = t_{T0} + t_{T1} \tag{2.111}$$

ersetzt werden. Das Ergebnis lautet:

$$E\left(\varphi_{T\diamond}\right) = E\left(\varphi_{\diamond}\right) \cdot (1 - \eta_{\diamond}) \cdot \left(\frac{t_{T0}}{t_T}\right)^k \tag{2.112}$$

Die Fehleranzahl nimmt proportional zu dem Faktor $(1 - \eta_{\diamond})$ und umgekehrt proportional zur k-ten Potenz der effektiven Gesamttestzeit ab. Für einen reinen Zufallstest $\eta_{\diamond} = 0$ gilt:

$$E\left(\varphi_{T\diamond}\right) = E\left(\varphi_{\diamond}\right) \cdot \left(\frac{t_{T0}}{t_T}\right)^k \tag{2.113}$$

Die Fehlerdichte nach dem Test ergibt sich über Gl. 2.105 aus der Fehlerdichte vor dem Test und der effektiven Testzeit:

$$f_{T\diamond}(Z) = \frac{f_{\diamond}(Z) \cdot e^{-\frac{t_T}{Z}}}{\int_0^{\infty} f_{\diamond}(Z) \cdot e^{-\frac{t_T}{Z}} \cdot dZ}$$

Mit der Fehlerdichte vor dem Test nach Gl. 2.110 und der Zusammenfassung der Testzeiten zur Gesamttestzeit nach Gl. 2.111 beträgt sie:

$$f_{T\diamond}(Z) = \frac{\frac{t_{T0}^k}{\Gamma(k)} \cdot Z^{-(k+1)} \cdot e^{-\frac{t_{T0}}{Z}} \cdot e^{-\frac{t_{T1}}{Z}}}{\int_0^{\infty} \frac{t_{T0}^k}{\Gamma(k)} \cdot Z^{-(k+1)} \cdot e^{-\frac{t_{T0}}{Z}} \cdot e^{-\frac{t_{T1}}{Z}} \cdot dZ}$$

$$= \frac{t_T^k}{\Gamma(k)} \cdot Z^{-(k+1)} \cdot e^{-\frac{t_T}{Z}} \tag{2.114}$$

Das ist dieselbe Fehlerdichte wie vor dem Test, nur für eine längere effektive Testzeit. Abbildung 2.20 zeigt, wie sich die Fehlerdichte mit der Zunahme der effektiven Testzeit verändert.

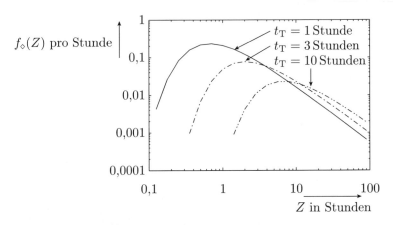

Abb. 2.20. Fehlerdichte in Abhängigkeit von der effektiven Testzeit

Die fehlerbezogene Teilzuverlässigkeit eines getesteten Systems beträgt nach Gl. 2.106:

$$Z_{T\diamond}^{-1} = E\left(\varphi_{T\diamond}\right) \cdot \int_0^\infty f_{T\diamond}\left(Z\right) \cdot Z^{-1} dZ$$

Mit der Fehleranzahl und der Fehlerdichte eines getesteten Systems nach Gl. 2.112 und Gl. 2.114 ergibt sich:

$$Z_{T\diamond}^{-1} = E\left(\varphi_\diamond\right) \cdot \left(1 - \eta_\diamond\right) \cdot \left(\frac{t_{T0}}{t_T}\right)^k \cdot \int_0^\infty \frac{t_T^k}{\Gamma\left(k\right)} \cdot Z^{-(k+1)} \cdot e^{-\frac{t_T}{Z}} \cdot Z^{-1} dZ$$

$$= \frac{E\left(\varphi_\diamond\right) \cdot \left(1 - \eta_\diamond\right)}{\Gamma\left(k\right) \cdot t_T} \cdot \left(\frac{t_{T0}}{t_T}\right)^k \cdot \int_0^\infty t_T^{k+1} \cdot Z^{-(k+2)} \cdot e^{-\frac{t_T}{Z}} dZ$$

Das bestimmte Integral ist nach Gl. C.3 im Anhang die Gammafunktion von $k + 1$:

$$Z_{T\diamond}^{-1} = \frac{\Gamma\left(k + 1\right) \cdot E\left(\varphi_\diamond\right) \cdot \left(1 - \eta_\diamond\right) \cdot t_{T0}^k}{\Gamma\left(k\right) \cdot t_T^{k+1}}$$

Der Quotient der beiden Gamma-Funktionen kann nach Gl. C.2 vereinfacht werden zu

$$\frac{\Gamma\left(k + 1\right)}{\Gamma\left(k\right)} = k,$$

so dass sich für die fehlerbezogene Teilzuverlässigkeit des getesteten Systems insgesamt folgende Beziehung ergibt:

$$Z_{T\diamond} = \frac{t_T^{k+1}}{k \cdot E\left(\varphi_\diamond\right) \cdot \left(1 - \eta_\diamond\right) \cdot t_{T0}^k} \tag{2.115}$$

Sie nimmt proportional zur $k + 1$-ten Potenz der Testzeit und umgekehrt proportional zum konstanten Anteil des Fehlernachweisprofils $1 - \eta_\diamond$ zu. Unter Einbeziehung der zu erwartenden Fehleranzahl nach dem Test Gl. 2.112

$$E\left(\varphi_\diamond\right) = \frac{E\left(\varphi_{T\diamond}\right)}{\left(1 - \eta_\diamond\right)} \cdot \left(\frac{t_{T0}}{t_T}\right)^{-k}$$

ist die fehlerbezogene Teilzuverlässigkeit eines Systems der Quotient aus der effektiven Gesamttestzeit t_T und dem Produkt aus der zu erwartenden Fehleranzahl und dem Exponenten der Fehlerdichte:

$$Z_{T\diamond} = \frac{t_T}{k \cdot E\left(\varphi_{T\diamond}\right)} \qquad (2.116)$$

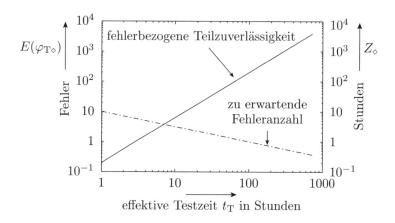

Abb. 2.21. Zu erwartende Fehleranzahl und fehlerbezogene Teilzuverlässigkeit in Abhängigkeit von der effektiven Testzeit ($k = 0{,}5$; $t_{T0} = 1$ Stunde; $E\left(\varphi_\diamond\right) = 10$ Fehler)

Wie im vorherigen Abschnitt dargelegt, lassen sich sowohl einzelne Test als auch komplette Prüftechnologien durch eine Verkettung von

- einem Test, der einen Anteil $\eta_\diamond$ von Fehlern unabhängig von deren Teilzuverlässigkeit nachweist, und
- einem Zufallstest mit einer effektiven Testzeit t_T

annähern. Der erste Teiltest verringert die zu erwartende Fehleranzahl proportional zum Anteil der Fehler, die er nicht erkennt:

$$E\left(\varphi_{T\diamond}\right) \sim 1 - \eta_\diamond$$

Die Zuverlässigkeit nimmt entsprechend nach Gl. 2.116 umgekehrt proportional zum Anteil der nicht erkannten Fehler zu:

$$Z_{T\diamond} \sim E\left(\varphi_{T\diamond}\right)^{-1} \sim \left(1 - \eta_\diamond\right)^{-1}$$

Um die fehlerbezogene Teilzuverlässigkeit durch einen Test, der Fehler ausschließlich unabhängig von deren Teilzuverlässigkeit nachweist, z. B. einen Syntaxtest oder eine Inspektion (vgl. Abschnitt 2.2.3.2), um zwei Zehnerpotenzen zu steigern, ist eine Fehlerüberdeckung von $FC_\diamond = \eta_\diamond = 99\%$ erforderlich.

Ein Zufallstest verringert die Fehleranzahl in den getesteten Produkten nach Gl. 2.112 umgekehrt proportional zur k-ten Potenz der Testzeit:

$$E\left(\varphi_{T\diamond}\right) \sim t_T^{-k} \tag{2.117}$$

Der Exponent k liegt typisch in einem Bereich $0{,}2 < k < 1$. Um die Fehleranzahl um zwei Zehnerpotenz zu verringern, ist eine Verlängerung der Testzeit um

$$t_T = t_{T0} \cdot \left(\frac{E\left(\varphi_{T\diamond}\right)}{E\left(\varphi_\diamond\right)} = 1\%\right)^{-\frac{1}{k}}$$

erforderlich. Je nach dem Exponent der Fehlerdichte liegt der Verlängerungsfaktor zwischen 10^2 und 10^{10}. Für mittlere und kleine Werte von k ist es zeitlich gar nicht möglich, solange zu testen.

Zu Absenkung der Fehleranzahl in einem System ist es wirkungsvoller Tests einzusetzen, die die Fehler unabhängig von ihrer Teilzuverlässigkeit erkennen.

Die fehlerbezogene Teilzuverlässigkeit nimmt nach Gl. 2.115 mit der $k+1$-ten Potenz der Testzeit zu:

$$Z_{T\diamond} \sim t_T^{k+1} \tag{2.118}$$

Eine Erhöhung der Zuverlässigkeit auf das 100-fache verlangt je nach dem Wert des Exponenten der Fehlerdichte k etwa die 10- bis 50-fache Testzeit.

Zur Erzielung einer hohen Zuverlässigkeit ist es unbedingt notwendig, dass eine Prüftechnologie auch hinreichend lange Zufallstests enthält.

2.2.4.3 Stufenfunktion als Fehlerdichte

Während die Annäherung der Fehlerdichte durch Potenzfunktionen vor allem für asymptotische Betrachtungen recht hilfreich ist, bilden Stufenfunktionen die mathematische Grundlage für genauere Abschätzungen der Fehlerdichte für vorhandene Systeme.

Für die Stufenfunktion Gl. 2.48 als Fehlerdichte:

$$f_\diamond(Z) = \frac{P(\mathbf{Z}_i)}{|\mathbf{Z}_i|} \text{ für } Z_i \leq Z < Z_{i+1}$$

beträgt die zu erwartende Fehleranzahl nach dem Test entsprechend Gl. 2.103:

$$E\left(\varphi_{\text{T}\diamond}\right) = E\left(\varphi_{\diamond}\right) \cdot \left(1 - \eta_{\diamond}\right) \cdot \sum_{i=0}^{\infty} f_{\diamond i} \cdot \int_{Z_i}^{Z_{i+1}} e^{-\frac{t_{\text{T}}}{Z}} \cdot dZ \qquad (2.119)$$

Durch die Substitution

$$Z = t_{\text{T}} \cdot x \text{ und } dZ = t_{\text{T}} \cdot dx \qquad (2.120)$$

kann die Testzeit aus dem Integral gezogen werden:

$$E\left(\varphi_{\text{T}\diamond}\right) = E\left(\varphi_{\diamond}\right) \cdot \left(1 - \eta_{\diamond}\right) \cdot t_{\text{T}} \cdot \sum_{i=0}^{\infty} f_{\diamond i} \cdot \int_{\frac{Z_i}{t_{\text{T}}}}^{\frac{Z_{i+1}}{t_{\text{T}}}} e^{-\frac{1}{x}} \cdot dx \qquad (2.121)$$

Die verbleibende Integralfunktion hat den in Abbildung 2.22 dargestellten Verlauf. Für obere Intervallgrenzen

$$Z_{i+1} < 0{,}1 \cdot t_{\text{T}}$$

ist das Integral praktisch Null und für Intervalle mit der unteren Intervallgrenze

$$Z_i > 10 \cdot t_{\text{T}}$$

ist das Integral praktisch gleich der Intervallbreite.

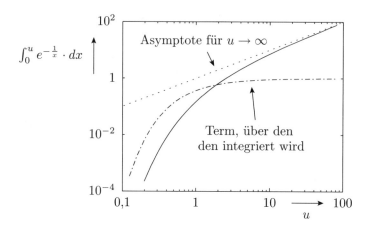

Abb. 2.22. Verlauf der Integralfunktion in Gl. 2.121

Die fehlerbezogene Teilzuverlässigkeit mit der Stufenfunktion Gl. 2.48 als Fehlerdichte beträgt nach Gl. 2.107:

$$Z_{\text{T}\diamond}^{-1} = E\left(\varphi_{\diamond}\right) \cdot \left(1 - \eta_{\diamond}\right) \cdot \sum_{i=0}^{\infty} f_{\diamond i} \cdot \int_{Z_i}^{Z_{i+1}} \frac{e^{-\frac{t_{\text{T}}}{Z}}}{Z} \cdot dZ \qquad (2.122)$$

Auch hier kann über die Substitution Gl. 2.120 die Testzeit aus dem Integral gezogen werden:

$$Z_{T\diamond}^{-1} = E\left(\varphi_\diamond\right) \cdot \left(1 - \eta_\diamond\right) \cdot t_T^2 \cdot \sum_{i=0}^{\infty} f_{\diamond i} \cdot \int_{\frac{Z_i}{t_T}}^{\frac{Z_{i+1}}{t_T}} \frac{e^{-\frac{1}{x}}}{x} \cdot dx \qquad (2.123)$$

Die verbleibende Integralfunktion hat den in Abbildung 2.23 dargestellten Verlauf. Für obere Intervallgrenzen

$$Z_{i+1} < 0{,}1 \cdot t_T$$

ist das Integral praktisch Null und für Intervalle mit der unteren Intervallgrenze

$$Z_i > 10 \cdot t_T$$

strebt das Integral gegen den Logarithmus von x.

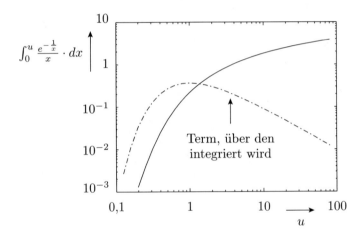

Abb. 2.23. Verlauf der Integralfunktion in Gl. 2.123

2.2.5 Experimentelle Abschätzung der Fehlerdichte

Die experimentelle Abschätzung der Fehlerdichte erfolgt indirekt über den Zusammenhang zwischen der Testzeit und der Anzahl der beseitigten Fehler in einer Fehlerbeseitigungsiteration. Als erstes ist über das Experiment nach Abbildung 2.24 a zu bestimmen, nach welchen Zeiten bzw. Testsatzlängen die Fehler im System erstmalig nachgewiesen werden. Beginnend mit der Testsatzlänge $n = 1$ wird der Testsatz in jedem Iterationsdurchlauf um eine zufällige Eingabe verlängert. Weist der neue Testschritt einen Fehler nach, wird dieser

Fehler beseitigt. Die Beseitigung selbst ist, wie in den vergangenen Abschnitten behandelt, eine Iteration aus Reparatur oder Ersatz und Erfolgskontrolle mit dem gesamten bisherigen Testsatz (vgl. Abschnitt 1.3.4, 2.2.1 und 2.2.2). Nach jeder erfolgreichen Beseitigung eines Fehlers wird die Testschrittnummer protokolliert. Die protokollierten Testschrittnummern entsprechen dabei den gesuchten Testsatzlängen. Über die Dauer der Abbildungsschritte τ_0 und einen möglicherweise erforderlichen Skalierungsfaktor können die Testsatzlängen auch in effektive Testzeiten t_T umgerechnet werden. Das Ergebnis des Experiments ist eine Stufenfunktion der akkumulierten Anzahl der beseitigten Fehler $\varphi_{\diamond\sqrt{}}(n)$ in Abhängigkeit von der Testsatzlänge (oder der effektiven Testzeit), wie sie in Abbildung 2.24 b dargestellt ist.

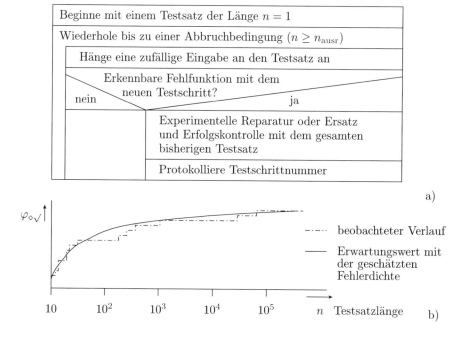

Abb. 2.24. Akkumulierte Anzahl der beseitigten Fehler als Funktion der Testsatzlänge

Der zweite Schritt zur Abschätzung der Fehlerdichte des Systems ist die Aufstellung des zu erwartenden Zusammenhangs. Die zu erwartende Anzahl der nachweisbaren Fehler ist die Differenz zwischen der zu erwartenden Anzahl der Fehler vor dem Test und der zu erwartenden Anzahl der nicht erkannten Fehler:

$$E\left(\varphi_{\diamond\sqrt{}}(t_T)\right) = E\left(\varphi_\diamond\right) - E\left(\varphi_{T\diamond}(t_T)\right) \tag{2.124}$$

Die zu erwartende Anzahl der nicht erkannten Fehler für einen Zufallstest gehorcht Gl. 2.104. Eingesetzt in Gl. 2.124 ergibt:

$$E\left(\varphi_{\diamond\sqrt{}}(t_T)\right) = E\left(\varphi_\diamond\right) \cdot \left(1 - \int_0^\infty f_\diamond(Z) \cdot e^{-\frac{t_T}{Z}} \cdot dZ\right) \qquad (2.125)$$

($E\left(\varphi_{\diamond\sqrt{}}(t_T)\right)$ – zu erwartende Anzahl der nachweisbaren Fehler; t_T – effektive Testzeit; $f_\diamond(Z)$ – gesuchte Fehlerdichte).

Der abschließende Schritt der Abschätzung besteht darin, die Fehlerdichte so anzupassen, dass Gl. 2.125 eine gute Ausgleichskurve für die experimentell bestimmte akkumulierte Anzahl der beseitigten Fehler bildet.

2.2.5.1 Schätzen einer Stufenfunktion

Die zu erwartende Anzahl der beseitigten Fehler in einer Fehlerbeseitigungs-iteration mit einem Zufallstest und einer Stufenfunktion als Fehlerdichte ergibt sich durch Einsetzen von Gl. 2.121 mit $\eta_\diamond = 0$ in Gl. 2.124:

$$E\left(\varphi_{\diamond\sqrt{}}\right) = E\left(\varphi_\diamond\right) \cdot \left(1 - t_T \cdot \sum_{i=0}^{\infty} f_{\diamond i} \cdot \int_{\frac{Z_i}{t_T}}^{\frac{Z_{i+1}}{t_T}} e^{-\frac{1}{x}} \cdot dx\right) \qquad (2.126)$$

Das Schätzverfahren liefert nur für den Zuverlässigkeitsbereich der Fehlerdichte auswertbare Informationen, in dessen wertegleichen Bereich der Testsatzlänge die akkumulierte Fehleranzahl experimentell bestimmt wurde. Die untere Zuverlässigkeitsbereichsgrenze Z_0 sollte etwas kleiner sein als die Testsatzlänge, mit der der erste Fehler erkannt und die obere Bereichsgrenze etwas größer als die Testzeit, nach der das Experiment abgebrochen wurde. Der gesamte Zuverlässigkeitsbereich wird in N_{ZI} Intervalle unterteilt. Für Zuverlässigkeitswerte außerhalb dieser Intervalle wird die Fehlerdichte auf Null gesetzt.

Die Anzahl der zu schätzenden Parameter – die zu erwartende Anzahl der Fehler im System $E\left(\varphi_\diamond\right)$ und die Fehlerdichtewerte $f_{\diamond i}$ aller Intervalle – beträgt $N_{ZI}+1$. Eine Berechnung von $N_{ZI}+1$ Unbekannten verlangt mindestens $N_{ZI}+1$ Gleichungen. Die Gleichungen ergeben sich, in dem in Gl. 2.126 für unterschiedliche Testsatzlängen $t_{T.j}$ die zu erwartende Anzahl der beseitigten Fehler durch die experimentell bestimmte Anzahl der beseitigten Fehler ersetzt wird:

$$\varphi_{\diamond\sqrt{}}(t_{T.j}) = E\left(\varphi_\diamond\right) \cdot \left(1 - \sum_{i=0}^{N_{ZI}-1} \underbrace{f_{\diamond i} \cdot t_{T.j} \cdot \int_{\frac{Z_i}{t_{T.j}}}^{\frac{Z_{i+1}}{t_{T.j}}} e^{-\frac{1}{x}} \cdot dx}_{u_{j.i}}\right) \qquad (2.127)$$

(N_{ZI} – Anzahl der Zuverlässigkeitsintervalle). Das Gleichungssystem ist bezüglich der zu erwartenden Fehleranzahl $E\left(\varphi_\diamond\right)$ und der Produkte $E\left(\varphi_\diamond\right) \cdot f_{\diamond i}$ linear und lautet in Matrixform:

$$\begin{pmatrix} \varphi_{\diamond\sqrt{}}(t_{\mathrm{T}.1}) \\ \varphi_{\diamond\sqrt{}}(t_{\mathrm{T}.2}) \\ \vdots \end{pmatrix} = \begin{pmatrix} 1 & u_{0.0} & \cdots & u_{0.N-1} \\ 1 & u_{1.0} & \cdots & u_{1.N-1} \\ \vdots & \vdots & \ddots & \vdots \end{pmatrix} \cdot \begin{pmatrix} E(\varphi_{\diamond}) \\ E(\varphi_{\diamond}) \cdot f_{\diamond 0} \\ \vdots \\ E(\varphi_{\diamond}) \cdot f_{\diamond N_{\mathrm{ZI}}-1} \end{pmatrix} \qquad (2.128)$$

Ein Gleichungssystem mit genau $N_{\mathrm{ZI}} + 1$ Gleichungen würde zu einer Fehlerdichte führen, für die die zu erwartende Anzahl der beseitigten Fehler zu den Zeitpunkten $t_{\mathrm{T}.j}$ exakt mit den Werten aus dem Experiment übereinstimmen würden. Das ist nicht unbedingt das gesuchte Ergebnis, sondern die zu erwartende Anzahl der beseitigten Fehler soll mit der geschätzten Fehlerdichte eine brauchbare Ausgleichsfunktion für den experimentell bestimmten Verlauf sein. Deshalb soll die Anzahl der Gleichungen deutlich größer als die Anzahl der Unbekannten gewählt und das Gleichungssystem nach dem Prinzip des minimalen Fehlerquadrates gelöst werden.

Für die Intervalleinteilung der Zuverlässigkeit soll wieder die geometrische Reihe nach Gl. 2.49 verwendet werden, jedoch mit der Basis ν^2:

$$Z_i = Z_0 \cdot \nu^{2 \cdot i} \qquad (2.129)$$

Die Testzeiten $t_{\mathrm{T}.j}$, für die die Gleichungen aufgestellt werden, sollen auch einer geometrischen Reihe gehorchen, jedoch mit mindestens zwei Zeitpunkten je Intervall:

$$t_{\mathrm{T}.j} = Z_0 \cdot \nu^j \qquad (2.130)$$

Mit diesen Vorgaben lassen sich nun auch die Matrixkoeffizienten $u_{j.i}$ für Gl. 2.128 aus Gl. 2.127 berechnen:

$$\begin{aligned} u_{j.i} &= t_{\mathrm{T}.j} \cdot \int_{\frac{Z_i}{t_{\mathrm{T}.j}}}^{\frac{Z_{i+1}}{t_{\mathrm{T}.j}}} e^{-\frac{1}{x}} \cdot dx \\ &= Z_0 \cdot \nu^j \cdot \int_{\nu^{2i-j}}^{\nu^{2+2i-j}} e^{-\frac{1}{x}} \cdot dx \end{aligned} \qquad (2.131)$$

Beispiel 2.4:

Gegeben ist der folgende experimentell bestimmte Zusammenhang zwischen der Anzahl der beseitigten Fehler und der Testzeit:

t_{T} in Stunden	$0 \ldots 1$	$1 \ldots 3$	$3 \ldots 9$	$9 \ldots 19$	$19 \ldots 25$	$25 \ldots 40$
$\varphi_{\diamond\sqrt{}}(t_{\mathrm{T}})$	0	1	2	3	4	5

Gesucht ist eine Stufenfunktion für die Fehlerdichte $f_{\diamond}(Z)$ mit vier Intervallen und den Intervallgrenzen 2^{-1}, 2, 2^3, 2^5 und 2^7 Stunden.

Zuerst sind die Zeitpunkt $t_{\text{T}.j}$ festzulegen, für die Gleichungen aufzustellen sind. In Anlehnung an Gl. 2.129 und Gl. 2.130 sollen das die Testzeiten 0,5, 1, 2, ... 64 Stunden sein. Die nachfolgende Tabelle zeigt für jede dieser Zeiten die experimentell bestimmte Anzahl der beseitigten Fehler:

j	0	1	2	3	4	5	6	7
$t_{\text{T}.j}$ in Stunden	0,5	1	2	4	8	16	32	64
$\varphi_{\circ\sqrt{}}(t_{\text{T}.j})$	0	1	1	2	2	3	5	5

Als nächstes ist das Gleichungssystem nach Gl. 2.128 aufzustellen. Dazu sind über Gl. 2.131 die Matrixkoeffizienten $u_{0.0}$ bis $u_{7.3}$ zu berechnen. Ab hier ist die Aufgabe nur noch mit einem Numerikprogramm zu beherrschen (Lösung siehe [138]). Das Ergebnis sind die ersten acht Zeilen des nachfolgenden Gleichungssystems:

$$
\begin{pmatrix} 0 \\ 1 \\ 1 \\ 2 \\ 2 \\ 3 \\ 5 \\ 5 \\ 0 \\ 0 \\ 0 \end{pmatrix} = \begin{pmatrix} 1 & -0,96 & -5,35 & -23,3 & -95,3 \\ 1 & -0,63 & -4,78 & -22,7 & -94,6 \\ 1 & -0,30 & -3,84 & -21,4 & -93,3 \\ 1 & -0,08 & -2,54 & -19,1 & -90,6 \\ 1 & 0 & -1,18 & -15,4 & -85,6 \\ 1 & 0 & -0,30 & -10,2 & -76,5 \\ 1 & 0 & -0,03 & -4,73 & -61,5 \\ 1 & 0 & 0 & -1,20 & -40,6 \\ 0 & 1 & -1 & 0 & 0 \\ 0 & 0 & 1 & -1 & 0 \\ 0 & 0 & 0 & 1 & -1 \end{pmatrix} \cdot \begin{pmatrix} E(\varphi_{\circ}) \\ E(\varphi_{\circ}) \cdot f_{\circ 0} \\ E(\varphi_{\circ}) \cdot f_{\circ 1} \\ E(\varphi_{\circ}) \cdot f_{\circ 2} \\ E(\varphi_{\circ}) \cdot f_{\circ 3} \end{pmatrix}
$$

Wenn Sie versuchen, das Gleichungssystem nur mit den ersten acht Gleichungen zu lösen, werden Sie feststellen, dass Sie eine Fehlerdichte erhalten, mit der die zu erwartende Anzahl der beseitigten Fehler den experimentellen Verlauf zwar gut annähert, die aber alternierend aus positiven und negativen Werten besteht. Das ist zwar die richtige Lösung des Gleichungssystems, aber keine zulässige Fehlerdichte. Deshalb wurden weitere Gleichungen ergänzt, die die Differenzen $f_{\circ i} - f_{\circ.i+1}$ zwischen benachbarten Stufen der Fehlerdichte als zusätzliches Minimierungsziel einbringen. Die Lösung des gesamten Gleichungssystems einschließlich der Zusatzgleichungen ergibt

$E(\varphi_{\circ})$	$f_{\circ 0}$	$f_{\circ 1}$	$f_{\circ 2}$	$f_{\circ 3}$
5,83	$3,75 \cdot 10^{-2}$	$1,83 \cdot 10^{-2}$	$2,67 \cdot 10^{-2}$	$1,68 \cdot 10^{-3}$

und ist in Abbildung 2.25 links dargestellt. Abbildung 2.25 rechts zeigt den vorgegebenen experimentell bestimmten Zusammenhang zwischen der Anzahl der beseitigten Fehler und der Testzeit sowie den zu erwartenden Verlauf mit der geschätzten Fehlerdichte.

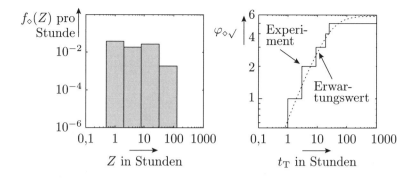

Abb. 2.25. Ergebnis Beispiel 2.4. Links geschätzte Fehlerdichte, rechts Vergleich der experimentell bestimmten Anzahl der beseitigten Fehler mit dem Erwartungswert für die geschätzte Fehlerdichte

2.2.5.2 Schätzen einer Potenzfunktion

Das bis hierher entwickelte Verfahren erlaubt nur eine Schätzung der Fehlerdichte für einen Zuverlässigkeitsbereich, in dessem wertegleichen Bereich der Testsatzlänge die akkumulierte Fehleranzahl experimentell bestimmt wurde. Für asymptotische Abschätzungen des Verlaufs der Fehlerdichte für größere Zuverlässigkeiten könnte man aus dem beobachteten Verlauf der akkumulierten Anzahl der beseitigten Fehler auf dessen weiteren Verlauf schließen und aus dem extrapolierten Verlauf den weiteren Verlauf der Fehlerdichte abschätzen.

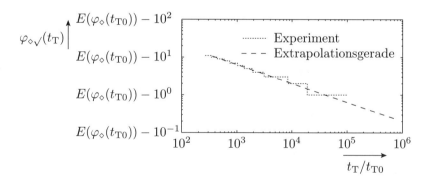

Abb. 2.26. Extrapolation des weiteren Verlaufs der akkumulierten Anzahl der beseitigten Fehler für eine Fehlerbeseitigungsiteration mit einem Zufallstest

In Abbildung 2.26 ist der Zusammenhang zwischen der zu erwartenden Anzahl der nicht beseitigten Fehler und der Testzeit aus Beispiel 2.4 in einem Koordinatensystem mit logarithmisch unterteilten Achsen dargestellt. Für die Extrapolation bietet sich eine Gerade an. Eine Gerade in doppelt logarithmischer Darstellung mit dem Anstieg k ist eine Potenzfunktion mit dem Exponenten k:

$$\log\left(E\left(\varphi_\diamond\left(t_{\mathrm{T}0}\right)\right) - \varphi_{\diamond\sqrt{}}\left(t_{\mathrm{T}}\right)\right) = \log\left(E\left(\varphi_\diamond\left(t_{\mathrm{T}0}\right)\right)\right) - k \cdot \log\left(\frac{t_{\mathrm{T}}}{t_{\mathrm{T}0}}\right)$$

$$\varphi_{\diamond\sqrt{}}\left(t_{\mathrm{T}}\right) = E\left(\varphi_\diamond\left(t_{\mathrm{T}0}\right)\right) \cdot \left(1 - \left(\frac{t_{\mathrm{T}0}}{t_{\mathrm{T}}}\right)\right)^k \quad (2.132)$$

Die zugehörige zu erwartende Anzahl der nicht beseitigten Fehler ist die Potenzfunktion nach Gl. 2.113

$$E\left(\varphi_{\mathrm{T}\diamond}\right) = E\left(\varphi_\diamond\right) \cdot \left(\frac{t_{\mathrm{T}0}}{t_{\mathrm{T}}}\right)^k$$

mit einer Fehlerdichte nach Gl. 2.110:

$$f_\diamond\left(Z\right) = \frac{t_{\mathrm{T}0}^k}{\Gamma\left(k\right)} \cdot Z^{-(k+1)} \cdot e^{-\frac{t_{\mathrm{T}0}}{Z}}$$

Die beiden Parameter der Fehlerdichte k und $t_{\mathrm{T}0}$ sind praktisch aus der Extrapolationsgeraden in Abbildung 2.26 ablesbar. Die graphische Lösung hat allerdings einen Haken. Die Konstruktion der Extrapolationsgeraden, setzt voraus, dass die zu erwartende Fehleranzahl vor der Fehlerbeseitigungsiteration $E\left(\varphi_\diamond\left(t_{\mathrm{T}0}\right)\right)$ bekannt ist, was meist nicht zutrifft. Um die zu erwartende Fehleranzahl vor der Fehlerbeseitigungsiteration abzuschätzen, könnte man sie in Abbildung 2.26 so variieren, dass ein möglichst guter Geradenausgleich möglich ist. Die alternative Lösung ist, gleich die drei Parameter in Gl. 2.132 so zu variieren, dass diese eine gute (gekrümmte) Ausgleichskurve für die experimentell bestimmte akkumulierte Anzahl der beseitigten Fehler bildet.

Beispiel 2.5: *Gegeben ist dieselbe akkumulierte Anzahl der beseitigten Fehler wie im Beispiel zuvor. Nur wird die Testzeit hier mit $t_{\mathrm{T}1}$ bezeichnet, weil das Modell der Potenzfunktion als Fehlerdichte unterstellt, dass es noch eine Testzeit $t_{\mathrm{T}0}$ für eine vorgelagerte Fehlerbeseitigungsiteration gibt. Für die effektive Testzeit in Gl. 2.132 ist entsprechend $t_{\mathrm{T}} = t_{\mathrm{T}1} + t_{\mathrm{T}0}$ einzusetzen:*

$t_{\mathrm{T}1}$ in Stunden	$0\ldots1$	$1\ldots3$	$3\ldots9$	$9\ldots19$	$19\ldots25$	$25\ldots40$
$\varphi_{\diamond\sqrt{}}\left(t_{\mathrm{T}1}\right)$	0	1	2	3	4	5

Wie lauten die Parameter einer Potenzfunktion als Fehlerdichte? Wie groß ist die zu erwartende Anzahl der nicht gefundenen Fehler und die Zuverlässigkeit des Systems nach der Fehlerbeseitigungsiteration?

Durch Probieren mit Matlab wurden gleich fünf geeignete Parametersätze gefunden und von a bis e durchnummeriert:

	a	b	c	d	e
t_{T0} in Stunden	9	9	9	9	9
k	0,1	0,2	0,3	0,4	0,5
$E(\varphi_\diamond)$	32,7	17,7	12,8	10,4	8,9

Das hierzu verwendete Matlab-Programm kann von [138] heruntergeladen werden. Abbildung 2.27 zeigt, dass die zugehörigen Potenzfunktionen für alle fünf Parametersätze die experimentell bestimmte Treppenfunktion $\varphi_{\diamond\sqrt{}}(t_{T1})$ brauchbar annähern. Eine genauere Abschätzung ist kaum möglich.

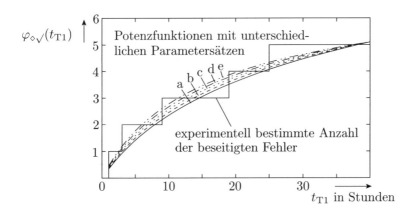

Abb. 2.27. Anzahl der beseitigten Fehler als Funktion der Testdauer zu Beispiel 2.5:

Die zu erwartende Anzahl der nicht gefundenen Fehler ist die geschätzte Fehleranzahl vor dem Test abzüglich der fünf beseitigten Fehler. Die fehlerbezogene Teilzuverlässigkeit nach der Fehlerbeseitigung und den insgesamt $t_T = t_{T1} + t_{T0} = 49$ Stunden Testzeit beträgt nach Gl. 2.116:

$$Z_{T\diamond} = \frac{49 \, \text{Stunden}}{k \cdot (E(\varphi_\diamond) - 5)}$$

Die nachfolgende Tabelle zeigt die Ergebnisse für alle fünf Parametersätze:

Ausgleichskurve	a	b	c	d	e
$E(\varphi_{T\diamond})$	27,7	12,7	7,8	5,4	3,9
$Z_{T\diamond}$ in Stunden	17,7	19,3	20,9	22,7	25,1

Die zu erwartende Anzahl der Fehler, die nach den 40+9 Stunden Testzeit immer noch nicht gefunden und beseitigt sind, liegt in einem Bereich von 4 bis 28 Fehlern. Die fehlerbezogene Teilzuverlässigkeit beträgt etwa 18 bis 25 Stunden.

Die Schätzung ist recht ungenau. Für die Anzahl der nicht entdeckten Fehler liefert das Verfahren nur eine Größenordnung. Bei den Schätzwerten für die fehlerbezogene Teilzuverlässigkeit kompensieren sich die Ungenauigkeiten. Für die mit der Ausgleichskurve a geschätzte Anzahl von etwa 18 nicht beseitigten Fehlern beträgt der geschätzte Zuverlässigkeitswert 18 Stunden. Für den viel geringeren Schätzwert von von ≈ 4 nicht beseitigten Fehler ist der geschätzte Zuverlässigkeitswert nur ca. 50% größer. Zur Abschätzung der fehlerbezogenen Teilzuverlässigkeiten der getesteten Systeme ist das Verfahren offenbar besser geeignet als für die Abschätzung der Anzahl der nicht gefundenen Fehler.

2.2.6 Modellfehlerüberdeckung und simulationsbasierte Abschätzung der Fehlerdichte

Die Modellfehlerüberdeckung eines Zufallstests ist eine durch Simulation bestimmbare Größe. Ein Fehlermodell generiert für das Testobjekt eine Menge von Modellfehlern, für die durch Simulation mit einem Testsatz bestimmt wird, ob und nach wie vielen Testschritten die einzelnen Modellfehler nachweisbar sind. Das Ergebnis ist eine Schätzung des Zusammenhangs zwischen der Modellfehlerüberdeckung und der Testsatzlänge:

$$FC_{\mathrm{M}}(n) = \frac{\varphi_{\mathrm{M}\checkmark}(n)}{\varphi_{\mathrm{M}}} \qquad (2.133)$$

(FC_{M} – Modellfehlerüberdeckung; $\varphi_{\mathrm{M}\checkmark}$ – Anzahl der nachweisbaren Modellfehler; φ_{M} – Anzahl der unterstellten Modellfehler; n – Testsatzlänge). Aus diesem Zusammenhang lässt sich ähnlich wie im vergangenen Abschnitt die Fehlerdichte und die fehlerbezogene Teilzuverlässigkeit getesteter Systeme abschätzen.

2.2.6.1 Statistische Eigenschaften der Modellfehlerüberdeckung

Der Nachweis eines einzelnen Modellfehlers ist ein Bernoulli-Versuch:

Versuchsergebnis	Wert	Wahrscheinlichkeit
Modellfehler i nicht nachgewiesen	$\zeta_i = 0$	$1 - p_{\mathrm{M}.i}(n)$
Modellfehler i nachgewiesen	$\zeta_i = 1$	$p_{\mathrm{M}.i}(n)$

($p_{\mathrm{M}.i}(n)$ – Nachweiswahrscheinlichkeit von Modellfehler i in Abhängigkeit von der Testsatzlänge n). Die fehlerbezogenen Zufallsgrößen ζ_i haben die Verteilung:

$$P(\zeta_i = k) = \begin{cases} 1 - p_{\mathrm{M}.i}(n) & k = 0 \\ p_{\mathrm{M}.i}(n) & k = 1 \end{cases} \qquad (2.134)$$

Der Erwartungswert ist die Nachweiswahrscheinlichkeit:

$$E\left(\zeta_i\right) = p_{\text{M}.i}\left(n\right) \tag{2.135}$$

Die Varianz beträgt:

$$\begin{aligned}
D^2\left(\zeta_i\right) &= \left(1 - p_{\text{M}.i}\left(n\right)\right) \cdot \left(0 - E\left(\zeta_i\right)\right)^2 + p_{\text{M}.i}\left(n\right) \cdot \left(1 - E\left(\zeta_i\right)\right)^2 \\
&= p_{\text{M}.i}\left(n\right) \cdot \left(1 - p_{\text{M}.i}\left(n\right)\right)
\end{aligned} \tag{2.136}$$

Die zu erwartende Anzahl der nachweisbaren Modellfehler ist die Summe der fehlerbezogenen Zufallsgrößen für alle Modellfehler:

$$\varphi_{\text{M}\vee} = \sum_{i=1}^{\varphi_{\text{M}}} \zeta_i \tag{2.137}$$

(φ_{M} – Modellfehleranzahl). Es soll auch hier wieder die Anfangsannahme gelten, dass es keine Abhängigkeiten unter den Summanden gibt. Alle Fehler sollen unabhängig voneinander nachgewiesen werden. Der Erwartungswert der Summe ist unter dieser Annahme wieder die Summe der Erwartungswerte:

$$E\left(\varphi_{\text{M}\vee}\left(n\right)\right) = \sum_{i=1}^{\varphi_{\text{M}}} E\left(\zeta_i\right) = \sum_{i=1}^{\varphi_{\text{M}}} p_{\text{M}.i}\left(n\right) \tag{2.138}$$

Die Varianz als der Mittelwert der quadratischen Abweichungen vom Erwartungswert ist die Summe der Varianzen der Summanden:

$$D^2\left(\varphi_{\text{M}\vee}\left(n\right)\right) = \sum_{i=1}^{\varphi_{\text{M}}} p_{\text{M}.i}\left(n\right) \cdot \left(1 - p_{\text{M}.i}\left(n\right)\right) \tag{2.139}$$

Die Standardabweichung ist die Wurzel aus der Varianz:

$$\sigma\left(\varphi_{\text{M}\vee}\left(n\right)\right) = \sqrt{D^2\left(\varphi_{\text{M}\vee}\left(n\right)\right)} \tag{2.140}$$

Wie in Anhang C.5 gezeigt, lässt sich für die Standardabweichung eine Obergrenze angeben:

$$\sigma_{\max}\left(\varphi_{\text{M}\vee}\left(n\right)\right) = \sqrt{E\left(\varphi_{\text{M}\vee}\left(n\right)\right) \cdot \left(1 - \frac{E\left(\varphi_{\text{M}\vee}\left(n\right)\right)}{\varphi_{\text{M}}}\right)} \tag{2.141}$$

Über die Verteilung der Anzahl der nachweisbaren Modellfehler lässt sich das Folgende abschätzen: Wenn die zu erwartende Anzahl der nachweisbaren Fehler oder die der nicht nachweisbaren Fehler im Vergleich zur Modellfehleranzahl sehr klein ist, ist ihre Bildungsregel näherungsweise ein Poisson-Prozess. Die Varianz der Anzahl der nachweisbaren Fehler strebt gegen ihren

Erwartungswert bzw. gegen den Erwartungswert der Anzahl der nicht nachweisbaren Fehler

$$D^2\left(\varphi_{M\sqrt{}}\left(n\right)\right) \leq \begin{cases} E\left(\varphi_{M\sqrt{}}\left(n\right)\right) \text{ für } \varphi_{M\sqrt{}}\left(n\right) \to 0 \\ E\left(\varphi_{M!}\left(n\right)\right) \text{ für } \varphi_{M!}\left(n\right) \to 0 \end{cases} \qquad (2.142)$$

und ihre Verteilung gegen eine Poisson-Verteilung:

$$P\left(\varphi_{M\sqrt{}}\left(n\right) = k\right) \approx \begin{cases} \text{Poi}\left(k,\, E\left(\varphi_{M\sqrt{}}\left(n\right)\right)\right) \qquad \text{für } \varphi_{M\sqrt{}}\left(n\right) \to 0 \\ \text{Poi}\left(\varphi_M - k,\, E\left(\varphi_{M!}\left(n\right)\right)\right) \text{ für } \varphi_{M!}\left(n\right) \to 0 \end{cases} \qquad (2.143)$$

Im mittleren Bereich liegt die Anzahl der nachweisbaren Fehler im Einzugsbereich der Normalverteilung (siehe Anhang C.6). Mit einer hinreichend großen Anzahl von Modellfehlern, deren einzelne Nachweiswahrscheinlichkeiten sich von Null und Eins unterscheiden, gilt abschätzungsweise:

$$P\left(\varphi_{M\sqrt{}}\left(n\right) \leq k\right) \approx \Phi\left(k,\, E\left(\varphi_{M\sqrt{}}\left(n\right)\right),\, D^2\left(\varphi_{M\sqrt{}}\left(n\right)\right)\right) \qquad (2.144)$$

Die Fehlerüberdeckung ist der Anteil der nachweisbaren Fehler. Ihre Werte und Momente ergeben sich, in dem die Anzahl der nachweisbaren Modellfehler bzw. deren Momente durch die Modellfehleranzahl geteilt werden. Daraus und aus Gl. 2.138 folgt, dass der Erwartungswert der Modellfehlerüberdeckung der Mittelwert der Nachweiswahrscheinlichkeiten aller Modellfehler ist:

$$E\left(FC_M\left(n\right)\right) = \frac{E\left(\varphi_{M\sqrt{}}\left(n\right)\right)}{\varphi_M} = \frac{1}{\varphi_M} \cdot \sum_{i=1}^{\varphi_M} p_{M.i}\left(n\right) \qquad (2.145)$$

Die Standardabweichung der Modellfehlerüberdeckung ist der Quotient aus der Standardabweichung der Anzahl der nachweisbaren Fehler und der Modellfehleranzahl:

$$\sigma\left(FC_M\left(n\right)\right) = \frac{\sqrt{D^2\left(\varphi_{M\sqrt{}}\left(n\right)\right)}}{\varphi_M}$$
$$= \frac{\sqrt{\sum_{i=1}^{\varphi_M} p_{M.i}\left(n\right) \cdot \left(1 - p_{M.i}\left(n\right)\right)}}{\varphi_M} \qquad (2.146)$$

Aus der Obergrenze für die Standardabweichung der Anzahl der nachweisbaren Modellfehler nach Gl. 2.141 ergibt sich für die Standardabweichung der Fehlerüberdeckung die Obergrenze:

$$\sigma_{\max}\left(FC_M\left(n\right)\right) = \sqrt{\frac{E\left(FC_M\left(n\right)\right) \cdot \left(1 - E\left(FC_M\left(n\right)\right)\right)}{\varphi_M}} \qquad (2.147)$$

Für die Realisierungswerte der Verteilung gilt:

$$x = \frac{k}{\varphi_{\mathrm{M}}} \qquad\qquad (2.148)$$

Abbildung 2.28 illustriert die statistischen Eigenschaften der Fehlerüberdeckung an einem Experiment. Das Testobjekt ist die kombinatorische Benchmark-Schaltung c3540 aus [25]. Die Fehlermenge ist eine Modellfehlermenge von $\varphi_{\mathrm{M}} = 3605$ Haftfehlern (Haftfehler siehe später Abschnitt 3.1.4). Zur Abschätzung der Verteilung wurde die Fehlerüberdeckung für 1000 verschiedene Zufallsfolgen über eine Fehlersimulation bestimmt.

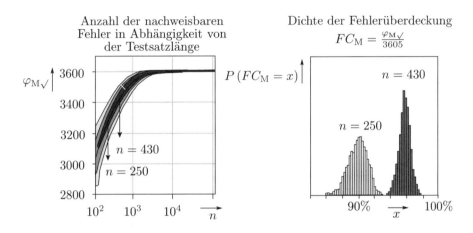

Abb. 2.28. Experiment zur Bestimmung der statistischen Eigenschaften der Fehlerüberdeckung für die kombinatorische Benchmarkschaltung c3540

Die theoretisch vorhergesagten Eigenschaften der Zufallsgröße Fehlerüberdeckung sind gut zu erkennen. Die Dichtefunktionen der beiden dargestellten Querschnitte haben den charakteristischen glockenförmigen Verlauf einer Normalverteilung. Mit zunehmender Fehlerüberdeckung nimmt die Streuung ab und die Verteilung bekommt den nach oben abgeplatteten Verlauf einer Poisson-Verteilung für den Anteil der nicht nachweisbaren Fehler.

Für Modellfehler gelten bei einem Zufallstest dieselben Gesetze wie für richtige Fehler. Eine Modellfehlermenge lässt sich genau wie eine richtige Fehlermenge durch ihre Fehlerdichte und ihre Fehleranzahl beschreiben. Die Modellfehleranzahl φ_{M} entspricht hierbei der Anzahl $\varphi_{\diamond}$ der Fehler vor dem Test und die Anzahl der nicht nachweisbaren Modellfehler $\varphi_{\mathrm{M!}}$ der Anzahl $\varphi_{\mathrm{T}\diamond}$ der Fehler, die das Testobjekt nach der Beseitigungsiteration immer noch enthält. Für die zu erwartende Anzahl der nicht nachweisbaren Modellfehler gilt entsprechend analog zu Gl. 2.104:

$$E\left(\varphi_{\mathrm{M!}}\left(n\right)\right) = \varphi_{\mathrm{M}} \cdot \int_{0}^{\infty} f_{\diamond}\left(Z\right) \cdot e^{-\frac{t_{\mathrm{T}}}{Z}} \cdot dZ \qquad\qquad (2.149)$$

($\varphi_{\mathrm{M!}}$ – Anzahl der nicht nachweisbaren Modellfehler; φ_{M} – Anzahl der unterstellten Modellfehler; $f_\diamond$ – Fehlerdichte der Modellfehlermenge). Die zu erwartende Anzahl der nachweisbaren Modellfehler ist die Differenz zur Modellfehleranzahl:

$$E\left(\varphi_{\mathrm{M}\sqrt{}}\left(n\right)\right) = \varphi_{\mathrm{M}} - \varphi_{\mathrm{M}} \cdot \int_0^\infty f_\diamond\left(Z\right) \cdot e^{-\frac{t_{\mathrm{T}}}{Z}} \cdot dZ$$

Eingesetzt in Gl. 2.145 lautet der Zusammenhang zwischen der Modellfehlerüberdeckung, der Fehlerdichte und der effektiven Testzeit:

$$E\left(FC_{\mathrm{M}}\left(t_{\mathrm{T}}\right)\right) = 1 - \int_0^\infty f_\diamond\left(Z\right) \cdot e^{-\frac{t_{\mathrm{T}}}{Z}} \cdot dZ \qquad (2.150)$$

Über diesen Zusammenhang lässt sich aus einem experimentell bestimmten Zusammenhang zwischen der zu erwartenden Fehlerüberdeckung und der effektiven Testzeit die Fehlerdichte der Modellfehlermenge berechnen.

Der in Abbildung 2.28 dargestellte Erwartungswert der Fehlerüberdeckung lässt sich durch folgende Potenzfunktion annähern:

$$E\left(FC_{\mathrm{M}}\left(n\right)\right) \approx 1 - 10 \cdot n^{-0{,}9} \qquad (2.151)$$

(n – Testsatzlänge). Das Ergebnis ist in Abbildung 2.29 dargestellt. Die effektive Testzeit, nach Gl. 2.111 die Summe aus der effektiven Testzeit des eigentlichen Tests und die der vorgelagerten Tests, ist abschätzungsweise das Produkt aus der Anzahl der Testschritte n und der Dauer eines Abbildungsschrittes τ_0:

$$t_{\mathrm{T}} = t_{\mathrm{T0}} + t_{\mathrm{T1}} = n \cdot \tau_0$$

(t_{T1} – effektiven Testzeit des eigentlichen Tests; t_{T0} – effektiven Testzeit der vorgelagerten Tests). Eingesetzt in Gl. 2.150 muss die gesuchte Fehlerdichte folgende Gleichung erfüllen:

$$1 - 10 \cdot \left(\frac{t_{\mathrm{T0}} + t_{\mathrm{T1}}}{\tau_0}\right)^{-0{,}9} = 1 - \int_0^\infty f_\diamond\left(Z\right) \cdot e^{-\frac{t_{\mathrm{T1}} - t_{\mathrm{T0}}}{Z}} \cdot dZ \qquad (2.152)$$

Die Fehlerdichte, die diese Art von Gleichungen erfüllt, ist eine Funktion nach Gl. 2.110, in die hier der Exponent $k = 0{,}9$ einzusetzen ist:

$$f_\diamond\left(Z\right) = \frac{t_{\mathrm{T0}}^{0{,}9}}{\Gamma\left(0{,}9\right)} \cdot Z^{-(0{,}9+1)} \cdot e^{-\frac{t_{\mathrm{T0}}}{Z}} \qquad (2.153)$$

Die Berechnung von t_{T0} ist in Anhang C.4 zu finden und liefert $t_{\mathrm{T0}} \approx 12{,}9 \cdot \tau_0$. Insgesamt ergibt sich für den Schaltkreis die Fehlerdichte:

$$f_\diamond\left(Z\right) = 9{,}35 \cdot \tau_0 \cdot Z^{-1{,}9} \cdot e^{-\frac{12{,}9 \cdot \tau_0}{Z}}$$

(τ_0 – Dauer eines Abbildungsschrittes).

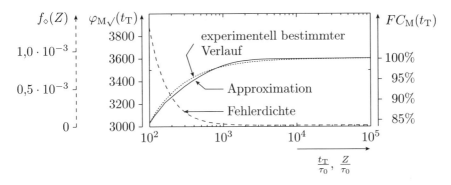

Abb. 2.29. Approximation des experimentell bestimmten Verlaufs der zu erwartenden Fehlerüberdeckung aus Abbildung 2.28 durch eine Potenzfunktion und geschätzte Fehlerdichte

2.2.6.2 Effektive Fehleranzahl

In einer Eigenschaft weicht das experimentelle Ergebnis aus Abbildung 2.28 jedoch von der theoretischen Vorhersage erheblich ab. Die experimentell bestimmte Standardabweichung ist für kurze Testsätze deutlich größer als die hierfür abgeschätzte obere Schranke nach Gl. 2.147:

n	160	320	800	1600	3200
$E\left(\widetilde{FC_M}\right)$	88,5%	93,5%	97,6%	99,2%	99,7%
$\sigma\left(\widetilde{FC_M}\right)$	0,12%	0,085%	0,048%	0,020%	0,008%
$\sigma_{max}\left(FC_M\right)$	0,053%	0,041%	0,026%	0,015%	0,009%

($\widetilde{\ldots}$ – experimentell über die Fehlersimulation mit 1000 unterschiedlichen Zufallstestsätzen abgeschätzte Werte; $\sigma_{max}\left(FC_M\right)$ – theoretische Obergrenze der Standardabweichung der Modellfehlerüberdeckung nach Gl. 2.147). Der Grund hierfür ist, dass die eingangsseitige Annahme, dass alle Fehler unabhängig voneinander nachgewiesen werden, nicht für große Modellfehlermengen gilt. In einer systematisch konstruierten Modellfehlermenge teilen sich viele Modellfehler Nachweisbedingungen in Form von gleichen Anregungsbedingungen und gleichen Beobachtungspfaden (vgl. Abschnitt 1.1.2).

Zur Berücksichtigung der Nachweisabhängigkeiten soll eine neue Größe eingeführt werden, die effektive Fehleranzahl φ_{eff}. Das sei die Modellfehleranzahl, bei der die experimentell geschätzte Standardabweichung nicht größer als ihre obere Schranke nach Gl. 2.147 ist. Die effektive Fehleranzahl ist umgekehrt proportional zur Varianz, soll jedoch per Definition nicht größer als die tatsächliche Modellfehleranzahl sein:

$$\varphi_{\text{eff}} = \min \left(\frac{E\,\widetilde{(FC_{\text{M}})} \cdot \left(1 - E\,\widetilde{(FC_{\text{M}})} \right)}{D^2\,\widetilde{(FC_{\text{M}})}},\; \varphi_{\text{M}} \right) \qquad (2.154)$$

($\widetilde{\dots}$ – über die Fehlersimulation mit unterschiedlichen Zufallsfolgen abgeschätzte Werte).

Die effektive Fehleranzahl ist ein Maß für die Schätzgenauigkeit der zu erwartenden Fehlerüberdeckung über eine Fehlersimulation. Je größer sie ist, desto geringer ist die Varianz bzw. die Standardabweichung des Simulationsergebnisses. Das folgende Beispiel und das im Anschluss betrachtete Experiment werden zeigen, dass es zwar möglich ist, die Modellfehleranzahl durch Definition eines entsprechenden Fehlermodells unbegrenzt groß zu wählen, aber dass die effektive Fehleranzahl eine von der Größe und der Struktur des Testobjekts abhängige, wertemäßig begrenzte Größe ist.

Beispiel 2.6: *Die einfachste Art, die Modellfehleranzahl zu erhöhen, ist, alle Modellfehler mehrfach, z. B. doppelt zu zählen. Wie wirkt sich das auf die effektive Fehleranzahl aus?*

Das doppelte Zählen aller Fehler hat keinen Einfluss auf die Verteilung der Fehlerüberdeckung. Wenn in der einfachen Fehlermenge ein Fehler nachgewiesen wird, werden in der Menge der doppelt gezählten Fehler immer gleichzeitig beide identisch nachweisbaren Fehler nachgewiesen. Geteilt durch die doppelte Gesamtfehleranzahl ergibt sich exakt dieselbe Verteilung. Erwartungswert, Varianz und effektive Fehleranzahl ändern sich durch die Verdopplung der Fehleranzahl nicht. Nur das Verhältnis zwischen der effektiven und der tatsächlichen Fehleranzahl halbiert sich:

$$\varphi_{\text{eff}} = 0{,}5 \cdot \varphi_{\text{M}}$$

Die experimentell bestimmte Verteilung in Abbildung 2.28 könnten z. B. deshalb viel stärker streuen als es bei der zugrunde liegenden Modellfehleranzahl theoretisch zu erwarten gewesen wäre, weil die Modellfehlermenge aus identisch nachweisbaren Teilfehlermengen von je einigen Modellfehlern bestand.

In der Praxis enthält eine Modellfehlermenge nie vorsätzlich mehrere identisch nachweisbare Fehler (siehe später Abschnitt 3.1.4). Auch in dem Experiment, das Abbildung 2.28 zugrunde liegt, wurden alle identisch nachweisbaren Fehler, die das Fehlermodell generiert hat, jeweils zu einem Modellfehler zusammengefasst. Dennoch beträgt die effektive Fehleranzahl für kurze Testsätze nur ein Bruchteil der tatsächlichen Modellfehleranzahl:

n	160	320	800	1600	3200
$\varphi_{\text{eff}}\,(n)$ für $\varphi_{\text{M}} = 3605$	702	839	1042	2000	3605
$E\,(\varphi_{\text{M!}}\,(n))$	415	234	87	29	11

$(E(\varphi_{M!}(n))$ – zu erwartende Anzahl der mit einer Testsatzlänge n nicht nachgewiesenen Modellfehler). Das liegt daran, dass sich in einer systematisch konstruierten großen Modellfehlermenge immer größere Teilfehlermengen Anregungs- und Beobachtungspfade teilen und dadurch ähnlich nachweisbar sind. Bei der Behandlung von Fehlermodellen in Abschnitt 3.1.4 wird diese Eigenschaft offensichtlich.

Bleibt noch die andere offensichtliche Eigenschaft der effektiven Fehleranzahl zu klären, ihre auffällige Zunahme mit der Testsatzlänge. Das ist in Wirklichkeit eine Abhängigkeit von der mittleren Anzahl der nicht nachzuweisenden Fehler. Nach Gl. 2.139 liefern nur die Modellfehler einen Beitrag zur Varianz, deren Nachweiswahrscheinlichkeiten sich deutlich von 0 und 1 unterscheiden. Die Nachweiswahrscheinlichkeit eines Zufallstests gehorcht nach Gl. 2.79 der Funktion:

$$p_{\diamond i}(n) = 1 - e^{-n \cdot p_{\diamond i}}$$

Für alle Modellfehler i mit $n \cdot p_{\diamond i} \geq 10$ ist sie praktisch 1. Die Anzahl der Modellfehler, die einen Beitrag zur Streuung liefern, ist auf keinen Fall größer als die Anzahl der Modellfehler, die mit einem Zehntel der betrachteten Testsatzlänge noch nicht nachzuweisen war. Ihre Anzahl nimmt entsprechend mit der Testsatzlänge bzw. mit zunehmender Fehlerüberdeckung ab. Im selben Maße verringert sich die zu beobachtende Varianz, so dass nach Gl. 2.154 die effektive Fehleranzahl wächst.

Wenn die Modellfehlermenge in Bezug auf die Testobjektgröße kleiner gewählt wird, sind die Unterschiede zwischen der effektiven Fehleranzahl und der tatsächlichen Modellfehleranzahl geringer. Die nachfolgende Tabelle illustriert diesen Effekt anhand experimenteller Daten. Aus der Modellfehlermenge des Versuchs in Abbildung 2.28 wurde einmal eine Stichprobe von $\varphi_M = 1000$ und einmal eine Stichprobe von $\varphi_M = 300$ Modellfehlern zufällig ausgewählt und für beide Modellfehlermengen über eine Fehlersimulation mit 1000 verschiedenen Pseudozufallsfolgen die effektive Fehleranzahl bestimmt.

n	160	320	800	1600	3200
$\varphi_{\text{eff}}(n)$ für $\varphi_M = 1000$	594	629	630	1000	1000
$\varphi_{\text{eff}}(n)$ für $\varphi_M = 300$	297	268	277	231	300

Für die größere Stichprobe ist die effektive Fehleranzahl ≥ 594, d. h., etwa mindestens 60% der tatsächlichen Modellfehleranzahl. Für die kleinere Stichprobe ist die relative Abweichung noch geringer.

Der Grund für dieses Phänomen ist eine Verringerung der Abhängigkeiten im Fehlernachweis. In einer Fehlerstichprobe sind die Teilfehlermengen, die sich Nachweisbedingungen teilen, kleiner als in der gesamten Modellfehlermenge. Je weniger Modellfehler betrachtete werden, desto weniger Modellfehler teilen sich Nachweisbedingungen. Im Verhältnis zur Testobjektgröße kleine Fehlerstichproben sind annähernd unabhängig voneinander nachweisbar.

Das Experiment erlaubt es, die am Ende von Abschnitt 1.3.3 getroffenen Aussagen über die anzustrebenden Eigenschaften eines Fehlermodells für den Zufallstest zu präzisieren:

Ein Fehlermodell für einen Zufallstest braucht nur zwei Anforderungen zu erfüllen. Die generierten Modellfehlermengen müssen eine Fehlerdichte besitzen, aus der die Fehlerdichte der tatsächlich zu findenden Fehler abschätzbar ist. Die Anzahl der Modellfehler muss in einem vernünftigen Verhältnis zur Systemgröße stehen.

Mit zunehmender Größe der Modellfehlermenge nimmt die Schätzgenauigkeit für die zu erwartende Fehlerüberdeckung bzw. die erforderliche Testsatzlänge zu, aber es gibt für jedes Testobjekt eine Obergrenze, ab der der Zuwachs immer schwächer wird. Zweckmäßig sind Fehlerstichproben. Fehlermodelle, bei denen die Modellfehleranzahl mehr als proportional mit der Testobjektgröße zunimmt, sind unzweckmäßig.

2.2.6.3 Identische Teilfehlermengen

Nachweisabhängigkeiten erhöhen nicht nur die Varianz. Sie können im Extremfall auch die Art der Verteilung der Fehlerüberdeckung ändern. Statt einem Maximum wie bei einer Poisson- oder Normalverteilung kann die Dichtefunktion der Fehlerüberdeckung auch mehrere Maxima aufweisen. Das passiert genau dann, wenn die Modellfehlermenge eine größere Teilmenge von Modellfehlern mit denselben oder nahezu denselben Nachweismengen enthält. Modellfehler mit identischen oder nahezu identischen Nachweismengen werden von einem Zufallstest fast immer im selben Testschritt gefunden. Angenommen, die Modellfehlermenge umfasst zehn Modellfehler, von denen acht immer gleichzeitig nachgewiesen werden. Dann ist der Wertebereich für die Anzahl der nachgewiesenen Modellfehler begrenzt auf:

$$\varphi_{M\surd} \in \{0,\ 1,\ 2,\ 8,\ 9,\ 10\}$$

Die Verteilung der Fehlerüberdeckung zerfällt in zwei Teilkämme.

Dieser Effekt wurde beispielsweise bei der kombinatorischen Benchmarkschaltung c2670 aus [25] beobachtet (Abbildung 2.30). Auch in der diesem Experiment zugrunde liegenden Modellfehlermenge gab es, soweit das ersichtlich war, keine identisch nachweisbaren Fehler. Die Verteilung der Anzahl der nachgewiesenen Modellfehler besitzt dennoch zwei Teilkämme im Abstand von 80 Fehlern. Offenbar enthielt die Modellfehlermenge etwa 80 nahezu identisch nachweisbare Modellfehler.

2.3 Modellierung und Überwachung von Reifeprozessen

Ein Reifeprozess ist die Fortsetzung der Iteration aus Test und Fehlerbeseitigung in der Einsatzphase (vgl. Abschnitt 1.3.6). Aus Fehlerberichten der

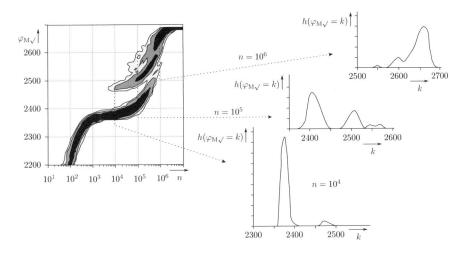

Abb. 2.30. Wahrscheinlichkeitsgebirge der Fehlerüberdeckung der Benchmarkschaltung c2670

Anwender werden Testbeispiele konstruiert, die bisher verborgen gebliebene Fehler nachweisen. Die Testbeispiele dienen als Basis für weitere experimentelle Reparaturschritte, in denen Fehler beseitigt werden. Die Fehleranzahl nimmt mit der Nutzungsdauer des Produkts ähnlich wie bei einer Iteration aus Test und Fehlerbeseitigung mit einem Zufallstest ab. Ein Reifeprozess unterscheidet sich von einer Fehlerbeseitigungsiteration im Wesentlichen nur darin, dass

- die Anwender das System viel länger als der Hersteller testen
- Fehler erst beseitigt werden, wenn sie in der Anwendungsumgebung mehrfach Fehlfunktionen verursacht haben.

Die Dauer, in der Fehlfunktionen auftreten und bemerkt werden können, ist die akkumulierte Nutzungsdauer t_{AN} bei allen Anwendern. Wenn ein System über Jahre bei Tausenden von Anwendern genutzt wird, beträgt die akkumulierte Nutzungsdauer Tausende von Jahren. Die Anwender bemerken jedoch nur einen Teil der Fehlfunktionen und erstellen nur Fehlerberichte, wenn ihre Arbeit ernsthaft beeinträchtigt ist. Nicht jeder Fehlerbericht ist so aussagekräftig, dass sich daraus Testbeispiele konstruieren lassen, die die zugrunde liegenden Fehler nachweisen. Deshalb muss ein Fehler im Mittel erst viele Fehlfunktionen verursachen, bevor er beseitigt wird. Die effektive Reifezeit t_{RP} ist nur ein Bruchteil der akkumulierten Nutzungsdauer:

$$t_{RP} = Q_{RP} \cdot t_{AN} \qquad (2.155)$$

Der Skalierungsfaktor Q_{RP} wird im Weiteren als Güte des Reifeprozesses bezeichnet.

Es soll hier nur der Fall betrachtet werden, dass die Fehlerdichte durch eine Potenzfunktion angenähert werden kann (vgl. Abschnitt 2.2.4.2). Bei einer Fehlerbeseitigungsiteration mit einen Zufallstest nimmt die Fehleranzahl nach Gl. 2.113 umgekehrt proportional zur k-ten Potenz der effektiven Testzeit t_T ab:

$$E\left(\varphi_{T\diamond}\right) = E\left(\varphi_{\diamond}\right) \cdot \left(\frac{t_{T0}}{t_T}\right)^k$$

Ein Reifeprozess verhält sich genauso, nur bekommen die einzelnen Größen eine andere Bedeutung und eine andere Bezeichnung:

Größe zur Beschreibung einer Fehlerbeseitigungsiteration	Entsprechende Größe zur Beschreibung eines Reifeprozesses
t_{T0}: effektive Testzeit der (den Herstellertests) vorgelagerten Test	t_T: effektive Testzeit (des gesamten Herstellertests)
t_T: effektive Testzeit (des gesamten Herstellertests)	$t_T + t_{RP}$: effektive Testzeit (des gesamten Herstellertests) plus effektive Reifezeit
$\varphi_{\diamond}$: Fehleranzahl (vor dem Herstellertest)	$\varphi_{T\diamond}$: Fehleranzahl des getesteten Systems vor dem Einsatz
$\varphi_{T\diamond}$: Fehleranzahl des getesteten Systems	$\varphi_{RP\diamond}$: Fehleranzahl des reifenden Systems während des Einsatzes
$Z_{T\diamond}$: fehlerbezogene Teilzuverlässigkeit des getesteten Systems	$Z_{RP\diamond}$: fehlerbezogene Teilzuverlässigkeit des reifenden Systems

Aus der effektiven Testzeit vor der Fehlerbeseitigungsiteration beim Hersteller wird die effektive Testzeit vor dem Einsatz. Aus der effektiven Testzeit der gesamten Fehlerbeseitigungsiteration beim Hersteller wird die effektive Testzeit, der das System während des Einsatzes bereits ausgesetzt war, d. h. die Summe aus der effektiven Testzeit der Herstellertests plus der effektiven Reifezeit. Die Bezugsfehleranzahl zum Beginn des Reifeprozesses ist die Fehleranzahl nach statt vor der Fehlerbeseitigungsiteration beim Hersteller. Eingesetzt in Gl. 2.113 nimmt die zu erwartende Fehleranzahl im System mit der Reifezeit nach folgender Funktion ab:

$$E\left(\varphi_{RP\diamond}\left(t_{RP}\right)\right) = E\left(\varphi_{T\diamond}\right) \cdot \left(1 + \frac{t_{RP}}{t_T}\right)^{-k} \tag{2.156}$$

Dieselben Substitutionen, eingesetzt in Gl. 2.116, führen auf das Wachstumsgesetz für die fehlerbezogene Teilzuverlässigkeit in Reifeprozessen:

$$Z_{RP\diamond}\left(t_{RP}\right) = \frac{t_T + t_{RP}}{k \cdot E\left(\varphi_{RP\diamond}\right)} \tag{2.157}$$

Bezogen auf die Fehleranzahl zu Beginn der Einsatzphase beträgt die fehlerbezogene Teilzuverlässigkeit:

$$Z_{\mathrm{RP}\diamond}\left(t_{\mathrm{RP}}\right) = \frac{1}{k \cdot E\left(\varphi_{\mathrm{T}\diamond}\right)} \cdot \left(1 + \frac{t_{\mathrm{RP}}}{t_{\mathrm{T}}}\right)^{k+1} \tag{2.158}$$

Die grundlegende Eigenschaft eines Reifeprozesses lautet:

> *Die fehlerbezogenen Teilzuverlässigkeit nimmt mindestens proportio-
> nal zur Summe aus der effektiven Testzeit und der effektiven Reifezeit
> zu.*

Anhand dieser Eigenschaft lässt sich experimentell kontrollieren, ob ein informationsverarbeitendes System (oder auch ein Entstehungsprozess) reift oder
nicht. Weiterhin folgt daraus, dass, wie bereits in Abschnitt 1.3.6 angespro-
chen, alte, über Jahrzehnte gereifte Systeme nicht einfach durch neue, viel
modernere und bessere Systeme ersetzt werden können. Die neuen Systeme
müssten, um eine vergleichbare fehlerbezogene Teilzuverlässigkeit zu erreichen, vergleichbar lange reifen. Das würde wiederum verlangen, dass sich Anwender finden, die über lange Zeit mit wesentlich unzuverlässigeren Systemen
arbeiten, was in bestimmten Anwendungsbereichen nur schwer zu bewerkstel-
ligen ist.

Überwachung von Reifeprozessen durch den Anwender

Zuverlässigkeit ist eine teure Produkteigenschaft, die ein Hersteller nur dann
anbietet, wenn es Anwender gibt, die darauf bestehen und die überprüfen, was
sie bekommen. Dieser Abschnitt beschreibt, wie ein Anwender kontrollieren
kann, ob und wie schnell ein Produkt reift.

Die Überwachung erfolgt anhand der beobachteten Zuverlässigkeit aufeinanderfolgender Produktversionen. Das nachfolgend beschriebene Verfahren
basiert auf folgenden Annahmen:

- Der Hersteller gibt nacheinander $i \in \{1, 2, \ldots, N_{\mathrm{Vers}}\}$ neue Programmversion heraus. Der Anwender erhält und installiert jede Programmversion i
zum Datum d_i.
- Die Summe aus der effektiven Testzeit vor dem Einsatz und der effektiven
Reifezeit einer Programmversion i ist etwa proportional zur Zeitdifferenz
zwischen dem Einsatzdatum der betrachteten Programmversion zu einem
fiktiven (zu berechnenden) Datum d_0:

$$\frac{t_{\mathrm{T}} + t_{\mathrm{RP}.i}}{d_i - d_0} \approx \frac{t_{\mathrm{T}} + t_{\mathrm{RP}.j}}{d_j - d_0} \tag{2.159}$$

- Die beobachtete Zuverlässigkeit einer Version ist etwa proportional zur fehlerbezogenen Teilzuverlässigkeit (Vernachlässigung der störungsbezogenen
Teilzuverlässigkeit):

$$\frac{Z_{\mathrm{RP}\diamond i}}{Z_{\mathrm{RP}\diamond j}} \approx \frac{Z_{\mathrm{B}.i}}{Z_{\mathrm{B}.j}} \tag{2.160}$$

Die beobachtete Zuverlässigkeit soll hier als Verhältnis der Zeit, die eine Programmversion eingesetzt wird, zur Anzahl der in dieser Zeit beobachteten Fehlfunktionen definiert werden:

$$Z_{\mathrm{B}.i} = \frac{d_{i+1} + d_i}{\varphi_{\triangleright i}}$$

- Der Zusammenhang zwischen der fehlerbezogenen Teilzuverlässigkeit und der Reifezeit kann durch die Potenzfunktion Gl. 2.158 angenähert werden.

Die fehlerbezogene Teilzuverlässigkeiten für zwei unterschiedliche Reifezeiten $t_{\mathrm{RP}.i}$ und $t_{\mathrm{RP}.j}$ verhalten sich nach Gl. 2.158 proportional zur $k+1$-ten Potenz der Summe aus der effektiven Testzeit vor dem Einsatz und der effektiven Reifezeit:

$$\frac{Z_{\mathrm{RP}\diamond.i}}{Z_{\mathrm{RP}\diamond.0}} = \left(\frac{t_{\mathrm{T}} + t_{\mathrm{RP}.i}}{t_{\mathrm{T}}}\right)^{k+1}$$

Mit Gl. 2.159 kann der Term aus der effektiven Testzeit vor dem Einsatz und der effektiven Reifezeit durch das Verhältnis der Zeitdifferenzen der Einsatzzeitpunkte zu einer fiktiven Bezugszeit d_0 ersetzt werden. Über Gl. 2.160 wird das Verhältnis der fehlerbezogenen Teilzuverlässigkeiten durch das Verhältnis der beobachteten Zuverlässigkeiten ersetzt. Für jede Version $i > 1$ gilt abschätzungsweise:

$$\frac{Z_{\mathrm{B}.i}}{Z_{\mathrm{B}.1}} \approx \left(\frac{d_i - d_0}{d_1 - d_0}\right)^{k+1} \tag{2.161}$$

Die Zeitpunkte d_i, zu denen neue Versionen installiert werden, sind bekannt und die Anzahl der beobachteten Fehlfunktionen während der Nutzung einer Programmversion bestimmbar. Unbekannt sind der Exponent der Fehlerdichte k und das fiktive Datum d_0. Das fiktive Datum d_0, genauer die Zeit zwischen d_0 bis zum Zeitpunkt d_1, ab dem Version 1 genutzt wird, ist hierbei ein Maß für den Testaufwand vor der Einsatzfreigabe und damit auch ein interessanter Parameter für die Bewertung eines Reifeprozesses.

Um die Parameter d_0 und k abzuschätzen, werden mindestens drei Wertepaare $\{\varphi_{\triangleright i}, d_i\}$ für drei unterschiedliche Programmversionen benötigt. Ein anschaulicher Weg zur Auswertung der experimentell gewonnen Daten ist, Gl. 2.161 in eine Art Geradengleichung umzustellen

$$\log\left(\frac{Z_{\mathrm{B}.i}}{\mathrm{Tage}}\right) = (k+1) \cdot \log\left(\frac{d_i - d_0}{d_1 - d_0}\right) + \log\left(\frac{Z_{\mathrm{B}.1}}{\mathrm{Tage}}\right) \tag{2.162}$$

und für den Parameter d_0 durch probieren einen Wert zu suchen, bei dem alle drei Punkte näherungsweise auf einer Geraden liegen. Der Exponent des Fehlerprofils ist dann der Geradenanstieg in der logarithmischen Darstellung abzüglich Eins. Da es sich bei allen Eingaben der Berechnung nur um Schätzwerte handelt, ist es günstiger, mehr als drei Wertepaare $\{\varphi_{\triangleright i}, d_i\}$ für mehr als

3 Programmversionen in die Lösungssuche einzubeziehen. Das soll am Beispiel demonstriert werden.

Beispiel 2.7: *Die nachfolgende Tabelle zeigt für vier Versionen eines Softwareprodukts das Erscheinungsdatum, die Zeitdifferenz d_i zur Herausgabe der ersten Version und den Mittelwert der Anzahl der beobachteten Fehlfunktionen $\varphi_{\triangleright i}$ je System für zehn eingesetzte Systeme:*

i	1	2	3	4	Ende
Datum	01.07.2003	22.08.2003	01.11.2003	10.01.2004	30.01.2004
$\varphi_{\triangleright i}$ in Datenfehlern je System	290,5	238,4	147,0	32,3	

Findet ein Reifeprozess statt? In welchem Bereich liegen die Parameter k und d_0?

In der nachfolgenden Tabelle sind die Datumsangaben und die Anzahl der beobachteten Fehlfunktionen in Reifezeiten und beobachtete Zuverlässigkeiten umgerechnet:

i	1	2	3	4
d_i in Tagen	d_0	$d_0 + 52$	$d_0 + 123$	$d_0 + 193$
$Z_{\mathrm{B}.i}$ in Tagen	0,248	0,298	0,476	0,619

Es findet ein Reifeprozess statt, denn die beobachtete Zuverlässigkeit nimmt zu. Um die Zuverlässigkeitszunahme in der doppelt logarithmischen Darstellung durch eine Gerade anzunähern, sind im Verhältnis zu den Zeitdifferenzen zwischen der Herausgabe der einzelnen Versionen große Werte für d_0 etwa im Bereich von 180 bis 400 Tagen einzusetzen (Abbildung 2.31). Wie aus der Abbildung ersichtlich, ist diese Einschränkung im gegebenen Beispiel auch nur deshalb möglich, weil der Geradenanstieg in einem Bereich zwischen 1 und 2 liegen muss. Das Schätzverfahren liefert anschaulich nur Größenordnungen.

Der große Wert von d_0 kann unterschiedliche Ursachen haben. Entweder das System wurde vor seinem Einsatz sehr gründlich (mit einer großen effektiven Testzeit) getestet, der Reifeprozess besitzt eine geringe Güte Q_{RP} oder das System ist vor seinem Einsatz z. B. unter einem anderen Produktnamen auch schon eine lange Zeit gereift.

Mit den experimentell bestimmten Schätzwerten für die Parameter k und d_0 lassen sich über Gl. 2.162 anschließend

- die zu beobachtenden Zuverlässigkeiten zu späteren Zeitpunkten des Reifeprozesses und
- die erforderliche Dauer des Reifeprozesses, um die zu beobachtende Zuverlässigkeit auf einen ausreichenden Wert zu erhöhen,

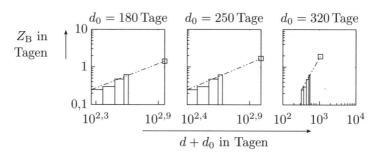

Approximation	d_0	k	Z_B (2 Jahre)
1	180 Tage	0,08	1,42 Tage
2	250 Tage	0,68	1,68 Tage
3	320 Tage	0,92	1,92 Tage

Abb. 2.31. Ausgleichskurven mit unterschiedlichen Parametersätzen für Gl. 2.162

abschätzen. Das Schätzverfahren wird wieder an einem Beispiel illustriert.

Beispiel 2.8: *Welche Zuverlässigkeit wird in Beispiel 2.7 abschätzungsweise bei einer Programmversion zu beobachten sein, die zwei Jahre nach der ersten Programmversion herausgegeben wird?*

Der Lösungsweg ist eine einfache Verlängerung der Ausgleichsgeraden in Abbildung 2.31 bis zu einer Reifezeit von zwei Jahren plus Bezugszeit. Die Quadrate in der Abbildung kennzeichnen die extrapolierten Zuverlässigkeitswerte. Die zu beobachtende Zuverlässigkeit wird etwa anderthalb bis zwei Tage betragen.

Indikatoren zuverlässiger Systeme

Der Anwender eines informationsverarbeitenden Systems steht vor der Aufgabe, aus einer Menge von vergleichbaren Systemen das für ihn günstigste auszuwählen. Die Zuverlässigkeit ist dabei immer ein wichtiges Auswahlkriterium. Da es nicht gebräuchlich ist, dass Systemhersteller vergleichbare Zahlenangaben über die Zuverlässigkeit veröffentlichen, ist der Anwender auf andere Indikatoren angewiesen. Es gibt in der Tat eine Reihe von Indikatoren, die dem Anwender zugänglich sind und die Rückschlüsse auf die Zuverlässigkeit eines informationsverarbeitenden Systems erlauben.

Der erste Indikator ist, ob ein Reifeprozess stattfindet. Das kann, wie im vergangenen Unterabschnitt, experimentell oder oberflächlich anhand organisatorischer Merkmale von Reifeprozessen überprüft werden:

- Werden Fehlerberichte entgegengenommen?
- Werden regelmäßig neue Versionen bereitgestellt?

Weitere Ansatzpunkte sind die quantitativen Einflussfaktoren auf die Zuverlässigkeit. Die fehlerbezogene Teilzuverlässigkeit ist proportional zur $1 + k$-ten Potenz der effektiven Test- und Reifezeit und umgekehrt proportional zur Fehleranzahl (vgl. Gl. 2.158). Die Fehleranzahl getesteter und gereifter Systeme ist wiederum proportional zur Fehleranzahl vor dem Test und diese zur Produktgröße bzw. zum Entwurfs- und Fertigungsaufwand. Ein kleines System, das alle notwendigen Funktionen erfüllt, ist tendenziell zuverlässiger als ein großer Alleskönner. Die vielen netten Zusatzeigenschaften der heutigen Systeme (bunte Bedienoberflächen etc.) werden durch geringere Zuverlässigkeit erkauft.

Die effektive Reifezeit ist das Produkt aus der Güte des Reifeprozesses und der akkumulierten Nutzungsdauer (vgl. Gl. 2.155). Die akkumulierte Nutzungsdauer ist etwa proportional zur Dauer, die ein Softwareprodukt auf dem Markt ist, und proportional zur Anzahl der eingesetzten Produkte. Wichtige Indikatoren für die Zuverlässigkeit sind folglich die Zeit, die ein Produkt auf dem Markt ist, und die Anzahl der Nutzer, die es einsetzen. Die Verbreitung eines Softwareproduktes sagt natürlich auch etwas über die Kundenzufriedenheit aus. Anwender sind natürlich mit zuverlässigeren Systemen zufriedener als mit Systemen, die ständig Ärger verursachen.

Ein weiteres Kriterium ist die Güte des Reifeprozesses. Sie beschreibt, mit welcher Häufigkeit eine Fehlfunktion beim Anwender zu einer erfolgreichen Fehlerbeseitigung führt. Für vergleichende Abschätzungen sind z. B. folgende Produkteigenschaften und Serviceleistungen wichtige Pluspunkte:

- automatische Generierung von Fehlerberichten nach unnormalen Programmabbrüchen
- automatische Übermittlung der Fehlerberichte an den Hersteller
- Ansprechpartner beim Hersteller, die in Problemsituationen kompetente Hilfestellungen geben
- FAQ-Seiten mit Lösungen für bekannte und noch nicht beseitigte Probleme.

2.4 Fehlerentstehung und Fehlervermeidung

Fehlervermeidung bedeutet, die Prozesse, in denen Entwürfe und Produkte entstehen, zu verbessern. Denn in diesen Prozessen sind auch die Ursachen für die Fehlerentstehung verankert, die es zu beseitigen gilt. Ein Entstehungsprozess ähnelt einem informationsverarbeitenden System, das Entwurfs- oder Fertigungsvorgaben auf Produkte oder Entwurfsbeschreibungen abbildet. Die Ursachen für das Entstehen von Produktfehlern sind Prozessfehler und Prozessstörungen, die es zu beseitigen gilt (vgl. Abschnitt 1.1.3).

2.4.1 Prozessbeherrschung

Das Hauptproblem der Fehlervermeidung ist, dass in vielen Entstehungsprozessen Menschen mitwirken und Menschen, vor allem bei kreativen Aufgaben, nicht deterministisch arbeiten. Bei gleichen Vorgaben entstehen Produkte mit abweichenden Eigenschaften. Nicht deterministische Entstehungsprozesse haben den entscheidenden Nachteil, dass sich die Prozessfehler bei Wiederholung nicht auf identische Produktfehler, sondern nur auf mehr oder weniger ähnliche Produktfehler abbilden. Dadurch lassen sich die Prozessfehler viel schwieriger lokalisieren und beseitigen, was wiederum zur Folge hat, dass nicht deterministische Entstehungsprozesse nur sehr langsam oder gar nicht reifen. Die Vorstufe einer wirksamen Fehlervermeidung ist deshalb die Stabilisierung der Prozessabläufe. Der gegenwärtige Entwicklungsstand für die Stabilisierung von Entwicklungsprozessen wird gern durch das Zitat:

»*Plan beats no plan!*« [16]

charakterisiert. Ein planvoller Ansatz ist besser als keiner.

Die Grundlage planbarer Entwurfsprozesse sind die Prozessmodelle und ihre administrative Überwachung (vgl. Abschnitt 1.1.3.3). Prozessmodelle teilen komplexe Aufgaben in überschaubare Teilaufgaben und Arbeitsschritte. Es gibt jedoch Grenzen. Deterministische, Schritt für Schritt vorgegebene Abläufe unterbinden die menschliche Kreativität, die in der Regel der Grund dafür ist, warum bestimmte Aufgaben in Entstehungsprozessen noch nicht automatisiert sind. Ohne Kreativität gibt es keine Entwicklung. Es ist vor allem eine Aufgabe des Managements, den jeweils optimalen Kompromiss zu finden.

Hinsichtlich ihrer Stabilität lassen sich Entstehungsprozesse in fünf Klassen unterteilen [109]:

- unkontrollierte Prozesse (initial level)
- wiederholbare Prozesse (repeatable level)
- dokumentierte Prozesse (defined level)
- beherrschte Prozesse (managed level)
- optimierte Prozesse (optimized level).

Das Attribut »unkontrolliert« oder »initial« charakterisiert Entstehungsprozesse, in denen die eingebundenen Personen, z. B. die Entwickler in einem Entwurfsprozess, alle »künstlerischen Freiheiten« besitzen. Es werden keine Prozessmodelle angewendet, es existiert kaum eine Planung und es gibt keine wirksame administrative Kontrolle. Der Prozessablauf, der Zeitaufwand und die Kosten sind unvorhersagbar. Das Management besteht aus Krisenbewältigung. Der Prozess ist unzuverlässig und kann nicht reifen.

Ein wiederholbarer Prozess basiert auf Vorgehensmodellen und Erfahrungen mit ähnlichen Produkten. Eine ähnliche Aufgabe wird, wenn sie nochmal gestellt wird, in ähnlicher Weise gelöst. Das Management überwacht die Arbeitsschritte. Auffällige Probleme werden identifiziert und ihre Behebung veranlasst. Erste Ansätze für Reifevorgänge sind vorhanden. Der Aufwand und die Kosten sind grob vorhersagbar.

In einem dokumentierten Prozess sind die Schritte des Entwurfsprozesses, die durchzuführenden qualitätssichernden Maßnahmen und die Verantwortlichkeiten schriftlich fixiert. Es finden kontinuierliche Bemühungen zur Steigerung der Qualität und der Produktivität statt. Probleme, Änderungen und Verbesserungen werden in den Prozessdokumentationen festgehalten. Die Dokumentation eines Prozesses mag auf den ersten Blick nichts mit der Prozesszuverlässigkeit zu tun zu haben. Aber Dokumentation ist ein sehr wirksames Mittel, um zufälligen Einflüssen auf die Prozessabläufe entgegenzuwirken und die Prozesse zu stabilisieren. Damit stabilisieren sich auch die Aufwandskenngrößen, die Kosten und die Produktqualität.

In einem beherrschten Prozess sind die zufälligen Einflüsse weitgehend unter Kontrolle (siehe später auch Abschnitt 2.4.4). Der Prozess ist stabil und die Ergebnisse sind innerhalb enger Toleranzen vorhersagbar. Wenn ein beherrschter Prozess ausgereift ist, erreicht er den Status eines optimierten Prozesses. Optimierte Prozesse sind durch eine hohe Prozesszuverlässigkeit gekennzeichnet und dadurch, dass keine Häufung gleicher Produktfehler mehr zu beobachten ist (siehe nachfolgender Abschnitt).

Jede Prozesskategorie hat ihre typischen Einsatzgebiete. Beherrschte und optimierte Prozesse sind typisch für die automatisierte Fertigung von Großserien und Massengütern, z. B. von Autos oder elektronischen Bauteilen. Im Entwurfsbereich fallen nur die vollautomatisierten Entwurfsschritte wie das Übersetzen von Programmen in diese Kategorie. Dokumentierte Prozesse sind typisch für die Serienfertigung. Auch im Verwaltungsbereich und ausgewählten Bereichen der Anwendungsentwicklung trifft man auf dokumentierte Prozesse. Der Prozessstatus »wiederholbar« ist die Mindestvoraussetzung, um Produkte unter marktwirtschaftlichen Randbedingungen entwerfen und fertigen zu können. Unkontrollierte Prozesse sind dort berechtigt, wo es gilt, Neues auszuprobieren, d. h. vor allem in Lernprozessen. Die Produkte aus Lernprozessen, z. B. die Programme aus Programmierpraktika, sind entsprechend aus Qualitätssicht meist unbrauchbar und der Aufwand schlecht vorhersagbar (vgl. Beispiel 1.3). Das Ziel eines Lernprozesses ist allgemein, den Prozessstatus »wiederholbar« zu erreichen.

Ist Ihnen schon einmal aufgefallen, dass in schriftlichen Prüfungen hauptsächlich Ihre »Prozesszuverlässigkeit« im Sinne der fehlerfreien Arbeitszeit zwischen Ihren Fehlern und weniger Ihr Wissens geprüft wird?

2.4.2 Reifen von Entstehungsprozessen

Das Reifen eines Entstehungsprozesses hat viele Gemeinsamkeiten mit dem Reifen informationsverarbeitender Systeme. Ein Entstehungsprozess bildet

Entwurfs- oder Fertigungsvorgaben auf Produkteigenschaften oder Produkt-
beschreibungen ab. Fehler, die die Produkteigenschaften beeinträchtigen, werden gesucht und nach Möglichkeit beseitigt. Die zufälligen Einflüsse sind jedoch erheblich größer als bei der Hard- und Software digitaler Rechner. Das
bewirkt insbesondere,

- dass sich viele der Prozessfehler unbeständig verhalten und bei einer Wiederholung keine identischen, sondern nur gehäuft ähnliche Produktfehler
  verursachen und
- dass die störungsbezogene Prozesszuverlässigkeit im Vergleich zur fehlerbezogenen Prozesszuverlässigkeit nicht vernachlässigt werden kann.

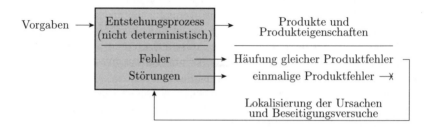

Abb. 2.32. Reifen von Entstehungsprozessen

Die Fehlerbeseitigung für beständige Fehler, d. h. für Prozessfehler, die bei
einer exakten Wiederholung des Prozessablaufes immer genau dasselbe Fehlverhalten in Form gleicher Produktfehler verursachen, erfolgt wie bei einem
informationsverarbeitenden System über eine experimentelle Reparatur. Für
die beobachteten Fehlfunktionen werden Testbeispiele gesucht, mit denen der
Reparaturerfolg kontrolliert werden kann. Die Reparatur selbst hat experimentellen Charakter.

Das Vorgehen zur Beseitigung von Fehlern mit unbeständigem Fehlverhalten erinnert eher an einen evolutionären Algorithmus (Abbildung 2.32).
Ausgangspunkt für die Fehlerlokalisierung sind Statistiken über abweichende
Eigenschaften und gefundene Fehler in den Produkten. Anhand dieser Statistiken wird überprüft, ob sich bestimmte Fehlerbilder häufen. Bei einer Häufung
wird versucht, die Ursache durch intuitive kleine Änderungen des Prozesses
zu beseitigen. Reduziert einer dieser Eingriffe in den Entstehungsprozess die
Häufigkeit der entstehenden Produktfehler, wird angenommen, dass eine der
Ursachen für die Fehlerentstehung gefunden und beseitigt wurde. Die Änderung wird beibehalten und mit eventuellen anderen erfolgreichen Änderungen
kombiniert.

Im anderen Fall wird das Experiment mit der Veränderung anderer Ein-
flussgrößen wiederholt. In der Terminologie der evolutionären Algorithmen
werden die Prozesskenngrößen mehr oder weniger zielgerichtet mutiert und

Varianten höherer Fitness miteinander kombiniert. Als Bewertungsfunktion dient die Häufigkeit, mit der Produktfehler entstehen.

Der Nachteil gegenüber der experimentellen Reparatur ist der Zeitaufwand. Allein die Erfolgskontrolle über die beobachtbare Häufigkeit der Produktfehler dauert um Größenordnungen länger als ein Test. Hinzu kommt, dass die zu beobachtende Produktfehleranzahl eine Zufallsgröße ist und als solche keine klare Ja/Nein-Entscheidung über den Reparaturerfolg erlaubt. Das Risiko, dass statt der Beseitigung alter Fehler neue Fehler eingebaut werden, ist ungleich höher. Bis ein Entstehungsprozess ausgereift ist, vergehen oft Monate oder Jahre.

In Analogie zu den Reifeprozessen für Produkte gilt auch für Entstehungsprozesse, dass

- der Fehlernachweis den Gesetzen des Zufallstests gehorcht und
- der Zusammenhang zwischen der fehlerbezogenen Prozesszuverlässigkeit und der zu erwartenden Prozessfehleranzahl durch eine Fehlerdichte beschrieben werden kann.

Mit einer Potenzfunktion als Prozessfehlerdichte sinkt die Prozessfehleranzahl in Analogie zu Gl. 2.156 langsamer als umgekehrt proportional mit der Reifezeit:

$$E\left(\varphi_{\mathrm{Proz}}\left(t_{\mathrm{EPR}}\right)\right) = E\left(\varphi_{\mathrm{Proz}}\left(\tau_{\mathrm{EPR}}\right)\right) \cdot \left(1 + \frac{t_{\mathrm{EPR}}}{\tau_{\mathrm{EPR}}}\right)^{-k} \qquad (2.163)$$

(φ_{Proz} – Anzahl der Prozessfehler; t_{EPR} – effektive Reifezeit des Prozesses, abschätzungsweise proportional zur Prozessnutzungsdauer; τ_{EPR} – Bezugszeit für die Prozessreifezeit, effektive Testzeit des Prozesses vor seinem Einsatz). Die fehlerbezogene Prozesszuverlässigkeit nimmt in Analogie zu Gl. 2.116 proportional zur Reifezeit und umgekehrt proportional zur Fehleranzahl im Prozess zu:

$$Z_{\mathrm{Proz}\diamond}\left(t_{\mathrm{EPR}}\right) = \frac{\tau_{\mathrm{EPR}} + t_{\mathrm{EPR}}}{k \cdot E\left(\varphi_{\mathrm{Proz}}\left(t_{\mathrm{EPR}}\right)\right)} \qquad (2.164)$$

Die Gesamtzuverlässigkeit des Prozesses wird jedoch auch durch die störungsbezogene Prozesszuverlässigkeit, die bei Entstehungsprozessen nicht zu vernachlässigen ist und die sich in Reifeprozessen nicht verringert, bestimmt:

$$\frac{1}{Z_{\mathrm{Proz}}} = \frac{1}{Z_{\mathrm{Proz}\star}} + \frac{1}{Z_{\mathrm{Proz}\diamond}}$$

$$Z_{\mathrm{Proz}} = \frac{Z_{\mathrm{Proz}\star} \cdot Z_{\mathrm{Proz}\diamond}}{Z_{\mathrm{Proz}\star} + Z_{\mathrm{Proz}\diamond}} \qquad (2.165)$$

($Z_{\mathrm{Proz}\star}$ – störungsbezogene Prozesszuverlässigkeit).

Zu Beginn des Reifeprozesses nimmt die Prozesszuverlässigkeit stark zu. Wenn die fehlerbezogene Prozesszuverlässigkeit die Größenordnung der störungsbezogenen Prozesszuverlässigkeit erreicht, flacht der Verlauf ab. Eine

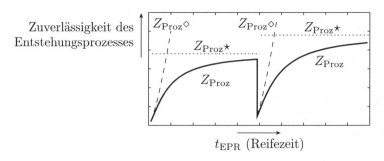

Abb. 2.33. Charakteristischer Verlauf der Zuverlässigkeit reifender Entstehungsprozesse

weitere Verbesserung verlangt neue, weniger störungsanfällige Entstehungsprozesse. Für Fertigungsprozesse bedeutet das in der Regel den Einsatz neuer Maschinen und Anlagen, für Entwurfsprozesse, den Einsatz neuer Entwurfswerkzeuge, Programmiersprachen und Bibliotheken. Jeder größere Eingriff in einen Entstehungsprozess verursacht neue Prozessfehler, die erst wieder in einem mühevollen Reifeprozess gesucht und beseitigt werden müssen. Die Erhöhung der störungsbezogenen Prozesszuverlässigkeit kommt dadurch erst nach einer längeren Reifezeit zur Wirkung, woraus für die Prozesszuverlässigkeit der in Abbildung 2.33 dargestellte sägezahnförmige Verlauf resultiert.

In einem ausgereiften Prozess werden fast alle Produktfehler durch Störungen verursacht. Das hat einen weiteren experimentell überprüfbaren Begleiteffekt. Störungen verursachen einmalige, nicht wiederkehrende Fehlfunktionen, hier Produktfehler. In einem ausgereiften Entstehungsprozess sind keine Häufungen gleicher Produktfehler mehr zu beobachten. Der Reifegrad eines Prozesses lässt sich entsprechend auch daran messen, ob und in welchem Maße noch Häufungen gleicher oder ähnlicher Produktfehler zu beobachten sind.

2.4.3 Nachbesserungsiterationen

Die Anzahl der entstehenden Produktfehler ist nach Gl. 1.15 umgekehrt proportional zur Prozesszuverlässigkeit:

$$E\left(\varphi_{\diamond}\right) = \frac{t_{\mathrm{Proz}}}{Z_{\mathrm{Proz}}}$$

Der Proportionalitätsfaktor ist die Entstehungsdauer. Ein charakteristisches Merkmal von manuellen Entstehungsprozessen sind Nachbesserungsiterationen. Abbildung 2.34 zeigt den Ablaufgraphen des Wasserfallmodells. Der Entwurfsfluss ist in mehrere Phasen unterteilt. Nach dem Durchlaufen jeder Entwurfsphase wird kontrolliert, ob das Entwurfsziel erreicht ist. Wenn nicht, wird nachgebessert.

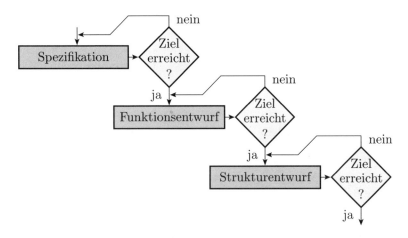

Abb. 2.34. Wasserfallmodell

Das Problem ist, dass die Nachbesserungen auch Entwurfsaktivitäten sind, bei denen Fehler entstehen. Die Entwurfszeit, die die Fehleranzahl bestimmt, steigt mit der Anzahl der durchlaufenen Nachbesserungsiterationen. In Entwurfsprozessen, in denen viel nachgebessert werden muss, entstehen um ein Vielfaches mehr Fehler als in einem geradlinigen Entwurf.

Die Alternative lautet: Neubeginn statt Nachbesserung. Wenn der gesamte alte Entwurf bis auf die dabei gesammelten Erfahrungen verworfen wird, werden auch die bisherigen Fehler verworfen. Für die Produktfehleranzahl zählt nur noch die Entwurfszeit seit dem letzten Neubeginn. Dafür ist ein Neubeginn teurer. Denn der bisherige Entwurfsaufwand geht bei einem Neubeginn verloren. In der Praxis ist genau wie bei der Entscheidung zwischen Reparatur und Ersatz ein Kompromiss zwischen Qualität und Kosten zu finden. Ein Prozessmodell wie das Wasserfallmodell in Abbildung 2.34 bringt in den Prozess der Nachbesserungsiterationen eine Struktur und hilft dadurch auch bei der Entscheidung, in welchen Situationen nachzubessern und in welchen neu zu beginnen ist.

2.4.4 Minderung zufälliger Einflüsse

Entstehungsprozesse durchlaufen einen Zyklus: ... – Reifen – Prozessmodernisierung – Reifen, ... mit einer Periodendauer von einigen Jahren. Darunter liegt ein weiterer Prozess – die Entwicklung neuer Verfahren, Werkzeuge, Anlagen –, der auf die Minderung der Störeinflüsse und die Verbesserung der Vorhersagbarkeit der Produkteigenschaften abzielt.

Die Produkteigenschaften – geometrische Abmessungen, Spannungswerte, Verarbeitungszeiten von Programmen etc. – und die externen Störeinflüsse, von denen sie abhängen, sind Zufallsgrößen, die durch Verteilungen charakterisiert werden und die innerhalb bestimmter Toleranzen liegen müssen. Entscheidend für die Häufigkeiten, dass zufällige Einflüsse Fehler verursachen, ist das Verhältnis aus der Größe der Streuungen der Produkteigenschaften zur Größe der Toleranzbereiche, in denen die Produkteigenschaften liegen müssen.

Beispiel sei die Produkteigenschaft Transistorkanallänge l_K in Abbildung 2.35. Damit der Transistor funktioniert, muss seine Kanallänge innerhalb eines Toleranzbereichs liegen. Ist sie zu klein, schaltet der Transistor nicht richtig aus, ist sie zu groß, schaltet er nicht richtig ein. Die Auftrittswahrscheinlichkeit für jede der beiden Fehlermöglichkeiten ergibt sich aus der Verteilung des Parameters, aus der Lage seines Erwartungswerts im Toleranzbereich und aus der Breite des Toleranzbereichs im Verhältnis zur Standardabweichung.

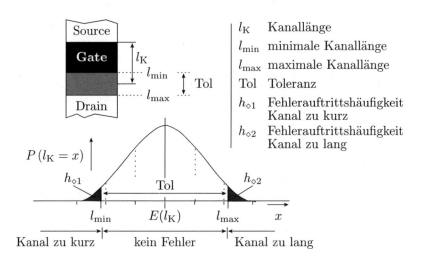

Abb. 2.35. Parameterverteilung, Toleranzbereich und Fehlerauftrittshäufigkeit am Beispiel der potenziellen Schaltkreisfehler, dass die Kanal eines MOS-Transistors zu kurz oder zu lang ist

In Abbildung 2.35 unten ist für die Transistorkanallänge eine Normalverteilung unterstellt. Die linke dunkle Fläche unter der Wahrscheinlichkeitsdichte entspricht der Auftrittshäufigkeit des Fehlers, dass ein Transistor wegen eines zu kurzen Kanals nicht richtig ausschaltet. Sie beträgt:

$$h_{\diamond 1} = \Phi\left(l_{\min}, E\left(l_K\right), \sigma\left(l_K\right)^2\right)$$

$$= \int_{-\infty}^{l_{\min}} \frac{1}{\sqrt{2 \cdot \pi \cdot \sigma\left(l_K\right)}} \cdot e^{-\frac{1}{2} \cdot \left(\frac{x - E\left(l_K\right)}{\sigma\left(l_K\right)}\right)^2} \cdot dx \qquad (2.166)$$

Die Auftrittshäufigkeit, dass der Transistor nicht richtig einschaltet, entspricht der Größe der rechten dunklen Fläche und beträgt:

$$h_{\diamond 2} = 1 - \Phi\left(l_{\max}, E\left(l_{\mathrm{K}}\right), \sigma\left(l_{\mathrm{K}}\right)^2\right)$$

$$= \int_{l_{\max}}^{\infty} \frac{1}{\sqrt{2 \cdot \pi} \cdot \sigma\left(l_{\mathrm{K}}\right)} \cdot e^{-\frac{1}{2} \cdot \left(\frac{x - E\left(l_{\mathrm{K}}\right)}{\sigma\left(l_{\mathrm{K}}\right)}\right)^2} \cdot dx \qquad (2.167)$$

Zusammen sind die Fehlerflächen offenbar dann minimal, wenn der Erwartungswert in der Mitte des Toleranzbereichs liegt. Die Verschiebung der Erwartungswerte aller Parameter in die Mitte ihrer Toleranzbereiche wird als Prozesszentrierung bezeichnet. Nicht zentrierte Prozessparameter zählen zu den unbeständigen Fehlern, die die Störanfälligkeit von Entstehungsprozessen erhöhen, und werden beim Reifen des Entstehungsprozesses mit beseitigt (vgl. Abschnitt 1.1.2 und 2.4.2). Ausgereifte Herstellungsprozesse sind zentriert.

Die Auftrittshäufigkeit der Parameterfehler in einem zentrierten Prozess ist nur eine Funktion des relativen Toleranzbereichs:

$$\mathrm{Tol}_{\mathrm{rel}} = \frac{\mathrm{Tol}}{2 \cdot \sigma\left(l_{\mathrm{K}}\right)} \qquad (2.168)$$

Sie beträgt:

$$h_{\diamond 1} = h_{\diamond 2} = \Phi\left(-\mathrm{Tol}_{\mathrm{rel}}, 0, 1\right)$$

$$= \int_{-\infty}^{-\mathrm{Tol}_{\mathrm{rel}}} \frac{1}{\sqrt{2 \cdot \pi}} \cdot e^{-\frac{x^2}{2}} dx \qquad (2.169)$$

Abbildung 2.36 zeigt die zahlenmäßigen Zusammenhänge.

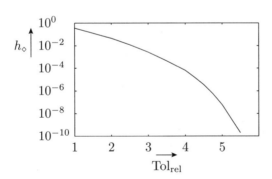

Abb. 2.36. Fehlerauftrittswahrscheinlichkeit in einem zentrierten Prozess in Abhängigkeit vom relativen Toleranzbereich

Für relative Toleranzbereiche größer 4 bis 6 sinken die Fehlerauftrittshäufigkeiten auf so kleine Werte ab, dass die Fehler praktisch nicht mehr auftreten. Entstehungsprozesse mit dieser Eigenschaft werden als qualitätsfähig bezeichnet [81].

Für die Minderung der Störanfälligkeit gibt es entsprechend zwei Ansätze:

- Minderung der zufälligen Einflüsse
- Erhöhung der zulässigen Toleranzen.

Beide werden verfolgt. Die Erlangung der Kontrolle über den Zufall ist sehr schwierig. Jeder Entwicklungsschritt in diese Richtung kostet Jahre an Forschungs- und Entwicklungsaufwand. Diesen Aufwand trägt kein einzelnes Unternehmen, sondern das ist ein Teil der weltweiten wissenschaftlichen und technischen Entwicklung.

Die Erforschung von Lösungswegen zur Vergrößerung der relativen Toleranzbereiche wird mit derselben Intensität betrieben. Das spektakulärste Beispiel ist der Übergang von der analogen Signalverarbeitung (Unterscheidung von vielen Signalwerten) zur digitalen Verarbeitung (Unterscheidung von nur noch zwei Werten je Signal). Die digitale Verarbeitung hat nicht nur die Toleranzen der Signalwerte so weit vergrößert, dass digitale Systeme nahezu unempfindlich gegen Störungen sind. Sie hat auch die Fertigungstoleranzen der elektronischen Bauteile wesentlich erhöht und damit die Voraussetzung dafür geschaffen, dass sich fehlerfreie Schaltkreise mit 10^6 und mehr Transistoren überhaupt herzustellen lassen.

2.5 Ausfall

Ein Ausfall ist ein (zufälliges) Ereignis, bei dem ein System die Eigenschaft, funktionsfähig zu sein, verliert. Mögliche Ursachen für Ausfälle von Rechnern oder Rechnerkomponenten sind

- unsachgemäßer Umgang, z. B. Überspannung, elektrostatische Aufladung oder Eindringen von Feuchtigkeit oder
- natürliche Alterung.

Die natürliche Alterung basiert auf physikalischen und chemischen Vorgängen, die die Eigenschaften der mechanischen Teile, Leiterbahnen, Isolatoren und Halbleiterstrukturen langsam verändern. In zufälligen (relativ langen) zeitlichen Abständen entstehen neue Fehler, die die Zuverlässigkeit oder Verfügbarkeit des Systems beeinträchtigen.

2.5.1 Ausfallmechanismen

Elektronische Bauteile altern, auch wenn das von außen schwer zu erkennen ist. Aus der Vielfalt der physikalischen und chemischen Alterungsvorgänge werden in diesem Abschnitt einige Beispiele skizziert.

2.5.1.1 Korrosion

Die Korrosion ist eine der größten Ausfallursachen für Kontakte, Schalter und auch für Schaltkreise mit Plastikgehäuse. Die Korrosionsursachen innerhalb

von Schaltkreisen sind undichte Gehäuse und Fehler in der Passivierungsschicht[3]. Angegriffen wird vor allem das Aluminium der Leiterbahnen. In Folge fortschreitender Korrosion kommt es zu Unterbrechungen.
Aluminium ist galvanischer und elektrolytischer Korrosion ausgesetzt. Bei
der galvanischen Korrosion ist das zweite Material das Gold der Bonddrähte[4].
Befallen werden davon vor allem die Bondinseln. Elektrolytisch kann Aluminium auf Grund seiner amphoteren Eigenschaften sowohl als Anode wie auch als
Kathode oxidieren. Kathodische Korrosion wird in der Regel durch Eindringen von Phosphorverbindungen durch die Passivierungsschicht hervorgerufen,
während Chloridionen anodische Korrosion verursachen [43].

2.5.1.2 Elektromigration

Die Elektromigration ist eine strombedingte Wanderung von Metallatomen
entlang der Leiterbahnen. Die Metallatome werden einerseits durch elektrostatische Kräfte beeinflusst. Andererseits wirken auf sie die Kräfte, die aus der
Wechselwirkung mit den fließenden Ladungsträgern (gewöhnlich als Elektro-
nenwind bezeichnet) resultieren. Bei Materialien, die normalerweise als Me-
tallschichten in Schaltkreisen verwendet werden, dominiert der letztere, streu-
ende Teil dieser Kräfte. Als Konsequenz tendieren Atome dazu, zum positiven
Ende des Leiters zu wandern. Ein messbarer Fluss von Freistellen in Richtung
Anode findet statt.
   Unter für polykristalline Metallstreifen normalen Bedingungen (d. h. hohe
Stromdichte von 10^3 bis $10^4 A/mm^2$ und einer Arbeitstemperatur weit unter
dem Schmelzpunkt) erfolgt der Metalltransport meist in den Diffusionsgebie-
ten entlang der Korngrenzen. Bei Inhomogenitäten im Leiter, sich änderndem
Querschnitt, Ecken, Temperaturgradienten und unterschiedlichen Korngrößen
ist der durch den Stromfluss verursachte Atomfluss ungleichmäßig. In diesem
Fall kommt es zu örtlichen Materialabtragungen und -ablagerungen auf den
Leitungen. Abtragungen führen zu Unterbrechungen. Ablagerungen können
Kurzschlüsse zu darüberliegenden Schichten verursachen [43].

2.5.1.3 Gateoxiddurchschlag

Das Gateoxid ist mit seiner Dicke von wenigen Nanometern sehr empfindlich
gegen strukturelle Veränderungen. Bei normaler Betriebsspannung liegt die
Feldstärke im Gateoxid unterhalb des kritischen Bereichs von ca. 10 MV/cm.
Ursache, dass das Oxid dennoch zerstört wird, kann einerseits eine elektro-
statische Aufladung sein. Auf diese Weise verursachte Kurzschlüsse sind im
Bereich der höchsten Feldstärken, vor allem am Rand des Gates und an der
Grenze zwischen Gateoxid und Feldoxid, zu finden.

---

[3] Oxidschicht, mit der das Halbleiterblättchen zum Schutz gegen Umgebungsein-
flüsse abgedeckt ist.

[4] Feine Drähte, die auf die Kontaktflächen des Schaltkreisplättchens aufgeschweißt
sind.

Andere Ursachen sind Unregelmäßigkeiten an der Siliziumoberfläche und Fehler im Oxid, z. B. durch Oxidation hervorgerufene Stapelfehler. Natrium-einlagerungen verringern die dielektrische Spannungsfestigkeit, und Metallein-lagerungen verringern lokal die Oxiddicke. Gateoxidkurzschlüsse, die durch solche Beinahefehler verursacht werden, können über die gesamte Oxidfläche auftreten [61].

Gateoxidkurzschlüsse wachsen über einen längeren Zeitraum. Das am weitesten verbreitete Modell für den unmittelbaren Durchschlag ist das Stoßioni-sations-Rekombinations-Modell. Elektronen gelangen von der Kathode durch den Fowler-Nordheim-Tunneleffekt in das Oxid und erreichen eine ausreichende Energie, um durch Stoßionisation Elektronen-Loch-Paare zu erzeugen. Die Elektronen sammeln sich an der Anode und hinterlassen eine Wolke relativ unbeweglicher Löcher. Dieses Netz positiver Ladungen führt seinerseits zu einem höheren Elektronenstrom. Der Prozess schaukelt sich immer weiter auf, bis das Oxid lokal schmilzt. Das ist auch als Lichtblitz zu beobachten [34]. Es entstehen elektrische Verbindungen in Form feiner Siliziumfäden. Die Wachstumsgeschwindigkeit der Siliziumfäden ist eine Funktion der lokalen Stromdichte [125]. Mit der Vergrößerung des Ausmaßes eines Defekts nimmt der Widerstand der unzulässigen Verbindung ab. Erst wenn die Verbindung zwischen Gate und Kanal ausreichend niederohmig ist, beginnt der Gateoxid-kurzschluss die logische Funktion zu beeinträchtigen. Gateoxidkurzschlüsse sind häufiger in NMOS- als in PMOS-Transistoren anzutreffen [134].

2.5.1.4 Lötstellen

Auch Lötstellen und Kontakte sind ausfallgefährdet. Das Lot verändert mit der Zeit seine Kristallstruktur, wird porös und verliert an mechanischer Festigkeit. Das kann über eine sehr lange Zeit zu Unterbrechungen führen. Der Alterungsprozess von Lötstellen wird durch mechanische Belastung beschleunigt (vor allem bei bleihaltigem Lötzinn). Bauteilanschlüsse sollten deshalb nach dem Einlöten nicht mehr gebogen werden. Schlechte Lötstellen als potenzielle Beinahefehler entstehen durch Verunreinigungen der Kontaktflächen vor dem Lötprozess oder Verunreinigungen im Lötbad.

Ein gefürchtetes Sicherheitsrisiko von Rechnerbaugruppen für Fahrzeuge sind schlechte Lötstellen an den Anschlüssen von SMD-Bauteilen (SMD – surface mounted device). SMD-Bauteile werden auf die Oberfläche der Baugruppe aufgeklebt und danach festgelötet. Auch ohne ordentliche Lötstelle besteht eine elektrische Verbindung. Der Fehler ist nur elektrisch nachweisbar, wenn die Verbindung z. B. durch Vibration unterbrochen wird. Ein normaler elektrischer Test erkennt solche Fehler nicht. Aber eingebaut in ein Kraftfahrzeug z. B. als Motor-, Bremssystem- oder Airbag-Steuerung kommt es in Folge der ständigen mechanischen Belastung über kurz oder lang zum Ausfall der Verbindung. Elektronische Baugruppen in sicherheitskritischen Anwendungen wie Fahrzeugen müssen deshalb zusätzlich zu den elektrischen Tests auch einer optischen Inspektion unterzogen werden, bei der jede Lötstelle einzeln mit einem Bildverarbeitungssystem auf Auffälligkeiten kontrolliert wird.

2.5.2 Überlebenswahrscheinlichkeit und Ausfallrate

Definition 2.4 (Lebensdauer) *Die Lebensdauer ist das Zeitintervall zwischen dem Beanspruchungsbeginn und dem Ausfallzeitpunkt einer nicht reparierbaren Hardwarekomponente.*

Die Lebensdauer t_L einer Hardwarekomponente – eines Bauteils, einer Baugruppe, eines Rechners oder eines Systems aus vernetzten Rechnern – ist eine Zufallsgröße. Ihre Verteilung

$$P\left(t_L \leq t\right) \tag{2.170}$$

hat die statistische Eigenschaft, dass sie eingezeichnet in ein Weibull-Netz durch eine Ausgleichsgerade oder stückweise durch mehrere Ausgleichgeraden angenähert werden kann. Ein Weibull-Netz besitzt eine logarithmisch unterteilte x-Achse

$$x = \ln\left(t\right)$$

und eine doppelt logarithmisch unterteilte y-Achse

$$y = \ln\left(\ln\left(\frac{1}{1 - P\left(t_L \leq t\right)}\right)\right).$$

Geraden im Weibull-Netz

$$y = b \cdot \left(x - \ln\left(\tau_L\right)\right)$$

sind Weibull-Verteilungen der Form:

$$P\left(t_L \leq t\right) = 1 - e^{-\left(\frac{t}{\tau_L}\right)^b} \tag{2.171}$$

(b – Formfaktor; τ_L – charakteristische Lebensdauer). Der Formfaktor ist der Geradenanstieg im Weibull-Netz, die charakteristische Lebensdauer ist die Zeit t, bei der die Gerade im Weibull-Netz oder ihre Verlängerung die 63%-Linie schneidet:

$$P\left(t_L \leq \tau_L\right) = 1 - e^{-\left(\frac{\tau_L}{\tau_L}\right)^b} = 1 - e^{-1} \approx 63\% \tag{2.172}$$

Die Überlebenswahrscheinlichkeit eines Systems ist die Wahrscheinlichkeit, dass das System nach einer Betriebsdauer t noch funktionsfähig ist. Sie ist Eins abzüglich der Verteilung der Lebensdauer:

$$R\left(t\right) = P\left(t_L > t\right) = 1 - P\left(t_L \leq t\right) \tag{2.173}$$

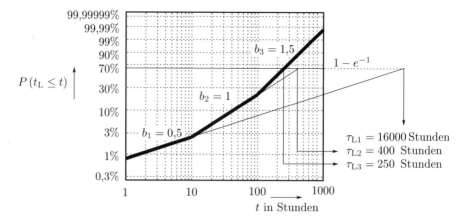

Abb. 2.37. Schätzen der Verteilung der Lebensdauer mit einem Weibull-Netz

Für eine weibull-verteilte Lebensdauer beträgt sie:

$$R(t) = e^{-\left(\frac{t}{\tau_L}\right)^b} \tag{2.174}$$

Eine weitere charakteristische Kenngröße ist die Ausfallrate. Sie gibt die relative Abnahme der Überlebenswahrscheinlichkeit in Bezug auf die Anzahl der noch »lebenden« Systeme an:

$$\lambda(t) = -\frac{1}{R(t)} \cdot \frac{d(R(t))}{dt} \tag{2.175}$$

Für eine weibull-verteilte Lebensdauer beträgt die Ausfallrate:

$$
\begin{aligned}
\lambda(t) &= -e^{\left(\frac{t}{\tau_L}\right)^b} \cdot \frac{d}{dt}\left(e^{-\left(\frac{t}{\tau_L}\right)^b}\right) \\
&= -e^{\left(\frac{t}{\tau_L}\right)^b} \cdot \left(e^{-\left(\frac{t}{\tau_L}\right)^b} \cdot \left(-b \cdot \left(\frac{t}{\tau_L}\right)^{b-1}\right) \cdot \frac{1}{\tau_L}\right) \\
&= \frac{b}{\tau_L} \cdot \left(\frac{t}{\tau_L}\right)^{b-1} \tag{2.176}
\end{aligned}
$$

Der charakteristische Zusammenhang zwischen der Ausfallrate und der Betriebsdauer eines Systems ist eine Badewannenkurve mit den Ästen Frühphase, Gebrauchsphase und Ermüdungsphase. In der Frühphase nimmt die Ausfallrate mit der Betriebsdauer ab, in der Gebrauchsphase bleibt sie über lange Zeit konstant und in der Ermüdungsphase nimmt sie wieder zu.

Die Frühphase wird in der Literatur auch als die Phase der Kindersterblichkeit (engl. infant mortalities) bezeichnet. Sie wird durch Frühausfälle bestimmt. Frühausfälle werden durch Beinahefehler verursacht. Das sind struk-

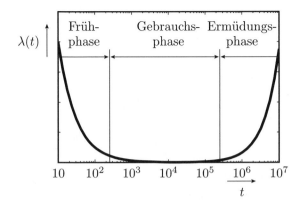

Abb. 2.38. Ausfallrate als Funktion der Nutzungsdauer

turelle Veränderungen, die den Ausfall stark beschleunigen (undichte Gehäuse, Kerben in Leiterbahnen, Oxidfehler etc., vgl. Abschnitt 2.5.1) und die sich nach einer kurzen Nutzungsdauer in richtige Fehler umwandeln [12].

Nachdem die Systeme mit Beinahefehlern ausgefallen und repariert oder ersetzt sind, folgt die Gebrauchsphase. In der Gebrauchsphase ist die Ausfallrate über sehr lange Zeit konstant:

$$b = 1$$
$$\lambda = \tau_{\mathrm{L}}^{-1} \tag{2.177}$$

Eingesetzt in Gl. 2.174 beträgt die Überlebenswahrscheinlichkeit:

$$R(t) = e^{-\lambda \cdot t} \tag{2.178}$$

Die sich anschließende Spätphase wird durch Ermüdungsausfälle bestimmt. Auch fehlerfreie Bauteile ändern mit der Zeit ihre Eigenschaften. Irgendwann ist der Verschleiß soweit vorangeschritten, dass die Ausfallrate wieder ansteigt. Für elektronische Bauteile beginnt die Ermüdungsphase nach ca. 40 Jahren Nutzungsdauer [80]. Solange werden Rechner gewöhnlich nicht genutzt.

Die wichtigste Phase ist die Gebrauchsphase. Die Ausfallrate in der Gebrauchsphase wird in fit (failure in time) angegeben. Das ist die Anzahl der Ausfälle in 10^9 Stunden. Zur Abschätzung der Ausfallrate muss die Anzahl der Ausfälle einer großen Anzahl gleichartiger Objekte über eine lange Betriebsdauer bestimmt werden. Tabelle 2.1 zeigt einige Orientierungswerte für die Ausfallrate elektronischer Bauteile. Für Schaltkreise liegt sie in der Größenordnung von 100 fit. Von 1000 Schaltkreisen fällt in 10000 Stunden Betriebszeit im Mittel etwa einer aus.

Tabelle 2.1. Orientierungswerte für die Ausfallrate elektronischer Bauteile aus [81]

Bauteil	Ausfallrate in fit
diskrete Halbleiter	1 bis 100
digitale Schaltkreise	50 bis 200
ROM	100 bis 300
RAM	bis 500
analoge Schaltkreise	20 bis 300
Widerstände	1 bis 20
Kondensatoren	1 bis 20
Steckverbinder	1 bis 100
Lötverbindungen	0,1 bis 1

2.5.3 Frühausfälle und Voralterung

Die erhöhte Ausfallrate in der Frühphase ist vor allem ein Garantieleistungs- und Serviceproblem. Sie wird durch Beinahefehler verursacht. Beinahefehler sind Herstellungsfehler, die zwar die Funktion nicht beeinträchtigen (und dadurch während des Tests auch nicht auffallen), aber die die Lebenserwartung um Zehnerpotenzen verringern. Ein anschauliches Beispiel ist eine Leiterbahn mit einer fehlerbedingten starken Verengung. Die Stromdichteerhöhung an dieser Stelle führt wie eine Stromschnelle in einem Gebirgsfluss zu einem beschleunigten Materialabtransport, hier von Atomen des Leitungsmaterials durch Elektromigration. Aus der Verengung wird nach einer kurzen Betriebszeit eine Unterbrechung.

In [13] ist angegeben, dass auf ca. 100 richtige und vom Test nachweisbare Schaltkreisfehler etwa ein Beinahefehler kommt. Der Anteil der Frühausfälle ist entsprechend von der Ausbeute abhängig. In Anhang C.7 ist aus Gl. 2.39 folgende Beziehung zwischen dem Fehleranteil durch Frühausfälle DL_{FA}, der Ausbeute Y und dem Clusterparameter α abgeleitet:

$$DL_{\mathrm{FA}} \approx 1 - \left(1 - \eta_{\mathrm{BF}} \cdot \left(1 - Y^{\frac{1}{\alpha}}\right)\right)^{\alpha} \qquad (2.179)$$

($\eta_{\mathrm{BF}} \approx 1\%$ – Anzahl der Beinahefehler je richtiger Fehler). Abbildung 2.39 illustriert den Zusammenhang an Zahlenbeispielen. Bei einer geringen Ausbeute und einer schwachen Fehlerclusterung kann durchaus bis zu einem Prozent der zu Beginn funktionierenden Schaltkreise in der Frühphase sterben. Mitbetroffen sind die Geräte, in die die Schaltkreise eingebaut sind. Da Frühausfälle immer innerhalb der gesetzlichen Garantiezeit auftreten, entsteht für den Hersteller ein erheblicher Aufwand für Reparatur und Nacharbeit.

Zur Minderung der Kosten für Reparatur und Nacharbeit werden Bauteile vorgealtert. Dazu müssen sie vor dem abschließenden Test längere Zeit in einer

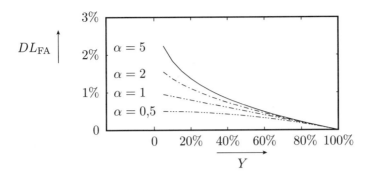

Abb. 2.39. Fehleranteil durch Frühausfälle in Abhängigkeit vom Clusterparameter α und von der Schaltkreisausbeute Y für $\eta_{\mathrm{BF}} \approx 1\%$

Testumgebung betrieben werden. Erst wenn sie das überlebt haben, werden sie in richtige Systeme eingebaut.

Der Probebetrieb für die Voralterung ist ein erheblicher Kostenfaktor. Die erforderliche Zeit hierfür lässt sich jedoch wesentlich verkürzen, indem die Systeme unter erhöhter Belastung betrieben werden, so dass die für die Ausfälle verantwortlichen physikalischen und chemischen Vorgänge schneller ablaufen. Für Halbleiterstrukturen in Schaltkreisen sind das erhöhte Temperatur, hohe Schaltaktivität und überhöhte Betriebsspannung. Korrosion wird durch hohe Luftfeuchtigkeit und hohe Temperatur beschleunigt, Materialermüdung durch Vibration. Die Beschleunigung der Voralterung wird als Burn-in bezeichnet und verkürzt die charakteristische Lebensdauer eines Systems um einen Faktor v_{BI}:

$$\tau_{\mathrm{LB}} = \tau_{\mathrm{L}}/v_{\mathrm{BI}} \tag{2.180}$$

(v_{BI} – Burn-in-Beschleunigung). Die Ausfallrate gehorcht auch während der Voralterung Gl. 2.176:

$$\lambda_{\mathrm{BI}}(t) = \frac{b}{\tau_{\mathrm{LB}}} \cdot \left(\frac{t}{\tau_{\mathrm{LB}}}\right)^{b-1}$$

Durch Einsetzen von Gl. 2.180 ergibt sich

$$\begin{aligned}
\lambda_{\mathrm{BI}}(t) &= \frac{v_{\mathrm{BI}} \cdot b}{\tau_{\mathrm{L}}} \cdot \left(\frac{v_{\mathrm{BI}} \cdot t}{\tau_{\mathrm{L}}}\right)^{b-1} \\
&= v_{\mathrm{BI}}^{b} \cdot \lambda(t) \tag{2.181}
\end{aligned}$$

eine um die b-te Potenz des Verkürzungsfaktors höhere Ausfallrate.

Während der Voralterung fallen entsprechend mehr Bauteile pro Zeit aus. Die Frühphase ist schneller überstanden. Nach Abschluss der Voralterung hat das System die Ausfallrate der Voralterungszeit multipliziert mit dem Burn-in-Beschleunigungsfaktor v_{BI} (Abbildung 2.40). Im normalen Betrieb sind

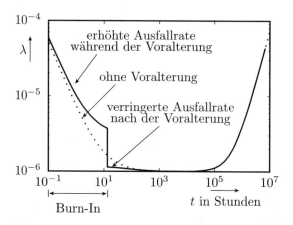

Abb. 2.40. Alterungsbeschleunigung (Burn-in) zur schnelleren Überwindung der Frühphase

Stressbedingungen, die die Ausfallrate erhöhen und die Alterung beschleunigen, natürlich zu vermeiden.

2.5.4 Überlebensplan

Ein technisches System besteht im Allgemeinen aus mehreren Komponenten, die unabhängig voneinander ausfallen. Der Überlebensplan beschreibt, wie sich das Überleben einer Komponente auf das Überleben des Gesamtsystems auswirkt. Er unterscheidet zwei Beziehungen zwischen Komponenten:

- Reihenschaltung: Das Gesamtsystem überlebt nur, wenn alle Komponenten überleben.
- Parallelschaltung: Das Gesamtsystem überlebt, wenn mindestens eine Komponente überlebt.

Die Bezeichnungen Reihen- und Parallelschaltung sind von der Verschaltung von Glühlampen abgeleitet. Glühlampen fallen fast immer so aus, dass der Glühdraht durchbrennt. Eine Reihenschaltung, z.B. bei einer Weihnachtsbaumbeleuchtung, fällt aus, wenn die erste Lampe durchbrennt. Bei einer Parallelschaltung fällt die Beleuchtung erst endgültig aus, wenn die letzte Lampe durchbrennt. Parallele Zweige im Überlebensplan werden als Redundanzen bezeichnet.

Die meisten Komponenten in einem Rechner sind unentbehrlich, z.B. das Netzteil und der Prozessor. Sie bilden im Überlebensplan eine Reihenschaltung. Einige wenige Komponenten sind (für die meisten Aufgaben) redundant, z.B. ein zweites DVD-Laufwerk. In einem Rechnernetz mit einem Server und mehreren Clients, in dem mindestens ein Client und der Server funktionieren müssen, bilden die Clients im Überlebensplan eine Parallelschaltung in

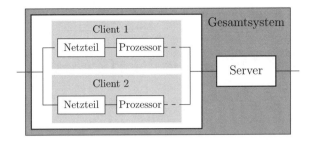

Abb. 2.41. Überlebensplan für ein vernetztes Rechnersystem mit einem Server

Reihe zum Server (Abbildung 2.41). Die zu erwartende Lebensdauer des gesamten Systems berechnet sich durch schrittweise Zusammenfassung der zu erwartenden Lebensdauern der einzelnen Parallel- und Reihenschaltungen.

Die mittlere Lebensdauer einer Komponente ist das Integral über das Produkt aus der Zeit und der Wahrscheinlichkeit, dass die Lebensdauer gleich dieser Zeit ist:

$$E\left(t_{\mathrm{L}}\right) = \int_0^\infty t \cdot P\left(t_{\mathrm{L}} = t\right) \cdot dt \qquad (2.182)$$

Die Wahrscheinlichkeit, dass die Lebensdauer einen bestimmten Wert annimmt, ist die Dichtefunktion der Lebensdauer bzw. die Ableitung der Verteilungsfunktion der Lebensdauer Gl. 2.171 nach der Zeit. In der Gebrauchsphase mit $b = 1$ ist die mittlere Lebensdauer gleich der charakteristischen Lebensdauer bzw. gleich dem Reziproken der Ausfallrate (Umformungsschritte siehe Anhang C.8):

$$E\left(t_{\mathrm{L}}\right) = \int_0^\infty t \cdot \left(\frac{d\left(1 - e^{-\frac{t}{\tau_{\mathrm{L}}}}\right)}{dt}\right) \cdot dt = \tau_{\mathrm{L}} = \lambda^{-1} \qquad (2.183)$$

Eine Reihenschaltung überlebt, solange alle Komponenten funktionsfähig sind:

$$R_{\mathrm{Sys}}\left(t\right) = \prod_{i=1}^{N_{\mathrm{KR}}} R_i\left(t\right) \qquad (2.184)$$

($R_{\mathrm{Sys}}\left(t\right)$ – Überlebenswahrscheinlichkeit des Systems; $R_i\left(t\right)$ – Überlebenswahrscheinlichkeit von Komponente i; N_{KR} – Anzahl der Komponenten der Reihenschaltung im Überlebensplan). In der Gebrauchsphase gehorcht die Überlebenswahrscheinlichkeit der Komponenten Gl. 2.178:

$$R_i\left(t\right) = e^{-\lambda_i \cdot t}$$

Eingesetzt in Gl. 2.184 ergibt sich, dass die Überlebenswahrscheinlichkeit des Gesamtsystems gleichfalls einer Exponentialfunktion gehorcht und dass die

Ausfallrate des Gesamtsystems die Summe der Ausfallraten der Teilsysteme ist:

$$R_{\text{Sys}}(t) = e^{-\lambda_{\text{Sys}} \cdot t} = \prod_{i=1}^{N_{\text{KR}}} e^{-\lambda_i \cdot t} \qquad (2.185)$$

$$\lambda_{\text{Sys}} = \sum_{i=1}^{N_{\text{KR}}} \lambda_i \qquad (2.186)$$

Für die mittleren Lebensdauern, die nach Gl. 2.183 die Reziproken der Ausfallraten sind, gilt:

$$\frac{1}{E\left(t_{\text{L.Sys}}\right)} = \sum_{i=1}^{N_{\text{KR}}} \frac{1}{E\left(t_{\text{L.}i}\right)} \qquad (2.187)$$

($E\left(t_{\text{L.Sys}}\right)$ – Lebensdauer des Systems; $E\left(t_{\text{L.}i}\right)$ – Lebensdauer von Komponente i). Für den Sonderfall, dass alle Komponenten dieselbe mittlere Lebensdauer $E\left(t_{\text{L}}\right)$ besitzen, verringert sich die zu erwartende Lebensdauer umgekehrt proportional zur Anzahl der Komponenten in der Reihenschaltung des Überlebensplans:

$$E\left(t_{\text{L.Sys}}\right) = \frac{E\left(t_{\text{L}}\right)}{N_{\text{KR}}} \qquad (2.188)$$

Parallele Zweige im Überlebensplan sind strukturelle Redundanzen. Das Gesamtsystem überlebt, solange mindestens einer der parallelen Zweige überlebt. Dabei sind zwei Fälle zu unterscheiden:

- kalte Reserve: Die redundanten Komponenten sind ausgeschaltet, solange sie nicht benötigt werden.
- heiße Reserve: Die redundanten Komponenten arbeiten wie im Falle redundanter Platten in einem RAID ständig parallel zur aktiven Komponente.

Bei kalter Reserve altern die Reservekomponenten (idealerweise) nicht und funktionieren, wenn sie gebraucht werden. Fällt die erste Komponente aus, übernimmt die zweite Komponente (Abbildung 2.42 a). Die Lebensdauern der Komponenten und auch ihre Erwartungswerte addieren sich:

$$E\left(t_{\text{L.Sys}}\right) = \sum_{i=1}^{N_{\text{KP}}} E\left(t_{\text{L.}i}\right) \qquad (2.189)$$

(N_{KP} – Anzahl der parallelen Komponenten im Überlebensplan).

Der Begriff »heiße Reserve« stammt aus der Zeit der Elektronenröhren. Röhren sind im eingeschalteten Zustand heiß. Die Überlebenswahrscheinlichkeit einer eingeschalteten Ersatzkomponente nimmt mit der Betriebsdauer genauso ab wie die der aktiven Komponente. Zur Modellierung des Ausfallverhaltens betrachten wir das System zum Nutzungsbeginn als eine Reihenschaltung aller $i = N_{\text{KP}}$ parallelen Komponenten. Wenn die erste Komponente ausfällt, wird daraus eine Reihenschaltung der restlichen $i = N_{\mathrm{KP}} - 1$ Komponenten etc. bis die letzte Komponente der Parallelschaltung und mit ihr das gesamte System ausfällt (Abbildung 2.42 b). Die zu erwartende Dauer der einzelnen Phasen ist die mittlere Lebensdauer einer Reihenschaltung von i gleichen Komponenten und beträgt nach Gl. 2.188:

$$E\left(t_{\mathrm{L.Phase.}i}\right) = \frac{E\left(t_{\mathrm{L}}\right)}{i}$$

($E\left(t_{\mathrm{L.Phase.}i}\right)$ – mittlere Dauer von Phase i; $E\left(t_{\mathrm{L}}\right)$ – mittlere Lebensdauer einer Komponente). Solange noch ein System übrig ist, nimmt die zu erwartende Zeit bis zum nächsten Ausfall nach jedem Ausfall zu. Die letzte Phase hat die mittlere Lebensdauer einer einzelnen Komponente. Aufsummiert über alle Phasen beträgt die mittlere Gesamtlebensdauer:

$$E\left(t_{\mathrm{L.Sys}}\right) = E\left(t_{\mathrm{L}}\right) \cdot \sum_{i=1}^{N_{\mathrm{KP}}} \frac{1}{i} \qquad (2.190)$$

(N_{KP} – Anzahl der identischen parallelen Komponenten im Überlebensplan). Wie aus der Gl. 2.190 zu erkennen ist, wird das Verhältnis zwischen dem Aufwand und dem Nutzen mit einer zunehmenden Anzahl von Reservekomponenten immer schlechter. Eine Reservekomponente erhöht die mittlere Lebensdauer bei heißer Reserve auf 150%. Um die mittlere Lebensdauer zu verdoppeln, werden schon drei Ersatzkomponenten und zur Verdreifachung sogar zehn Ersatzkomponenten benötigt (Abbildung 2.42 c). Zur Verlängerung der Lebensdauer ist kalte Reserve deutlich wirkungsvoller als heiße Reserve.

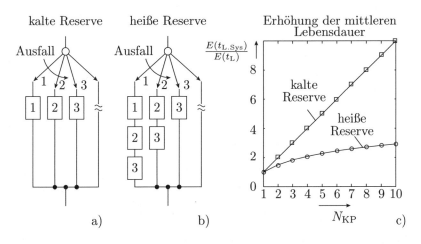

Abb. 2.42. Redundante Systeme: a) kalte Reserve, b) heiße Reserve, c) Erhöhung der mittleren Lebensdauer (N_{KP} – Anzahl der parallelen Komponenten)

Für die Abschätzung der zu erwartenden Lebensdauer eines Gesamtsystems wird zuerst mit Gl. 2.187 die zu erwartende Lebensdauer aller Reihenschaltungen berechnet. Anschließend wird mit Gl. 2.189 bzw. Gl. 2.190 die zu erwartende Lebensdauern der Parallelschaltungen bestimmt. Die logische Fortsetzung, die Berechnung der zu erwartenden Lebensdauer einer Reihenschaltung von Parallelschaltungen, ist dann jedoch nicht mehr so einfach. Denn bei einer Parallelschaltung nimmt das Ausfallrisiko des Gesamtsystems mit der Anzahl der bereits ausgefallenen Komponenten und damit auch mit der Lebensdauer zu. Die Voraussetzung für Gl. 2.187, dass die Ausfallrate eine zeitunabhängige Größe ist, ist nicht mehr erfüllt. Für Überschläge mag Gl. 2.187 weiterhin genügen. Eine korrekte Abschätzung verlangt jedoch eine problemspezifische, in der Regel numerische Lösung des Integral in Gl. 2.182.

Je mehr notwendige Komponenten ein System enthält und je größer die Ausfallraten dieser Komponenten sind, desto größer ist die Ausfallrate des Gesamtsystems. Die ersten Rechner, die aus Elektronenröhren oder Relais aufgebaut waren, sind im Mittel im Abstand von Stunden oder Tagen ausgefallen. Das lag zum einen an der hohen Ausfallrate der Röhren. Röhren benötigen eine Kathodenheizung in Form eines Glühdrahtes und besitzen dadurch eine Ausfallrate vergleichbar mit der von Glühlampen. Zum anderen bestanden die Rechner aus einer sehr großen Anzahl von Einzelteilen.

Die heutigen Rechner haben Ausfallraten von nur etwa zwei bis fünf Ausfällen in zehn Jahren. Das ist in erster Linie ein Verdienst der integrierten Schaltungstechnik. Ein Schaltkreis fasst Tausende oder Millionen von Bauteilen zu einem System zusammen, das insgesamt nur die Ausfallrate eines Verdrahtungsträgers mit Steckverbindungen, Lötstellen und einigen diskreten Bauteilen besitzt. Nur so ist es möglich geworden, Rechner aus vielen Millionen Bauteilen zu bauen, die über Jahre ausfallfrei arbeiten.

Beispiel 2.9: *Es soll die Ausfallrate von zwei funktionsgleichen, aber anders aufgebauten Rechnern verglichen werden. Rechner A besteht aus 10^6 diskreten Bauteilen (Transistoren, Widerständen etc.) mit einer Ausfallrate je Bauteil von 10 fit. Rechner B besteht aus 100 Schaltkreisen mit einer Ausfallrate von je 100 fit.*

Für den diskret aufgebauten Rechner beträgt die Ausfallrate überschlagsweise:

$$\lambda \approx 10^6 \cdot 10\,\text{fit} = \frac{1}{100\,\text{Stunden}}$$

Der Rechner fällt im Mittel einmal in 100 Betriebsstunden aus. In jedem Monat sind mehrere Reparaturen erforderlich, bei denen Baugruppen und Bauteile gewechselt werden müssen. Das ist ein beachtlicher Wartungsaufwand, den sich ein Privatanwender kaum leisten könnte.

Der gleiche Rechner, aufgebaut aus 100 Schaltkreisen mit einer Ausfallrate von 100 fit, besitzt nur eine Ausfallrate von insgesamt 10000 fit. Er muss im Mittel nur alle elf Jahre Betriebsdauer repariert werden. Aufgrund der schnellen Weiterentwicklung werden Rechner heute nach zwei bis fünf Jahren durch neue ersetzt.

Das bedeutet, dass ein großer Teil der eingesetzten Rechner während ihrer gesamten Nutzungsdauer kein einziges Mal ausfällt und repariert werden muss.

2.6 Überwachungsgüte

Jedes System, auch ein gründlich getestetes, hat nur eine begrenzte Zuverlässigkeit. Es ist weder ausschließbar, dass Datenfehler auftreten, noch ist vorhersagbar, welche Datenfehler auftreten werden. Aber über die zu erwartende Anzahl der Datenfehler ist eine Vorhersage möglich. Sie ist das Verhältnis aus der Beobachtungszeit und der Zuverlässigkeit des Systems (vgl. Gl. 1.1):

$$E\left(\varphi_{\triangleright}\right) = \frac{t_{\mathrm{B}}}{Z} \qquad (2.191)$$

(t_{B} – Beobachtungszeit; Z – Zuverlässigkeit).

Ein Überwachungssystem wirkt wie ein Filter. Es klassifiziert die Datenfehler in nicht erkannte Datenfehler, die potenziell Schaden verursachen, und erkannte Datenfehler, auf die entsprechend reagiert werden kann. Das Gütemaß ist die zu erwartende Datenfehlerüberdeckung als das Verhältnis aus der zu erwartenden Anzahl der erkannten Datenfehler zur zu erwartenden Anzahl der aufgetretenen Datenfehler (vgl. Gl. 1.18):

$$E\left(FC_{\triangleright}\right) = \frac{E\left(\varphi_{\triangleright\checkmark}\right)}{E\left(\varphi_{\triangleright}\right)}$$

2.6.1 Statistische Eigenschaften der Datenfehleranzahl und der Datenfehlerüberdeckung

Die Datenfehleranzahl und die Datenfehlerüberdeckung sind Zufallsgrößen. Ihre Eigenschaften entsprechen weitgehend denen der Fehleranzahl und der Fehlerüberdeckung.

Für die Datenfehleranzahl gilt Folgendes: Es gibt eine nahezu unbegrenzt große Anzahl potenzieller Datenfehler $N_{\mathrm{Pot\triangleright}}$. Die Auftrittshäufigkeit der einzelnen Datenfehler ist winzig klein, nimmt jedoch proportional zur Beobachtungszeit zu. Unter der Annahme, dass keiner der potenziellen Datenfehler so dominant ist, dass er im Beobachtungszeitraum mehrfach auftritt, lässt sich die Anzahl der Datenfehler genau wie die Fehleranzahl als eine Summe fehlerbezogener zweiwertiger Zufallsvariablen $\varphi_{\triangleright i}$ modellieren:

$$\varphi_{\triangleright} = \sum_{i=1}^{N_{\mathrm{Pot\triangleright}}} \varphi_{\triangleright i} \qquad (2.192)$$

Jede der fehlerbezogenen Zufallsvariablen wird durch einen Bernoulli-Versuch beschrieben:

Versuchsergebnis	Wert	Wahrscheinlichkeit
Datenfehler i nicht vorhanden	$\varphi_{\triangleright i} = 0$	$1 - \frac{t_\mathrm{B}}{Z_{\triangleright i}}$
Datenfehler i vorhanden	$\varphi_{\triangleright i} = 1$	$\frac{t_\mathrm{B}}{Z_{\triangleright i}}$

($Z_{\triangleright i}$ – Teilzuverlässigkeit von Datenfehler i bzw. das Reziproke der Auftritts-häufigkeit des Datenfehlers). Die Verteilung der Zufallsgrößen $\varphi_{\triangleright i}$ lautet:

$$P\left(\varphi_{\triangleright i} = k\right) = \begin{cases} 1 - \frac{t_\mathrm{B}}{Z_{\triangleright i}} & k = 0 \\ \frac{t_\mathrm{B}}{Z_{\triangleright i}} & k = 1 \end{cases} \qquad (2.193)$$

Über dieselben Herleitungsschritte wie in Abschnitt 2.1.1 leitet sich daraus für unabhängig voneinander auftretende Datenfehler ab, dass der Erwartungswert in Analogie zu Gl. 2.6

$$E\left(\varphi_{\triangleright}\right) = \sum_{i=1}^{N_\mathrm{Pot\triangleright}} \frac{t_\mathrm{B}}{Z_{\triangleright i}} \qquad (2.194)$$

beträgt. Die Varianz ist gleich ihrem Erwartungswert:

$$D^2\left(\varphi_{\triangleright}\right) = E\left(\varphi_{\triangleright}\right) \qquad (2.195)$$

Die Anzahl der Datenfehler gehorcht einer Poisson-Verteilung

$$\begin{aligned} P\left(\varphi_{\triangleright} = k\right) &= \mathrm{Poi}\left(k, E\left(\varphi_{\triangleright}\right)\right) \\ &= e^{-E(\varphi_{\triangleright})} \cdot \frac{E\left(\varphi_{\triangleright}\right)^k}{k!}, \end{aligned} \qquad (2.196)$$

die für eine größere Anzahl auftretender Datenfehler gegen eine Normalverteilung strebt. Zum Abschluss wird der Erwartungswert der Datenfehleranzahl über Gl. 2.191 durch das Verhältnis aus der Beobachtungszeit und der Zuverlässigkeit ersetzt:

$$P\left(\varphi_{\triangleright} = k\right) = e^{-\left(\frac{t_\mathrm{B}}{Z}\right)} \cdot \frac{\left(\frac{t_\mathrm{B}}{Z}\right)^k}{k!}$$

Die potenzielle Anzahl der Datenfehler und ihre Teilzuverlässigkeiten in Gl. 2.194 sind nur Zwischengrößen der Herleitung, die am Ende nicht mehr gebraucht werden.

Die Anzahl der nachweisbaren Datenfehler gehorcht demselben statistischen Zählprozess wie die Anzahl der auftretenden Datenfehler. Nur ist die Wahrscheinlichkeit, dass ein Datenfehler nicht nur auftritt, sondern auch noch nachgewiesen wird, um seine Nachweiswahrscheinlichkeit kleiner:

Versuchsergebnis	Wert	Wahrscheinlichkeit
Datenfehler i nicht nachgewiesen	$\varphi_{\triangleright i} = 0$	$1 - p_{\triangleright i} \cdot \frac{t_{\mathrm{B}}}{Z_{\triangleright i}}$
Datenfehler i nachgewiesen	$\varphi_{\triangleright i} = 1$	$p_{\triangleright i} \cdot \frac{t_{\mathrm{B}}}{Z_{\triangleright i}}$

($p_{\triangleright i}$ – Nachweiswahrscheinlichkeit von Datenfehler i). Die zu erwartende Anzahl der nachweisbaren Datenfehler beträgt in Analogie zu Gl. 2.194:

$$E\left(\varphi_{\triangleright\sqrt{}}\right) = \sum_{i=1}^{N_{\mathrm{Pot}\triangleright}} p_{\triangleright i} \cdot \frac{t_{\mathrm{B}}}{Z_{\triangleright i}} \qquad (2.197)$$

Der Erwartungswert der Datenfehlerüberdeckung als das Verhältnis aus der zu erwartenden Anzahl der nachweisbaren Datenfehler zur zu erwartenden Anzahl der aufgetretenen Datenfehler beträgt:

$$E\left(FC_{\triangleright}\right) = \frac{\sum_{i=1}^{N_{\mathrm{Pot}\triangleright}} p_{\triangleright i} \cdot \frac{t_{\mathrm{B}}}{Z_{\triangleright i}}}{\sum_{i=1}^{N_{\mathrm{Pot}\triangleright}} \frac{t_{\mathrm{B}}}{Z_{\triangleright i}}} = \frac{\sum_{i=1}^{N_{\mathrm{Pot}\triangleright}} p_{\triangleright i} \cdot Z_{\triangleright i}^{-1}}{\sum_{i=1}^{N_{\mathrm{Pot}\triangleright}} \cdot Z_{\triangleright i}^{-1}} \qquad (2.198)$$

Er ist ein gewichteter Mittelwert der Datenfehlernachweiswahrscheinlichkeiten aller potenziellen Datenfehler. Für Überwachungsverfahren, die alle Datenfehler mit derselben Wahrscheinlichkeit $p_{\triangleright}$ nachweisen, ist die zu erwartende Datenfehlerüberdeckung gleich der gemeinsamen Nachweiswahrscheinlichkeit:

$$E\left(FC_{\triangleright}\right) = p_{\triangleright} \qquad (2.199)$$

Für die Abschätzung der Verteilung der Datenfehlerüberdeckung soll nur der experimentell überprüfbare Fall betrachtet werden, dass die Menge der nachzuweisenden Datenfehler eine bekannte Datenfehlerstichprobe der Größe $\varphi_{\triangleright}$ ist, die entweder experimentell bestimmt wurde oder vorgegeben ist. Damit ist auch die Anzahl der nachzuweisenden Datenfehler bekannt. Nur die Anzahl der Datenfehler, die aus dieser Menge nachgewiesen werden, bleibt eine Zufallsgröße, die wieder durch einen statistischen Zählprozess beschrieben werden soll:

$$\varphi_{\triangleright\sqrt{}} = \sum_{i=1}^{\varphi_{\triangleright}} \zeta_{\triangleright i} \qquad (2.200)$$

Die aufsummierten Zufallsgrößen $\zeta_{\triangleright i}$ beschreiben für jeden vorhandenen Datenfehler, ob er nachweisbar ist oder nicht:

Versuchsergebnis	Wert	Wahrscheinlichkeit
Datenfehler i nicht nachgewiesen	$\zeta_{\triangleright i} = 0$	$1 - p_{\triangleright i}$
Datenfehler i nachgewiesen	$\zeta_{\triangleright i} = 1$	$p_{\triangleright i}$

Über dieselben Herleitungsschritte wie für Gl. 2.138 bis 2.147 leitet sich daraus Folgendes ab:

- Die zu erwartende Anzahl der nachweisbaren Datenfehler einer Datenfehlerstichprobe ist die Summe der Nachweiswahrscheinlichkeiten aller Fehler der Stichprobe:

$$E\left(\varphi_{\triangleright\checkmark}\right) = \sum_{i=1}^{\varphi_{\triangleright}} p_{\triangleright i} \qquad (2.201)$$

- Die Varianz beträgt

$$D^2\left(\varphi_{\triangleright\checkmark}\right) = \sum_{i=1}^{\varphi_{\triangleright}} p_{\triangleright i} \cdot \left(1 - p_{\triangleright i}\right) \qquad (2.202)$$

und ist nach oben hin beschränkt durch:

$$D^2\left(\varphi_{\triangleright\checkmark}\right) \leq E\left(\varphi_{\triangleright\checkmark}\right) \cdot \left(1 - \frac{E\left(\varphi_{\triangleright\checkmark}\right)}{\varphi_{\triangleright}}\right) \qquad (2.203)$$

- Für die Verteilung sind drei Fälle zu unterscheiden. Wenn fast kein Datenfehler nachweisbar ist, ist die Anzahl der nachweisbaren Datenfehler poisson-verteilt:

$$P\left(\varphi_{\triangleright\checkmark} = k\right) \approx \text{Poi}\left(k,\, E\left(\varphi_{\triangleright\checkmark}\right)\right) \quad \text{für } E\left(\varphi_{\triangleright\checkmark}\right) \to 0 \qquad (2.204)$$

Wenn fast alle Datenfehler nachweisbar sind, ist die Anzahl der nicht nachweisbaren Datenfehler poisson-verteilt:

$$P\left(\varphi_{\triangleright!} = k\right) \approx \text{Poi}\left(k,\, E\left(\varphi_{\triangleright!}\right)\right) \quad \text{für } E\left(\varphi_{\triangleright!}\right) \to 0 \qquad (2.205)$$

Im mittleren Bereich liegt die Anzahl der nachweisbaren Datenfehler im Einzugsbereich der Normalverteilung.

Die Datenfehlerüberdeckung ist die Anzahl der nachweisbaren Datenfehler geteilt durch die Größe der Datenfehlerstichprobe. Für den in der Praxis wichtigsten Fall, dass nahezu alle Datenfehler nachgewiesen werden, ist die Verteilung der Datenfehlerüberdeckung eine skalierte Poisson-Verteilung. Über die Umrechnung der zu erwartenden und der tatsächlichen Anzahl der nicht nachweisbaren Datenfehler in die zu erwartende und die tatsächliche Datenfehlerüberdeckung

$$E\left(\varphi_{\triangleright!}\right) = E\left(\varphi_{\triangleright}\right) \cdot \left(1 - E\left(FC_{\triangleright}\right)\right) \qquad (2.206)$$

$$k = \varphi_{\triangleright} \cdot \left(1 - x\right) \qquad (2.207)$$

ergibt sich für die Verteilung der Datenfehlerüberdeckung:

$$P\left(FC_{\triangleright} = x\right) \approx e^{-E(\varphi_{\triangleright!})} \cdot \frac{E\left(\varphi_{\triangleright!}\right)^{\varphi_{\triangleright} \cdot (1-x)}}{\left(\varphi_{\triangleright} \cdot (1-x)\right)!} \qquad (2.208)$$

2.6.2 Inspektion

Eine Inspektion ist eine manuelle Datenkontrolle. Die Daten sind in der Regel aufgezeichnet und werden von einer oder mehreren Personen auf Richtigkeit durchgesehen. Der Standardansatz für die Abschätzung der Datenfehlerüberdeckung einer Inspektion ist das für die Abschätzung der Größe von Tierpopulationen entwickelte Verfahren Fangen-und-Wiedereinfangen (engl. capture recapture) [41, 126, 101]. Aus einer Menge $\mathbf{M}$ unbekannter Größe wird eine zufällige Teilmenge $\mathbf{M}_1$ ausgewählt (bei Tieren eingefangen, gekennzeichnet und freigelassen). Später, wenn sich die eingefangenen Tiere aus der Menge $\mathbf{M}_1$ wieder mit den übrigen Tieren der Population vermischt haben, wird eine Menge $\mathbf{M}_2$ ausgewählt und anhand der Kennzeichnung die Durchschnittsmenge $\mathbf{M}_1 \cap \mathbf{M}_2$ bestimmt, die in beiden Stichproben enthalten war. Wie in Abbildung 2.43 gezeigt, ist das Verhältnis der Größe der Menge $\mathbf{M}_1$ zur zu erwartenden Größe der Gesamtmenge etwa gleich dem zu erwartenden Anteil der gekennzeichneten Objekte in der Menge $\mathbf{M}_2$:

$$\frac{|\mathbf{M}_1|}{|\mathbf{M}|} \approx \frac{|\mathbf{M}_1 \cap \mathbf{M}_2|}{|\mathbf{M}_2|} \qquad (2.209)$$

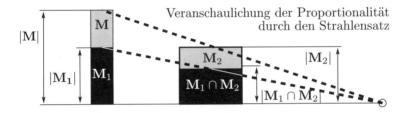

Abb. 2.43. Abschätzung einer Populationsgröße nach dem Prinzip Fangen-und-Wiedereinfangen

Übertragen auf die Abschätzung der Datenfehleranzahl werden die zu inspizierenden Daten unabhängig voneinander zwei Personen vorgelegt. Person 1 findet eine Datenfehlermenge $\mathbf{M}_{\triangleright 1}$, Person 2 eine Datenfehlermenge $\mathbf{M}_{\triangleright 2}$. Welche der beiden Fehlermengen als die Menge der »gekennzeichneten« Fehler betrachtet wird, ist egal. Nach Gl. 2.209 ist die zu erwartende Größe der unbekannten Datenfehlermenge:

$$E\left(\varphi_{\triangleright}\right) = E\left(|\mathbf{M}_{\triangleright}|\right) = \frac{|\mathbf{M}_{\triangleright 1}| \cdot |\mathbf{M}_{\triangleright 2}|}{|\mathbf{M}_{\triangleright 1} \cap \mathbf{M}_{\triangleright 2}|} \qquad (2.210)$$

Die zu erwartende Datenfehlerüberdeckung ist das Verhältnis der Anzahl der von beiden Personen insgesamt gefundenen Fehler zur geschätzten Gesamtfehleranzahl:

$$E\left(FC_{\triangleright}\right) = \frac{|\mathbf{M}_{\triangleright 1} \cup \mathbf{M}_{\triangleright 2}|}{E\left(\varphi_{\triangleright}\right)} \tag{2.211}$$

und beträgt unter Einbeziehung von Gl. 2.210:

$$E\left(FC_{\triangleright}\right) = \frac{|\mathbf{M}_{\triangleright 1} \cup \mathbf{M}_{\triangleright 2}| \cdot |\mathbf{M}_{\triangleright 1} \cap \mathbf{M}_{\triangleright 2}|}{|\mathbf{M}_{\triangleright 1}| \cdot |\mathbf{M}_{\triangleright 2}|} \tag{2.212}$$

Das Verfahren Fangen-und-Wiedereinfangen basiert auf der Annahme, dass die inspizierenden Personen alle Datenfehler mit derselben Wahrscheinlichkeit finden. Das widerspricht den praktischen Erfahrungen. Es gibt Datenfehler, die so auffällig sind, dass sie fast jede Person auf den ersten Blick erkennt. Andere Datenfehler verlangen ein mehrmaliges gründliches Durchsehen aller Daten und im Mittel wesentlich längere Inspektionszeiten.

Ein anderes Modell für eine Inspektion ist ein Zufallstest. Es wird unterstellt, dass die Inspektion aus Schritten besteht und ein Fehler i in jedem Schritt mit einer Wahrscheinlichkeit

$$p_{\triangleright i} = \frac{\tau_{\mathrm{Insp}0}}{Z_{\mathrm{Insp}.i}} \tag{2.213}$$

($\tau_{\mathrm{Insp}0}$ – Dauer eines Inspektionsschrittes; $Z_{\mathrm{Insp}.i}$ – mittlere Inspektionszeit, nach der ein Datenfehler i erkannt wird) nachgewiesen wird. Über dieselben Herleitungsschritte, wie sie für den Übergang von Gl. 2.77 nach Gl. 2.82 verwendet wurden, ergibt sich daraus ein Datenfehlernachweisprofil für Inspektionen:

$$p_{\triangleright}\left(Z\right) = 1 - e^{-\frac{t_{\mathrm{Insp}}}{Z}} \tag{2.214}$$

Genauso kann man die Datenfehler, wie es in Abschnitt 2.1.4 für Fehler vorgestellt wurde, durch ihre zu erwartende Anzahl und eine Inspektionsfehlerdichte $f_{\triangleright}\left(Z\right)$ beschreiben. Diese Überlegungen führen letztendlich darauf, dass es einen Zusammenhang zwischen der Inspektionsdauer und der Anzahl der nachweisbaren Fehler gibt, der sich durch folgendes Integral annähern lässt:

$$E\left(\varphi_{\triangleright\sqrt{}}\left(t_{\mathrm{Insp}}\right)\right) = E\left(\varphi_{\triangleright}\right) \cdot \left(1 - \int_0^{\infty} f_{\triangleright}\left(Z\right) \cdot e^{-\frac{t_{\mathrm{Insp}}}{Z}} \cdot dZ\right) \tag{2.215}$$

Die unbekannten Parameter – die Inspektionsfehlerdichte $f_{\triangleright}\left(Z\right)$ etc. –, lassen sich über dieselben Experimente, wie sie für die Abschätzung der Fehlerdichte und der zu erwartenden Fehleranzahl in Abschnitt 2.2.5 beschrieben wurden, abschätzen. Die Berechnungsgrundlage ist jeweils ein experimentell bestimmter zeitlicher Verlauf zwischen der Inspektionsdauer und der Anzahl der gefundenen Datenfehler. Das ist eine Stufenfunktion, für die eine stetige Ausgleichsfunktion abzuschätzen ist (Abbildung 2.44).

Die unbekannten Parameter in Gl. 2.215 werden für die Abschätzung der Anzahl der nicht gefundenen Datenfehler eigentlich gar nicht gebraucht. Dafür und für die Abschätzung der erforderlichen Inspektionszeit, um einen ausreichend großen Anteil der Datenfehlern zu finden, genügt, wie Abbildung 2.44 weiter zeigt, eine asymptotische Extrapolation des weiteren Verlaufs der Ausgleichsfunktion.

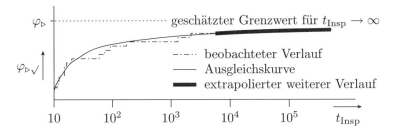

Abb. 2.44. Zusammenhang zwischen der Inspektionszeit und der Anzahl der gefundenen Datenfehler einer Inspektion

2.6.3 Vergleich und Probe

Wie in Abschnitt 1.2.1 dargelegt, gibt es zwei Arten der Ergebniskontrolle durch Vergleich. Bei einem Soll/Ist-Vergleich gelten die Soll-Werte per Definition als richtig. Die Datenfehlerüberdeckung ist unter der Annahme, dass der Vergleicher richtig arbeitet und die Soll-Werte richtig sind, $FC_\triangleright = 1$.

Bei Verdopplung und Vergleich sind die Vergleichswerte etwa mit derselben Häufigkeit falsch wie die zu überwachenden Daten. Das bedeutet zum einen, dass etwa die Hälfte der signalisierten Vergleichsfehler Phantomfehler sind. Zum anderen besteht das Risiko, dass das Vergleichssystem gleichzeitig dieselben falschen Ergebnisse wie das Hauptsystem liefert, so dass einige Fehlfunktion nicht zu erkennen sind. Für das Auftreten übereinstimmender Datenfehler sind zwei Fälle zu unterscheiden:

- zufällige Übereinstimmung
- übereinstimmende Ursache.

Das Risiko einer zufälligen Übereinstimmung ist für alle praktisch interessanten Fälle vernachlässigbar. Das soll am Beispiel illustriert werden.

Beispiel 2.10: *Wie oft treten bei zwei Berechnungen zufällig übereinstimmende falsche Ergebnisse auf, wenn die zu vergleichenden Datenobjekte 30 Bit groß sind, genau eine Variation des Ergebnisses richtig ist, 10^6 Ergebnisse pro Sekunde berechnet werden und beide Berechnungsversionen eine Zuverlässigkeit von einer Stunde haben?*

Im Mittel liefert jedes der beiden Teilsysteme alle $3{,}6 \cdot 10^9$ Berechnungsschritte ein falsches Ergebnis. Ohne gegenseitige Beeinflussung tritt nur alle $\left(3{,}6 \cdot 10^9\right)^2$ Berechnungen der Fall ein, dass beide Systeme zufällig gleichzeitig ein falsches Ergebnis liefern. Die Wahrscheinlichkeit, dass die falschen Ergebnisse dabei zufällig auch noch übereinstimmen, ist das Reziproke der Anzahl der möglichen Datenverfälschungen, im Beispiel $\left(2^{30} - 1\right)^{-1}$ und tritt etwa alle $1{,}4 \cdot 10^{28}$ Berechnungsschritte bzw. alle 10^{16} Jahre auf. Während der Nutzungsdauer eines Systems von wenigen Jahren wird das nie vorkommen.

Die Voraussetzungen, unter denen keine zufälligen Maskierungen von Datenfehlern auftreten, sind, wie aus dem Beispiel zu ersehen ist, die Folgenden:

- Das System ist funktionstüchtig und besitzt entsprechend mindestens eine Zuverlässigkeit von einigen Stunden oder Tagen.
- Die zu vergleichenden Datenobjekte sind mindestens 20 bis 30 Bit groß.

Unter diesen beiden Annahmen, die in der Praxis in der Regel erfüllt sein werden, gilt, dass übereinstimmende Datenfehler praktisch nie durch Zufall entstehen, sondern immer gemeinsame Ursachen haben. Das können sein:

- Fehler, die in beiden Berechnungen übereinstimmende Fehlfunktionen verursachen oder
- Unbeständige Fehler, die das Entstehen übereinstimmender Fehlfunktionen begünstigen.

Durch Störungen verursachte Datenfehler werden durch Mehrfachberechnung und Vergleich praktisch immer erkannt, durch Fehler verursachte unbeständige Datenfehler meist. Probleme bereiten die nicht gefundenen Fehler, die jedes informationsverarbeitende System enthält. Um auch die durch Fehler verursachten Datenfehler zu erkennen, müssen sich die beiden Berechnungsversionen in irgendeiner Weise unterscheiden. Entweder ist auszuschließen, dass beide Systeme gleiche Fehler enthalten. Das verlangt getrennte Systeme, die unabhängig voneinander gefertigt und/oder entworfen wurden. Oder die Berechnungen müssen nach unterschiedlichen Algorithmen erfolgen, so dass sich potenzielle gleiche Fehler auf unterscheidbare Fehlfunktionen abbilden.

In Abschnitt 1.2.1 wurde für die Unterschiedlichkeit von Berechnungsversionen die Größe Diversität eingeführt. Sie beschreibt den Anteil der beständigen Datenfehler, die die Ergebnisse in beiden Berechnungsversionen unterschiedlich verfälschen (vgl. Gl. 1.24). Ihr Erwartungswert ist:

$$E\left(\eta_{\text{Div}}\right) = \frac{E\left(\varphi_{\triangleright\diamond\surd}\right)}{E\left(\varphi_{\triangleright\diamond}\right)} \tag{2.216}$$

($\varphi_{\triangleright\diamond\surd}$ – Anzahl der unterscheidbaren Datenfehler, die durch Fehler verursacht werden; $\varphi_{\triangleright\diamond}$ – Anzahl aller beständigen Datenfehler, die der Abschätzung zugrunde liegen). Sie ist genau wie die Datenfehlerüberdeckung der Anteil einer zufälligen Auswahl von Datenfehlern aus einer Datenfehlermenge und gehorcht demselben statistischen Zählprozess. Die Diversität hat folglich auch dieselben statistischen Eigenschaften wie die Datenfehlerüberdeckung.

Das Experiment für die Schätzung der zu erwartenden Diversität besteht darin, über eine längere Zeit alle auftretenden Datenfehler zu erfassen, in unbeständige, beständige und beständige nachweisbare Datenfehler zu klassifizieren und die einzelnen Datenfehler klassenweise zu zählen. Abbildung 2.45 zeigt einen möglichen Versuchsaufbau. Für den Nachweis aller Datenfehler dient der Vergleich mit den Ausgaben eines Golden Devices. Die Unterscheidung zwischen beständigen und unbeständigen Datenfehlern verlangt eine Wiederholung der Berechnung. Der Ergebnisvergleich mit der zweiten Berechnungsversion bestimmt die nachweisbaren Fehler. Das Klassifikationssignal für beständige nachweisbare Datenfehler ist die UND-Verknüpfung der Klassifikationssignale für beständige und für nachweisbare Datenfehler.

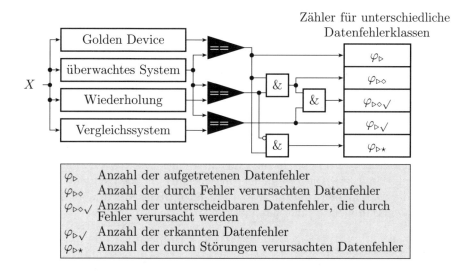

Abb. 2.45. Versuchsaufbau zur Messung der Diversität und des Anteils der unbeständigen Fehler

Die Datenfehlerüberdeckung ist der gewichtete Mittelwert der Datenfehlerüberdeckungen für beständige und für unbeständige Datenfehler. Der zu erwartende Anteil der unbeständigen Datenfehler sei

$$E\left(\eta_\star\right) = \frac{E\left(\varphi_{\triangleright\star}\right)}{E\left(\varphi_{\triangleright}\right)} = \frac{Z}{Z_\star} \tag{2.217}$$

und lässt sich auch über das Experiment in Abbildung 2.45 bestimmen. Mit der Näherung, dass alle unbeständigen Datenfehler erkannt werden, beträgt die zu erwartende Datenfehlerüberdeckung für das Nachweisverfahren Verdopplung und Vergleich:

$$E\left(FC_\triangleright\right) = E\left(\eta_\star\right) + \left(1 - E\left(\eta_\star\right)\right) \cdot E\left(\eta_{\mathrm{Div}}\right) \tag{2.218}$$

($\eta_\star$ – Anteil der unbeständigen Datenfehler; η_{Div} – Diversität).

Für die Datenfehlerüberdeckung einer Probe gelten ähnliche statistische Zusammenhänge wie für die Ergebnisüberwachung durch Verdopplung und Vergleich. Auch bei einer Probe ist es sehr unwahrscheinlich, dass eine zufällige Fehlfunktion in der Berechnung durch eine zufällige Fehlfunktion der Probe maskiert wird. Aber bei Datenfehlern, die durch Fehler verursacht werden, ist das durchaus möglich. Wenn z. B. die Spezifikation, aus der der Algorithmus und die Probefunktion abgeleitet werden, einen Fehler enthält, besteht durchaus das Risiko, dass der Fehler so in den Algorithmus und in die Probe eingebaut wird, dass sich die Fehlfunktionen gegenseitig aufheben. Eine Probe hat jedoch gegenüber der Ergebniskontrolle durch Mehrfachberechnung und Vergleich eine wesentlich höhere natürliche Diversität. Durch die unterschiedlichen Algorithmen, über die sich die Fehler im System und in der Probe auf Fehlfunktionen abbilden, ist das Risiko, dass sich ihre Fehlfunktionen gegenseitig aufheben, recht gering. Es ist ja auch aus dem Mathematikunterricht bekannt, dass man mit einer Probe mehr Rechenfehler findet als durch mehrfaches Nachrechnen.

2.6.4 Plausibilität

Ein Plausibilitätstest überwacht die Ergebnisse eines Systems auf Zulässigkeit (vgl. Definition 1.34). Die Datenfehlerüberdeckung ist der Quotient aus der Anzahl der Datenfehler, die die Daten auf unzulässige Werte abbilden, zur Anzahl aller Datenfehler innerhalb eines Beobachtungszeitraums:

$$FC_{\triangleright} = \frac{|\{\triangleright i \,|\, Y_{\triangleright i} \notin \mathbf{Y}\}|}{|\mathbf{M}_{\triangleright}|} \qquad (2.219)$$

($\triangleright i$ – Datenfehler i; $Y_{\triangleright i}$ – der durch Datenfehler i entstandene falsche Wert; $\mathbf{Y}$ – (zulässiger) Wertebereich des Datenobjekts; $\mathbf{M}_{\triangleright}$ – Menge der aufgetretenen Datenfehler). Ihr Erwartungswert ist das Verhältnis aus der Summe der Auftrittshäufigkeiten unzulässiger verfälschter Daten zur Summe der Auftrittshäufigkeiten aller verfälschten Daten. Die Auftrittshäufigkeiten der einzelnen Datenfehler sind hierbei wie in Gl. 2.198 umgekehrt proportional zu den datenfehlerbezogenen Teilzuverlässigkeiten:

$$E\left(FC_{\triangleright}\right) = \frac{\sum_{i | Y_{\triangleright i} \notin \mathbf{Y}} Z_{\triangleright i}^{-1}}{\sum_{i=1}^{N_{\mathrm{Pot}\triangleright}} Z_{\triangleright i}^{-1}} \qquad (2.220)$$

($N_{\mathrm{Pot}\triangleright}$ – Anzahl aller potenziellen Datenfehler; $Z_{\triangleright i}$ – Teilzuverlässigkeit von Datenfehler i bzw. Reziproke der Auftrittshäufigkeit des Datenfehlers). Ein grober Richtwert ist der Anteil der darstellbaren, aber unzulässigen Werte für das Datenobjekt:

$$E\left(FC_{\triangleright}\right) \approx \frac{|\mathbf{Y}_{\mathrm{Darst}} \setminus \mathbf{Y}|}{|\mathbf{Y}_{\mathrm{Darst}}|} \qquad (2.221)$$

($\mathbf{Y}_{\mathrm{Darst}}$ – Menge der darstellbaren Werte; $\mathbf{Y}$ – Menge der zulässigen Werte; $\setminus$ – Mengendifferenz).

In der Codierungstheorie sind die darstellbaren, zulässigen und unzulässigen Werte mögliche, genutzte und ungenutzte Codewörter. Die Codeauslastung η_{Code} ist der Anteil der genutzten Codewörter bezogen auf die Anzahl der möglichen Codewörter:

$$\eta_{\text{Code}} = \frac{|\mathbf{Y}|}{|\mathbf{Y}_{\text{Darst}}|} \tag{2.222}$$

Eingesetzt in Gl. 2.221 ergibt sich als Richtwert für die Datenfehlerüberdeckung eines Plausibilitätstests 1 abzüglich der Codeauslastung:

$$E\left(FC_{\triangleright}\right) \approx 1 - \eta_{\text{Code}} \tag{2.223}$$

Für einen Plausibilitätstest dürfen die Ausgaben des Systems nicht dicht codiert sein. Bei einem dichten Code sind alle Variationen des Datenobjekts zulässig, die Codeauslastung $\eta_{\text{Code}} = 1$ und die Datenfehlerüberdeckung $FC_{\triangleright} = 0$. Gute Plausibilitätstests setzen eine sehr schlechte Codeauslastung voraus. Ein anderer Begriff für schlechte Codeauslastung ist Informationsredundanz [81]. Die Codeauslastung liefert jedoch nur einen Richtwert. Es ist durchaus möglich, dass die Datenfehlerüberdeckung trotz einer hohen Codeauslastung groß ist oder umgekehrt. Die beiden Beispiele in den folgenden Unterabschnitten sollen das illustrieren.

2.6.4.1 Datenfehlerüberdeckung eines Paritätstests für DRAM-Fehler durch Alpha-Teilchen

Eine häufige Ursache für die Verfälschung einzelner Bits in einem dynamischen Halbleiterspeicher (DRAM) sind Alphateilchen. In DRAM-Schaltkreisen wird die Information in winzigen Kapazitäten von etwa 0,1 bis 0,5 pF gespeichert. Die Ladungsmenge einer aufgeladenen Speicherkapazität beträgt etwa 10^5 Elektronen. Ladungen dieser Größenordnung können durch ein einziges Alphateilchen gelöscht werden (Abbildung 2.46).

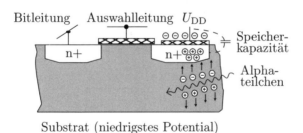

Abb. 2.46. Informationsverlust durch ein Alphateilchen

Alphastrahlung entsteht durch Zerfall radioaktiver Materialien, hauptsächlich von Uran und Thorium. Diese Materialien sind als Spurenelemente im Gehäuse der Schaltkreise und im Aluminium der Leiterbahnen enthalten. Auch Höhenstrahlung kann über Kernprozesse im Silizium Alphateilchen freisetzen. Ein Alphateilchen besitzt eine Energie von ca. 5 MeV und eine

Reichweite bis zu $89\,\mu\mathrm{m}$. Es verliert bei der Generierung eines Elektronen-Loch-Paares eine Energie von ca. $3{,}6\,\mathrm{eV}$ und kann auf seinem Weg durch den Halbleiter bis zu 10^6 Ladungsträgerpaare freisetzen [65]. In einem elektrischen Feld werden die Ladungsträgerpaare getrennt. Unterhalb des Drains des Auswahltransistors einer aufgeladenen DRAM-Zelle wandern die Löcher zum Substratanschluss. Die freigesetzten beweglichen Elektronen, die zahlenmäßig die gespeicherte Ladung weit übersteigen, kompensieren über den Drain-Anschluss die positive Ladung der Speicherkapazität. Die Information wird vollständig gelöscht.

Der typische Plausibilitätstest, ob die aus DRAM-Speichern gelesenen Daten mit den zuvor geschriebenen Daten übereinstimmen, ist der Paritätstest. Vor der Abspeicherung wird jedes Datenwort um ein Paritätsbit erweitert. Das Paritätsbit berechnet sich aus der Modulo-2-Summe aller Bitstellen des Datenwortes. Bei gerader Parität ist es Eins, wenn die Anzahl der Einsen im eigentlichen Datenwort ungerade, und Null, wenn sie gerade ist. Einschließlich des Paritätsbits ist die Anzahl der Einsen dadurch immer gerade. Bei ungerader Parität wird das invertierte Paritätsbit berechnet, so dass die Anzahl der Einsen einschließlich des Paritätsbits im fehlerfreien Fall immer ungerade ist.

Das Paritätsbit verdoppelt die Anzahl der Variationen der abgespeicherten Datenwörter, ohne dass sich die Anzahl der zulässigen Variationen erhöht. Für zuvor dicht codierte Daten verringert sich die Codeauslastung auf 50%.

Beim Lesen des Halbleiterspeichers wird für jedes Datenwort kontrolliert, ob die Anzahl der Einsen immer noch gerade bzw. ungerade ist. Verfälschungen durch Datenverlust, die sich nur in einem einzelnen veränderten Bit oder einer ungeraden Anzahl veränderter Bitstellen äußern, werden erkannt. Geradzahlige Bitverfälschungen bilden sich auf zulässige Codewörter ab und werden maskiert (Abbildung 2.47). Eine zufällige Veränderung des abgespeicherten Bitvektors verfälscht weder vorzugsweise eine ungeradzahlige noch eine geradzahlige Anzahl von Bits. Wenn alle Variationen der Verfälschung des Datenvektors gleichwahrscheinlich sind, ist die zu erwartende Datenfehlerüberdeckung eines Paritätstests entsprechend Gl. 2.223 $E\left(FC_{\triangleright}\right) = 50\%$.

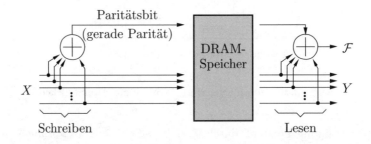

Abb. 2.47. Paritätsüberwachung für einen DRAM-Speicher

Bei der Verfälschung durch Alphateilchen sind aber nicht alle Variationen von Datenfehlern mit gleicher Häufigkeit zu erwarten. Die Emissionshäufigkeit von Alphateilchen ist sehr gering. Es ist äußerst unwahrscheinlich, dass in der Zeit zwischen dem Schreiben und dem Lesen (oder zwischen dem Auffrischen) eines Datenwortes mehr als ein Alphateilchen Speicherinhalte verfälscht. Die Speicher sind so organisiert, dass keine räumlich benachbarten Speicherzellen, die von einem einzigen Alphateilchen gleichzeitig verfälscht werden können, zu einem Speicherwort zusammengefasst sind. Datenverfälschungen äußern sich praktisch immer nur in einem verfälschten Bit je Datenwort. Diese Art von Verfälschung wird von einem Paritätstest immer erkannt. Die Datenfehlerüberdeckung eines Paritätstests ist für diese Anwendung praktisch $E\left(FC_{\triangleright}\right) = 1$ und damit wesentlich größer als der aus der Codeauslastung nach Gl. 2.223 abgeschätzte Wert von 50%.

2.6.4.2 Bereichsüberwachung einer Variablen

An den Schnittstellen zwischen Teilsystemen kontrolliert ein vernünftig entworfenes System immer, dass die übergebenen Daten innerhalb ihres zulässigen Wertebereichs liegen (vgl. auch Abschnitt 1.4.1). Im folgenden Beispiel geht es um ein Programm, das aus einer Datenbank Personendaten ausliest und verarbeitet. Eines der Datenobjekte sei das Alter einer Person. Das Alter einer lebenden Person in Jahren ist eine ganze Zahl mit einem Wertebereich von großzügig gerechnet:

$$\text{Alter} \in \text{WB}_{\text{Alter}} = \{0,\, 1,\, 2,\, \ldots,\, 130\}$$

Die Variable, in der der Wert für das Alter übergeben wird, sei eine 32-Bit vorzeichenbehaftete ganze Zahl mit einem Wertebereich von:

$$\text{Int32} = \left\{-2^{31},\, -2^{31} + 1,\, \ldots,\, 2^{31} - 1\right\}$$

Der zu untersuchende Plausibilitätstest lautet:

WENN (ALTER<0) ODER (ALTER>130) DANN   FEHLERMELDUNG

Über die Codeauslastung ergibt sich eine zu erwartende Datenfehlerüberdeckung von abschätzungsweise:

$$E\left(FC_{\triangleright}\right) \approx 1 - \eta_{\text{Code}} = 1 - \frac{|\text{WB}_{\text{Alter}}|}{|\text{Int32}|}$$

$$= 1 - \frac{131}{2^{32}} \approx 1 \tag{2.224}$$

Das wäre ideal, ist aber erfahrungsgemäß für eine Bereichsüberwachung viel zu optimistisch. Leider sind auch in diesem Beispiel die Auftrittshäufigkeiten der möglichen Datenfehler sehr unterschiedlich. Um nach Gl. 2.220 die relative Häufigkeit der zu erwartenden Datenfehler abschätzen zu können, die sich auf zulässige bzw. unzulässige Ergebnisse abbilden, sollen drei Fehlerannahmen näher betrachtet werden:

a) Es wird das Alter einer falschen Person aus der Datenbank gelesen. Das Alter einer falschen Person ist zwar meist falsch, aber stets zulässig. Keiner der durch diesen Fehler verursachten Datenfehler wird erkannt. Die Überdeckung für die so verursachten Datenfehler ist 0, nicht 1.

b) Das Alter wird mit der Hausnummer des Wohnsitzes der Person verwechselt. Hausnummern sind stets positiv. Meist liegen sie auch im Bereich zwischen 0 und 130. Aber es gibt auch größere Hausnummern. Die Datenfehlerüberdeckung ist sehr gering, aber nicht annähernd 1.

c) Es wird durch einen Fehler in der Adressrechnung irgendein falscher Wert aus dem Speicher gelesen. Auch hier sind nicht alle Variationen für eine Verfälschung der Variablen ALTER gleichwahrscheinlich. Eine der häufigsten Zahlen in einem Hauptspeicher ist die Null oder ein anderes Speicherinitialisierungsmuster. Programme rechnen überwiegend mit positiven und betragsmäßig kleinen Zahlen. Die Wahrscheinlichkeit, dass ein Wert von einer falschen Adresse im Bereich 0 bis 130 liegt, ist viel größer, als dass er in einem anderen zufällig platzierten Wertebereich gleicher Größe, z. B. 1.679.427.600 bis 1.679.427.730, liegt. Auch unter der dritten Fehlerannahme ist die zu erwartende Datenfehlerüberdeckung viel kleiner als der Schätzwert nach Gl. 2.224.

Zusammenfassend ergeben die Überschläge für alle drei Fehlerannahmen deutlich geringere zu erwartende Datenfehlerüberdeckungen als Gl. 2.224. Das Beispiel zeigt auch, dass die geschätzte Datenfehlerüberdeckung eines Bereichstests erheblich von den Ursachen der Datenfehler abhängt. Ohne genaue Kenntnis, was für Fehler und was für Störungen mit welchen Häufigkeiten was für Fehlfunktionen verursachen, sind nur vage Vorhersagen über die Größenordnung der Datenfehlerüberdeckungen möglich. Abhilfe schaffen die fehlererkennenden Codes, die als nächstes behandelt werden.

2.6.4.3 Fehlererkennende Codes und Prüfkennzeichen

Ein Code ist nach DIN 44300 eine eindeutige Zuordnung von Zeichen eines Zeichenvorrates zu Zeichen eines anderen Zeichenvorrates. Das Zuordnungsziel eines fehlererkennenden Codes ist, dass potenzielle Datenfehler mit hoher Wahrscheinlichkeit auf unzulässige Codewörter abgebildet werden. Selbst wenn keine Aussagen über Art und Häufigkeit der Verfälschungen der überwachten Daten möglich sind, gibt es hierfür eine einfache Lösung. Die Zuordnung zwischen zulässigen Datenobjekten und Codewörtern wird dem Zufall überlassen. Bildlich gesprochen wird die Zuordnungstabelle zwischen den zulässigen Ergebnissen und den Codewörtern ausgewürfelt. Natürlich muss die Zuordnung umkehrbar eindeutig sein. Jedem zulässigen Datenwert ist genau ein Codewort und jedem zulässigen Codewort genau ein zulässiger Datenwert zuzuordnen. Man spricht auch von einer pseudozufälligen Zuordnung, d. h. einer eindeutigen Zuordnung mit Zufallscharakter.

Der unbekannte Fehler darf jetzt wie ein Glücksspieler operieren. Der Glücksspieler will mit allen Mitteln den Jackpot knacken. Der Fehler versucht die Bits so zu verfälschen, dass eine Maskierung auftritt. Er darf bösartig sein und die Bitverfälschungen nach einem System erzeugen. Solange der Fehler den Code nicht kennt, ist die zu erwartende Datenfehlerüberdeckung gleich dem Verhältnis aus der Anzahl der unzulässigen und damit erkennbaren Variationen eines falschen Datenobjekts zur Anzahl der möglichen Variationen falscher Daten (Gl. 2.221). Nach Gl. 2.223 ist das 1 abzüglich der Codeauslastung:

$$E\left(FC_{\triangleright}\right) = \frac{|\mathbf{Y}_{\text{Darst}} \setminus \mathbf{Y}|}{|\mathbf{Y}_{\text{Darst}}|} = 1 - \eta_{\text{Code}} \tag{2.225}$$

Ein fehlererkennender Code besteht häufig darin, dass dicht codierte w-Bit große Datenobjekte um eine Anzahl von r redundanten Bits auf $w+r$ Bit große Codewörter abgebildet werden. Dabei verringert sich die Codeauslastung auf:

$$\eta_{\text{Code}} = \frac{2^w}{2^{w+r}} = 2^{-r} \tag{2.226}$$

Die zu erwartende Datenfehlerüberdeckung beträgt:
$$E\left(FC_{\triangleright}\right) = 1 - 2^{-r} \tag{2.227}$$

Sie kann durch eine ausreichende Anzahl redundanter Bits r beliebig klein gehalten werden.

Außer in der Kryptographie ist eine pseudozufällige Abbildung der Daten auf Codewörter, wie sie ein fehlererkennender Code verlangt, störend. Sie erschwert das Lesen und die weitere Verarbeitung der Daten. Beim Einsatz von Prüfkennzeichen bleibt die Information unverändert. Zahlen bleiben Zahlen und Buchstaben bleiben Buchstaben. Statt dessen wird jeder Variation des Datenobjekts pseudozufällig redundante Information in Form eines Prüfkennzeichens zugeordnet, das mit ihm gemeinsam gespeichert und übertragen wird. Wenn das Datenobjekt, das Prüfkennzeichen oder beide Teile in irgendeiner Weise verfälscht werden, passen sie nicht mehr zusammen. Der Plausibilitätstest besteht darin, dass das Prüfkennzeichen aus dem Datenobjekt über denselben Algorithmus ein zweites Mal gebildet und mit dem bereits vorhandenen, möglicherweise fehlerhaften Prüfkennzeichen verglichen wird (vgl. Abschnitt 1.2.3.4).

Die zu erwartende Datenfehlerüberdeckung leitet sich aus einer ähnlichen Mengenrelation wie für einen fehlererkennenden Code ab. Solange der Fehler den Code für die Bildung des Prüfkennzeichens nicht kennt, ist die Datenfehlerüberdeckung etwa gleich dem Verhältnis aus der Anzahl der unzulässigen und damit erkennbaren Variationen des Gesamtcodewortes mit Prüfkennzeichen zur Anzahl der möglichen Variationen. Es sei unterstellt, dass die ursprünglichen Daten dicht codiert sind. Dann sind $|\mathbf{Y}| \cdot |\mathbf{M}_{\text{PKZ}}|$ Variationen möglich und $|\mathbf{Y}| \cdot |\mathbf{M}_{\text{PKZ}}| - |\mathbf{Y}|$ Variationen unzulässig. Die zu erwartende Datenfehlerüberdeckung ist 1 abzüglich des Reziproken der Anzahl der möglichen Prüfkennzeichen:

$$E\left(FC_{\triangleright}\right) = \frac{|\mathbf{Y}| \cdot |\mathbf{M}_{\text{PKZ}}| - |\mathbf{Y}|}{|\mathbf{Y}| \cdot |\mathbf{M}_{\text{PKZ}}|} = 1 - \frac{1}{|\mathbf{M}_{\text{PKZ}}|} \tag{2.228}$$

($\mathbf{Y}$ – Wertebereich der zulässigen Zeichen; $\mathbf{M}_{\text{PKZ}}$ – Wertebereich des Prüfkennzeichens). Für ein r-Bit-Prüfkennzeichen beträgt sie:

$$E\left(FC_{\triangleright}\right) = 1 - 2^{-r} \tag{2.229}$$

Beispiel 2.11: *Schätzen Sie den Erwartungswert und die Verteilung der Datenfehlerüberdeckung einer Datenkontrolle mit einem 16 Bit Prüfkennzeichen für eine
Datenübertragungsstrecke ab. Die Zuverlässigkeit der Datenübertragungsstrecke betrage 1 Minute je Datenfehler und der Beobachtungszeitraum, in dem die Datenfehler
gezählt werden, sei $t_{\text{B}} = 30$ Tage. Mit welcher Wahrscheinlichkeit werden alle Datenfehler im Beobachtungszeitraum erkannt? Für welche Datenfehlerüberdeckung kann
mit einer 99%-igen Sicherheit garantiert werden?*

Die zu erwartende Datenfehlerüberdeckung ist nach Gl. 2.229

$$E\left(FC_{\triangleright}\right) = 1 - 2^{-16} = 99{,}9985\%$$

*Zur Abschätzung der Verteilung wird zusätzlich die zu erwartende Anzahl der im
Beobachtungszeitraum auftretenden und die zu erwartende Anzahl der davon nicht
nachweisbaren Datenfehler benötigt. Die zu erwartende Anzahl der Datenfehler im
Beobachtungszeitraum beträgt nach Gl. 1.1:*

$$\varphi_{\triangleright} \approx \frac{t_{\text{B}}}{Z} = \frac{30 \, \text{Tage}}{1 \, \text{min}} = 43.200$$

Die zu erwartende Anzahl der davon nicht nachweisbaren Datenfehler beträgt:

$$E\left(\varphi_{\triangleright !}\right) \approx \varphi_{\triangleright} \cdot \left(1 - E\left(FC_{\triangleright}\right)\right) = 0{,}659$$

*Sie ist im Vergleich zur zu erwartenden Anzahl der auftretenden Datenfehler so
gering, dass die Anzahl der nicht nachweisbaren Datenfehler durch eine Poisson-
Verteilung beschrieben werden kann. Die Verteilung der Datenfehlerüberdeckung gehorcht Gl. 2.208 und beträgt:*

$$P\left(FC_{\triangleright} = x\right) \approx e^{-E(\varphi_{\triangleright !})} \cdot \frac{E\left(\varphi_{\triangleright !}\right)^{\varphi_{\triangleright} \cdot (1-x)}}{\left(\varphi_{\triangleright} \cdot (1-x)\right)!}$$

$$= e^{-0{,}659} \cdot \frac{0{,}659^{43.200 \cdot (1-x)}}{\left(43.200 \cdot (1-x)\right)!}$$

*Das Ergebnis ist in Abbildung 2.48 dargestellt. Die Wahrscheinlichkeit, dass alle
Fehler erkannt werden, beträgt:*

$$P\left(100\%\right) = e^{-E(\varphi_{\triangleright !})} = e^{-0{,}659} = 51{,}7\%$$

*Mit einer Sicherheit von 99% werden alle bis auf maximal drei Fehler erkannt.
Das entspricht einer Mindestdatenfehlerüberdeckung von $\geq 99{,}99\%$. Die Berechnung
selbst wurde mit Matlab ausgeführt. Das Beispielprogramm liegt zum Download auf
[138].*

Falls der Anteil der erkennbaren falschen Datenobjekte immer noch zu
klein ist, kann das Prüfkennzeichen auch auf 32 Bit vergrößert werden. Dann

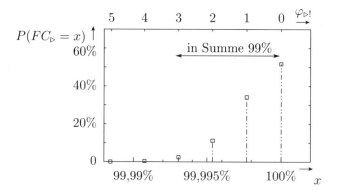

Abb. 2.48. Verteilung der Datenfehlerüberdeckung

werden im Mittel von 10^{13} Datenfehlern alle bis auf einen erkannt. Der Preis für die exzellente Datenfehlerüberdeckung sind nur 8 bis 32 zusätzliche Prüfbits pro Datensatz, die zusätzlich übertragen und gespeichert werden müssen. Das gesicherte Datenobjekt kann dabei eine komplette Datei von mehreren MByte Größe oder auch der gesamte Inhalt einer Festplatte sein. Das Verhältnis zwischen Nutzen und Aufwand ist so gut, dass Prüfkennzeichen quasi die Standardlösung zum Erkennen aller Arten von Datenverfälschungen bei der blockorientierten Datenübertragung und Speicherung sind.

2.6.4.4 Zeitüberwachung und Syntaxtest

Zeitüberwachung und Syntaxtests sind beides Plausibilitätstests mit einer äußerst geringen Codeauslastung.

Eine Zeitüberwachung kontrolliert u. a. die Abbildung der Eingabe und des aktuellen Zustands eines Systems auf den Folgezustand über den Plausibilitätstest:

Stürzt das System ab oder nicht?

Der Zustand eines Rechners ist ein N_{BS} Bit großes Datenobjekt, das einige MByte groß sein kann. Die Menge der möglichen Codewörter ist riesig, z. B. für 1 MByte gespeicherte Zustandsinformation:

$$|\mathbf{S}| = 2^{8 \cdot 2^{20}} \approx 10^{2{,}5 \cdot 10^{6}}$$

In seinem ganzen Leben schafft es ein Rechner aus Zeitgründen nicht einmal 10^{10} Zustände einzunehmen, was darauf hindeutet, dass in der Regel auch nur ein winziger Teil der möglichen Zustände eine Bedeutung besitzt. Die restlichen Zustände sind zum großen Teil unzulässig. Die Codeauslastung ist praktisch 0. Bei vielen unzulässigen Zuständen stürzt das System ab, so dass die Zustandsfehler nicht zu übersehen sind.

Für einen Syntaxtest gelten ähnliche statistische Zusammenhänge. Programme und Datenbeschreibungen in einer Programmiersprache umfassen Tausende von Bytes. Von den möglichen Werten, die die Bit- oder Bytefolgen annehmen können, ist nur ein winziger Anteil ein zulässiges Wort der Sprache. Die Codeauslastung ist praktisch 0 und die zu erwartende Datenfehlerüberdeckung gegenüber zufälligen Verfälschungen 1.

2.6.5 Fehlfunktionen im Überwachungssystem

Ein System muss nur deshalb überwacht werden, weil seine Zuverlässigkeit begrenzt ist. Das Überwachungssystem ist auch ein System und als solches auch nur begrenzt zuverlässig. Folglich müsste es auch überwacht werden. Dasselbe gilt für das Überwachungssystem des Überwachungssystems. Die philosophische Fragestellung:

> *» Wer prüft den Prüfer?«*

beschreibt im Grunde eine Rekursion ohne Abbruchbedingung mit unendlichem Aufwand. In der Praxis beschränkt sich eine Überwachung natürlich immer nur auf die wichtigsten, die fehleranfälligsten oder die am einfachsten zu überwachenden Daten.

Prüfgeräte und Überwachungssysteme liefern ein zweiwertiges Klassifikationsergebnis (vgl. Gl. 1.17):

$$\mathcal{F} = \begin{cases} \text{schlecht (Datenfehler erkannt)} \\ \text{gut} \quad \text{(keine Datenfehler erkannt)} \end{cases}$$

Entsprechend gibt es nur zwei mögliche Fehlfunktionen:

- Fehler erster Art bewirken, dass erkennbare Datenfehler maskiert werden.
- Fehler zweiter Art verursachen Phantomfehler.

Klassifikationsfehler erster Art sind die schwerwiegenderen Fehler. Sie verringern die Datenfehlerüberdeckung und erhöhen die Anzahl der Fehlfunktionen, die nicht erkannt werden, und den durch sie verursachten Schaden. Phantomfehler sind scheinbare Datenfehler, die in Wirklichkeit nicht aufgetreten sind. Sie beeinträchtigen zwar die tatsächliche Zuverlässigkeit nicht. Aber sie lösen in einem überwachten System zusätzliche Fehlerbehandlungen aus und mindern dadurch die Verfügbarkeit.

Aus Sicht der » Überwachung der Überwachung« gliedert sich ein Überwachungssystem in zwei Teile:

- Funktionen zur Datenaufbereitung, deren Ergebnisse noch einen sehr großen Wertebereich besitzen
- Vergleichsfunktionen, die die aufbereiteten Daten auf eine Gut/Schlecht-Aussage abbilden.

Die datenaufbereitenden Teile eines Überwachungssystems – die zweite Berechnungsversion bei Verdopplung und Vergleich, die inverse Funktion einer Probe, die Codeumsetzung bei fehlererkennenden Codes und die Berechnung von Prüfkennzeichen – haben einen großen Ausgaberaum. Dadurch gibt es auch sehr viele Möglichkeiten, wie sich eine Fehlfunktion auswirken kann. Der nachfolgende Vergleicher wertet nur eine Variation der Ausgabe (oder einen geringen Teil der Variationen) als richtig. Dadurch bilden sich nahezu alle Fehlfunktionen der Vorverarbeitung in einem Überwachungssystem auf Fehler zweiter Art ab. Eine andere Betrachtungsweise ist, dass die abschließenden Vergleiche gleichzeitig Plausibilitätstests für die datenaufbereitenden Teile des Überwachungssystems sind.

Der kritische Teil eines Überwachungssystems ist der Vergleicher (exakter Vergleich, Bereichskontrolle etc.). Fehlfunktionen im Vergleicher bilden sich etwa mit gleicher Wahrscheinlichkeit auf Fehler erster Art und Fehler zweiter Art ab. Zur Absenkung des Risikos, dass zuverlässigkeitsmindernde Fehler erster Art auftreten, sind gesonderte Maßnahmen erforderlich:

- gründlicher Test aller Vergleicher in den Überwachungssystemen vor dem Einsatz
- diversitärer Mehrversionsvergleich
- Auslagerung des Vergleichs in getrennte Geräte, z. B. ein extern anzuschließendes Test-, Überwachungs- oder Diagnosesystem.

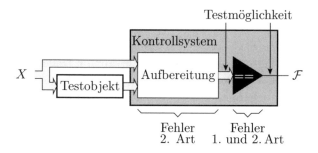

Abb. 2.49. Zu erwartende Klassifikationsfehler von Überwachungssystemen

Die phantomfehlerbezogene Teilzuverlässigkeit Z_{ip} als der mittlere zeitliche Abstand zwischen zwei Phantomfehlern beeinflusst die Verfügbarkeit eines Systems. Die Abschätzung der Phantomfehlerhäufigkeit soll über einen einfachen Überschlag erfolgen. Die Fehleranzahl in einem System ist nach Gl. 1.16 überschlagsweise proportional zur Systemgröße. Das gilt sowohl für das überwachte System als auch für das Überwachungssystem. Die Zuverlässigkeit ist nach Gl. 2.58 überschlagsweise umgekehrt proportional zur Fehleranzahl. Die zu erwartende Anzahl der Datenfehler ist nach Gl. 2.191 umgekehrt proportional zur Zuverlässigkeit. Daraus folgt, dass sich die phantomfehlerbezogene Teilzuverlässigkeit etwa proportional zur Systemzuverlässigkeit verhält und der Proportionalitätsfaktor etwa das Verhältnis aus der Größe N_{Sys} des eigentlichen Systems zur Größe $N_{Checker}$ des Überwachungssystems ist:

$$Z_{\not\triangleright} \approx Z_{Sys} \cdot \frac{N_{Sys}}{N_{Checker}} \tag{2.230}$$

(Z_{Sys} – Zuverlässigkeit des eigentlichen Systems). Je größer ein Überwachungssystem ist, desto häufiger verursacht es Phantomfehler, desto geringer ist die phantomfehlerbezogene Teilzuverlässigkeit und desto stärker beeinträchtigt es die Verfügbarkeit. Bei Verdopplung und Vergleich ist das Überwachungssystem etwa genauso groß wie das eigentliche System, so dass etwa genauso viele Phantomfehler wie richtige Fehler zu erwarten sind. In einem Dreiversionssystem ist die zu erwartende Phantomfehleranzahl doppelt so groß wie die zu erwartende Anzahl der Datenfehler.

2.7 Fehlertoleranz

Fehlertoleranz ist die höchste Ausbaustufe der Fehlerbehandlung. Das System maskiert oder korrigiert erkannte Fehlfunktionen, so dass sie nicht als Ausgabefehler sichtbar werden. Das Gütemaß ist der Korrekturfaktor als der Anteil der korrigierten Datenfehler bezogen auf die Anzahl der erkannten Datenfehler:

$$\eta_{Korr} = \frac{\varphi_{korr}}{\varphi_{\triangleright\checkmark}} \tag{2.231}$$

(η_{Korr} – Korrekturfaktor; $\varphi_{\triangleright\checkmark}$ – Anzahl der erkannten Datenfehler). Der Korrekturfaktor ist eine Überdeckungsgröße wie die Datenfehlerüberdeckung, die Diversität etc., die sich durch denselben statistischen Zählprozess beschreiben lässt und entsprechend auch dieselbe Verteilung besitzt.

Die zu erwartende Anzahl der Datenfehler, die nach außen hin sichtbar werden, ist die zu erwartende Anzahl aller auftretenden Datenfehler abzüglich der erkannten und korrigierten Datenfehler:

$$E\left(\varphi_{FT}\right) = E\left(\varphi_{\triangleright}\right) \cdot \left(1 - E\left(FC_{\triangleright}\right) \cdot E\left(\eta_{Korr}\right)\right) \tag{2.232}$$

Die Zuverlässigkeit eines fehlertoleranten Systems erhöht sich umgekehrt proportional zur Abnahme der zu erwartenden Anzahl der Datenfehler:

$$Z_{FT} = \frac{Z}{1 - E\left(FC_{\triangleright}\right) \cdot E\left(\eta_{Korr}\right)} \tag{2.233}$$

Sie ist proportional zur Zuverlässigkeit des Systems ohne Fehlertoleranz. Fehlertoleranz ist damit kein Ersatz für die Fehlervermeidung und die Iteration aus Test und Fehlerbeseitigung, sondern eine Ergänzung zur Zuverlässigkeitserhöhung.

2.7.1 Die Güte fehlerkorrigierender Codes

Ein fehlerkorrigierender Code korrigiert nur einen kleinen Teil der möglichen Datenverfälschungen (vgl. Abschnitt 1.4.5). Der zu erwartende Korrekturfaktor ist entsprechend das Verhältnis aus der Auftrittshäufigkeit korrigierbarer Datenfehler zur Auftrittshäufigkeit von Datenfehlern insgesamt. Der Trick ist, den Code so zu wählen, dass die zu erwartenden Datenfehler überwiegend gleich den korrigierbaren Datenfehlern sind.

Der typische Datenfehler beim Empfang nach einer Übertragung oder beim Lesen von einem Massenspeicher ist der Burstfehler. Burstfehler entstehen durch seltene, zeitlich begrenzte Übertragungsstörungen oder Kratzer auf Massenspeichern. Sie zeichnen sich dadurch aus, dass in einer ansonsten fehlerfreien Datenfolge kurze fehlerhafte Teilfolgen enthalten sind. Innerhalb eines Burstfehlers sind natürlich nicht alle Bits invertiert, sondern die Burstlänge gibt den Abstand vom ersten zum letzten verfälschten Bit an. Die Kenngrößen zur Beschreibung von Burstfehlern sind:

N_{Burst} Anzahl der Burstfehler in einem Datenblock
L_{Burst} Burstlänge in Bit.

Fehlerkorrigierende Codes für Burstfehler korrigieren alle Codewörter mit bis zu N_{KB} Burstfehlern der Länge L_{KB} je Datenblock. Der zu erwartende Korrekturfaktor ist das Produkt aus den Wahrscheinlichkeiten, dass die Burstfehleranzahl und die Burstlänge nicht größer als die maximal korrigierbaren Werte sind, geteilt durch die Wahrscheinlichkeiten, dass überhaupt ein Fehler aufgetreten ist (Burstfehleranzahl und Burstlänge größer 0):

$$E\left(\eta_{\text{Korr}}\right) = \frac{P\left(1 \leq N_{\text{Burst}} \leq N_{\text{KB}}\right) \cdot P\left(1 \leq L_{\text{Burst}} \leq L_{\text{KB}}\right)}{P\left(N_{\text{Burst}} > 0\right) \cdot P\left(L_{\text{Burst}} > 0\right)} \qquad (2.234)$$

Die Anzahl der Burstfehler je Datenblock und die Burstlänge sind dabei Zufallsgrößen.

Beispiel 2.12: *Wie groß ist der zu erwartende Korrekturfaktor eines Codes, der je Datenblock $N_{\text{KB}} = 1$ Burstfehler der Länge $L_{\text{KB}} = 4$ korrigieren kann, wenn die Anzahl der Burstfehler je Block einer Poisson-Verteilung mit dem Erwartungswert $E\left(N_{\text{Burst}}\right) = 0{,}1$ und die zu erwartende Burstlänge einer Poisson-Verteilung mit dem Erwartungswert $E\left(L_{\text{Burst}}\right) = 2$ gehorcht?*

Nach Gl. 2.234 ist der zu erwartende Korrekturfaktor:

$$E\left(\eta_{\text{Korr}}\right) = \frac{\text{Poi}\left(1,\, 0{,}1\right)}{1 - \text{Poi}\left(0,\, 0{,}1\right)} \cdot \frac{\sum_{k=1}^{4} \text{Poi}\left(k,\, 2\right)}{1 - \text{Poi}\left(0,\, 2\right)}$$

$$= \frac{e^{-0{,}1} \cdot \frac{0{,}1}{1!}}{1 - e^{-0{,}1}} \cdot \frac{\sum_{k=1}^{4} e^{-2} \cdot \frac{2^k}{k!}}{1 - e^{-2}}$$

$$= 95{,}8\% \cdot 93{,}9\% \approx 90\%$$

2.7.2 Korrektur durch Wiederholung

Abbildung 2.50 zeigt ein typisches System, das erkannte Datenfehler durch Wiederholung korrigiert. Die Überwachung soll hier nach einem anderes Verfahren als Verdopplung und Vergleich erfolgen, d. h. mit einer Probe und/oder einem Plausibilitätstest. Bei einem unbeständigen Fehlverhalten – die ersten und die zweite Berechnung liefern abweichende Ergebnisse – wird die Berechnung solange wiederholt, wie die Überwachungsfunktion ein Fehlverhalten signalisiert. Bei einem beständigen Fehlverhalten wird nach der zweiten Berechnung signalisiert, dass das Ergebnis nicht korrigierbar ist.

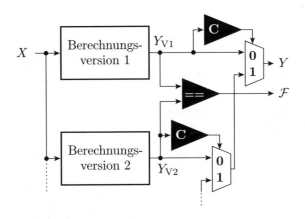

Abb. 2.50. Korrektur durch Wiederholung

Bei einer Fehlerkorrektur durch Wiederholung gehorcht der Korrekturfaktor ähnlichen Gesetzen wie die Datenfehlerüberdeckung bei Verdopplung und Vergleich. Unbeständige Datenfehler, verursacht durch Störungen oder unbeständige Fehler, ändern ihr Fehlverhalten in jeder Berechnungsversion. Sie werden korrigiert:

$$\eta_{\text{Korr}\star} = 1 \qquad (2.235)$$

Der Anteil der korrigierbaren beständigen Datenfehler ist gleich der Diversität der Berechnung:

$$\eta_{\text{Korr}\diamond} = \eta_{\text{Div}} \qquad (2.236)$$

Der zu erwartende Gesamtkorrekturfaktor ist der gewichtete Mittelwert der zu erwartenden Korrekturfaktoren für beständige und unbeständige Datenfehler (vgl. Gl. 2.218):

$$E\left(\eta_{\text{Korr}}\right) = E\left(\eta_\star\right) + \left(1 - E\left(\eta_\star\right)\right) \cdot E\left(\eta_{\text{Div}}\right) \qquad (2.237)$$

($\eta_\star$ – Anteil der unbeständigen Datenfehler; η_{Div} – Diversität). Eingesetzt in Gl. 2.233 erhöht die Wiederholung nach erkannten Datenfehlern die Zuverlässigkeit auf:

$$Z_{\text{FT}} = \frac{Z}{1 - E\left(FC_{\triangleright}\right) \cdot \left(E\left(\eta_{\star}\right) + \left(1 - E\left(\eta_{\star}\right)\right) \cdot E\left(\eta_{\text{Div}}\right)\right)} \qquad (2.238)$$

($FC_{\triangleright}$ – Datenfehlerüberdeckung).

2.7.3 Mehrheitsentscheid

Bei einem Mehrheitsentscheid werden $N_{\text{Vers}} \geq 3$ Versionen des Ergebnisses berechnet und das Mehrheitsergebnis ausgewählt (vgl. Abbildung 1.43). Wir beginnen mit der Abschätzung des Korrekturfaktors eines Dreiversionssystems für unbeständige Datenfehler. Die Wahrscheinlichkeit, dass die Ausgabe einer Berechnungsversion zu einem Votierzeitpunkt zufällig verfälscht ist, ist das Verhältnis aus dem Zeitabstand zwischen zwei Votierzeitpunkten t_{Vot} zur störungsbezogenen Teilzuverlässigkeit $Z_{\star}$ des Einzelsystems. Die Anzahl der gleichzeitig falschen Ergebnisse φ_{Vot} zum Votierzeitpunkt gehorcht der Binomialverteilung:

$$P\left(\varphi_{\text{Vot}} = k\right) = \text{Bin}\left(k, 3, \frac{t_{\text{Vot}}}{Z_{\star}}\right)$$
$$= \binom{3}{k} \cdot \left(\frac{t_{\text{Vot}}}{Z_{\star}}\right)^k \cdot \left(1 - \left(\frac{t_{\text{Vot}}}{Z_{\star}}\right)\right)^{3-k} \qquad (2.239)$$

Ein Dreiversionssystem korrigiert genau dann einen Datenfehler, wenn zwei Versionen je Votierschritt das richtige und eine Version ein falsches Ergebnis liefern. Der zu erwartende Korrekturfaktor für unbeständige Datenfehler ist entsprechend:

$$E\left(\eta_{\text{Korr}\star}\right) = \frac{\text{Bin}\left(1, 3, \frac{t_{\text{Vot}}}{Z_{\star}}\right)}{1 - \text{Bin}\left(0, 3, \frac{t_{\text{Vot}}}{Z_{\star}}\right)}$$
$$= \frac{3 \cdot \left(\frac{t_{\text{Vot}}}{Z_{\star}}\right) \cdot \left(1 - \left(\frac{t_{\text{Vot}}}{Z_{\star}}\right)\right)^2}{1 - \left(1 - \left(\frac{t_{\text{Vot}}}{Z_{\star}}\right)\right)^3}$$
$$= \frac{1 - 2 \cdot \left(\frac{t_{\text{Vot}}}{Z_{\star}}\right) + \left(\frac{t_{\text{Vot}}}{Z_{\star}}\right)^2}{1 - \frac{t_{\text{Vot}}}{Z_{\star}} + \frac{1}{3} \cdot \left(\frac{t_{\text{Vot}}}{Z_{\star}}\right)^2} \qquad (2.240)$$

Da der zeitliche Votierabstand im Vergleich zur störungsbezogenen Teilzuverlässigkeit in der Regel vernachlässigbar gering ist, werden praktisch alle unbeständigen Datenfehler korrigiert:

$$E\left(\eta_{\text{Korr}\star}\right) = 1$$

Eine Erhöhung der Versionsanzahl auf $N_{\text{Vers}} > 3$ kann hier nichts mehr verbessern.

Für Datenfehler durch Fehler soll vereinfacht gelten, dass sie entweder die Ausgaben aller Versionen unabhängig voneinander oder genau in derselben Weise verfälschen. Unter dieser Annahme ist der zu erwartende Korrekturfaktor unabhängig von der Versionsanzahl gleich der Diversität. Der Gesamtkorrekturfaktor beträgt:

$$E(\eta_{\text{Korr}}) = E(\eta_\star) + (1 - E(\eta_\star)) \cdot E(\eta_{\text{Div}}) \tag{2.241}$$

Der zu erwartende Korrekturfaktor für den Mehrheitsentscheid berechnet sich nach derselben Formel wie die zu erwartende Datenfehlerüberdeckung bei Verdopplung und Vergleich (vgl. Gl. 2.237). Es werden auch exakt dieselben Datenfehler korrigiert, die der Vergleich erkennt. Der Anteil der erkannten Datenfehler ist dadurch gleich dem Anteil der korrigierten und auch gleich dem Anteil der erkannten und korrigierten Datenfehler. Gl. 2.233 vereinfacht sich zu:

$$Z_{\text{FT}} = \frac{Z}{(1 - E(\eta_{\text{Korr}}))} \tag{2.242}$$

Mit dem Korrekturfaktor nach Gl. 2.241 erhöht ein $N_{\text{Vers}} \geq 3$-Versionssystem die Zuverlässigkeit gegenüber einem Einzelsystem auf:

$$Z_{\text{FT}} = \frac{Z}{1 - E(\eta_\star) - (1 - E(\eta_\star)) \cdot E(\eta_{\text{Div}})} \tag{2.243}$$

Für die Zuverlässigkeit ist es dabei ohne Bedeutung, ob die dritte und alle weiteren Berechnungen erst erfolgen, nachdem der Vergleich der Ergebnisse der beiden ersten Berechnungen zu einem Vergleichsfehler geführt hat, oder ob gleich alle N_{Vers} Ergebnisse berechnet werden (vgl. Abbildung 1.44).

2.7.4 Verfügbarkeit

In den Einsatzbereichen für fehlertolerante Systeme ist neben einer hohen Zuverlässigkeit auch oft eine hohe Verfügbarkeit gefordert. Die Verfügbarkeit V eines Systems ist nach Definition 1.5 die Wahrscheinlichkeit, dass das System zu einem gegebenen Zeitpunkt in der Lage ist, seine Aufgaben zu erfüllen. Voraussetzungen hierfür sind, dass

- keine Komponente, die für die Erfüllung seiner Aufgaben benötigt wird, ausgefallen und noch nicht repariert ist
- kein Teilsystem abgestürzt und noch nicht neu initialisiert ist
- das System sich in keinem Fehlerzustand befindet und gerade eine Fehlerbehandlung durchgeführt wird und
- auch kein anderer technisch bedingter Grund für eine Nichtverfügbarkeit besteht.

Jedes potenzielle Verfügbarkeitsproblem wird durch eine Teilverfügbarkeit beschrieben, die die Wahrscheinlichkeit angibt, dass das System zum Betrachtungszeitpunkt aus dem zugeordneten Verfügbarkeitsproblem _nicht_ nicht verfügbar ist.

Verfügbarkeiten und Teilverfügbarkeiten werden jeweils aus zwei Zeiten abgeschätzt:

- der mittleren Zeit zwischen dem Auftreten des betrachteten Verfügbarkeitsproblems und
- der mittleren Problembeseitigungszeit.

Da sich ein Verfügbarkeitsproblem auch immer in einer Fehlfunktion äußert, ist die mittlere Zeit zwischen dem Auftreten eines Verfügbarkeitsproblems auch gleichzeitig eine Teilzuverlässigkeit Z_i. Für jede Teilverfügbarkeit gilt entsprechend:

$$V_i = 1 - \frac{E\left(t_{\mathrm{Rep}.i}\right)}{Z_i + E\left(t_{\mathrm{Rep}.i}\right)} \tag{2.244}$$

($E\left(t_{\mathrm{Rep}.i}\right)$ – mittlere Problembeseitigungszeit; Z_i – Teilzuverlässigkeit in Bezug auf das Verfügbarkeitsproblem i). Aus Gl. 2.244 ist ablesbar, dass eine hohe Verfügbarkeit zum einen eine hohe Zuverlässigkeit und zum anderen eine kurze mittlere Problembeseitigungszeit verlangt.

Ein potenzieller Grund für die Nichtverfügbarkeit eines Systems ist der Ausfall einer Komponente. Die zu erwartende Beseitigungszeit für einen Ausfall ist die mittlere Reparaturzeit $MTTR$ (engl. mean time to repair). Die mittlere Zeit zwischen zwei Ausfällen ist die mittlere Lebensdauer $E\left(t_{\mathrm{L}}\right)$ nach Gl. 2.182, die in der Gebrauchsphase nach Gl. 2.183 gleich der charakteristischen Lebensdauer τ_{L} ist:

$$V_{\blacklozenge.i} = 1 - \frac{MTTR}{\tau_{\mathrm{L}.i} + MTTR} \tag{2.245}$$

($\tau_{\mathrm{L}.i}$ – charakteristische Lebensdauer des betrachteten (Teil-) Systems). Die charakteristische Lebensdauer τ_{L} eines Rechners oder einer Rechnerbaugruppe liegt in der Größenordnung von mehreren Jahren, die Ersatzbeschaffung und Reparatur eines Rechners dauert gewöhnlich nicht länger als ein Arbeitstag. Mit den Werten $\tau_{\mathrm{L}} = 10 \cdot 365$ Tage und $MTTR = 1$ Tag für einen Rechner ergibt sich beispielsweise eine ausfallbezogene Verfügbarkeit von:

$$V_{\blacklozenge} = 1 - \frac{1}{10 \cdot 365 + 1} \approx 99{,}97\%$$

Das ist ein so hoher Wert, dass die ausfallbezogene Verfügbarkeit die Gesamtverfügbarkeit eines Systems kaum noch beeinträchtigt (vgl. Beispiel 1.1). Mit einem Ersatzsystem, das bei einem Ausfall des Hauptsystems sofort dessen Aufgaben übernimmt, lässt sich die ausfallbedingte Verfügbarkeit auch problemlos auf 99,999% erhöhen.

Ein größeres Verfügbarkeitsproblem als Ausfälle und Reparaturzeiten stellen normale Fehlfunktionen und die Zeiten für die Fehlerbehandlung dar. Fehlfunktionen treten viel häufiger als Ausfälle auf. Nach jeder erkannten Fehlfunktion wird die Arbeit unterbrochen und eine Fehlerbehandlung gestartet.

Die einfachste Form der Fehlerbehandlung ist ein Programmabbruch mit einer Fehlermeldung. Danach ist der Benutzer für einige Zeit damit beschäftigt, sich um möglicherweise verlorene Daten zu kümmern, das Programm oder den Rechner neu zu starten und den alten Bearbeitungszustand wiederherzustellen. Das dauert mindestens einige Minuten und kann bei einem größeren Datenverlust auch im Einzelfall mehrere Tage oder Wochen dauern. Die Minimierung der mittleren Problembeseitigungszeit $E\left(t_{\mathrm{Rep}.i}\right)$ verlangt vor allem, dass die Daten des Systems regelmäßig so gesichert werden, dass sie bei einer Fehlfunktion nicht zerstört werden können.

Auch für die Fehlerbehandlung gibt es Automatismen. In Abschnitt 1.4 wurde hierzu bereits das Verfahren der automatischen Datensicherung und der dynamischen Neuinitialisierung vorgestellt. Bei diesem Verfahren wird an Kontrollpunkten im Programmfluss im fehlerfreien Fall der Systemzustand gesichert. Bei einer erkannten Problemsituation wird das System mit dem letzten gesicherten Zustand neu initialisiert. Eine Ergänzung hierzu ist die Protokollierung der Benutzerinteraktionen. Eine solche Protokollierung beginnt immer an einem Kontrollpunkt nach der Anfertigung einer Sicherheitskopie. Aufgezeichnet werden alle Eingaben, z. B. auch alle Editieranweisungen. Nach Anfertigen der nächsten Sicherheitskopie wird das alte Protokoll gelöscht und der Prozess beginnt von vorn. Wenn es zu einem Absturz oder einer anderen Fehlfunktion kommt, kann nach der Neuinitialisierung mit der letzten Sicherheitskopie mit einem gewissen Rechenaufwand der komplette alte Bearbeitungszustand automatisch rekonstruiert werden.

Fehlertolerante Systeme besitzen oft eine Strukturredundanz in Form von

- Ersatzkomponenten zur Reparaturbeschleunigung nach Ausfällen
- Systemduplikaten für eine Fehlererkennung nach dem Prinzip Verdopplung und Vergleich oder für einen Mehrheitsentscheid
- einem Pool identischer Rechner, in dem die verfügbaren Rechner die Aufgaben der nicht verfügbaren Rechner mit übernehmen können.

Für die Abschätzung der Gesamtverfügbarkeit dient der Verfügbarkeitsplan. Notwendige Komponenten bilden genau wie im Überlebensplan eine Reihenschaltung. Die Reservekomponenten bilden parallele Zweige zum Hauptsystem. Eine Reihenschaltung ist verfügbar, wenn alle Komponenten verfügbar sind. Eine Parallelschaltung ist verfügbar, wenn mindestens ein Zweig verfügbar ist. Für die Abschätzung der Gesamtverfügbarkeit ist zwischen unabhängigen und abhängigen Gründen der Nichtverfügbarkeit zu unterscheiden.

Das Vorbild für einen Verfügbarkeitsplan ist wie für einen Überlebensplan eine Schaltung aus Glühlampen. Für Glühlampen gilt, dass sie entweder funktionieren und damit verfügbar sind, oder keinen Strom leiten, so dass auch alle in Reihe geschalteten Glühlampen nicht verfügbar sind. Am Beispiel eines Systems aus Glühlampen bedeutet Unabhängigkeit, dass die Lampen einzeln zu einem zufälligen Zeitpunkt ausfallen und einzeln zu einem zufälligen Zeitpunkt gewechselt werden. Mögliche Abhängigkeiten sind gemeinsame Ausfallursachen, z. B. Blitzschlag oder Wandalismus, oder eine Kopplung der Reparaturzeitpunkte, z. B. Austausch, erst wenn mehrere Lampen kaputt sind. Bei unabhängigen Gründen der Nichtverfügbarkeit ist die Verfügbarkeit einer Reihenschaltung das Produkt der Teilverfügbarkeiten:

$$V_{\text{Reihe}} = V_1 \cdot V_2 \qquad (2.246)$$

Bei einer Parallelschaltung aus unabhängig voneinander verfügbaren Komponenten ist die Nichtverfügbarkeit des Systems das Produkt der Nichtverfügbarkeiten der Komponenten:

$$V_{\text{Parallel}} = 1 - (1 - V_1) \cdot (1 - V_2) \qquad (2.247)$$

Als Beispiel soll der Verfügbarkeitsplan einer Lampenschaltung aufgestellt und die Gesamtverfügbarkeit abgeschätzt werden.

Beispiel 2.13: *Gesucht ist der Verfügbarkeitsplan und die Gesamtverfügbarkeit der Schaltung in Abbildung 2.51. Das System soll als verfügbar gelten, wenn mindestens eine Glühlampe leuchtet. Die charakteristische Lebensdauer einer Glühlampe sei $\tau_L = 1000$ Stunden und die mittlere Zeit, bis eine defekte Glühlampe gewechselt wird, sei $MTTR = 1$ Tag. Die Verfügbarkeit der Spannungsversorgung sei $V_U = 99{,}9\%$.*

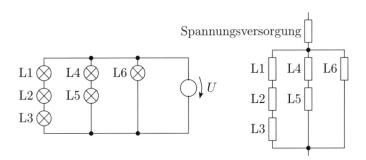

Abb. 2.51. Stromlaufplan einer Schaltung mit mehreren Glühlampen und der zugehörige Verfügbarkeitsplan

Im Verfügbarkeitsplan werden aus den Lampen Teilsysteme. Ihre Verschaltung bleibt erhalten. Die Spannungsversorgung ist eine notwendige Komponente und liegt deshalb in Reihe zum Rest des Systems.

Die Verfügbarkeit einer einzelnen Glühlampe ist nach Gl. 2.245

$$V_{\blacklozenge.i} = 1 - \frac{24\,\text{Stunden}}{1024\,\text{Stunden}} = 97{,}66\%$$

Die Verfügbarkeit der Reihenschaltung der Lampen L1 bis L3 ist nach Gl. 2.246

$$V_{\blacklozenge L123} = (97{,}66\%)^3 = 93{,}13\%$$

und der Lampen L4 und L5:

$$V_{\blacklozenge L45} = (97{,}66)^2 = 95{,}37\%$$

Die Parallelschaltung aller drei Zweige hat nach Gl. 2.247 die Verfügbarkeit:

$$V_{\blacklozenge L1-5} = 1 - (1 - 93{,}13\%) \cdot (1 - 95{,}37\%) \cdot (1 - 97{,}66\%)$$
$$= 99{,}99\%$$

Die Gesamtverfügbarkeit einschließlich Spannungversorgung beträgt:

$$V_{\blacklozenge \text{ges}} = V_{\text{U}} \cdot V_{\blacklozenge L1-5} = 99{,}99\% \cdot 99{,}9\% \approx 99{,}9\%$$

Kehren wir zurück zu Rechnern. Rechner haben eine höhere Verfügbarkeit als Glühlampen. Zwei parallele Rechner im Verfügbarkeitsplan mit je einer Verfügbarkeit von $> 99\%$ besitzen bei unabhängigen Gründen der Nichtverfügbarkeit eine Gesamtverfügbarkeit von $> 99{,}99\%$. Mehr Strukturredundanz ist nicht anstrebenswert, dann die Gesamtverfügbarkeit eines Rechners in seiner Anwendung wird im Allgemeinen durch andere, kleinere Teilverfügbarkeiten bestimmt.

2.8 Zusammenfassung

Die fehlerbezogene Teilzuverlässigkeit wird hauptsächlich über Fehlervermeidung, Test und Fehlerbeseitigung sichergestellt. Das Auftreten eines einzelnen Fehlers ist Zufall. Da ist alles möglich. Selbst alte Profis werden immer wieder von der Obskurität der Fehler und ihren Auswirkungen auf das Verhalten informationsverarbeitender Systeme überrascht. Für große Systeme mit vielen zu erwartenden Fehlern und für den Mittelwert der Fehleranzahl vieler gleichartiger Systeme sind jedoch Vorhersagen möglich. Die zu erwartende Fehleranzahl ist etwa der Quotient aus dem Arbeitsaufwand, den das System verkörpert, und der Zuverlässigkeit des Entstehungsprozesses. Für unabhängig voneinander entstehende Fehler und eine konstante Prozesszuverlässigkeit ist ihre Anzahl poisson-verteilt. In der Praxis schwankt die Prozesszuverlässigkeit, was zu einer Ausbildung von Fehlerclustern führt. Fehlerclusterung bedeutet für die Fehleranzahl, dass sich bei gleichem Erwartungswert der Anteil der fehlerfreien Produkte erhöht. Das Modell »konstante Prozesszuverlässigkeit« ist deshalb in gewissem Sinne der ungünstigste Fall.

Das Bindeglied zwischen der Fehleranzahl und der Zuverlässigkeit ist die Fehlerdichte. Sie beschreibt den zu erwartenden Anteil der Fehler in Abhängigkeit von den Teilzuverlässigkeiten der Fehler, ist ein charakteristisches, experimentell bestimmbares Merkmal eines Systems, das vor allem von den bereits durchgeführten Tests und Fehlerbeseitigungsiterationen bestimmt wird und kann durch eine Potenzfunktion angenähert werden. Die fehlererkennenden

Eigenschaften von Tests, sowohl für einzelne Tests als auch für die Gesamtheit der Tests einer Prüftechnologie, werden durch das Fehlernachweisprofil beschrieben. Das verallgemeinerte Fehlernachweisprofil lautet nach Gl. 2.94:

$$p_\diamond\left(Z\right) = 1 - \left(1 - \eta_\diamond\right) \cdot e^{-\frac{t_T}{Z}}$$

und schließt die Fälle

- Zufallstest ($\eta_\diamond = 0$)
- Tests, deren Fehlernachweisverhalten nicht von den Teilzuverlässigkeiten der Fehler abhängt ($t_T = 0$), und
- den Test mit Testsätzen, die auf Modellfehlerbasis berechnet werden ($\eta_\diamond > 0$, $t_T > 0$)

mit ein. Mit dem verallgemeinerten Fehlernachweisprofil und einer Potenzfunktion als Fehlerdichte beträgt die Fehleranzahl eines getesteten Systems (Gl. 2.100 und 2.112):

$$E\left(\varphi_{T\diamond}\right) = K_{XR} \cdot E\left(\varphi_{E\diamond}\right)\left(1 - \eta_\diamond\right) \cdot \left(\frac{t_{T0}}{t_T}\right)^k$$

($\varphi_{T\diamond}$ – Fehleranzahl nach dem Test und der Fehlerbeseitigung; $\varphi_{E\diamond}$ – Fehleranzahl nach dem Entstehungsprozess; K_{XR} – Vergrößerungsfaktor der Fehleranzahl durch Fehler, die bei erfolglosen Reparaturversuchen entstehen; $\eta_\diamond$ – Anteil der Fehler, die unabhängig von den Teilzuverlässigkeiten der einzelnen Fehler nachgewiesen werden; t_T – effektive Testzeit; t_{T0} – Bezugszeit für die effektive Testzeit; $0{,}2 < k < 1$ – Exponent der Fehlerdichte). Die fehlerbezogene Teilzuverlässigkeit des Systems ist abschätzungsweise (Gl. 2.116):

$$Z_{T\diamond} = \frac{t_T}{k \cdot E\left(\varphi_{T\diamond}\right)}$$

Eine hohe fehlerbezogene Teilzuverlässigkeit verlangt eine lange effektive Testzeit und eine geringe Fehleranzahl. Über die Fehleranzahl hängt die fehlerbezogene Teilzuverlässigkeit eines Systems weiterhin von der Anzahl der Fehler aus dem Entstehungsprozess, der Güte der Reparaturarbeiten und weiteren Aspekten ab.

Getestete Systeme reifen in der Einsatzphase. Wenn ein Anwender Probleme bemerkt, sucht er eine Lösung zur Umgehung der Probleme und/oder bittet den Hersteller um Unterstützung. Das passiert bei allen Anwendern in einem mehr oder weniger ausgeprägtem Maße und führt dazu, dass in der Einsatzphase immer wieder weitere Fehler beseitigt werden. Die Fehleranzahl sinkt mit der Nutzungsdauer und die Zuverlässigkeit nimmt zu. Die quantitativen Zusammenhänge sind ähnlich wie bei einem Zufallstest. Die Fehleranzahl nimmt etwa umgekehrt proportional zur k-ten Potenz der Reifezeit ab und die fehlerbezogene Teilzuverlässigkeit nimmt proportional zur $k+1$-ten Potenz der Reifezeit zu. Systeme, die sehr lange reifen, sind auch sehr zuverlässig.

Auch die Fehlervermeidung ist ein Reifeprozess. Sie zielt auf eine Verbesserung der Prozesszuverlässigkeit, die wiederum über den Arbeitsaufwand, den ein System verkörpert, die zu erwartende Anzahl der entstehenden Fehler bestimmt. In groben Zügen funktioniert ein Reifeprozess für einen Entstehungsprozess genau wie ein Reifeprozess für ein System. Unterschiede ergeben sich lediglich daraus, dass Entstehungsprozesse oft nicht deterministisch arbeiten, was die Fehlerbeseitigung sehr erschwert, und dass Entstehungsprozesse in wesentlich größerem Maße durch Störungen beeinträchtigt werden. Deshalb gibt es hier zwei weitere Ansatzpunkte für die Prozessverbesserung:

- Beherrschung der Prozesse (Annäherung eines deterministischen Verhaltens) und
- Minderung der Störanfälligkeit.

Prozessbeherrschung ist vor allem ein Problem für Entwurfsprozesse, in denen ein Kompromiss zwischen den kreativen Freiräumen für die Entwickler und der Vorhersagbarkeit ihrer Ergebnisse gefunden werden muss. Das Instrumentarium hierfür sind Prozessmodelle, gekoppelt mit administrativen Kontrollen auf ihre Einhaltung, und eine zunehmende Automatisierung aller formalisierbaren Arbeitsschritte.

Die Minderung der Störanfälligkeit zielt auf eine Minderung der Streuungen von Prozess- und Produkteigenschaften und eine Vergrößerung der relativen Toleranzbereiche ab. Der spektakulärste Schritt in dieser Richtung war der Übergang von der analogen zur digitalen Informationsverarbeitung, der nicht nur die Störanfälligkeit der Systeme, sondern auch die der Fertigungsprozesse für die Hardware drastisch verringert hat.

Die Rechnerhardware unterliegt einem Verschleiß, der nach einer gewissen Lebensdauer zu Ausfällen führt. Die mittlere Lebensdauer der heutigen Rechner ist jedoch so groß, dass Ausfälle im Vergleich zu den anderen Problemen, die die Verlässlichkeit beeinträchtigen, weniger bedeutend sind. In Anwendungen, in denen die Lebensdauer eine wichtige Rolle spielt, ist die erste Maßnahme zur Lebensdauererhöhung die Voralterung. Neu gefertigte Hardware enthält eine gewisse Anzahl von Beinahefehlern. Das sind Schwachstellen, die zu Frühausfällen führen und die Lebensdauer drastisch verkürzen. In vorgealterten Systemen sind die Komponenten, die mit »Kinderkrankheiten« behaftet waren, bereits ausgefallen, repariert oder ersetzt und haben keinen Einfluss mehr auf die zu erwartende Lebensdauer.

In Anwendungen mit sehr hohen Anforderungen an die Lebensdauer kann die zu erwartende Lebensdauer durch Reservekomponenten erhöht werden. Kalte Reserve, bei der die Reservekomponenten vor ihrem Einsatz geschont werden, ist hierbei wesentlich wirksamer als heiße Reserve, bei der die Ersatzkomponenten ständig parallel zum Hauptsystem arbeiten.

Auch mit ausgereiften Entstehungsprozessen, idealen Reparaturtechnologien und nach gründlichen und sehr langen Tests enthalten die Systeme Fehler und unterliegen Störungen. Gelegentliche Fehlfunktionen sind nicht ausschließbar. Jede Reaktion auf eine Fehlfunktion setzt voraus, dass diese erkannt wird. Die Verfahren zur Systemüberwachung sind Inspektion, Vergleich, Probe und Plausibilitätstest. Eine Inspektion ist eine manuelle Kontrolle der Ergebnisse. Ihre Datenfehlerüberdeckung wird standardmäßig über das Verfahren Fangen-und-Wiedereinfangen abgeschätzt, kann aber alternativ auch über die Modelle zur Abschätzung der Güte von Zufallstests bestimmt werden.

Eine Kontrolle durch Mehrfachberechnung und Vergleich erkennt (fast) jedes unbeständige Fehlverhalten und ist das wichtigste Verfahren, um mit diesem Typ von Fehlfunktionen umzugehen. Die Überdeckung für Datenfehler, die durch (beständige) Fehler verursacht werden, ist gleich der Diversität. Diversität ist ein Maß für die Unterschiedlichkeit der Berechnungen und hier im Buch eine experimentell bestimmbare Größe. Eine Probe hat etwa dieselben fehlererkennenden Eigenschaften wie Verdopplung und Vergleich, jedoch eine höhere natürliche Diversität.

Die übrigen Überwachungsverfahren sind Plausibilitätstests. Sie kontrollieren die Daten nicht auf Richtigkeit, sondern nur auf Zulässigkeit. Zu diesen Verfahren gehören Bereichsüberwachungen, fehlererkennende Codes, Syntaxtests und Zeitüberwachungen. Ein grober Richtwert für die zu erwartende Datenfehlerüberdeckung von Plausibilitätstests ist 1 abzüglich der Codeauslastung. Die Codeauslastung ist der Anteil der zulässigen Variationen eines Datenobjekts bezogen auf die Anzahl der möglichen Variationen. Für viele Plausibilitätstests ist sie fast Null.

Die Codeauslastung gibt jedoch nur dann die richtige Größenordnung des Anteils der nicht erkennbaren Datenfehler an, wenn alle Variationen für Datenverfälschungen etwa gleichwahrscheinlich sind. Fehlererkennende Codes und Überwachungsverfahren mit Prüfkennzeichen erzwingen diese Eigenschaft durch eine pseudozufällige Zuordnung zwischen Daten und Codewörtern. Der Anteil der nichterkennbaren Datenfehler sinkt hier exponentiell mit der Anzahl der redundanten Bits und kann dadurch beliebig klein gehalten werden. Für die meisten anderen Plausibilitätstests hängt die zu erwartende Datenfehlerüberdeckung von den zu erwartenden Datenfehlern ab, so dass es schwierig ist, allgemeingültige Abschätzungen zu treffen.

Die höchste Ausbaustufe für den Umgang mit Fehlfunktionen ist die Fehlertoleranz. In einem fehlertoleranten System wird ein bestimmter Anteil der Fehlfunktionen automatisch korrigiert oder maskiert. Die Zuverlässigkeit eines fehlertoleranten Systems verhält sich proportional zur Zuverlässigkeit ohne Fehlertoleranz. Fehlertoleranz ist damit eine weitere Möglichkeit, die Zuverlässigkeit von Systemen zu erhöhen, ohne dass dadurch die anderen zuverlässigkeitssichernden Maßnahmen an Bedeutung verlieren.

Fehlererkennende Codes verlangen eine spezielle redundante Datencodierung vor der Verfälschung. Damit ist ihr Einsatzbereich auf die Korrektur gespeicherter oder übertragener Daten begrenzt. Eine weitere Voraussetzung ist, dass die Systeme, deren Datenfehler korrigiert werden, so zuverlässig sind, dass nur sehr vereinzelt Bit- oder Burstfehler auftreten. Der zu erwartende

Korrekturfaktor ist gleich der Auftrittshäufigkeit korrigierbarer Datenfehler zur Auftrittshäufigkeit aller Datenfehler.

Die andere Korrekturmöglichkeit für Fehlfunktionen ist eine Wiederholung der Berechnung. Der Korrekturfaktor einer Wiederholung ist gleich der Datenfehlerüberdeckung für das Überwachungsverfahren Verdopplung und Vergleich. Erfolgt die Datenkontrolle dabei, wie bei einem Mehrheitsentscheid, nach diesem Verfahren, werden alle korrigierbaren Fehler nachgewiesen. Die Zuverlässigkeit erhöht sich auf (vgl. Gl. 2.243):

$$Z_{\mathrm{FT}} = \frac{Z}{1 - E\left(\eta_\star\right) - \left(1 - E\left(\eta_\star\right)\right) \cdot E\left(\eta_{\mathrm{Div}}\right)}$$

($\eta_\star$ – Anteil der unbeständigen Datenfehler; η_{Div} – Diversität).

Die Verfügbarkeit eines Systems wird durch Ausfälle und Fehlfunktionen, ihre Auftrittshäufigkeiten und die zu erwartenden Zeiten für die Problembehebung bestimmt. Hohe Verfügbarkeit setzt eine hohe Zuverlässigkeit voraus. Zur Minimierung der zu erwartenden Reparaturzeiten und der zu erwartenden Zeiten für die Korrektur von Datenfehlern einschließlich der Neuinitialisierung und der Wiederherstellung verlorener Daten dienen regelmäßige Sicherheitskopien, dynamische Neuinitialisierung, die Protokollierung der Benutzerinteraktionen und Ersatzkomponenten für mögliche Ausfälle.

Verlässlichkeit hat, wie in Abschnitt 1.1.1 dargelegt, auch einen dritten Aspekt, die Sicherheit. Die Sicherheit ist die Teilzuverlässigkeit in Bezug auf Fehlfunktionen, die Katastrophen auslösen. Aus ihrer Eigenschaft heraus, eine Teilzuverlässigkeit zu sein, hängt die Sicherheit im selben Maße vom Entstehungsprozess, den durchgeführten Tests, den Datenkontrollen etc. ab wie die Gesamtzuverlässigkeit. Alle beschriebenen Maßnahmen zur Zuverlässigkeitserhöhung dienen damit auch der Sicherheitserhöhung. Darüber hinaus gibt es spezielle sicherheitstechnische Maßnahmen, die aus dem geplanten Einsatz resultieren, z. B. Notprogramme, um einen angesteuerten Prozess bei Fehlfunktionen in einen gefahrenfreien Zustand zu versetzen. Diese Maßnahmen sind jedoch nicht rechnerspezifisch und damit auch nicht Gegenstand dieses Buches.

2.9 Aufgaben und Kontrollfragen

Aufgabe 2.1

Schätzen Sie die Verteilung der Fehleranzahl eines getesteten Softwaresystems. Der Erwartungswert sei $E\left(\varphi_\diamond\right) = 16$ Fehler. Es sei ferner unterstellt, dass die Fehler unabhängig voneinander entstanden sind, so dass das System keine Fehlercluster enthält.

a) Bestimmen Sie die Verteilung und stellen Sie sie grafisch dar.

b) Bestimmen Sie die Standardabweichung und kennzeichnen Sie den Bereich:

$$[E(\varphi_\diamond) - 2 \cdot \sigma(\varphi_\diamond),\ E(\varphi_\diamond) + 2 \cdot \sigma(\varphi_\diamond)]$$

Wie hoch ist die Wahrscheinlichkeit, dass die Fehleranzahl in diesem Bereich liegt?

c) Bestimmen Sie den Bereich

$$[\varphi_{\min},\ \varphi_{\max}]$$

der Fehleranzahl, für den gilt

$$P(\varphi_\diamond < \varphi_{\min}) \leq 0{,}5\%$$
$$P(\varphi_\diamond > \varphi_{\max}) \leq 0{,}5\%,$$

und tragen Sie auch diesen Bereich in die grafische Darstellung der Verteilung mit ein. Wie hoch ist die Wahrscheinlichkeit, dass die Fehleranzahl in diesem Bereich liegt?

Aufgabe 2.2

Ein Rechner besteht aus Leiterplatten, Schaltkreisen, diskreten Bauteilen (Widerstände, Kondensatoren, . . .) und Lötstellen. Die nachfolgende Tabelle zeigt für einen Beispielrechner für alle eingesetzten Bauteiltypen deren Anzahl und deren zu erwartenden Fehleranteil DL_{BT}.

Typ	Anzahl	$E(DL_{BT})$
Leiterplatten	10	10 dpm
Schaltkreise	100	200 dpm
diskrete Bauteile	200	10 dpm
Lötstellen	10000	1 dpm

Für die Tests der Baugruppen und des kompletten Rechners sei unterstellt, dass sie alle Verbindungsfehler, aber keinen der Bauteilfehler nachweisen. Für die Bauteile und den kompletten Rechner sei unterstellt, dass die Fehleranzahl poisson-verteilt ist. Wie groß ist die zu erwartende Fehleranzahl und der zu erwartende Fehleranteil eines getesteten und als gut befundenen Rechners?

Aufgabe 2.3

Die Güte eines Fertigungsprozesses für integrierte Schaltkreise sei bekannt und betrage:

$$Q_{\text{Proz}} = 10^6\ \frac{\text{Transistoren}}{\text{Fehler}}$$

Es sei unterstellt, dass es keine Fehlercluster gibt, so dass die Fehleranzahl poisson-verteilt ist, und dass der Schaltkreistest alle Fehler findet.

a) Schätzen Sie die zu erwartende Fehleranzahl und die Ausbeute für Schaltkreise mit der folgenden Systemgröße:

Schaltkreistyp	N_{Sys} in Transistoren
A	10^5
B	10^6
C	$5 \cdot 10^6$

b) Schätzen Sie die Herstellungskosten der Schaltkreise vom Typ B und C ab. Für die Kostenabschätzung sei Folgendes unterstellt:

- Die Herstellung eines Schaltkreises vom Typ A koste eine Geldeinheit.
- Die Chipfläche der Schaltkreise verhalte sich proportional zur Transistoranzahl.
- Die Herstellungskosten eines Schaltkreises verhalten sich proportional zur verbrauchten Chipfläche. Die verbrauchte Chipfläche ist hierbei die Summe der Chipfläche für den funktionierenden Schaltkreis und der Chipflächen der Ausschussschaltkreise, die im Mittel hergestellt und weggeworfen werden, bis ein funktionierender Schaltkreis entsteht.

Aufgabe 2.4

Die Verteilung der Fehleranzahl sei eine Mischverteilung aus $N_{GG} = 3$ poissonverteilten Grundgesamtheiten:

$$P\left(\varphi_\diamond = k\right) = \sum_{i=1}^{3} a_i \cdot e^{-E(\varphi_{\diamond i})} \cdot \frac{E\left(\varphi_{\diamond i}\right)^k}{k!}$$

mit den Parametern:

i	1	2	3
a_i	0,3	0,2	0,5
$E\left(\varphi_{\diamond i}\right)$	0,5	2	10

a) Stellen Sie die Verteilungen grafisch dar.
b) Bestimmen Sie den Erwartungswert.
c) Um welchen Faktor ist die Wahrscheinlichkeit, dass ein System mit einer so verteilten Fehleranzahl fehlerfrei ist, größer als bei einem System mit einer poisson-verteilten Fehleranzahl (d. h. ohne Fehlerclusterung) und gleichem Erwartungswert?

Aufgabe 2.5

Eine Fehlerbeseitigungsiteration für Software besitze folgende Kenngrößen:

- Fehlerbeseitigungsrate $\eta_{\mathrm{Rep}} \approx 0{,}25$ beseitigte Fehler je Reparaturversuch
- Güte der Reparaturarbeiten $Q_{\mathrm{Rep}} \approx 5$ Reparaturversuche je neu entstehender Fehler
- Fehlerüberdeckung $FC_\diamond = 75\%$.

a) Um welchen Faktor K_{XR} erhöht sich die zu erwartende Fehleranzahl in dem getesteten System im Vergleich zu dem Fall, dass bei der Reparatur keine neuen Fehler entstehen?

b) Wie groß ist die zu erwartende Fehleranzahl nach der Iteration aus Test und Fehlerbeseitigung, wenn das System vor der Fehlerbeseitigungsiteration etwa $E(\varphi_{\mathrm{E}\diamond}) = 20$ Fehler enthält? Wie groß ist die zu erwartende Anzahl der Fehler, die dabei beseitigt werden?

Aufgabe 2.6

Die zu erwartende Fehleranzahl eines Softwaresystems betrage:

$$E(\varphi_{\mathrm{E}\diamond}) \approx 1000$$

Fehler. Die Fehlerdichte sei:

$$f_\diamond(Z) = \frac{(1\,\mathrm{Stunde})^{0,5}}{\Gamma(0{,}5)} \cdot Z^{-1,5} \cdot e^{-\left(\frac{1\,\mathrm{Stunde}}{Z}\right)}$$

Für die Fehlerbeseitigungsiteration sei unterstellt, dass die Anzahl der dabei entstehenden Fehler gegenüber der Anzahl der ursprünglichen Fehler vernachlässigt werden kann. Das System wird drei Tests unterzogen, die die Fehler unabhängig voneinander nachweisen:

- einer Inspektion (manuelles Korrekturlesen) mit einer zu erwartenden Fehlerüberdeckung von $E(FC_{\diamond 1}) \approx 50\%$
- dem Syntaxtest mit der zu erwartenden Fehlerüberdeckung $E(FC_{\diamond 2}) \approx 80\%$ und
- einem Zufallstest mit einer zu erwartenden Fehlerüberdeckung $E(FC_{\diamond 3})$.

a) Wie lautet das Fehlernachweisprofil für alle drei Tests zusammen?

b) Welche effektive Testzeit muss der Zufallstest haben, damit der Gesamttest die zu erwartende Fehleranzahl auf 10 verringert?

c) Wie groß ist die fehlerbezogene Teilzuverlässigkeit des Systems, nachdem die Fehlerbeseitigungsiteration die zu erwartende Fehleranzahl entsprechend Aufgabenteil b auf 10 verringert hat?

d) Welche effektive Testzeit ist erforderlich, um die fehlerbezogene Teilzuverlässigkeit auf 30 Tage zu erhöhen?

Aufgabe 2.7

Bei einer Iteration aus einem Test eines Softwareprodukts mit zufälligen Eingaben und der Beseitigung der erkannten Fehler hat sich die Anzahl der beseitigten Fehler jeweils nach folgenden Testzeiten um Eins erhöht: 15 s, 30 s, 36 s, 1,1 min, 1,8 min, 3,2 min, 5,1 min, 7,3 min, 12 min, 15 min, 22 min, 30 min, 40 min, 1 h, 1,4 h, 3 h und 6 h. Nach 8 Stunden Testzeit wurde die Iteration abgebrochen. Die Zeiten für die Fehlerlokalisierung und die Beseitigung der gefundenen Fehler (je nach Fehler Minuten bis Stunden) sind in diesen Zeitangaben nicht enthalten.

a) Konstruieren Sie aus diesen Daten eine Stufenfunktion für die Fehlerdichte mit 4 Intervallen und einer Intervallaufteilung wie in Beispiel 2.4. Überprüfen Sie das Ergebnis, indem sie für die berechnete Fehlerdichte die zu erwartende Anzahl der beseitigten Fehler als Funktion der Testzeit berechnen und mit dem experimentell bestimmten Werteverlauf vergleichen.

b) Approximieren Sie die Anzahl der beseitigten Fehler durch eine Potenzfunktion nach Gl. 2.132. Schätzen Sie dabei die Größe des Exponenten k, die zu erwartende Fehleranzahl $E(\varphi_\diamond)$ vor der Fehlerbeseitigungsiteration und die Bezugszeit t_{T0} ab.

c) Wie viele Fehler enthält das System etwa noch nach einer effektiven Testzeit von acht Stunden? Wie groß ist dann seine fehlerbezogene Teilzuverlässigkeit?

Aufgabe 2.8

Mit einem Zufallstestsatz und einer Menge von 200 Modellfehlern wurden für unterschiedliche Zufallsfolgen gleicher Länge durch Fehlersimulation folgende Fehlerüberdeckungen bestimmt: 92%, 84%, 90%, 89%, 91%, 88%, 89,5%, 91%, 88,5% und 94,5%. Wie groß ist die effektive Fehleranzahl?

Aufgabe 2.9

Bei einem Softwareprodukt wurden für die Versionen $i = 1, 2, \ldots, 5$ jeweils die Anzahl der Fehlfunktionen pro Tag gezählt und der Mittelwert gebildet. Die Ergebnisse und die Zeitdifferenzen, um die die Versionen später als die ersten Version zur Verfügung standen, sind in der nachfolgenden Tabelle zusammengestellt.

Version i	$d_i - d_1$	Fehlfunktionen pro Tag
1	0 Tage	14,80
2	10 Tage	6,19
3	40 Tage	1,86
4	100 Tage	0,43
5	200 Tage	0,18

Die Fehlerdichte sei eine Potenzfunktion mit einem unbekannten Exponenten k.

a) Ist ein Reifeprozess zu beobachten?
b) Schätzen Sie wie in Beispiel 2.7 den Parameter d_0, der den Testaufwand vor der Produktfreigabe charakterisiert, und den Exponenten k der Fehlerdichte.
c) Welche zu beobachtende Zuverlässigkeit wird eine Version, die zwei Jahre nach der ersten herausgegeben wird, etwa haben?

Aufgabe 2.10

Warum lässt sich die mittlere Lebensdauer der Hardware durch Voralterung vergrößern? Warum funktioniert das Verfahren nicht für Software?

Aufgabe 2.11

Für ein Plattenlaufwerk ist als mittlere Lebensdauer 350.000 Stunden angegeben. Wie groß ist die Wahrscheinlichkeit, dass das Plattenlaufwerk nach fünf Jahren Betriebsdauer noch funktioniert?

Aufgabe 2.12

Stellen Sie den Überlebensplan des Flugsteuersystems für den Airbus A3XX nach Abbildung 1.45 auf.

Aufgabe 2.13

Die nachfolgende Tabelle listet für alle Komponententypen eines Rechners deren Anzahl und deren Ausfallraten auf.

Typ	Anzahl	λ
Leiterplatten	10	10 fit
Schaltkreise	100	100 fit
diskrete Bauteile	200	5 fit
Lötstellen	10.000	1 fit

Es sei unterstellt, dass sich der Rechner in der Gebrauchsphase befindet und dass keine Komponente redundant ist. Welche mittlere Lebensdauer besitzt der Rechner?

Aufgabe 2.14

Ein Zeitschriftenartikel wird von zwei Personen auf Fehler durchgesehen. Person A findet 25 Fehler und Person B 19 Fehler. Die Menge der gleichen Fehler, die beide Personen gefunden haben, beträgt 11.

a) Wie groß ist die zu erwartende Anzahl der (Daten-) Fehler vor und nach der Beseitigung der gefundenen Fehler in dem Zeitschriftenartikel?
b) Wie groß ist die zu erwartende Datenfehlerüberdeckung der Inspektionen A und B einzeln und zusammen?

Aufgabe 2.15

Bei einer Ergebnisüberwachung durch Zweifachberechnung und Vergleich besitzen beide Systeme eine fehlerbezogene Teilzuverlässigkeit von $Z_\diamond = 10$ Stunden und eine störungsbezogene Teilzuverlässigkeit von $Z_\star = 30$ Stunden. Die zu erwartende Diversität der beiden Systeme beträgt $E(\eta_{\mathrm{Div}}) = 95\%$. Wie groß ist die Datenfehlerüberdeckung?

Aufgabe 2.16

Ein Datenmassiv von 1024 Bit soll zu Fehlererkennungszwecken um 32 Prüfbits verlängert werden. Es bestehen die Alternativen, 32 Bit große Teilblöcke jeweils mit einem Paritätsbit, 64 Bit große Teilblöcke jeweils mit einem 2-Bit-Prüfkennzeichen etc. bis hin zum gesamten Datenmassiv mit einem 32-Bit-Prüfkennzeichen zu versehen.

a) Wie hoch ist die zu erwartende Datenfehlerüberdeckung jeder dieser Lösungen?
b) Mit welcher Lösung werden im Mittel die meisten falschen Datenmassive erkannt?

Aufgabe 2.17

Wie groß ist das Prüfkennzeichen für die Sicherung der Übertragung von Datenpaketen zu wählen, wenn im Mittel bei jeder hundertsten Übertragung Daten verfälscht werden und von 10^{10} übertragenen Datenpaketen im Mittel nicht mehr als ein verfälschtes Datenmassiv unerkannt bleiben darf?

Aufgabe 2.18

Wie groß ist der Korrekturfaktor und die Zuverlässigkeit eines Dreiversionssystems mit Mehrheitsentscheid, wenn die Einzelsysteme eine störungsbezogene Teilzuverlässigkeit von 30 Stunden und eine fehlerbezogene Teilzuverlässigkeit von 10 Stunden haben und die zu erwartende Diversität $E(\eta_{\mathrm{Div}.i}) = 95\%$ beträgt?

3

Testauswahl und prüfgerechter Entwurf

Die hier in diesem Lehrbuch entwickelte Theorie über den Test und die Verlässlichkeit von Rechnern basiert auf Fehlerannahmen: Fehler, die entstehen, Fehler, die vermieden werden, Fehler, die gefunden werden müssen, und Fehler, die durch Modellfehler angenähert werden. Bis hierher waren Fehler irgendwelche, nicht näher bekannte Änderungen der Systemfunktion, die für bestimmte Variationen der Eingabe und des Zustands Fehlfunktionen verursachen.

In diesem Kapitel werden konkrete Fehler und Fehlermodelle behandelt, sowie die auf ihnen basierenden Techniken für die Fehlersimulation, die Testsatzberechnung und die Abschätzung der erforderlichen Testzeiten für Zufallstests. Dabei werden wir auf einen neuen Aspekt stoßen. Bei der praktischen Testauswahl und Testdurchführung können eine Reihe von Problemen auftreten, die die Testbarkeit eines Systems ernsthaft gefährden. Diese Probleme lassen sich wesentlich einfacher durch einen geeigneten Entwurf vermeiden als lösen. Das Schlagwort heißt prüfgerechter Entwurf oder DFT (engl. design for testability).

3.1 Fehler und Fehlermodellierung

In diesem Abschnitt wird der gedankliche Weg von der Analyse der zu erwartenden Fehler zur Aufstellung und Verwendung von Fehlermodellen vorgestellt. Die Beispiele sind aus dem Hardwarebereich. Im Softwarebereich ist die Idee der Fehlermodellierung bisher wenig etabliert. Das hat keine technischen, sondern ökonomische Ursachen. Das treibende Moment für die Untersuchung der Zusammenhänge zwischen Fehlern und Modellfehlern war und ist die Mikroelektronik. Schaltkreise sind riesige, nicht reparierbare Systeme. Unternehmen mit zu unzuverlässigen Entwurfs- und Fertigungsprozessen oder zu unzuverlässigen Produkten konnten und können in diesem Marktsegment nicht überleben. Qualität ist hier wichtiger als Funktionalität. Bei Software, dem Paradebeispiel für einfach zu reparierende Systeme, gilt das Gegenteil. Es gibt viele Marktsegmente für Software, in denen sich Innovation besser als Qualität verkaufen lässt. Der Hardwarebereich, insbesondere der Bereich der hochintegrierten Schaltungstechnik, hat deshalb einigen Forschungs- und Entwicklungsvorlauf im Bereich Qualitätssicherung, wie z. B. hier im Bereich der Fehlermodellierung.

3.1.1 Beispieltechnologie CMOS

Die Untersuchung der zu erwartenden Fehler und Fehlfunktionen eines Systems verlangt Beispielsysteme und beispielhaft unterstellte Entstehungsprozesse. Das Beispiel sei die CMOS-Technik als die Schaltungstechnik, in der heute fast alle hochintegrierten Schaltkreise hergestellt werden.

Im Weiteren sei vereinbart, dass ein hohes Potenzial dem Signalwert 1 und ein niedriges Potenzial dem Signalwert 0 entspricht. CMOS-Schaltungen bestehen aus NMOS- und PMOS-Transistoren. Abbildung 3.1 zeigt einen Schnitt durch beide Transistortypen. Ein NMOS-Transistor besteht aus stark n-dotierten Source- und Drain-Gebieten in einem schwach p-dotierten Substrat. Dazwischen liegt der steuerbare Kanal. Über dem Kanal befindet sich die Gateelektrode, die vom Halbleitersubstrat durch eine Isolationsschicht getrennt ist. Der vierte Anschluss ist der Substrat- oder Bulk-Anschluss, der auf dem negativsten Potenzial der Schaltung liegen muss. Bei einem geringen Gatepotenzial sind Source und Drain voneinander isoliert. Der Transistor ist ausgeschaltet. Bei einem großen Gatepotenzial nahe der Betriebsspannung U_{DD} bildet sich ein n-leitfähiger Kanal zwischen Drain und Source. Der Transistor ist eingeschaltet.

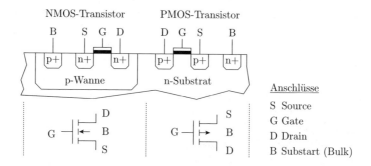

Abb. 3.1. Schnitt durch einen NMOS- und einen PMOS-Transistor und Schaltsymbole

Ein PMOS-Transistor unterscheidet sich von einem NMOS-Transistor nur darin, dass alle Dotierungen und alle Vorzeichen der Spannungen und Ströme umgekehrt sind. Die Source- und Drain-Gebiete sind stark p-dotiert und befinden sich in einem schwach n-leitfähigen Substrat, das mit dem höchsten

Potenzial der Schaltung verbunden sein muss. Bei einem hohen Gatepotenzial ist die Spannung zwischen dem Gate und dem Kanal schwach negativ. Die Verbindung zwischen Source und Drain ist unterbrochen. Bei einem geringen Gatepotenzial liegt zwischen Gate und Source eine betragsmäßig große negative Spannung an, die den Transistor einschaltet. Ein PMOS-Transistor schaltet folglich bei einem hohen Gatepotenzial, d. h. einer 1 am Eingang, aus und einem niedrigen Gatepotenzial, d. h. einer 0 am Eingang, ein.

In einer Digitalschaltung werden MOS-Transistoren als Schalter verwendet, die die Eingänge der nachfolgenden Gatter wahlweise mit dem Signalwert 0 oder 1 verbinden oder offen lassen. Bei einem offenen Gattereingang speichert die Gatekapazität den logischen Zustand für eine gewisse Zeit. Der Gattereingang wirkt wie eine DRAM-Zelle. Die gleichzeitige Verbindung mit 0 und 1 ist unzulässig und kann über die Kontrolle der Ruhestromaufnahme nachgewiesen werden (siehe später Abschnitt 3.1.5.1).

Logische Funktionen werden durch Reihen- und Parallelschaltungen von Transistoren innerhalb eines Gatters realisiert. Für die Verbindung des Gatterausgangs mit einem niedrigen Potenzial (Ausgabe einer 0) eignen sich aus elektrischen Gründen nur NMOS- und für die Verbindung mit einem hohen Potenzial (Ausgabe einer 1) nur PMOS-Transistoren. Wenn über die Drain-Source-Strecke der Transistoren, wie bei einem Multiplexer, eine 0 oder eine 1 weiterzuleiten ist, werden ein NMOS- und ein PMOS-Transistor parallel geschaltet.

Abbildung 3.2 zeigt Beispiele für CMOS-Gatter. Jedes Gatter besteht aus einem NMOS-Netzwerk, das die Lastkapazität am Gatterausgang, wenn es eingeschaltet ist, entlädt, und einem PMOS-Netzwerk, das die Lastkapazität, wenn es eingeschaltet ist, auflädt. Das einfachste Gatter ist der Inverter (Abbildung 3.2 links). Das NMOS- und das PMOS-Netzwerk bestehen nur je aus einem Transistor. Bei der Eingabe $x = 1$ ist der NMOS-Transistor ein- und der PMOS-Transistor ausgeschaltet. Ausgabewert ist 0. Eine 0 am Eingang bewirkt das Gegenteil. Der NMOS-Transistor ist ausgeschaltet, der PMOS-Transistor ist eingeschaltet und der Ausgabewert ist 1. Bei einem NOR-Gatter (Abbildung 3.2 Mitte) besteht das NMOS-Netzwerk aus einer Parallelschaltung von Transistoren, die insgesamt leitet, wenn mindestens an einem Eingang eine 1 anliegt, und das PMOS-Netzwerk aus einer Reihenschaltung, die nur leitet, wenn an allen Eingängen eine 0 anliegt.

Komplexe Gatterfunktionen werden durch eine Mischung von Reihen und Parallelschaltungen realisiert. In Abbildung 3.2 rechts ist der Ausgang über das NMOS-Netzwerk genau dann mit 0 verbunden, wenn gilt:

$$\bar{y} = x_1 x_2 \lor x_3 x_4$$

und über das PMOS-Netzwerk mit 1 verbunden wenn gilt:

$$y = (\bar{x}_1 \lor \bar{x}_2)(\bar{x}_3 \lor \bar{x}_4)$$
$$= \overline{x_1 x_2 \lor x_3 x_4}$$

Beide Netzwerke sind zueinander komplementär, so dass bei einem fehlerfreien Gatter weder der Fall auftritt, dass der Ausgang isoliert, noch dass er gleichzeitig mit 0 und 1 verbunden ist.

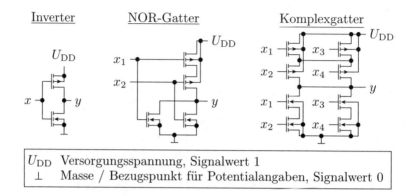

Inverter	NOR-Gatter	Komplexgatter

U_{DD}	Versorgungsspannung, Signalwert 1
$\perp$	Masse / Bezugspunkt für Potentialangaben, Signalwert 0

Abb. 3.2. Beispiele für CMOS-Gatter

3.1.2 Geometrische Fehler

Die anschaulichste Modellebene für Schaltkreisfehler ist die geometrische Ebene. Ein Schaltkreis entsteht schichtenweise:

- Bearbeitung von Schichten (z. B. Dotierung, Oxidation)
- Auftragen von Schichten (z. B. Fotolack oder Metall)
- Belichten des Fotolacks durch eine Maske, die die Geometrie der zu erzeugenden Schichtelemente festlegt
- Entfernen der belichteten (unbelichteten) Bereiche des Fotolacks
- Fortätzen der freiliegenden Schichten neben dem Fotolack und entfernen des Fotolacks.

Diese Schrittfolge wird viele Male wiederholt. Auf diese Weise entstehen nacheinander die Diffusionsgebiete, Isolationsschichten und Verbindungen der Schaltkreise. Fehler und Störungen im Fertigungsprozess bilden sich auf Veränderungen der Eigenschaften und der Geometrie einzelner oder mehrerer Schichtelemente ab [96, 137].

Globale Fehler

Globale Fehler – Prozesssteuerfehler (falsche Temperatur, falsche Materialzusammensetzung, Verschiebung einer Belichtungsmaske etc.) – beeinträchtigen alle oder viele Elemente einer Schicht in derselben Weise. Aus Testsicht ist zwischen globalen Fehlern mit geringfügiger und globalen Fehlern mit schwerwiegender Fehlerwirkung zu unterscheiden. Eine schwerwiegende Fehlerwirkung ist z. B., wenn die Transistoren mit fehlerhaften Schichtelementen überhaupt nicht funktionieren. Dieser Fehlertyp ist mit einem kurzen Zufallstest, dem Grobtest, nachweisbar und für die Testauswahl uninteressant. In dem Experiment aus [98], das Abbildung 3.3 zugrunde liegt, wurden 28% der Fehler vom Grobtest erkannt.

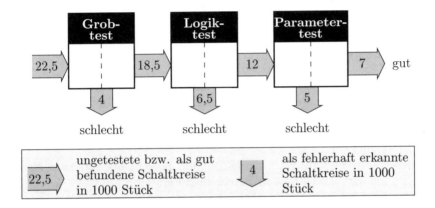

Abb. 3.3. Mehrstufiger Schaltkreistest am Beispiel des Mikroprozessors 6802 nach [98]

Globale Fehler mit geringfügiger Fehlerwirkung beeinträchtigen gleichfalls viele gleichartige Strukturen (veränderte Schichteigenschaften, Transistorparameter, geometrische Abmessungen etc.). Die fehlerhaften Strukturen funktionieren eingeschränkt, besitzen aber nicht alle Soll-Eigenschaften (Schaltgeschwindigkeit, Stromaufnahme, Lebensdauer etc.). Diese Fehler werden als Parameterfehler bezeichnet.

Zum Nachweis von Parameterfehlern dient der Parametertest. Eine Stichprobe elektrischer Parameter (Ströme, Spannungen, Schichtwiderstände etc.) wird auf Einhaltung der Fertigungstoleranzen kontrolliert [135, 137]. Der Parametertest nutzt dabei die Eigenart, dass ein globaler Fehler die Eigenschaften vieler gleichartiger Strukturen in derselben Weise verändert. Es wird von jedem Parametertyp nur eine kleine Stichprobe getestet, diese jedoch gründlich. Der Parametertest misst hierzu die Ströme und Spannungen an den Anschlüssen des Schaltkreises sowie Laufzeiten ausgewählter Signalwege. Zusätzlich werden auf den Schaltkreis-Wafern oft einige spezielle Teststrukturen mitgefertigt, die eine genaue Kontrolle einzelner Schichteigenschaften erlauben (siehe auch Abbildung 2.5). Wenn alle Parameter der untersuchten Stichprobe innerhalb ihrer Toleranzbereiche liegen, sind auch mit hoher Wahrscheinlichkeit die Parameter der nicht untersuchten Halbleiterstrukturen im zulässigen Bereich. In dem Experiment in Abbildung 3.3 sortiert der Parametertest 21% der Fehler aus.

Ein einzelner globaler Fehler beeinträchtigt die Funktion mehrerer oder aller Schaltkreise auf einem Wafer oder aus einem Produktionslos. Das ist natürlich eine schwerwiegende Beeinträchtigung für die Ausbeute und die Rentabilität einer Fertigung. Die Beseitigung der Entstehungsursachen für globale Fehler hat deshalb in jedem reifenden Fertigungsprozess die höchste Priorität (vgl. Abschnitt 2.4.2). In ausgereiften Entstehungsprozessen treten entsprechend nur noch selten globale Fehler auf.

Lokale Fehler

Lokale Fehler beeinträchtigen nur einen kleinen geometrischen Ausschnitt auf einem Schaltkreis, oft nur eine einzelne Halbleiterstruktur. Sie verursachen nur für einen geringen Anteil der möglichen Eingabevariationen Fehlfunktionen, sind entsprechend schwer nachzuweisen und bilden die eigentlichen Zielfehler für die Testauswahl.

Das gebräuchlichste Fehlermodell für die Berechnung von Modellfehlermengen aus der geometrischen Beschreibung eines Schaltkreises beschränkt sich auf Einzelfehlerannahmen des Typs:

- Kurzschluss zwischen benachbarten leitfähigen Strukturen (zusätzliches Leitungsmaterial, fehlendes Isolationsmaterial).
- Unterbrechung einer leitfähigen Struktur (fehlendes Leitungsmaterial, zusätzliches Isolationsmaterial, vgl. Abbildung 3.4).

Eine Studie an zahlreichen CMOS-Standardzellen besagt, dass bis zu 90% der zu erwartenden logisch nachweisbaren lokalen Fehler tatsächlich einfache oder mehrfache Kurzschlüsse und Unterbrechungen sind [64].

Die restlichen 10% der lokalen geometrischen Fehlermöglichkeiten – z. B. Fehler in den Diffusionsgebieten und im Kanalbereich der Transistoren – bleiben, weil sie schwerer zu modellieren sind, unberücksichtigt. Die Vernachlässigung von Fehlermöglichkeiten im Fehlermodell bedeutet nicht, dass der Testsatz diese Fehler nicht findet. Es werden lediglich keine identischen, dafür aber ähnlich nachweisbare Modellfehler berücksichtigt (siehe später Abschnitt 3.1.4.5 und 3.1.4.6).

Schätzen der Fehlerauftrittshäufigkeiten über die kritische Fläche

Die Kurzschluss- und Unterbrechungsmöglichkeiten in einem Schaltkreis haben ganz unterschiedliche Auftrittshäufigkeiten. Das Kurzschlussrisiko steigt mit abnehmendem Abstand zu benachbarten Strukturen und das Unterbrechungsrisiko mit der Länge einer Leitung. Ein einfacher analytischer Ansatz

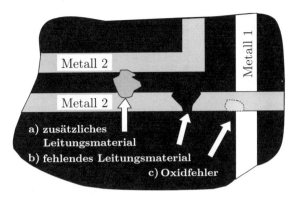

Abb. 3.4. Modellierung von geometrischen Fehlern durch fehlendes und zusätzliches Material

für die Abschätzung der Fehlerauftrittshäufigkeiten $h_{\diamond i}$ aus der Schaltkreisgeometrie ist das Modell der kritischen Fläche. Die Fehler werden als Kreise einheitlicher Größe und mit variablem Mittelpunkt modelliert. Die kritische Fläche ist der Bereich, auf dem sich der Mittelpunkt der kreisförmigen Fehlerfläche bewegen kann, so dass der Fehler entsteht [64, 120, 127]. Die Größe der kritischen Fläche ist ein Maß für das Risiko, dass der betrachtete Fehler tatsächlich einmal auftritt. Für einen Kurzschluss zwischen zwei parallelen Leitungen beträgt sie:

$$A_\diamond = \begin{cases} (2 \cdot r_\diamond - a_L) \cdot l_L & \text{für} \quad 2 \cdot r_\diamond > a_L \\ 0 & \text{sonst} \end{cases} \tag{3.1}$$

($r_\diamond$ – Radius der Fehlerfläche; a_L – Leitungsabstand; l_L – Länge der parallelen Leitungsführung). Für einen Leitungsabstand

$$2 \cdot r_\diamond > a_L > r_\diamond \tag{3.2}$$

ist die kritische Fläche ein Streifen zwischen den Leitungen (Abbildung 3.5 a). Ist der Leitungsabstand $a_L < r_\diamond$, ist die kritische Fläche breiter als der Leitungsabstand (Kurzschluss 2-3 in Abbildung 3.5 b). Für eine Leitungsunterbrechung gelten ähnliche Beziehungen. Der Leitungsabstand a_L in Gl. 3.1 ist durch die Leitungsbreite b_L zu ersetzen. Die kritische Fläche beträgt:

$$A_\diamond = \begin{cases} (2 \cdot r_\diamond - b_L) \cdot l_L & \text{für} \quad 2 \cdot r_\diamond > b_L \\ 0 & \text{sonst} \end{cases} \tag{3.3}$$

An Leitungsknicken, -enden und -verzweigungen entstehen kompliziertere geometrische Formen, die durch mehrere Teilflächen, z.B. Rechtecke, approximiert werden (Abbildung 3.5 b und c).

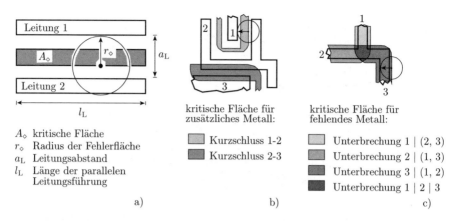

a)   b)   c)

Abb. 3.5. Kritische Fläche geometrischer Schaltkreisfehler: a) für einen Kurzschluss zwischen zwei parallelen Leitungen, b) für Kurzschlüsse zwischen komplizierteren geometrischen Strukturen, c) für Unterbrechungen einer verzweigten Leitung

Mit der Näherung, dass die Fehlerauftrittshäufigkeit proportional zur kritischen Fläche ist, ergibt sich für jede Kurzschluss- und Unterbrechungsmöglichkeit abschätzungsweise eine Auftrittshäufigkeit von:

$$h_{\diamond i} \approx \frac{E\left(\varphi_{\diamond}\right) \cdot A_{\diamond i}}{\sum_{j=1}^{N_{\mathrm{Pot}\diamond}} A_{\diamond j}} \qquad (3.4)$$

$(E\left(\varphi_{\diamond}\right)$ – zu erwartende Fehleranzahl des Schaltkreises; $N_{\mathrm{Pot}\diamond}$ – Anzahl der potenziellen Fehler im Schaltkreis; $A_{\diamond i}$ – kritische Fläche des Modellfehlers i).

Mehrfachfehler und Einzelfehlerannahme

Das eingeführte geometrische Fehlermodell berücksichtigt nur einzelne Kurzschlüsse und Unterbrechungen. Eine Fehlerfläche kann aber auch mehrere Leitungen kurzschließen oder unterbrechen. Denn die Fehlerflächen, die z. B. durch Staubteilchen während der Belichtungsprozesse verursacht werden, variieren in ihrer Größe und ihrer Gestalt. Abbildung 3.6 zeigt eine experimentell bestimmte Verteilung der Ausdehnung der Fehlerflächen für zusätzliche Polysiliziumablagerungen aus [26]. Der Abstand zwischen benachbarten Polysiliziumstrukturen beträgt wenige Mikrometer. Ein erheblicher Anteil der Defektflächen hat einen viel größeren Durchmesser und schließt so mehrere Polysiliziumstrukturen – das sind hauptsächlich die Gates der Transistoren – kurz. Ähnliches ist auch für andere Kurzschlüsse und für Unterbrechungen zu erwarten. Mehrfachfehler, auch wenn sie bei der Fehlermodellierung vernachlässigt werden, sind dennoch typisch.

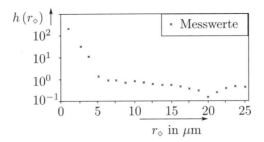

Abb. 3.6. Experimentell bestimmte Häufigkeitsverteilung des Fehlerradius $r_\diamond$ für zusätzliche Polysiliziumablagerungen [26]

3.1.3 Elektrisches und logisches Fehlverhalten

Kurzschlüsse, Unterbrechungen und andere lokale Fehler auf einem Schaltkreis können nicht direkt über Widerstandsmessungen, sondern nur indirekt über die verursachte Fehlfunktion in der Schaltung nachgewiesen werden.

3.1.3.1 Kurzschlüsse

Zur Anregung eines Kurzschlusses müssen die am Kurzschluss beteiligten Leitungen z_i und z_j unterschiedliche logische Signalwerte führen. Ein hinreichend niederohmiger Kurzschluss führt dazu, dass sich beide Signalwerte im Fehlerfall angleichen:

$$z_i \neq z_j \mapsto z_i = z_j = z_\text{short}$$

In einer CMOS-Schaltung werden alle Leitungen von CMOS-Gattern getrieben. Die Leitung z_i, die im Nachweisfall Eins führt, ist über ein Netzwerk aus PMOS-Transistoren mit der Betriebsspannung und die andere am Kurzschluss beteiligte Leitung z_j, die Null führt, über ein Netzwerk aus NMOS-Transistoren mit Masse verbunden. Das unmittelbar messbare Fehlersymptom ist eine Erhöhung der Ruhestromaufnahme (siehe später Abschnitt 3.1.5.1). Zur Modellierung der logischen Auswirkung werden das leitende PMOS-Netzwerk des einen Gatters und das leitende NMOS-Netzwerk des anderen Gatters als Spannungsteiler betrachtet. Im elektrischen Ersatzschaltbild in Abbildung 3.7 sind die eingeschalteten Transistornetzwerke durch Einzeltransistoren nachgebildet. Die Strom-Spannungs-Beziehung eines eingeschalteten MOS-Transistors ist stark nichtlinear [104]. Bereits geringe Unterschiede der Verstärkungen der beiden leitenden Transistornetzwerke $\beta_{\text{n}.i}$ und $\beta_{\text{p}.j}$ bewirken, dass sich einer der beiden logischen Werte klar durchsetzt (vgl. Abbildung 3.7 rechts):

$$z_\text{short} = \begin{cases} 0 & \beta_{\text{n}.i} > 1{,}5 \cdot \beta_{\text{p}.j} \\ 1 & \beta_{\text{n}.i} < 0{,}66 \cdot \beta_{\text{p}.j} \end{cases} \tag{3.5}$$

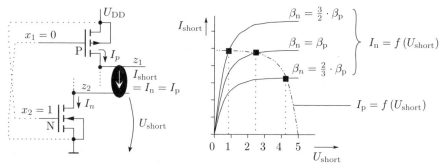

P eingeschaltetes PMOS-Netzwerk, das die Leitung z_1 treibt
N eingeschaltetes NMOS-Netzwerk, das die Leitung z_2 treibt

Abb. 3.7. Kurzschlussspannung U_{short} abgeschätzt über das Modell eines Spannungsteilers aus einem eingeschalteten NMOS- und einem eingeschalteten PMOS-Transistor

Bei einem Kurzschluss zweier Leitungen, die von Invertern getrieben werden, sind die Verstärkungen der beteiligten Transistornetzwerke durch das Design fest vorgegeben. In Abhängigkeit von den geometrischen Transistordaten gibt es vier Möglichkeiten, wie der Kurzschluss die Funktion ändern kann:

$$z_{\text{short}} = \begin{cases} z_i \wedge z_j & \text{wenn } (\beta_{\text{n}.i} > \beta_{\text{p}.j}) \wedge (\beta_{\text{n}.j} > \beta_{\text{p}.i}) \\ z_i \vee z_j & \text{wenn } (\beta_{\text{n}.i} < \beta_{\text{p}.j}) \wedge (\beta_{\text{n}.j} < \beta_{\text{p}.i}) \\ z_i & \text{wenn } (\beta_{\text{n}.i} > \beta_{\text{p}.j}) \wedge (\beta_{\text{n}.j} < \beta_{\text{p}.i}) \\ z_j & \text{wenn } (\beta_{\text{n}.i} < \beta_{\text{p}.j}) \wedge (\beta_{\text{n}.j} > \beta_{\text{p}.i}) \end{cases} \tag{3.6}$$

($\beta_{\text{n}.i}$, $\beta_{\text{p}.i}$, $\beta_{\text{n}.j}$, $\beta_{\text{p}.j}$ – Verstärkungen der NMOS- und PMOS-Transistoren der beiden Inverter, die die Leitungen z_i und z_j treiben). Komplizierter ist der Fall, wenn die Gatter, die die kurzgeschlossenen Leitungen treiben, parallele Schaltzweige aufweisen. Die Verstärkung eines Transistornetzwerks aus eingeschalteten MOS-Transistoren ist umgekehrt proportional zur Kanallänge und proportional zur Kanalbreite. Bei Parallelschaltung addieren sich die Kanalbreiten und bei Reihenschaltung die Kanallängen. Bei mehreren parallelen Zweigen in einem Transistornetzwerk, die unabhängig voneinander eingeschaltet werden können, hängt die Verstärkung folglich auch von der Anzahl der eingeschalteten parallelen Transistoren ab. Um hier zu entscheiden, ob sich Null oder Eins durchsetzt, müssen auch die Eingabewerte der Gatter, die die kurzgeschlossenen Leitungen treiben, und die Verstärkungen aller ihrer Transistoren einbezogen werden [159] (Abbildung 3.8).

Ein Kurzschluss kann sogar dazu führen, dass ein zusätzliches Speicherelement in einer Schaltung entsteht. Der in Abbildung 3.9 eingezeichnete Kurzschluss wirkt wie ein logisches ODER. Wenn der Ausgang von Gatter G1 im fehlerfreien Fall Null führt, bilden die NAND-Gatter G2 und G3 ein RS-Flipflop, das mit einer 0 an z_4 gesetzt und einer 0 an z_3 rückgesetzt wird.

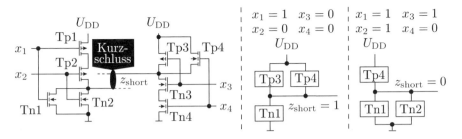

Abb. 3.8. Einfluss der Eingabewerte der Gatter auf die Ausgabe kurzgeschlossener Gatterausgänge unter der Annahme, dass alle Transistoren dieselbe Verstärkung besitzen

Die Ausgabe der Schaltung hängt nicht mehr nur von der aktuellen, sondern auch von den vorhergehenden Eingaben ab. Der Fehler wandelt eine kombinatorische Schaltung in eine sequenzielle Schaltung um. Das erschwert, wie die nachfolgenden Abschnitte zeigen werden, die Fehlersimulation und die Testsatzberechnung erheblich. In der Regel werden die durch potenzielle Fehler verursachten zusätzlichen Speicherzustände bei der Testsatzberechnung und -bewertung ignoriert und damit auch nur durch Zufall nachgewiesen.

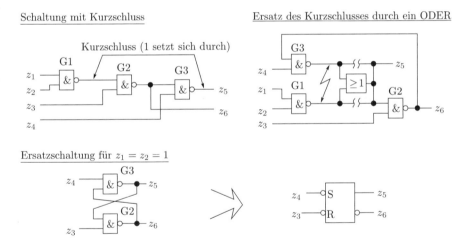

Abb. 3.9. Kurzschluss zwischen zwei Leitungen, der ein Speicherverhalten verursacht

Es gibt unzählige weitere Möglichkeiten, wie sich ein Kurzschluss auf die logische Funktion einer Schaltung auswirken kann. Die exakte Wirkung hängt von der Geometrie der Transistoren der treibenden Gatter aller am Kurz-

schluss beteiligten Leitungen und auch vom Widerstand der fehlerhaften Isolationsschicht bzw. der zusätzlichen Verbindung ab.

3.1.3.2 Unterbrechungen

Die zweite Art von Fehlern, die sich aus dem geometrischen Fehlermodell ableiten, sind Unterbrechungen leitfähiger Strukturen. Die Fehlerauftrittshäufigkeit nimmt nach Gl. 3.3 mit der Leitungslänge zu. Am häufigsten sind
entsprechend lange Leitungen unterbrochen. Das sind vor allem die Verbindungen zwischen entfernten Gattern und Teilschaltungen.

Eine Unterbrechung isoliert die Gattereingänge, die von der Leitung getrieben werden, von ihrer Signalquelle. Der zeitliche Verlauf der Spannung an
einem isolierten Gattereingang lässt sich nicht so einfach bestimmen. Er wird
über kleine Kapazitäten und Leckströme von den zeitlichen Spannungsverläu-
fen auf benachbarten Leitungen und darunter liegenden Halbleiterstrukturen
beeinflusst (Abbildung 3.10). An feinen Unterbrechungen, wie sie durch Elektromigration entstehen, wurden Tunnelströme nachgewiesen, die zu einem,
wenn auch langsamen Potenzialausgleich führen. Die Spannung an einem isolierten Gattereingang muss durchaus nicht konstant sein. Genau wie bei Kurzschlüssen gibt es mehrere Varianten, wie eine Unterbrechung ein und derselben
Leitung die logische Funktion beeinträchtigen kann [44, 59, 113, 115].

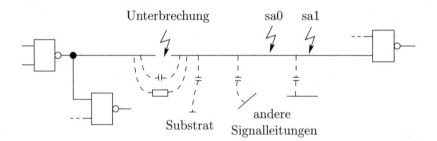

Abb. 3.10. Elektrische Wirkung und Modellierung einer Unterbrechung

Auch Unterbrechungen werden durch Nachweisbedingungen modelliert. Allgemein gilt, dass ein isolierter Gattereingang nicht oder nicht schnell genug
auf Null oder Eins gesetzt werden kann. Der Testschritt muss einen bestimmten Signalwert auf der Leitung einstellen und Beobachtungspfade von den
potenziell abgetrennten Schaltungspunkten zu Ausgängen sensibilisieren. Sicher ausgeschlossen ist eine Unterbrechung, wenn der Signalwert der Leitung
in aufeinanderfolgenden Abbildungsschritten invertiert wird und die Leitungs-
enden dabei beobachtbar sind. Das führt auf das Verzögerungsfehlermodell in
Abschnitt 3.1.6.

3.1.3.3 Gatterfehler

Auch innerhalb eines Gatters können Kurzschlüsse und Unterbrechungen auftreten. Hinzu kommen mögliche Transistorfehler, die sich nicht durch Kurzschlüsse und Unterbrechungen adäquat beschreiben lassen.

Um einen Fehler innerhalb eines Gatters über eine logische Funktionsänderung nachzuweisen, muss erst einmal der Gatterausgang beobachtbar sein. Zusätzlich verlangt der Nachweis einer kombinatorischen Funktionsänderung bestimmte Signalwerte an den Gattereingängen:

- definierte Signalwerte an einem Gattereingang
- definierte Signalwerte an allen Gattereingängen.

Diese Überlegungen führen auf die im Anschluss behandelten Haftfehler (Abschnitt 3.1.4) und Zellenfehler (Abschnitt 3.1.7).

Eine interne Unterbrechung kann ein Gatter auch in ein Speicherelement verwandeln (Abbildung 3.11). Diese Möglichkeit besteht in allen vollständig komplementären CMOS-Gattern[1] mit mindestens zwei Eingängen. Ist von mehreren parallelen Schaltzweigen einer ständig unterbrochen, dann gibt es mindestens je eine Eingabebelegung, für die

- der Gatterausgang mit Eins verbunden
- der Gatterausgang mit Null verbunden
- der Gatterausgang hochohmig ist.

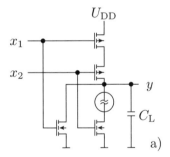

x_2	x_1	y
0	0	1 (setzen)
0	1	0 (rücksetzen)
1	0	speichern
1	1	0 (rücksetzen)

x_2	x_1	y
0	0	1
0	1	0
0	0	1
1	0	0

a)   b)   c)

Abb. 3.11. Stuck-open-Fehler: a) NOR-Gatter mit eingezeichneter Unterbrechung, b) Funktion des fehlerhaften Gatters, c) Testsatz zur Kontrolle, dass die Lastkapazität über beide NMOS-Zweige entladen werden kann

---

[1] Ein vollständig komplementäres CMOS-Gatter ist dadurch gekennzeichnet, dass für alle Variationen der Gattereingabe entweder das NMOS- oder das PMOS-Netzwerk eingeschaltet sind.

Im hochohmigen Zustand wird der vorhergehende Zustand über eine gewisse Zeit gespeichert. Unterbrechungen mit dieser Wirkung wandeln eine kombinatorische Schaltung in eine sequenzielle Schaltung um, so dass der Fehlernachweis nicht nur von der aktuellen Eingabe, sondern auch von Eingaben aus Abbildungsschritten zuvor abhängt. In Anlehnung an die im kommenden Abschnitt behandelten Haft- oder Stuck-at-Fehler wird dieser Fehlertyp als Stuck-open-Fehler bezeichnet. Genau wie Unterbrechungen der Verbindungen zwischen den Gattern erfordert der sichere Nachweis eines Fehlers von diesem Typ Testschritte, die Signalwechsel am Fehlerort steuern [44, 112].

Es gibt auch die Möglichkeit, dass eine Unterbrechung eine statische Speicherzelle in eine dynamische Speicherzelle verwandelt [111]. Die in Abbildung 3.12 dargestellten Schalter symbolisieren Transistoren. Im Zustand Speichern werden die beiden Inverter im fehlerfreien Fall rückgekoppelt. Solange die Versorgungsspannung anliegt, bleibt die Information erhalten. Ist die Rückkopplung unterbrochen, wird die Information nur zeitbegrenzt in der Gate- und in der Leitungskapazität gespeichert und geht nach wenigen Millisekunden verloren. Dieser Fehler wird als Datenhaltefehler bezeichnet. Sein Nachweis erfordert, dass zwischen dem Schreiben und dem Lesen der Information eine gewisse Zeit gewartet wird (typisch 100 ms).

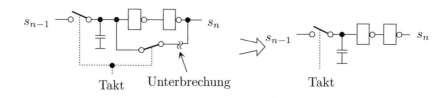

Abb. 3.12. Datenhaltefehler: Eine Unterbrechung der Rückführung wandelt eine statische Speicherzelle in eine dynamische Speicherzelle um

Eine Schwachstelle von CMOS-Schaltungen stellt das Gateoxid der Transistoren dar. Es ist sehr dünn und hohen Feldstärken ausgesetzt. Bereits eine geringfügige lokale Verringerung der Dicke kann einen Durchbruch verursachen und zu einem Kurzschluss führen. Ein niederohmiger Kurzschluss zwischen Gate und Kanal eines Transistors bewirkt, dass sich der Signalwert des Eingangs, an dem das fehlerhafte Gate angeschlossen ist, manchmal nicht auf Null oder auf Eins steuern lässt. Ein solcher Fehler wird von den bisher skizzierten Fehlermodellen mit abgedeckt. Aber Gateoxidkurzschlüsse sind oft so geartet, dass der Widerstand der unerwünschten Verbindung zwischen Gate und Kanal groß ist und mit der Nutzungsdauer langsam abnimmt. Solche Fehler äußern sich lange, bevor das System auch logisch nicht mehr richtig arbeitet, in einer langsamen, aber stetigen Erhöhung der Ruhestromaufnahme. Bei batteriebetriebenen Geräten mit kleinen Batterien, z. B. Armbanduhren, beobachtet man gelegentlich, dass die Batterien immer kürzer halten, zuletzt weniger als eine Woche, bevor das System komplett ausfällt. Das ist dieser Fehlertyp.

3.1.4 Das Haftfehlermodell

Das am weitesten verbreitete Fehlermodell für digitale Schaltungen ist das Haftfehlermodell. Es setzt auf einer Verbindungsliste elementarer Logikgatter (UND, NAND, ODER und NOR) auf. Für jeden Eingang und jeden Ausgang eines jeden Gatters werden zwei Modellfehler aufgestellt:

- ständig Null (Stuck-at-0, sa0)
- ständig Eins (Stuck-at-1, sa1).

Das ist aber nur die Anfangsfehlermenge. Vor der Fehlersimulation und der Testsatzberechnung kann ein großer Teil dieser Fehler aufgrund von

- Nachweisidentität
- Nachweisimplikation oder
- Fehlerredundanz

wieder aus der Modellfehlermenge gestrichen werden.

3.1.4.1 Nachweisidentität

Eine formal zusammengestellte Fehlermenge enthält in der Regel zahlreiche identisch nachweisbare Fehler. Ein Beispiel hierfür sind die drei Modellfehler eines NAND2-Gatters: $sa0(x_1)$, $sa0(x_2)$ und $sa1(y)$ (Abbildung 3.13). Jeder dieser drei Modellfehler bewirkt, dass der Gatterausgang für alle vier Eingabevariationen ständig Eins bleibt.

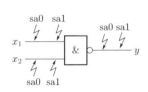

x_2	x_1	$\overline{x_2 \wedge x_1}$	$sa0(x_1)$	$sa1(x_1)$	$sa0(x_2)$	$sa1(x_2)$	$sa0(y)$	$sa1(y)$
0	0	1	1	1	1	1	0	1
0	1	1	1	1	1	0	0	1
1	0	1	1	0	1	1	0	1
1	1	0	1	0	1	0	0	1

Nachweisidentität (gleiche Nachweismenge)

- - - ▸ Nachweisimplikation

▨ zugehörige Eingabe ist Element der Nachweismenge

Abb. 3.13. Anfangsfehlermenge, Nachweisidentität und Nachweisimplikation für ein NAND-Gatter

Ein weiterer Grund dafür, dass die Anfangshaftfehlermenge einer Schaltung fast zwangsläufig identisch nachweisbare Fehler enthält, sind verzweigungsfreie Leitungen. Das Haftfehlermodell generiert hier formal zwei Haftfehler am Leitungsanfang und zwei Haftfehler am Leitungsende, die natürlich auch paarweise identisch nachweisbar sind. In Abbildung 3.14 ist beispielsweise die Verbindung z_1 verzweigungsfrei, so dass die Haftfehler auf den Stamm z_1 und dem »einzigen Zweig« $z_{1.1}$ paarweise identisch nachweisbar sind.

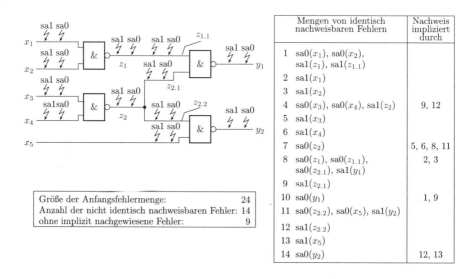

	Mengen von identisch nachweisbaren Fehlern	Nachweis impliziert durch
1	sa0(x_1), sa0(x_2), sa1(z_1), sa1($z_{1.1}$)	
2	sa1(x_1)	
3	sa1(x_2)	
4	sa0(x_3), sa0(x_4), sa1(z_2)	9, 12
5	sa1(x_3)	
6	sa1(x_4)	
7	sa0(z_2)	5, 6, 8, 11
8	sa0(z_1), sa0($z_{1.1}$), sa0($z_{2.1}$), sa1(y_1)	2, 3
9	sa1($z_{2.1}$)	
10	sa0(y_1)	1, 9
11	sa0($z_{2.2}$), sa0(x_5), sa1(y_2)	
12	sa1($z_{2.2}$)	
13	sa1(x_5)	
14	sa0(y_2)	12, 13

Größe der Anfangsfehlermenge: 24
Anzahl der nicht identisch nachweisbaren Fehler: 14
ohne implizit nachgewiesene Fehler: 9

Abb. 3.14. Haftfehlermenge einer kleinen Beispielschaltung

Aus einer Menge identisch nachweisbarer Modellfehler wird nur ein Repräsentant für die Fehlersimulation und für die Testsatzberechnung benötigt. Für die Schaltung in Abbildung 3.14 reduziert sich auf diese Weise die Anzahl der Modellfehler von 24 auf 14.

3.1.4.2 Nachweisimplikation

Ein Modellfehler i impliziert den Nachweis eines Modellfehlers j, wenn jeder Test, der den Modellfehler i nachweist, auch den Modellfehler j nachweist. Modellfehler, die implizit durch Testschritte für andere Modellfehler nachgewiesen werden, sind für die Testauswahl von untergeordneter Bedeutung. Denn wenn für alle anderen Modellfehler Tests gefunden werden, sind sie mit abgedeckt.

In Abbildung 3.13 implizieren die Modellfehler sa1(x_1) und sa1(x_2) an den Gattereingängen den Nachweis des Modellfehlers sa0(y) am Gatterausgang. Der Modellfehler sa1(x_1) hat die Nachweismenge $\mathbf{T}_{sa1x1} = \{10\}$, der Modellfehler sa1($x_2$) hat die Nachweismenge $\mathbf{T}_{sa1x2} = \{01\}$ und der Modellfehler sa0(y) hat die Nachweismenge $\mathbf{T}_{sa0y} = \{00, 01, 10\}$. Die Mengen $\{10\}$ und $\{01\}$ sind echte Teilmengen der Menge $\{00, 01, 10\}$.

Auch Signalverzweigungen in einer digitalen Schaltung – ein Gatterausgang treibt mehrere Eingänge von nachfolgenden Gattern – verursachen Nachweisimplikationen. Haftfehler auf dem Leitungsstamm können über jeden der Zweige nachgewiesen werden. In Abbildung 3.14 verzweigt das Signal z_2. Die beiden Zweighaftfehler sa0 $(z_{2.1})$ und sa0 $(z_{2.2})$ implizieren den Nachweis des Stammhaftfehlers sa0 (z_2) und die beiden Zweighaftfehler sa1 $(z_{2.1})$ und sa1 $(z_{2.2})$ den Nachweis des Stammhaftfehlers sa1 (z_2). Unter Ausnutzung von Nachweisidentität und Nachweisimplikation verringert sich die Anzahl der Modellfehler in Abbildung 3.14 von 24 formal generierten Haftfehlern auf neun Modellfehler, die simuliert bzw. für die Testschritte gesucht werden müssen.

3.1.4.3 Fehlerredundanz

Ein Modellfehler ist redundant, wenn er die Funktion des Systems nicht verändert, d. h., wenn seine Nachweismenge leer ist. Redundante Modellfehler liefern keinen Beitrag für die Testauswahl und kosten nur unnütze Rechenzeit. Um die redundanten Modellfehler aus der Modellfehlermenge zu streichen, müssen sie erst einmal bekannt sein. Der Nachweis, dass ein Modellfehler redundant ist, ist oft schwierig (siehe später Abschnitt 3.3).

Offensichtlich redundante Haftfehler sind solche, die an Gatteranschlüssen unterstellt werden, die auch im fehlerfreien Fall nicht zwischen 0 und 1 umgeschaltet werden können. Schwerer zu erkennen sind redundante Haftfehler im Bereich rekonvergenter Verzweigungen. Rekonvergente Verzweigungen sind Signalpfade, die sich teilen, auf jedem Zweig in unterschiedlicher Weise mit anderen Signalen logisch verknüpft werden und später wieder auf einen gemeinsamen Funktionsblock treffen Die Eingänge des Funktionsblocks, an dem sich die rekonvergenten Zweige wieder treffen, sind nicht unabhängig voneinander steuer- und beobachtbar. Damit ist in diesen Bereichen auch nicht jede lokale Funktionsänderung nachweisbar. Abbildung 3.15 zeigt ein Beispiel. An den Ausgängen von Gatter G1 verzweigt sich der Signalfluss und an den Eingängen von G3 treffen sich die beiden Zweige wieder. Dadurch ist der Haftfehler sa1$(z_{1.2})$ nicht nachweisbar. Seine Anregung verlangt $z_1 = 0$. Die Sensibilisierung eines Beobachtungspfades zum Ausgang verlangt dagegen $z_1 = 1$. Beide Bedingungen schließen sich gegenseitig aus. Folglich gibt es keine Eingabe, bei der dieser Modellfehler die Funktion beeinträchtigt.

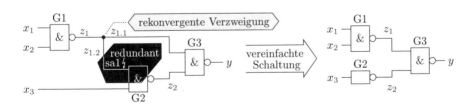

Abb. 3.15. Redundanter Haftfehler: Ohne Funktionsänderung kann G2 durch einen Inverter ersetzt werden.

Redundante Haftfehler weisen auf redundante, für die Funktion nicht erforderliche, Schaltungsteile hin. Der Zweig mit dem nicht nachweisbaren sa1-Fehler in Abbildung 3.15 kann ohne Funktionsänderung von Leitung z_1 getrennt und mit 1 belegt oder das NAND-Gatter G2 durch einen Inverter ersetzt werden. Die Suche redundanter Haftfehler wird auch zur Schaltungsminimierung genutzt.

3.1.4.4 US-Militärstandard MIL-STD-883/5012

Das Haftfehlermodell liefert keine eindeutige Fehlermenge für eine gegebene Schaltung. Das hat mehrere Ursachen:

- Für die Nachbildung einer Schaltung durch Grundgatter gibt es oft mehrere Möglichkeiten.
- Die Verkleinerung der Modellfehlermenge unter Ausnutzung von Nachweisidentität, Nachweisimplikation und Fehlerredundanz ist nur eine Option und keine Pflicht.
- Ein Teil der Nachweisidentitäten, der Nachweisimplikationen und der redundanten Fehler ist schwer zu finden.

Unterschiedliche Modellfehlermengen bewirken, dass für denselben Testsatz unterschiedliche Modellfehlerüberdeckungen bestimmt werden. Damit die Haftfehlerüberdeckung verschiedener Testsätze besser miteinander verglichen werden können, definiert der US-Militärstandard MIL-STD-883/5012 die Haftfehlerüberdeckung genauer [110, 151]. Für identisch nachweisbare Haftfehler ist festgelegt, dass sie nur als ein Fehler zählen. Nachweisimplikation wird nicht zur Reduzierung der Fehlermenge herangezogen. Redundante Fehler sind, soweit sie als solche erkannt werden, aus der Modellfehlermenge zu streichen.

Der Standard gestattet ferner die getrennte Berechnung der Fehlerüberdeckungen für unterschiedliche Teilsysteme. Die Gesamtfehlerüberdeckung ist dann der mit der Transistoranzahl gewichtete Mittelwert der blockbezogenen Fehlerüberdeckungen:

$$FC_{\mathrm{sa}} = \frac{\sum_{i=1}^{N_{\mathrm{TS}}} FC_{\mathrm{sa}.i} \cdot N_{\mathrm{Trans}.i}}{\sum_{i=1}^{N_{\mathrm{TS}}} N_{\mathrm{Trans}.i}} \qquad (3.7)$$

(N_{TS} – Anzahl der Teilsysteme, für die die Fehlerüberdeckung separat bestimmt wird; $FC_{\mathrm{sa}.i}$ – Haftfehlerüberdeckung von Teilsystem i; $N_{\mathrm{Trans}.i}$ – Anzahl der Transistoren von Teilsystem i). Eine Aufspaltung eines größeren Systems in mehrere kleinere Teilsysteme vereinfacht die Testauswahl.

3.1.4.5 Kurzschlussüberdeckung von Haftfehlertestsätzen

Es gibt so viele Möglichkeiten, wie ein Fehler die Funktion eines Systems beeinträchtigen kann, dass es undenkbar ist, in einem Fehlermodell alle diese

Möglichkeiten exakt zu berücksichtigen. Deshalb generiert ein Fehlermodell für viele zu erwartende Fehler nur ähnlich nachweisbare Modellfehler, die sich mit den zu erwartenden Fehlern Anregungsbedingungen und Beobachtungspfade teilen (vgl. Definition 1.54). Diese Beziehung besteht auch zwischen Kurzschlüssen und Haftfehlern [20, 140].

Für einen Kurzschluss, der ähnlich wie bestimmte Haftfehler nachweisbar ist, beträgt die Nachweiswahrscheinlichkeit eines auf Haftfehlerbasis berechneten Testsatzes nach Gl. 2.89 und Gl. 2.90:

$$p_{\text{short}.i} \approx 1 - \prod_{j=1}^{N_{\text{SD}}} (1 - p_{\diamond i.j})^{N_{\text{TpFsoll}} \cdot FC_{\text{sa}}} \tag{3.8}$$

(N_{SD} – Anzahl der ähnlich nachweisbaren Haftfehler; FC_{sa} – Haftfehlerüberdeckung; N_{TpFsoll} – Anzahl der unterschiedlichen Testschritte, die je Haftfehler gesucht werden; $p_{\diamond i.j}$ – bedingte Wahrscheinlichkeit, mit der ein Test für Haftfehler j den Kurzschluss i nachweist). Zur Veranschaulichung der wertemäßigen Beziehung soll die Anzahl N_{SD} der ähnlich nachweisbaren Haftfehler und die bedingten Nachweiswahrscheinlichkeiten $p_{\diamond i.j}$ für einen Beispielkurzschluss abgeschätzt werden.

Beispiel 3.1: *Bei dem in Abbildung 3.16 eingezeichneten Kurzschluss ist unterstellt, dass der Kurzschluss wie ein logisches ODER wirkt. Welche der eingezeichneten Haftfehler sind ähnlich wie der Kurzschluss nachweisbar? Wie groß sind die bedingten Nachweiswahrscheinlichkeiten?*

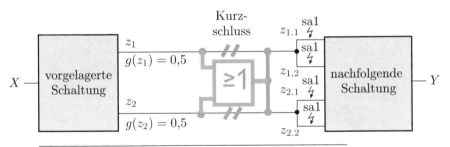

$g(\ldots)$ Gewicht eines Signals; Auftrittshäufigkeit einer 1

Abb. 3.16. Modell zur Abschätzung der Kurzschlussnachweiswahrscheinlichkeit in Abhängigkeit von der Haftfehlerüberdeckung

Der betrachtete Kurzschluss wirkt wie ein logisches ODER. Er ist angeregt, wenn die eine Leitung im fehlerfreien Fall eine Null und die andere Leitung eine Eins führt. Für den Nachweis muss die Leitung, deren Wert durch den Kurzschluss von Null nach Eins verändert wird, zusätzlich beobachtbar sein. Das sind ähnliche Nachweisbedingungen, wie die der sa1-Fehler auf den Leitungen und Leitungszweigen. In

Abbildung 3.16 besitzen beide Leitungen zwei Zweige mit unterstellten sa1-Fehlern, so dass die Anzahl der ähnlich nachweisbaren Haftfehler für den Kurzschluss $N_{SD} = 4$ beträgt.

Ein sa1-Fehler ist nachweisbar, wenn der Signalwert der Leitung im fehlerfreien Fall Null ist und sie beobachtbar ist. Die bedingte Wahrscheinlichkeit, dass ein Testschritt, der einen der sa1-Fehler nachweist, gleichzeitig den Kurzschluss sichtbar werden lässt, ist gleich der Wahrscheinlichkeit, dass der Signalwert der anderen am Kurzschluss beteiligten Leitung zufällig im selben Testschritt Eins ist. Die Auftrittshäufigkeit des Signalwertes Eins wird in der Digitaltechnik auch als Leitungsgewicht bezeichnet und ist in Abbildung 3.16 für beide Leitungen mit $g(z_1) = g(z_2) = 0{,}5$ angegeben. Die bedingte Wahrscheinlichkeit, dass ein Testschritt für einen der vier ähnlich nachweisbaren Haftfehler auch den Kurzschluss nachweist, ist entsprechend $p_{i.j} = 50\%$.

Mit den beispielhaft abgeschätzten Werten ergibt sich für die Kurzschlussnachweiswahrscheinlichkeit der Richtwert:

$$p_{\text{short}.i} \approx 1 - \prod_{j=1}^{N_{SD}} (1 - p_{i.j})^{N_{\text{TpFsoll}} \cdot FC_{\text{sa}}}$$
$$\approx 1 - 0{,}5^{4 \cdot FC_{\text{sa}} \cdot N_{\text{TpFsoll}}} \qquad (3.9)$$

Abbildung 3.17 zeigt den Zusammenhang als Grafik. Bis zu einer Haftfehlerüberdeckung von 90% ist die zu erwartende Nachweiswahrscheinlichkeit für Kurzschlüsse deutlich größer als die Haftfehlerüberdeckung (Abbildung 3.17 links), strebt aber mit zunehmender Haftfehlerüberdeckung nicht gegen 100%. Die Kurzschlussnachweiswahrscheinlichkeit hängt dabei weniger von der Haftfehlerüberdeckung selbst als von der Anzahl der unterschiedlichen Testschritte, die für jeden Haftfehler gesucht werden, ab (Abbildung 3.17 rechts).

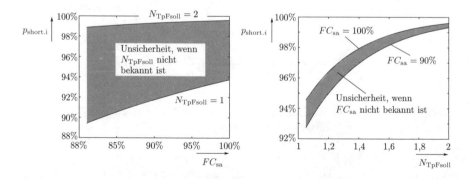

Abb. 3.17. Zusammenhang zwischen der Nachweiswahrscheinlichkeit $p_{\text{short}.i}$ des Kurzschlusses aus Abbildung 3.16, der Haftfehlerüberdeckung FC_{sa} und der Anzahl N_{TpFsoll} der unterschiedlichen Testschritte, die je Haftfehler gesucht werden

Aus der angestrebten Anzahl der Testschritte je Modellfehler lässt sich die Kurzschlussfehlerüberdeckung offenbar genauer als aus der Haftfehlerüberdeckung vorhersagen. Ein Testsatz mit 80% Haftfehlerüberdeckung, für den je Haftfehler zwei unterschiedliche Testschritte gesucht wurden, erkennt in der Regel deutlich mehr Kurzschlüsse als ein Testsatz mit einer Haftfehlerüberdeckung von $FC_{sa} = 100\%$ und genau einem Testschritt je Modellfehler.

Bei zufälliger Testauswahl ist die Nachweiswahrscheinlichkeit eines Kurzschlusses etwa die Summe der Fehlernachweiswahrscheinlichkeiten $p_{sa.j}$ der ähnlich nachweisbaren Haftfehler multipliziert mit den bedingten Wahrscheinlichkeiten $p_{\diamond i.j}$:

$$p_{\text{short}.i} \approx \sum_{j=1}^{N_{SD}} (p_{sa.j} \cdot p_{\diamond i.j}) \tag{3.10}$$

(N_{SD} – Anzahl der ähnlich nachweisbaren Modellfehler). Mit den abgeschätzten Werten aus dem Beispiel ist sie etwa doppelt so groß wie die mittlere Haftfehlernachweiswahrscheinlichkeit:

$$p_{\text{short}.i} \approx 0,5 \cdot \sum_{j=1}^{4} p_{sa.j} \approx 2 \cdot p_{sa} \tag{3.11}$$

(p_{sa} – mittlere Nachweiswahrscheinlichkeit der ähnlich nachweisbaren Haftfehler). Die Kurzschlussüberdeckung als der Mittelwert aller Kurzschlussnachweiswahrscheinlichkeiten tendiert etwa zur Haftfehlerüberdeckung der halben Testsatzlänge:

$$FC_{\text{short}}(n) \approx FC_{sa}(n/2) \tag{3.12}$$

3.1.4.6 Unterbrechungsüberdeckung von Haftfehlertestsätzen

Für Unterbrechungen gelten ähnliche Zusammenhänge wie für Kurzschlüsse. Als Beispiel soll die Unterbrechung in Abbildung 3.18 betrachtet werden. Auf einer abgetrennten Signalleitung bleibt der logische Wert nicht unbedingt während des Tests konstant. Es ist weder sicher, dass der Signalwert hinter der Unterbrechungsstelle während eines Testschrittes für einen sa1-Fehler am Fehlerort Null ist, noch dass er während eines Testschrittes für einen sa0-Fehler am Fehlerort Eins ist. Die bedingten Nachweiswahrscheinlichkeiten sind etwa nur $p_{\diamond i.j} = 50\%$. Auf jedem der beiden Leitungszweige hinter der Unterbrechungsstelle sind in Abbildung 3.18 zwei Haftfehler angesetzt, so dass auch hier die Anzahl der ähnlich nachweisbaren Haftfehler $N_{SD} = 4$ beträgt. Der statistische Zusammenhang zwischen dem Nachweis von Unterbrechungen und Haftfehlern ist etwa derselbe wie zwischen dem Nachweis von Kurzschlüssen und Haftfehlern.

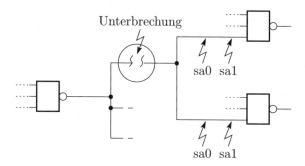

Abb. 3.18. Unterbrechung und die ähnlich nachweisbaren Haftfehler

3.1.5 Fehlernachweis über die Ruhestromaufnahme

In CMOS-Schaltungen ist die Ruhestromaufnahme ein aussagekräftiger Indikator für lokale Fehlfunktionen.

3.1.5.1 Betriebsruhestromtest

In einer fehlerfreien CMOS-Schaltung sind die Gatterausgänge nur entweder über eingeschaltete NMOS-Transistoren mit 0 oder über eingeschaltete PMOS-Transistoren mit 1 verbunden. Der Fall einer gleichzeitigen Verbindung mit den Signalwerten 0 und 1 ist eine Fehlfunktion, die am einfachsten über die Messung der Stromaufnahme nachzuweisen ist. Es genügt jedoch nicht, die mittlere Stromaufnahme zu kontrollieren, denn die wird in erster Linie durch die kapazitiven Umladeströme nach Schaltvorgängen bestimmt. Die fehlerbedingten Erhöhungen der Stromaufnahme treten nur bei bestimmten Eingabe- und Zustandsvariationen auf und werden erst nach dem Abklingen der kapazitiven Umladevorgänge sichtbar.

Eine Betriebsruhestromüberwachung ist in der Lage, alle Kurzschlüsse und einen Großteil der möglichen Unterbrechungen und Transistorfehler aufzudecken [132]. Die Anregung eines Kurzschlusses verlangt, dass die betroffenen Leitungen im fehlerfreien Fall unterschiedliche Werte führen. Diese Anregungsbedingung allein impliziert einen erhöhten Ruhestrom, unabhängig davon, ob die lokale Fehlerwirkung über einen Beobachtungspfad auf Ausgabefehler abgebildet wird. Für Transistoren, die sich nicht ausschalten lassen, und Gateoxidkurzschlüsse ist die lokale Anregungsbedingung, dass alle zum fehlerhaften Transistor in Reihe angeordneten Transistoren eingeschaltet sein müssen (Abbildung 3.19) [119].

Auch Unterbrechungen von Signalleitungen bilden sich zum Teil auf eine erhöhte Ruhestromaufnahme ab. Denn das Spannungspotenzial eines offenen Gattereingangs ist nicht unbedingt so klein, dass der NMOS-Transistor ausschaltet, oder so groß, dass der PMOS-Transistor ausschaltet, sondern er liegt

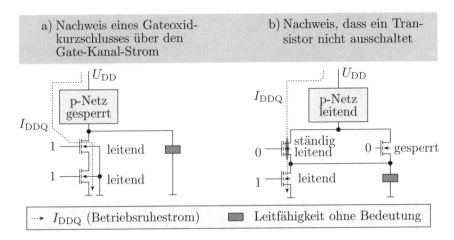

Abb. 3.19. Nachweis eines Gateoxidkurzschlusses und eines ständig leitenden Transistors über den Betriebsruhestrom

vielfach dazwischen, so dass beide Transistoren eingeschaltet sind (Abbildung 3.20) [58]. Auch dieser Fehlertyp ist allein unter der lokalen Anregungsbedingung, dass alle anderen zu dem eingeschalteten Transistorpaar in Reihe angeordneten Transistoren gleichfalls eingeschaltet sind, nachweisbar. Auch hier ist im Vergleich zum logischen Fehlernachweis keine Sensibilisierung eines Beobachtungspfades zu einem Ausgang erforderlich.

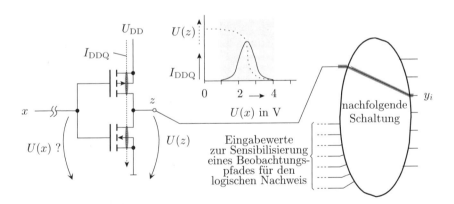

Abb. 3.20. Nachweis von Unterbrechungen über die Ruhestromaufnahme

3.1.5.2 Überwachung des Betriebsruhestroms

Die Überwachung des Betriebsruhestroms ist mit einigen technischen Problemen behaftet. Die fehlerbedingte Ruhestromvergrößerung liegt im Mikroamperebereich und die Stromspitzen während der kapazitiven Umladevorgänge nach einer Eingabeänderungen im Amperebereich. Der Messwiderstand des Stromsensors darf entweder nur der Bahnwiderstand der Versorgungsleitungen in der Größenordnung von wenigen Milliohm sein oder er muss während der Schaltvorgänge mit einem niederohmigen MOS-Transistor überbrückt werden.

Ein kleiner Messwiderstand verlangt einen Spannungssensor mit einer Messwertauflösung im Mikrovoltbereich, der dann natürlich auch störanfällig gegenüber dem thermischen Rauschen ist. In [156] wird eine entsprechende Lösung vorgestellt, in der der Messfehler durch Rauschen durch eine Mittelwertbildung von etwa 10^6 Einzelmessungen gemindert wird. Die Alternative, ein größerer Messwiderstand, der während der Schaltvorgänge überbrückt wird, verlangt, dass der Überbrückungstransistor um Zehnerpotenzen niederohmiger und damit breiter als ein normaler Transistoren ist, was bei der Integration des Stromsensors relativ viel zusätzliche Chipfläche kostet.

Ein weiteres Problem sind die normalen Leckströme, die sich für alle 10^4 bis 10^7 Gatter eines hochintegrierten Schaltkreises aufsummieren. Sie sind relativ groß im Vergleich zur fehlerbedingten Stromerhöhung und unterscheiden sich von Testschritt zu Testschritt. Um dennoch mit einer hinreichenden Sicherheit zwischen einer fehlerhaften und einer zulässigen Ruhestromaufnahme unterscheiden zu können, werden mehrere Wege beschritten. Zum einen werden in die Klassifizierung weitere Informationen aus den Ruhestrommessungen einbezogen, z. B.:

- die Verteilung der gemessenen Stromwerte für den gesamten Test oder
- die Abhängigkeit der Ruhestromaufnahme von der Versorgungsspannung [147].

Der andere Weg ist die Aufteilung der Gesamtschaltung in Gattergruppen mit getrennter Stromüberwachung. Letzteres verlangt entweder, dass die getrennten Teilschaltungen über getrennte Schaltkreisanschlüsse versorgt werden [105] oder dass die Stromsensoren in den Schaltkreis integriert werden [75].

Abbildung 3.21 zeigt eine Beispiellösung für einen Selbsttest mit Betriebsruhestromüberwachung. Jede Teilschaltung hat einen eigenen Stromsensor mit Überbrückungstransistor. Die Fehlersignale aller Stromsensoren sind ODER-verknüpft. Die Stromsensoren müssen wie jedes andere Überwachungssystem testbar sein (vgl. Abschnitt 2.6.5). Im konkreten Fall muss es eine Möglichkeit geben, für jeden Stromsensor einen Fehlerstrom vorzugeben und zu kontrollieren, ab welchem Fehlerstrom ein Fehlersignal ausgegeben wird.

Die Abklingzeit des Betriebsruhestroms variiert von Schaltkreis zu Schaltkreis und von Testschritt zu Testschritt. Die Strommessung darf erst eine gewisse Zeit nach dem Schaltvorgang erfolgen. In einer Selbsttestlösung kann

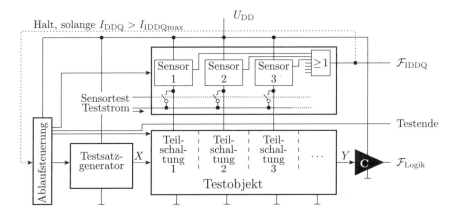

Abb. 3.21. Integrierte Betriebsruhestromüberwachung für einen Schaltkreis

die Testlogik die Zeit zwischen dem Schaltvorgang und der Strommessung selbst festlegen, indem die Eingabe immer so lange konstant gehalten wird, bis die Stromaufnahme den maximal zulässigen Wert unterschreitet [69]. Im Fehlerfall stoppt der Test und die Ablaufsteuerung liefert kein Testendesignal.

3.1.5.3 Fehlernachweis über Substratruheströme

Ein weiterer Indikator für Fehler in einer CMOS-Schaltung ist eine Erhöhung des Substratruhestroms. Der Substratstrom einer integrierten CMOS-Schaltung setzt sich aus kapazitiven Umladeströmen, Leckströmen, Induktionsströmen und Generierungsströmen zusammen. Nach Abklingen der Umladevorgänge reduziert er sich auf Leck-, Induktions- und Generierungsströme. Die Ursache für erhöhte Leckströme sind vor allem Oxidfehler und defekte pn-Isolationen. Induktionsströme werden durch elektromagnetische Felder, denen der Schaltkreis ausgesetzt ist, verursacht [128]. Generierungsströme entstehen, wenn ein MOS-Transistor im Einschnürbereich betrieben wird. Einschnürbereich bedeutet, dass die Spannung zwischen Gate und Source ausreicht, um den Kanal einzuschalten, aber die Gate-Drain-Spannung betragsmäßig zu klein ist, damit sich der Kanal durchgängig bis zum Drain ausbilden kann. In dem eingeschürten Bereich zwischen Kanal und Drain gibt es keine beweglichen Ladungsträger. Der Stromfluss wird durch das elektrische Feld, das sich in diesem Bereich bildet, aufrecht erhalten. Das hat den Nebeneffekt, dass die Ladungsträger übermäßig beschleunigt werden und bei Zusammenstößen mit dem Kristallgitter Elektronen-Loch-Paare generieren. In einem NMOS-Transistor fließen die so generierten Elektronen zum Drain ab. Für die generierten Löcher ist der pn-Übergang zwischen Kanal und Substrat durchlässig, so dass die Löcher überwiegend zum Substratanschluss abfließen und dort als Substratstrom gemessen werden können. In einem PMOS-Transistor sind die

Verhältnisse genau umgekehrt. Die generierten Löcher fließen zum Drain und die generierten Elektronen zum Substratanschluss.

Abbildung 3.22 a) zeigt als Beispiel den generierten Löcherstrom eines eingeschnürten NMOS-Transistors [73, 74]. Der Substratanschluss ist in diesem Simulationsmodell die gesamte Unterseite. Die Spannung über dem Generierungspunkt, dem schwarzen Fleck in der Abbildung, beträgt in der Darstellung:

$$U_{DS} - U_{GS} + U_T = 1,5\,\text{V} \qquad (3.13)$$

($U_{GS} = 2,5\,\text{V}$ – Gate-Source-Spannung; $U_{DS} = 3,3\,\text{V}$ – Drain-Source-Spannung; $U_T = 0,7\,\text{V}$ – Einschaltspannung). Durch einen sanften Dotierungsübergang zwischen Kanal und Drain, erkennbar an dem relativ großflächigen Generierungspunkt, ist der Transistor bereits für eine niedrige Generierungsrate ausgelegt [14]. Wie Abbildung 3.22 b zeigt, entsteht etwa ab einer Drain-Source-Spannung von 2,5 V ein nennenswerter Generierungsstrom von etwa 1 pA auf 1 μm Transistorbreite, der sich mit zunehmender Drain-Source-Spannung bis auf 10 nA/μm erhöht.

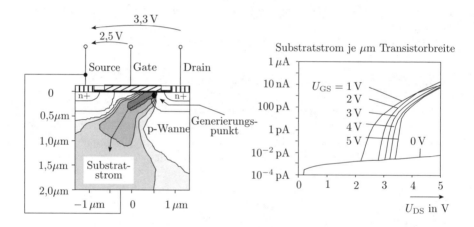

Abb. 3.22. Simulation der Substratstromgenerierung in einem NMOS-Transistor: a) Generierungspunkt und Stromdichte des generierten Löcherstroms, b) Generierungsstrom in Abhängigkeit von der Gate-Source- und der Drain-Source-Spannung

Eine Überwachung des Substratruhestroms besitzt ähnliche Fehlernachweiseigenschaften wie die Überwachung des Betriebsruhestroms. Gattereingangsspannungen, bei denen das NMOS-Netzwerk und das PMOS-Netzwerk halb eingeschaltet sind, verursachen für den überwiegenden Eingangsspannungsbereich eine Substratstromgenerierung in einem der beiden Transistoren (Abbildung 3.23). Auch Kurzschlüsse sind nachweisbar. Das Ersatzschaltbild eines Kurzschlusses ist die Reihenschaltung eines eingeschalteten NMOS- und eines eingeschalteten PMOS-Transistors. Durch beide Transistoren fließt

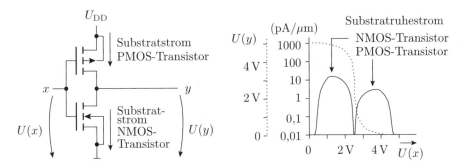

Abb. 3.23. Substratstromgenerierung in einem CMOS-Inverter als Funktion der Eingangsspannung

ein Ruhestrom. Der NMOS-Transistor ist eingeschnürt, wenn das Potenzial der kurzgeschlossenen Leitungen so groß ist, dass die nachfolgenden PMOS-Transistoren ausschalten. Der PMOS-Transistor ist eingeschnürt, wenn das Potenzial der kurzgeschlossenen Leitungen kleiner als die Einschaltspannung der nachfolgenden NMOS-Transistoren ist. Im Potenzialbereich dazwischen kommt es zwar in den am Kurzschluss beteiligen Transistoren zu keiner Generierung, aber dafür in den angesteuerten NMOS- und PMOS-Transistoren der nachfolgenden Gatter.

3.1.5.4 Überwachung der Substratruheströme

Nachfolgend wird eine Idee, keine fertige Lösung, beschrieben [74]. Der durch einen Fehler verursachte Substratruhestrom beträgt einige Pikoampere. Die Überwachung solch kleiner Ströme verlangt integrierte Stromsensoren. Probleme bereiten die Kapazitäten zwischen dem Substrat und anderen Schaltungspunkten, die im Vergleich zu den auszuwertenden Strömen groß sind. Schnelle Messungen von Substratströmen sind auf dem direkten Wege nicht möglich.

Ein technisch interessanter Ansatz ist, den Wannenstrom nicht an den normalen Wannenkontakten zu messen, sondern einen zusätzlichen Messtransistor in jede Transistorwanne zu integrieren. Die folgenden Erklärungen beziehen sich auf NMOS-Transistoren in einer p-Wanne.

Für eine anschauliche Darstellung des ausgenutzten physikalischen Effekts sind ein zu überwachender Transistor (das Testobjekt) und der Messtransistor in einem zweidimensionalen Simulationsmodell angeordnet (Abbildung 3.24). Das Testobjekt auf der Oberseite besteht aus den n+-Gebieten für Source und Drain sowie dem Gate. Der Messtransistor besitzt denselben Aufbau wie das Testobjekt. Nur wird er als Bipolartransistor betrieben und besitzt keinen Gateanschluss.

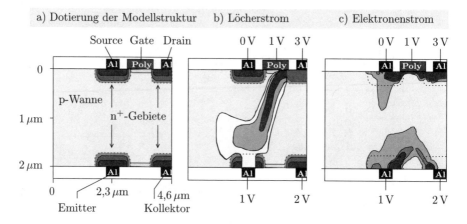

Abb. 3.24. Substratstromüberwachung mit integriertem Messtransistor

Zur Überwachung des Substratruhestroms wird am Emitter des Sensortransistors ein negatives Potenzial angelegt. Der generierte Löcherstrom fließt als Basisstrom zum Emitter des Sensortransistors, der seinerseits Elektronen emittiert. Die Elektronen fließen überwiegend zum Kollektor. Ein Teil des Elektronenstroms gelangt jedoch auch zum Source- oder zum Drain-Anschluss, die auch beide wie ein Kollektor wirken. Unter den in Abbildung 3.24 dargestellten Bedingungen ergibt sich ein Kollektorstrom von $0,3 \mu A$ je μm Transistorbreite. Das reicht schon nahe an die Größenordnung der auszuwertenden Fehlerströme für den Betriebsruhestromtest heran. Der Substratruhestrom, abgegriffen an einem normalen p+-Wannenkontakt an der Stelle des n+-Kollektors, beträgt unter sonst gleichen Bedingungen $1 nA$ je μm Transistorbreite (Stromverstärkung 300). Hinzu kommt, dass das Kollektorfenster eine wesentlich geringere Kapazität zu anderen Schaltungspunkten als das Substrat hat, so dass sich die auszuwertenden Ströme auch hinreichend schnell in messbare Spannungen umsetzen lassen.

Abbildung 3.25 soll abschließend illustrieren, dass nicht jeder Transistor seinen eigenen Messtransistor besitzen muss. Der Kollektor des Messtransistors ist hier, umgeben von einem Ring aus Emitter-Gebieten, in der Mitte einer Wanne mit mehreren MOS-Transistoren angeordnet. Um die Anzahl der Stromausweteschaltungen klein zu halten, werden die verstärkten Substratströme mehrerer Wannen vor der Auswertung zusammengefasst.

3.1.6 Das Verzögerungsfehlermodell

Das Haftfehlermodell vernachlässigt eine wichtige Kenngröße einer digitalen Schaltung, die Geschwindigkeit. Bestimmte Fehler (z. B. ausgewählte Unterbrechungen und Transistorfehler) äußern sich darin, dass sie die Signallaufzei-

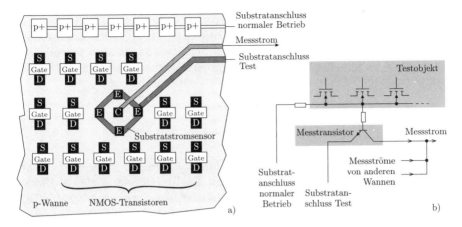

Abb. 3.25. Messtransistor in einer Wanne mit mehreren Transistoren: a) Layout, b) Ersatzschaltbild

ten entlang bestimmter Schaltungspfade wesentlich erhöhen. Wenn nach dem Anlegen der Eingabe ausreichend lange mit der Ergebnisauswertung gewartet wird, erscheinen die richtigen Ausgaben. Aber bei voller Betriebsgeschwindigkeit sind nach bestimmten Eingabesignalwechseln temporär fehlerhafte Ausgaben zu beobachten. Um auch Fehler dieser Art zu finden, muss der Test mit der vollen Betriebsgeschwindigkeit der Schaltung, d. h. mit der maximal zulässigen Taktfrequenz, erfolgen. In das Fehlermodell ist als Zusatzbedingung einzubauen, dass die Ergebnisauswertung kurz nach dem Signalwechsel erfolgen muss. Ein Testschritt für einen Verzögerungsfehler ist mindestens ein 2-Pattern-Test, bestehend aus einem Initialisierungsschritt zur Einstellung der Signalwerte vor dem Schaltvorgang und dem Nachweisschritt nach dem Schaltvorgang.

3.1.6.1 Gatterverzögerungsfehler

Das Gatterverzögerungsfehlermodell lehnt sich an das Haftfehlermodell und die zugehörigen Techniken zur Testsatzberechnung und zur Fehlersimulation an [18, 148]. Für jeden Eingang eines logischen Gatters wird unterstellt, dass bei steigender bzw. fallender Flanke ein temporärer Haftfehler auftritt. Für den Nachweis muss die entsprechende Schaltflanke über die vorgelagerte Schaltung gesteuert werden und durch das Gatter sowie die nachfolgende Schaltung beobachtbar sein.

Die Signallaufzeit eines eingebetteten Gatters lässt sich nicht separat, sondern nur in Summe mit den Gatterlaufzeiten der vor- und nachgelagerten Gatter testen (Abbildung 3.26). Der Fehlernachweis erfolgt indirekt. Ein Taktsignal löst am Schaltungseingang den Umschaltvorgang für den Fehlernachweis aus. Die Schaltflanke pflanzt sich entlang des Schaltungspfades fort. Nach einer Taktperiode werden die Ausgabewerte der Schaltung in ein Auswerteregister übernommen. Eine fehlerbedingte Erhöhung der Signallaufzeit $t_{d\diamond}$ eines Gatters entlang des Pfades verzögert den Schaltzeitpunkt am Pfadende. Ist die zusätzliche Signallaufzeit des Pfades größer als die Differenz zwischen der Taktperiode und der Summe der normalen Gatterlaufzeiten

$$t_{d\diamond} > \tau_{\text{Clk}} - \sum_{i=1}^{N_{\text{GA}}} t_{\text{dG}.i} \qquad (3.14)$$

(τ_{Clk} – Taktperiodendauer; N_{GA} – Anzahl der Gatter im Pfad; $t_{\text{dG}.i}$ – Gatterlaufzeit im fehlerfreien Fall), übernimmt das Register am Ende des Pfades den alten, d. h. den falschen Wert. Der Fehler ist logisch nachweisbar. Die Differenz zwischen der Messzeit und der normalen Signallaufzeit ist die minimal nachweisbare Vergrößerung der Gattersignallaufzeit.

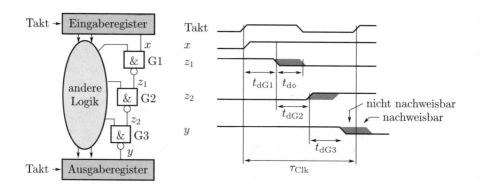

Abb. 3.26. Nachweis eines Gatterverzögerungsfehlers

In Systemen mit verzweigten Signalpfaden lässt sich die Signallaufzeit eines Gatters oft über unterschiedliche Pfade mit unterschiedlichen Soll-Laufzeiten kontrollieren. Um sicherzustellen, dass die Signallaufzeit eines Gatters bei einer bestimmten Taktfrequenz die Funktion nicht beeinträchtigt, muss der Fehlernachweis über den Pfad mit der größten Soll-Laufzeit erfolgen [4, 68, 102].

3.1.6.2 Robuster Fehlernachweis

Der robuste Fehlernachweis zielt auf den sicheren Nachweis von Mehrfachfehlern [112]. Der Nachweis einzelner Gatterverzögerungsfehler impliziert meist den Nachweis von Mehrfachverzögerungsfehlern. Wie Abbildung 3.27 a am Beispiel eines NAND-Gatters demonstriert, können sich Verzögerungsfehler, wenn mehrere Eingabesignale gleichzeitig umschalten, gegenseitig maskieren.

Ein temporärer sa1-Fehler am Eingang x_2 bildet sich auf eine temporäre Null am Ausgang y ab. Ist jedoch zusätzlich die Schaltflanke am Eingang x_1 verzögert, heben sich die Fehlerwirkungen innerhalb des Testschrittes gegenseitig auf.

Ein robuster 2-Pattern-Test vermeidet eine mögliche Maskierung dadurch, dass alle logischen Signalwerte entlang des Umschaltpfades konstant gehalten werden (Abbildung 3.27 b) [46, 112]. Dadurch wird ausgeschlossen, dass die am Pfadausgang kontrollierte Signallaufzeit von Laufzeiten anderer, nicht im Pfad liegender Gatter beeinflusst wird. Ein robuster Testsatz, der alle einfachen Gatterverzögerungsfehler nachweist, erkennt auch alle mehrfachen Gatterverzögerungsfehler im Testobjekt.

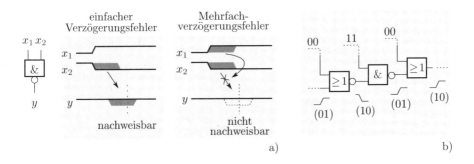

Abb. 3.27. Verzögerungsfehler: a) Gegenseitige Maskierung von Mehrfachfehlern, b) robuster Fehlernachweis

3.1.6.3 Pfadverzögerungsfehler

Um jeden Gatterverzögerungsfehler, der die logische Funktion bei einer Taktfrequenz gleich der Testtaktfrequenz beeinträchtigt, zu erkennen, muss der Nachweis über den Pfad mit der größten Soll-Laufzeit t_{dP} erfolgen. Wenn nicht bekannt ist, welcher Schaltungspfad durch den Fehlerort die größte Soll-Laufzeit besitzt, besteht eine Alternative darin, die Laufzeiten aller Signalpfade zu überprüfen.

Das Pfadverzögerungsfehlermodell folgt diesem Ansatz. Für jeden Pfad durch das System wird eine verzögerte fallende und eine verzögerte steigende Schaltflanke unterstellt. Der Nachweis der Abwesenheit aller Pfadverzögerungsfehler ist der Nachweis, dass die Schaltung bei der Taktfrequenz, mit der sie getestet wird, funktioniert.

Das Pfadverzögerungsfehlermodell besitzt einen Schwachpunkt. Die Anzahl der Pfade einer Schaltung und damit auch die Anzahl der Modellfehler wächst stark überproportional mit der Gatteranzahl [90]. Für größere Schaltungen kann nur eine kleine Stichprobe der Pfadverzögerungsfehler bei der

Fehlersimulation oder bei der Testsatzberechnung berücksichtigt werden. Eine Testauswahl auf Basis des Pfadverzögerungsfehlermodells ist dann nichts anderes als eine Testsatzberechnung für Gatterverzögerungsfehler mit der Zusatzforderung, dass für jeden Gatterverzögerungsfehler eine Stichprobe unterschiedlicher Testschritte zu suchen ist.

3.1.7 Das Zellenfehlermodell

Das Zellenfehlermodell basiert auf der Idee des Zellentests. Für den Zellentest werden die Teilsysteme als Zellen bezeichnet. Für jede Zelle ist ein Testsatz in Form einer Menge von Testschritten vorgegeben. Der Algorithmus für die Testsatzberechnung lautet (vgl. Abschnitt 1.3.3):

Wiederhole für jede Zelle
Wiederhole für jeden Testschritt der Zelle
Suche einen Testschritt für das Gesamtsystem, bei dem der vorgegebene Testschritt an den Zelleneingängen gesteuert wird und die Zellenausgabe beobachtbar ist

Dieses Auswahlschema lässt sich auch als Negativansatz formulieren. Aus den Zellentestschritten werden dabei Zellenfehler vom Typ:

Wenn der zugehörige Testschritt an den Zelleneingängen gesteuert wird, ist die Zellenausgabe verfälscht.

Gesucht ist ein Testsatz, der alle Zellenfehler nachweist. Auf Basis eines Zellenfehlermodells berechnete Testsätze werden auch als C-Test bezeichnet (C steht hier für cell) [91, 153].

Die Zellen einer digitalen Schaltung sind z. B. Gatter, Volladdierer oder Speicherzellen. Für kleine kombinatorische Zellen ist die Testvorschrift üblicherweise ein erschöpfender Test nach der Wertetabelle. Jeder Eintrag in der Wertetabelle entspricht einem Zellenfehler. Ein ODER-Gatter mit zwei Eingängen besitzt z. B. vier Eingabevariationen, denen die vier Zellenfehler F00 bis F11 zugeordnet sind (Abbildung 3.28). Ein Zellenfehler ist nachweisbar, wenn der zugehörige lokale Testvektor an den Eingängen der Zelle anliegt und der Zellenausgang beobachtbar ist. Ein Testsatz, der alle vier Zellenfehler nachweist, enthält praktisch einen erschöpfenden Test für die Zelle.

Für unregelmäßig strukturierte Schaltungen ist das Zellenfehlermodell nur begrenzt geeignet. Im Schaltungsverbund lassen sich typisch 5% bis 15% der Testschritte je Zelle nicht ausführen. Die zugehörigen Zellenfehler sind redundant. Die Berechnung, welche der Zellenfehler redundant sind, ist jedoch sehr aufwändig.

Das eigentliche Anwendungsgebiet des Zellenfehlermodells ist die Konstruktion von Testsätzen für große, regelmäßig strukturierte Schaltungen wie

Eingabe	Soll-Funktion	Zellenfehler			
x_1 x_0	$x_1 \vee x_0$	F00	F01	F10	F11
0 0	0	1	0	0	0
0 1	1	1	0	1	1
1 0	1	1	1	0	1
1 1	1	1	1	1	0

Abb. 3.28. Die Zellenfehler eines ODER-Gatters

Speicher, Addierer und Multiplizierer. Der Ansatz für die Testauswahl ist hier vollkommen anders als für unregelmäßig strukturierte Schaltungen. Es werden eine Art parametrisierte Testsätze aufgestellt, die auf unterschiedliche Systemgrößen und Architekturen angepasst werden können. Da steckt eine andere Ökonomie dahinter. Die Testsätze werden einmal entwickelt und oft wiederverwendet. Schaltungsstrukturen, für die es Testsätze mit 100% Zellenfehlerüberdeckung gibt, werden als c-testbare Schaltungen bezeichnet. Das triviale Beispiel einer c-testbaren Schaltung ist ein ROM. Für jede Speicherzelle gibt es den Modellfehler, dass der falsche Wert ausgelesen wird. Für den Testsatz leitet sich daraus ab, dass jede Zelle mindestens einmal gelesen werden muss.

3.1.8 Entwurfsfehler – das Sorgenkind

Das größte Verlässlichkeitsproblem der heutigen informationsverarbeitenden Systeme sind die Entwurfsfehler (Softwarefehler und Entwurfsfehler in der Hardware). Große Softwaresysteme enthalten oft Tausende von Entwurfsfehlern. Aber auch die Entwürfe hochintegrierter Schaltkreise – Prozessoren, Mikrorechner etc. – sind nicht fehlerfrei. Natürlich enthalten die Systeme, die eingesetzt werden, nur Entwurfsfehler, die selten falsche Ergebnisse und noch viel seltener Schaden verursachen.

Modellierung von Entwurfsfehlern

Das allgemeine Modell eines Entwurfsfehlers ist eine strukturelle Änderung der Beschreibung des Testobjekts. Der Entwurf eines informationsverarbeitenden Systems ist ein Prozess zunehmender Verfeinerung. Spezifikationsfehler – fehlende, überflüssige, fehlerhafte oder widersprüchliche Anforderungen – bilden sich auf die niedergeschriebene Spezifikation ab. Denkfehler bei der Ausarbeitung der Algorithmen erscheinen zuerst in den Dokumenten, in denen die Algorithmen niedergeschrieben werden. Programmierfehler bilden sich auf den Programmcode ab.

Die eigentlichen Zielfehler für die Fehlermodellierung sind wie für Fertigungsfehler punktuelle schlecht nachweisbare strukturelle Änderungen:

- geringfügige Modifikationen der Spezifikation
- geringfügige Änderungen im Algorithmus
- geringfügige Veränderungen des Programmcodes
- geringfügige Änderungen im ausführbaren Programm.

Es gibt jedoch einen wesentlichen Unterschied. Die Entwurfsbeschreibung, aus der das Fehlermodell die Modellfehlermenge berechnet, kann nicht als fehlerfrei angenommen werden. Abstrakt gesehen entsteht ein realer Entwurf aus einem fehlerfreien Entwurf durch Einbau einer unbekannten Menge von Fehlern. Der fehlerfreie Entwurf existiert natürlich nicht (Abbildung 3.29). Ein Modellfehler in einem Entwurf ist deshalb keine Veränderung eines korrekten Systems, sondern eine Mutation einer potenziell fehlerhaften Systembeschreibung.

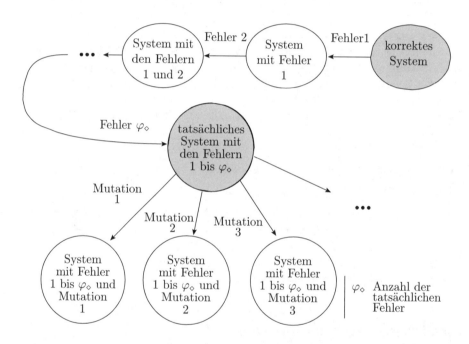

Abb. 3.29. Die Modellfehler für Software- und Hardwareentwürfe sind keine potenziellen Fehler, sondern Mutationen einer fehlerhaften Beschreibung

Der Unterschied zwischen Mutation und Modellfehler beeinflusst die Nachweisbeziehungen zwischen den zu erwartenden Fehlern und der Modellfehlerbzw. Mutationsmenge. Entwürfe enthalten oft Fehler, die sich keine Nachweisbeziehungen mit den aus der Struktur ableitbaren Modellfehlern teilen. Eine Entwurfsbeschreibung enthält z. B. kaum Hinweise darauf, was für Funktionen oder Fallunterscheidungen möglicherweise vergessen wurden und wie diese nachgewiesen werden können. Für diese Fehler enthält die Modellfehlermenge nicht einmal ähnlich nachweisbare Modellfehler, so dass keine gezielte Testsatzberechnung möglich ist, bzw. dass eine gezielte Testsatzberechnung, egal nach welchen Kriterien, die Fehlerüberdeckung nicht gegenüber einem Zufallstestsatz verbessern würde. Entwürfe müssen deshalb immer, um auch solche Fehler zu finden, sehr langen Zufallstests unterzogen werden, die dann natürlich auch die anderen Fehler, für die eine modellfehlerorientierte Testsatzberechnung eine Wirkung hätte, mit nachweisen.

Gezielte Testsatzberechnung rentiert sich nicht für Entwürfe.

Bei einem Zufallstest dienen die Modellfehler nur zur Bewertung der Testgüte und zur Abschätzung der erforderlichen Testzeit. Ein Zufallstest verlangt keine speziellen Nachweisbeziehungen zwischen den zu erwartenden Fehlern und der Modellfehlermenge, sondern nur, dass die Fehlerdichten beider Fehlermengen gleich oder ineinander umrechenbar sind. Dafür genügt eine Stichprobe von irgendwelchen kleinen Strukturänderungen in der Beschreibung. Das Fehlermodell für Software könnte z. B. lauten:

- Erzeuge eine Stichprobe von Programmmutationen, in denen je in einer einzelnen Anweisung ein Variablenname, ein Operationssymbol oder eine Konstante verändert ist.
- Erzeuge eine Stichprobe von Programmmutationen mit geringfügig anderen Schleifenabbruchbedingungen.
- ...

Auch die im Softwarebereich gebräuchlichen Überdeckungsmaße wie die Codeüberdeckung als der Anteil der Programmanweisungen, die während des Tests mindestens einmal abgearbeitet werden, oder injizierte Datenfehler haben Fehlerdichten, die in einem statistischen Zusammenhang mit der Fehlerdichte der richtigen Fehler stehen, und deshalb auch bedingt die Funktion der Modellfehler übernehmen können. Aber Achtung, das funktioniert nur, wenn die Testsätze zufällig und unabhängig von den Modellfehlern ausgewählt werden.

Der Algorithmus für die simulationsbasierte Abschätzung der erforderlichen Testzeit lautet wie bei jedem anderen Zufallstest:

Wiederhole, bis ein ausreichender Anteil der Modellfehler nachweisbar ist
Wähle eine weitere zufällige Eingabe und streiche alle damit nachweisbaren Modellfehler aus der Modellfehlermenge

Die so gewonnene Anzahl der Testbeispiele kann natürlich auch sehr groß sein, oder die Simulation muss aus Zeitgründen vor Erreichen einer hinreichenden Fehlerüberdeckung abgebrochen werden. Dann helfen nur noch Maßnahmen des prüfgerechten Entwurfs, insbesondere die Partitionierung in kleinere isoliert testbare Teilsysteme.

Der Test selbst besteht aus der Ausführung oder der Simulation der unmodifizierten Systembeschreibung mit einer hinreichend langen zufälligen Eingabefolge und der Überwachung der Ausgaben. Das eigentliche Problem ist dabei die Ausgabeüberwachung. Das bei Fertigungstests übliche Verfahren – der Vergleich mit Soll-Werten – ist nur begrenzt anwendbar, weil es für die Berechnung der Soll-Ausgaben von Entwürfen weder eine fehlerfreie Entwurfsbeschreibung noch ein Golden Device gibt und eine manuelle Berechnung nur für ganz wenige Testbeispiele möglich ist. Es muss auf aufwändigere und/oder unsicherere Kontrollverfahren zurückgegriffen werden:

- Inspektion der Testausgaben
- Verdopplung und Vergleich
- Probe oder
- Plausibilitätstest

(vgl. Abschnitt 2.6). Das verlangt einen zusätzlichen Arbeits- und Entwurfsaufwand, der in der Größenordnung des Aufwands für den Entwurf des eigentlichen Produkts liegt. Bei Hardwareentwürfen wird dieser Aufwand erbracht, weil die zu erwartenden Kosten für nicht erkannte Entwurfsfehler noch höher sind. Da wird eben mehrere Wochen simuliert und getestet und da werden auch diversitäre Simulationsmodelle für eine vergleichende Simulation und Plausibilitätskriterien in die Testbench programmiert.

Im Softwarebereich dagegen verkauft sich Innovation vielfach besser als Qualität. In vielen Marktsegmenten herrscht Haftungsausschluss. Die Hersteller können im Extremfall funktionsunfähige Prototypen als Produkte verkaufen und den Arbeitsaufwand für die Herstellung der Funktionsfähigkeit unter dem Deckmantel eines Wartungsvertrages extra berechnen. Eine Verdopplung oder Vervielfachung des Entwurfsaufwandes, nur um den Test zu automatisieren, damit die Systeme ausreichend lange getestet werden, trägt ein solcher Markt nicht.

Zuverlässige Software ist nicht unmöglich, sondern nur zu teuer.

3.2 Fehlersimulation

Eine Fehlersimulation prüft, welche Modellfehler in welchen Testschritten nachgewiesen werden. Sie dient

- zur Bestimmung der Modellfehlerüberdeckung von zufällig oder unabhängig von Modellfehlerannahmen ausgewählten Testsätzen
- zur Bestimmung der erforderlichen Testsatzlänge für Zufallstestsätze
- zur Abschätzung der Fehlerdichte eines Systems und

- bei der gezielten Testsatzberechnung zur Kontrolle, welche der Modellfehler der Testsatz bereits mit ausreichend vielen Testschritten nachweist, so dass für sie keine weiteren Testschritte mehr gesucht werden müssen.

Der Grundalgorithmus lautet:

Wiederhole für jeden Testschritt
Berechne die Ausgabe des fehlerfreien Systems
Wiederhole für jeden Modellfehler
Berechne die Ausgabe des fehlerhaften Systems
Vergleiche die Ausgaben des fehlerfreien und des fehlerhaften Systems und protokolliere, welche Modellfehler nachweisbar sind

Der Rechenaufwand wird im wesentlichen durch die Simulation der fehlerhaften Systeme in der innersten Schleife bestimmt und verhält sich etwa proportional zur Systemgröße, zur Anzahl der Modellfehler und zur Anzahl der Testschritte. Unter der Annahme, dass sich die erforderliche Testsatzlänge und die Modellfehleranzahl auch etwa proportional zur Systemgröße verhalten, steigt der Rechenaufwand etwa mit der dritten Potenz der Größe des Testobjekts. Eine Fehlersimulation ist deshalb nur bis zu einer gewissen Systemgröße zu beherrschen. Hierzu ein Rechenbeispiel:

Beispiel 3.2: *Wie groß ist der Rechenaufwand einer Fehlersimulation für ein digitales System, das aus $N_{GA} = 2 \cdot 10^5$ Gattern besteht, für das $\varphi_M = 10^5$ Modellfehler unterstellt sind, bei einer Testsatzlänge von $n = 10^6$ Testschritten? Der Rechenaufwand für die Simulation eines Gatters sei 10 ns.*

Die Anzahl der zu simulierenden Gatter setzt sich aus dem Aufwand für die Gutsimulation und dem Aufwand für die Simulation des Systems mit jedem Modellfehler zusammen. Sie beträgt:

$$N_{Sim} = N_{GA} \cdot n \cdot (1 + \varphi_M) \qquad (3.15)$$
$$\approx 2 \cdot 10^{16}$$

zu simulierende Gatter. Bei einer Simulationszeit je Gatter von 10 ns = 10^{-8} s würde die gesamte Fehlersimulation ungefähr $2 \cdot 10^8$ s dauern. Das sind etwa sechs Jahre.

Ein Simulationsaufwand von 6 Jahren ist natürlich unakzeptabel. Dabei waren die Beispielzahlen für die Systemgröße, die Modellfehleranzahl und die Testsatzlänge nicht einmal sehr hoch gewählt. Um eine Fehlersimulation für reale Systeme durchführen zu können, sind deshalb alle Vereinfachungen, die den Simulationsaufwand senken, bis hin zu Kompromissen bei der Fehlermodellierung und sogar Restriktionen für die Systemstruktur akzeptabel.

Simulation bis zum ersten Fehlernachweis

Die erste Vereinfachung ist der Abbruch der Simulation für jeden Modellfehler nach dem ersten Fehlernachweis oder nachdem festgestellt wurde, dass der Testsatz bereits mehrere unterschiedliche Testschritte für den Modellfehler enthält. Denn für die Abschätzung der Fehlerüberdeckung und der erforderlichen Testsatzlänge für Zufallstests sowie für die Abschätzung der Fehlerdichte genügt eine Fehlersimulation bis zum ersten Fehlernachweis. Nur bei einer gezielten Testsatzberechnung ist sicherzustellen, dass jeder Modellfehler mehrfach nachgewiesen wird (vgl. 3.1.4.5). Aber auch diese Anzahl muss nicht groß sein.

Für die Abschätzung des Rechenaufwands einer Fehlersimulation bis zum ersten Fehlernachweis sei ein Zufallstest und eine Potenzfunktion als Fehlerdichte unterstellt. Unter diesen Annahmen ergibt sich der in Abbildung 3.30 dargestellte Simulationsaufwand.

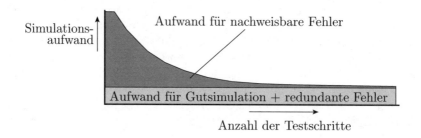

Abb. 3.30. Simulationsaufwand und Testsatzlänge

Das fehlerfreie System und die redundanten Modellfehler müssen mit jedem Testschritt simuliert werden (hell unterlegte Fläche). Für die nachweisbaren Modellfehler nimmt die Anzahl der noch nicht nachgewiesenen und deshalb noch weiter zu simulierenden Fehler mit der Anzahl der bereits simulierten Testschritte nach einer Potenzfunktion ab:

$$\varphi_{\mathrm{MNSim}}\left(m\right) = \varphi_{\mathrm{MN}} \cdot c_{\mathrm{T}} \cdot m^{-k} \tag{3.16}$$

(m – Nummer des Simulationsschrittes; $0{,}2 < k < 1$ – Exponent der Fehlerdichte; φ_{MN} – Anzahl der nachweisbaren (nicht redundanten) Modellfehler; c_{T} – Abklingkonstante, die sich aus der Bezugszeit t_{T0} in Gl. 2.113 und der Dauer eines Abbildungsschrittes berechnet). Der gesamte Simulationsaufwand entspricht etwa der Größe der beiden grau unterlegten Flächen multipliziert mit der Gatteranzahl des Testobjekts:

$$N_{\mathrm{Sim}} \approx N_{\mathrm{GA}} \left((1 + \varphi_{\mathrm{MR}}) \cdot n + \int_{0}^{n} \varphi_{\mathrm{MNSim}}\left(m\right) \cdot dm \right)$$

$$= N_{\mathrm{GA}} \cdot (1 + \varphi_{\mathrm{MR}}) \cdot n + \frac{N_{\mathrm{GA}} \cdot \varphi_{\mathrm{MN}} \cdot c_{\mathrm{T}}}{1 - k} \cdot n^{1-k} \tag{3.17}$$

(φ_{MR} – Anzahl der redundanten Modellfehler; n – Testsatzlänge). Der Simulationsaufwand für nachweisbare Fehler wächst nur proportional zur $1 - k$-ten Potenz mit der Testsatzlänge.

Beispiel 3.3: *Wie groß ist der Rechenaufwand in der Beispielrechnung zuvor, wenn die Simulation nach dem ersten Fehlernachweis abgebrochen wird? Der Exponent der Fehlerdichte sei $k = 0{,}5$, die Abklingkonstante der Anzahl der nachweisbaren Fehler $c_T = 10$ und der Anteil der redundanten Fehler 5%.*

Die Systemgröße in Beispiel 3.2 betrug $N_{GA} = 2 \cdot 10^5$ Gatter, die Größe der Modellfehlermenge $\varphi_M = 10^5$ Modellfehler und die Testsatzlänge $n = 10^6$ Testschritte. Von den $\varphi_M = 10^5$ Modellfehlern sind laut Aufgebenstellung 5%, d. h. $\varphi_{MR} = 5 \cdot 10^3$ Modellfehler redundant und 95%, d. h. $\varphi_{MN} = 9{,}5 \cdot 10^4$ Modellfehler nachweisbar. Eingesetzt in Gl. 3.17 ergibt sich ein Rechenaufwand von:

$$N_{Sim} \approx 2 \cdot 10^5 \cdot \left(1 + 5 \cdot 10^4\right) \cdot 10^6 + \frac{2 \cdot 10^5 \cdot 9{,}5 \cdot 10^4 \cdot 10}{1 - 0{,}5} \cdot \left(10^6\right)^{1-0{,}5}$$

$$= 10^{15} + 3{,}8 \cdot 10^{14} \approx 1{,}4 \cdot 10^{15}$$

zu simulierende Gatter mal Testschritte. Bei einer Simulationszeit je Gatter und Testschritt von 10 ns beträgt der Simulationsaufwand $1{,}4 \cdot 10^7$ s ≈ 162 Tage, davon 115 Tage allein für die Simulation der redundanten Modellfehler. Im Vergleich zu den sechs Jahren Rechenzeit für die Simulation der Fehler mit allen Testschritten im Beispiel zuvor, ist das eine erhebliche Zeiteinsparung.

Für lange Zufallstestsätze wird der Simulationsaufwand bei einem Abbruch nach dem ersten Fehlernachweis überwiegend vom Anteil der redundanten Modellfehler bestimmt. Fehlermodelle, die wie das Zellenfehlermodell einen hohen Anteil redundanter Modellfehler generieren, sind deshalb für eine Fehlersimulation ungeeignet (vgl. Abschnitt 3.1.7).

Nutzung bitparalleler Prozessorbefehle

Eine Simulation geht am schnellsten, wenn die zu simulierende Systembeschreibung in ein ausführbares Programm übersetzt wird. Das bietet sich für die Simulation einer Schaltung auf der Gatterebene geradezu an. Digitale Schaltungen werden durch ein logisches Gleichungssystem mit den bitorientierten logischen Grundoperationen UND, ODER, Negation, ... beschrieben. Jeder Prozessor besitzt Logikbefehle, die diese Bitoperationen parallel für die gesamte Verarbeitungsbreite von 8, 16, 32 oder noch mehr Bitstellen ausführen. In jeder Bitstelle kann dieselbe logische Funktion mit unterschiedlichen Daten simuliert werden.

Abbildung 3.31 zeigt am Beispiel eines Volladdierers, wie eine digitale Schaltung durch Maschinenbefehle nachgebildet wird. Der Volladdierer besteht aus zwei EXOR-Gattern, zwei UND-Gattern und einem ODER-Gatter. Die Simulation soll auf einem RISC-Prozessor mit 64 Bit Datenwortbreite und einer Verarbeitungsleistung von bis zu 10^9 Operationen pro Sekunde ausführt werden. RISC-Prozessoren besitzen eine Load-Store-Architektur. Die Signalwerte müssen zuerst in eines der Arbeitsregister geladen werden. Dabei werden stets 64 Bit für 64 unterschiedliche Schaltungssimulationen geladen. Die eigentlichen Gatter werden durch je einen einzelnen Logikbefehl nachgebildet, der das Gatter für 64 unterschiedliche Datensätze simuliert. Abschließend wird der 64 Bit breite Ergebnisvektor auf seinen zugeordneten Speicherplatz in den Hauptspeicher kopiert. Zwischenergebnisse, die noch in einem Arbeitsregister stehen, brauchen natürlich für die Simulation eines nachfolgenden Gatters nicht neu geladen zu werden. Insgesamt werden für die Simulation der 5 Gatter 13 Maschinenbefehle benötigt. Bei 10^9 Operationen pro Sekunde werden in 13 ns 5 Gatter mit 64 unterschiedlichen Eingabebelegungen simuliert. Das sind ca. 25 simulierte Gatter je Nanosekunde. Selbst unter Berücksichtigung der Verluste durch Umladen der Caches und anderer Wartezeiten, die bei den heutigen superskalaren Prozessoren nicht zu vermeiden sind, lassen sich Simulationsgeschwindigkeiten von 10^9 bis 10^{10} Gattern je Sekunde erzielen.

Schaltung eines Volladdierers	Programm für die Gutsimulation

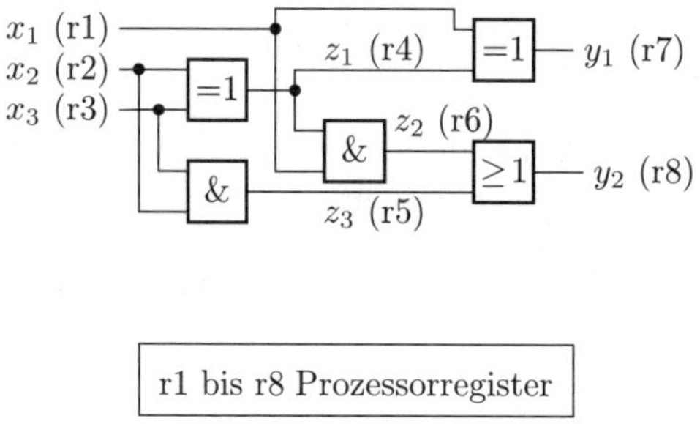

Programm für die Gutsimulation:

lade x_1 in Register r1
lade x_2 in Register r2
lade x_3 in Register r3
r4 = r2 xor r3
speichere Inhalt r4 in z_1
r5 = r2 and r3
speichere Inhalt r5 in z_3
r6 = r1 and r4
speichere Inhalt r6 in z_2
r7 = r1 xor r4
speichere Inhalt r7 in y_1
r8 = r5 or r6
speichere Inhalt r8 in y_2

r1 bis r8 Prozessorregister

Abb. 3.31. Nachbildung einer Schaltung durch ein Programm

Das Standardverfahren für die Parallelisierung der Fehlersimulation für kombinatorische Schaltungen ist PPSF- (parallel pattern single fault) Simulation [46, 133]). Die fehlerfreie Schaltung oder eine Schaltung mit eingebautem Fehler wird zeitgleich für mehrere aufeinanderfolgende Abbildungsschritte simuliert. Dazu müssen lediglich die 16, 32 oder 64 aufeinanderfolgende Testeingaben zu Paketen zusammengefasst werden. Das eigentliche Simulationsprogramm – die Folge von Logikanweisungen – ist für alle Bitstellen gleich. Der Rechenaufwand verringert sich nahezu umgekehrt proportional zur Bitbreite des Rechners.

Für sequenzielle Schaltungen lässt sich die Bitparallelität nicht so gut in Simulationsgeschwindigkeit umsetzen. Bei einer sequenziellen Schaltung sind die Folgezustände und Ausgaben vom Vorzustand abhängig, der seinerseits vom Fehler beeinflusst sein kann. Die Abbildungsschritte müssen nacheinander simuliert werden. Die Bitstellen lassen sich nur für die Simulation unterschiedlicher Fehler nutzen: SPPF- (single pattern parallel fault) Simulation. Die Modellfehler werden je nach der Verarbeitungsbreite des Rechners zu Gruppen von 16, 32 oder 64 Fehlern zusammengefasst. Jede Gruppe wird in ein ausführbares Programm übersetzt. Die Unterschiede im Steuerfluss zur Nachbildung des Fehlverhaltens für jede Bitstelle, z. B. das Setzen eines Bits auf Null oder Eins zur Nachbildung eines Haftfehlers, müssen durch Einzelbitmanipulationen nachgebildet werden (Abbildung 3.32). Die Maschinenbefehlsfolgen einer fehlerparallelen Simulation sind dadurch länger als die Maschinenbefehlsfolgen für eine musterparallele Simulation. Jeder Fehler muss solange simuliert werden, bis alle Fehler, die zu einer gemeinsamen Programmsequenz zusammengefasst wurden, nachgewiesen sind. Auch das erhöht den Simulationsaufwand. Der erzielte Gewinn aus der fehlerparallelen Verarbeitung ist dadurch geringer als bei einer Nutzung der Parallelität für die Simulation aufeinanderfolgender Testschritte.

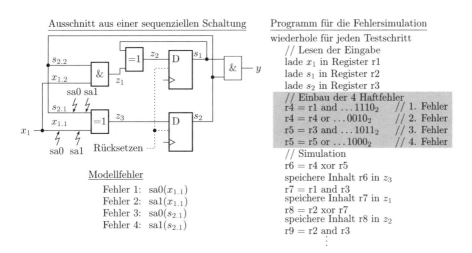

Abb. 3.32. Beispiel für die fehlerparallele Simulation einer sequenziellen Schaltung

Minimierung der zu simulierenden Schaltungsteile je Fehler

Die Gutsimulation bestimmt in jedem Testschritt alle Signalwerte des fehlerfreien Systems. Für die Simulation der Fehlerauswirkung genügt es, nur die

Werte neu zu berechnen, die der Fehler verändern kann. Das sind die Signalwerte entlang der Pfade, die vom Fehlerort zu Schaltungsausgängen führen. In Abbildung 3.33 würde es für den eingezeichneten Haftfehler z. B. genügen, nur zwei der fünf Gatter neu zu simulieren. Der Compiler zur Generierung des ausführbaren Simulationsprogramms analysiert hierzu die potenziellen Beobachtungspfade. Er bestimmt alle Gatter, deren Ausgabesignale durch den Fehler beeinflusst werden könnten, bzw. alle Signalwerte, die neu berechnet werden müssen. Das fehlerspezifische Simulationsprogramm bildet nur diese Gatter nach. Für die nicht neu zu berechnenden Signalwerte verwendet der Simulator die Ergebnisse der Gutsimulation.

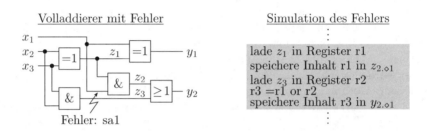

Abb. 3.33. Zur Berechnung der Wirkung des eingezeichneten Modellfehlers müssen nur die Signalwerte z_2 und y_2 neu berechnet werden

Ein weiterführender Ansatz ist, gleiche Teilberechnungen für die Bestimmung der Beobachtbarkeit unterschiedlicher Fehler nur einmal auszuführen. Alle Beobachtungspfade eines kegelförmigen Schaltungsteils, der aus mehreren Eingabesignalen ein Zwischenergebnis bildet – ein Gatter besitzt z. B. diese Struktur – führen über die Kegelspitze (Abbildung 3.34). Fehler innerhalb dieser kegelförmigen Schaltungsteile sind nur nachweisbar, wenn das Signal an der Kegelspitze beobachtbar ist. Optimierte Fehlersimulatoren berechnen deshalb zuerst die Sichtbarkeit der Kegelspitze. Dazu wird die Simulation von der Kegelspitze aus in Richtung der Schaltungsausgänge mit dem invertierten Signalwert wiederholt. Nur wenn die Kegelspitze beobachtbar ist, erfolgt eine lokale Fehlersimulation innerhalb des Schaltungskegels [93].

Über die Minimierung der zu simulierenden Schaltungsteile je Fehler lässt sich der Simulationsaufwand nur für kombinatorische Schaltungen wirksam verringern. Denn in sequenziellen Schaltungen beeinflussen die unterschiedlichen Fehler innerhalb eines Kegels den Zustand in unterschiedlicher Weise. Dadurch können die Eingaben eines Kegels vom betrachteten Fehler abhängen, so dass der oben skizzierte Trick nicht mehr zulässig ist. Auch aus diesem Grund ist die Fehlersimulation für sequenzielle Systeme aufwändiger als für kombinatorische Systeme.

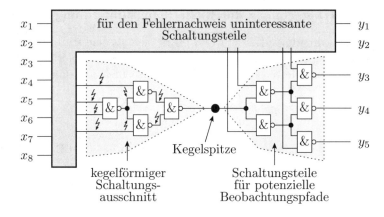

x_1 — für den Fehlernachweis uninteressante Schaltungsteile — y_1

x_2 — — y_2

x_3

x_4

x_5

x_6

x_7

x_8

Kegelspitze

y_3

y_4

y_5

kegelförmiger
Schaltungs-
ausschnitt

Schaltungsteile
für potenzielle
Beobachtungspfade

Abb. 3.34. Effiziente Fehlernachweisberechnung

3.3 Testsatzberechnung

Der Grundalgorithmus für die Testsatzberechnung lautet (vgl. Abschnitt 1.3.3):

Wiederhole für alle Modellfehler
Suche Testschritte, für die sich die Ausgabe des fehlerfreien Testobjekts von der des fehlerhaften Testobjekts unterscheidet

Für kombinatorische Systeme besteht ein Testschritt nur aus einer einzelnen Eingabe, so dass der Suchraum für Testschritte gleich dem Eingaberaum ist. Für allgemeine Systeme mit einem Zustandsspeicher ist der Suchraum die Menge der möglichen Eingabefolgen, als solche eine Potenzmenge des Eingaberaums und damit unbegrenzt groß. Wir wollen zuerst den einfacheren Fall betrachten, die Berechnung von Testschritten für den Nachweis kombinatorischer Funktionsabweichungen in kombinatorischen Systemen.

Ein fehlerfreies kombinatorisches System hat nach Gl. 1.12 die Funktion:

$$Y = f(X)$$

Das System mit Fehler i hat eine geringfügig abweichende Funktion:

$$Y_{\diamond i} = f_{\diamond i}(X) \tag{3.18}$$

Die Nachweismenge eines Fehlers ist die Menge aller Eingaben X, für die sich die Ausgaben des fehlerhaften Systems von den Ausgaben des fehlerfreien Systems unterscheiden:

$$\mathbf{T}_{\diamond i} = \{X \mid f(X) \neq f_{\diamond i}(X)\} \tag{3.19}$$

3.3.1 Testsatzberechnung durch Gleichungsumformung

Die Nachweisbedingung $f(X) \neq f_{\diamond i}(X)$ lässt sich als eine logische Nachweis-funktion beschreiben, die 1 ist, wenn sich die Ausgabe im fehlerhaften und im fehlerfreien Fall mindestens in einem Bit unterscheidet, und sonst 0 ist:

$$T_{\diamond i} = \begin{cases} 0 \text{ für } f(X) = f_{\diamond i}(X) \\ 1 \text{ für } f(X) \neq f_{\diamond i}(X) \end{cases} \tag{3.20}$$

Die Abweichung in mindestens einem Bit ist gleich der ODER-Verknüpfung der bitweisen EXOR-Verknüpfung aller Ausgabebits:

$$T_{\diamond i} = \bigvee_{j=1}^{N_{BY}} (f(X) \oplus f_{\diamond i}(X)) \tag{3.21}$$

(N_{BY} – Anzahl der Ausgabebits). Die Bestimmung der Nachweismenge redu-ziert sich auf die Suche der Menge aller Eingaben, für die die Nachweisfunktion nach Gl. 3.21 Eins ist:

$$\mathbf{T}_{\diamond i} = \{X \,|\, T_{\diamond i}(X) = 1\} \tag{3.22}$$

Die Eingabemenge, für die ein logischer Ausdruck 1 ist, wird ganz allgemein durch Aufstellen der Wertetabelle oder durch Umformung des Ausdrucks in eine konjunktive Normalform bestimmt. Eine konjunktive Normalform be-steht aus einer disjunktiven (ODER-) Verknüpfung von Konjunktionen (UND-Termen):

$$T_{\diamond i} = \bigvee_{j=1}^{N_{Konj}} K_{i.j} \tag{3.23}$$

(N_{Konj} – Anzahl der Konjunktionen; $K_{i.j}$ – Konjunktion j der Fehlernachweis-funktion für Modellfehler i). Jede Konjunktion repräsentiert eine Eingabe aus der Nachweismenge. Die Konjunktion

$$K_{i.j} = x_5 \bar{x}_4 \bar{x}_3 x_2 x_1$$

steht z. B. für die Eingabe $X = 10011_2$.

Für die Umformung eines logischen Ausdrucks in eine konjunktive Nor-malform werden Variablen und Terme als Konjunktionsmengen betrachtet. Eine einzelne Variable entspricht einer Konjunktionsmenge mit einer einzel-nen Konjunktion mit einem einzelnen Care-Bit:

$$x_1 \mapsto \{XX1\} = \{001, 011, 101, 111\}$$
$$x_2 \mapsto \{X1X\} = \{010, 011, 110, 111\}$$
$$\bar{x}_2 \mapsto \{X0X\} = \{000, 001, 100, 101\}$$

(X – don't care, Pseudosignalwert, der für einen beliebigen Signalwert steht). Den logischen Grundoperationen entsprechen folgende Mengenoperationen:

- UND $\mapsto$ Mengendurchschnitt, z. B. :

$$x_2\bar{x}_1 \mapsto \{11, 10\} \cap \{10, 00\} = \{10\}$$

- ODER $\mapsto$ Vereinigungsmenge, z. B. :

$$x_2 \vee \bar{x}_1 \mapsto \{11, 10\} \cup \{10, 00\} = \{11, 10, 00\}$$

- NOT $\mapsto$ Komplementmenge, z. B. :

$$\overline{x_2 \vee \bar{x}_1} \mapsto \{11, 10, 01, 00\} \setminus \{11, 10, 00\} = \{01\}$$

- EXOR $\mapsto$ Mengendifferenz zwischen der Vereinigungsmenge und dem Mengendurchschnitt, z. B. :

$$x_2 \oplus (\overline{x_2 \vee \bar{x}_1}) \mapsto (\{10, 00\} \cup \{10\}) \setminus (\{10, 00\} \cap \{10\})$$
$$= \{10, 00\} \setminus \{10\} = \{00\}$$

Die Größe der Konjunktionsmengen wächst im ungünstigsten Fall exponential mit der Anzahl der Eingabebits des Systems. Für Systeme mit mehr als 30 zweiwertigen Eingängen ist die Lösbarkeit nicht mehr zu garantieren [142].

Beispiel 3.4: *Wie lautet die Nachweismenge des eingezeichneten Haftfehlers in der nachfolgenden Schaltung?*

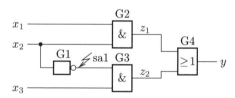

Die Funktion der fehlerfreien Schaltung entspricht der Gleichung:

$$y = x_2 x_1 \vee x_3 \bar{x}_2$$

Der Einbau eines Haftfehlers besteht darin, dass in der Gleichung des Gatters, an dessen Anschluss der Fehler unterstellt wird, das betroffene Signal gleich Null bzw. gleich Eins gesetzt wird. Für den eingezeichneten Haftfehler ist $\bar{x}_2$ am oberen Eingang von Gatter G3 durch eine Eins zu ersetzen:

$$y_{\diamond i} = x_1 x_2 \vee x_3$$

Die Nachweisfunktion lautete nach Gl. 3.21:

$$T_\diamond = (x_2 x_1 \vee x_3 \bar{x}_2) \oplus (x_2 x_1 \vee x_3)$$

Die Terme der Soll- und der Ist-Funktion liegen bereits in konjunktiver Normalform vor, so dass sich die Konjunktionsmengen direkt ablesen lassen:

$$x_2 x_1 \vee x_3 \bar{x}_2 \mapsto \{X11, 10X\}$$
$$x_2 x_1 \vee x_3 \mapsto \{X11, 1XX\}$$

Die EXOR-Verknüpfung entspricht der Differenz der Vereinigung und des Durchschnitts beider Konjunktionsmengen:

$$
\begin{aligned}
\mathbf{T}_\diamond &= (\{X11, 10X\} \cup \{X11, 1XX\}) \setminus (\{X11, 10X\} \cap \{X11, 1XX\}) \\
&= \{X11, 1XX\} \setminus \{X11, 10X\} \\
&= \{111, 110, 101, 100, 011\} \setminus \{111, 101, 100, 011\} \\
&= \{110\}
\end{aligned}
$$

Dieselbe Lösung ergibt auch die bitweise EXOR-Verknüpfung der Wertetabellen:

Wertetabelle der fehlerfreien Schaltung					Wertetabelle der Schaltung mit Fehler					bitweise EXOR-Verknüpfung beider Tabellen		
x_2	x_1				x_2	x_1				x_2	x_1	
0	0	0	1	$\oplus$	0	0	0	1	$=$	0	0	0	0
0	1	0	1		0	1	0	1		0	1	0	0
1	0	0	**0**		1	0	0	**1**		1	0	0	**1**
1	1	1	1		1	1	1	1		1	1	0	0
x_3		0	1		x_3		0	1		x_3		0	1

Nachweismenge

3.3.2 Pfadalgorithmen

Die Berechnung der Nachweismengen über Gleichungsumformungen liefert, wenn sie lösbar ist, die gesamte Nachweismenge. Für einen Testsatz wird jedoch nur ein Testschritt oder eine geringe Anzahl von Testschritten je Modellfehler benötigt. Die nachfolgend beschriebenen Algorithmen suchen die Testschritte nacheinander und können nach einer ausreichenden Anzahl gefundener Lösungen je Fehler abgebrochen werden.

Eine Testeingabe für einen Fehler muss zwei Bedingungen erfüllen. Sie muss den Fehler anregen. Ein sa0-Fehler verlangt eine 1 und ein sa1-Fehler eine 0 am Fehlerort. Der Fehlerort muss beobachtbar sein. Pfadalgorithmen

- stellen am Fehlerort die Anregungsbedingung ein
- sensibilisieren Beobachtungspfade in Richtung der Schaltungsausgänge und

- treiben von den lokalen Anregungsbedingungen und den für die Sensibilisierung des Beobachtungspfades erforderlichen lokalen Signalwerten Steuerpfade in Richtung der Schaltungseingänge (Abbildung 3.35).

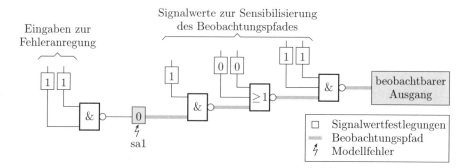

Abb. 3.35. Grundidee der Pfadalgorithmen

Ein Beobachtungspfad ist dadurch gekennzeichnet, dass eine Signaländerung am Fehlerort eine Signaländerung an allen nachfolgenden Punkten des Pfades bewirkt. Das erfordert für alle Gatter oder Funktionsblöcke, durch die der Pfad verläuft, dass an den übrigen Eingängen bestimmte Werte anliegen. Um z. B. einen Beobachtungspfad durch ein UND-Gatter zu sensibilisieren, müssen an den übrigen Eingängen des UND-Gatters Einsen anliegen.

Die Fehleranregung und die Sensibilisierung der Beobachtungspfade legen für eine gewisse Menge von internen Schaltungspunkten Signalwerte fest. Zur Suche von möglichen Eingaben werden entgegen der Signalflussrichtung Steuerpfade vorangetrieben. Das erfolgt genau wie die Sensibilisierung der Beobachtungspfade durch Festlegung geeigneter logischer Werte für interne Schaltungspunkte.

Der Pseudosignalwert D

Der Pseudosignalwert D ist ein Hilfsmittel für die Suche von Beobachtungspfaden. Ein D beschreibt, dass der Signalwert an einem Schaltungspunkt gleich dem Signalwert am Fehlerort ist, ein negiertes D, dass sich beide Signalwerte invers zueinander verhalten. Pfadalgorithmen benötigen weiterhin eine Möglichkeit zur Kennzeichnung, dass ein Signalwert noch nicht festliegt (X – unbestimmt, ohne Bedeutung, don't care). Der Wertebereich binärer Signale erweitert sich somit für die Testsatzberechnung auf:

$$x_i,\, y_i,\, z_i \in \left\{0,\, 1,\, X,\, D,\, \bar{D}\right\}$$

(x_i – Eingabesignale; y_i – Ausgabesignale; z_i – interne Signale).

In einer logischen Verknüpfung verhält sich ein D wie eine Wertefolge $\langle 0, 1 \rangle$. Wird eine solche Wertefolge mit einer 0 UND-verknüpft, entsteht eine Wertefolge $\langle 0, 0 \rangle$. Das entspricht dem logischen Wert 0. Erfolgt eine ODER-Verknüpfung mit Null, bleibt die Folge unverändert. Das Ergebnis ist $\langle 0, 1 \rangle$, was wieder einem D entspricht. Eine Invertierung der Folge $\langle 0, 1 \rangle$ ergibt eine Folge $\langle 1, 0 \rangle$, d.h. ein negiertes D. Die anderen Verknüpfungen lassen sich auf demselben Wege herleiten:

UND	ODER	EXOR
$D \wedge 0 = 0$	$D \vee 0 = D$	$D \oplus 0 = D$
$D \wedge 1 = D$	$D \vee 1 = 1$	$D \oplus 1 = \bar{D}$
$D \wedge D = D$	$D \vee D = D$	$D \oplus D = 0$
$D \wedge \bar{D} = 0$	$D \vee \bar{D} = 1$	$D \oplus \bar{D} = 1$

Die logische Verknüpfung einer Variablen mit X ergibt in der Regel wieder einen unbestimmten Wert. Ausnahmen sind die UND-Verknüpfung mit 0, die immer 0, und die ODER-Verknüpfung mit 1, die immer 1 ergibt:

UND	ODER	EXOR
$X \wedge 0 = 0$	$X \vee 0 = X$	$X \oplus 0 = X$
$X \wedge 1 = X$	$X \vee 1 = 1$	$X \oplus 1 = X$

3.3.2.1 Der D-Algorithmus

Der D-Algorithmus arbeitet nach dem Prinzip der binären Baumsuche. Zu Beginn werden am Fehlerort die Anregungs- und Beobachtungsbedingungen für den Fehler eingestellt und alle anderen Signalwerte auf unbestimmt (X) gesetzt. Die Anregungsbedingung für einen sa1-Fehler ist z. B. eine 0. Die lokale Beobachtungsbedingung ist immer ein D am Fehlerort. Nach der Initialisierung werden schrittweise Beobachtungspfade in Richtung der Schaltungsausgänge sensibilisiert und Steuerpfade zu den Schaltungseingängen getrieben. Das lässt sich am besten am Beispiel zeigen.

In Abbildung 3.36 wird zuerst ein Beobachtungspfad bis zum Signal z_3 sensibilisiert. Dazu muss der Eingang x_3 auf Eins gesetzt werden. Anschließend wird der Beobachtungspfad mit $z_2 = 0$ bis zum Ausgang y sensibilisiert. Als nächstes wird ein Steuerpfad von z_2 zum Eingang x_1 vorangetrieben. Um $z_2 = 0$ zu steuern, ist $x_2 = 0$ erforderlich.

Die Reihenfolge und die Richtung, in der die Steuer- und Beobachtungspfade aufgebaut werden, ist nicht immer eindeutig. Statt den Steuerpfad von z_2 nach x_2 aufzubauen, könnte der Steuerpfad von z_2 auch nach x_1 aufgebaut

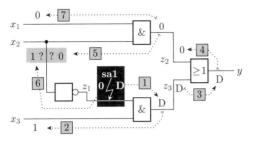

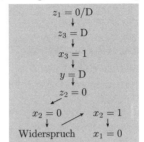

Reihenfolge der Wertezuweisungen

$z_1 = 0/D$
$\downarrow$
$z_3 = D$
$\downarrow$
$x_3 = 1$
$\downarrow$
$y = D$
$\downarrow$
$z_2 = 0$
$x_2 = 0 \quad\nearrow\quad x_2 = 1$
$\downarrow$
Widerspruch $x_1 = 0$

1 ? ? 0 Widerspruch, Invertierung der Entscheidung 5

Schritt	x_1	x_2	x_3	z_1	z_2	z_3	y	Bemerkungen
	X	X	X	X	X	X	X	alle Signale unbestimmt
0	X	X	X	0/D	X	X	X	beobachtbare 0 am Fehlerort
1	X	X	X	0/D	X	D	X	Vorantreiben des D-Pfades
2	X	X	1	0/D	X	D	X	aus $z_1 = z_3 = D$ folgt $x_3 = 1$
3	X	X	1	0/D	X	D	D	Vorantreiben des D-Pfades
4	X	X	1	0/D	0	D	D	aus $z_3 = y = D$ folgt $z_2 = 0$
5	X	0	1	0/D	0	D	D	$z_2 = 0$ entsteht, wenn $x_2 = 0$
6	X	1	1	0/D	0	D	D	Widerspruch: $x_2 = 1$
7	0	1	1	0/D	0	D	D	$z_2 = 0$ verlangt $x_1 = 0$

Abb. 3.36. Testsuche mit dem D-Algorithmus

oder zuerst ein Steuerpfad von z_1 zu den Schaltungseingängen vorangetrieben werden. Auf der anderen Seite können bei der Suche geeigneter Steuer- und Beobachtungspfade auch Widersprüche auftreten. Mögliche Ursachen für Widersprüche sind:

- Die festgelegten Werte an den Anschlüssen eines Funktionsblocks stehen im Widerspruch zu seiner logischen Funktion.
- Die bisherigen Festlegungen implizieren, dass zu keinem der Schaltungsausgänge ein Beobachtungspfad sensibilisiert werden kann.

Ein Widerspruch ist der Beweis, dass es mit den bisher festgelegten Werten keine Lösung gibt. Dann müssen Werte, für die es Alternativen gibt, geändert werden.

Die Signalwerte werden dazu in einem binären Suchbaum festgehalten. Eine binäre Baumsuche invertiert bei einem Widerspruch den zuletzt festgelegten Wert. Es erfolgt ein Backtracking. Bildlich wird zur letzten Astgabe im Suchbaum zurückgekehrt und der alternative Ast abgearbeitet. Gibt es auch auf diesem Ast keine Lösung, wird der Signalwert auf unbestimmt gesetzt. Es geht eine Astgabel weiter zurück. Sind auch hier beide Äste durchsucht, läuft der Algorithmus noch eine Astgabel weiter zurück.

Im Beispiel in Abbildung 3.36 entsteht nach der Zuweisung an x_2 ein Widerspruch. Die logische Funktion des Inverters

$$z_1 = \bar{x}_2$$

verbietet, dass x_2 und z_1 gleichzeitig Null sind. Nach den Regeln der binären Baumsuche wird der zuletzt zugewiesene Wert invertiert:

$$x_2 = \bar{x}_2 = 1$$

Das vernichtet jedoch den Steuerpfad für $z_2 = 0$. Der Algorithmus muss das erkennen und einen neuen Steuerpfad aufbauen. Dafür gibt es jetzt nur noch die Möglichkeit $x_1 = 0$.

Die Testsuche stoppt, wenn eine Lösung gefunden wird oder es keinen weiteren Ast mehr zum Durchmustern gibt. Wenn der Algorithmus bis zu diesem Punkt keine Lösung gefunden hat, gibt es keine Eingabe, die den Fehler nachweist. Der Fehler ist redundant. Umgekehrt verlangen redundante Modellfehler eine Durchmusterung des gesamten Suchraums. Sie gehören dadurch zu den rechenzeitaufwändigsten Modellfehlern. Fehlermodelle, die wie das Zellenfehlermodell 5% bis 15% redundante Fehler generieren (vgl. Abschnitt 3.1.7), sind deshalb auch für die Testsatzberechnung ungeeignet.

Der Rechenaufwand einer binären Baumsuche wächst im ungünstigsten Fall exponentiell mit der Anzahl der Signale oder Variablen, für die Werte festzulegen sind. Für eine größere kombinatorische Schaltung, in der der D-Algorithmus Tausenden von Signalen Werte zuweisen muss, kann es leicht passieren, dass der Suchraum so schlecht strukturiert ist, dass auch nach vielen Tagen Rechenzeit weder eine Lösung gefunden noch das Ende des Suchraums erreicht wird. Die in der Praxis eingesetzten Algorithmen arbeiten deshalb mit oberen Schranken für die Anzahl der Suchschritte. Wenn nach einer bestimmten Anzahl von Suchschritten für einen Fehler immer noch kein Test gefunden ist, wird die Suche abgebrochen. Der Fehler wird als nicht klassifizierbar eingestuft. In diesem Fall kann nicht entschieden werden, ob der Fehler redundant oder nur schlecht nachzuweisen ist. Das Gütemaß der Testsatzberechnung ist entsprechend der Anteil der als nachweisbar oder als redundant klassifizierten Modellfehler und wird in erster Linie von den eingesetzten Heuristiken zur Strukturierung und Begrenzung des Suchraums bestimmt.

3.3.2.2 Implikationstest und eindeutige Werte

Eine wichtige Regel zur Minimierung der Größe des Suchraums besteht darin, eindeutige Werte anders zu behandeln als Werte, für die der Algorithmus aus mehreren Alternativen auswählen kann. Eindeutige Werte werden nicht mit im Suchbaum verwaltet, sondern nach jeder uneindeutigen Wertefestlegung neu berechnet. Zum einen wird der D-Pfad bis zur nächsten Verzweigung weitergeführt. Zum anderen erfolgt ein Implikationstest oder X-Check, der gleichzeitig auch überprüft, ob die letzte uneindeutige Wertefestlegung mit einem früher festgelegten Wert im Widerspruch steht.

Die Suche eindeutig bestimmter Werte nach jeder uneindeutigen Wertfestlegung verringert die Größe des Suchraums erheblich und hilft, potenzielle Widersprüche schneller zu erkennen. Im Beispiel Abbildung 3.36 gibt es nur die eine Möglichkeit, den D-Pfad zu sensibilisieren. Durch den D-Pfad sind die Werte für x_3 und z_2 eindeutig bestimmt. Der Wert von x_2 ist durch die Anregungsbedingung am Fehlerort auch eindeutig vorgegeben. Und aus den eindeutig für x_2 und z_2 vorgegebenen Werten resultiert ebenfalls ein eindeutiger Wert für x_1. Alle Werte sind eindeutig. Die Beispielaufgabe könnte ohne Suchbaum gelöst werden.

Der einfachste Implikationstest ist eine Logiksimulation mit den Signalwerten 0, 1, X, D und $\bar{D}$ [51]. Er findet Implikationen in Signalflussrichtung. Die 0 am Eingang des NAND-Gatters G1 in Abbildung 3.37 bewirkt unabhängig vom Wert am anderen Gattereingang den Ausgabewert 1. Diese 1 am Eingang des NOR-Gatters G2 impliziert an dessen Ausgang eine 0. Auf diesem Wege kann die Festlegung eines Signalwertes auch die Werte für eine ganze Reihe anderer Signale vorgeben. Ein Widerspruch besteht, wenn der Implikationstest für ein Signal einen anderen Wert berechnet als bereits festgelegt ist, oder wenn es keine Möglichkeit mehr gibt, einen D-Pfad bis zu einem Ausgang zu sensibilisieren.

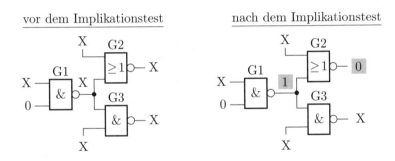

Abb. 3.37. Implikationstest in Signalflussrichtung

Implikationen existieren auch entgegen der Signalflussrichtung. Die erste Implikation in Abbildung 3.38 besteht darin, dass für die Weiterleitung des D-Pfades durch Gatter G2 der Signalwert an seinem zweiten Eingang 0 sein muss. Eine 0 am Ausgang von Gatter G1 verlangt an beiden Gattereingängen den Signalwert 1. Die Suche eindeutiger Werte entgegen der Signalflussrichtung erfolgt nach dem Tabellenprinzip. Jedem Logikbaustein ist eine Tabelle zugeordnet, aus der ablesbar ist, für welche Variationen der Ein- und Ausgangsbelegungen weitere Anschlussbelegungen eindeutig bestimmt sind.

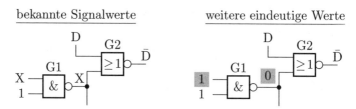

Abb. 3.38. Implikationen entgegen der Signalflussrichtung

Schwerer zu erkennen ist eine Implikation entgegen der Signalflussrichtung über mehrere Logikbausteine, wie sie in Abbildung 3.39 dargestellt ist. Die Null am Schaltungsausgang kann durch unterschiedliche Variationen der Signalwerte an den Eingängen des UND-Gatters G3 erzeugt werden. Die Eingabewerte des UND-Gatters sind mehrdeutig. Dennoch ist der Wert von x_2, einem Signal, das noch eine Gatterebene weiter vorn liegt, eindeutig. Die Signale x_1 und x_3 werden mit demselben Signal x_2 ODER-verknüpft und anschließend mit einer UND-Verknüpfung zusammengeführt. Das Ausgabesignal y kann nur dann den Wert Null annehmen, wenn gilt $x_2 = 0$. Aus $y = 0$ folgt eindeutig $x_2 = 0$. Das Herausfinden solcher Implikationen erfordert eine gewisse Intelligenz. Der Gewinn ihrer Berücksichtigung zur Berechnung weiterer eindeutiger Werte wird in der Literatur mit einer Verringerung der Backtrackinghäufigkeit um bis zu 80% angegeben [146].

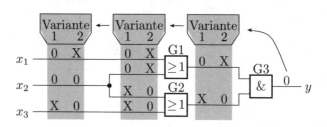

Abb. 3.39. Implikationen rückwärts über mehrere Gatterebenen

3.3.2.3 Begrenzung des Suchraums

In der ersten behandelten Version des D-Algorithmus wurde der Suchbaum mit allen Signalen aufgebaut, die für den Fehlernachweis definierte Werte aufweisen müssen, im zweiten Ansatz nur mit mehrdeutigen Werten. In einer kombinatorischen Schaltung hängen alle Signalwerte im Inneren und an den Ausgängen der Schaltung von den Signalwerten an den Schaltungseingängen ab. Nur die Schaltungseingänge können unabhängig voneinander alle Variationen von logischen Werten annehmen. Es genügt, den Suchbaum mit den

Signalwerten an den Schaltungseingängen aufzubauen und den Suchraum so auf den Eingaberaum zu begrenzen [48, 123].

Die Begrenzung des Suchraums auf den Eingaberaum funktioniert etwa wie folgt. Zuerst werden, wie beim D-Algorithmus in seiner Grundform, alle Signalwerte auf unbestimmt gesetzt, für den Fehlerort ein entsprechender Signalwert vorgegeben und über den Implikationstest alle eindeutig festliegenden Signalwerte und alle eindeutigen Beobachtungspfadstücke bestimmt. Darüber hinaus soll der Implikationstest hier auch die möglichen Beobachtungspfade bestimmen und kontrollieren, ob der Fehler bereits nachweisbar ist. Falls sich gleich am Anfang zeigt, dass der Fehler unabhängig von der Eingabe immer nachgewiesen wird, oder es keine Anregungs- oder keine Beobachtungsmöglichkeit gibt, ist die Suche beendet. Anderenfalls wird bis zum Erreichen einer Abbruchbedingung folgende Schrittfolge wiederholt:

- Nehme einen internen Signalwert, der für den Fehlernachweis notwendig ist, aber der von den bisher festgelegten Bitwerten für die Eingabe noch nicht impliziert wird.
- Treibe einen Steuerpfad bis zu einem Schaltungseingang zurück.
- Übernehme nur den Wert am Pfadeingang in den Suchbaum.
- Wiederhole den Implikationstest einschließlich der Kontrollen, ob die bisherigen Wertefestlegungen für den Fehlernachweis ausreichen oder ob mit ihnen der Fehlernachweis ausgeschlossen ist.

Signalisiert der Implikationstest, dass der Lösungsraum mit der letzten Wertezuweisung verlassen wurde, wird der zuletzt zugewiesene Wert invertiert. Falls das auch nicht hilft, geht es eine Astgabel zurück. Der zuletzt festgelegte Eingabewert wird wieder auf unbestimmt gesetzt und die vorletzte Wertezuweisung invertiert. Im Extremfall werden so schrittweise alle Zuweisungen auf unbestimmt gesetzt und dadurch nachgewiesen, dass es keine Lösung gibt. Der Fehler wird als redundant klassifiziert. Die zweite mögliche Abbruchbedingung ist, dass eine Lösung gefunden wurde, und die dritte ist eine Überschreitung der maximalen Suchzeit.

Abbildung 3.40 verdeutlicht das Prinzip am Beispiel. Der Beobachtungspfad und die eingezeichneten Signalwerte sind eindeutig. Von ihnen werden Steuerpfade, nummeriert mit a, b, c, ... bis zu je einem Eingang getrieben. Pfad a endet bei $x_3 = 1$, Pfad b bei $x_4 = 0$. Im Beispiel ist unterstellt, dass $x_3 = 1$ unzulässig ist, was aber erst nach der Zuweisung an x_4 erkannt wird. Entsprechend wird zuerst x_4 invertiert, dann x_4 auf unbestimmt gesetzt und x_3 invertiert. Der über Pfad d gefundene Wert liegt im Lösungsraum, aber nach der über Pfad e berechneten Zuweisung sei in dem Beispiel noch eine Invertierung erforderlich. Dann ist die Lösung komplett.

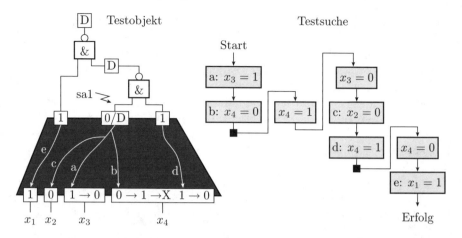

Abb. 3.40. Begrenzung der Suche auf den Eingaberaum

3.3.2.4 Steuerung des Suchprozesses über geschätzte Erfolgswahrscheinlichkeiten

Die Auswahl der Signale, von denen die Steuerpfade zurückgetrieben werden, und der Signalwege, über die die Steuerpfade aufgebaut werden, etc. bieten Wahlmöglichkeiten. Fortgeschrittene Algorithmen werten für die Auswahl aus mehreren Alternativen geschätzte Wahrscheinlichkeiten für die Steuer- und Beobachtbarkeit der internen Signale aus [52]. Mehr erfolgversprechende Alternativen werden vor weniger erfolgversprechenden ausprobiert. Soll z. B. am Ausgang eines ODER-Gatters eine Eins gesteuert werden, so muss mindestens einer der Eingänge auf Eins gesetzt werden. Der Algorithmus kann wählen. Viele Algorithmen wählen den Gattereingang, der bei einer zufälligen Eingabebelegung der Schaltung mit der höchsten Wahrscheinlichkeit eine Eins führt. Die Wahrscheinlichkeit, dass ein logisches Signal den Wert Eins annimmt, wird im Zusammenhang mit der Testauswahl auch als Signalgewicht g bezeichnet (siehe später Abschnitt 3.4.2). Verbesserte Heuristiken schätzen die Signalgewichte nicht für zufällige Eingabebelegungen, sondern unter Berücksichtigung der bereits festgelegten Signalwerte [97] (Abbildung 3.41). Für die Weiterführung der D-Front über eine Verzweigung wird in analoger Weise der mit der größten Wahrscheinlichkeit beobachtbare Zweig bevorzugt. Ein weiterer Ansatzpunkt ist das Lernen aus erfolgreichen und erfolglosen Suchschritten.

3.3.2.5 Backtracking Sprünge

Wenn ein Widerspruch im Berechnungsprozess signalisiert wird, ist es wichtig, dass der Algorithmus den Widerspruch mit möglichst wenigen Backtracking-

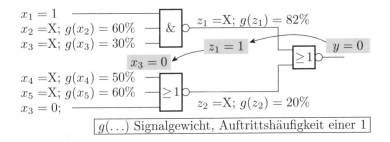

$$\boxed{g(\ldots) \text{ Signalgewicht, Auftrittshäufigkeit einer } 1}$$

Abb. 3.41. Auswahl des Rückverfolgungspfades über geschätzte Erfolgswahrscheinlichkeiten

Schritten löst. Der Standardansatz für die binäre Baumsuche ist die Invertierung der letzten Zuweisung. Unter bestimmten Randbedingungen lässt sich für einen Teil der Signale im Suchbaum ausschließen, dass sie Mitverursacher des Widerspruchs sind. Ihre Invertierung führt garantiert nicht zu einer Lösung. Sie können beim Backtracking übersprungen werden [97]. Der Algorithmus springt mehrere Astgabeln zurück. Eine Lösung wird, falls es sie gibt, schneller gefunden bzw. das Ende des Suchraums wird schneller erreicht.

3.3.2.6 Einbeziehung komplexer Bausteine

Die Testsatzberechnung basiert in der Regel auf einer Schaltungsbeschreibung, die nur einfache UND-Gatter, ODER-Gatter, EXOR-Gatter und Inverter enthält. Komplexere Bausteine wie Addierer oder Multiplexer werden vor der Testsatzberechnung in Grundgatter zerlegt. Der Hauptgrund für diese Aufspaltung ist, dass die Prozeduren für die Weiterleitung des D-Pfades, die Prozeduren für den Implikationstest und die Prozeduren für die Suche eindeutiger Werte für jeden Funktionsblocktyp extra programmiert werden müssen. Je größer die Typenvielfalt der Bausteine ist, desto aufwändiger wird das Programm für die Testsatzberechnung.

Die Beibehaltung einiger häufig genutzter komplexerer Bausteine hat auch Vorteile [117]. Es werden mehr Situationen erkannt, in denen Signalwerte durch Implikationen eindeutig bestimmt sind. Auch ungeeignete Pfade für die Weiterleitung der D-Front werden schneller erkannt. Die Backtrackinghäufigkeit verringert sich. Der Algorithmus findet im Mittel schneller eine Testeingabe. Für redundante Fehler erreicht er schneller das Ende des Suchraums.

Abbildung 3.42 zeigt eine Situation, in der auf der Gatterebene nicht zu erkennen ist, dass die Werte an den Eingängen x_1, x_2 und x_3 bereits durch die Ausgabewerte eindeutig bestimmt sind. Zur Befriedigung der Bedingung $y_1 = 1$ und $y_2 = 1$ gibt es zwei bzw. drei Möglichkeiten für die Eingabebelegungen der vorhergehenden Gatter. Die Rückverfolgung ist mehrdeutig. Im Gegensatz dazu ist aus der Darstellung der Schaltung als Volladdierer leicht zu ersehen, dass aus der Forderung Summe und Übertrag gleich Eins für die Eingänge folgt, dass sie alle drei Eins sein müssen.

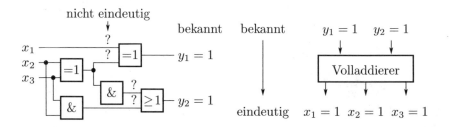

Abb. 3.42. Eindeutige Signalwerte, die auf der Gatterebene nicht zu erkennen sind

Die Prozedur zur Suche der Möglichkeiten für die Weiterleitung eines D-Pfades untersucht für die Bausteine, an deren Eingängen mindestens ein D anliegt, ob es eine Möglichkeit gibt, das D zu einem Bausteinausgang weiterzuleiten. Dabei sind die bereits festgelegten Werte an einigen Anschlüssen des Funktionsblocks zu berücksichtigen. Im Beispiel in Abbildung 3.43 kann der D-Pfad potenziell entweder über den Codeumsetzer zum Ausgang lsb oder zum Multiplexerausgang weitergeführt werden.

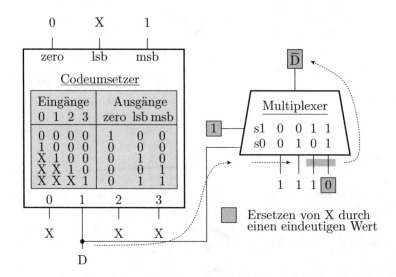

Abb. 3.43. Eindeutiger D-Pfad

Über den Codeumsetzer wäre nur noch einer Weiterleitung zum Ausgang lsb möglich, weil für die beiden anderen Ausgänge die Signalwerte bereits festliegen. Das ist aber ausgeschlossen, weil für die Ausgabe msb = 1 der Signalwert am Ausgang lsb laut Wertetabelle nicht von Eingang 1 abhängt. Der D-Pfad kann deshalb nur zum Multiplexerausgang weitergeführt werden. Das erfordert im Beispiel für den letzten unbelegten Multiplexereingang den Signalwert 0. Auch diese Eindeutigkeit würde auf der Gatterebene nicht sofort erkannt werden. Der Algorithmus würde unter Umständen erst nach einer größeren Anzahl von Backtracking-Schritten den D-Pfad in die richtige Richtung weiterführen.

Für die Modellierung von Fehlern innerhalb eines Bausteins muss der Baustein in Gatter zerlegt werden. Die übrigen Bausteine werden auf der Funktionsblockebene modelliert (hierarchische Testsatzberechnung). Wie Abbildung 3.44 zeigt, lässt sich ein großer Teil der internen Fehler durch identisch nachweisbare Anschlussfehler ersetzen, so dass die Berechnung überwiegend auf der höheren Abstraktionsebene mit einer entsprechend geringeren Anzahl von Bausteinen erfolgen kann.

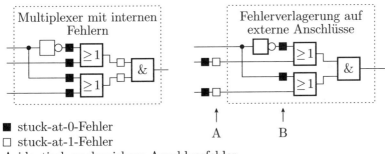

■ stuck-at-0-Fehler
□ stuck-at-1-Fehler
A identisch nachweisbare Anschlussfehler
B Fehler, die nur bei Aufspaltung des Funktionsblocks
  simuliert werden können

Abb. 3.44. Ersetzen interner Modellfehler durch Anschlussfehler

3.3.3 Testsatzberechnung für sequenzielle Schaltungen

Die bisher behandelten Verfahren für die Testsatzberechnung sind auf kombinatorische Funktionsänderungen in kombinatorischen Schaltungen beschränkt. Für sequenzielle Schaltungen oder Fehler, die kombinatorische Schaltungen in sequenzielle Schaltungen umwandeln, gibt es keine grundlegend anderen Verfahren. Sequenzielle Schaltungen werden vor der Testsatzberechnung gedanklich in kombinatorische Schaltungen umgewandelt. Die Schaltung wird aufgerollt und aus nacheinander zu durchlaufenden kombinatorischen Blöcken zusammengesetzt. Dieses Modell wird als *pseudokombinatorisches Iterationsmodell* bezeichnet [24].

3.3.3.1 Speicherzellen zur Signalverzögerung um einen Takt

Speicherzellen können in einer Schaltung unterschiedliche Funktionen haben. Im einfachsten Fall dienen sie nur zur Verzögerung um einen Takt, z. B. als Eingaberegister, Ausgaberegister oder Pipelineregister (Abbildung 3.45). In der aufgerollten Ersatzschaltung für die Testsatzberechnung entfallen die Register. Ansonsten bleibt die Struktur unverändert. Die Algorithmen für die Testsatzberechnung unterscheiden sich nicht von denen für eine kombinatorische Schaltung. Nach der Berechnung müssen die Testeingaben lediglich den richtigen Zeitebenen zugeordnet werden.

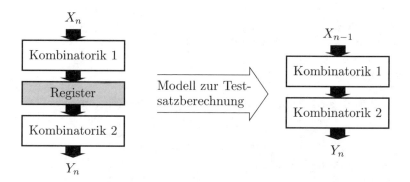

Abb. 3.45. Kombinatorische Ersatzschaltung, wenn die Register die Daten einheitlich verzögern

3.3.3.2 Verarbeitung der Zwischenergebnisse in mehreren Zeitebenen

Die zweite Schwierigkeitsstufe bilden rückführungsfreie Schaltungen, in deren aufgerolltem Ersatzschaltbild Schaltungsteile in mehreren Kopien erscheinen. In Abbildung 3.46 sind die Ausgabesignale der kombinatorischen Teilschaltung 1 einmal direkt und einmal um einen Takt verzögert auf die Eingänge der kombinatorischen Teilschaltung 2 geführt. Die Teilschaltung 1 muss folglich für die Testsatzberechnung zweimal in die Ersatzschaltung kopiert werden. An den Eingängen der ersten Kopie liegen die aktuellen Eingaben und an den Eingängen der zweiten Kopie die Eingaben des vorhergehenden Abbildungsschrittes an.

Die Eingangsanzahl und die Gatteranzahl der kombinatorischen Ersatzschaltung sind wesentlich größer als bei der originalen sequenziellen Schaltung. Der Rechenaufwand für die Testsatzberechnung ist entsprechend höher als für eine kombinatorische Schaltung gleicher Größe. Modellfehler in Schaltungsteilen mit mehreren Kopien in der Ersatzschaltung erscheinen in jeder Kopie. Mit

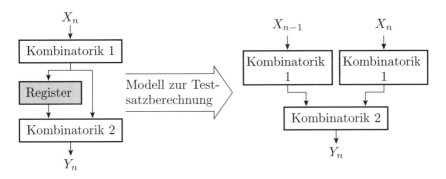

Abb. 3.46. Kombinatorische Ersatzschaltung, wenn die Register die Daten unterschiedlich verzögern

geringfügigen Erweiterungen können jedoch dieselben Suchalgorithmen wie für die Testsatzberechnung für kombinatorische Systeme eingesetzt werden.

3.3.3.3 Schaltungen mit Rückführungen

In einem System mit Rückführungen ist der Folgezustand einiger Speicherzellen nicht nur von der aktuellen Eingabe und von den Zuständen anderer Speicherzellen abhängig, sondern auch von ihrem eigenen Zustand. In der aufgerollten kombinatorischen Ersatzschaltung erscheinen die Schaltungsteile, durch die die Rückführungen verlaufen, in unendlich vielen Kopien.

Ein anschauliches Beispiel ist ein serieller Addierer. Er besteht aus einem Volladdierer und einer Speicherzelle für den Übertrag. Aufgerollt ergibt sich ein Ripple-Addierer unbegrenzter Bitbreite aus je einem Volladdierer je Zeitebene (Abbildung 3.47).

Im kombinatorischen Ersatzschaltbild eines Systems mit Rückführungen ist weder die Anzahl der Eingänge noch die Anzahl der Ausgänge noch die Anzahl der Funktionsblöcke auf einen endlichen Wert begrenzt. Ein D-Algorithmus kann, wenn keine Gegenmaßnahmen vorgesehen sind, die D-Pfade durch unbegrenzt viele Kopien treiben, ohne einen beobachtbaren Schaltungsausgang zu erreichen. Wenn der Algorithmus im Beispiel des seriellen Addierers versucht, den D-Pfad entlang des Übertragspfades voranzutreiben, erreicht er nie einen Ausgang. Genauso kann er Steuerpfade so aufbauen, dass sie immer im Kreis verlaufen, ohne irgendwann einen Eingang zu erreichen. Das muss durch zusätzliche Heuristiken verhindert werden. So kann z. B. die Anzahl der Kopien, durch die die Pfade maximal getrieben werden dürfen, bevor nach anderen Alternativen gesucht oder die Suche aufgegeben wird, begrenzt werden. Das hat natürlich den Nachteil, dass für einige Modellfehler keine Tests gefunden werden, weil es nur Tests gibt, bei denen das Testobjekt erst eine wesentlich größere Anzahl von Zuständen durchlaufen muss. Ein Beispiel hierfür wäre die Testsatzberechnung für einen Zähler, der nur mit dem

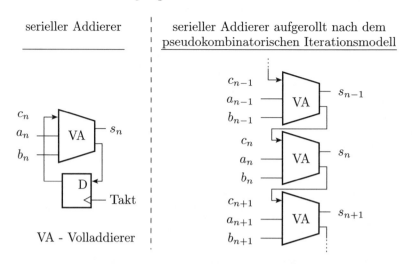

Abb. 3.47. Serieller Addierer und sein kombinatorisches Ersatzschaltbild

Zustand Null initialisiert werden und zählen kann. Jede Testsuche muss hier ihre Steuerpfade bis zum Zählzustand Null gegebenenfalls durch eine große Anzahl von Zählschritten treiben.

Zusammenfassend lassen sich die Algorithmen für die Testsatzberechnung für kombinatorische Schaltungen auch auf aufgerollte sequenzielle Schaltungen übertragen. Speicherzellen in rückführungsfreien Schaltungen erschweren die Testsatzberechnung nicht oder nicht übermäßig. Problematisch sind nur die Speicherzellen in Rückführungen. In Abschnitt 3.6.2 wird gezeigt, wie das Problem mit Maßnahmen des prüfgerechten Entwurfs vermieden wird.

3.4 Abschätzung der Testsatzlänge für den Zufallstest

Für den Zufallstest reduziert sich die Aufgabe der Testauswahl auf die Abschätzung der erforderlichen Testsatzlänge.

3.4.1 Care-Bit-Verfahren

Eine stark überhöhte untere Schranke für die erforderliche Testsatzlänge für den Nachweis kombinatorischer Fehler lässt sich über eine einfache Fragestellung abschätzen:

>*An wie vielen Eingängen des untersuchten Testobjekts müssen definierte Werte (Care-Bits) anliegen, um eine lokale Funktionsänderung nachzuweisen?*«

Die modellfehlerorientierte Testsatzberechnung liefert oft Testeingaben, in denen nur für einen Teil der Bitstellen Nullen oder Einsen vorgeschrieben sind. Das sind die Care-Bits. Die übrigen Bitstellen hat der Suchalgorithmus auf ihrem Initialwert X oder Don't-Care belassen. Sie können während des Tests mit beliebigen Werten belegt werden. Ein Fehler ist nachweisbar, wenn der Testsatz mindestens einen Testschritt für den Fehler, z. B. den berechneten Testschritt enthält.

Wenn alle Eingabevariationen des Testobjekts mit gleicher Häufigkeit auftreten, beträgt die Auftrittshäufigkeit eines berechneten Testschritts:

$$2^{-N_{CB}}$$

(N_{CB} – Anzahl der Care-Bits). Das ist gleichzeitig eine untere Schranke für die Nachweiswahrscheinlichkeit des Fehlers je Abbildungsschritt:

$$p_{\diamond i} \geq 2^{-N_{CB}} \tag{3.24}$$

Eingesetzt in Gl. 2.79 weist ein Testsatz der Länge n den Fehler mindestens mit einer Wahrscheinlichkeit von

$$p_{\diamond i}(n) \geq 1 - e^{-n \cdot 2^{-N_{CB}}} \tag{3.25}$$

nach. Mit einer oberen Schranke für die Anzahl der Care-Bits N_{CBmax} für alle Fehler ist das gleichzeitig eine untere Schranke für die Nachweiswahrscheinlichkeiten aller Fehler:

$$p_{\diamond}(n) \geq 1 - e^{-n \cdot 2^{-N_{CBmax}}} \tag{3.26}$$

Umgestellt nach der Testsatzlänge

$$n \leq -\ln(1 - p_{\diamond \min}(n)) \cdot 2^{N_{CBmax}}$$

$p_{\diamond \min}(n)$	90%	99%	99,9%	99,99%
$-\ln(1 - p_{\diamond \min}(n))$	2,3	4,6	6,9	9,2

($p_{\diamond \min}(n)$ – geforderte Mindestnachweiswahrscheinlichkeit für Fehler) ergibt sich, dass mit einer Testsatzlänge von

$$n \approx 10 \cdot 2^{N_{CBmax}} \tag{3.27}$$

praktisch alle Fehler nachgewiesen werden. Die so abgeschätzte Testsatzlänge ist natürlich reichlich überdimensioniert. Die meisten Fehler werden bereits mit einem Bruchteil der so abgeschätzten Testsatzlänge gefunden.

Beispiel 3.5: *Welche Testsatzlänge ist ausreichend, um alle Haftfehler in dem Addierer in Abbildung 3.48 nachzuweisen?*

Der Addierer in Abbildung 3.48 besteht aus einer Kette von mehreren 4-Bit-Addierern. Jeder der 4-Bit-Addierer besitzt zwei Operandeneingänge der Bitbreite 4 und einen Übertragseingang. Für den Nachweis einer beliebigen kombinatorischen Funktions-änderung innerhalb eines der 4-Bit-Addierer sind die zwei mal vier Operandenein-gänge und der Übertragseingang mit Care-Bits zu belegen. Der Übertragseingang, der nicht direkt steuerbar ist, verlangt hierfür zwei Care-Bits an den beiden höchst-wertigen Dateneingänge des vorhergehenden 4-Bit-Addierers. Das vom betrachteten Addierer gelieferte Übertragssignal beeinflusst stets das niederwertigste Summenbit des nachfolgenden Addierers und ist ohne weitere Care-Belegungen beobachtbar. In der Summe sind für

- *acht Eingänge des betrachteten Addierers und*
- *zwei Eingänge des vorherigen Addierers in der Kette,*

d. h. für insgesamt

$$N_{\text{CBmax}} = 10$$

Eingänge Care-Bits zu berücksichtigen. Nach Gl. 3.27 genügt ein Testsatz der Länge:

$$n \approx 10 \cdot 2^{10} \approx 10^4$$

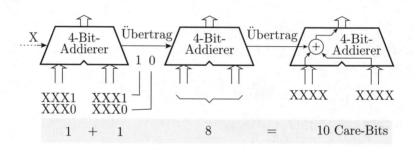

Abb. 3.48. Abschätzung der Anzahl der Care-Bits für einen Addierer

Mit ähnlichen Überlegungen wie im Beispiel lassen sich auch für andere Arten von Addierern, für Festwertspeicher, für Multiplizierer und für andere Datenflusselemente die erforderlichen Testsatzlängen abschätzen [62].

3.4.2 Berechnung der Steuer- und Beobachtbarkeit

Definition 3.1 (Gewicht) *Das Gewicht eines zweiwertigen Signals ist die Auftrittshäufigkeit des Signalwertes 1.*

Die beiden Bedingungen für den Nachweis eines Fehlers sind Anregung und Sichtbarkeit. Ein Fehler ist angeregt, wenn er systeminterne Daten oder

Signale verfälscht. Ein Fehlerort ist sichtbar, wenn eine Daten- oder Signalverfälschung am Fehlerort im selben oder in einem späteren Abbildungsschritt auf einen Ausgabefehler abgebildet wird. Bei einem Zufallstest lassen sich beide Nachweisvoraussetzungen durch Wahrscheinlichkeiten beschreiben. Die Steuerbarkeit $s_{\diamond i}$ eines Fehlers i ist die Wahrscheinlichkeit, dass der Fehler i in einem Abbildungsschritt bei zufälligen bzw. betriebstypischen Eingaben angeregt wird. Die Beobachtbarkeit $b(z)$ ist die Wahrscheinlichkeit, dass der Fehlerort, eine Variable oder ein Signal z, in einem Abbildungsschritt sichtbar ist. Die Nachweiswahrscheinlichkeit $p_{\diamond i}$ eines Fehlers i ist die Wahrscheinlichkeit, dass der Fehler in einem Testschritt nachweisbar, d. h. gleichzeitig angeregt und sichtbar ist (vgl. 1.3.7).

Eine digitale Schaltung unterscheidet nur die Signalwerte 0 und 1. Die Auftrittswahrscheinlichkeit einer 1 wird als Gewicht bezeichnet [28, 33, 67, 157]:

$$g(z) = P(z = 1) \tag{3.28}$$

(g – Gewicht; z – Signalwert). Die Auftrittswahrscheinlichkeit einer 0 ist Eins abzüglich des Gewichts:

$$P(z = 0) = 1 - g(z) \tag{3.29}$$

Die Steuerbarkeiten der Fehler sind aus den Gewichten ableitbar. Ein sa0-Fehler benötigt zur Anregung den Signalwert 1. Seine Steuerbarkeit ist gleich dem Gewicht des Signals:

$$s_{\text{sa0}}(z) = g(z) \tag{3.30}$$

Ein sa1-Fehler wird mit einer 0 angeregt und besitzt die Steuerbarkeit:

$$s_{\text{sa1}}(z) = 1 - g(z) \tag{3.31}$$

In einer Schaltung ohne rekonvergente Verzweigungen können die Gewichte aller Signale durch Simulation der Gewichtsfortpflanzungsfunktion bestimmt werden. Das Gewicht eines Funktionsblockausgangs ist eine Funktion der Gewichte der Eingänge und der Funktion. Die Wahrscheinlichkeit für eine Eins am Ausgang einer UND-Verknüpfung ist z. B. die Wahrscheinlichkeit, dass alle Eingabesignale Eins sind. Das Gewicht der Ausgabe ist entsprechend das Produkt der Gewichte der Eingänge. Bei einer ODER-Verknüpfung gilt derselbe Zusammenhang für Nullen. Tabelle 3.1 fasst die Fortpflanzungsfunktionen der Gewichte für die logischen Grundfunktionen zusammen.

Die Gewichte der Systemeingänge legt der Testsatz fest. Normale Zufallsfolgen enthalten mit gleicher Häufigkeit Einsen und Nullen

$$g(x_i) = 50\%$$

(x_i – Eingabebit) und werden als ungewichtet bezeichnet. Testsätze mit anderen Gewichten werden als gewichtete Zufallstestsätze bezeichnet (siehe später

Tabelle 3.1. Gewichtsfortpflanzung für logische Grundfunktionen

	Funktion	Gewicht des Ausgangs
Inverter	$y = \bar{x}$	$g(y) = 1 - g(x)$
ODER	$y = x_1 \vee x_2$	$g(y) = g(x_1) + g(x_2) - g(x_1) \cdot g(x_2)$
UND	$y = x_1 \wedge x_2$	$g(y) = g(x_1) \cdot g(x_2)$
EXOR	$y = x_1 \oplus x_2$	$g(y) = g(x_1) + g(x_2) - 2 \cdot g(x_1) \cdot g(x_2)$

Abschnitt 3.5). Abbildung 3.49 zeigt, wie zuerst aus den ungewichteten Eingaben die Gewichte der Gatterausgänge von G1 und G2 und daraus wiederum das Gewicht des Ausgangs von Gatter G3 berechnet werden. Der Rechenaufwand verhält sich linear zur Systemgröße.

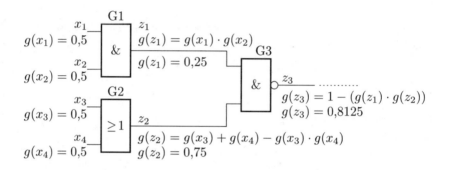

Abb. 3.49. Simulationsbasierte Gewichtsberechnung

Die Berechnung der Beobachtbarkeiten erfolgt entgegen der Signalflussrichtung. Ein Eingang eines Funktionsblocks ist beobachtbar, wenn einer der Funktionsblockausgänge beobachtbar ist, und eine Invertierung des Wertes am betrachteten Eingang den Wert am beobachtbaren Ausgang invertiert. Ähnlich wie die Sensibilisierung eines D-Pfades verlangt die Zurückverfolgung der Beobachtbarkeit bestimmte logische Werte an den übrigen Eingängen. Die Auftrittshäufigkeiten dieser Signalwerte ist eine Funktion der Signalgewichte.

Der Eingang einer UND-Verknüpfung ist beobachtbar, wenn der Ausgang beobachtbar ist und alle anderen Eingänge mit dem Signalwert 1 belegt sind. Die Beobachtbarkeit des Eingangs ist entsprechend das Produkt der Beobachtbarkeit des Ausgangs und der Gewichte der übrigen Eingänge. Tabelle 3.2 fasst die Vorschriften zur Berechnung der Beobachtbarkeiten des jeweils ersten Eingangs aus der Beobachtbarkeit des Ausgangs und den Gewichten der übrigen Eingänge für die logischen Grundfunktionen zusammen.

An Schaltungspunkten, an denen sich Signale verzweigen, gilt, dass der Stamm beobachtbar ist, wenn mindestens einer der Zweige beobachtbar ist.

Tabelle 3.2. Berechnung der Eingangsbeobachtbarkeit aus der Ausgangsbeobachtbarkeit und den Gewichten der übrigen Eingänge für logische Grundfunktionen

	Funktion	Beobachtbarkeit
Inverter	$y = \bar{x}$	$b(x) = b(y)$
ODER	$y = x_1 \vee x_2$	$b(x_1) = b(y) \cdot (1 - g(x_2))$
UND	$y = x_1 \wedge x_2$	$b(x_1) = b(y) \cdot g(x_2)$
EXOR	$y = x_1 \oplus x_2$	$b(x_1) = b(y)$

Die Beobachtbarkeit des Stamms beträgt:

$$b(z_i) = 1 - \prod_{j=1}^{N_{\mathrm{fa}}(z_i)} (1 - b(z_{i.j})) \tag{3.32}$$

($N_{\mathrm{fa}}(z_i)$ – Auffächerung, Anzahl der Zweige, über die sich Signal z_i weiter fortpflanzt; $b(z_{i.j})$ – Beobachtbarkeit von Signal z_i über Zweig j). Die Berechnung der Beobachtbarkeit schließt sich an die Gewichtsberechnung an. Den am Tester angeschlossenen Schaltungsausgängen wird die Beobachtbarkeit

$$b(y_i) = 1 \tag{3.33}$$

zugewiesen. Danach werden die Beobachtbarkeiten der Eingänge aller Funktionsblöcke, für deren Ausgänge die Beobachtbarkeiten bereits bekannt sind, bestimmt. Aus den Beobachtbarkeiten der Funktionsblockeingänge ergeben sich ihrerseits die Beobachtbarkeiten der Leitungsstämme und damit die Beobachtbarkeiten der Ausgänge vorgelagerter Funktionsblöcke. Damit können jetzt die Beobachtbarkeiten der Eingänge dieser Funktionsblöcke bestimmt werden. Die Prozedur setzt sich durch alle Funktionsblockebenen bis zu den Schaltungseingängen fort. Der Rechenaufwand verhält sich genau wie bei der Gewichtsberechnung proportional zur Schaltungsgröße.

Abbildung 3.50 zeigt die Signalgewichte, Beobachtbarkeiten und Haftfehlernachweiswahrscheinlichkeiten für eine Beispielschaltung. Die Eingänge haben die Gewichte 0,5. Für die Ausgänge der beiden NAND-Gatter G1 und G2 ergeben sich daraus die Gewichte 0,75. Mit diesen Gewichten werden dann weiter die Gewichte der beiden Ausgänge bestimmt.

Die Beobachtbarkeit der beiden Ausgänge ist 1. Die Beobachtbarkeiten der Eingänge des UND-Gatters G3 sind jeweils das Produkt der Beobachtbarkeit des Gatterausgangs $b(y_1) = 1$ mit dem Gewicht des anderen Eingangs. Für das ODER-Gatter G4 ist es das Produkt mit der Differenz zwischen Eins und dem Gewicht des anderen Eingangs. Aus den Beobachtbarkeiten der Zweige $z_{2.1}$ und $z_{2.2}$ ergibt sich nach Gl. 3.32 die Beobachtbarkeit des Stamms z_2. Aus den Beobachtbarkeiten $b(z_1)$ und $b(z_2)$ ergeben sich die Beobachtbarkeiten der Eingänge.

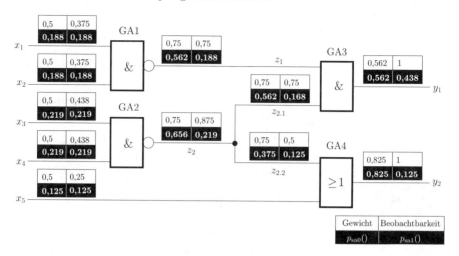

Abb. 3.50. Beispiel für die Berechnung der Gewichte, Beobachtbarkeiten und Fehlernachweiswahrscheinlichkeiten

Die Fehlernachweiswahrscheinlichkeit ist das Produkt aus Steuerbarkeit und Beobachtbarkeit. Mit den Steuerbarkeiten nach Gl. 3.30 und Gl. 3.31 betragen die Haftfehlernachweiswahrscheinlichkeiten:

$$p_{\text{sa0}}(z) = s_{\text{sa0}}(z) \cdot b(z) = g(z) \cdot b(z) \tag{3.34}$$

$$p_{\text{sa1}}(z) = s_{\text{sa1}}(z) \cdot b(z) = (1 - g(z)) \cdot b(z) \tag{3.35}$$

(z – betrachtetes Signal). In Abbildung 3.50 sind die Haftfehlernachweiswahrscheinlichkeiten schwarz unterlegt.

Zusammenfassend hat die Abschätzung der Fehlernachweiswahrscheinlichkeiten über die Gewichte und Beobachtbarkeiten gewichtige Vorzüge:

- Der Rechenaufwand für die Abschätzung der Nachweiswahrscheinlichkeiten der kompletten Modellfehlermenge bzw. der gesamten Modellfehlerverteilung wächst nur linear mit der Systemgröße. Bei einer Fehlersimulation wächst der Rechneaufwand im Vergleich dazu mit der 2. bis 3. Potenz der Systemgröße (vgl. Abschnitt 3.2).
- Die berechneten Gewichte und Beobachtbarkeiten liefern ein Bild über die Verteilung der gut und der schlecht testbaren Bereiche des Systems und Ansatzpunkte für die gezielte Verbesserung der Testbarkeit entweder durch Maßnahmen des prüfgerechten Entwurfs (siehe später Abschnitt 3.6.1) oder durch modellfehlerorientierte Wichtung der Testeingaben (siehe später Abschnitt 3.5).

Große Vorteile gibt nicht umsonst. Das Verfahren besitzt einen erheblichen Schwachpunkt. Es basiert auf der Annahme, dass alle miteinander verknüpften Signale im Testobjekt unabhängige Zufallsfolgen sind, eine Annahme, die selten erfüllt ist.

Rekonvergente Verzweigungen

Rekonvergente Verzweigung bedeutet, dass sich der Signalfluss am Ausgang eines Funktionsblocks teilt. Die Teilsignalflüsse werden mit verschiedenen anderen Signalen verknüpft und treffen wieder auf einen gemeinsamen Funktionsblock. Die am Ende einer rekonvergenten Verzweigung zusammentreffenden Signale führen keine unabhängigen Zufallsfolgen, denn sie hängen ja vom logischen Wert auf dem Stamm der rekonvergenten Verzweigung ab. Genauso können die rekonvergenten Zweige nicht unabhängig voneinander beobachtet werden, weil sie sich immer ein Stück Beobachtungspfad teilen. Leider enthält praktisch jede Schaltung solche rekonvergenten Verzweigungen.

Abbildung 3.51 zeigt als Beispiel einen Multiplexer. Die beiden Eingänge von Gatter G4 hängen beide vom Wert am Eingang x_2 ab. Wären sie unabhängig voneinander steuerbar, würde das Gewicht des Schaltungsausgangs $g(y) = 0{,}458$ betragen. So ist es geringfügig größer $g(y) = 0{,}5$.

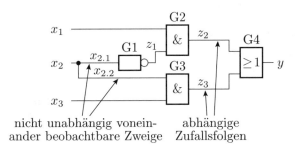

Abb. 3.51. Änderung der Steuer- und Beobachtbarkeiten durch eine rekonvergente Verzweigung

	x_1	x_2	$x_{2.1}$	$x_{2.2}$	x_3	z_1	z_2	z_3	y
g_{Modell}	0,5	0,5	0,5	0,5	0,5	0,5	0,25	0,25	0,458
g_{ist}	0,5	0,5	0,5	0,5	0,5	0,5	0,25	0,25	0,5
b_{Modell}	0,375	0,766	0,625	0,375	0,375	0,375	0,75	0,75	1
b_{ist}	0,5	0,5	0,625	0,375	0,5	0,375	0,75	0,75	1

Ähnliches gilt für die Beobachtbarkeit des Signals x_2. Das Signal kann über zwei Zweige mit den Wahrscheinlichkeiten $b(x_{2.1}) = 0{,}625$ und $b(x_{2.2}) = 0{,}375$ beobachtet werden. Nach Gl. 3.32 wäre die Beobachtbarkeit des Leitungsstamms $b(x_2) = 0{,}776$. Tatsächlich ist sie nur 0,5. Die Abweichungen zwischen den formal berechneten und den tatsächlichen Gewichten und Beobachtbarkeiten in Bereichen rekonvergenter Verzweigungen beeinflussen natürlich auch die Gewichte und Beobachtbarkeiten anderer Signale.

Der Schätzfehler durch Vernachlässigung der rekonvergenten Verzweigungen kann erheblich sein. Die Abschätzung der Nachweiswahrscheinlichkeiten über Gewichte und Beobachtbarkeiten liefert z. B. auch für redundante Fehler, die überhaupt nicht nachzuweisen sind, Nachweiswahrscheinlichkeiten größer Null. Der in Abbildung 3.52 eingezeichnete sa1-Fehler ist, wie in Abschnitt 3.1.4, Abbildung 3.15 gezeigt, redundant. Das Gewicht am Fehlerort ist $g(z_1) = 0{,}75$ und die Beobachtbarkeit $b(z_{1.1}) = 0{,}375$. Das entspricht nach Gl. 3.35 einer Nachweiswahrscheinlichkeit von:

$$p_{\text{sa1}}(z_{1.1}) = (1 - g(z_1)) \cdot b(z_{1.1}) \approx 0{,}094$$

Die mittlere Testsatzlänge für den Fehlernachweis als das Reziproke der Nachweiswahrscheinlichkeit wäre nach der Rechnung $n = 11$ statt $n \to \infty$.

Schätzfehler dieser Größenordnung treten nicht nur bei redundanten Fehlern auf. Man könnte die Beispielschaltung in Abbildung 3.52 so abändern, dass am oberen Eingang von Gatter G3 nicht immer, sondern nur mit einer Wahrscheinlichkeit von 99,99...% der Wert von z_1 und sonst der invertierte Wert ankommt. Das erfordert nur eine EXOR-Verknüpfung mit einem Signal mit einem Gewicht nahe Null. Der eingezeichnete Haftfehler würde dann eine winzige Nachweiswahrscheinlichkeit größer Null besitzen. Für seinen Nachweis muss der Zufallstestsatz Tausende von Testschritten lang sein. Der Algorithmus würde jedoch auch hier schätzen, dass im Mittel $n = 11$ Testschritte für den Fehlernachweis genügen. Genau hier liegt das Problem. Für Modellfehler in Bereichen rekonvergenter Verzweigungen werden oft viel zu große Nachweiswahrscheinlichkeiten und viel zu kleine erforderliche Testsatzlängen geschätzt.

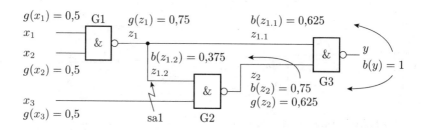

Abb. 3.52. Steuer- und Beobachtbarkeit eines redundanten Haftfehlers

In [67] sind einige experimentelle Ergebnisse für Benchmarkschaltungen veröffentlicht. Untersucht wurde die Übereinstimmung der Fehlerüberdeckung, die auf der Grundlage der Gewichte und der Beobachtbarkeiten berechnet wurde, mit den durch eine Simulation für konkrete Zufallstestsätze bestimmten Fehlerüberdeckungen. Beide Größen korrelieren eindeutig miteinander. Im Mittel stimmt die geschätzte Modellfehlerüberdeckung mit der tatsächlichen Modellfehlerüberdeckung einigermaßen überein. Die Differenz lag in den Experimenten bei $\leq 4\%$ Fehlerüberdeckung. Wenn eine grobe Abschätzung der Fehlerüberdeckung, der Fehlerdichte oder der erforderlichen Testsatzlänge genügt, ist die Abschätzung über Gewichte und Beobachtbarkeiten durchaus eine brauchbare Alternative zur wesentlich rechenzeitaufwändigeren Fehlersimulation.

3.4.3 Simulation der Fehleranregung und Sichtbarkeit

Das folgende Verfahren ist bezüglich des Rechenaufwands und der Schätzgenauigkeit ein Kompromiss zwischen der rechenzeitgünstigen Abschätzung über Gewichte und Beobachtbarkeiten und einer exakten, aber aufwändigen Fehlersimulation. Es besteht aus einer Gutsimulation mit einem Zufallstestsatz, bei der auch für jeden Fehler die Anregung und über die Anregungshäufigkeit die Steuerbarkeit bestimmt wird. Nach der Gutsimulation für einen Testschritt wird die Sichtbarkeit der Schaltungspunkte berechnet, jedoch aus Aufwandsgründen unter Vernachlässigung rekonvergenter Verzweigungen. Die Beobachtbarkeit wird in Analogie zur Steuerbarkeit aus der relativen Häufigkeit der Sichtbarkeit der einzelnen Schaltungspunkte abgeschätzt. Die Fehlernachweiswahrscheinlichkeiten sind genau wie bei dem zuvor behandelten Verfahren die Produkte aus Steuerbarkeit und Beobachtbarkeit.

Alternativ können die Nachweiswahrscheinlichkeiten auch aus den Häufigkeiten, mit denen die Fehler gleichzeitig angeregt und sichtbar sind, abgeschätzt werden. Das ist genauer, verlangt aber, da die zu zählenden Ereignisse viel seltener auftreten, die Simulation wesentlich längerer Zufallsfolgen.

Die Vernachlässigung rekonvergenter Verzweigungen bei der Berechnung der Sichtbarkeit erlaubt es, die Sichtbarkeiten aller Schaltungspunkte gemeinsam zu bestimmen. Die Berechnung beginnt an den Schaltungsausgängen, die vom Tester überwacht werden und die Sichtbarkeit

$$v(y_i) = 1$$

besitzen. Zuerst wird für alle Eingänge aller Funktionsblöcke, deren Ausgänge Testobjektausgänge sind, berechnet, ob sie sichtbar sind. Ein Funktionsblockeingang ist sichtbar, wenn der Ausgang sichtbar ist und eine Invertierung des Eingabewertes eine Invertierung der Ausgabe bewirkt. Bei einem UND- oder NAND-Gatter müssen beispielsweise die übrigen Eingänge 1 und bei einem ODER- oder NOR-Gatter 0 sein. An Verzweigungen gilt, dass der Stamm sichtbar ist, wenn mindestens einer der Zweige sichtbar ist. Mit den Sichtbarkeiten der Leitungen und Leitungsstämme werden in derselben Weise die Sichtbarkeiten der Funktionsblockeingänge der Ebene zuvor bis hin zur Sichtbarkeit der Eingänge berechnet.

Abbildung 3.53 zeigt die Berechnung der Sichtbarkeiten am Beispiel eines Multiplexers. Der Schaltungsausgang besitzt die Sichtbarkeit:

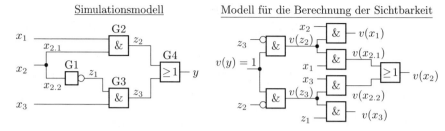

x_3 x_2 x_1	z_3 z_2 z_1	y	$v(z_3)$	$v(z_2)$	$v(x_3)$	$v(x_{2.2})$	$v(x_{2.1})$	$v(x_2)$	$v(x_1)$
0 0 0	0 0 1	0	1	1	1	0	0	0	0
0 0 1	0 0 1	0	1	1	1	0	1	1	0
0 1 0	0 0 0	0	1	1	0	0	0	0	1
0 1 1	0 1 0	1	0	1	0	0	1	1	1
1 0 0	1 0 1	1	1	0	1	1	0	1	0
1 0 1	1 0 1	1	1	0	1	1	0	1	0
1 1 0	0 0 0	0	1	1	0	1	0	1	1
1 1 1	0 1 0	1	0	1	0	0	1	1	1

▨ nicht sichtbar wegen der rekonvergenten Verzweigung

Abb. 3.53. Berechnung der Sichtbarkeit

$$v(y) = 1$$

Jeder der beiden Eingänge des ODER-Gatters G4 ist sichtbar, wenn der jeweils andere Eingang 0 führt und der Ausgang sichtbar ist:

$$v(z_2) = v(y) \wedge \bar{z}_3$$
$$v(z_3) = v(y) \wedge \bar{z}_2$$

Die Eingänge der UND-Gatter sind sichtbar, wenn die Ausgänge sichtbar sind und der jeweils andere Eingang 1 führt:

$$v(x_1) = v(z_2) \wedge x_2$$
$$v(x_{2.1}) = v(z_2) \wedge x_1$$
$$v(z_1) = v(z_3) \wedge x_3$$
$$v(x_3) = v(z_3) \wedge z_1$$

Der Inverter G1 leitet die Sichtbarkeit an seinen Eingang weiter:

$$v(x_{2.2}) = v(z_1)$$

Die Sichtbarkeit des Leitungsstamms x_2 ist die ODER-Verknüpfung der Sichtbarkeiten beider Zweige:

$$v(x_2) = v(x_{2.2}) \vee v(x_{2.1})$$

Im Grunde ist die Berechnung der Sichtbarkeit eine Logiksimulation für eine transformierte Schaltung. Der Rechenaufwand steigt wie bei der Gutsimulation proportional zur Größe des Testobjekts und proportional zur Testsatzlänge.

Die Abschätzung der Sichtbarkeit an einer rekonvergenten Verzweigung durch ODER-Verknüpfung der Sichtbarkeiten der Zweige liefert nur Näherungswerte. Es kann hier passieren, dass, obwohl ein oder mehrere Zweige sichtbar sind, der Stamm nicht sichtbar ist. Wie die Tabelle in Abbildung 3.53 zeigt, tritt das Problem bei zwei der acht Eingabevariationen der Beispielschaltung auf. Der Algorithmus weist dadurch auch gelegentlich Fehler als nachweisbar aus, die es in Wirklichkeit nicht sind. Nach der Studie in [67] ist die Abweichung zwischen der über Anregung und Sichtbarkeit geschätzten Fehlerüberdeckung und der tatsächlichen Fehlerüberdeckung jedoch geringer als bei einer Abschätzung über die Steuer- und Beobachtbarkeiten.

3.5 Gewichteter Zufallstest

In den vergangenen Abschnitten wurde unterstellt, dass das Testobjekt mit Zufallsfolgen getestet wird, in denen alle Variationen der Eingabe dieselbe Auftrittshäufigkeit besitzen. Das ist ein Sonderfall, der als ungewichteter Zufallstest bezeichnet wird.

Wichtung eines Zufallstests bedeutet, dass die Auftrittshäufigkeiten bestimmter Variationen der Eingabe auf Kosten der Auftrittshäufigkeiten anderer Eingabevariationen vergrößert werden. Das ändert die Fehlernachweiswahrscheinlichkeiten und wird eingesetzt, um die (Modell-) Fehlerüberdeckung eines Zufallstests gezielt zu verbessern. Ein Zufallstest mit modellfehlerorientierter Wichtung ist ein Kompromiss zwischen einer modellfehlerorientierten Testauswahl und einem echten Zufallstest, bei dem die Modellfehler nur zur Abschätzung der Fehlerüberdeckung oder der erforderlichen Testsatzlänge dienen:

- Ein gewichteter Zufallstestsatz gleicher Modellfehlerüberdeckung ist wesentlich länger als ein berechneter Testsatz und wesentlich kürzer als ein ungewichteter Zufallstestsatz.
- Dafür sind die Nachweiswahrscheinlichkeiten nicht modellierter Fehler bei gleicher Modellfehlerüberdeckung tendenziell höher als bei einem berechneten Testsatz und geringer als bei einem ungewichteten Zufallstestsatz.

Die Nachweiswahrscheinlichkeit eines Fehlers i je Abbildungsschritt ist die Summe der Auftrittshäufigkeiten aller Eingaben (bzw. aller Eingabe-Zustands-Tupel) aus der Nachweismenge:

$$p_{\diamond i} = \sum_{\forall j | X_j \in \mathbf{T}_{\diamond i}} P(X_j) \qquad (3.36)$$

($\mathbf{T}_{\diamond i}$ – Nachweismenge für Fehler i; X – Eingabe; $P(X_j)$ – Auftrittshäufig-keit der Eingabe j). Abbildung 3.54 zeigt den Einfluss geänderter Eingabe-auftrittshäufigkeiten auf die Nachweiswahrscheinlichkeit. Der eingezeichnete Haftfehler hat die Nachweismenge:

$$\mathbf{T}_{\diamond i} = \{011, 101\}$$

Das sind zwei von acht Eingabemöglichkeiten. Bei gleicher Auftrittshäufigkeit aller Eingabevariationen ist die Nachweiswahrscheinlichkeit:

$$p_{\diamond i} = 25\%$$

Mit den Auftrittshäufigkeiten in der Abbildung beträgt die Nachweiswahr-scheinlichkeit des unterstellten Fehlers:

$$p_{\diamond i} = 20\% + 20\% = 40\%$$

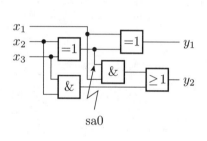

Eingabe			Ausgabe		Auftritts-häufigkeit
x_3	x_2	x_1	y_2	y_1	
0	0	0	0	0	0,1
0	0	1	0	1	0,05
0	1	0	0	1	0,15
0	1	1	1	0	0,2
1	0	0	0	1	0,05
1	0	1	1	0	0,2
1	1	0	1	0	0,05
1	1	1	1	1	0,2

▨ Eingaben aus der Nachweismenge

Abb. 3.54. Einfluss der Eingabeauftrittshäufigkeiten auf die Fehlernachweiswahr-scheinlichkeit

Im Beispiel verdoppelt sich die Nachweiswahrscheinlichkeit, mit der der eingezeichnete Fehler je Testschritt erkannt wird, näherungsweise. Für Feh-ler, deren Nachweismenge selten auftretende Eingaben enthält, verringert sich unter Umständen die Nachweiswahrscheinlichkeit.

3.5.1 Eingabegewichte und Nachweiswahrscheinlichkeiten

Die einfachste Art, die Auftrittshäufigkeiten der Eingabevariationen zielge-richtet zu beeinflussen, ist die Wichtung auf Bitebene. Das Gewicht eines bitorientierten Signals ist nach Definition 3.1 die Auftrittshäufigkeit des Si-gnalwertes 1:

$$g(x_i) = P(x_i = 1) \qquad (3.37)$$

Die Auftrittshäufigkeit des Signalwertes 0 ist entsprechend:

$$P(x_i = 0) = 1 - g(x_i) \qquad (3.38)$$

Die Auftrittshäufigkeit eines Eingabewertes X ist das Produkt aus den Wahrscheinlichkeiten, dass jedes Bit den vorgegebenen Wert hat:

$$P(X) = \prod_{i=1}^{N_{\mathrm{BX}}} \begin{cases} g(x_i) & \text{wenn } x_i = 1 \\ 1 - g(x_i) & \text{wenn } x_i = 0 \end{cases} \qquad (3.39)$$

(N_{BX} – Bitanzahl der Eingabe; $g(x_i)$ – Gewicht von Bit i; x_i – Wert von Bit i).

Der Einfluss der Signalgewichte auf die zu erwartendende Fehlerüberdeckung soll wieder am Beispiel betrachtet werden. Das Testobjekt in Abbildung 3.55 ist eine UND-Verknüpfung mit 64 Eingängen. Für jeden Eingang der Gesamtschaltung wird ein sa1-Fehler und für den Ausgang ein sa0-Fehler unterstellt. Das ist die Modellfehlermenge, die das Haftfehlermodell nach dem Zusammenfassen der identisch nachweisbaren Modellfehler und dem Streichen aller implizit nachweisbaren Modellfehler auswählen würde (vgl. Abschnitt 3.1.4).

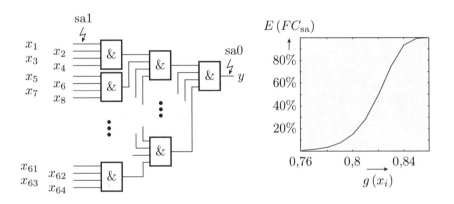

Abb. 3.55. Einfluss des Gewichts der Eingabebits auf die Fehlerüberdeckung (Testsatzlänge $n = 10^6$)

Alle Eingänge sollen in diesem Beispiel dasselbe Gewicht $g = g(x_i)$ erhalten. Jeder der 64 sa1-Fehler ist nachweisbar, wenn der Eingang, auf den er angesetzt ist, 0 führt und die übrigen Eingänge 1 führen. Die Nachweiswahrscheinlichkeit je Testschritt beträgt:

$$p_{\mathrm{sa1x}} = g^{63} \cdot (1 - g) \qquad (3.40)$$

Der Nachweis des sa0-Fehlers am Ausgang verlangt an allen Eingängen eine Eins:

$$p_{\mathrm{sa0y}} = g^{64} \qquad (3.41)$$

Eingesetzt in Gl. 2.79 ergibt sich folgender Zusammenhang zwischen dem Gewicht, der Testsatzlänge und den Fehlernachweiswahrscheinlichkeiten:

Fehlertyp	Anzahl	Nachweiswahrscheinlichkeit
p_{sa1x}	64	$1 - e^{-n \cdot g^{63} \cdot (1-g)}$
p_{sa0y}	1	$1 - e^{-n \cdot g^{64}}$

Die zu erwartende Haftfehlerüberdeckung, nach Gl. 2.138 der gewichtete Mittelwert aller Fehlernachweiswahrscheinlichkeiten, ist eine Funktion der Testsatzlänge n und des Gewichts g:

$$E\left(FC_{\mathrm{sa}}\left(n, g\right)\right) = 1 - \frac{1}{65}\left(64 \cdot e^{-n \cdot g^{63} \cdot (1-g)} + e^{-n \cdot g^{64}}\right)$$

Eine vernünftige Testsatzlänge für einen Zufallstest ist eine Million Testschritte. Der Zusammenhang zwischen der Haftfehlerüberdeckung und dem Gewicht der Eingänge für diese Testsatzlänge ist in Abbildung 3.55 rechts dargestellt. Mit einem Eingabegewicht von $g < 76\%$ ist die Haftfehlerüberdeckung praktisch 0 und mit einem Eingabegewicht von $g > 88\%$ werden alle Fehler nachgewiesen. Kleine gezielte Gewichtsänderungen an den Eingängen können die Nachweiswahrscheinlichkeiten der schaltungsinternen Fehler drastisch verbessern (oder verschlechtern).

Für die meisten Testobjekte ist es unzweckmäßig, alle Eingänge mit demselben Gewicht zu belegen. Angenommen ein Teil der Eingänge des UND-Gatters in Abbildung 3.55 ist invertiert. Dann wäre es anschaulich zweckmäßiger, diesen Eingängen das Gewicht $1 - g$ zuzuordnen. Allgemein benötigt jeder Eingang des Testobjekts ein individuelles Signalgewicht, das aus der Schaltungsstruktur abzuschätzen ist.

3.5.2 Optimierung der Eingabegewichte

Die Berechnung der individuellen Gewichte für alle Systemeingänge ist ein Optimierungsproblem im N_{BX}-dimensionalen Raum (N_{BX} – Bitanzahl der Eingabe). Die Lösungssuche kann nach einem Abstiegsverfahren erfolgen [56]. Die Testsatzlänge sei vorgegeben. Startpunkt ist ein Anfangsvektor $\mathbf{G}_0$ für die N_{BX} verschiedenen Gewichtswerte, z.B. N_{BX}-mal der Wert 0,5 für den ungewichteten Fall. In jedem Iterationsschritt der Optimierung wird die Änderungsrichtung des Gewichtsvektors bestimmt, in der die zu erwartende Fehlerüberdeckung am steilsten ansteigt, und der Gewichtsvektor um einen gewissen Betrag in dieser Richtung geändert. Der Prozess schreitet solange fort, bis ein

Maximum der Fehlerüberdeckung oder eine ausreichende Fehlerüberdeckung erreicht ist. Bei einem Maximum ohne ausreichende Fehlerüberdeckung muss die Suche mit einem anderen Startwert $\mathbf{G}_0$ oder einer größeren Testsatzlänge n wiederholt werden.

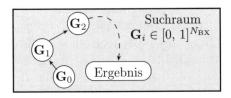

Abb. 3.56. Gewichtsberechnung mit einem Abstiegsverfahren

Das eigentliche Problem ist die Abschätzung der Fehlerüberdeckung und der Richtung des maximalen Anstiegs der Fehlerüberdeckung. Eine exakte Fehlersimulation scheidet aus Aufwandsgründen aus. Die weniger aufwändigen Verfahren

- Berechnung über Gewichte und Beobachtbarkeiten (vgl. Abschnitt 3.4.2)
- Abschätzung über die Fehleranregung und Sichtbarkeit (vgl. Abschnitt 3.4.3) und
- Care-Bit-Verfahren (vgl. Abschnitt 3.4.1)

haben systematische Schätzfehler.

Die Abschätzung der zu erwartenden Fehlerüberdeckung über Gewichte und Beobachtbarkeiten ist gut für ein Abstiegsverfahren geeignet. Die Fehlerüberdeckung als der Mittelwert aller Nachweiswahrscheinlichkeiten ist eine differenzierbare Funktion, für die sich die Richtung des größten Anstiegs problemlos numerisch berechnen lässt. Für Systeme ohne rekonvergente Verzweigungen ist das Ergebnis korrekt. In Bereichen rekonvergenter Verzweigungen liefert das Verfahren insbesondere für die schlecht nachweisbaren (und redundanten Fehler) viel zu große Nachweiswahrscheinlichkeiten. Für kleinere Fehlerüberdeckungen bis ca. 90% korrelieren die berechneten Werte mit der tatsächlichen Fehlerüberdeckung. Für höhere Fehlerüberdeckungen wird jedoch zunehmend der Effekt zu beobachten sein, dass beim Übergang von einem Optimierungsschritt zum nächsten zwar die geschätzte Fehlerüberdeckung zunimmt, die tatsächliche Fehlerüberdeckung jedoch abnimmt. Das Abstiegsverfahren entartet zu einer Zufallssuche.

Die Abschätzung über die Anregung und Sichtbarkeit hat denselben systematischen Schätzfehler und das Zusatzproblem, dass die berechneten Fehlerüberdeckungen keine Erwartungswerte, sondern zufällige experimentelle Ergebnisse sind, die um den Erwartungswert streuen. Fehlerüberdeckungsunterschiede in der Größenordnung der Standardabweichung sind für die Bestimmung des Optimierungsweges wenig aussagekräftig. Für Systeme mit rekonvergenten Verzweigungen und für hohe angestrebte Fehlerüberdeckungen entartet das Abstiegsverfahren genau wie das Abstiegsverfahren zuvor zu einer Zufallssuche.

Das Care-Bit-Verfahren hat den umgekehrten systematischen Schätzfehler. Für jeden Modellfehler wird zuerst eine Testeingabe mit möglichst wenigen Care-Bits gesucht. Im zweiten Schritt wird die Eingabefolge so gewichtet, dass ein möglichst großer Anteil dieser berechneten Eingaben in der Zufallsfolge enthalten ist. In der Regel deckt natürlich eine einzelne Eingabe auch bei minimaler Care-Bit-Anzahl nur einen Teil der Nachweismöglichkeiten ab. Die Musterüberdeckung ist eine untere Schranke für die Fehlerüberdeckung, die für geringe Fehlerüberdeckungen schlecht und mit zunehmender Fehlerüberdeckung besser mit der tatsächlichen Fehlerüberdeckung korreliert.

Die Wahrscheinlichkeit, dass eine gewichtete Zufallsfolge in einem Testschritt gleich einer vorgegebenen Eingabe X_j ist, beträgt in Abhängigkeit von den Gewichten der einzelnen Eingabebits (vgl. Gl. 3.39):

$$P\left(X = X_j\right) = \prod_{i=1}^{N_{\mathrm{BX}}} \begin{cases} g\left(x_i\right) & \text{wenn } x_{i.j} = 1 \\ 1 - g\left(x_i\right) & \text{wenn } x_{i.j} = 0 \\ 1 & \text{wenn } x_{i.j} = X \end{cases} \tag{3.42}$$

(N_{BX} – Anzahl der Eingabebits; $g\left(x_i\right)$ – Gewicht des Eingabesignals x_i; $x_{i.j}$ – Signalwert von Bit i der vorgegebenen Eingabe X_j; X – unbestimmter oder beliebiger Wert). Die Wahrscheinlichkeit, dass der Eingabewert X_j in einer Zufallsfolge der Länge n enthalten ist, ergibt sich über Gl. 2.79:

$$1 - e^{-n \cdot P(X = X_j)}$$

Die Musterüberdeckung als der Mittelwert aller Musterauftrittswahrscheinlichkeiten ist eine differenzierbare und ohne übermäßigen Aufwand berechenbare Funktion:

$$E\left(FC_{\mathrm{Pat}}\left(n\right)\right) = 1 - \frac{1}{N_{\mathrm{Pat}}} \cdot \sum_{i=1}^{N_{\mathrm{Pat}}} e^{-n \cdot P(X = X_j)} \tag{3.43}$$

($FC_{\mathrm{Pat}}\left(n\right)$ – Musterüberdeckung; N_{Pat} – Anzahl der berechneten Testeingaben, die die Zufallsfolge enthalten soll). Ungeklärt ist bisher die Frage, wie mit dem systematischen Schätzfehler umzugehen ist.

In [57] sind Heuristiken angegeben, um trotz des falschen Optimierungsziels gewichtete Zufallstestsätze zu konstruieren, die alle nachweisbaren Modellfehler finden. Die Grundideen lauten:

- Mehrphasentest: Das Testobjekt wird nacheinander mit unterschiedlich gewichteten Testsätzen getestet.
- Begrenzung des Wertebereichs der Gewichtswerte auf wenige diskrete Werte.

Das sind gleichzeitig Heuristiken, um den gewichteten Zufallstest in Selbsttestlösungen einsetzen zu können (siehe später Abschnitt 4.2.6). Der Test beginnt mit einem längeren ungewichteten Zufallstest, der die Mehrheit der Modellfehler nachweist. Die Dauer der ersten Testphase wird so groß gewählt, dass eine weitere Erhöhung die Modellfehlerüberdeckung kaum weiter ansteigen lässt. Richtwert ist 10^4 bis 10^6 Testschritte. Die Testphase wird mit einem Beispielzufallstestsatz simuliert und die nachweisbaren Modellfehler werden aus der Modellfehlermenge gestrichen.

Für den Rest der Modellfehler, die in der ersten Testphase nicht nachzuweisen waren, werden anschließend Testschritte mit möglichst wenigen Care-Bits gesucht. Mit dieser Menge von berechneten Eingaben und einer Testzeit etwa wie in der ersten Phase erfolgt die Gewichtsberechnung für Testphase 2. Die zweite Testphase wird auch einer Fehlersimulation unterzogen. Wenn dabei nicht nachweisbare Modellfehler übrig bleiben, kann eine weitere Testphase folgen, in der nur noch die berechneten Eingaben der bisher nicht nachweisbaren Modellfehler für die Gewichtsoptimierung berücksichtigt werden. In den Untersuchungen in [57], deren Ergebnisse in Abbildung 3.57 dargestellt sind, war keine dritte Testphase erforderlich.

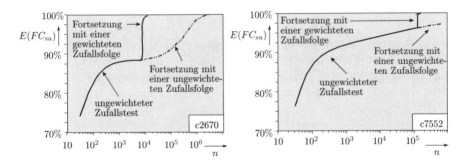

Abb. 3.57. Erwartungswert der Fehlerüberdeckung eines 2-Phasentests für zwei Benchmarkschaltungen aus [25] (Schaltung c2670: 2685 unterstellte Haftfehler, Ergebnis der Simulation mit 1000 unterschiedlichen Zufallsfolgen; Schaltung c7552: 7947 unterstellte Haftfehler, Ergebnis der Simulation mit 500 unterschiedlichen Zufallsfolgen)

Die andere Heuristik, die Begrenzung des Wertebereichs für Gewichte, basiert auf der Beobachtung, dass das Abstiegsverfahren viele Gewichtswerte nahe 0 oder 1 berechnet. Eine Rundung der Gewichte auf schaltungstechnisch einfach zu erzeugende Werte hatte zwar die Musterüberdeckungen geringfügig verschlechtert, die Fehlerüberdeckungen aber vergrößert (Tabelle 3.3). Das Abstiegsverfahren liefert offensichtlich nur die richtige Richtung für die Abweichung vom ungewichteten Fall.

Tabelle 3.3. Musterüberdeckung FC_{Pat} und Haftfehlerüberdeckung FC_{sa} für zwei Benchmark-Schaltungen aus [25]

c2670	FC_{Pat}	FC_{sa}	c7552	FC_{Pat}	FC_{sa}
$g \in [0, 1]$	65,52%	99,61%	$g \in [0, 1]$	58,68%	99,83%
$g \in \left\{0, \frac{1}{16}, \frac{1}{2}, \frac{15}{16}, 1\right\}$	60,49%	99,85%	$g \in \left\{0, \frac{1}{8}, \frac{1}{2}, \frac{7}{8}, 1\right\}$	52,17%	99,99%

Die vorgeschlagene Gewichtsabstufung vereinfacht die Optimierung der Eingabegewichte erheblich. Die berechneten Eingaben werden als Bitfolgen wie in Abbildung 3.58 dargestellt in eine Tabelle eingetragen. Die Gewichtszuordnung erfolgt spaltenweise nach folgenden Regeln:

- Spalten, in denen außer dem Signalwert 1 sonst nur X steht (X – beliebiger Wert), erhalten Gewicht 1.
- Spalten, die außer 0 nur X enthalten, erhalten Gewicht 0.
- Spalten, in denen viel häufiger 0 als 1 steht, erhalten Gewicht 2^{-k}.
- Spalten, in denen viel häufiger 1 als 0 steht, erhalten Gewicht $1 - 2^{-k}$.
- Die restlichen Spalten erhalten das Gewicht 0,5.

Der Parameter k gibt dabei an, wie viele ungewichtete Folgen zur Erzeugung der gewichteten Folge über UND bzw. ODER zu verknüpfen sind, um eine entsprechend gewichtete Zufallsfolge bereitzustellen, und ist der einzige Parameter der noch durch Probieren zu optimieren ist.

vorberechnete Eingabe j	Werte der einzelnen Eingabebits						
	$x_{7.j}$	$x_{6.j}$	$x_{5.j}$	$x_{4.j}$	$x_{3.j}$	$x_{2.j}$	$x_{1.j}$
X_1	1	1	X	0	1	X	0
X_2	1	0	X	0	1	X	X
X_3	1	X	X	X	1	1	1
X_4	0	X	X	0	X	1	0
G	$1 - 2^{-k}$	0,5	0,5	0	1	1	2^{-k}
	auszuwählende Eingabegewichte						

Abb. 3.58. Berechnung der Eingabegewichte aus Testeingaben

3.6 Prüfgerechter Entwurf

Testprobleme lassen sich oft einfacher durch einen geschickten Entwurf vermeiden als lösen. Die potenziellen Probleme aus Sicht der Testauswahl sind:

- zu geringe Steuerbarkeit für bestimmte Fehlermöglichkeiten
- zu geringe Beobachtbarkeit von bestimmten Variablen oder Signalen des Systems
- Rückführungen.

3.6.1 Heuristiken

Die Steuer- und die Beobachtbarkeiten lassen sich durch zusätzliche Testpunkte verbessern. Testpunkte sind zusätzliche Ein- und Ausgänge des Systems, die ausschließlich Testzwecken dienen. Die ODER-Verknüpfung eines schlecht steuerbaren Signals (Gewicht nahe Null) mit einer ungewichteten Zufallsfolge vergrößert das Gewicht z. B. auf etwa 50% (Abbildung 3.59 oben). Gewichte nahe Eins lassen sich durch eine UND-Verknüpfung mit einer ungewichteten Zufallsfolge in den mittleren Bereich verschieben. Wenn ein internes Signal auf einen Testausgang geführt wird, vergrößert sich dessen Beobachtbarkeit auf den Wert $b = 1$ (Abbildung 3.59 unten). Veränderungen der Gewichte und Beobachtbarkeiten einzelner Signale oder Variablen in einem System verändern auch die Gewichte und Beobachtbarkeiten zahlreicher anderer Schaltungspunkte.

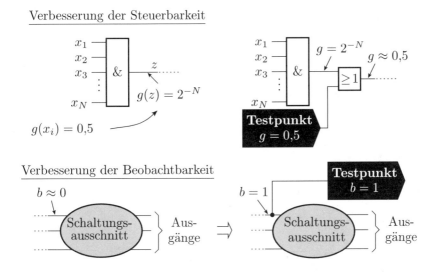

Abb. 3.59. Testpunkte zur Verbesserung der Steuer- und Beobachtbarkeit

Eine schlechte Steuer- und Beobachtbarkeit haben auch die internen Überträge in langen Zähler- und Teilerketten. Ohne Testpunkt müsste der in Abbildung 3.60 dargestellte Teiler mindestens von Anfang bis Ende zählen. Das sind mehr als 10^6 Testschritte. Ein zusätzlicher Testeingang, ein EXOR-Gatter und ein Testausgang beseitigen dieses Problem. Im Beispiel können die beiden kaskadierten 1:1000 Teiler mittels der zusätzlichen Testpunkte einzeln getestet werden. Dies verringert die Testzeit von mindestens $\approx 10^6$ auf mindestens $\approx 2 \cdot 10^3$ Testschritte.

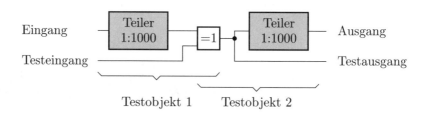

Abb. 3.60. Zusätzliche Testein- und Ausgänge zur Auftrennung langer Zählerketten

Die eigenwillig anmutende Anordnung des Beobachtungspunkts hinter dem EXOR-Gatter hat einen besonderen Grund. Auch das EXOR-Gatter und die Verbindung zwischen beiden Teilern muss getestet werden. Der Beobachtungspfad des ersten Testobjekts sollte sich nach Möglichkeit immer mit dem Steuerpfad des zweiten Testobjekts überlagern.

3.6.2 Scan-Verfahren

Die Scan-Verfahren gehören zu den wichtigsten systematischen Verfahren des prüfgerechten Entwurfs für digitale Schaltungen. In die Systeme werden Testfunktionen eingebaut, mit deren Hilfe die internen Zustände gelesen und überschrieben werden können. Das Testobjekt stellt sich für die Fehlersimulation und die Testsatzberechnung als kombinatorische Schaltung dar und braucht nicht nach dem pseudokombinatorischen Iterationsmodell aufgerollt zu werden (vgl. Abschnitt 3.3.3). Es gibt keine Initialisierungsprobleme etc., d. h., die Testauswahl vereinfacht sich zu einer Aufgabenstellung, die gut zu beherrschen ist.

Serieller Scan

Serieller Scan bedeutet, dass die internen Speicherzellen des Testobjekts im Testmodus zu einem Schieberegister verschaltet werden, das seriell gelesen und beschrieben werden kann (Abbildung 3.61 a und b). Die einfachste Lösung hierzu ist das Einfügen eines Multiplexers am Eingang jeder Speicherzelle (Abbildung 3.61 c). Gesteuert über ein Testsignal erfolgt die Datenübernahme in die Speicherzellen alternativ aus der Schaltung oder vom Ausgang der vorhergehenden Speicherzelle im Scan-Pfad. Für den Test werden die Speicherzellen seriell im Schiebemodus geladen. Anschließend erfolgt ein Arbeitstakt, bei dem die Übergangsfunktion des Systems mit dem seriell geladenen Zustand getestet und der Folgezustand in das Scan-Register übernommen wird. Gleichzeitig mit dem seriellen Einlesen des Zustands für den nächsten Testschritt wird der gebildete Folgezustand aus dem Scan-Register Bit für Bit zum Tester übertragen.

Zu diesem Grundprinzip gibt es zahlreiche schaltungstechnische Variationen [92, 100, 122]. Die bekannteste ist *LSSD* (level sensitive scan design) [42]. LSSD verwendet keine Multiplexer für die Umschaltung zwischen dem Schiebemodus und der normalen Datenübernahme, sondern Speicherzellen mit mehreren überlagerungsfreien Takten. Mehrere überlagerungsfreie Takte sind elektrisch günstiger als Eintaktsysteme, weil sie die kapazitiven Umladeströme auf mehrere Schaltzeitpunkte verteilen, ändern aber nichts am Prinzip des Scan-Verfahrens.

Das serielle Lesen und Schreiben der Speicherzellen verlängert die Anzahl der Takte für einen Testschritt um die Länge des Scan-Registers. Zur Verkürzung der Testzeit werden die Speicherzellen auch auf mehrere Scan-Register aufgeteilt, die parallel oder unabhängig voneinander gelesen und beschrieben werden (Abbildung 3.61 d) [116].

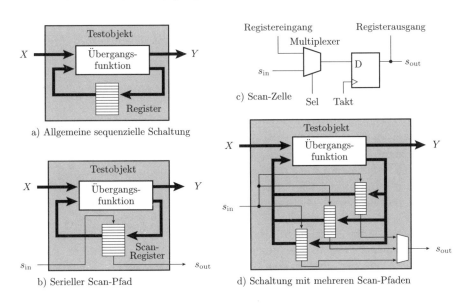

Abb. 3.61. Serieller Scan

Ein wichtiger Kostenfaktor für den Einbau von Scan-Funktionen ist die Einbuße an Geschwindigkeit. Die zusätzlichen Multiplexer vor den Speicherzellen können in laufzeitkritischen Pfaden liegen. In Abbildung 3.62 a verlängert sich die Signallaufzeit entlang des zeitkritischen Pfades von zwei auf vier Gatterlaufzeiten. Entsprechend reduziert sich die maximale Taktfrequenz der Schaltung.

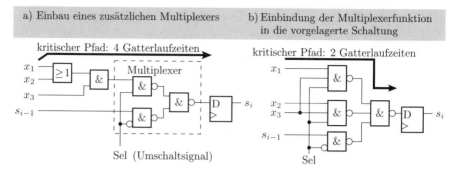

Abb. 3.62. Einfluss des zusätzlichen Multiplexers auf die Schaltungsgeschwindigkeit

Es ist jedoch nicht zwingend, den Multiplexer als Funktionsblock zu realisieren. Wesentlich günstiger ist der Ansatz, die Multiplexerfunktion in das vorgelagerte Netzwerk einzubetten und die Netzwerkoptimierung insgesamt durchzuführen (Abbildung 3.62 b) [19]. Das führt zu einer Grundregel für den Einbau von Testfunktionen:

> *Testfunktionen sollten schon vor der Strukturoptimierung in die Entwurfsbeschreibung aufgenommen werden.*

Nachweis von Verzögerungsfehlern

Das Scan-Verfahren unterstützt in seiner Grundform nicht den Nachweis von Verzögerungsfehlern. Um Verzögerungsfehler in einer kombinatorischen Schaltung nachzuweisen, sind definierte Umschaltvorgänge an den Testobjekteingängen, d. h. 2-Pattern-Tests, erforderlich (vgl. Abschnitt 3.1.6). Die erste Eingabe, der Initialisierungsvektor, stellt die Signalwerte vor dem Schaltvorgang ein und mit der zweiten Eingabe, dem Testvektor, erfolgt der eigentliche Nachweis. Am Ausgang eines seriellen Scan-Registers besteht zwischen dem Initialisierungsvektor und dem Testvektor eine feste Beziehung. Der Testvektor unterscheidet sich als Nachfolger des Initialisierungsvektors von diesem nur in einer Verschiebung um eine Bitposition. Zwei berechnete Eingabewerte lassen sich im Allgemeinen nicht ohne zusätzliche Schaltungsmaßnahmen an den Ausgängen eines Scan-Registers bereitstellen [4, 85].

Verkettungsreihenfolge: Eine Lösung, um an den Ausgängen eines Scan-Registers beliebige 2-Pattern-Folgen bereitzustellen, ist, die Registerlänge zu verdoppeln und nur jeden zweiten Ausgang zu benutzen. Die Bits für den Initialisierungsvektor und den Testvektor werden alternierend über den seriellen Eingang s_{in} geladen. Nach $2r - 1$ Schiebeschritten liegt am Testobjekt ein r Bit langer Initialisierungsvektor und einen Takt später ein Testvektor derselben Länge an. Anschließend werden in einem Arbeitstakt die Antwortsignale

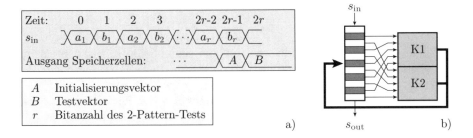

Abb. 3.63. Verkettungsreihenfolge des Scan-Registers für den Nachweis von Verzögerungsfehlern

des Testobjekts in das Scan-Register übernommen und zum Tester geschickt (Abbildung 3.63 a).

Die Anzahl der hierfür zusätzlich erforderlichen Scan-Registerzellen verdoppelt sich dadurch nicht unbedingt. Die Kombinatorik zwischen den Scan-Registern besteht vielfach aus mehreren getrennten Teilsystemen, im Beispiel Abbildung 3.63 b den Teilsysteme K1 und K2. Die Forderung, dass die Eingänge eines Testobjekts nur mit jeder zweiten Scan-Registerzelle verbunden sein sollen, lässt sich hier auch dadurch befriedigen, dass die Scan-Registerausgänge immer alternierend auf das eine und das andere Testobjekt geführt werden, so dass überhaupt keine zusätzlichen Scan-Registerzellen erforderlich sind.

Zusätzliches Ausgaberegister: Ein anderes Schaltungskonzept, um beliebige Signalwechsel an den Ausgängen eines Scan-Registers zu steuern, besteht im Einfügen eines zusätzlichen Ausgaberegisters zwischen dem seriellen Scan-Register und der von ihm stimulierten Logik [36, 39]. Das Ausgaberegister übernimmt immer erst nach Abschluss der seriellen Übertragung den Zustand des Scan-Registers. Während der Schiebeschritte bleibt der Zustand des Systems unverändert. Mit dieser Erweiterung können beliebige Zustandsfolgen eingestellt werden. Verzögerungsfehler werden über folgenden Ablauf je Testschritt nachgewiesen:

- serielle Übertragung des Initialisierungsvektors
- Übergabe an das Ausgaberegister
- serielle Übertragung des Testvektors
- Überschreiben des Initialisierungsvektors im Ausgaberegister (Umschaltvorgang)
- Abwarten einer Taktperiode
- Übernahme des Ergebnisses der Übergangsfunktion in das Schieberegister.

Scan-Set

Das Scan-Set-Prinzip ähnelt dem seriellen Scan. Der Unterschied ist, dass
die Speicherzellen der Anwenderschaltung bei einem Scan-Set nicht direkt in
das Scan-Register einbezogen sind [131]. Das Scan-Register ist hier eine Zu-
satzschaltung, die auch vollkommen unabhängig von der Anwenderschaltung
betrieben werden kann. Es können zeitgleich Testdaten seriell übertragen werden, während die Schaltung ganz normal weiterarbeitet. Dadurch kann ein
Scan-Set auch für andere Debug-Funktionen z. B. zur Ausgabe interner Daten während des Betriebs genutzt werden. Das Scan-Set-Prinzip wird z. B. bei
Boundary-Scan angewendet (siehe später Abschnitt 4.7).

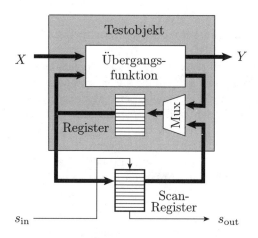

Abb. 3.64. Scan-Set

Random-Access-Scan

Beim Random-Access-Scan bilden die internen Speicherzellen, die während
des Tests gelesen und beschrieben werden sollen, einen adressierbaren Speicher ähnlich einem RAM (Abbildung 3.65). Über einen Spalten- und einen
Zeilenadressdecoder kann jede Speicherzelle einzeln gelesen und beschrieben
werden [9]. Im Vergleich zum seriellen Scan müssen dadurch nicht in jedem
Testschritt die Inhalte aller Speicherzellen gelesen und überschrieben werden.
Es lassen sich kürzere Testzeiten realisieren.

Partieller Scan

Der hardwaremäßige Mehraufwand für den Einbau von Scan-Funktionen für
alle Speicherzellen eines Schaltkreises wird in der Literatur mit 5% bis 20%

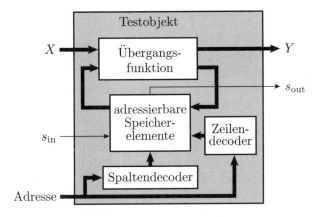

Abb. 3.65. Random-Access-Scan

zusätzlicher Chipfläche angegeben [100]. Ein Mehraufwand ist bei Hardware, insbesondere bei Produkten, die in großer Stückzahl hergestellt werden, ein nennenswerter Kostenfaktor. Der einfachste Ansatz, um die Zusatzkosten gering zu halten, ist, nur einen Teil der Speicherzellen mit einer Scan-Funktion auszustatten. Dieses Konzept wird als partieller Scan bezeichnet.

Je nach Anordnung und Funktion der nicht in Scan-Register eingebundenen Speicherzellen führt ein partieller Scan zu einer unterschiedlichen Problemschwere für die Testsatzberechnung. Solange die nicht scan-fähigen Speicherzellen keine Rückführungen bilden, lässt sich die Testsatzberechnung für sequenzielle Schaltungen mit denselben Algorithmen wie für kombinatorische Schaltungen lösen. Natürlich würde jedes zusätzlich von außen steuer- und beobachtbare Speicherelement die Testsatzberechnung weiter vereinfachen und den Rechenaufwand verringern (vgl. Abschnitt 3.3.3). Einige Stunden Rechenzeit sind aber insgesamt meist billiger als ein Prozent zusätzliche Chipfläche.

Trennt der partielle Scan jedoch nicht alle Rückführungen auf, besitzt die aufgerollte Schaltung für die Testsatzberechnung weder eine endliche Eingangsanzahl noch eine endliche Größe. Die Anforderungen an die Heuristiken zur Steuerung des Suchprozesses nehmen schlagartig zu bzw. die Erfolgswahrscheinlichkeiten, dass für Modellfehler Testschritte gefunden werden, nehmen erheblich ab. Der Hauptvorteil des Scan-Verfahrens, die wesentliche Vereinfachung der Testsatzberechnung für sequenzielle Schaltungen, geht verloren (vgl. Abschnitt 3.3.3).

3.6.3 Partitionierung

Eine Grundregel des prüfgerechten Entwurfs heißt:

» Teile und Herrsche « – Teile das System in mehrere überschaubare Testobjekte und beherrsche den Test.

Für einige Arten von Teilsystemen, z. B.

- eingebettete analoge Teilsysteme
- eingebettete große regelmäßig strukturierte Teilschaltungen wie Speicher und Multiplizierer
- vorentworfene Teilsysteme, die gemeinsam mit ihren Testsätzen übernommen werden sollen wie Prozessorkerne

gibt es kaum eine vernünftigere Alternative, als sie einzeln und isoliert von der umgebenden Schaltung zu testen. Der Test analoger Schaltungen verlangt immer eine Sonderbehandlung. An ihre Ein- und Ausgänge sind während des Tests externe Prüfgeräte anzuschließen, die analoge Kennwerte wie die Verstärkung, die Linearität, die Bandbreite, das Rauschen, die Temperaturdrift etc. auf die Einhaltung ihrer Vorgabewerte hin überprüfen. Das ist für eine eingebettete Schaltung sonst nahezu unmöglich.

Für große regelmäßig strukturierte Blöcke wie Speicher und Multiplizierer sowie für vorentworfene Teilsysteme sind oft Testsätze für ihren isolierten Test vorhanden. Man könnte zwar nach dem Prinzip des Zellentests versuchen, die vorgegebenen lokalen Testschritte in Testschritte für das Gesamtsystem umzurechnen. Das ist aber meist nicht sehr erfolgreich.

Schaltungstechnisch erfolgt die Partitionierung während des Tests über

- Multiplexer
- Scan-Register oder
- Busse.

Das Prinzip, wie eine Schaltung während des Tests mit Multiplexern partitioniert wird, ist in Abbildung 3.66 dargestellt. An den Eingängen der eingebetteten Funktionsblöcke, die isoliert getestet werden sollen, und an den Ausgängen des Gesamtsystems befinden sich Multiplexer, die im Testmodus die Ein- und Ausgänge dieser Blöcke mit Systemeingängen und Systemausgängen verbinden. Bei der Partitionierung mit Scan-Registern werden die isoliert zu testenden Teilsysteme mit Scan-Registern eingerahmt.

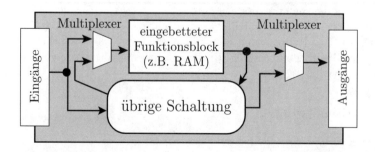

Abb. 3.66. Isolierter Test einer eingebetteten Teilschaltung über Multiplexer

Systeme, in denen die Teilsysteme über Busse miteinander kommunizieren, sind für einen isolierten Komponententest besonders geeignet. Es genügt, wenn der Tester die vollständige Kontrolle über die internen Busse übernehmen kann, um die Komponenten einzeln und isoliert von ihrer Umgebung testen zu können (Abbildung 3.67).

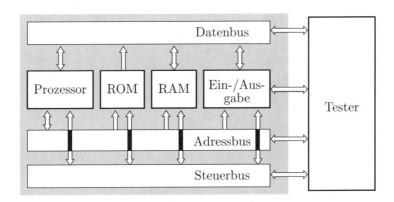

Abb. 3.67. Isolierter Test von Rechnerkomponenten

Ein Beispiel für eine Mikrorechnerfamilie, die dieses Konzept konsequent unterstützt, ist die 68300 Familie [32]. Alle Bausteine des Systems kommunizieren über einen einheitlichen Bus, über den sie von außen einzeln getestet werden können.

3.6.4 Cross-Check

Cross-Check ist ein weiterer systematischer Ansatz, um die Testsatzberechnung und die Fehlerlokalisierung für integrierte Schaltkreise einfach zu halten [29]. Das Prinzip besteht darin, die Ausgänge aller Gatter im Schaltkreis während des Tests beobachtbar zu machen. Jedes Gatter besitzt hierzu einen zusätzlichen Abfragetransistor mit Minimalabmessungen. Der Abfragetransistor ist als Schalter zwischen dem Gatterausgang und einer Messleitung angeordnet und wird über eine Auswahlleitung angesteuert. Die Messleitungen und Auswahlleitungen sind matrixförmig in zwei zusätzlichen Metallebenen über den Schaltkreis geführt. In jedem Testschritt können die logischen Werte aller schaltungsinternen Leitungen zeilenweise abgefragt und ausgewertet werden.

Für eine Schaltung, bei der während des Tests die Werte auf allen internen Leitungen überwacht werden, ist die Testauswahl kein Problem. Für Leitungshaftfehler werden nur noch Eingabebelegungen benötigt, die am Fehlerort den inversen Wert einstellen. Die Aktivierung von Beobachtungspfaden entfällt. Es genügt ein Zufallstest, der alle Leitungen einmal auf Null und einmal auf Eins steuert. Die Suche eines Testsatzes, der alle Kurzschlussmöglichkeiten erkennt,

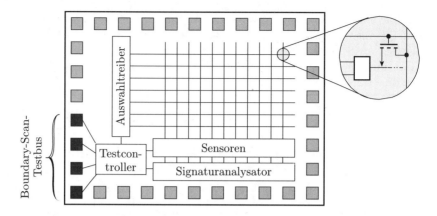

Abb. 3.68. Testlogik für Cross-Check

vereinfacht sich auf die Suche eines Testsatzes, bei dem alle Schaltungsknoten paarweise mindestens einmal zueinander invertierte Werte führen. Im Falle, dass eine falsche Ausgabe während des Tests beobachtet wird, kann relativ genau eingegrenzt werden, ob ein Gatter fehlerhaft arbeitet, ob zwei Leitungen kurzgeschlossen sind oder ob ein Entwurfsfehler vorliegt.

3.6.5 Baugruppentest

Eine Baugruppe besteht aus gründlich getesteten Bauteilen mit einem Fehleranteil in der Größenordnung von nur $DL \approx 10^2$ dpm. Dadurch enthalten die Baugruppen nach ihrer Fertigung kaum Bauteilfehler und die Bauteilfehler, die sie enthalten, sind kaum nachzuweisen (siehe Beispiel 2.2). Es genügt ein Verbindungs- und Bestückungstest.

Der typische Verbindungs- und Bestückungstest für elektronische Baugruppen mit diskrete Bauteilen (Widerstände, Kondensatoren etc.) besteht aus einer mechanischen Kontaktierung und elektrischen Zweipunktmessungen. Dabei werden nacheinander zwischen allen oder ausgewählten Schaltungspunkten die Strom/Spannungs-Beziehungen gemessen und mit Soll-Werten verglichen. Die Soll-Werte können z. B. von einem Golden Device stammen. Kurzschlüsse, Unterbrechungen, falsche, falsch eingebaute und fehlende Bauteile bilden sich auf mehr oder weniger große Abweichungen der Messwerte von den Soll-Werten ab.

So einfach das Grundprinzip ist, so gibt es doch zahlreiche Fallstricke, die es verhindern können, dass sich eine Baugruppe auf diese Weise ausreichend gut testen lässt. Erst einmal müssen alle Schaltungspunkte, über die der Test erfolgen soll, mechanisch kontaktierbar sein. Das erfordert ausreichend große Kontaktflächen, die nicht durch Bauteile verdeckt sein dürfen. Auch muss die Baugruppe den Andruckkräften der Nadeln standhalten, die bei vielen zu kontaktierenden Schaltungspunkten in der Summe recht hoch sein können. Wenn die Baugruppe nicht auf das Nadelbett gedrückt, sondern über Vakuum angesaugt wird, darf sie keine Löcher enthalten. Und nicht zuletzt setzen das Messprinzip und eine angestrebte hohe Fehlerüberdeckung einen geeigneten Schaltungsentwurf voraus.

Elektrische Isolation während des Tests

Das Grundverfahren hat zum Teil eine recht schlechte Fehlerüberdeckung gegenüber Fehlbestückungen. Die Bauteile bilden alle ein großes Netzwerk, in dem sich für einige Bauteile schlecht überprüfen lässt, ob sie die richtigen Parameter haben oder nicht. In der Messtechnik gibt es einen Trick, um eingebaute Zweipole (Widerstände, Kondensatoren etc.) getrennt von der umgebenden Schaltung ausmessen zu können. Er besteht darin, parallele Ströme zum Testobjekt zu unterdrücken, indem die Spannungsabfälle über den wegführenden Bauteilen auf einer Seite des Testobjekts auf 0 geregelt werden (Kompensationsmessung). Fließt von einem der Zweipolanschlüsse kein Strom fort, kommt nach den Kirchhoffschen Gesetzen auch auf der andern Seite kein Strom an. Zur Spannungsunterdrückung dient eine zweite, von einem Operationsverstärker gesteuerte Spannungsquelle. In Abbildung 3.69 wird z. B. die Spannung zwischen Basis und Emitter und Basis und Kollektor des Transistors auf Null geregelt, so dass die Widerstandsmessung für das Testobjekt nicht durch die Schaltungsumgebung verfälscht wird.

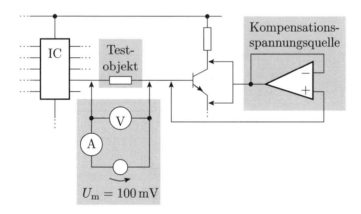

Abb. 3.69. Elektrische Isolation durch Kompensationsmessung

Für die Auswahl der Messspannungen und Ströme sind die Grenzwerte des gerade betrachteten Testobjekts, aber auch die der umgebenden Bauteile zu beachten. In Abbildung 3.69 liegen beide Versorgungsanschlüsse des Schaltkreises auf gleichem Potenzial. Das Potenzial des Schaltkreisausgangs, an dem das Testobjekt angeschlossen ist, liegt um den Betrag der Messspannung höher. Das ist eine ungewöhnliche Betriebsart, die nur Messspannungen von wenigen 100 mV zulässt. Das sind alles Probleme, die bei der Testauswahl und auch schon beim Schaltungsentwurf berücksichtigt werden müssen.

Logische Isolation

Das Herz einer Rechnerbaugruppe sind die digitalen Schaltkreise. Auch für sie muss nach der Fertigung getestet werden, dass sie richtig eingebaut sind. Das kann auch im einfachsten Fall über Zweipunktmessungen zwischen den Schaltkreisanschlüssen erfolgen. Für den sicheren Ausschluss von Fehlbestückungen ist jedoch ein kurzer Logiktest für jeden Schaltkreis erforderlich.

Digitale Schaltkreise werden in einer Schaltung nicht auf elektrischem, sondern auf logischem Wege isoliert. Bei angelegter Betriebsspannung speist der Tester die logischen Eingabewerte über die Nadeln direkt an den Eingängen des aktuellen Testobjekts ein und kontrolliert die Signalwerte unmittelbar an den Ausgängen (Abbildung 3.70). Dieses Testprinzip wird als In-circuit-Test bezeichnet. Stimulierungspunkte des Testers können gleichzeitig von ihrer eigentlichen Signalquelle, in der Regel auch einem Schaltkreis, mit dem inversen Wert belegt sein. Der Tester überschreibt dann die Signale der Quelle mit einem entsprechend höheren Strom. Das ist der kritische Punkt des Konzepts. Die Signalquelle wird praktisch mit einem Kurzschluss am Ausgang betrieben. Wenn der Test zu lange dauert oder wenn zu viele Ausgänge gleichzeitig kurzgeschlossen werden, erwärmen sich die Schaltkreise, die im Normalbetrieb als Signalquelle diesen, zu sehr und gehen kaputt.

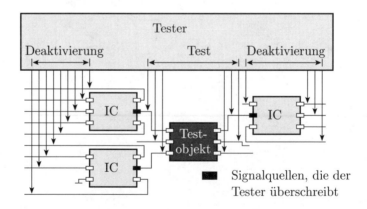

Abb. 3.70. In-circuit-Test

Ein weiteres prinzipielles Problem ist, dass der Tester wegen der Induktivitäten auf den Zuleitungen nicht in der Lage ist, Taktsignale und andere schnelle Signalwechsel an Schaltkreisausgängen zu unterdrücken. Deshalb und wegen der thermischen Zerstörungsgefahr gehören zu jedem Testschritt auch Deaktivierungseingaben für die umgebenden Schaltkreise, die deren Ausgänge idealerweise in einen hochohmigen Zustand versetzen und mindestens die Takte abschalten. Die Deaktivierung erfolgt im einfachsten Fall über den Rücksetzeingang, den jeder Schaltkreis haben sollte. Aber sie kann auch komplexe Testsequenzen erfordern. Im Extremfall müssen sogar während des Tests programmierbare Schaltkreise (programmierbare Logikschaltkreise, Mikroprozessoren etc.) umprogrammiert werden.

Insgesamt können bei der Testauswahl und der Testdurchführung für Baugruppen zahlreiche Schwierigkeiten auftreten. Diese lassen sich in der Regel entweder durch entsprechende Entwurfsregeln vermeiden oder durch geringfügige Entwurfsänderungen beseitigen. Werden diese Regeln aber nicht eingehalten und sind keine Entwurfsänderungen mehr möglich, werden aus den Schwierigkeiten ernsthafte Testprobleme. Die Entwicklung geeigneter Testprogramme wird dann entweder sehr aufwändig, oder der Baugruppentyp lässt sich nicht ausreichend testen und ist entsprechend unzuverlässig.

Die moderne Alternative zum Baugruppentest über die mechanische Kontaktierung mit einem Nadeladapter ist Boundary-Scan (siehe später Abschnitt 4.7). Boundary-Scan bildet die Funktion der Nadeln durch integrierte Testfunktionen nach. Er vermeidet dadurch die mechanischen und elektrischen Probleme des traditionellen Baugruppentests. Natürlich löst Boundary-Scan nicht alle Probleme.

3.7 Zusammenfassung

Die im zweiten Kapitel dieses Buches behandelte Theorie über den Test und die Verlässlichkeit informationsverarbeitender Systeme beruht auf dem Ansatz, dass die Systeme Fehler enthalten, die zwar nicht bekannt sind (sonst hätte man sie ja beseitigt), die jedoch durch statistische Kenngrößen beschrieben werden können. In diesem Kapitel wurde diese Theorie anhand konkreter Fehlerannahmen und Fehlermodelle untermauert. Als Beispiel dienten die Fertigungsfehler in CMOS-Schaltkreisen. Die zu erwartenden Fehler lassen sich hier allgemein durch fehlendes oder zusätzliches Material innerhalb einer Halbleiter-, Leitungs- oder Isolationsschicht beschreiben. Daraus leitet sich ab, dass sich die meisten elektrisch nachweisbaren Fehler wie Kurzschlüsse und Unterbrechungen verhalten, aber dass Kurzschlüsse und Unterbrechungen wegen der großen Vielfalt, wie sie sich auf die Funktion auswirken können, nicht als Modellfehler geeignet sind. Die in der Praxis eingesetzten Fehlermodelle

- das Haftfehlermodell
- das Verzögerungsfehlermodell und
- mit Einschränkungen das Zellenfehlermodell

generieren vereinfachte Fehlerannahmen, die sich mit den zu erwartenden Fehlern Nachweisbedingungen in Form gleicher Anregungsbedingungen und gleicher Beobachtungspfade teilen. Die Relation zwischen den meisten zu erwartenden Fehlern und der Modellfehlermenge ist ähnlicher Nachweis. Der Nachweis einer gewissen Anzahl von Modellfehlern impliziert den Fehlernachweis mit einer gewissen Wahrscheinlichkeit. Für die Fehlerüberdeckung berechneter Testsätze bedeutet das, dass sie

- meist größer als die Modellfehlerüberdeckung ist
- weniger von der Modellfehlerüberdeckung als von der Anzahl der unterschiedlichen Tests, die für jeden Modellfehler gesucht werden, abhängt.

Bei einer zufälligen oder einer nicht auf Fehlerannahmen basierenden Testauswahl hat die Relation zwischen den tatsächlichen Fehlern und der Modellfehlermenge nur den Einfluss, dass die als notwendig abgeschätzte Testsatzlänge meist etwas zu groß ist.

Entwurfsfehler lassen sich im Prinzip genau wie Fertigungsfehler durch geringfügige strukturelle Veränderungen beschreiben, hier Veränderungen der Entwurfsbeschreibung. Dabei taucht ein zusätzliches Problem auf. Es gibt keine fehlerfreie Referenzbeschreibung von Entwürfen, weder für die Generierung der Modellfehlermenge noch für die Auswertung der Testergebnisse über einen Soll/Ist-Vergleich. Für einen erheblichen Anteil der potenziellen Fehler kann das Fehlermodell – egal wie es lautet – keine ähnlich nachweisbaren Modellfehler generieren. Die betroffenen Fehler können nur durch Zufall nachgewiesen werden. Gezielte Testsatzberechnung wäre nur für die restlichen Fehler möglich und rentiert sich deshalb für Entwürfe nicht.

Das zweite Problem, dass es keine fehlerfreie Soll-Beschreibung für die Ergebniskontrolle für den Entwurfstest gibt, bildet sich auf einen erheblichen zusätzlichen Programmieraufwand ab (Programmieren von Testbeispielen, Probealgorithmen, einer zweiten diversitären Version etc.). Im Hardwarebereich und bei sicherheitskritischer Software wird dieser Aufwand akzeptiert, weil die Kosten für nicht erkannte Entwurfsfehler noch höher sind. In vielen Softwaremarktsegmenten trägt der Markt diesen Zusatzaufwand nicht, so dass beim Test gespart wird, was unzuverlässige Produkte zur Folge hat.

Aus der Untersuchung der zu erwartenden Fehler lassen sich oft alternative, fehlerspezifische Nachweisverfahren entwickeln. In Kapitel 2 wurde bereits angedeutet, dass bei Baugruppen oft auf die Kontrolle der Funktionsfähigkeit verzichtet und statt dessen nur auf Abwesenheit von Bestückungs- und Verbindungsfehlern getestet wird. In diesem Kapitel wurde diese Art des Baugruppentests genauer beschrieben und herausgearbeitet, dass die zugehörigen Testverfahren nur in Verbindung mit Maßnahmen des prüfgerechten Entwurfs anwendbar sind. Auch für CMOS-Schaltkreise gibt es wirkungsvolle alternative Nachweisverfahren. Diese basieren auf der Kontrolle der Ruhestromaufnahme während des Tests.

Die Fehlersimulation und die Testsatzberechnung für digitale Schaltungen basieren auf dem Haftfehlermodell. Das Haftfehlermodell unterstellt für alle Eingänge und Ausgänge aller Teilsysteme die beiden Modellfehler Stuck-at-1 (der Signalwert ist ständig 1) und Stuck-at-0 (der Signalwert ist ständig 0). Das ist aber nur die Anfangsfehlermenge. Im nächsten Schritt werden die identisch nachweisbaren Modellfehler zusammenfasst und redundante und optional auch implizit nachweisbare Modellfehler gestrichen. Für die Fehlersimulation von Haftfehlermengen werden das System und die Fehler in Maschinenbefehlsfolgen aus Lade-, Speicher- und Logikbefehlen übersetzt, so dass eine Fehlersimulation mit bis zu 10^4 Gattern, 10^4 Haftfehlern und 10^6 Testschritten noch zu beherrschen ist. Die gezielte Berechnung von Testschritten basiert auf dem D-Algorithmus und zahlreichen Heuristiken. Mit der Einschränkung, dass die Systeme keine Rückführungen enthalten sollten, ist auch sie etwa bis zu dieser Systemgröße und Modellfehleranzahl zu beherrschen. Systeme, die zu groß oder zu kompliziert sind, müssen mit Mitteln des prüfgerechten Entwurfs während des Tests so in Teilsysteme aufgeteilt werden, dass die Fehlersimulation und/oder die Testsatzberechnung wieder zu beherrschen ist.

Für einen Zufallstest beschränkt sich die Testauswahl auf die Bestimmung der erforderlichen Testsatzlänge, die sich ihrerseits aus der Fehlerdichte des Systems und der geforderten Fehlerüberdeckung oder der geforderten Zuverlässigkeit ergibt. Wichtige Verfahren, um aus der Systemstruktur Fehlerdichten, Fehlerüberdeckungen und Testsatzlängen abzuschätzen, sind außer der Fehlersimulation auch das Care-Bit-Verfahren und die Simulation von Steuer- und Beobachtbarkeiten. Die beiden letzteren Verfahren erfordern wesentlich weniger Rechenaufwand als eine Fehlersimulation, besitzen aber einen systematischen Schätzfehler. Das Care-Bit-Verfahren ist zu pessimistisch und schätzt zu geringe Fehlerüberdeckungen bzw. zu große erforderliche Testsatzlängen. Die Abschätzung über die Steuer- und Beobachtbarkeiten ist viel zu optimistisch und hat genau den umgekehrten Schätzfehler.

Die gezielte Testauswahl hat den Nachteil, dass sie die Zuverlässigkeit eines Systems abschätzungsweise nur umgekehrt proportional zum Anteil der nicht nachweisbaren Fehler erhöht und dass das Verfahren nur für Fertigungsfehler funktioniert (bzw. für Systeme, für die es eine korrekte Soll-Beschreibung gibt). Zufallstests haben den Nachteil, dass die erforderliche Testsatzlänge zum Teil unrealistisch groß ist. Ein Kompromiss zwischen beiden Ansätzen ist der gewichtete Zufallstest. Die Testschritte werden weiterhin zufällig ausgewählt. Die Auswahlwahrscheinlichkeiten der einzelnen Eingabevariationen werden jedoch auf die Nachweisbedingungen der Modellfehler abgestimmt. Für den Nachweis der Modellfehler günstige Eingaben werden auf Kosten der für den Fehlernachweis weniger geeigneten Eingaben bevorzugt.

Die modellfehlerorientierte Wichtung der Eingabehäufigkeiten erfolgt im einfachsten Fall auf der Basis berechneter Testsätze. Der Ansatz besteht grob umrissen darin, den Test in mehrere Testphasen zu unterteilen. Die erste Testphase ist ein ungewichteter Zufallstest. Durch Fehlersimulation werden alle in dieser Testphase nachweisbaren Modellfehler aus der Modellfehlermenge gestrichen. Für die restlichen Modellfehler werden geeignete Testschritte berechnet. Diese dienen dann als Berechnungsgrundlage für die Eingabewichtung für die zweite Testphase. Nach der zweiten und jeder weiteren Testphase wird mit den bis dahin nicht nachgewiesenen Modellfehlern genauso verfahren.

Bei der Auswahl und der Durchführung von Tests kann es zu einer ganzen Reihe von Problemen kommen, die eine ausreichende Testbarkeit in Frage stellen. Oft sind es Kleinigkeiten, z. B. dass bestimmte interne Signale nicht für einen Lese- oder Schreibzugriff für den Tester zugänglich sind oder dass wichtige Speicherzellen des Systems vor dem Test nicht initialisiert oder während des Tests nicht gelesen oder verändert werden können. Die wichtigste Regel des prüfgerechten Entwurfs lautet:

Entwickle die Tests parallel zum Entwurf oder zumindest so zeitig, dass für eventuell auftretende Probleme rechtzeitig Abhilfe durch Abänderung des Entwurfs geschaffen werden kann.

3.8 Aufgaben und Kontrollfragen

Aufgabe 3.1

a) Was ist der Vorteil der fehlerorientierten Testauswahl gegenüber einer Testauswahl auf der Grundlage einer Funktionsbeschreibung?

b) Unter welchen Bedingungen ist die Fehlerüberdeckung bezüglich einer Modellfehlermenge ein aussagekräftiges Maß für die tatsächliche Fehlerüberdeckung eines Testsatzes?

Aufgabe 3.2

Entwickeln Sie eine CMOS-Transistorschaltung für einen Multiplexer mit der nachfolgenden Funktion:

$$x_1, x_2, s, y \in \{0, 1\}$$

$$y = x_1 \bar{s} \vee x_2 s$$

Hinweis: Das Aufladen der Lastkapazität soll immer über PMOS-Transistoren und das Entladen über NMOS-Transistoren erfolgen. Die Dateneingänge x_1 und x_2 können beide Werte annehmen. Um sie mit dem Ausgang zu verbinden, müssen die zugehörigen Schaltzweige je aus einer Parallelschaltung eines NMOS- und ein PMOS-Transistors bestehen.

Aufgabe 3.3

a) Warum sind die Zielfehler der Testauswahl lokale Fehler, obwohl ihr Gegenstück, die globalen Fehler, die Funktion eines Systems wesentlich schwerwiegender und auffälliger beeinträchtigen?

b) Erläutern Sie am Beispiel eines Prozesssteuerfehlers, der die Einschaltspannungen aller NMOS-Transistoren auf einem Wafer in derselben Weise verändert, warum es für den Nachweis dieses Fehlertyps ausreicht, die elektrischen Eigenschaften einer kleinen Stichprobe von der Transistoren zu überprüfen?

Aufgabe 3.4

Wie wirkt es sich auf den Zusammenhang zwischen der Modellfehlerüberdeckung und der tatsächlichen Fehlerüberdeckung aus, dass bei der Fehlermodellierung nur einzelne Kurzschlüsse und Unterbrechungen berücksichtigt werden, einige geometrische Fehler aber mehr als zwei Strukturen kurzschließen oder unterbrechen?

Aufgabe 3.5

Bestimmen Sie die Haftfehlermenge für die Schaltung in Abbildung 3.71:

a) Welche Fehler sind redundant? Vereinfachen Sie die Schaltung so, dass sie dieselbe Funktion realisiert, aber keine redundanten Fehler mehr enthält.

b) Stellen Sie die Anfangshaftfehlermenge der vereinfachten Schaltung (ohne redundante Fehler) auf.

c) Verkleinern Sie die Haftfehlermenge, indem Sie von jeder Gruppe identisch nachweisbarer Fehler nur einen Repräsentanten behalten.

d) Welche Haftfehler aus Aufgabenteil c werden implizit nachgewiesen? Listen Sie diese Fehler gemeinsam mit den Haftfehlern, die ihren Nachweis implizieren auf. Welche Fehler bleiben für die Testsatzberechnung übrig?

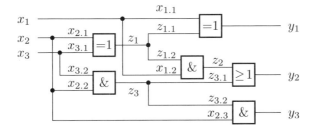

Abb. 3.71. Beispielschaltung zur Berechnung der Haftfehlermenge zu Aufgabe 3.5

Aufgabe 3.6

Zeigen Sie, dass der in Abschnitt 3.1.3.1 abgeschätzte Zusammenhang zwischen der Haftfehlerüberdeckung und der Kurzschlussnachweiswahrscheinlichkeit auch gilt, wenn der Kurzschluss wie eine UND-Verknüpfung wirkt oder wenn sich der Signalwert der einen Leitung immer durchsetzt. Das Gewicht der kurzgeschlossenen Leitungen sei wieder 50%.

Aufgabe 3.7

Wovon hängt die minimal nachweisbare Erhöhung der Signallaufzeit eines Gatterverzögerungsfehlers ab. Welche Vor- und Nachteile besitzen das Modell des robusten Fehlernachweises und das Pfadverzögerungsfehlermodell gegenüber dem Gatterverzögerungsfehlermodell?

Aufgabe 3.8

Auf welchem Plausibilitätskriterium basiert der Betriebsruhestromtest für eine integrierte CMOS-Schaltung? Worin liegen die Vorteile gegenüber dem Fehlernachweis über das logische Eingabe/Ausgabe-Verhalten?

Aufgabe 3.9

Welche Gründe sprechen gegen eine fehlerorientierte Testsatzberechnung für Hardware- und Softwareentwürfe?

Aufgabe 3.10

Wie groß ist die Nachweiswahrscheinlichkeit des eingezeichneten Haftfehlers in Abbildung 3.72, wenn

a) alle Variationen des Eingabevektors mit gleicher Häufigkeit auftreten?
b) die Eingaben die Auftrittshäufigkeiten in der Tabelle in Abbildung 3.72 rechts haben?

Aufgabe 3.11

Für die Beispielschaltung in Abbildung 3.73 soll eine Fehlersimulation durchgeführt werden.

a) Entwickeln Sie ein Programm zur Nachbildung der Soll-Funktion der Schaltung mit den bitweisen Logikoperationen:

```
<Variable> = not <Variable>
<Variable> = <Variable> and <Variable/Konstante>
<Variable> = <Variable> or <Variable/Konstante>
<Variable> = <Variable> xor <Variable/Konstante>
```

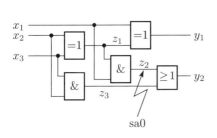

| Eingabe | | | Ausgabe | | Auftritts- |
x_3	x_2	x_1	y_2	y_1	häufigkeit
0	0	0	0	0	0,1
0	0	1	0	1	0,15
0	1	0	0	1	0,05
0	1	1	1	0	0,2
1	0	0	0	1	0,05
1	0	1	1	0	0,2
1	1	0	1	0	0,05
1	1	1	1	1	0,2

Abb. 3.72. Beispielschaltung zur Berechnung von Fehlernachweiswahrscheinlichkeiten zu Aufgabe 3.10

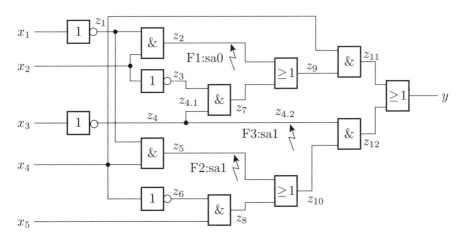

Abb. 3.73. Schaltungsbeispiel für die Fehlersimulation zu Aufgabe 3.11 und die Testsuche zu Aufgabe 3.12

Verwenden Sie 32-Bit-Integer-Variablen mit den Bezeichnungen x1 bis x5, z1 bis z12 und y.

b) Erweitern Sie das Programm so, dass zusätzlich die Nachweisbarkeit der Modellfehler F1 bis F3 nach dem PPSF-Prinzip (gleichzeitige Simulation mehrerer Testschritte) berechnet wird. Verwenden Sie als Variablennamen für potenziell verfälschte Signale <Signalname>_<Fehlername>, z. B. y_F1 und für das Ergebnis Variablen mit dem Fehlernamen, z. B. F1. Wenn kein Fehler nachweisbar ist, soll das Ergebnis 0 und im Nachweisfall von 0 verschieden sein.

c) Wechseln Sie zum Simulationsprinzip SPPF (gleichzeitige Simulation mehrerer Modellfehler). Ändern Sie den Simulator so um, dass in Bit 0 der Variablen das fehlerfreie Schaltungsverhalten und in den Bitstellen 1 bis 3 das Verhalten der Schaltung mit Fehler i simuliert wird. Im Ergebnisvektor F soll das Bit i für alle mit der simulierten Testeingabe nachweisbaren Fehler 1, sonst 0 sein. Für den Soll/Ist-Vergleich soll es einen Spezialbefehl geben

    `<Variable> = ExpBit0<Variable>`

der alle Bits der Variablen gleich dem Wert von Bit 0 setzt.

d) Bestimmen Sie für beide Simulationstechniken, wie viele Befehle insgesamt für die Fehlersimulation mit einem erschöpfenden Testsatz abzuarbeiten sind.

Aufgabe 3.12

Suchen Sie für die Schaltung in Abbildung 3.73 mit dem D-Algorithmus einen Testschritt für den eingezeichneten Haftfehler F2.

4

Selbsttest

Die in Kapitel 2 herausgearbeiteten statistischen Zusammenhänge zwischen dem Test und der Zuverlässigkeit eines Systems besagen stark vereinfacht, dass sich die Zuverlässigkeit eines Systems umgekehrt proportional zum Herstellungs- oder Entwurfsaufwand verhält und dass sie mindestens proportional und maximal quadratisch mit der effektiven Testzeit zunimmt. Der naheliegendste Lösungsweg zur Schaffung verlässlicher Systeme ist folglich, lange zu testen.

Dem entgegen steht das Problem, dass die Testzeit eines Tests mit externer Prüftechnik ein erheblicher Kostenfaktor ist. Die Suche nach Methoden und Algorithmen zur Minimierung der Testsatzlänge ist nach wie vor eine aktuelle Forschungsrichtung [94, 99, 140]. Der zukunftsweisende Weg zu langen Testzeiten und akzeptablen Kosten ist der Selbsttest. Das Schlagwort heißt BIST (engl. built-in self-test). Dieses Kapitel behandelt die Funktionsweise und den Entwurf von Selbsttestfunktionen für die Hardware.

4.1 Lineare digitale Systeme

Definition 4.1 (Modulo-2-Addition) *Die Modulo-2-Addition ist eine bitweise Addition unter Vernachlässigung des Übertrags bzw. eine EXOR-Verknüpfung von zwei Bits.*

Definition 4.2 (Modulo-2-Multiplikation) *Die Modulo-2-Multiplikation ist eine bitweise Multiplikation bzw. eine UND-Verknüpfung von zwei Bits.*

Definition 4.3 (Parität eines Datenobjekts) *Die Parität eines Datenobjekts ist die Modulo-2-Summe aller Bits des Datenobjekts.*

Definition 4.4 (Modulo-2-Prüfbit) *Ein Modulo-2-Prüfbit ist das Skalarprodukt eines als Bitvektor interpretierten Datenobjekts mit einem Koeffizientenvektor bzw. die Parität der bitweisen UND-Verknüpfung des Datenobjekts mit dem Koeffizientenvektor.*

Definition 4.5 (Modulo-2-Prüfsumme) *Eine Modulo-2-Prüfsumme ist ein Bitvektor aus unterschiedlichen Modulo-2-Prüfbits eines Datenobjekts und wird durch die Multiplikation einer Koeffizientenmatrix mit dem als Bitvektor interpretierten Datenobjekt gebildet.*

Integrierte Testhilfen sollen einfach zu entwerfen sein und wenig zusätzlichen Schaltungsaufwand oder Rechenaufwand erfordern. Besonders geeignet sind hierfür lineare digitale Systeme.

Lineare digitale Systeme bestehen aus den Elementen:

- Modulo-2-Addition (bitweise Addition unter Vernachlässigung des Übertrags bzw. eine EXOR-Verknüpfung von zwei Bits):

$$y = x_1 \oplus x_2$$

- Modulo-2-Multiplikation (bitweise Multiplikation bzw. UND-Verknüpfung):

$$y = x_1 \cdot x_2 = x_1 \wedge x_2$$

- Verzögerung um einen Takt:

$$y_{n+1} = x_n$$

Schaltungstechnisch verbergen sich hinter den drei Basisoperationen die drei Grundbausteine einer linearen digitalen Schaltung: EXOR-Gatter, UND-Gatter und D-Flipflop (Abbildung 4.1).

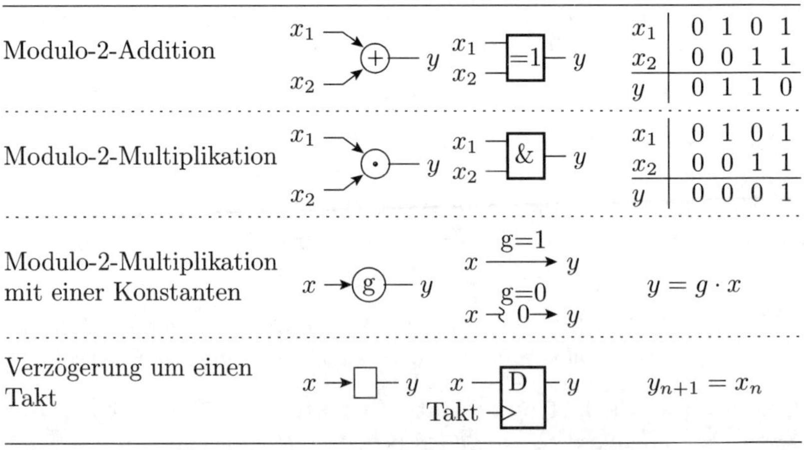

Abb. 4.1. Grundbausteine eines linearen digitalen Systems

Für Modulo-2-Operationen gelten

- das Kommutativgesetz:

$$x_1 \oplus x_2 = x_2 \oplus x_1 \tag{4.1}$$

$$x_1 \cdot x_2 = x_2 \cdot x_1 \tag{4.2}$$

- das Assoziativgesetz:

$$(x_1 \oplus x_2) \oplus x_3 = x_1 \oplus (x_2 \oplus x_3) \tag{4.3}$$

$$(x_1 \cdot x_2) \cdot x_3 = x_1 \cdot (x_2 \cdot x_3) \tag{4.4}$$

- und das Distributivgesetz:

$$(x_1 \oplus x_2) \cdot x_3 = (x_1 \cdot x_3) \oplus (x_2 \cdot x_3) \tag{4.5}$$

Die Modulo-2-Summe aller Bits eines Datenobjekts ist die Parität des Datenobjekts.

4.1.1 Modulo-2-Prüfbits und -Prüfsummen

Die allgemeine Berechnungsvorschrift für ein Modulo-2-Prüfbit q ist das Modulo-2-Skalarprodukt des als Bitvektor betrachteten Datenobjekts X mit einem Koeffizientenvektor $A \neq 0$ gleicher Bitanzahl:

$$q = A \cdot X$$

$$= \left(a_1\ a_2\ \ldots\ a_w \right) \cdot \begin{pmatrix} x_1 \\ x_2 \\ \vdots \\ x_w \end{pmatrix} \tag{4.6}$$

(w – Bitanzahl des Datenobjekts). Jedes Bit des Datenobjekts wird mit dem zugehörigen Bit des Koeffizientenvektors modulo-2-multipliziert und die entstehenden Teilprodukte $a_i \cdot x_i$ werden modulo-2-aufsummiert:

$$q = \bigoplus_{i=1}^{w} (a_i \cdot x_i) \tag{4.7}$$

Programmiert auf einem Rechner besteht die Berechnung eines Prüfbits aus einem Maschinenbefehl zur bitweisen UND-Verknüpfung des Datenobjekts mit dem Koeffizientenvektor und der Auswertung des Paritätsbits im Statuswort des Prozessors. Die Parität ist das Modulo-2-Prüfbit für den Koeffizientenvektor $A = (1\,1\,\ldots\,1)$.

Eine Modulo-2-Prüfsumme ist ein Bitvektor aus mehreren Prüfbits. Jedes Prüfbit q_i ist das Modulo-2-Skalarprodukt mit einem anderen Koeffizientenvektor $A_i \neq 0$:

$$\begin{pmatrix} q_1 \\ q_2 \\ \vdots \\ q_r \end{pmatrix} = \begin{pmatrix} A_1 \\ A_2 \\ \vdots \\ A_r \end{pmatrix} \cdot \begin{pmatrix} x_1 \\ x_2 \\ \vdots \\ x_w \end{pmatrix} \tag{4.8}$$

(r – Anzahl der Prüfbits). Alle Koeffizientenvektoren zusammen bilden die Koeffizientenmatrix A:

$$\begin{pmatrix} q_1 \\ q_2 \\ \vdots \\ q_r \end{pmatrix} = \underbrace{\begin{pmatrix} a_{11} & a_{12} & \cdots & a_{1w} \\ a_{21} & a_{22} & \cdots & a_{2w} \\ \vdots & \vdots & \ddots & \vdots \\ a_{r1} & a_{r2} & \cdots & a_{rw} \end{pmatrix}}_{A} \cdot \begin{pmatrix} x_1 \\ x_2 \\ \vdots \\ x_w \end{pmatrix} \tag{4.9}$$

(w – Bitanzahl des Datenobjekts; r – Anzahl der Prüfbits). Die Modulo-2-Prüfsumme Q ist entsprechend das Produkt einer Koeffizientenmatrix mit dem als Bitvektor betrachteten Datenobjekt X:

$$Q = A \cdot X \tag{4.10}$$

Programmtechnisch wird eine Modulo-2-Prüfsumme bitweise berechnet:

wiederhole für $i = 1$ bis r
$q_i = \text{Par}(A_i \text{ and } X)$

(and – hier bitweise UND-Verknüpfung; Par $(\ldots)$ – Parität der bitweisen UND-Verknüpfung). In einer Hardwarerealisierung werden die UND-Verknüpfungen mit Konstanten wegoptimiert. Eine Modulo-2-Addition mit einem Produkt, dessen einer Faktor immer Null ist, entfällt:

$$x_1 \oplus (0 \cdot x_2) = x_1 \tag{4.11}$$

Eine Modulo-2-Addition mit einem Produkt, dessen einer Faktor immer Eins ist, wird zu einer einfachen Modulo-2-Addition:

$$x_1 \oplus (1 \cdot x_2) = x_1 \oplus x_2 \tag{4.12}$$

Aus dem Skalarprodukt eines Datenobjekts mit einem Koeffizientenvektor wird die Modulo-2-Summe aller Datenbits, deren zugehörige Koeffizientenbits 1 sind:

$$q_i = \bigoplus_{\forall j | a_{i.j} = 1} x_j \tag{4.13}$$

Die Modulo-2-Summe selbst wird in Hardware durch eine Baumstruktur aus EXOR-Gattern nachgebildet (Abbildung 4.2). Die erforderliche Anzahl der

EXOR-Gatter je Prüfbits q_i ist die Anzahl der Einsen des Koeffizientenvektors minus 1. Der Schaltungsaufwand für die Berechnung einer r-Bit-Prüfsumme, gemessen in EXOR-Gattern, ist maximal so groß wie die Anzahl der Einsen in der Koeffizientenmatrix abzüglich der Prüfbitanzahl r:

$$N_{\text{XOR}} \leq N_{\text{Einsen}} - r \qquad (4.14)$$

(N_{XOR} – Anzahl der EXOR-Gatter; N_{Einsen} – Anzahl der Einsen in der Koeffizientenmatrix A; r – Anzahl der Prüfbits).

$$q_i = \begin{pmatrix} 1\,0\,1\,1\,0\,0\,0\,1\,0\,0\,1\,0\,0\,0\,1 \end{pmatrix} \cdot \begin{pmatrix} x_1 \\ \vdots \\ x_{15} \end{pmatrix}$$

$$= x_{15} \oplus x_{11} \oplus x_8 \oplus x_4 \oplus x_3 \oplus x_1$$

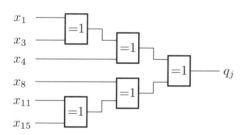

Abb. 4.2. Bildung eines Prüfbits mit EXOR-Gattern

Wenn einer Prüfsumme gleiche Teilsummen mehrfach enthält, wie die Prüfsumme

$$q_1 = x_{10} \oplus x_7 \oplus x_3 \oplus x_1$$
$$q_2 = x_{10} \oplus x_8 \oplus x_4 \oplus x_1$$

die Teilsumme $x_{10} \oplus x_1$, lässt sich die Anzahl der Modulo-2-Additionen durch gemeinsame Berechnung dieser Teilsummen verringern:

$$z = x_{10} \oplus x_1$$
$$q_1 = z \oplus x_7 \oplus x_3$$
$$q_2 = z \oplus x_8 \oplus x_4$$

Die zugehörigen Schaltungen zeigt Abbildung 4.3. Wegen dieser Einsparungsmöglichkeit gibt Gl. 4.14 nur eine Obergrenze für den Schaltungsaufwand an.

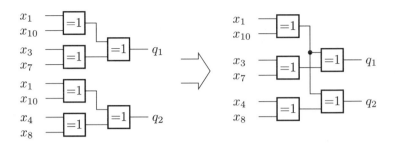

Abb. 4.3. Optimierung von EXOR-Schaltungen

4.1.1.1 Überlagerungssatz

Der Überlagerungssatz besagt, dass die Prüfsumme der Summe von Datenobjekten gleich der Summe der Prüfsummen der einzelnen Datenobjekte ist:

$$Q = A \cdot (X_1 \oplus X_2) = (A \cdot X_1) \oplus (A \cdot X_2) = Q_1 \oplus Q_2 \qquad (4.15)$$

Diese Eigenschaft leitet sich aus dem Distributivgesetz ab. Ein Datenfehler
wird genau durch die bitweise Modulo-2-Summe von Soll- und Ist-Wert charakterisiert:

$$\Delta X = X_{\text{Soll}} \oplus X_{\text{Ist}} \neq 0$$

Nach dem Überlagerungssatz ist die Abbildung von Datenfehlern auf Veränderungen der Prüfsumme nur von der bitweisen Abweichung ΔX, aber nicht
vom Soll-Wert des Datenobjekts abhängig:

$$\begin{aligned}
\Delta Q &= Q_{\text{Ist}} \oplus Q_{\text{Soll}} \\
&= A \cdot (X_{\text{Soll}} \oplus X_{\text{Ist}}) \\
&= A \cdot \Delta X
\end{aligned}$$

Das bedeutet, dass beim Entwurf von Überwachungssystemen mit Modulo-2-
Prüfsummen und bei der Abschätzung von deren Datenfehlerüberdeckung die
Soll-Werte der zu überwachenden Daten ignoriert werden dürfen, was beide
Aufgaben erheblich vereinfacht.

4.1.1.2 Fehlererkennende Modulo-2-Codes

Die drei Anforderungen an einen fehlererkennenden Code sind (vgl. Abschnitt
2.6.4.3):

- Die Abbildung muss Pseudozufallscharakter besitzen
- in großem Umfang redundante Information einbauen und
- umkehrbar eindeutig sein.

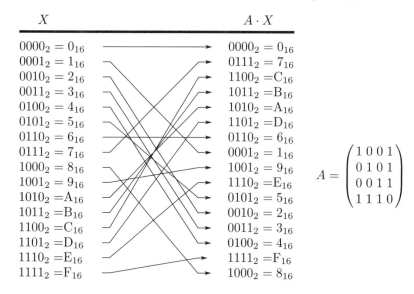

X		$A \cdot X$
$0000_2 = 0_{16}$	⟶	$0000_2 = 0_{16}$
$0001_2 = 1_{16}$		$0111_2 = 7_{16}$
$0010_2 = 2_{16}$		$1100_2 = C_{16}$
$0011_2 = 3_{16}$		$1011_2 = B_{16}$
$0100_2 = 4_{16}$		$1010_2 = A_{16}$
$0101_2 = 5_{16}$		$1101_2 = D_{16}$
$0110_2 = 6_{16}$		$0110_2 = 6_{16}$
$0111_2 = 7_{16}$		$0001_2 = 1_{16}$
$1000_2 = 8_{16}$		$1001_2 = 9_{16}$
$1001_2 = 9_{16}$		$1110_2 = E_{16}$
$1010_2 = A_{16}$		$0101_2 = 5_{16}$
$1011_2 = B_{16}$		$0010_2 = 2_{16}$
$1100_2 = C_{16}$		$0011_2 = 3_{16}$
$1101_2 = D_{16}$		$0100_2 = 4_{16}$
$1110_2 = E_{16}$		$1111_2 = F_{16}$
$1111_2 = F_{16}$	⟶	$1000_2 = 8_{16}$

$$A = \begin{pmatrix} 1 & 0 & 0 & 1 \\ 0 & 1 & 0 & 1 \\ 0 & 0 & 1 & 1 \\ 1 & 1 & 1 & 0 \end{pmatrix}$$

Abb. 4.4. Pseudozufallscharakter der Abbildung von Datenobjekten auf Modulo-2-Prüfsummen

Die Abbildung von Datenobjekten auf Modulo-2-Prüfsummen ist immer eindeutig und besitzt, wie Abbildung 4.4 am Beispiel zeigt, in der Regel auch den geforderten Pseudozufallscharakter.

Zum Einbau der Informationsredundanz werden die fehlererkennenden Codeworte um r Bits größer als das Datenobjekt gewählt. Nach Gl. 2.227 beträgt die zu erwartende Datenfehlerüberdeckung dann:

$$E\left(FC_{\triangleright}\right) = 1 - 2^{-r}$$

Sie kann durch die Wahl der Anzahl der redundanten Bits r beliebig groß gehalten werden.

Konstruktion der Koeffizientenmatrix

Die einzige Eigenschaft, die noch fehlt, ist die Umkehrbarkeit der Abbildung, damit die ursprünglichen Datenobjekte wieder zurück gewonnen werden können. Eine lineare Abbildung nach Gl. 4.10:

$$Q = A \cdot X$$

ist genau dann umkehrbar, wenn

- die Matrix A quadratisch und
- die Determinante $\det(A) \neq 0$

ist. Das ursprüngliche Datenobjekt wird deshalb gedanklich um r Nullen auf die Größe $w + r$ erweitert, so dass die Koeffizientenmatrix quadratisch wird:

$$
\begin{pmatrix} q_1 \\ \vdots \\ q_w \\ q_{w+1} \\ \vdots \\ q_{w+r} \end{pmatrix} = A \cdot \begin{pmatrix} x_1 \\ \vdots \\ x_w \\ x_{w+1} = 0 \\ \vdots \\ x_{w+r} = 0 \end{pmatrix}
\tag{4.16}
$$

Die Suche geeigneter Koeffizienten, damit die Abbildung Pseudozufallscharakter besitzt und auch umkehrbar ist, erfolgt im einfachsten Fall durch Probieren:

| Wiederhole bis $\det(A) \neq 0$ |
| Wiederhole für alle Bits der Koeffizientenmatrix |
| Wähle zufällig 0 oder 1 |

Die Umkehroperation zu Gl. 4.16 lautet dann:

$$
\begin{pmatrix} x_1 \\ \vdots \\ x_w \\ x_{w+1} \\ \vdots \\ x_r \end{pmatrix} = A^{-1} \cdot \begin{pmatrix} q_1 \\ \vdots \\ q_w \\ q_{w+1} \\ \vdots \\ q_r \end{pmatrix}
\tag{4.17}
$$

Sie liefert für unverfälschte Codewörter $Q_{\text{Ist}} = Q_{\text{Soll}}$ in den Bits x_1 bis x_w das ursprüngliche Datenobjekt und in den Bits x_{w+1} bis x_{w+r} die ergänzten Nullen. Verfälschungen werden daran erkannt, dass in den ergänzten, redundanten Bitstellen von Null abweichende Werte stehen.

4.1.1.3 Modulo-2-Prüfkennzeichen

Außer in der Kryptographie ist die Zufallscodierung der Information nach dem Prinzip der fehlererkennenden Codes störend. Sie erschwert das Lesen und die weitere Verarbeitung der Daten. Die Alternative besteht darin, die Daten unverändert zu lassen und jeder Variation des Datenvektors ein Modulo-2-Prüfkennzeichen zuzuordnen, das mit ihm gemeinsam gespeichert und übertragen wird (vgl. 1.2.3.4). Nach der potenziellen Verfälschung wird das Prüfkennzeichen zum zweiten Mal berechnet und mit dem übertragenen Prüfkennzeichen verglichen (Abbildung 4.5).

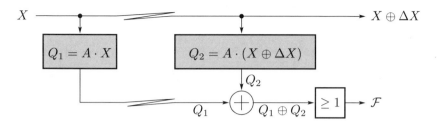

Abb. 4.5. Modulo-2-Prüfsumme als Prüfkennzeichen

Von dem Code zur Bildung des Prüfkennzeichens ist nur zu fordern, dass er Pseudozufallscharakter besitzt, damit für die zu erwartende Datenfehlerüberdeckung Gl. 2.229 gilt:

$$E\left(FC_{\triangleright}\right) = 1 - 2^{-r}$$

Konstruktion der Koeffizientenmatrix

Die Koeffizientenmatrix für die Bildung eines Prüfkennzeichens besitzt r Zeilen und w Spalten. Von ihr ist zu fordern, dass

- jedes Bit des Datenobjekts das Prüfkennzeichen beeinflusst und
- die Abbildung der Datenobjekte auf Prüfkennzeichen Pseudozufallscharakter besitzt.

Die erste Forderung besagt, dass jede Spalte der Koeffizientenmatrix mindestens eine Eins enthalten muss. Die Lösung für $r = 1$ ist die Parität. Ein Paritätsbit als Prüfkennzeichen erkennt jede ungerade Anzahl verfälschter Bits und damit 50% der möglichen Verfälschungen.

Um auch jede Verfälschung von zwei Bits zu erkennen, müssen sich alle Matrixspalten unterscheiden, z. B.:

$$A = \begin{pmatrix} 1\,0\,1\,0\,1\,0\,1 \\ 0\,1\,1\,0\,0\,1\,1 \\ 0\,0\,0\,1\,1\,1\,1 \end{pmatrix} \tag{4.18}$$

Das erfordert mindestens eine Summenfunktion der Größe:

$$r = \log_2\left(w + 1\right) \tag{4.19}$$

(w – Bitanzahl des Datenobjekts). Für größere Prüfkennzeichen erfolgt die Auswahl der Koeffizienten der Matrix A wieder am einfachsten durch Probieren:

Wiederhole, bis jede Matrixspalte mindestens eine Eins enthält
Wiederhole für alle Bits der Koeffizientenmatrix
Wähle zufällig 0 oder 1

4.1.1.4 Fehlerkorrigierende Codes und Fehlerkorrektur

Die Koeffizientenmatrix eines fehlererkennenden Codes kann auch so gewählt werden, dass bei einer Verfälschung von bis zu N_{Korr} Bitstellen der unverfälschte Datenvektor zurückgewonnen werden kann (vgl. Abschnitt 1.4.5). Im Folgenden wird stellvertretend ein Code und eine Korrekturschaltung für Einzelbitfehler für $w = 11$ Bit große Datenobjekte entwickelt.

Die Korrektur von Einzelbitfehlern verlangt nach Gl. 1.43 einen Hamming-Code mit dem Hamming-Abstand:

$$N_{\text{Ham}} \geq 3$$

Die erforderliche Bitanzahl N_{Bit} der Codewörter des fehlerkorrigierenden Codes ergibt sich nach Gl. 1.42 durch Einsetzen der Anzahl der gültigen Codewörter $N_{\text{CWG}} = 2^{11}$ und der Anzahl der zu korrigierenden Bits $N_{\text{Korr}} = 1$:

$$2^{11} \cdot (N_{\text{Bit}} + 1) \leq 2^{N_{\text{Bit}}} \tag{4.20}$$

Die korrigierbaren Codewörter müssen mindestens auf $N_{\text{Bit}} = 15$ vergrößert werden.

Um die Ergebniskorrektur einfach zu halten, sind folgende Konstruktionsregeln gebräuchlich:

- Die $w = 11$ Bits des Datenobjekts werden unverändert in das zu erzeugende Codewort B übernommen.
- Der angestrebte Hamming-Abstand $N_{\text{Ham}} = 3$ wird mit einer $r = 4$ Bit großen Modulo-2-Prüfsumme erzielt, die aus dem Datenobjekt über die Vorschrift

$$Q_1 = A \cdot X \tag{4.21}$$

  gebildet und auch mit in das zu erzeugende Codewort B übernommen wird.
- Die Ergebnisüberwachungsschaltung berechnet die Modulo-2-Prüfsumme in derselben Weise zum zweiten Mal aus dem potenziell verfälschten Datenobjekt:

$$Q_2 = A \cdot (X \oplus \Delta X) \tag{4.22}$$

und bildet die bitweise Abweichung zur potenziell verfälschten ersten Prüfsumme:

$$\Delta Q = (Q_1 \oplus \Delta Q_1) \oplus Q_2 \tag{4.23}$$

- Die Koeffizientenmatrix A für die Bildung der Prüfsumme wird dabei so gewählt, dass die Abweichung ΔQ der im Sender und im Empfänger gebildeten Prüfsummen in binärer Form die Nummer des zu korrigierenden Bits im Gesamtcodewort B angibt. Die Differenz $\Delta Q = 0$ ist dabei für den fehlerfreien Fall reserviert. Die Bitzählung im Gesamtcodewort beginnt deshalb erst mit 1.

Das mag insgesamt etwas kompliziert klingen, führt aber zu einer verblüffend einfachen Lösung. Bit 0 von ΔQ soll genau dann Eins sein, wenn die Nummer der verfälschten Bitstelle im übertragenen oder gespeicherten Codewort B ungerade ist :

$$\Delta q_0 = b_1 \oplus b_3 \oplus b_5 \oplus b_7 \oplus b_9 \oplus b_{11} \oplus b_{13} \oplus b_{15} \tag{4.24}$$

Bit Δq_i der Differenz der Prüfsummen soll verfälscht sein, wenn die Nummer des verfälschten Bits den Summanden 2^i enthält:

$$\Delta q_1 = b_2 \oplus b_3 \oplus b_6 \oplus b_7 \oplus b_{10} \oplus b_{11} \oplus b_{14} \oplus b_{15} \tag{4.25}$$

$$\Delta q_2 = b_4 \oplus b_5 \oplus b_6 \oplus b_7 \oplus b_{12} \oplus b_{13} \oplus b_{14} \oplus b_{15} \tag{4.26}$$

$$\Delta q_3 = b_8 \oplus b_9 \oplus b_{10} \oplus b_{11} \oplus b_{12} \oplus b_{13} \oplus b_{14} \oplus b_{15} \tag{4.27}$$

Die Prüfsumme ist ein Teil des potenziell verfälschten Gesamtcodewortes. Ein Bit der Prüfsumme kann deshalb nur den Bitnummern im Codewort zugeordnet sein, deren Bits sie aufsummiert. Eine zulässige Zuordnung ist:

$$q_0 \Rightarrow b_1 \big| q_1 \Rightarrow b_2 \big| q_2 \Rightarrow b_4 \big| q_3 \Rightarrow b_8$$

Die übrigen Bits des Gesamtcodewortes sind für Datenbits frei. Als Zuordnung kann z. B. gewählt werden:

$$
\begin{array}{l|l|l|l}
x_0 \Rightarrow b_3 & x_3 \Rightarrow b_7 & x_6 \Rightarrow b_{11} & x_9 \Rightarrow b_{14} \\
x_1 \Rightarrow b_5 & x_4 \Rightarrow b_9 & x_7 \Rightarrow b_{12} & x_{10} \Rightarrow b_{15} \\
x_2 \Rightarrow b_6 & x_5 \Rightarrow b_{10} & x_8 \Rightarrow b_{13} &
\end{array}
$$

Die Berechnungvorschrift für die Prüfsumme lautet mit dieser Zuordnung:

$$
\begin{aligned}
q_0 &= b_3 \oplus b_5 \oplus b_7 \oplus b_9 \oplus b_{11} \oplus b_{13} \oplus b_{15} \\
&= x_0 \oplus x_1 \oplus x_3 \oplus x_4 \oplus x_6 \oplus x_8 \oplus x_{10} \tag{4.28}
\end{aligned}
$$

$$
\begin{aligned}
q_1 &= b_3 \oplus b_6 \oplus b_7 \oplus b_{10} \oplus b_{11} \oplus b_{14} \oplus b_{15} \\
&= x_0 \oplus x_2 \oplus x_3 \oplus x_5 \oplus x_6 \oplus x_9 \oplus x_{10} \tag{4.29}
\end{aligned}
$$

$$
\begin{aligned}
q_2 &= b_5 \oplus b_6 \oplus b_7 \oplus b_{12} \oplus b_{13} \oplus b_{14} \oplus b_{15} \\
&= x_1 \oplus x_2 \oplus x_3 \oplus x_7 \oplus x_8 \oplus x_9 \oplus x_{10} \tag{4.30}
\end{aligned}
$$

$$
\begin{aligned}
q_3 &= b_9 \oplus b_{10} \oplus b_{11} \oplus b_{12} \oplus b_{13} \oplus b_{14} \oplus b_{15} \\
&= x_4 \oplus x_5 \oplus x_6 \oplus x_7 \oplus x_8 \oplus x_9 \oplus x_{10} \tag{4.31}
\end{aligned}
$$

Abbildung 4.6 zeigt die Schaltung zur Codeerzeugung und zur Datenkorrektur. Vor der potenziellen Datenverfälschung wird die 4-Bit-Prüfsumme berechnet und zum eigentlichen Datenobjekt hinzugefügt. Nach der potenziellen Verfälschung wird die Modulo-2-Prüfsumme nach demselben Algorithmus zum zweiten Male gebildet und zur übertragenen (und auch eventuell verfälschten) Prüfsumme modulo-2 addiert. Ist die Differenz $\Delta Q \neq 0$, wird das Bit, dessen Nummer gleich der Differenz ist, negiert.

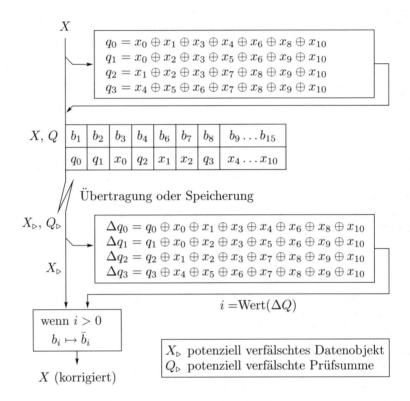

Abb. 4.6. Fehlerkorrektur mit Hilfe von Modulo-2-Prüfsummen

4.1.2 Lineare Automaten

Ein linearer Automat besitzt die allgemeine Funktion:

$$S_n = A \cdot S_{n-1} \oplus B \cdot X_n$$
$$Y_n = C \cdot S_n \tag{4.32}$$

(X – Eingabe; Y – Ausgabe; S – Zustand; A – Systemmatrix der Größe $r \times r$; B – Eingangsmatrix der Größe $r \times N_{\mathrm{BX}}$; C – Ausgabematrix der Größe $N_{\mathrm{BY}} \times r$;

n – Nummer des Abbildungsschrittes; r – Anzahl der Zustandsbits; N_{BX} – Bitanzahl der Eingabe; N_{BY} – Bitanzahl der Ausgabe). Die Ausgabematrix ist meist eine Einheitsmatrix:

$$C = E = \begin{pmatrix} 1 & 0 & \cdots & 0 \\ 0 & 1 & \cdots & 0 \\ \vdots & \vdots & \ddots & \vdots \\ 0 & 0 & 0 & 1 \end{pmatrix} \tag{4.33}$$

so dass die Ausgabe gleich dem Zustand ist:

$$Y = S \tag{4.34}$$

Die grundlegenden Eigenschaften linearer Automaten lassen sich über das pseudokombinatorische Iterationsmodell ableiten (vgl. auch Abschnitt 3.3.3). Aufgerollt ist der Endzustand des Automaten nach n Abbildungsschritten eine Modulo-2-Prüfsumme aller bisherigen Eingaben und des Anfangszustandes:

$$S_n = A^n \cdot S_0 \oplus \bigoplus_{i=1}^{n} A^{n-i} \cdot B \cdot X_n \tag{4.35}$$

(S_0 – Anfangszustand). Der 3-Bit Automat

$$\begin{pmatrix} s_1 \\ s_2 \\ s_3 \end{pmatrix}_n = \begin{pmatrix} 1 & 0 & 1 \\ 1 & 0 & 0 \\ 0 & 1 & 0 \end{pmatrix} \cdot \begin{pmatrix} s_1 \\ s_2 \\ s_3 \end{pmatrix}_{n-1} \oplus \begin{pmatrix} 1 \\ 0 \\ 0 \end{pmatrix} \cdot x_n \tag{4.36}$$

bildet z. B. die 1-Bit breite Folge $\langle x_1, x_2, \ldots, x_9 \rangle$ ausgehend vom Anfangszustand $S_0 = \begin{pmatrix} 0 & 0 & 0 \end{pmatrix}^T$ in neun Abbildungsschritten auf die Modulo-2-Prüfsumme

$$\begin{pmatrix} s_1 \\ s_2 \\ s_3 \end{pmatrix}_9 = \begin{pmatrix} 1 & 1 & 1 & 0 & 1 & 0 & 0 & 1 & 1 \\ 0 & 1 & 1 & 1 & 0 & 1 & 0 & 0 & 1 \\ 0 & 0 & 1 & 1 & 1 & 0 & 1 & 0 & 0 \end{pmatrix} \cdot \begin{pmatrix} x_9 \\ x_8 \\ x_7 \\ x_6 \\ x_5 \\ x_4 \\ x_3 \\ x_2 \\ x_1 \end{pmatrix} \tag{4.37}$$

ab. Die Abbildung eine Eingabefolge auf den Endzustand eines linearen Automaten hat folglich auch dieselben Eigenschaften wie eine Modulo-2-Prüfsumme:

- Der Überlagerungssatz gilt.
- Jedes Bit des Datenvektors beeinflusst den Endzustand S_n.
- Die Abbildung besitzt in der Regel Pseudozufallscharakter.

Der Unterschied ist nur, dass das Datenobjekt hier eine Folge ist bzw. dass die Abbildung in mehreren Schritten erfolgt.

Eine spezielle Form der linearen Automaten sind die autonomen linearen Automaten. Sie besitzen keine Eingänge. Ihre allgemeine Schaltfunktion lautet:

$$S_n = A \cdot S_{n-1}$$
$$Y_n = C \cdot S_n \tag{4.38}$$

Aufgerollt erzeugen sie eine periodische Folge von Summenfunktionen des Anfangszustandes:

$$Y_i = C \cdot A^n \cdot S_0 \tag{4.39}$$

Der autonome lineare Automat

$$\begin{pmatrix} s_1 \\ s_2 \\ s_3 \end{pmatrix}_n = \begin{pmatrix} 1\ 0\ 1 \\ 1\ 0\ 0 \\ 0\ 1\ 0 \end{pmatrix} \cdot \begin{pmatrix} s_1 \\ s_2 \\ s_3 \end{pmatrix}_{n-1} \tag{4.40}$$

durchläuft z. B. ausgehend vom Anfangszustand $S_0 = \begin{pmatrix} 1\ 0\ 0 \end{pmatrix}^T$ periodisch die Zustandsfolge:

n	0	1	2	3	4	5	6	7	$\ldots$
s_1	1	1	1	0	1	0	0	1	$\ldots$
s_2	0	1	1	1	0	1	0	0	$\ldots$
s_3	0	0	1	1	1	0	1	0	$\ldots$

In Selbsttestlösungen dienen autonome lineare Automaten als Pseudozufallsgeneratoren.

4.1.2.1 Datenfolgen und Polynome

In der Theorie der linearen Automaten spielt der Begriff Polynom eine Rolle (charakteristisches Polynom, primitives Polynom etc.). Eine Modulo-2-Polynomfunktion, kurz Polynom, ist hier nur eine andere Darstellung für eine Datenfolge:

$$\langle x_0,\, x_1,\, \ldots \rangle \mapsto P(v) = x_0 \cdot v^0 \oplus x_1 \cdot v^1 \oplus \ldots \tag{4.41}$$

Das Argument der Polynomfunktion v ist eine Variable, die per Definition die Bedeutung besitzt, dass eine Multiplikation mit ihr einer Verzögerung um einen Abbildungsschritt entspricht. Die Multiplikation eines Datenwertes oder einer Datenfolge mit v^n entspricht einer Verzögerung um n Abbildungsschritte. Eine Bitfolge

$$x^* = \langle x_0, x_1, \ldots \rangle \tag{4.42}$$

ist die Summe des nicht verzögerten Bits x_0, des um einen Schritt verzögerten Bits x_1 etc.:

$$P(v) = x_0 \cdot v^0 \oplus x_1 \cdot v^1 \oplus \ldots \tag{4.43}$$

Für Polynome sind folgende Operationen definiert:

- Addition:

$$
\begin{aligned}
X_1(v) \oplus X_2(v) &= \bigoplus_{i=0}^{n} x_{1.i} \cdot v^i \oplus \bigoplus_{i=0}^{n} x_{2.i} \cdot v^i \\
&= \bigoplus_{i=0}^{n} (x_{1.i} \oplus x_{2.i}) \cdot v^i
\end{aligned}
\tag{4.44}
$$

- Verzögerung um k Schritte (Multiplikation mit v^k)

$$
\begin{aligned}
X(v) \cdot v^k &= \left(\bigoplus_{i=0}^{n} x_i \cdot v^i \right) \cdot v^k \\
&= \bigoplus_{i=0}^{n} x_i \cdot v^{i+k}
\end{aligned}
\tag{4.45}
$$

- Polynommultiplikation und
- zwei Umkehroperationen zur Polynommultiplikation.

Im Zusammenhang mit integrierten Testhilfen spielen vor allem die Umkehroperationen der Polynommultiplikation eine Rolle.

4.1.2.2 Polynommultiplikation

Die Polynommultiplikation kann als fehlererkennender Code für Datenfolgen eingesetzt werden. Die zu übertragende oder zu speichernde Folge korrespondiert mit dem Polynom:

$$
\begin{aligned}
X(v) &= \bigoplus_{i=0}^{w-1} x_i \cdot v^i \\
&= x_{w-1} \cdot v^{w-1} \oplus x_{w-2} \cdot v^{w-2} \oplus \ldots \oplus x_1 \cdot v \oplus x_0
\end{aligned}
\tag{4.46}
$$

Das Datenpolynom wird mit einem konstanten Generatorpolynom

$$
\begin{aligned}
G(v) &= \bigoplus_{i=0}^{r} g_i \cdot v^i \\
&= g_r \cdot v^r \oplus g_{r-1} \cdot v^{r-1} \oplus \ldots \oplus g_1 \cdot v \oplus 1
\end{aligned}
\tag{4.47}
$$

vom Grad r multipliziert. Damit die Polynommultiplikation – wie für fehler-erkennende Codes gefordert – umkehrbar ist, müssen das niedrigste und das höchste Koeffizientenbit des Generatorpolynoms 1 sein:

$$g_r = g_0 = 1 \qquad (4.48)$$

Die Berechnungsvorschrift für das Polynomprodukt lautet:

$$P\left(v\right) = X\left(v\right) \cdot G\left(v\right) = \bigoplus_{i=0}^{w-1} G\left(v\right) \cdot x_i \cdot v^i \qquad (4.49)$$

Das Ergebnis ist ein Polynom vom Grad $w + r - 1$ und entspricht einer pseudo-zufällig umcodierten Datenfolge mit r redundanten Bits. Hinter der Summen-formel Gl. 4.49 verbirgt sich eine einfach in Hardware umsetzbare Iteration:

$P(v) = 0$
Wiederhole für $i = w - 1$ bis 0
$P(v) = v \cdot P(v)$
$x_i?$ 0 / 1
$P(v) = P(v) \oplus G(v)$

Der Automat, der diese Iteration nachbildet, besteht aus zwei Schieberegistern und EXOR-Gattern zur Addition der Koeffizientenfolge des Generatorpoly-noms (Abbildung 4.7). Zu Beginn stehen im Schieberegister X die Koeffizien-ten des Eingabepolynoms $X\left(v\right)$. Das Schieberegister P wird mit 0 initialisiert. In jedem Berechnungsschritt wandern die Koeffizientenfolgen in beiden Schie-beregistern einen Schritt nach rechts (Multiplikation mit v). Wenn am Aus-gang von Schieberegisterzelle X eine Eins anliegt, wird die Koeffizientenfolge des Generatorpolynoms zur Koeffizientenfolge des Polynomprodukts addiert. Nach w Schritten stehen in den Registerzellen x_i nur noch Nullen und in den Registerzellen p_i die Koeffizienten des Polynomprodukts.

4.1.2.3 Umkehrung der Polynommultiplikation und Polynomdivision

Für die Polynommultiplikation gibt es zwei Umkehrfunktionen. Lösung 1 ist die schrittweise Umkehrung der Schaltfunktion des Automaten in Abbildung 4.7. Die zweite Lösung ist die Polynomdivision.

Für alle Generatorpolynome mit $g_0 = 1$ ist die Iteration der Polynom-multiplikation Schritt für Schritt umkehrbar. Die Schieberegisterinhalte der Zellen x_i und p_i wandern bei der Polynommultiplikation in jedem Schritt ei-ne Position nach rechts. Wenn in x_{w-1} eine Eins steht, wird zusätzlich die

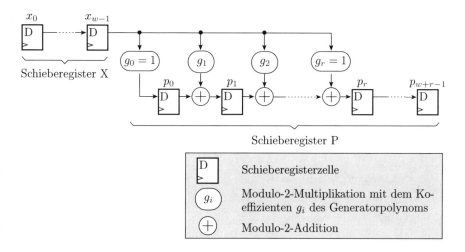

Abb. 4.7. Polynommultiplikation

Koeffizientenfolge des Generatorpolynoms zum Inhalt des Produktregisters addieren. Aus der Übergangsfunktion der Polynommultiplikation:

$$x_0 = 0$$
$$x_i = x_{i-1} \qquad \text{für } 1 < i < w$$
$$p_0 = x_{w-1} \qquad\qquad\qquad\qquad\qquad (4.50)$$
$$p_i = p_{i-1} \oplus (x_{w-1} \cdot g_i) \text{ für } 0 < i \le r$$
$$p_i = p_{i-1} \qquad \text{für } r < i < r + w$$

wird die Umkehrfunktion:

$$x_{i-1} = x_i \qquad \text{für } 1 < i < w$$
$$x_{w-1} = p_0$$
$$p_{i-1} = p_i \oplus (p_0 \cdot g_i) \text{ für } 0 < i \le r \qquad\qquad (4.51)$$
$$p_{i-1} = p_i \qquad \text{für } r < i < r + w - 1$$
$$p_{w+r-1} = 0$$

Der Automat für die schrittweise Umkehrung ist fast derselbe Automat wie für die Polynommultiplikation. Der einzige Unterschied ist, dass die Signalflussrichtung durch die Speicherzellen und den Modulo-2-Multiplizierer mit g_0 entgegengesetzt verläuft (Abbildung 4.8). Zu Beginn steht in Schieberegister P das Polynomprodukt und Schieberegister X ist mit Nullen initialisiert. In jedem Schritt werden alle Bits nach links verschoben. Bei $p_0 = 1$ wird zusätzlich die Koeffizientenfolge des Generatorpolynoms zur Koeffizientenfolge des Polynomprodukts addiert. Die Speicherzellen p_0 bis p_r bilden dabei

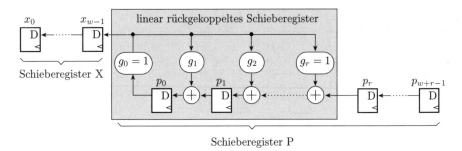

Abb. 4.8. Schrittweise Umkehrung der Polynommultiplikation

ein linear rückgekoppeltes Schieberegister mit dezentraler Rückführung (siehe später Abschnitt 4.2.1).

Nach w Schritten stehen, falls die Produktfolge nicht verfälscht war, in Schieberegister X die ursprüngliche Datenfolge und in Schieberegister P der Initialwert 0. Der Plausibilitätstest auf mögliche Datenverfälschungen ist die Kontrolle, dass der linear rückgekoppelte Teil von Schieberegister P wieder den Initialwert erreicht.

Die äquivalente Beschreibung durch eine Polynomoperation lautet:

$X(v) = 0$
Wiederhole für $i = 1$ bis w
$X(v) = v^{-1} \cdot X(v) \oplus (v^{w-1} \cdot p_0)$ $P(v) = v^{-1} \cdot (P(v) \oplus (p_0 \cdot G(v)))$

Die alternative Operation zur Umkehrung der Polynommultiplikation ist die Polynomdivision:

$$X(v) = \frac{P(v)}{G(v)}$$

Der Dividend ist das Polynomprodukt und der Divisor das Generatorpolynom. Wie bei einer normalen Polynomdivision wird der Quotient der höchstwertigen Potenzen von Dividend und Divisor gebildet und als erster Summand in das Ergebnispolynom übernommen. Jeder Ergebnissummand ist eine Potenz von v. Der erste Ergebnissummand wird mit dem Generatorpolynom multipliziert und das Produkt vom Polynomprodukt abgezogen. Mit dem verbleibenden Rest wird jeweils genauso verfahren, bis der Grad des Restpolynoms kleiner als der Grad des Generatorpolynoms ist (Abbildung 4.9 links).

Die Polynomdivision wird mit einem ähnlichen linear rückgekoppelten Schieberegister wie die inverse Polynommultiplikation realisiert (Abbildung

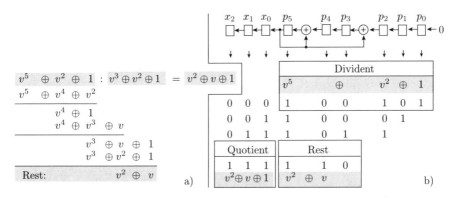

Abb. 4.9. Division des Polynoms $v^5 \oplus v^2 \oplus 1$ durch das Generatorpolynom $v^3 \oplus v^2 \oplus 1$: a) schriftliche Division, b) mit einem rückgekoppelten Schieberegister

4.9 rechts). Der Unterschied ist die Koeffizientenreihenfolge in den Schieberegistern. Die Koeffizienten der höchsten Potenzen stehen links statt rechts. In jedem Berechnungsschritt wird der Inhalt von Register P eine Stelle nach links verschoben. Bei einer Eins im höchstwertigen Bit wird zusätzlich der Koeffizientenvektor des Generatorpolynoms vom Koeffizientenvektor in Register P abgezogen:

$X(v) = 0$
Wiederhole für $i = 1$ bis w
$X(v) = v \cdot X(v) \oplus p_{w+r-1}$ $P(v) = v \cdot (P(v) \oplus (p_{w+r-1} \cdot v^w \cdot G(v)))$

In Register P steht auf diese Weise immer die Koeffizientenfolge des um i Schritte nach links verschobenen Divisionsrests. Bei einer unverfälschten Produktfolge steht nach w Schritten in Register X die ursprüngliche Datenfolge und im rückgekoppelten Teil von Register P der Divisionsrest 0. Ein abweichender Divisionsrest bedeutet, dass die Produktfolge verfälscht war.

4.1.2.4 Pseudozufallsfolgen durch Polynomdivision

Die Division eines Polynoms $P(v)$ ungleich Null vom Grad $r-1$ durch ein Generatorpolynom vom Grad r führt zu einer periodischen Folge von Nachkommastellen mit Pseudozufallscharakter. Abbildung 4.10 zeigt als Beispiel ein autonomes rückgekoppeltes Schieberegister (d. h. ein rückgekoppeltes Schieberegister ohne Eingänge), das zyklisch die Quotientenfolge der Polynomdivision

$$\frac{v^3 \oplus v \oplus 1}{v^4 \oplus v \oplus 1}$$

erzeugt. Die Koeffizienten des Dividendenpolynoms $v^3 \oplus v \oplus 1$ bilden den Startwert und die Koeffizienten des Generatorpolynoms $v^4 \oplus v \oplus 1$ die Rückführstellen (Abbildung 4.10 oben).

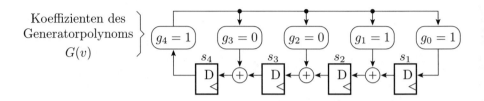

Schritt	s_4 s_3 s_2 s_1	$S(v)$
0	1 0 1 1	$v^3 \oplus v \oplus 1$
1	0 1 0 1	$v^2 \oplus 1$
2	1 0 1 0	$v^3 \oplus v$
3	0 1 1 1	$v^2 \oplus v \oplus 1$
4	1 1 1 0	$v^3 \oplus v^2 \oplus v$
5	1 1 1 1	$v^3 \oplus v^2 \oplus v \oplus 1$
6	1 1 0 1	$v^3 \oplus v^2 \oplus 1$
7	1 0 0 1	$v^3 \oplus 1$
8	0 0 0 1	1
9	0 0 1 0	v
10	0 1 0 0	v^2
11	1 0 0 0	v^3
12	0 0 1 1	$v \oplus 1$
13	0 1 1 0	$v^2 \oplus v$
14	1 1 0 0	$v^3 \oplus v^2$
15	1 0 1 1	$v^3 \oplus v \oplus 1$

Abb. 4.10. Autonomes rückgekoppeltes Schieberegister zur Erzeugung einer Pseudozufallsfolge

Das rückgekoppelte Schieberegister erzeugt zyklisch alle Generatorzustände mit Ausnahme des Nullzustands in pseudozufälliger Reihenfolge (Abbildung 4.10 unten).

4.1.2.5 Primitive Polynome

Die Zykluslänge der Pseudozufallsfolge, die ein linearer autonomer Automat maximal erzeugen kann, beträgt:

$$N_{Zykl} = 2^r - 1 \qquad (4.52)$$

(r – Anzahl der Speicherzellen des Automaten). Der einzige nicht enthaltene Zustand ist der Nullzustand, der bei jedem linearen Automaten in sich selbst übergeht. Autonome linear rückgekoppelte Schieberegister, die nach dem Prinzip der Polynomdivision arbeiten, bilden da keine Ausnahme. Divisorpolynome, die bei Dividendenpolynomen ungleich Null einen Maximalzyklus erzeugen, werden in Anlehnung an den Begriff Primzahl als primitives Polynome bezeichnet. Ein Beispiel ist das Polynom $v^4 \oplus v \oplus 1$ aus Abbildung 4.10.

Primitive Polynome sind weiterhin an folgenden Eigenschaften zu erkennen:

- Sie sind irreduzibel. Genau wie Primzahlen lassen sie sich nicht in Faktoren zerlegen. Diese notwendige Bedingung resultiert daraus, dass es im gegenteiligen Fall Dividendenpolynome $P(v)$ geben würde, die nicht teilerfremd zum Generatorpolynom $G(v)$ sind:

$$\frac{P(v)}{G(v)} = \frac{P_1(v) \cdot P_2(v)}{P_1(v) \cdot P_3(v)} = \frac{P_2(v)}{P_3(v)} \qquad (4.53)$$

  Dividend und Divisor könnten gegeneinander gekürzt werden. Die Polynomdivision würde auf eine Division durch ein Polynom geringeren Grades mit entsprechend kürzerer Zykluslänge reduziert werden. Folglich können faktorisierbare Polynome nicht den Maximalzyklus erzeugen. Nicht faktorisierbare Polynome werden als irreduzibel bezeichnet.
- Irreduzible Polynome vom Grad r sind stets primitiv, wenn die Zahl $2^r - 1$ eine Primzahl ist. Ist $2^r - 1$ faktorisierbar, muss zusätzlich für jeden Faktor ausgeschlossen werden, dass es einen Zyklus dieser Länge gibt.

In [129] ist ein vierstufiger Test beschrieben, um zu prüfen, ob ein Polynom einen Maximalzyklus erzeugt oder nicht. Er basiert auf Teilbarkeitsregeln sowie kleinsten und größten gemeinsamen Vielfachen in Bezug auf bestimmte Polynome mit bekannten Zyklusstrukturen. In der Praxis kann auf Tabellen primitiver Polynome zurückgegriffen werden (siehe Anhang D.1).

4.2 Pseudozufallsgeneratoren

Die wichtigsten Testsatzgeneratoren sind Pseudozufallsgeneratoren, in der Regel Automaten mit einer linearen Übergangsfunktion. In Software setzt sich die Übergangsfunktion aus den dort verfügbaren linearen Operationen – wortweise Addition, Multiplikation etc. – zusammen. Abbildung 4.11 zeigt einen Beispielalgorithmus aus [2]. Zum aktuellen Wert des Pseudozufallsgenerators wird die Konstante π addiert und die Summe in die achte Potenz erhoben. Von der achte Potenz werden die Vorkommastellen abgeschnitten. Das Ganze wird zur Erzeugung der nächsten Pseudozufallszahl mehrfach wiederholt.

#define pi 3,141592654
double z = 0,230720081928
⋮
define neue_Zufallszahl():

Wiederhole 10 mal
z = Nachkommastellen((z + pi)**8)
return z

Abb. 4.11. Algorithmus zur Erzeugung von Zufallszahlen nach [2]

In Hardware realisierte Pseudozufallsgeneratoren beschränken sich aus Aufwandsgründen auf autonome lineare Automaten, z. B. auf Automaten für eine Polynomdivision.

4.2.1 Linear rückgekoppelte Schieberegister

Linear rückgekoppelte Schieberegister (*LFSR* – linear feedback shift register) gibt es mit zwei Arten von Rückführungen:

- dezentrale Rückführung
- zentrale Rückführung.

Bei einer dezentralen Rückführung sind die EXOR-Gatter der Rückführung auf mehrere Speicherzellen verteilt. Der Wert der letzten Bitstelle wird auf die erste Bitstelle rückgeführt und zusätzlich in Abhängigkeit von den Koeffizienten g_i modulo-2 zu weiteren Bitstellen addiert (Abbildung 4.12 oben). Das Ergebnis ist der im vergangenen Abschnitt beschriebene autonome Automat zur Polynomdivision. Die Schaltwerksgleichung lautet:

$$
\begin{pmatrix} s_1 \\ s_2 \\ s_3 \\ \vdots \\ s_r \end{pmatrix}_{n+1} = \begin{pmatrix} 0\,0 \cdots 0 & 1 \\ 1\,0 \cdots 0 & g_1 \\ 0\,1 \cdots 0 & g_2 \\ \vdots\ \vdots\ \ddots\ \vdots & \vdots \\ 0\,0 \cdots 1 & g_{r-1} \end{pmatrix} \cdot \begin{pmatrix} s_1 \\ s_2 \\ s_3 \\ \vdots \\ s_r \end{pmatrix}_{n} \qquad (4.54)
$$

Zentrale Rückführung bedeutet, dass die Werte der letzten Bitstelle und der Bitstellen i mit $g_i = 1$ modulo-2 zu einer Gesamtsumme zusammengefasst und auf den Schieberegistereingang zurückgeführt werden (Abbildung 4.12 unten). Die Systemmatrizen eines rückgekoppelten Schieberegisters mit zentraler Rückführung ist die transponierte (an der Nebendiagonalen gespiegelte) Systemmatrix eines rückgekoppelten Schieberegisters mit dezentraler Rückführung und denselben Rückführstellen:

$$
\begin{pmatrix} s_1 \\ s_2 \\ s_3 \\ \vdots \\ s_r \end{pmatrix}_{n+1}
=
\begin{pmatrix}
g_{r-1} & g_{r-2} & \cdots & g_1 & 1 \\
1 & 0 & \cdots & 0 & 0 \\
0 & 1 & \cdots & 0 & 0 \\
\vdots & \vdots & \ddots & \vdots & \vdots \\
0 & 0 & \cdots & 1 & 0
\end{pmatrix}
\cdot
\begin{pmatrix} s_1 \\ s_2 \\ s_3 \\ \vdots \\ s_r \end{pmatrix}_{n}
\tag{4.55}
$$

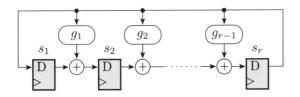

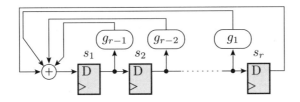

Abb. 4.12. Linear rückgekoppelte Schieberegister oben mit dezentraler und unten mit zentraler Rückführung

Die Zyklusstruktur eines linear rückgekoppelten Schieberegisters wird durch sein *charakteristisches Polynom* bestimmt. Das charakteristische Polynom berechnet sich aus der Systemmatrix nach der Berechnungsvorschrift:

$$
G(v) = \det(A \oplus v \cdot E) \tag{4.56}
$$

(E – Einheitsmatrix der Dimension $r \times r$; $\det(\ldots)$ – Determinante; v – Argument der Polynomfunktion). Für rückgekoppelte Schieberegister (sowohl mit dezentraler als auch mit zentraler Rückführung) kann es direkt aus den Rückführstellen abgelesen werden:

$$
G(v) = v^r \oplus g_{r-1} \cdot v^{r-1} \oplus \ldots \oplus g_1 \cdot v \oplus 1 \tag{4.57}
$$

Bei dezentraler Rückführung ist das charakteristische Polynom gleich dem Quotientenpolynom. Mit einem primitiven Polynom besitzt das rückgekoppelte Schieberegister maximale Zykluslänge (vgl. Abschnitt 4.1.2.5).

Rückgekoppelte Schieberegister mit zentraler und dezentraler Rückführung haben bei dem gleichen charakteristischen Polynom dieselbe Zyklusstruktur. Warum das so ist, wird im nächsten Abschnitt im Zusammenhang mit der Phasenverschiebung gezeigt. Auch rückgekoppelte Schieberegister mit dem inversen charakteristischen Polynom

$$G(v) = v^r \cdot G\left(v^{-1}\right) \tag{4.58}$$

besitzen dieselbe Zyklusstruktur. Letzteres resultiert daraus, dass ein Pseudozufallsgenerator mit umgekehrter Signalflussrichtung genau das inverse Polynom besitzt und die Zyklusfolge rückwärts durchläuft. Ein Automat, der alle Zyklen in umgekehrter Reihenfolge durchläuft, besitzt dieselbe Zyklusstruktur.

4.2.2 Phasenverschiebung

Ein autonomer linearer Automat erzeugt zyklisch eine bestimmte Bitfolge. Oft benötigt man eine zu dieser Folge um N_{Phas} Schritte phasenverschobene Bitfolge. Die naheliegende Lösung ist die Verzögerung mit einem Schieberegister (Abbildung 4.13).

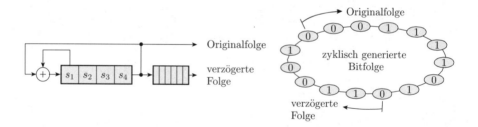

Abb. 4.13. Phasenverschiebung mit einem Schieberegister

Eine interessante Eigenschaft zyklischer linearer Automaten ist, dass Phasenverschiebungen auch auf schaltungstechnisch einfacherem Weg gebildet werden können, und zwar mit einem Modulo-2-Skalarprodukt des Generatorzustands mit einem Koeffizientenvektor [11, 57]). Abbildung 4.14 zeigt das am Beispiel. Das Skalarprodukt

$$\begin{pmatrix} 0 & 1 & 0 & 1 \end{pmatrix} \cdot \begin{pmatrix} s_1 \\ s_2 \\ s_3 \\ s_4 \end{pmatrix} = s_2 \oplus s_4 \tag{4.59}$$

erzeugt dieselbe Folge mit derselben Phasenverschiebung wie das 6-Bit-Schieberegister in Abbildung 4.13.

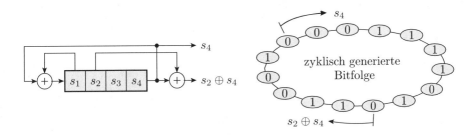

Abb. 4.14. Phasenverschiebung durch ein Modulo-2-Skalarprodukt

Berechnung der Koeffizientenvektoren zur Phasenverschiebung

Ausgehend von der Annahme, dass es für jedes Bit s_i des Generatorzustands und jede Phasenverschiebung N_{Phas} einen Koeffizientenvektor $(C_i)_{N_{\mathrm{Phas}}}$ gibt, dessen Skalarprodukt mit einem beliebigen Zustand S_n ungleich Null den um N_{Phas} Schritte phasenverschobenen Wert zu s_i erzeugt:

$$(s_i)_{n+N_{\mathrm{Phas}}} = (C_i)_{N_{\mathrm{Phas}}} \cdot S_n \tag{4.60}$$

dann gibt es auch nach Gl. 4.8 eine Matrix

$$C_{N_{\mathrm{Phas}}} = \begin{pmatrix} C_1 \\ \vdots \\ C_r \end{pmatrix}_{N_{\mathrm{Phas}}} \tag{4.61}$$

die für alle r Bits des Generatorzustands den um N_{Phas} Schritte phasenverschobenen Zustand bildet:

$$S_{n+N_{\mathrm{Phas}}} = C_{N_{\mathrm{Phas}}} \cdot S_n \tag{4.62}$$

Der Vergleich mit der allgemeinen Abbildungsvorschrift eines autonomen linearen Automaten nach Gl. 4.38:

$$S_n = A \cdot S_{n-1} \quad \text{mit } \det(A) \neq 0$$

zeigt, dass es eine solche Matrix C gibt, und dass diese die N_{Phas}-te Potenz der Systemmatrix ist:

$$C_{N_{\mathrm{Phas}}} = A^{N_{\mathrm{Phas}}} \tag{4.63}$$

Ihre Berechnung erfolgt über die Rekursion:

$$C_n = \begin{cases} E & n = 0 \\ A \cdot C_{n-1} & n > 0 \end{cases} \qquad (4.64)$$

(E – Einheitsmatrix). Die Koeffizientenvektoren C_i zur Erzeugung einer phasenverschobenen Bitfolge können auch einzeln berechnet werden. Für sie leitet sich aus Gl. 4.64 die Rekursion ab:

$$\left(c_{i.1} \ c_{i.2} \ \cdots \ c_{i.r} \right)_n = \begin{cases} c_{i.j \neq i} = 0, \ c_{i.i} = 1 & n = 0 \\ A \cdot \left(c_{i.1} \ c_{i.2} \ \cdots \ c_{i.r} \right)_{n-1} & n > 0 \end{cases} \qquad (4.65)$$

Durch Vertauschung der Matrixzeilen und Spalten wird aus der rekursiven Berechnung des Zeilenvektors $(C_i)_n$ als Produkt der Systemmatrix mit dem Zeilenvektor $(C_i)_{n-1}$ die Berechnung eines Spaltenvektors als Produkt mit der transponierten Systemmatrix:

$$\begin{pmatrix} c_{i.1} \\ c_{i.2} \\ \vdots \\ c_{i.r} \end{pmatrix}_n = A^T \cdot \begin{pmatrix} c_{i.1} \\ c_{i.2} \\ \vdots \\ c_{i.r} \end{pmatrix}_{n-1}$$

$$\left(C_i^T \right)_n = A^T \cdot \left(C_i^T \right)_{n-1} \qquad (4.66)$$

Das ist die Übergangsfunktion eines autonomen linearen Automaten mit der transponierten Systemmatrix. Die Summenfunktion für eine Phasenverschiebung N_{Phas} ist das Matrixprodukt der Summe für die Phasenverschiebung 0 mit der N_{Phas}-ten Potenz der (transponierten) Systemmatrix:

$$\left(C_i^T \right)_{N_{\text{Phas}}} = \left(A^T \right)^{N_{\text{Phas}}} \cdot \left(C_i^T \right)_0 \qquad (4.67)$$

$$\left(C_i \right)_{N_{\text{Phas}}} = A^{N_{\text{Phas}}} \cdot \left(C_i \right)_0 \qquad (4.68)$$

Die an der Nebendiagonalen gespiegelte Systemmatrix eines rückgekoppelten Schieberegisters mit zentraler Rückführung ist die Systemmatrix des rückgekoppelten Schieberegisters mit dezentraler Rückführung und gleichen Rückführstellen. Umgekehrt gilt dasselbe (vgl. Abschnitt 4.2.1). Anschaulich besitzt die Folge der Verschiebesummen auf einem Zyklus dieselbe Periodizität, wie der Zyklus selbst. Das ist der Grund dafür, dass rückgekoppelte Schieberegister mit zentraler und dezentraler Rückführung mit denselben Rückführstellen bzw. alle autonomen zyklischen linearen Automaten mit zueinander transponierten Systemmatrizen dieselbe Zyklusstruktur besitzen.

4.2.3 Vermeidung von Musterabhängigkeiten

Ein Pseudozufallstestsatz unterscheidet sich idealerweise von einem echten Zufallstestsatz nur darin, dass der Pseudozufallstestsatz reproduzierbar ist.

Wenn ein Pseudozufallsgenerator mit dem gleichen Startwert initialisiert wird, erzeugt er exakt dieselbe Datenfolge. Hinsichtlich ihrer fehlernachweisenden Eigenschaften sollen sich Pseudozufallsfolgen jedoch nicht von echten Zufallsfolgen unterscheiden. Alle Fehler – die Modellfehler und die tatsächlichen Fehler – sollen idealerweise dieselben Nachweiswahrscheinlichkeiten besitzen wie bei einem Test mit echten Zufallsfolgen. Es reicht aber auch, wenn die zu erwartende Fehlerüberdeckung als der Mittelwert der Nachweiswahrscheinlichkeiten für einen Pseudozufallstestsatz nicht messbar schlechter als für einen echten Zufallstestsatz gleicher Länge ist.

Rückgekoppelte Schieberegister sind keine idealen Pseudozufallsgeneratoren. Eine parallel abgegriffene Vektorfolge besitzt das in Abbildung 4.15 gezeigte diagonale Streifenmuster. Schwarze Kästchen entsprechen Einsen und weiße Kästchen Nullen. Wirkt sich dieses Streifenmuster negativ auf die Fehlernachweiswahrscheinlichkeiten bzw. auf die Fehlerüberdeckung aus?

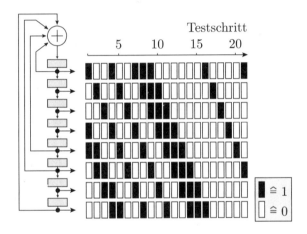

Abb. 4.15. Charakteristische Streifenmuster in der von einem rückgekoppelten Schieberegister erzeugten Datenfolge

Auf die Nachweiswahrscheinlichkeiten kombinatorischer Funktionsabweichungen haben die Streifenmuster keinen Einfluss. Der Nachweis hängt nur von der Eingabe ab. Eine Verschiebung des Eingabevektors um eine Bitstelle hat dieselben Chancen, erstmalig einen unbekannten Fehler nachzuweisen wie jede andere bisher nicht ausprobierte Eingabe.

In sequenziellen Schaltungen und auch in kombinatorischen Schaltungen, die durch Fehler zu sequenziellen Schaltungen geworden sind, hängt der Fehlernachweis außer von der Eingabe auch vom Zustand des Systems ab. Der Zustand wird durch die Reihenfolge der vorherigen Eingaben bestimmt. Es ist möglich, dass die besondere Relation zwischen aufeinanderfolgenden Zuständen bei einem rückgekoppelten Schieberegister die Auftrittshäufigkeiten der Zustände gegenüber einer echten Zufallsfolge so verändert, dass sich die zu erwartende Fehlerüberdeckung messbar verschlechtert.

Das soll am Beispiel des sop-Fehlers in Abbildung 4.16 demonstriert werden (sop-Fehler, ständig sperrender Transistor, vgl. Abschnitt 3.1.3.3). Der Fehlernachweis verlangt die Eingabe 11 zur Initialisierung, gefolgt von 01 im Nachweisschritt. Das ist eine von 16 Variationen für eine 2 Bit lange und 2 Bit breite Eingabefolge. Die Nachweiswahrscheinlichkeit, wenn alle Variationen mit gleicher Häufigkeit auftreten, beträgt je Testschritt:

$$p_{\mathrm{sop}} = 2^{-4} \tag{4.69}$$

Werden die Eingaben von benachbarten Schieberegisterausgängen bereitgestellt, können nur acht Variationen der Folge generiert werden. Angenommen, die Schieberichtung des rückgekoppelten Schieberegisters verläuft von a nach b, dann weist eine der acht Eingabefolgen den Fehler nach. Die Nachweiswahrscheinlichkeit erhöht sich von 2^{-4} auf 2^{-3}. Bei umgekehrter Schieberichtung kann der notwendige Testschritt gar nicht ausgeführt werden. Die Nachweiswahrscheinlichkeit ist Null. Wie wirkt sich das auf die zu erwartende Fehlerüberdeckung aus?

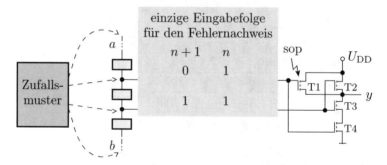

	Anzahl der möglichen Testfolgen		Nachweis-wahrschein-lichkeit
	---	---	---
	gesamt	geeignet für den Fehlernachweis	
echte Zufallsfolge	16	1	6,2%
Schieberichtung: $a \rightarrow b$	8	1	12,5%
Schieberichtung: $b \rightarrow a$	8	0	0

Abb. 4.16. Beispiel für einer Verringerung der Fehlernachweiswahrscheinlichkeit eines Stuck-open-Fehlers durch die Verwendung eine rückgekoppelten Schieberegisters statt eines echten Zufallsgenerators

Im Beispiel vergrößert oder verkleinert sich die Nachweiswahrscheinlichkeit je Testschritt um 6,25%. Bei Testsatzlänge $n = 1$ gleicht sich das im Mittel aus. Bei längeren Testsätzen beträgt die mittlere Nachweiswahrscheinlichkeit mit echten Zufallsfolgen:

$$p_{\text{sop}}(n) = 1 - e^{-0,0625 \cdot n} \tag{4.70}$$

Wenn der Fehler mit 50% Wahrscheinlichkeit doppelt so gut und mit 50% Wahrscheinlichkeit gar nicht nachweisbar ist, beträgt die Nachweiswahrscheinlichkeit im Mittel nur:

$$p_{\text{sop}}(n) = 0{,}5 \cdot \left(1 - e^{-0,125 \cdot n}\right) + 0{,}5 \cdot \left(1 - e^{-0 \cdot n}\right)$$
$$= 0{,}5 \cdot \left(1 - e^{-0,125 \cdot n}\right)$$

Die mögliche Verringerung wird nicht mehr durch die mögliche Vergrößerung ausgeglichen. Für lange Testsätze strebt die mittlere Nachweiswahrscheinlichkeit bei einem Test mit echten Zufallsfolgen gegen 100% und bei einem Test mit einem rückgekoppelten Schieberegister nur gegen

$$\lim_{n \to \infty} (p_{\text{sop}}(n)) = 50\%.$$

Sequenzielle Schaltungen werden in der Regel Fehler enthalten, deren Nachweiswahrscheinlichkeiten durch die Musterabhängigkeiten verändert werden. Daraus folgt nicht zwangsweise, dass sich die zu erwartende Fehlerüberdeckung verschlechtert. Aber es ist nicht auszuschließen. In diesem Fall empfiehlt es sich, Pseudozufallsgeneratoren einzusetzen, die nicht so ausgeprägte Musterabhängigkeiten wie rückgekoppelte Schieberegister besitzen.

Dezentrale Rückführung

Ziel ist die Vermeidung des diagonalen Streifenmusters in Abbildung 4.16. Dazu ist es erforderlich, die Phasenverschiebung zwischen benachbarten Generatorausgängen von Eins auf einen größeren Wert zu erhöhen. Bei einer zentralen Rückführung ist nur das erste Bit ein Skalarprodukt mehrerer Variablen. Nur die an diesem Ausgang abgegriffene Pseudozufallsfolge besitzt zu den Pseudozufallsfolgen an den vorhergehenden Ausgängen eine Phasenverschiebung größer Eins. Alle anderen Folgen werden durch eine Verzögerung um einen Schiebeschritt aus der Vorgängerfolge gebildet.

Eine erste Möglichkeit zur Minderung der Musterabhängigkeiten ist die Verwendung eines Schieberegisters mit dezentraler Rückführung. An jeder Rückführstelle der dezentralen Rückführung wird der Wert des letzten Bits im Schieberegister zum Wert des Vorgängerbits der betrachteten Zelle addiert. In Folge tritt dort ein Phasensprung auf (Abbildung 4.17). Das charakteristische Streifenmuster wird nur noch von Schieberegisterausschnitten erzeugt, die nicht durch Rückführstellen unterbrochen sind. Weitere Maßnahmen, um die Streifenmuster komplett zu vermeiden, sind:

- Nach jeder Rückführstelle wird nur eine Pseudozufallsfolge abgegriffen (Abbildung 4.17 unten). Die Zufallsfolgen der genutzten Ausgänge besitzen dann alle zueinander Phasenverschiebungen von $N_{\mathrm{Phas}} > 1$.
- Der Generator wird zwischen zwei Testschritten nicht nur einen, sondern u Schritte weitergeschaltet. Die Anzahl der Schaltschritte u wird dabei mindestens so groß gewählt wie der längste rückführungsfreie Schieberegisterausschnitt (Abbildung 4.17 rechts).

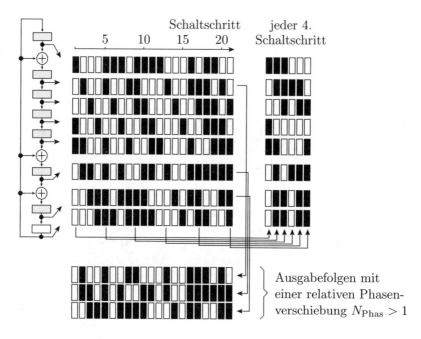

Abb. 4.17. Reduzierung und Vermeidung der Streifenmuster in den generierten Pseudozufallsfolgen

Potenzieren der Systemmatrix

Die Idee ist, wie bereits in Abbildung 4.17 rechts dargestellt, nicht jeden, sondern nur jeden u-ten Generatorzustand als Testeingabe zu verwenden. Die Anzahl der Schaltschritte u soll dabei mindestens so groß wie der längste rückführungsfreie Schieberegisterausschnitt sein. Dieselbe Folge erzeugt ein Generator in jedem Schaltschritt, wenn die ursprüngliche Systemmatrix des rückgekoppelten Schieberegisters in die u-te Potenz erhoben wird:

$$S_{n+u} = A^u \cdot S_n \tag{4.71}$$

Der Nachteil von dieser Lösung ist, dass bei der Potenzierung der System-matrix eines rückgekoppelten Schieberegisters eine Matrix mit vielen Einsen, d. h. eine schaltungstechnisch aufwändige Lösung entsteht.

Die Systemmatrix in Abbildung 4.18 ist die eines rückgekoppelten Schie-beregisters. Sie enthält bei fünf Zeilen und fünf Spalten sechs Einsen. Für die Realisierung aller Summenfunktionen genügt nach Gl 4.14 ein EXOR-Gatter. Die vierte Potenz der Systemmatrix enthält 14 Einsen für $r = 5$ Prüfbits. Schaltungstechnisch ist dafür ein Summennetzwerk aus bis zu 9 EXOR-Gattern erforderlich. Die weiteren Multiplikationen mit der System-matrix führen dazu, dass etwa die Hälfte der Matrixelemente 1 wird. Die An-zahl der erforderlichen EXOR-Gatter nimmt nach Gl. 4.14 quadratisch mit der Bitanzahl des Generators zu:

$$N_{\mathrm{XOR}} \approx \frac{r^2}{2} - r \qquad (4.72)$$

(r – Bitanzahl des Pseudozufallsgenerators).

$$\mathbf{A} = \begin{pmatrix} 0\,0\,0\,0\,1 \\ 1\,0\,0\,0\,0 \\ 0\,1\,0\,0\,1 \\ 0\,0\,1\,0\,0 \\ 0\,0\,0\,1\,0 \end{pmatrix} \quad \mathbf{A}^2 = \begin{pmatrix} 0\,0\,0\,1\,0 \\ 0\,0\,0\,0\,1 \\ 1\,0\,0\,1\,0 \\ 0\,1\,0\,0\,1 \\ 0\,0\,1\,0\,0 \end{pmatrix}$$

$$\mathbf{A}^3 = \begin{pmatrix} 0\,1\,0\,0\,1 \\ 0\,0\,1\,0\,0 \\ 0\,1\,0\,1\,1 \\ 0\,0\,1\,0\,1 \\ 1\,0\,0\,1\,0 \end{pmatrix} \quad \mathbf{A}^4 = \begin{pmatrix} 1\,0\,1\,1\,0 \\ 0\,1\,0\,1\,1 \\ 1\,0\,0\,1\,1 \\ 1\,1\,0\,0\,1 \\ 0\,1\,1\,0\,0 \end{pmatrix}$$

Abb. 4.18. Potenzierung der Systemmatrix eines rückgekoppelten Schieberegisters

Lineare Ausgabematrix

Ein alternativer Ansatz zur Potenzierung der Systemmatrix besteht darin, die phasenverschobenen Ausgabefolgen über eine geeignete Ausgabematrix zu erzeugen [5, 30]. Die Phasenverschiebung zwischen allen Paaren von Gene-ratorausgängen ist idealerweise größer als die Testsatzlänge:

$$|N_{\mathrm{Phas}}(y_i) - N_{\mathrm{Phas}}(y_j)| \geq n \qquad (4.73)$$

Das erfordert eine Zykluslänge des rückgekoppelten Schieberegisters von min-destens:

$$N_{\text{Zykl}} \geq n \cdot N_{\text{BY}} \tag{4.74}$$

(n – Testsatzlänge; N_{BY} – Anzahl der Ausgabebits des rückgekoppelten Schieberegisters). Bei Verwendung einer primitiven Rückführung ist die Mindestregisterlänge (vgl. Gl. 4.52):

$$r \geq \log_2 (n \cdot N_{\text{BY}} + 1) \tag{4.75}$$

Die Konstruktion der Ausgabematrix erfolgt zeilenweise. Der erste Generatorausgang wird mit der ersten Speicherzelle des rückgekoppelten Schieberegisters verbunden. Das entspricht dem Koeffizientenvektor

$$C_1 = (1\,0\,0\ldots 0)$$

in der ersten Zeile der Ausgangsmatrix C. Alle weiteren Koeffizientenvektoren ergeben sich über die Gl. 4.68

$$(C_{i+1})_{N_{\text{Phas}}} = A^{N_{\text{Phas}}} \cdot (C_i)_0$$

mit:

$$N_{\text{Phas}} \geq n$$

Die so berechnete Ausgangsmatrix wird in der Regel wieder den Nachteil haben wie die Lösung mit der Potenzierung der Systemmatrix. Die Koeffizientenvektoren der Matrixzeilen 2 bis N_{BY} sind Zufallsvektoren mit im Mittel 50% Einsen, die einen entsprechend hohen Schaltungsaufwand erfordern. Für einen Pseudozufallsgenerator mit vielen Speicherzellen

$$r \gg \log_2 (n \cdot N_{\text{BY}} + 1) \tag{4.76}$$

ist es deshalb zweckmäßiger, das Problem anders herum anzugehen. Es wird eine aus schaltungstechnischer Sicht günstige Ausgangsmatrix vorgegeben, die nur wenige Einsen je Matrixzeile enthält, z. B.:

$$C = \begin{pmatrix} 1\,0\,0\,0\,0\,0\,0\,\cdots\,0 \\ 1\,1\,0\,0\,0\,0\,0\,\cdots\,0 \\ 1\,0\,1\,0\,0\,0\,0\,\cdots\,0 \\ \vdots\,\vdots\,\vdots\,\vdots\,\vdots\,\vdots\,\vdots\,\ddots\,\vdots \\ 1\,0\,0\,0\,0\,0\,0\,\cdots\,1 \\ 1\,1\,1\,0\,0\,0\,0\,\cdots\,0 \\ 1\,1\,0\,1\,0\,0\,0\,\cdots\,0 \\ \vdots\,\vdots\,\vdots\,\vdots\,\vdots\,\vdots\,\vdots\,\ddots\,\vdots \\ 1\,1\,0\,0\,0\,0\,0\,\cdots\,1 \end{pmatrix} \tag{4.77}$$

Anschließend wird für alle Zeilenpaare der vorgegebenen Matrix kontrolliert, dass die gewählten Koeffizientenvektoren die Phasenbedingung nach Gl. 4.73 einhalten. Gegebenenfalls wird nachgebessert.

4.2.4 Zellenautomaten

Eine andere Art der zyklischen linearen Automaten zur Erzeugung von Pseudozufallsfolgen sind lineare Zellenautomaten [60, 144, 121]. Ein Zellenautomat ist definiert als eine regelmäßige Matrix identischer Zellen in einem r-dimensionalen Raum. Jede Zelle ist in der Lage, eine begrenzte Menge von Endzuständen einzunehmen. In der Regel ist die Zustandsmenge einer Zelle begrenzt auf $\{0, 1\}$. Darüber hinaus gilt die Einschränkung, dass eine Zelle nur mit ihren unmittelbaren Nachbarzellen kommunizieren darf. Der Algorithmus zur Berechnung des Folgezustands einer Zelle aus ihrem aktuellen Zustand und den Zuständen der benachbarten Zellen wird als Berechnungsregel bezeichnet.

Für einen eindimensionalen Zellenautomaten mit den Zellenzuständen $\{0, 1\}$ ist die Berechnungsregel eine logische Funktion mit drei zweiwertigen Eingängen. Die Wertetabelle der Funktion besitzt acht Spalten und kann so maximal 256 unterschiedliche Funktionen beschreiben. In [154] wurde ein einfaches System zur Bezeichnung der Berechnungsregeln eingeführt. Der Name der Regel ist die Nummer der logischen Funktion entsprechend Abbildung 4.19. Die Randzellen eines Zellenautomaten können zu einem Ring verschaltet (circular boundary) oder von konstanten Signalwerten begrenzt sein (constant boundary).

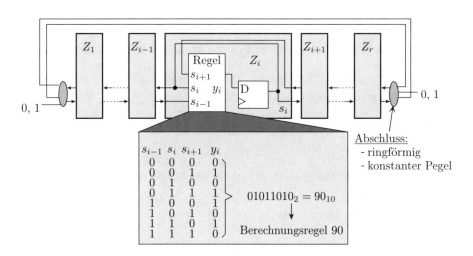

Abb. 4.19. Eindimensionaler Zellenautomat

Für Testsatzgeneratoren sind hauptsächlich lineare eindimensionale Zellenautomaten mit maximaler Zykluslänge interessant. Sie bestehen aus einer Mischform von zwei Zellentypen. Zellentyp 1 bildet den Folgezustand aus der Modulo-2-Summe der Zustände der benachbarten Zellen:

$$(s_i)_n = (s_{i+1})_{n-1} \oplus (s_{i-1})_{n-1} \tag{4.78}$$

Das ist nach der Klassifikation in [154] die Berechnungsregel 90 (Abbildung 4.19). Zellentyp 2 bezieht zusätzlich den eigenen Zellenzustand in die Summe mit ein:

$$(s_i)_n = (s_{i+1})_{n-1} \oplus (s_i)_{n-1} \oplus (s_{i-1})_{n-1} \tag{4.79}$$

Das entspricht der Berechnungsregel 150. In der Systemmatrix eines linearen Zellenautomaten sind die Koeffizienten oberhalb und unterhalb der Hauptdiagonalen 1. Die Koeffizienten $a_{i.i}$ auf der Hauptdiagonalen können wahlweise 0 oder 1 sein:

$$\begin{pmatrix} s_1 \\ s_2 \\ s_3 \\ \vdots \\ s_{r-1} \\ s_r \end{pmatrix}_n = \begin{pmatrix} a_{1.1} & 1 & 0 & \cdots & 0 & 0 \\ 1 & a_{2.2} & 1 & \cdots & 0 & 0 \\ 0 & 1 & a_{3.3} & \cdots & 0 & 0 \\ \vdots & \vdots & \vdots & \ddots & \vdots & \vdots \\ 0 & 0 & 0 & \cdots & a_{r-1.r-1} & 1 \\ 0 & 0 & 0 & \cdots & 1 & a_{r.r} \end{pmatrix} \cdot \begin{pmatrix} s_1 \\ s_2 \\ s_3 \\ \vdots \\ s_{r-1} \\ s_r \end{pmatrix}_{n-1} \tag{4.80}$$

Für ausgewählte Variationen der Berechnungsregeln bzw. für bestimmte Koeffizienten $a_{i.i}$ auf der Hauptdiagonalen besitzen eindimensionale lineare Zellenautomaten die maximale Zykluslänge nach Gl. 4.52:

$$N_{\text{Zykl}} = 2^r - 1$$

Der Nullzustand geht wie bei jedem anderen linearen Automaten in sich selbst über. Die anderen $2^r - 1$ Zustände werden zyklisch durchlaufen. Anhang D.2 enthält eine Tabelle ausgewählter Diagonalenvektoren zur Konstruktion linearer Zellenautomaten maximaler Zykluslänge.

Abbildung 4.20 zeigt einen 8-Bit-Zellenautomaten mit einem Ausschnitt aus der generierten Zufallsfolge. Die Musterabhängigkeiten in der Folge, die ein Zellenautomat generiert, sind weniger ausgeprägt als in einer von einem Schieberegister generierten Folge. In einer längeren Folge eines größeren Generators würde man Dreiecke unterschiedlicher Größe erkennen.

4.2.5 Pseudozufallstest mit Vorgabewerten

Ein Problem des Tests mit Pseudozufallstestsätzen ist, dass der Nachweis aller nicht redundanten Modellfehler zum Teil unrealistisch lange Testzeiten erfordert. Eine Alternative hierzu ist, den Zufallstest früher abzubrechen, für die restlichen, noch nachzuweisenden Modellfehler Testschritte zu berechnen und diese mit in den Testsatz aufzunehmen.

In [145] wird vorgeschlagen, mehrere Initialisierungsmöglichkeiten vorzusehen, um den Pseudozufallsgenerator nacheinander mit mehreren berechneten Testeingaben zu starten. Eine andere Möglichkeit besteht darin, den Pseudozufallsgenerator so aufzubauen, dass er zusätzlich wie ein Scan-Register seriell beschrieben und gelesen werden kann.

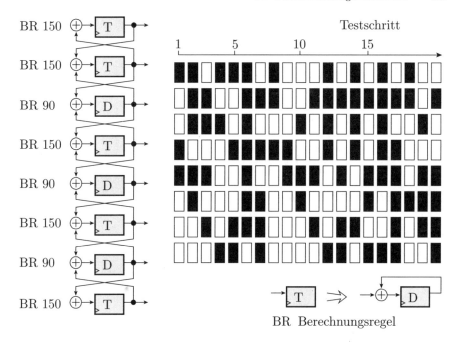

Abb. 4.20. 8-Bit-Zellenautomat maximaler Zykluslänge

In [6] ist ein Pseudozufallsgenerator vorgeschlagen, dessen Pseudozufallsfolge bis zu $r + 1$ beliebige Vorgabewerte

$$Y_{V.i} \text{ mit } 0 \leq i \leq r \qquad (4.81)$$

enthalten kann. Der gesamte Generator besteht aus einem r-Bit erschöpfenden Generator, der nacheinander alle Variationen seines Zustands S durchläuft, und einer linearen Ausgabefunktion (Abbildung 4.21). Der erschöpfende Generator kann ein Binärzähler oder ein erschöpfend rückgekoppeltes Schieberegister, wie es später in Abschnitt 4.3.1 behandelt wird, sein.

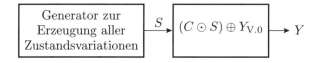

Abb. 4.21. Generator zur Erzeugung von Pseudozufallsfolgen mit $r + 1$ eingebetteten berechneten Testschritten

Die Ausgabefunktion

$$Y = C \cdot S \oplus Y_{V.0} \qquad (4.82)$$

(C – lineare Ausgangsmatrix der Größe $r \times r$) ordnet den Vorgabewerten folgende Generatorzustände zu, bei denen sie ausgegeben werden sollen:

Vorgabewert	Generatorzustand
$Y_{V.0}$	$(0\ 0 \cdots 0)$
$Y_{V.1}$	$(1\ 0 \cdots 0)$
$\vdots$	$\vdots$
$Y_{V.r}$	$(0\ 0 \cdots 1)$

Für den Vorgabewert $Y_{V.1}$ muss bei dieser Zuordnung gelten:

$$Y_{V.1} = \begin{pmatrix} c_{1.1} & c_{.12} & \cdots & c_{1.r} \\ c_{2.1} & c_{2.2} & \cdots & c_{2.r} \\ \vdots & \vdots & \ddots & \vdots \\ c_{N_{BY}.1} & c_{N_{BY}.2} & \cdots & c_{N_{BY}.r} \end{pmatrix} \cdot \begin{pmatrix} 1 \\ 0 \\ 0 \\ \vdots \\ 0 \end{pmatrix} \oplus Y_{V.0} \qquad (4.83)$$

Daraus folgt, dass die erste Matrixspalte gleich der Modulo-2-Summe der Vorgabewert $Y_{V.0}$ und $Y_{V.1}$ sein muss. Dasselbe gilt für alle Vorgabewerte i in Bezug auf Matrixspalte i. Jeder Spaltenvektor i der Ausgangsmatrix ist die bitweisen Modulo-2-Summe des i-ten und des ersten Vorgabewertes:

$$C = \begin{pmatrix} \underbrace{(Y_{V.1} \oplus Y_{V.0})}_{\text{Spalte 1}} & \underbrace{(Y_{V.2} \oplus Y_{V.0})}_{\text{Spalte 2}} & \cdots & \underbrace{(Y_{V.r} \oplus Y_{V.0})}_{\text{Spalte } r} \end{pmatrix} \qquad (4.84)$$

Ein anderer Ansatz zielt auf eine komprimierte Speicherung der berechneten Testschritte. Der Testsatzgenerator übernimmt die Rolle der Dekompression. In Abbildung 4.22 wird zur Dekompression ein Schieberegister bzw. ein Scan-Register eingesetzt [35, 77, 86]. Die Kompression besteht im Sortieren der berechneten Testeingaben. Sie werden so sortiert, dass sie in minimaler Zeit seriell in ein Schieberegister geladen werden können. Angestrebt wird eine möglichst starke Überlagerung der einzelnen Testeingaben. Die ursprüngliche Reihenfolge der Testeingaben darf verändert werden. Verbleibende Don't-care-Werte in der komprimierten Folge werden mit Zufallswerten aufgefüllt. Abgespeichert wird nur der seriell zu ladende Datenstrom. Im Testmodus wird die komprimierte Datenfolge Bit für Bit in das Schieberegister geladen. Nach der Initialisierung aller Schieberegisterzellen stellt der Generator an seinen Ausgängen eine Mischung aus berechneten Testeingaben und pseudozufälligen Füllmustern bereit.

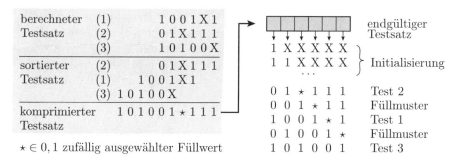

berechneter	(1)	1 0 0 1 X 1		endgültiger
Testsatz	(2)	0 1 X 1 1 1		Testsatz
	(3)	1 0 1 0 0 X		1 X X X X X
sortierter	(2)	0 1 X 1 1 1		1 1 X X X X
Testsatz	(1)	1 0 0 1 X 1		· · ·
	(3)	1 0 1 0 0 X		0 1 ⋆ 1 1 1

Initialisierung

berechneter   (1)   1 0 0 1 X 1
Testsatz   (2)   0 1 X 1 1 1
               (3)   1 0 1 0 0 X

sortierter   (2)   0 1 X 1 1 1
Testsatz   (1)   1 0 0 1 X 1
               (3)   1 0 1 0 0 X

komprimierter   1 0 1 0 0 1 ⋆ 1 1 1
Testsatz

⋆ ∈ 0, 1 zufällig ausgewählter Füllwert

endgültiger Testsatz

1 X X X X X   ⎫
1 1 X X X X   ⎬ Initialisierung
    · · ·   ⎭
0 1 ⋆ 1 1 1   Test 2
0 0 1 ⋆ 1 1   Füllmuster
1 0 0 1 ⋆ 1   Test 1
0 1 0 0 1 ⋆   Füllmuster
1 0 1 0 0 1   Test 3

Abb. 4.22. Testsatzkompression und Dekompression mit einem Schieberegister

4.2.6 Generatoren für den gewichteten Zufallstest

Die zweite Möglichkeit, auch die Fehler nachzuweisen, die ein Pseudozufallstestsatz vertretbarer Länge nur mit unzureichender Wahrscheinlichkeit findet, ist der gewichtete Zufallstest. Über eine Änderung der Auftrittshäufigkeiten der Einsen und Nullen in der Zufallsfolge werden die Nachweiswahrscheinlichkeiten der Fehler im Testobjekt zielgerichtet beeinflusst. Um die Fehlerüberdeckung für eine gegebene Testsatzlänge wesentlich zu erhöhen, wurde in Abschnitt 3.5 herausgearbeitet, dass es notwendig ist:

- die Bitfolgen aller Eingänge individuell zu wichten und
- den Test in mehrere Phasen mit unterschiedlich gewichteten Eingabefolgen zu unterteilen [77, 149].

Die Werte der Gewichte brauchen dabei nur in einem relativ groben Raster einstellbar zu sein.

Schaltungstechnisch werden gewichtete Pseudozufallsfolgen über eine kombinatorische Verknüpfung mehrerer unabhängiger Pseudozufallsfolgen erzeugt. Unabhängige Pseudozufallsfolgen lassen sich beispielsweise mit linearen Ausgabefunktionen ausreichender Phasenverschiebung aus der Zustandsfolge eines linear rückgekoppelten Schieberegisters ableiten [57] (vgl. Abschnitt 4.2.2). In [155] werden zur Ableitung der unabhängigen Pseudozufallsfolgen spezielle lineare Automaten, die als Linearmodule bezeichnet werden, verwendet. Das Gewicht als Auftrittswahrscheinlichkeit für eine Eins in der Zufallsfolge entspricht dem Anteil der Einsen in der Wertetabelle der kombinatorischen Wichtungsfunktion. Betrachtet man den Wert des Gewichts in Binärdarstellung, so entspricht die Anzahl der Eingänge der Wichtungsfunktion der Anzahl der Binärstellen des Gewichtswertes nach dem Komma (Abbildung 4.23). Der Schaltungsaufwand für die Wichtungsfunktion hängt in starkem Maße von der geforderten Genauigkeit des Gewichtswertes ab. Zur Erzeugung mehrerer Pseudozufallsfolgen mit demselben Gewicht g oder dem inversen Gewicht

$1 - g$ genügt eine Wichtungsfunktion, die ein Schieberegister speist. Die Datenfolgen mit dem Gewicht g werden an den direkten Ausgängen und die Datenfolgen mit dem Gewicht $1 - g$ an den invertierten Augängen des Schieberegisters abgegriffen. Je gröber die Gewichtsabstufungen sind, desto weniger unterschiedliche Wichtungsfunktionen und Schieberegister benötigt der Generator.

Abb. 4.23. Erzeugung gewichteter Zufallsfolgen

Eine andere Form der Erzeugung gewichteter Zufallsfolgen ist, stets für eine gewisse Anzahl von Testschritten die Signalwerte an einem Teil der Eingänge des Testobjekts konstant zu halten [103].

Als Beispiel soll die Testsatzgeneratorstruktur aus [57] vorgestellt werden. Die zugehörige Gewichtsberechnung wurde bereits in Abschnitt 3.5.2 beschrieben. Der Testsatz besteht hier aus zwei Zufallsfolgen von 10^4 bis 10^6 Testschritten, einer ungewichteten und einer gewichteten. Der Wertebereich für die Eingabegewichte ist auf fünf verschiedene Werte begrenzt:

$$g \in \left\{ 0,\ 2^{-k},\ 0{,}5,\ 1 - 2^{-k},\ 1 \right\}$$

($k \in \{2, 3, \ldots\}$ – ganzzahliger zu optimierender Parameter). Der Generator besteht aus drei Schieberegistern S1 bis S3 (Abbildung 4.24). Das erste Schieberegister ist primitiv rückgekoppelt und arbeitet in beiden Testphasen als Pseudozufallsgenerator. Von diesem Register werden alle Testobjekteingänge stimuliert, die auch in der zweiten Testphase mit ungewichteten Mustern stimuliert werden sollen.

Die beiden anderen Schieberegister werden in der ersten Testphase seriell vom Pseudozufallsgenerator gespeist und verteilen an die übrigen Eingänge des Testobjekts ungewichtete Pseudozufallsmuster. In der zweiten Testphase wird jeweils nur das Gewicht der seriell eingespeisten Pseudozufallsfolge umgeschaltet. Das Gewicht für das zweite Schieberegister ist im konkreten Fall 2^{-k}. Eine Folge mit diesem Signalgewicht wird im einfachsten Fall durch eine UND-Verknüpfung von k unabhängigen bzw. hinreichend phasenverschobenen ungewichteten Pseudozufallsfolgen erzeugt. An den nicht negierten Schieberegisterausgängen werden in der zweiten Testphase entsprechend Pseudozufallsfolgen mit dem Gewicht 2^{-k} und an den negierten Ausgängen Pseudozufallsfolgen mit dem Gewicht $1 - 2^{-k}$ bereitgestellt. Alle Eingänge x_i des Testobjekts, denen für die zweite Testphase ein Gewichtswert $g(x_i) \in \left\{2^{-k},\, 1 - 2^{-k}\right\}$ zugeordnet ist, werden an dieses Schieberegister angeschlossen.

Die Gewichtswerte 0 und 1 erzeugt ein UND-Gatter, das den Signalfluss zwischen den Schieberegistern S2 und S3 in der zweiten Testphase unterbricht. Alle an Schieberegister S3 angeschlossenen Testobjekteingänge werden nach wenigen Takten mit konstanten Werten (Null oder Eins) stimuliert. Das Beispiel in Abbildung 4.24 zeigt, dass Generatoren für den gewichteten Zufallstest nicht wesentlich aufwändiger und komplizierter als normale rückgekoppelte Schieberegister sein müssen.

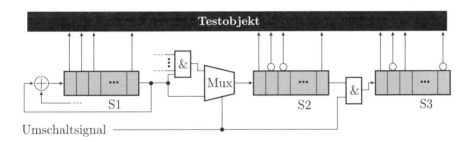

Abb. 4.24. Umschaltbarer Testsatzgenerator zur Erzeugung ungewichteter und gewichteter Pseudozufallsmuster (Mux – Multiplexer)

4.3 Testsatzgeneratoren für den erschöpfenden Test

Ein erschöpfender Testsatz erfüllt ein bestimmtes Vollständigkeitskriterium. Das Vollständigkeitskriterium lautet in der Regel, dass er alle Variationen der Eingabe enthält. Die Anzahl der Eingabevariationen wächst exponential mit der Anzahl der Eingänge eines Systems (vgl. Gl. 1.31):

$$n = 2^{N_{\mathrm{BX}}}$$

Das Verfahren ist dadurch praktisch nur für den Test kombinatorischer Funktionen mit nicht mehr als 20 bis 30 Eingabebits anwendbar. Größere Systeme sind während des Tests in hinreichend kleine Teilsysteme aufzuspalten.

4.3.1 Rückgekoppelte Schieberegister

Die bekannteste Schaltung, die zyklisch nacheinander alle Variationen der Eingabe generiert, ist ein Binärzähler. Eine interessante und aus der Sicht des Schaltungsaufwands und der Fehlerüberdeckung günstige Alternative ist auch hier ein rückgekoppeltes Schieberegister [83, 95].

Ausgangspunkt für die Konstruktion eines rückgekoppelten Schieberegisters, das zyklisch alle Zustände durchläuft, ist ein primitiv rückgekoppeltes Schieberegister mit zentraler Rückführung. Es durchläuft zyklisch fast alle Zustände. Nur der Zustand Null geht in sich selbst über (Abbildung 4.25). Der fehlende Nullzustand wird durch eine einfache, nichtlineare Erweiterung der Rückführung in den Maximalzyklus eingefügt. Für den Registerzustand $(1\,0 \ldots 0\,0)$ wird der Rückführwert invertiert, so dass als nächstes der Nullzustand folgt. Im Zustand $(0\,0 \ldots 0\,0)$ wird der Rückführwert gleichfalls invertiert, so dass der Zustand $(0\,0 \ldots 0\,1)$ folgt. Schaltungstechnisch besteht die nichtlineare Erweiterung aus einem NOR-Gatter zur Decodierung der Registerzustände $(X\,0 \ldots 0\,0)$ (X – beliebiger Wert) und einem zusätzlichen EXOR-Gatter für die Invertierung.

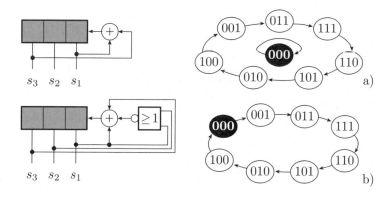

Abb. 4.25. Erweiterung eines primitiv rückgekoppelten Schieberegisters zu einem erschöpfend rückgekoppelten Schieberegister, das zyklisch alle 2^r Zustände durchläuft

4.3.2 Überprüfung aller Schaltvorgänge

Ein Signalwechsel ist eine Folge von zwei aufeinanderfolgenden unterschiedlichen Eingaben, einem Initialisierungsvektor gefolgt vom eigentlichen Testvektor (2-Pattern-Test, vgl. Abschnitt 1.3.2). Gesucht ist ein Generator, der zyklisch alle Variationen der beiden aufeinanderfolgenden Bitvektoren generiert. Die einfachste Lösung ist wieder ein rückgekoppeltes Schieberegister. Ausgangspunkt ist das erschöpfend rückgekoppelte Schieberegister in Abbildung 4.25, das zyklisch alle 2^r Zustände durchläuft. Statt aber das Testobjekt an alle Registerausgänge anzuschließen, wird nur jeder zweite Ausgang genutzt (Abbildung 4.26). Der Initialisierungsvektor ist der Zustand der geraden Speicherzellen:

$$S_{\text{Init}} = (\ldots s_6\,s_4\,s_2) \tag{4.85}$$

Der einen Schaltschritt später ausgegebene Testvektor:

$$S_{\mathrm{NW}} = (\ldots s_5\, s_3\, s_1)$$

ist gleichzeitig der Initialisierungsvektor für den nächsten Testschritt. Der generierte Testsatz besteht insgesamt aus 2^r Schritten, in denen der Generator alle Zustände durchläuft, plus einem Schritt zur Ausgabe des letzten Testvektors.

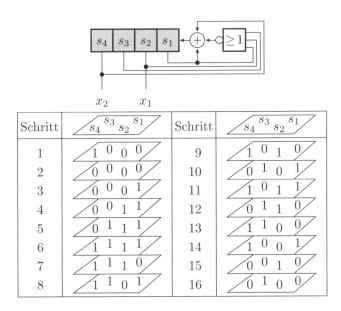

Schritt	s_4 s_3 s_2 s_1	Schritt	s_4 s_3 s_2 s_1
1	1 0 0 0	9	1 0 1 0
2	0 0 0 0	10	0 1 0 1
3	0 0 0 1	11	1 0 1 1
4	0 0 1 1	12	0 1 1 0
5	0 1 1 1	13	1 1 0 0
6	1 1 1 1	14	1 0 0 1
7	1 1 1 0	15	0 0 1 0
8	1 1 0 1	16	0 1 0 0

Abb. 4.26. Erschöpfender Testsatzgenerator für Verzögerungsfehler

4.3.3 Lokal erschöpfender Test

Der lokal erschöpfende Test zielt auf kombinatorische Schaltungen mit insgesamt mehr als 20 bis 30 Eingängen, deren einzelne Ausgänge jedoch nur von maximal 20 bis 30 Eingängen funktional abhängen. In Abbildung 4.27 ist z. B. jeder Ausgang der Schaltung nur eine Funktion von vier der acht Eingänge. Ein lokal erschöpfender Test überprüft für jeden Schaltungsausgang nur sein funktionales Verhalten bezüglich der Eingänge, von denen er im fehlerfreien Fall abhängt [31, 49, 150]. Das verringert die Testsatzlänge im Beispiel von den 2^8 Testschritten des erschöpfenden Tests der gesamten Schaltung auf vier erschöpfende Tests mit je 2^4 Testschritten.

Die Konstruktion eines Generators für den lokal erschöpfenden Test stellt sich wie folgt dar: Die Gesamtschaltung besteht funktional aus mehreren Teilschaltungen, die hier als Kegel bezeichnet werden. Ein Kegel ist durch die

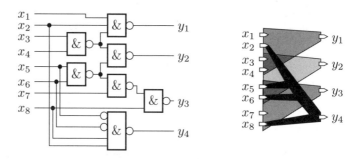

Abb. 4.27. Beispiel einer lokal erschöpfenden testbaren Schaltung

Menge seiner Eingänge gekennzeichnet:

$$K_i = \{x_k, x_l, \ldots\}$$

Die Eingangsanzahl eines Kegels i ist die Kegelweite w_i. Gesucht sind Generatoren, die für alle Eingabemengen K_i einen erschöpfenden Testsatz liefern. Die Triviallösung, ein erschöpfender Generator, der nacheinander mit allen Kegeln verbunden wird und sie nacheinander testet, soll nicht weiter betrachtet werden.

Die Abschwächung des Vollständigkeitskriteriums für einen Test mindert natürlich nicht nur seine Testsatzlänge, sondern auch die zu erwartende Fehlerüberdeckung. Ein Teil der zu erwartenden Fehler, z. B. Kurzschlüsse zwischen Signalen aus unterschiedlichen Kegeln, die ein kompletter erschöpfender Test sicher nachweist, werden von einem lokal erschöpfenden Test nur noch durch Zufall erkannt.

Erschöpfender Test für benachbarte Eingänge

Ein Testsatzgenerator, der für eine begrenzte Anzahl benachbarter Eingänge des Testobjekts einen erschöpfenden Testsatz bereitstellt, ist ein erschöpfend rückgekoppeltes Schieberegister der Länge r, das um ein einfaches Schieberegister verlängert ist (Abbildung 4.28). Der rückgekoppelte Teil durchläuft zyklisch alle Zustände und stellt an den Eingängen 1 bis r des Testobjekts einen erschöpfenden Testsatz bereit. Der nicht rückgekoppelte Teil des Schieberegisters lässt den erschöpfenden Testsatz zeitversetzt an den übrigen benachbarten Eingängen x_i bis x_{i+r} für $i > 1$ vorbeiwandern. Die Lösung setzt eine geeignete Zuordnung zwischen Testobjekteingängen und Generatorausgängen voraus.

Pseudozufallstest als lokal erschöpfender Test

Eine pragmatische Alternative, die auch funktioniert, wenn das Testobjekt eine komplizierte Kegelstruktur besitzt, ist ein ganz normaler Pseudozufalls-

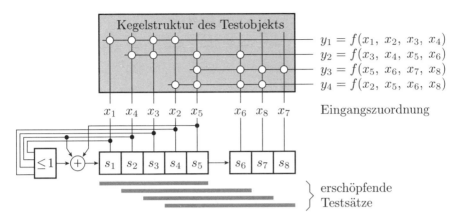

Abb. 4.28. Lokal erschöpfender Testsatzgenerator für benachbarte Eingänge des Testobjekts in Abbildung 4.27

generator, z. B. ein primitiv rückgekoppeltes Schieberegister. Nach dem Care-Bit-Verfahren (vgl. Abschnitt 3.4.1) ist die Nachweiswahrscheinlichkeit kombinatorischer Fehler in Abhängigkeit von der maximalen Anzahl der Care-Bits mindestens (vgl. Gl. 3.26):

$$p_\diamond(n) \geq 1 - e^{-n \cdot 2^{-N_{\text{CBmax}}}}$$

Die maximale Anzahl der Care-Bits CB_{max}, von denen ein Ausgabebit einer lokal erschöpfend testbaren kombinatorischen Schaltung abhängt, ist die maximale Kegelweite w_{max}:

$$p_\diamond(n) \geq 1 - e^{-n \cdot 2^{-w_{\text{max}}}} \tag{4.86}$$

Für einen praktisch 100%-igen Fehlernachweis aller kombinatorischen Funktionsänderungen genügt in Analogie zu Gl. 3.27 eine Testsatzlänge von

$$n \approx 10 \cdot 2^{w_{\text{max}}} \tag{4.87}$$

(w_{max} – maximale Kegelweite).

Aus der Sicht der Fehlerüberdeckung ist ein Pseudozufallsgenerator ein guter Ersatz für einen lokal erschöpfenden Testsatzgenerator. Denn dadurch, dass ein Pseudozufallstestsatz länger als ein optimierter lokal erschöpfender Testsatz ist, findet er im Mittel auch mehr von den Fehlern, die von einem lokal erschöpfenden Testsatz nicht sicher nachgewiesen werden. Dazu gehören ein Reihe von Kurzschlussmöglichkeiten, alle Verzögerungsfehler und auch alle Fehler, die ein Speicherverhalten verursachen. Der Praktiker wird deshalb und auch, weil Pseudozufallsgeneratoren einfacher zu entwerfen sind, diese Lösung bevorzugen.

Generator mit linearem Ausgangsnetzwerk

Das nächste Beispiel demonstriert, dass es auch möglich ist, für eine vorgegebene Kegelstruktur einen angepassten lokal erschöpfenden Testsatzgenerator zu konstruieren. Der gesamte Generator besteht aus einem erschöpfenden (nicht linearen) Generator und einer linearen Ausgabematrix, die die Verbindung zum Testobjekt herstellt. Die Zykluslänge des Generators muss für den erschöpfenden Test des größten Kegels ausreichen. Die Reihenfolge der Muster spielt keine Rolle, so dass sowohl ein Binärzähler als auch ein erschöpfend rückgekoppeltes Schieberegister geeignet ist. Die lineare Ausgabematrix – eine Schaltung aus EXOR-Gattern – hat die Aufgabe, Linearkombinationen der Ausgabefolgen des Generators zu bilden [5].

Zur mathematischen Modellierung des Entwurfsverfahrens werden die r Ausgänge des erschöpfenden Generators als unabhängige Variable betrachtet und mit s_1, s_2, ... bezeichnet. Unabhängig bedeutet, dass während des Tests alle Variationen dieser Variablen erzeugt werden. Von diesen Variablen werden lineare Summen gebildet. Einzelvariablen sind Summen mit einem Summanden. Jedem Eingang des Testobjekts wird eine Summe zugeordnet. Betrachtet werden nun die Mengen der linearen Summen, die den Eingängen einer einzelnen Kegelfunktion zugeordnet sind. Ein Kegel wird genau dann erschöpfend getestet, wenn die dem Kegel zugeordneten Summen linear unabhängig zueinander sind. Ein Netzwerk aus linear unabhängigen Summenfunktionen ändert nur die Testschrittreihenfolge (Abbildung 4.29 b). Jede lineare Abhängigkeit, d. h., eine der Summen ist eine Linearkombination anderer Summen, reduziert die Anzahl der möglichen und damit auch die Anzahl der tatsächlich erzeugten unterschiedlichen Testschritte für den betreffenden Kegel auf die Hälfte (Abbildung 4.29 c).

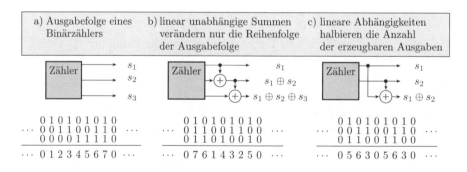

Abb. 4.29. Der Einfluss von linearen Abhängigkeiten auf die Anzahl der unterschiedlichen Testeingaben, mit denen ein Kegel getestet wird

Aufsetzend auf dieser Gesetzmäßigkeit lassen sich lokal erschöpfende Generatoren mit unterschiedlichen Eigenschaften konstruieren. Die Konstruktion

eines universellen lokal erschöpfenden Testsatzgenerators, der für jede Varia-
tion von w Ausgängen einen erschöpfenden Test bereitstellt, lässt sich auf die
Suche einer Menge linearer Summen zurückführen, innerhalb derer für alle
Varianten von Teilmengen von w Summen lineare Unabhängigkeit besteht.
Abbildung 4.30 zeigt eine solche Generatorstruktur für ein Netzwerk mit acht
Ausgängen und einer maximalen Kegelweite $w_{max} = 3$ [5]. Für größere Test-
objekte wächst der Schaltungsaufwand für das lineare Netzwerk und auch
die erforderliche Testzeit jedoch in einem solchen Maße, dass das skizzierte
Konzept für einen Testsatzgenerator nicht praxistauglich ist.

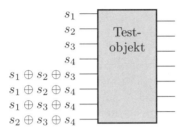

Abb. 4.30. Ausgangsnetzwerk für einen universellen, lokal erschöpfenden Testsatzgenerator (maximale Eingangsanzahl acht; maximale Kegelweite $w_{max} = 3$

Günstiger ist die Situation für maßgeschneiderte Generatoren. Die Ke-
gelstruktur ist vorgegeben. Gesucht ist eine Menge von Summen, in der je-
de Teilmenge, die den Eingängen eines Kegels zugeordnet ist, keine linearen
Abhängigkeiten enthält. Der Schaltungsaufwand ist natürlich auch für diese
Struktur eines Testsatzgenerators zu minimieren. Optimierungsziel ist hier die
Anzahl der EXOR-Gatter.

In einem ersten Schritt zur Konstruktion eines solchen Generators ist zu
untersuchen, welchen Eingängen des Testobjekts gleiche Summen zugeordnet werden können. Das sind Eingangspaare oder Gruppen, die auf keinen
gemeinsamen Kegel führen. In Kegelstrukturen, in denen die maximale Kegelweite viel kleiner als die Eingangsanzahl ist, tritt diese Situation statistisch
gesehen häufig auf. Für das in Abbildung 4.27 dargestellte Testobjekt können
z. B. den Eingangspaaren (x_1, x_5), (x_2, x_7) sowie (x_3, x_8) gleiche Summen
zugeordnet werden. Das ist gleichbedeutend damit, dass sie während eines
lokal erschöpfenden Tests miteinander verbunden werden dürfen. Die Anzahl
der Testobjekteingänge, denen unterschiedliche Summen zugeordnet werden
müssen, reduziert sich.

In [70] wurde ein Algorithmus für die Konstruktion der Summenfunktionen
entwickelt und getestet. Er basiert im Wesentlichen auf der Idee, dass die
Anzahl der Variablen in einem linear unabhängigen Gleichungssystem nicht
kleiner als die Anzahl der Gleichungen sein darf. Wenn man zu einer Menge

linear unabhängiger Summen eine neue Summe hinzufügt, sollte sie möglichst genau eine neue, bisher im System noch nicht benutzte Variable enthalten. Der Algorithmus soll exemplarisch an der Beispielschaltung Abbildung 4.27 demonstriert werden.

Zuerst werden r Testobjekteingängen Summen mit einem Summanden, d. h. die Generatorausgänge direkt, zugewiesen. Der Wert r steht für die Anzahl der Ausgänge des erschöpfenden Generators und ist im Beispiel vier. Bei der Zuordnung von Summen zu Eingängen des Testobjekts wird für jeden Kegel Protokoll geführt, welche der Generatorvariablen in den bisher zugewiesenen Summen bereits vorkommen. Das sind die verbrauchten Variablen. Die Komplementmenge bezogen auf die Menge aller Generatorvariablen sind die unbenutzten oder neuen Variablen. Jede Summe, die einem zum Kegel führenden Eingang zugewiesen wird, muss eine neue Variable in das Summensystem des Kegels einführen. Nach diesem Prinzip kann in keinem Zuordnungsschritt für irgendeinen Kegel eine lineare Abhängigkeit entstehen. In der Beispielschaltung muss nur für Eingang x_6 eine Summe mit mehreren Summanden gesucht werden. Für den Kegel y_2 steht als neue Variable nur s_2, und für die Kegelfunktionen y_3 und y_4 nur s_4 zur Verfügung. Die Summe am Eingang x_6 muss folglich $s_2 \oplus s_4$ lauten.

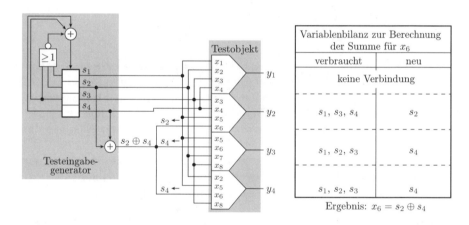

Abb. 4.31. Schaltungsangepasster lokal erschöpfender Testsatzgenerator für das Testobjekt in Abbildung 4.27

Angepasste Testsatzgeneratoren mit linearen Ausgangsnetzwerken können, wie Abbildung 4.31 zeigt, deutlich kleiner als lokal erschöpfende Generatoren für benachbarte Eingänge (Abbildung 4.28) oder Pseudozufallsgeneratoren für Testobjekte mit gleicher Eingangsanzahl sein. Im Beispiel wird ein zusätzliches EXOR-Gatter benötigt, dafür werden vier Speicherzellen eingespart. Auf Grund der unregelmäßigen Generatorstruktur ist es jedoch schwierig, diese Aussage zu verallgemeinern.

Das Konzept hat wie die meisten testsatzoptimierenden Verfahren einen entscheidenden Schwachpunkt. Durch die Minimierung der Testsatzlänge sind die Nachweiswahrscheinlichkeiten für Fehler, die vom Vollständigkeitskriterium nicht abgedeckt werden – hier z. B. Verzögerungsfehler – gering. Die Minimierung der Testsatzlänge ist eigentlich weder aus der Sicht der Fehlerüberdeckung noch aus der Sicht der Zuverlässigkeit eine gute Idee.

4.4 Signaturanalyse

Für die Ergebnisüberwachung in Selbsttestfunktionen kommen nur einfache Algorithmen und einfache Schaltungen in Betracht. Ein Soll/Ist-Vergleich mit vorgegebenen Werten scheidet in der Regel aus, weil das einen großen Speicher für die Soll-Werte erfordern würde, der mit im Testobjekt eingebaut sein müsste. Eine aufwandsarme Alternative ist die Bildung eines Prüfkennzeichens vor dem Vergleich. Statt vieler Tausend oder Millionen auszuwertender Bits wird nur das wenige Bits umfassende Prüfkennzeichen mit Soll-Werten verglichen. Dieses Verfahren wurde 1977 von Hewlett-Packard unter dem Namen Signaturanalyse als Testauswerteverfahren für digitale Schaltungen eingeführt [47].

Die ersten Signaturanalysatoren waren Messgeräte mit einer vierstelligen 7-Segment-Anzeige für die Signatur. Vorbild war der Oszillograph. In alten Schaltplänen für Radios und Fernseher findet man für ausgewählte Schaltungspunkte kleine Oszillogramme, die sehr hilfreich für die Fehlersuche waren. Die ursprüngliche Intention der Signaturanalyse war, ein Äquivalent zu den Oszillogrammen für den Test von Rechnerbaugruppen zu schaffen. Der Signaturanalysator als Messgerät hat sich zwar nicht durchgesetzt. Dafür ist heute die Signaturanalyse die Standardmethode für die Ausgabeüberwachung in Selbsttestlösungen für digitale Schaltungen.

Die Signaturanalyse funktioniert wie folgt: Die auszuwertenden Signalfolgen an den Ausgängen des Testobjekts werden abstrakt gesehen von einem Takt in ein binäres Zahlenmassiv konvertiert. Der Signaturanalysator, ein zyklischer linearer Automat, startet in einem definierten Anfangszustand und ändert mit jeder aktiven Taktflanke seinen Zustand. Der Folgezustand ist dabei jeweils eine Funktion des Ist-Zustands und der Eingabe (Abbildung 4.32). Ein Datenfehler am Eingang ändert den Folgezustand und damit auch die Folgezustände der nachfolgenden Schritte (schwarz unterlegter Abbildungsweg in Abbildung 4.32). Die Signatur ist der Automatenzustand nach Abschluss des Tests. Im fehlerfreien Fall entsteht die Soll-Signatur. Treten während des Tests Datenfehler auf, erreicht der Signaturanalysator einen zufälligen Endzustand. Das ist mit hoher Wahrscheinlichkeit nicht die Soll-Signatur, sondern eine andere, eine fehlerkennzeichnende Signatur. Die zu erwartende Datenfehlerüberdeckung ergibt sich nach Gl. 2.229 aus der Signaturgröße und beträgt:

$$E\left(FC_{\triangleright}\right) = 1 - 2^{-r}$$

(r – Signaturgröße in Bit). Mit einer ausreichend großen Signatur ist sie praktisch Eins.

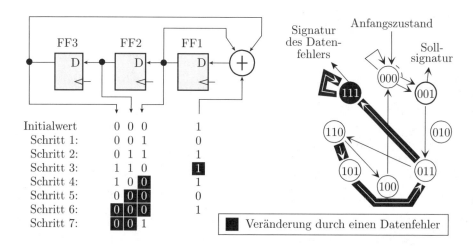

Abb. 4.32. Prinzip der Signaturanalyse

Die Signaturanalyse verlangt, dass alle Bitstellen im auszuwertenden Datenmassiv im fehlerfreien Fall definierte Werte besitzen. Es gibt nicht die Möglichkeit wie bei einem Tester, einzelne Bitstellen von der Auswertung auszuschließen. Daraus resultieren strengere Entwurfsrichtlinien für das Testobjekt im Vergleich zu einer Ausgabeüberwachung mit externer Prüftechnik:

- Jede Speicherzelle muss vor dem Test initialisierbar sein.
- Es dürfen während des Tests im fehlerfreien Fall keine unbestimmten Werte vom Signaturanalysator ausgewertet werden.
- Die Signallaufzeiten dürfen nur so groß sein, dass alle Schaltvorgänge zum Zeitpunkt der aktiven Flanke des Signaturanalysatortakts abgeschlossen sind.

Signaturanalyse ist nur ein Testauswerteverfahren für den Gut/Schlecht-Test. Fehlerhafte Signaturen erlauben kaum Rückschlüsse auf die Fehler, die sie verursacht haben. Aus der Signatur kann weder rekonstruiert werden, an welchen Testobjektausgängen noch in welchen Testschritten Ausgaben verfälscht waren. Das ist auch der Grund, warum sich Signaturanalysatoren nicht als Serviceprüfgeräte durchsetzen konnten.

4.4.1 Aufbau und Funktionsweise von Signaturanalysatoren

Signaturanalysatoren sind mit linearen Pseudozufallsgeneratoren verwandt. Ein linearer Pseudozufallsgenerator durchläuft zyklisch alle Zustände (mit

Ausnahme des Zustands Null) oder wenigstens eine große Anzahl von Zuständen (vgl. Abschnitt 4.2). Ein Signaturanalysator ist ein solcher Pseudozufallsgenerator mit einem zusätzlichen linearen Eingangsnetzwerk. Seine Schaltfunktion ist die eines allgemeinen linearen Automaten Gl. 4.32

$$S_n = A \cdot S_{n-1} \oplus B \cdot X_n$$

(X_n– Eingabe; S_n – Zustand; A – Systemmatrix der Größe $r \times r$; B – Eingangsmatrix der Größe $r \times N_{BX}$; n – Nummer des Abbildungsschrittes; r – Anzahl der Zustandsbits; N_{BX} – Bitanzahl der Eingabe) mit folgenden Einschränkungen:

- Die Systemmatrix A ist so zu wählen, dass der Signaturanalysator bei einer Eingabefolge aus lauter Nullen eine zyklische Folge von Zuständen durchläuft. Im gegenteiligen Fall würde er Fehlerinformationen nach einer gewissen Anzahl von Schaltschritten vergessen. Ein hinreichendes Kriterium hierfür ist:

$$\det(A) = 1 \qquad (4.88)$$

Geeignet sind z. B. linear rückgekoppelte Schieberegister (vgl. Abschnitt 4.2.1) und lineare Zellenautomaten (vergl. Abschnitt 4.2.4).
- Die Eingangsmatrix B ist so zu wählen, dass jeder Eingang die Signatur beeinflusst. Die Eingangsmatrix muss entsprechend in jeder Matrixspalte mindestens eine 1 enthalten.

Die wesentliche fehlererkennende Eigenschaft von Signaturanalysatoren resultiert aus dem Überlagerungssatz (vgl. Abschnitt 4.1.1.1 und 4.1.2). Der Überlagerungssatz angewandt auf die Signaturanalyse besagt, dass die Differenz zwischen der Soll- und der Ist-Signatur nur eine Funktion der Differenz der Soll- und der Ist-Folge der auszuwertenden Daten ist:

$$\langle X_{\text{ist}.1} \oplus X_{\text{soll}.1}, \ldots, X_{\text{ist}.n} \oplus X_{\text{soll}.n} \rangle \mapsto S_{\text{ist}} \oplus S_{\text{soll}} \qquad (4.89)$$

(S_{ist} – Ist-Signatur; S_{soll} – Soll-Signatur). Die Differenzfolge wird als Fehlerfolge bezeichnet. Eine Maskierung falscher Ergebnisse tritt genau dann auf, wenn die Fehlerfolge die Signatur Null besitzt [89]. Die Datenfehlerüberdeckung ist folglich vollkommen unabhängig von den Soll-Werten der auszuwertenden Datenfolge.

4.4.1.1 Signaturregister

Signaturanalysatoren auf Schieberegisterbasis werden als Signaturregister bezeichnet. Ein Signaturregister besitzt die Systemmatrix eines linear rückgekoppelten Schieberegisters, vorzugsweise mit primitiver Rückführung (vgl. Abschnitt 4.2.1). Ähnlich wie bei den Pseudozufallsgeneratoren auf Schieberegisterbasis wird zwischen Signaturregistern mit zentraler und Signaturregistern mit dezentraler Rückführung unterschieden.

Ein weiteres Unterscheidungsmerkmal ist die Eingangsanzahl und der Aufbau der Eingangsmatrix. Serielle Signaturregister besitzen nur einen Eingang, der auf die erste Speicherzelle führt. Ihre Eingangsmatrix besteht aus einem einzigen Spaltenvektor mit einer einzelnen 1 in der obersten Spalte. Abbildung 4.32 zeigt z. B. ein serielles Signaturregister mit zentraler Rückführung. Serielle Signaturregister mit dezentraler Rückführung sind die bereits in Abschnitt 4.1.2.3 behandelten Automaten zur Polynomdivision.

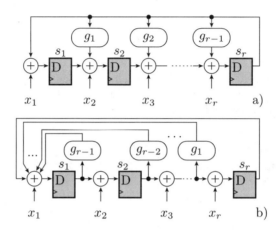

Abb. 4.33. Parallele Signaturregister: a) mit dezentraler Rückführung, b) mit zentraler Rückführung

Die wichtigste Form der Signaturregister mit mehreren Eingängen sind parallele Signaturregister. Ihre Eingangsanzahl ist gleich der Anzahl der Speicherzellen r und die Eingangsmatrix ist eine Einheitsmatrix, bzw. die Eingabe wird direkt modulo-2 zum Zustand addiert (Abbildung 4.33):

$$S_n = A \cdot S_{n-1} \oplus X_n \qquad (4.90)$$

Werden weniger Eingänge als Speicherzellen benötigt, lässt man bei einem parallelen Signaturregister die EXOR-Gatter weg, über die keine Eingänge angekoppelt sind.

4.4.1.2 Signaturregister mit mehr Eingängen als Speicherzellen

Eine größere Eingangsanzahl als die Anzahl der Speicherzellen impliziert, dass Datenfolgen zusammengefasst werden, bevor sie auf Speicherzellen treffen. Handelt es sich bei den parallel auszuwertenden Datenfolgen um unabhängig voneinander verfälschte Daten, z. B. Daten von getrennten Testobjekten, ist eine einfache bitweise Modulo-2-Addition, wie in Abbildung 4.34 dargestellt, unbedenklich.

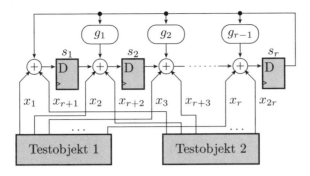

Abb. 4.34. Zusammenfassen von Ausgängen getrennter Testobjekte

Die Modulo-2-Addition der Daten von Ausgängen desselben Testobjekts kann unter Umständen die Nachweismengen von Fehlern verringern, und zwar von solchen, die mehrere potenzielle Beobachtungspfade haben. Der eingezeichnete Haftfehler in Abbildung 4.35 a ist nachweisbar, wenn er den Signalwert am Ausgang y_1 oder oder am Ausgang y_2 oder an beiden Ausgängen verändert. Mit einer Modulo-2-Zusammenfassung beider Ausgänge wird aus der ODER-Beziehung der Nachweismöglichkeiten ein exklusives ODER. Gleichzeitige Verfälschungen an beiden Ausgängen heben sich auf. Wenn sich, wie im Beispiel die Nachweismenge der Fehler nur von 3 auf 2 Möglichkeiten verringert, stört das sicher nicht. Aber wenn dabei leere Nachweismengen entstehen, wirkt sich das negativ auf die Fehlerüberdeckung der Gesamttestlösung aus.

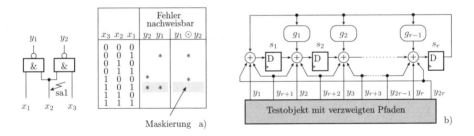

Abb. 4.35. Signaturregister mit mehr Eingängen als Speicherzellen: a) Verringerung der Fehlernachweismenge durch Modulo-2-Addition der Daten mehrerer Testobjektausgänge, b) Signaturregister mit einem Eingangsnetzwerk nach Gl. 4.91

Das skizzierte Risiko einer Fehlermaskierung auf dem Weg zu den Speicherzellen des Signaturregisters lässt sich mindern, indem die Eingangsmatrix B so gewählt wird, dass sie keine Zweibitfehler, Dreibitfehler etc. innerhalb eines Datenvektors maskiert. Zur Unterbindung der Maskierung von Zweibitfehlern darf sie beispielsweise keine gleichen Spaltenvektoren enthalten. Aus

Aufwandsgründen wird man hier zuerst alle Variationen von Spaltenvektoren mit einer Eins, dann die Variationen der Spaltenvektoren mit zwei Einsen etc. verwenden [82]:

$$B = \begin{pmatrix} 1\,0\,0 \cdots 0\,1\,0 \\ 0\,1\,0 \cdots 0\,1\,1 \\ 0\,0\,1 \cdots 0\,0\,1 \cdots \\ \vdots\;\vdots\;\vdots\;\ddots\;\vdots\;\vdots\;\vdots \\ 0\,0\,0 \cdots 1\,0\,0 \end{pmatrix} \qquad (4.91)$$

Abbildung 4.35 b zeigt ein nach diesem Prinzip konstruiertes Signaturregister mit doppelt so vielen Eingängen wie Speicherzellen. Die ersten r Eingänge sind nur auf eine Speicherzelle geführt. Das entspricht den Spaltenvektoren mit einer Eins. Die anderen r Eingänge führen jeweils auf benachbarte Speicherzellen, was den Spaltenvektoren mit zwei benachbarten Einsen in Gl. 4.91 entspricht.

4.4.1.3 Initialisierung und Signaturauswertung

Ein Signaturanalysator muss vor Beginn des Tests in einen definierten Anfangszustand versetzt werden. Das kann parallel über zusätzliche Setz- und Rücksetzeingänge der Speicherzellen oder seriell durch Umschalten des Signaturregisters in ein Schieberegister erfolgen. Nach dem Test wird die Endsignatur mit einem Soll-Wert verglichen. Die Soll-Signatur ist dabei vom Anfangswert abhängig.

Es bereitet keinen Zusatzaufwand, die Soll-Signatur nach n Testschritten in eine beliebige Zielsignatur S_{Ziel} umzuwandeln, die sich besser auswerten lässt. Das könnte z. B. die Signatur im fehlerfreien Fall alles Eins oder alles Null sein. Dazu muss der Signaturanalysator lediglich mit dem Anfangswert

$$S_0 = \mathbf{A}^{-n} \cdot \left(S_{\text{Ziel}} \oplus \bigoplus_{i=1}^{n} \left(\mathbf{A}^{i-1} \cdot X_{\text{soll}.i} \right) \right) \qquad (4.92)$$

initialisiert werden ($X_{\text{soll}.i}$ – auszuwertende Eingaben im fehlerfreien Fall; S_{Ziel} – Zielsignatur nach n Abbildungsschritten). Für jede Zielsignatur und jede zu komprimierende Datenfolge gibt es genau einen Anfangswert S_0, so dass die fehlerfreie Datenfolge auf die Zielsignatur abgebildet wird.

4.4.2 Datenfehlermaskierung von Signaturanalysatoren

Die Signaturanalyse basiert auf einer gleichmäßigen stochastischen Abbildung von Fehlerfolgen auf Signaturen. Die Wahrscheinlichkeit, dass sich eine fehlerhafte auszuwertende Datenfolge auf die richtige Signatur abbildet und dadurch maskiert wird, ist im Mittel das Reziproke der Anzahl der Variationen der Signatur:

$$p_{\not\models} = 2^{-r} \tag{4.93}$$

($p_{\not\models}$ – Maskierungswahrscheinlichkeit für Datenfehler). Sie kann durch die Wahl einer ausreichend großen Signatur beliebig klein gehalten werden. Bei einer Signaturgröße von $r = 16$ Bit können Tausende Systeme getestet werden, ohne dass ein einziges Mal ein Datenfehler maskiert wird. Dabei ist es fast egal, wie der Signaturanalysator aufgebaut ist. Diese Eigenschaft ist verblüffend. Aber mit der Statistik ist es immer so eine Sache. Ein Sprichwort besagt: »Der Graben war im Mittel nur einen halben Meter tief. Trotzdem ist die Kuh ertrunken!«

Eine erste experimentelle Studie soll zeigen, dass es prinzipiell möglich ist, Fehlerfolgen zu konstruieren, die höhere Maskierungswahrscheinlichkeiten besitzen. Das zweite Experiment veranschaulicht, dass der Entwurf einer Selbsttestlösung so viele zufällige Einflussfaktoren und Entscheidungen beinhaltet, dass es ungeachtet dessen kaum möglich ist, eine komplette Selbsttestlösung mit einer überhöhten Maskierungswahrscheinlichkeit zu konstruieren. Wenn es schon schwierig ist, vorsätzlich eine schlechte Lösung zu konstruieren, passiert so etwas auch nicht versehentlich.

Maskierungswahrscheinlichkeit in Abhängigkeit von der Anzahl der verfälschten Bits im auszuwertenden Datenstrom

Beim Testen sind nicht alle Fehlerfolgen gleichwahrscheinlich. Die Fehlerfolgen entstehen durch Fehler im System und unterscheiden sich von echten Zufallsfolgen in der Regel darin, dass nur ein sehr geringer Anteil der Bits verfälscht ist. Fehlerfolgen mit wenigen verfälschten Bits besitzen bei bestimmten Signaturanalysatorstrukturen unter Umständen eine von Gl. 4.93 abweichende Maskierungswahrscheinlichkeit.

Ein paralleles Signaturregister maskiert z. B. nie eine Fehlerfolge mit nur einem fehlerhaften Datenvektor [47]. Wenn die meisten Fehler im Testobjekt die Ausgabe nur in einem Testschritt verfälschen, ist die mittlere Maskierungswahrscheinlichkeit geringer als nach Gl. 4.93. Für eine exakte Anzahl von N_{BF} zufällig verteilten Bitfehlern in der Fehlerfolge ist die Maskierungswahrscheinlichkeit von der Rückführung des Signaturanalysators bzw. vom charakteristischen Polynom nach Gl. 4.57 abhängig (Abbildung 4.36) [89].

Die größte Maskierungswahrscheinlichkeit besitzen Signaturanalysatoren gegenüber Fehlerfolgen mit genau $N_{\mathrm{BF}} = 2$ falschen Bits. Richtwert der Maskierungswahrscheinlichkeit für 2-Bit-Fehler ist der reziproke Wert der autonomen Zykluslänge N_{Zykl}:

$$p_{\not\models}(2) = N_{\mathrm{Zykl}}^{-1} \tag{4.94}$$

Die autonome Zykluslänge ist dabei die Zykluslänge des Signaturanalysators, wenn er als autonomer Automat, d. h. ohne Eingabe, betrieben wird.

Mit einer zunehmenden Anzahl fehlerhafter Bits konvergiert die Maskierungswahrscheinlichkeit der meisten Signaturanalysatoren gegen den Mittelwert nach Gl. 4.93 (Abbildung 4.36 b und d). Eine Ausnahme bilden dezentral

a) einfach rückgekoppeltes Signaturregister

$$G(v) = v^5 \oplus 1 = (v \oplus 1) \cdot (v^4 \oplus v^3 \oplus v^2 \oplus v \oplus 1) \qquad p_{\not\models}(N_{BF})$$

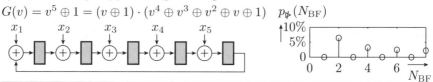

b) faktorisierbares charakteristisches Polynom ohne den Faktor $(v \oplus 1)$

$$G(v) = v^5 \oplus v \oplus 1 = (v^2 \oplus v \oplus 1) \cdot (v^3 \oplus v^2 \oplus 1) \qquad p_{\not\models}(N_{BF})$$

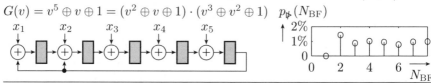

c) faktorisierbares charakteristisches Polynom mit dem Faktor $(v \oplus 1)$

$$G(v) = v^5 \oplus v^3 \oplus v \oplus 1 = (v \oplus 1) \cdot (v^4 \oplus v^3 \oplus 1) \qquad p_{\not\models}(N_{BF})$$

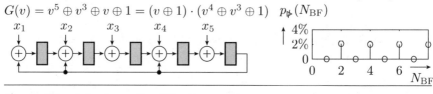

d) primitiv rückgekoppeltes Signaturregister

$$G(v) = v^5 \oplus v^2 \oplus 1 \qquad p_{\not\models}(N_{BF})$$

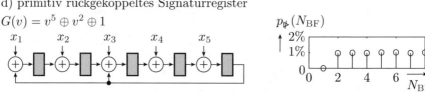

Abb. 4.36. Maskierungswahrscheinlichkeit von Signaturregistern in Abhängigkeit von der Anzahl der verfälschten Bitstellen (abgeschätzt über die Simulation von 64000 zufällig ausgewählten Fehlerfolgen je Wahrscheinlichkeitswert; Größe der Fehlerfolgen 5×1000 Bit)

rückgekoppelte Signaturregister, deren charakteristische Polynome den Faktor $v \oplus 1$ enthalten. Das ist beispielsweise in den Abbildungen 4.36 a und c der Fall. Der Faktor $v \oplus 1$ wirkt wie ein Paritätstest, so dass alle Fehlerfolgen mit einer ungeraden Anzahl von Bitfehlern erkannt werden. Dafür strebt die Maskierungswahrscheinlichkeit für eine gerade Anzahl von Bitfehlern gegen den doppelten Mittelwert:

$$p_{\not\models}(N_{BF}) = \begin{cases} 0 \text{ für } N_{BF} = 1,\, 3,\, 5,\, \dots \\ \approx 2 \cdot 2^{-r} \text{ für } N_{BF} = 2,\, 4,\, 6,\, \dots \end{cases} \tag{4.95}$$

Der Einfluss der Anzahl der verfälschten Bitstellen ist am ausgeprägtesten für einfach rückgekoppelte Signaturregister (Abbildung 4.36 a). Ohne Eingänge ist ein einfach rückgekoppeltes Signaturregister ein Ringschieberegister mit einer maximalen autonomen Zykluslänge gleich der Registerlänge. Die Maskierungswahrscheinlichkeit gegenüber 2-Bit-Fehlern beträgt entsprechend:

$$p_{\not{\mathbb{b}}}(2) = \frac{1}{r} \qquad (4.96)$$

Ein 16-Bit-Signaturregister mit einfacher Rückführung besitzt z. B. gegenüber dem Mittelwert nach Gl. 4.93 für 2-Bit-Fehler die

$$\frac{p_{\not{\mathbb{b}}}(2)}{p_{\not{\mathbb{b}}}} \approx \frac{r^{-1}}{2^{-r}} = \frac{2^{16}}{16} = 2^{12} \qquad (4.97)$$

-fache Maskierungswahrscheinlichkeit. Hier kann sich leicht ein Einfluss auf die mittlere Maskierungswahrscheinlichkeit beim Test ergeben. Selbst wenn nur einer von Hundert oder Tausend Fehlern genau zwei Bit verfälscht, werden im Mittel deutlich mehr als 2^{-r} Datenfehler maskiert. Da 2-Bit-Fehler bei einem Test nicht untypisch sind, sollten hier vorsichtshalber keine einfach rückgekoppelten Signaturregister verwendet werden.

Den geringsten Einfluss übt die Anzahl der verfälschten Bitstellen auf die Maskierungswahrscheinlichkeit von Signaturregistern aus, deren charakteristisches Polynom primitiv ist (Abbildung 4.36 d). Signaturregister mit primitiver Rückführung haben nach Gl. 4.52 eine maximale autonome Zykluslänge von

$$N_{\text{Zykl}} = 2^r - 1,$$

so dass die Maskierungswahrscheinlichkeit unabhängig von der Anzahl der verfälschten Bits nie erheblich größer als 2^{-r} ist. Der Praktiker bevorzugt aus diesem Grund Signaturanalysatoren mit großer autonomer Zykluslänge wie z. B. primitiv rückgekoppelte Schieberegister. Eine Tabelle mit Polynomen für primitive Rückführungen ist in Anhang D.1 zu finden.

Zusammenfassend ist es möglich, aber untypisch, dass ein Signaturregister bzw. auch allgemein ein Signaturanalysator im Mittel eine wesentlich höhere Maskierungswahrscheinlichkeit als $p_{\not{\mathbb{b}}} = 2^{-r}$ besitzt.

Wovon hängt die Maskierungswahrscheinlichkeit weiterhin ab?

Das folgende Experiment soll abschließend demonstrieren, dass das Prinzip der Signaturanalyse kaum eine Optimierung der Schaltungsstruktur des Signaturanalysators zulässt. Denn die Anzahl der maskierten Fehler hängt nicht nur von der Struktur des Signaturanalysators und seiner autonomen Zykluslänge ab, sondern auch im selben Maße von der Testschrittreihenfolge, der Ankopplung an das Testobjekt und von den zu findenden Fehlern [72].

Im Experiment wurde der Test einer 4-Bit-Arithmetik/Logik-Einheit vom Typ SN 74181 mit 250 Modellfehlern und einem 6-Bit-Signaturanalysator simuliert. Variiert wurden die Reihenfolge der Testschritte, die Verbindung zwischen Testobjekt und Signaturregister, die Eingangsmatrix und die Rückführung. Abbildung 4.37 zeigt die Anzahl der maskierten Fehler in Abhängigkeit von der Testlösung. Anschaulich wird die Anzahl der maskierten Fehler von allen variierten Parametern beeinflusst. Es hat offensichtlich wenig Sinn, zu viele Gedanken auf die Rückführung oder die Ankopplung zu verschwenden, denn zumindest die zu findenden Fehler sind zum Zeitpunkt der Konstruktion der Selbsttestlösung unbekannt.

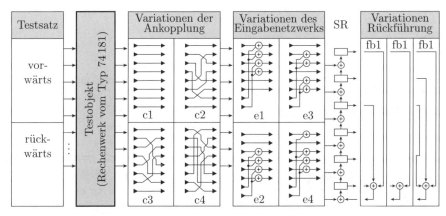

Anzahl der maskierten Fehler

		e1				e2				e3				e4			
		c1	c2	c3	c4	c1	c2	c3	c4	c1	c2	c3	c4	c1	c2	c3	c4
vor-wärts	fb1	3	4	1	2	3	4	3	3	4	2	4	3	4	3	4	6
	fb2	3	4	1	7	2	2	1	4	2	1	1	3	2	5	3	7
	fb3	5	2	2	8	4	5	3	4	3	6	3	7	5	3	3	4
rück-wärts	fb1	6	4	4	2	3	4	3	4	3	4	3	4	4	8	4	5
	fb2	2	0	0	1	4	1	4	1	0	0	0	1	1	1	4	1
	fb3	2	4	3	4	4	8	5	8	3	3	3	6	3	3	4	3

Abb. 4.37. Experiment zur Bestimmung der Verteilung der Fehlermaskierung

Eine Ergebnisüberwachung mit einem $r = 6$ Bit Prüfkennzeichen hat nach Gl. 2.229 eine zu erwartende Datenfehlerüberdeckung von:

$$E\left(FC_{\triangleright}\right) = 1 - 2^{-6} = 98{,}44\%$$

Für Erwartungswerte dieser Größe ist der Anteil der nicht nachweisbaren Datenfehler näherungsweise poisson-verteilt. Für 250 Modellfehler und den Erwartungswert oben lautet die Verteilung nach Gl. 2.208:

$$P\left(FC_{\triangleright} = x\right) \approx e^{-\varphi_{\triangleright} \cdot 2^{-6}} \cdot \frac{\left(\varphi_{\triangleright} \cdot \left(2^{-6}\right)\right)^{250 \cdot (1-x)}}{(250 \cdot (1-x))!} \tag{4.98}$$

Abbildung 4.38 zeigt die theoretisch vorhergesagte Verteilung nach Gl. 4.98 und der Verteilung aus dem Experiment in Abbildung 4.37. Wie bei jedem statistischen Experiment gibt es zufällige Abweichungen. Diese liegenden hier im zu erwartenden Bereich, so dass keine Abweichungen zwischen Theorie und Experiment zu erkennen sind.

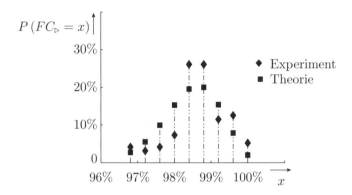

Abb. 4.38. Verteilung der Datenfehlerüberdeckung

4.5 Optimierung von Selbsttestanordnungen

Die Testumgebung für einen Selbsttest besteht wie jede andere Testumgebung aus Funktionen für die Testsatzbereitstellung, die Überwachung der Ausgabe und die Steuerung des Testablaufs (vgl. Abbildung 1.24 in Abschnitt 1.3.1). Für die Bereitstellung des Testsatzes und die Ausgabeüberwachung kommen nur einfache Algorithmen und Schaltungen in Betracht (Abbildung 4.39):

- Pseudozufallsgeneratoren, in der Regel linear rückgekoppelte Schieberegister (vgl. Abschnitt 4.2.1)
- Generatoren für den erschöpfenden Test, meist auch rückgekoppelte Schieberegister (vgl. Abschnitt 4.3.1)
- Signaturanalysatoren, in der Regel Signaturregister d. h. auch rückgekoppelte Schieberegister (siehe Abschnitt 4.4.1).

Die Testablaufsteuerung ist ein normaler Automat ohne testspezifische Besonderheiten, der im einfachsten Fall den Testablauf in Abbildung 4.40 realisiert. Es ist kein Problem, auf diese Weise viele Millionen von Testschritten nacheinander abzuarbeiten. Die Integration der Testfunktionen in das System vereinfacht darüber hinaus den Einbau von testbarkeitsverbessernden Maßnahmen, wie:

- den Einbau von Testpunkten zur Verbesserung der Steuer- und Beobachtbarkeit (Abschnitt 3.6.1)

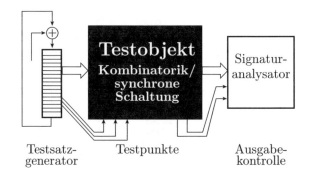

Abb. 4.39. Selbsttestanordnung mit Pseudozufallsgenerator und Signaturanalysator

Initialisiere alle Speicherelemente des Testobjekts und der Testlogik
Wiederhole für jeden Testschritt
Schalte den Testeingabegenerator, das Testobjekt und den Signaturanalysator einen Schritt weiter
Vergleiche die Ist-Signatur mit der Soll-Signatur

Abb. 4.40. Testablauf einer einfachen Selbsttestlösung

- den Einbau von Scan-Funktionen zum Lesen und Schreiben interner Speicherzustände (Abschnitt 3.6.2) und
- die Aufteilung in mehrere voneinander getrennt testbare Teilsysteme (Abschnitt 3.6.3).

4.5.1 Speicherzellen als Testpunkte

Systeme, die interne Zustände speichern, lassen sich im Allgemeinen wesentlich schlechter testen als Systeme ohne Gedächtnis. Die Umwandlung eines Testobjekts mit Speicherzellen in ein kombinatorisches Testobjekt verlangt, dass in jedem Testschritt alle gespeicherten Daten ausgewertet und mit neuen Testeingaben überschrieben werden.

Scan-Register für den Zugriff auf die internen Speicherzellen

Die erste Lösung, die vorgestellt werden soll, verwendet ein Scan-Register, wie es in Abschnitt 3.6.2 beschrieben wurde, für den Zugriff auf die internen Speicherzellen des Testobjekts (Abbildung 4.41). Die Eingabefolgen für das Testobjekt liefert ein linear rückgekoppeltes Schieberegister, das an seinem letzten Ausgang auch die serielle Eingabefolge für das Scan-Register bereitstellt. Das Scan-Register ist praktisch eine rückführungsfreie Verlängerung des rückgekoppelten Schieberegisters. Die serielle Ausgabe des Scan-Registers wird mit in das Signaturregister abgebildet.

Jeweils zwischen zwei Testschritten wird das gesamte Scan-Register seriell mit Pseudozufallswerten geladen. Gleichzeitig werden die im vorherigen Testschritt aus der Schaltung übernommenen Werte aus dem Scan-Register in das Signaturregister geschoben. Anschließend wird das Scan-Register einen Takt lang als paralleles Register betrieben und der eigentliche Testschritt ausgeführt. An allen Eingängen der Kombinatorik liegen Pseudozufallsmuster an. Nach einer definierten Zeit werden die Testreaktionen in das Scan-Register und das Signaturregister übernommen. Die Abbildung der Testreaktionen aus dem Scan-Register in das Signaturregister erfolgt im nächsten Schiebezyklus, wenn das Scan-Register für den nächsten Testschritt geladen wird.

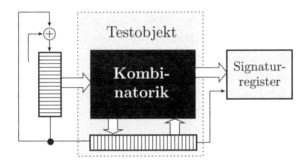

Abb. 4.41. Selbsttestanordnungen mit Scan-Register

Die Testzeit eines Selbsttests mit Scan-Register ist etwa gleich dem Produkt aus

- der Anzahl der Testschritte
- der Anzahl der Speicherzellen im Scan-Register und
- der Periodendauer des Taktes.

Im Vergleich zur Testanordnung ohne Scan-Register (Abbildung 4.39) werden wesentlich weniger Testschritte pro Zeit abgearbeitet. Dafür sind die Nachweiswahrscheinlichkeiten der Fehler je Testschritt höher, so dass kürzere Testsätze genügen.

Mehrere parallele Scan-Register

Zur Verkürzung der Testzeit können die Speicherzellen auch auf mehrere Scan-Register aufgeteilt werden, die zeitgleich gelesen und beschrieben werden (Abbildung 4.42). Die seriell in die Scan-Register zu ladenden Testeingaben wer-

den wieder wie in der vorherigen Selbsttestanordnung von einem linear rückgekoppelten Schieberegister erzeugt. Die Folgezustände der Speicherzellen werden gleichfalls wie in der vorherigen Lösung seriell in ein Signaturregister
abgebildet.

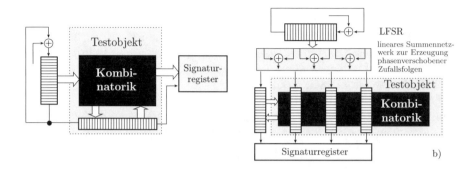

Abb. 4.42. Selbsttestanordnungen mit Scan-Register

Wenn mehrere Scan-Register gleichzeitig seriell von einem rückgekoppelten
Schieberegister beschrieben werden, muss die Phasenverschiebung zwischen
den einzelnen seriellen Datenströmen mindestens so groß sein, wie die Scan-
Register lang sind. Im anderen Fall werden bestimmte Paare von Schaltungspunkten stets mit übereinstimmenden Werten stimuliert. Das ist dasselbe,
als wenn einige Eingänge der kombinatorischen Übergangsfunktion während
des Tests miteinander verbunden sein würden. Die Testbarkeit wäre eingeschränkt. Eine ausreichende Phasenverschiebung wird im einfachsten Fall mit
einer Modulo-2-Summe erzeugt. Wie eine solche Schaltung zu entwerfen ist,
wurde in Abschnitt 4.2.2 beschrieben.

Einbindung der internen Speicherzellen in ein Signaturregister

Das Verhältnis zwischen der Anzahl der Testschritte und der Testzeit lässt sich
weiter verbessern, indem die internen Speicherzellen aktiv in die Erzeugung
der Pseudozufallsmuster und die Kompaktierung der Folgezustände zu einer
Signatur einbezogen werden. Eine Lösung hierzu lautet, die internen Speicherzellen während des Tests in ein paralleles Signaturregister umzuschalten, das
gleichzeitig Pseudozufallsmuster erzeugt und als Signaturanalysator arbeitet
(Abbildung 4.43 a) [63, 79, 108]. Denn die Zustandsfolge eines Signaturregisters ist in der Regel auch eine Pseudozufallsfolge (vgl. auch Abbildung 4.32).

Eine Selbsttestlösung, in der die internen Speicherzellen als Signaturregister arbeiten, birgt eine geringe Gefahr in sich, dass die Testlösung nicht
funktioniert. Der Zufallscharakter der Testeingaben kann durch die umgebende Schaltung beeinträchtigt sein. In Abbildung 4.43 b ist eine Verbindung vom

Ausgang einer Signaturregisterzelle i zum Eingang der nächsten Signaturregisterzelle $i + 1$ unterstellt. Wenn man nicht aufpasst, kann die umgebende Schaltung eventuell eine solche Verbindung enthalten. Das Ausgangssignal der Signaturregisterzelle i wird praktisch mit sich selbst modulo-2-addiert. Die Signaturregisterzelle $i+1$ übernimmt stets Null. Der von dieser Zelle stimulierte Schaltungspunkt wird mit einem konstanten Wert statt einer Pseudozufallsfolge stimuliert.

Gleichzeitig ist das Signaturregister vor der Zelle, die stets Null übernimmt, logisch unterbrochen. Eventuelle Fehlerinformationen werden nicht weitergegeben. Alle Fehlerinformationen, die der Testsatz auf davorliegende Signaturregisterzellen abbildet, können nicht in die hinteren Speicherzellen gelangen. Die Maskierungswahrscheinlichkeit erhöht sich drastisch oder das Signaturregister verliert seine fehlererkennenden Eigenschaften komplett. Zusammenfassend sollte bei dieser Lösung mindestens durch Simulation kontrolliert werden, dass jeder Signaturregisterausgang im fehlerfreien Fall eine wiederholungsfreie Pseudozufallsfolge liefert.

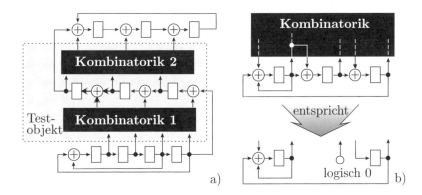

Abb. 4.43. Testobjektinterne Speicherzellen als Teil des Signaturregisters: a) unproblematischer Fall, b) Problemfall

Einbindung der internen Speicherzellen in ein Signaturregister und einen Pseudozufallsgenerator

Als letztes soll eine Selbsttestlösung vorgestellt werden, in der die internen Speicherzellen des Testobjekts aktiv in die Testsatzgenerierung und in die Ausgabeüberwachung einbezogen sind, ohne dass eine unglückliche Anbindung an die zu testende Schaltung die Fehlerüberdeckung drastisch reduzieren kann. Die internen Speicherzellen nehmen hier unabhängig voneinander die Funktion einer Testsatzgeneratorzelle und einer Signaturregisterzelle wahr. (Abbildung 4.44).

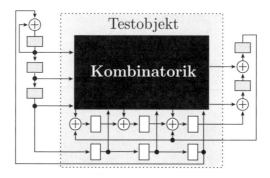

Abb. 4.44. Selbsttest, bei dem jede Speicherzelle des Systems im Testmodus gleichzeitig als Testsatzgenerator- und als Signaturregisterzelle arbeitet

Abbildung 4.45 zeigt, wie sich gegenüber der Grundlösung eine halbe Speicherzelle einsparen lässt. Die Testsatzgeneratorzelle und die Signaturanalysatorzelle besitzen hier einen gemeinsamen Master und getrennte Slaves. Ein Testschritt besteht darin, zuerst den Testsatzgenerator weiterzuschalten. Dazu werden die Daten an den nachfolgenden gemeinsamen Master weitergereicht, der sie an den Generatorslave weitergibt. Anschließend schaltet der Signaturanalysator weiter, indem er die Daten zuerst an den nachfolgenden Master weiterleitet, der sie an den nächsten Signaturslave übergibt.

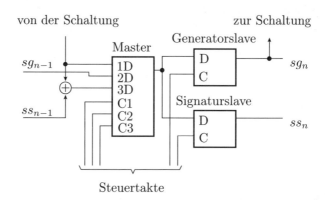

Abb. 4.45. 3-Register-Zelle, die im Testmodus als logisch getrennte Testsatzgeneratorzelle und Signaturregisterzelle arbeitet

4.5.2 Mehrfunktionale Testregister

Der Einbau von Selbsttestfunktionen in komplexe Schaltungen verlangt die Zerlegung in mehrere separat zu testende Objekte. An den Grenzen zwischen den Testobjekten sind Funktionen zur Bereitstellung der Testsätze und zur Ausgabeüberwachung zu realisieren (Abbildung 4.46). Hier kommen die konstruktiven Freiheitsgrade von Pseudozufallsgeneratoren und Signaturanalysatoren voll zum Tragen. Die Generatoren und Auswertefunktionen können so gestaltet werden, dass wenig zusätzlicher Schaltungsaufwand entsteht.

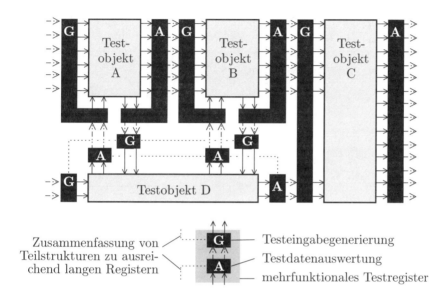

Abb. 4.46. Selbsttest eines Systems mit mehreren Testobjekten

Ein Grundprinzip zur Minimierung des Aufwands sind mehrfunktionale Testregister. An der Trennlinie zwischen Testobjekten müssen einmal Testeingaben generiert und einmal Testausgaben ausgewertet werden. Dafür werden aber nicht zwei getrennte Testschaltungen gebraucht. Erheblich weniger Schaltungsaufwand kostet ein Testregister, das zwischen beiden Funktionen umgeschaltet werden kann.

Der Klassiker der mehrfunktionalen Testregister ist das BILBO (built-in logic block observer, Abbildung 4.47) [87]. Ein BILBO-Register ist ein erweitertes paralleles Signaturregister, das in Abhängigkeit vom Zustand der beiden Steuersignale M_0 und M_1 entweder mit Null initialisiert wird, einen Pseudozufallsgenerator, ein paralleles Register oder ein paralleles Signaturregister nachbildet. Ein Multiplexer zum Auftrennen der Rückführung gestattet darüber hinaus, seriell Testeingaben zu laden und Ergebnisse sowie Signaturen auszulesen. Der Aufwand für alle Funktionen zusammen ist nicht viel größer als für ein Scan-Register oder ein Signaturregister. In der Literatur sind zahlreiche Varianten für mehrfunktionale Testregister beschrieben, die

unterschiedliche Testfunktionen miteinander kombinieren und eine ähnliche
Aufwand-Nutzen-Bilanz aufweisen [66, 121, 139].

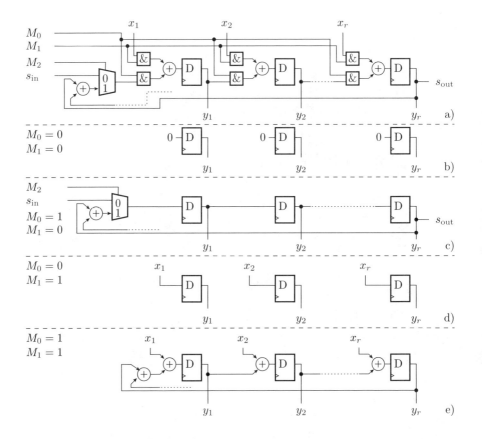

Abb. 4.47. BILBO-Register: a) Gesamtschaltung, b) Initialisierung, c) Schiebemodus oder Pseudozufallsgenerator, d) paralleles Register, e) Signaturregister

Jedes Testobjekt muss während des Tests vollständig von einem Testsatzgenerator und einer Testdatenauswerteschaltung eingerahmt sein. Für das
Schaltungsbeispiel in Abbildung 4.46 ist für jedes der vier Testobjekte eine solche Testanordnung zu konstruieren. Da umschaltbare Testregister nur
entweder Testeingaben bereitstellen oder Testergebnisse komprimieren können, müssen Objekte, die miteinander verbunden sind, nacheinander getestet
werden. Im Beispiel könnten die Teilschaltungen A und C zeitgleich getestet
werden. Für B und D wird eine zweite und eine dritte Testphase benötigt.

Beim Einbau von mehrfunktionalen Testregistern müssen auch deren Zykluslängen und Maskierungswahrscheinlichkeiten berücksichtigt werden. Der
Zyklus eines Pseudozufallsgenerators darf nicht kürzer als die Testsatzlänge

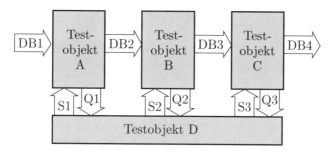

Testphase	DB1	DB2	DB3	DB4	S1	Q1	S2	Q2	S3	Q3
1	G	A	G	A	G	A	-	-	G	A
2	-	G	A	-	-	-	G	A	-	-
3	-	-	-	-	A	G	A	G	A	G

Abb. 4.48. Testphasen und Testregistersteuerung für ein System mit mehreren isoliert zu testenden Objekten (G - Testsatzgenerierung, A - Testauswertung)

sein. Sonst wiederholen sich Testschritte und weisen keine zusätzlichen Fehler nach. Bei einem primitiv rückgekoppelten Schieberegister oder einem Zellenautomaten mit maximaler Zykluslänge muss gelten:

$$n \leq 2^r - 1 \qquad (4.99)$$

(n – Testsatzlänge; r – Registerlänge). In seiner Funktion als Signaturregister ist die Maskierungswahrscheinlichkeit für einen Fehler um so geringer, je länger das Register ist. Die Mindestlänge eines Testregisters ist je nach den Anforderungen an die Datenfehlerüberdeckung etwa 15 bis 25 Speicherelemente. In Abbildung 4.48 sind die Verbindungen zwischen Testobjekten, an denen stets gleichzeitig Testeingaben generiert oder ausgewertet werden müssen, zu Bussen zusammengefasst. Die Tabelle darunter gibt die zu realisierende Testfunktion in den einzelnen Phasen an. Um diese Steuertabelle zu realisieren, müsste jeder Bus durch ein eigenes Testregister aufgetrennt werden. Dabei entstehen unter Umständen Testregistergruppen für einzelne oder zu wenige Verbindungen. Diese müssen in die anderen Ketten, die in der aktuellen Testphase auch mit den Testsatzgenerator bzw. den Signaturanalysator bilden, eingebunden werden. Die Lösung sind umschaltbare Registerketten. Der Testregisterentwurf teilt sich in mehrere Schritte. Zuerst werden den einzelnen Verbindungen zwischen Testobjekten entsprechend der zu realisierenden Testfunktionen umschaltbare Teilketten von Testregistern zugeordnet. Im zweiten Schritt wird festgelegt, wie die Testregisterzellen in jeder Testphase zu verketten sind, die hierfür nötigen Multiplexer eingefügt, die Steuersignale geeignet zusammengefasst etc. bis zum Entwurf der Testablaufsteuerung.

4.5.3 Zentralisierung der integrierten Testhilfen

Es ist keineswegs immer erforderlich, jedes Testobjekt mit Testregistern einzurahmen. Die Forderung lautet nur, an den Eingängen einen Testsatz bereitzustellen und die Ausgaben zu überwachen. Die Generierung und Auswertung kann auch räumlich getrennt vom Testobjekt erfolgen. Nur müssen dann vom Testsatzgenerator zum Testobjekt Steuerpfade und vom Testobjekt zum Überwachungssystem Beobachtungspfade existieren (Abbildung 4.49). Eine räumliche Trennung zwischen Testobjekt und Testlogik hat den Vorteil, dass die integrierten Testhilfen zentral angeordnet und für mehrere Testobjekte genutzt werden können, so dass weniger Zusatzaufwand für den Einbau der Selbsttestfunktionen erforderlich ist.

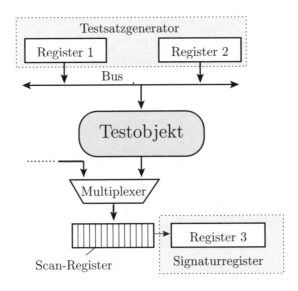

Abb. 4.49. Räumliche Trennung zwischen dem Testobjekt und den integrierten Testhilfen

Vor allem in rechnerartigen Schaltungen gibt es eine Reihe von Funktionsblöcken, die als Steuerpfade für den Weitertransport von Testeingaben geeignet sind. Das sind z. B. die Busse, Register, Multiplexer und sogar die Rechenwerke. Für Pseudozufallsmuster ist die Übertragung unproblematisch. Pseudozufallsmuster können umsortiert, verzögert, miteinander addiert oder voneinander abgezogen werden, ohne den Charakter von Pseudozufallsfolgen zu verlieren. Auch die Daten, die zum Signaturanalysator weiterzuleiten sind, können zeitlich oder räumlich umsortiert werden. Solange alle Bits zum Signaturanalysator gelangen, haben Datenmanipulationen entlang der Beobachtungspfade keinen Einfluss auf die zu erwartende Datenfehlerüberdeckung.

4.6 Selbsttest für Speicher

Hochintegrierte Schaltkreise enthalten oft größere Speicherblöcke. Speicher besitzen eine regelmäßige Struktur, die sich gut testen lässt. Der relative Zusatzaufwand für integrierte Selbsttestfunktionen ist meist vernachlässigbar. In [136] wird für eine mikroprogrammierbare Testlogik in einem 16-MBit-DRAM ein relativer zusätzlicher Flächenbedarf von weniger als 1% angegeben.

Speicher gehören zu den c-testbaren Schaltungen, für die es regelmäßig strukturierte, hardwaremäßig einfach erzeugbare c-Testsätze gibt (vgl. Abschnitt 3.1.7). Eine Stimulierung mit Pseudozufallstestsätzen ist natürlich auch möglich. Für die Ausgabekontrolle bieten sich außer der Signaturanalyse auch andere Verfahren an. Verdopplung und Vergleich ist möglich, wenn das zu testende System insgesamt mindestens zwei gleichartige Speicherblöcke enthält (Abbildung 4.50 a). Da ein Schreib/Lese-Speicher die gespeicherten Daten nicht verändern soll, kann der Testsatzgenerator auch die Soll-Werte für einen Vergleich mit den ausgelesenen Ist-Werten bereitstellen (Abbildung 4.50 b) [84].

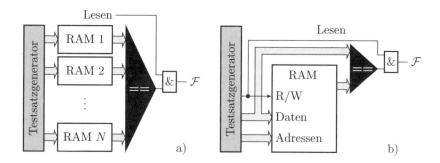

Abb. 4.50. Alternative Ergebnisüberwachung für den Speicherselbsttest: a) Verdopplung und Vergleich, b) Bereitstellung der Soll-Werte

4.6.1 Fehlermodelle und Testsätze

Ein Schreib-Lese-Speicher mit wahlfreiem Zugriff (RAM – random access memory) besteht aus der Speichermatrix, dem Adressdecoder, der Eingabelogik und der Ausgabelogik. Fehler in der Decodier-, Eingabe- und Ausgabelogik werden als Fehler in der Speichermatrix modelliert. Modellfehler für Speicher sind Haftfehler, Übergangsfehler, Stuck-open-Fehler, zerstörendes Lesen und die gegenseitige Beeinflussung unterschiedlicher Zellen (Abbildung 4.51) [37, 78].

Für jeden der unterstellten Zellenfehler lässt sich ein lokaler Testsatz aufstellen, der aus eine Folge von Lese- und Schreibzugriffen besteht (rechte Spal-

beteiligte Zellen	Name	Definition	Fälle	Testfolge für den Nachweis
1	Haftfehler	Wert der Speicherzelle ist nicht setzbar	stuck-at-0 stuck-at-1	$W(i)1, R(i)$ $W(i)0, R(i)$
	Übergangsfehler	Wert der Speicherzelle i ist nur in einer Richtung änderbar	kein Übergang $1 \rightarrow 0$ $0 \rightarrow 1$	$W(i)1, R(i), W(i)0, R(i)$ $W(i)0, R(i), W(i)1, R(i)$
	Stuck-open-Fehler	kein Zugriff auf Speicherzelle i (Ausgabe des Wertes der vorherigen Leseoperation)		$W(i)0, R(j)1, R(i), W(i)1,$ $R(j)0, R(i)$
	zerstörendes Lesen	Inhalt von Speicherzelle i wird beim Lesen verändert	$R(i) \Rightarrow C(i) = \overline{C(i)}$	$W(i)0, R(i), R(i)$ $W(i)1, R(i), R(i)$
2	Kopplung Typ 1	Veränderung des Inhalts von Zelle i bestimmt Zustand in Zelle j	$W(i)0 \Rightarrow C(j) = 0$ $W(i)0 \Rightarrow C(j) = 1$ $W(i)1 \Rightarrow C(j) = 0$ $W(i)1 \Rightarrow C(j) = 1$	$W(i)0, R(j), W(i)1, R(j),$ $W(i)0, R(j)$
	Kopplung Typ 2	Veränderung des Inhalts von Zelle i bewirkt eine Änderung in Zelle j	$C(i) = \overline{C(i)} \Rightarrow$ $\quad C(j) = \overline{C(j)}$	$R(j), W(i)0, R(j), W(i)1, R(j)$

$W(i)1$ Schreibe 1 $R(i)$ Lese Inhalt und Vergleiche mit Sollwert
$W(i)0$ Schreibe 0 $R(j)0$ Lese eine andere Zelle, in der 0 steht
$R(j)$ Lese eine beliebige andere Zelle $R(j)1$ Lese eine andere Zelle, in der 1 steht

Abb. 4.51. Modellfehler für Schreib-Lese-Speicher und Fehlernachweismöglichkeiten

te in Abbildung 4.51). Die lokalen Testsätze können in unterschiedlicher Weise zu Gesamttestsätzen zusammengefasst werden, die sich an unterschiedliche Speichergrößen und Strukturen anpassen lassen. Ein Überblick über solche Speichertestsätze gibt [54]. Hier soll nur ein Beispiel vorgestellt werden, der Marching-Test aus [53].

Der Name Marching-Test resultiert aus dem mehrfachen Durchwandern des Speichers (Abbildung 4.52). Zuerst wird der gesamte Speicher mit Null initialisiert. Die darauf folgende erste Marching-Sektion führt nacheinander auf allen Speicherplätzen folgende Schritte aus:

- Lesen
- Vergleich mit dem Soll-Wert 0
- Schreiben einer 1.

Dabei werden die sa1-Fehler und ein Teil der Kopplungsfehler erkannt. Die zweite Marching-Sektion liest, vergleicht mit Soll-Wert Eins und schreibt Null in jede Zelle. Erkannt werden die sa0-Fehlern, ein Teil der Übergangs- und Stuck-open-Fehler und weitere Variationen möglicher Kopplungsfehler.

Mit den ersten beiden Marching-Sektionen werden nur Kopplungsfehler erkannt, bei denen ein Schreibzugriff auf eine vorher adressierte Zelle den Inhalt einer später adressierten Zelle verändert. Um auch zu kontrollieren, dass kein Zugriff auf eine später adressierte Zelle den Inhalt einer vorher adressierten Zelle verändert, wird der gesamte Test mit umgekehrter Adressreihenfolge wiederholt.

Wie in Abschnitt 3.1.3.3 in Abbildung 3.12 gezeigt, kann bei einer statischen Speicherzelle auch die Rückführung fehlerhaft sein, so dass die Daten nur für einige Millisekunden gespeichert werden. Deshalb werden in Abbildung 4.52 zum Abschluss die ersten beiden Marching-Sektionen jeweils nach einer bestimmten Wartezeit wiederholt.

Adresse i	Initiali- sierung	March 1	March 2	March 3
0	$W(i)0$	$R(i)0, W(i)1$	$R(i)1, W(i)0$	$R(i)0, W(i)1$
1	$W(i)0$	$R(i)0, W(i)1$	$R(i)1, W(i)0$	$R(i)0, W(i)1$
2	$W(i)0$	$R(i)0, W(i)1$	$R(i)1, W(i)0$	$R(i)0, W(i)1$
⋮	⋮	⋮	⋮	⋮
$N-1$	$W(i)0$	$R(i)0, W(i)1$	$R(i)1, W(i)0$	$R(i)0, W(i)1$

March 4		March 1a		March 2a
$R(i)1, W(i)0$		$R(i)0, W(i)1$		$R(i)1$
$R(i)1, W(i)0$	Wartezeit	$R(i)0, W(i)1$	Wartezeit	$R(i)1$
$R(i)1, W(i)0$		$R(i)0, W(i)1$		$R(i)1$
⋮		⋮		⋮
$R(i)1, W(i)0$		$R(i)0, W(i)1$		$R(i)1$

Abb. 4.52. Marching-Testsatz mit Datenhaltetest (W(i)0/1 - Schreiben von 0 bzw. 1 in Speicherzelle i; R(i)0/1 - Lesen des Inhalts von Speicherzelle i und Vergleich mit 0 bzw. 1)

Natürlich lassen sich die in Abbildung 4.51 aufgelisteten Fehlermöglichkeiten auch mit einem ausreichend langen Zufallstestsatz nachweisen. Bei einem Zufallstest wird der Speicher mit zufälligen Werten initialisiert. In jedem Testschritt wird, gesteuert durch einen (Pseudo-) Zufallsgenerator, entweder der Wert von einer zufälligen Adresse gelesen oder ein zufällig adressierter Speicherplatz mit einem Zufallswert beschrieben. Der Nachweis eines Haftfehlers in einer Speicherzelle verlangt das Zusammentreffen folgender Ereignisse:

- Ein vorheriger Schreibzugriff hat den Soll-Wert 0 für den Nachweis des sa1-Fehlers (bzw. 1 für den Nachweis des sa0-Fehlers) in der Zelle hinterlassen.
- Es erfolgt ein Lesezugriff auf diese Zelle.

Die Wahrscheinlichkeit einer 0 oder einer 1 in einer Speicherzelle beträgt bei einer Stimulierung mit ungewichteten Zufallsmustern 50%. Die Wahrscheinlichkeit eines Lesezugriffs auf eine bestimmte Adresse ist halb so groß wie die Wahrscheinlichkeit, dass überhaupt auf diese Adresse zugegriffen wird. Insgesamt beträgt die Nachweiswahrscheinlichkeit eines Haftfehlers je Testschritt für eine mit einem Zufallswert initialisierte Speicherzelle:

$$p_{sa}(1) = 2^{-(N_{ADR}+2)} \tag{4.100}$$

(N_{ADR} – Adressbusbreite). Für einen Zufallstestsatz der Länge $\geq 40 \cdot 2^{N_{ADR}}$ ist die Nachweiswahrscheinlichkeit für Haftfehler praktisch 100%. Die Berechnung der Fehlernachweiswahrscheinlichkeiten für kompliziertere Fehlermodelle erfolgt über Markow-Prozesse [38] oder mit Hilfe von so genannten Beobachterautomaten [27]. Für den nahezu sicheren Nachweis aller in Abbildung 4.51 aufgeführten Fehlerarten genügt nach [78] eine Testsatzlänge:

$$n \approx 500 \ldots 1000 \cdot 2^{N_{ADR}}$$

Die Erhöhung der Testsatzlänge lässt sich dadurch kompensieren, dass der Speicher während des Tests in mehrere Blöcke geteilt wird, die zeitgleich getestet werden (vgl. Abbildung 4.50 a).

4.6.2 Speicherselbsttest mit Marching-Testsatz

Als Beispiel für einen kompletten Selbsttest für einen Speicher wird die Lösung aus [71] vorgestellt (Abbildung 4.53). Als Testsatz dient ein geringfügig modifizierter Marching-Testsatz. Die Überwachung der Ausgabe erfolgt über einen Soll/Ist-Vergleich, bei dem der Testsatzgenerator die Soll-Werte bereitstellt.

Der Testsatzgenerator besteht aus drei Zählern. Der 1-Bit-Zähler Ct0 schaltet nach jedem Testschritt zwischen Lesen und Schreiben um. Nach jedem Schreibvorgang wird außerdem der Adresszähler Ct1 weitergeschaltet. Der Adresszähler Ct1 ist ein Vorwärts/Rückwärtszähler (oder ein erschöpfend rückgekoppeltes Schieberegister aus Abschnitt 4.3.1 mit umschaltbarer Schieberichtung [95]).

Das Steuersignal für die Zählrichtung von Ct1, die Datenwerte für die Schreiboperationen und die Soll-Werte für die Leseoperationen werden von Zähler Ct2 erzeugt. In Abbildung 4.53 startet Ct2 zum Testbeginn im Zustand 111 und zählt bei jedem Überlauf von Ct1 einen Schritt weiter. Im Anfangszustand 111 stellt er die Zählrichtung für Ct1 auf rückwärts, den Schreibwert für den Speicher auf 0 und unterbindet nach den Lesezugriffen den Soll/Ist-Vergleich. In den darauf folgenden 4 Marching-Sektionen lauten die Steuerausgaben von Ct2:

	March 1	March 2	March 3	March 4
Schreibwert	1	0	1	0
Soll-Wert Lesen	0	1	0	1
Zählrichtung Ct2	vorwärts	vorwärts	rückwärts	rückwärts

Die beiden Wartezeiten und die Marching-Sektionen 1a und 2a aus Abbildung 4.52 fehlen hier noch, ließen sich aber problemlos ergänzen.

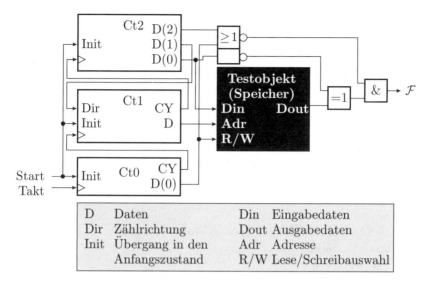

Abb. 4.53. Speicherselbsttest mit Marching-Testsatz

4.7 Boundary-Scan

Boundary-Scan ist ein vom IEEE unter der Nummer 1149.1 standardisierter serieller Testbus für den Austausch von Testdaten und Testbefehlen zwischen Schaltkreisen und Prüfgeräten. Die Mindestfunktion eines Schaltkreises mit dem Testbus ist ein Scan-Ring um die gesamte Innenschaltung – der Boundary-Scan –, dem der Testbus seinen Namen verdankt. Eine andere Bezeichnung ist JTAG-Bus, eine Abkürzung für das Konsortium, das den Testbusstandard entwickelt hat [22].

Der Boundary-Scan ist der Ersatz für das Nadeladapters des Baugruppentests und erlaubt, dass das Innere der Schaltkreise und die Verbindungen auf der Baugruppe isoliert voneinander getestet werden können (vgl. 3.6.5). Darüber hinaus ist der Testbusstandard flexibel genug, um auch für viele weitere Test-, Diagnose- und Rekonfigurationsfunktionen, die in Schaltkreise optional integriert sein können, die Steuerung zu übernehmen, z. B.

- die Deaktivierung während des Tests (Steuerung aller Ausgänge in den hochohmigen Zustand)
- Auslesen der Bauteil- und der Herstelleridentifikationsnummer für den Bestückungstest
- Steuerung eines Selbsttests
- Programmierung von im System eingebetteten Speichern, Mikroprozessoren und programmierbaren Logikschaltkreisen

- Debug-Hilfen für die Fehlersuche in Programmen (Lese- und Schreibzugriff auf interne Register und Speicher, Setzen von Unterbrechungspunkten etc.).

Funktionsweise des Boundary-Scans

Die Struktur und die Funktionsweise des Boundary-Scans ist in Abbildung 4.54 dargestellt. Im Normalbetrieb ist der Scan-Ring überbrückt und beeinflusst die Schaltungsfunktion nicht. Im Testmodus können die Boundary-Scan-Register aller Schaltkreise einer Baugruppe zu einer Kette verbunden werden. Der Testrechner steuert für die gesamte Kette folgenden Testablauf:

- Initialisierung: Beschreiben der Boundary-Scan-Register mit der ersten Testeingabe
- Aktivierung: Umschaltung in den Testmodus
- Wiederhole für alle Testschritte:
  - kurze Wartezeit
  - Übernahme der Daten aus der Schaltungsumgebung
  - serieller Abtransport der Testergebnisse und gleichzeitiges Beschreiben der Boundary-Scan-Register mit der nächsten Testeingabe.

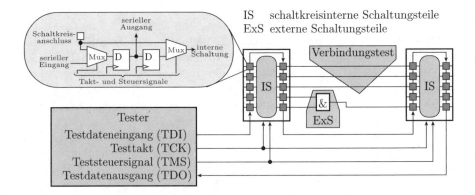

Abb. 4.54. Baugruppentest mit Boundary-Scan

Während des Tests sind alle Boundary-Scan-Zellen Steuer- und Beobachtungspunkte, die die Schaltungspfade auftrennen. Die Gesamtschaltung zerfällt in

- die internen Schaltungen der Schaltkreise mit Boundary-Scan
- Verbindungen zwischen Schaltkreisen mit Boundary-Scan und
- Teilschaltungen aus diskreten Bauteilen und Schaltkreisen ohne Boundary-Scan.

Auf diese Weise wird aus der Testauswahl für Baugruppen und aus der Fehlerlokalisierung eine gut zu beherrschende Aufgabe.

Die Testbusarchitektur der Schaltkreise

Der IEEE-Standard 1149.1 standardisiert mehr als nur den Boundary-Scan. Abbildung 4.55 zeigt die gesamte Testbusarchitektur eines Schaltkreises. Sie umfasst:

- den TAP- (test access port) Controller
- ein Befehlsregister
- mehrere Testdatenregister (mindestens das Boundary-Scan- und das Bypassregister).

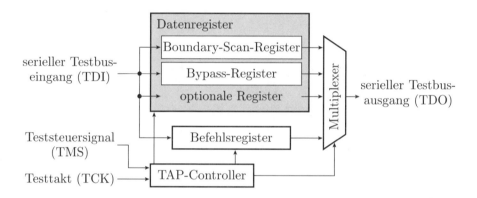

Abb. 4.55. Testbusarchitektur eines Schaltkreises nach IEEE-Standard 1149.1

Alle Testregister, auch das Befehlsregister, sind serielle Scan-Register die genau wie der Boundary-Scan die Funktionen

- Schieben (shift): serielles Beschreiben und Auslesen des Schieberegisters
- Übergabe (update): parallele Übergabe der Schieberegisterdaten in das Ausgaberegister
- Übernahme (capture): parallele Übernahme der Daten aus der Schaltung in das Schieberegister

besitzen. Der auszuführende Testbefehl und die Adresse des Testregisters, mit dem der Datenaustausch erfolgt, wird im Befehlsregister eingestellt. Der Standard schreibt nur die für den Baugruppentest mit dem Boundary-Scan unentbehrlichen Befehle vor:

EXTEST: Befehl zur Durchführung normaler Boundary-Scan-Testschritte

SAMPLE/PRELOAD: Befehl für die Initialisierung des Boundary-Scan-Registers. Während der Übertragung der ersten Testeingabe müssen die Boundary-Scan-Register überbrückt bleiben, sonst kann es zu unerlaubten Systemzuständen kommen. In Abbildung 4.56 erfolgt die Schreibfreigabe für zwei Speicherschaltkreise, deren Datenausgänge denselben Bus treiben, im normalen Betrieb über zueinander invertierte Signale. Im Testmodus werden die Auswahlsignale von getrennten Boundary-Scan-Zellen geliefert. Ohne vorherige Initialisierung dieser beider Zellen würde die Gefahr bestehen, dass beide Speicherschaltkreise gleichzeitig aktiviert werden, so dass sie gleichzeitig auf den Bus schreiben und dadurch Kurzschlüsse verursachen.

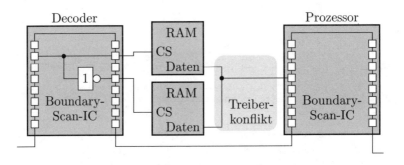

Abb. 4.56. Boundary-Scan als potenzielle Ursache für Treiberkonflikte

BYPASS: Dieser Befehl dient zur Verkürzung der Testzeit. Er schaltet das 1 Bit lange Bypass-Register in die Kette, die die Datenregister aller Schaltkreise bilden. So kann der externe Tester auch mit einzelnen Schaltkreisen kommunizieren, ohne in jedem Testschritt eine größere Menge von Dummy-Daten mit allen anderen Schaltkreisen austauschen zu müssen.

Zum Erkennen und zur Lokalisierung von Unterbrechungen in der Testbuskette schreibt der Standard ferner vor, dass bei Datenübernahme in das Befehlsregister für die beiden niederwertigsten Bits eine ⟨0, 1⟩-Folge zu übernehmen ist. So kann der Tester in jedem Befehlsübertragungszyklus überprüfen, ob die Boundary-Scan-Kette noch intakt ist, und im gegenteiligen Fall den Ort der Unterbrechung lokalisieren.

Der TAP-Controller und das Busprotokoll

Der Testbus arbeitet seriell und besitzt folgende Signale:

- TDI serieller Eingang des Schieberegisterrings
- TDO serieller Ausgang
- TCK Testtakt

- TMS Teststeuersignal
- TRES optionales asynchrones Rücksetzsignal zur Deaktivierung der Testlogik.

Das Übertragungsprotokoll ist durch einen Automaten, den TAP- (test access port) Controller festgelegt. Der TAP-Controller besitzt 16 Zustände, die unterteilt sind in:

- Aktionszustände
- Parkzustände, in denen der TAP-Controller eine variable Anzahl von Testtakten auf ein externes Ereignis, z. B. auf die Bereitschaft des Testers zur Fortsetzung des Tests, warten kann
- Übergangszustände, um von einem Aktions- oder Parkzustand mehr als zwei nachfolgende Aktions- oder Parkzustände zu erreichen.

Abbildung 4.57 zeigt seinen Ablaufgraphen. An den Kanten steht jeweils der zugehörige Wert des Teststeuersignals (TMS). und in den Knoten die auszuführenden Aktionen.

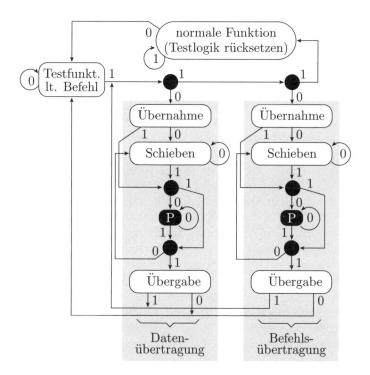

Abb. 4.57. Zustandsgraph des TAP-Controllers

In den Zuständen mit symbolischen Namen werden folgende Aktionen ausgeführt:

- Normale Funktion: Die Testlogik ist inaktiv.
- Testfunktion laut Befehl: Die in diesem Graphenzustand auszuführende Funktion legt das Befehlswort im Befehlsregister fest. Für die Befehle zum Datenaustausch mit dem Tester ist es ein Parkzustand. Er kann genutzt werden, um im Steuerrechner Daten nachzuladen, um Datenhaltezeiten für den DRAM-Test oder längere Zeiten zur Programmierung von EEPROM-Zellen zu überbrücken, auf den Abschluss eines Selbsttests zu warten oder zu warten, dass ein Programm einen Unterbrechungspunkt erreicht.
- Übernahme: Die Eingabewerte des ausgewählten Daten- oder Befehls-registers werden in die zugeordneten Schieberegisterzellen übernommen.
- Schieben: Serielle Datenweitergabe an die nachfolgende und Datenübernahme von der vorhergehenden Registerzelle.
- Übergabe: Der Schieberegisterinhalt wird an das ausgewählte Daten- oder Befehlsregister übergeben.

Ein Test beginnt mit der Initialisierung der Testlogik. Wenn der Schaltkreis keinen asynchronen Rücksetzeingang besitzt, genügt es auch, mindestens vier Takte von TCK hintereinander das Teststeuersignal TMS auf Eins zu halten. Der Graph ist so konstruiert, dass jeder der 16 Zustände maximal vier Kantenübergänge vom Initialknoten entfernt ist. An die Initialisierung schließt sich die erste Befehlsübertragung an.

Eine Befehlsübertragung beginnt mit der Übernahme der Statusinformationen in das Befehlsregister. Vom Initialzustand wird dieser Zustand mit der Steuersignalfolge $\langle 0, 1, 1, 0 \rangle$ erreicht. Danach sind N Schiebeschritte erforderlich. TMS muss einen Takt für den Übergang in den Schiebezustand und dann für N Schiebeschritte Null sein. Die Übergabe des Befehls in das Befehlsregisters wird über die Steuersignalfolge $\langle 1, 1, 1 \rangle$ erreicht. Wenn der Tester mitten in der seriellen Übertragung Testdaten nachladen oder aus einem anderen Grund die Übertragung vorübergehend anhalten muss, wird der TAP-Controller mit der Folge $\langle 1, 0 \rangle$ in eine Parkposition gebracht. Solange TMS $= 0$ ist, bleibt er in der Parkposition. Mit $\langle 1, 0 \rangle$ kommt er wieder in den Schiebemodus zurück. Ist der gesamte Schieberegisterring geladen, erfolgt die Datenübergabe. Der erste Testbefehl wird wirksam.

Die Steuerung einer Datenübertragung ist fast identisch mit der Steuerung einer Befehlsübertragung. Ausgehend von der Parkposition »Test laut Befehl« wird der Zustand Datenübernahme in einem Schritt weniger als der Zustand Befehlsübernahme erreicht. In der Steuersignalfolge an TMS entfällt eine Eins. Im Übrigen unterscheidet sich die Steuersignalfolge für eine Datenübertragung von der Steuersignalfolge für eine Befehlsübertragung nur in der Anzahl der Schiebeschritte.

4.8 Zusammenfassung

Die entscheidende Anforderung an den Test, die sich aus der Verlässlichkeit ergibt, ist eine ausreichend lange Testzeit. Der zukunftsweisende Weg für eine kostengünstige Realisierung langer Testzeiten lautet Selbsttest. Im Hardwarebereich sind Selbsttestfunktionen seit Jahren Stand der Technik. Das zu testende System trennt nacheinander Bestandteile vom Hauptsystem ab und testet sie. Während des Tests wird jedes Testobjekt von einem Testsatzgenerator und von Überwachungssystemen eingerahmt. Ein prüfgerechter Entwurf stellt sicher, dass alle Teilsysteme dabei ausreichend gut getestet werden können.

Die Testsatzgeneratoren sind in der Regel Pseudozufallsgeneratoren, seltener erschöpfende Testsatzgeneratoren oder Generatoren für Zellentestsätze. Das Standardüberwachungsverfahren ist die Signaturanalyse. Bei der Signaturanalyse wird ein Prüfkennzeichen von dem gesamten auszuwertenden Datenmassiv gebildet, dass entweder nach Testabschluss ausgelesen oder im System mit einem Soll-Wert verglichen wird. Die anderen in Abschnitt 1.2 vorgestellen Überwachungsverfahren wie Mehrfachberechnung und Vergleich etc. sind auch zum Teil einsetzbar, aber für den Hardwareselbsttest weniger gebräuchlich.

Für integrierte Testsatzgeneratoren und Überwachungshilfen gibt es eine eigene Schaltungsklasse, die linearen digitalen Schaltungen. Lineare digitale Schaltungen bestehen aus EXOR-Gattern, UND-Gattern und D-Flipflops. Ihre Vorzüge sind die Linearität, die den Entwurf und die Kontrolle der fehlererkennenden Eigenschaften stark vereinfacht, und der geringe Schaltungsaufwand. Die wichtigsten Vertreter sind die linear rückgekoppelten Schieberegister. Die Schnittstelle zwischen den integrierten Testhilfen und der Prüftechnik bzw. der Testsoftware des Systems ist der vom IEEE unter dem Namen JTAG oder Boundary-Scan standardisierte Testbus.

Der Selbsttest für Software und Entwürfe, hier im Abschnitt nicht noch einmal explizit behandelt, ist ein automatisierter Test oder eine automatisierte Simulation über Stunden, Tage oder Wochen (vgl. Abschnitt 3.1.8). Testsätze sich genau wie beim Hardwareselbsttest in der Regel Pseudozufallstestsätze. Nur die Überwachung ist komplizierter, denn für Entwürfe gibt es keine fehlerfreie Beschreibung und damit auch keine Soll-Ausgaben, so dass hier z. B. auch die Signaturanalyse nicht anwendbar ist. Statt dessen müssen für die Überwachung während des Tests diversitäre Versionen zum System, Probealgorithmen und Plausibilitätstests programmiert werden.

4.9 Aufgaben und Kontrollfragen

Aufgabe 4.1

a) Entwickeln Sie für die folgende Summenfunktion eine Schaltung mit einer minimalen Anzahl von EXOR-Gattern:

$$\begin{pmatrix} q_1 \\ q_2 \\ q_3 \\ q_4 \\ q_5 \end{pmatrix} = \begin{pmatrix} 1\,0\,1\,1\,0 \\ 0\,1\,0\,1\,1 \\ 1\,0\,0\,1\,1 \\ 1\,1\,0\,0\,1 \\ 0\,1\,1\,0\,0 \end{pmatrix} \cdot \begin{pmatrix} x_1 \\ x_2 \\ x_3 \\ x_4 \\ x_5 \end{pmatrix}$$

b) Stellen Sie die Wertetabelle der Funktion auf und überzeugen Sie sich, dass es sich um eine pseudozufällige Umcodierung handelt.

Aufgabe 4.2

Entwickeln Sie die Gleichungen zur Bildung der Prüfsumme für einen fehlerkorrigierenden Code für Einzelbitfehler und $w = 26$ Bit große Datenobjekte.

Aufgabe 4.3

a) Berechnen Sie das Produkt der Polynome:

$$X(v) = v^8 \oplus v^5 \oplus v^3 \oplus 1$$
$$G(v) = v^5 \oplus v^2 \oplus 1$$

b) Kontrollieren Sie Ihr Ergebnis mit der Polynomdivision:

$$X(v) = \frac{P(v)}{G(v)}$$

c) Entwickeln Sie einen linearen Automaten, der die Polynommultiplikation mit den korrespondierenden Datenfolgen durchführt, und kontrollieren Sie dessen Funktion mit den Polynomen aus Aufgabenteil a.

Aufgabe 4.4

a) Konstruieren Sie ein rückgekoppeltes Schieberegister, das aus der Folge, die zum Produktpolynom $P(v)$ in Aufgabe 4.3 korrespondiert, die ursprüngliche Datenfolge, die zum Polynom $X(v)$ korrespondiert, zurückgewinnt.
b) Woran und mit welcher zu erwartenden Datenfehlerüberdeckung $E(FC_\triangleright)$ werden eventuelle Verfälschungen der Produktfolge erkannt?

Aufgabe 4.5

a) Entwerfen Sie ein primitiv rückgekoppeltes Schieberegister mit $r = 4$ Speicherzellen, zentraler Rückführung und dem charakteristischen Polynom $G(z) = z^4 \oplus z \oplus 1$. Bestimmen Sie seine Zyklusstruktur, indem Sie für jede Variation des Zustandsvektors den Folgezustand berechnen.
b) Wie a, nur mit dem inversen charakteristischen Polynom nach Gl. 4.58.
c) Wie a, nur mit zentraler Rückführung.
d) Wie c, nur mit dem inversen charakteristischen Polynom.

Aufgabe 4.6

Entwickeln Sie einen linearen Zellenautomaten zur Erzeugung von 10 Bit breiten Pseudozufallsfolgen mit einer Zykluslänge von mindestens $N_{\text{Zykl}} \geq 4000$. Nutzen Sie hierzu die Tabelle in Anhang D.2.

Aufgabe 4.7

Entwickeln Sie einen erschöpfenden Testsatzgenerator auf Schieberegisterbasis, der für ein kombinatorisches Testobjekt mit $N_{\text{BY}} = 10$ Eingängen alle Variationen eines 2-Pattern-Tests erzeugt. Welche Testzeit ist für den gesamten Test erforderlich, wenn ein einzelner Testschritt 10 ns dauert?

Aufgabe 4.8

Ein Signaturanalysator soll eine 16 Bit breite und 1000 Vektoren lange Datenfolge auf ein Kennzeichen komprimieren. Wie viele Speicherelemente muss der Signaturanalysator mindestens haben, damit die Maskierungswahrscheinlichkeit nicht größer als

$$p_{\not\triangleright} \leq 10^{-5}$$

ist? Welchen Einfluss hat die Verlängerung der auszuwertenden Folge von 10^3 auf 10^5 Vektoren und welchen Einfluss hat der Initialisierungswert des Signaturanalysators auf die Maskierungswahrscheinlichkeit des Signaturanalysators?

A

Lösungen zu den Übungsaufgaben

Ein Teil der Aufgaben wurde mit dem Numerikprogramm Matlab oder mit dem VHDL-Simulator Modelsim gelöst. Die entsprechenden Programme und Programmausgaben stehen zum Download auf [138] bereit.

A.1 Lösungen der Aufgaben zu Kapitel 1

Lösung zu Aufgabe 1.1

Die einzelnen Teilverfügbarkeiten des Rechners als die Wahrscheinlichkeiten, dass der Rechner aus dem zugehörigen Grund _nicht_ nicht verfügbar ist, sind abschätzungsweise Eins abzüglich der Nichtverfügbarkeitszeit geteilt durch ein Jahr. Insgesamt sind folgende Teilverfügbarkeiten zu berücksichtigen:

Teilverfügbarkeit	Verfügbarkeitsproblem	Wert
$V_{\blacklozenge 1}$	Rechnerausfall	$1 - \frac{2}{365 \cdot 24} = 99{,}98\%$
$V_{\blacklozenge 2}$	Ausfall Stromversorgung	$1 - \frac{10}{365 \cdot 24} = 99{,}88\%$
$V_{\blacktriangledown 1}$	gestörte Netzwerkverbindung	$1 - \frac{50}{365 \cdot 24} = 99{,}43\%$
$V_{\blacktriangledown 2}$	Update-Probleme	$1 - \frac{40}{365 \cdot 24} = 99{,}54\%$
$V_{\blacktriangledown 3}$	Datenwiederherstellung	$1 - \frac{20}{365 \cdot 24} = 99{,}77\%$
$V_{\blacktriangledown 4}$	Systemabsturz	$1 - \frac{80}{365 \cdot 24} = 99{,}09\%$

Nach Gl. 1.5 ist die Gesamtverfügbarkeit das Produkt der Teilverfügbarkeiten:

$$V = \prod_{i=1}^{2} V_{\blacktriangledown \cdot i} \cdot \prod_{i=1}^{4} V_{\blacklozenge \cdot i}$$
$$= 99{,}98\% \cdot 99{,}88\% \cdot 99{,}43\% \cdot 99{,}54\% \cdot 99{,}77\% \cdot 99{,}09\%$$
$$= 97{,}7\%$$

Lösung zu Aufgabe 1.2

Es sind folgende Teilsicherheiten zu berücksichtigen:

Teilsicherheit / Berechnungsbasis		Wert
Bezugssicherheit / Zeit pro Unfall und Fahrzeug bisher	$Z_{\dagger B}$	2 Jahre
Sicherheitserhöhung / Zeit pro verhinderter Unfall und Fahrzeug	$Z_{\dagger\uparrow}$	$-\frac{2\,\text{Jahre}}{90\%} = -2{,}22\,\text{Jahre}$
technische Sicherheit / Zeit pro Unfall durch technisches Versagen und Fahrzeug	$Z_{\dagger T}$	20 Jahre
Wandalismussicherheit / Zeit pro vorsätzlich herbeigeführter Unfall und Fahrzeug	$Z_{\dagger X}$	gesucht
Gesamtsicherheit / Zeit pro Unfall und Fahrzeug mit dem System	$Z_\dagger$	$\geq 6\,\text{Jahre}$

Nach Gl. 1.6 beträgt die Gesamtsicherheit:

$$Z_\dagger^{-1} \leq Z_{\dagger B}^{-1} + Z_{\dagger\uparrow}^{-1} + Z_{\dagger T}^{-1} + Z_{\dagger X}^{-1}$$

Umgestellt nach der Wandalismussicherheit ergibt sich:

$$Z_{\dagger X} \geq \frac{1}{Z_\dagger^{-1} - \left(Z_{\dagger B}^{-1} + Z_{\dagger\uparrow}^{-1} + Z_{\dagger T}^{-1}\right)}$$

$$= \frac{1}{\frac{1}{6\,\text{Jahre}} - \left(\frac{1}{2\,\text{Jahre}} - \frac{1}{2{,}22\,\text{Jahre}} + \frac{1}{20\,\text{Jahre}}\right)}$$

$$Z_{\dagger X} \geq 15\,\text{Jahre}$$

Die Wandalismussicherheit $Z_{\dagger X}$ muss mindestens 15 Jahre je vorsätzlich herbeigeführter Unfall und Fahrzeug betragen.

Lösung zu Aufgabe 1.3

Fehler im Algorithmus liefern in der Regel auch bei unterschiedlichen Berechnungsversionen übereinstimmende Datenfehler und sind über Verdopplung und Vergleich praktisch nie nachzuweisen. Fehler bei der Umsetzung eines Algorithmus in ein Programm sind meist nachweisbar, wenn zwei unabhängig voneinander entstandene Entwurfsversionen existieren, deren Ausgaben verglichen werden. Unterschiedliche Rechner sind nicht notwendig. Entwurfs-fehler der Hardware verursachen entweder bei Berechnung nach unterschiedlichen Algorithmen oder bei Berechnung auf unabhängig voneinander entworfenen Rechnern abweichende Datenfehler. Fertigungsfehler und ausfallbedingte Fehler verursachen unterschiedliche Datenfehler, wenn die Berechnung nach unterschiedlichen Algorithmen oder auf getrennten Rechner vom selben Typ erfolgt. Für den Nachweis von Fehlfunktionen durch Störungen genügt eine Wiederholung mit demselben Programm auf demselben Rechner.

	F1	F2	F3	F4	F5
B1	-	-	-	-	+
B2	-	+	+	+	+
B3	-	-	-	+	+
B4	-	+	+	+	+

Lösung zu Aufgabe 1.4

a) Ein deterministisches Verhalten von Entstehungsprozessen ist zum einen die Voraussetzung dafür, dass die Ergebnisse des Prozesses (die Produkteigenschaften) und die Aufwandskenngrößen (die Kosten, die Entstehungsdauer etc.) vorhersagbar sind. Zum anderen vereinfacht ein deterministisches Verhalten die Suche und die Beseitigung der Prozessfehler erheblich, so dass der Prozess schneller reifen kann und fehlerärmere Produkte hervorbringt.

b) Nicht deterministische Prozessschritte sind dann unvermeidlich, wenn die zu lösende Aufgabe Kreativität und Flexibilität erfordert, so dass sie nicht in eine Schritt-für-Schritt-Arbeitsvorschrift oder einen automatisierten Ablauf gefasst werden kann.

Lösung zu Aufgabe 1.5

Zuerst ist zu klären, was ein Testschritt sein soll. Die Aufgabenstellung liefert nur für die Interpretation, dass ein Testschritt aus der Dateneingabe, der kompletten Programmabarbeitung und der Ausgabe besteht, eine Berechnungsgrundlage. Alle drei Funktionen sind bei dieser Betrachtungsweise kombinatorische Systeme, die die Eingabe direkt auf die Ausgabe abbilden. Die Anzahl der Testschritte ergibt sich über Gl. 1.31:

$$n = 2^{N_{\mathrm{BX}}}$$

a) Die Berechnung aller Primzahlen von 3 bis 1000 hat keine variable Eingabe $N_{\mathrm{BX}} = 0$. Der erschöpfende Test umfasst nur einen Testschritt.

b) Die Eingabeinformation für die Multiplikation von fünf 16-Bit-Zahlen besteht aus $N_{BX} = 5 \cdot 16 = 80$ Bit. Der erschöpfende Test würde $n = 2^{80}$ Testschritte umfassen.

c) Die Eingabeinformation zum Sortieren von $1 < N < 10000$ 16-Bit-Zahlen besteht aus bis zu $N_{BX} \leq 16^{10000}$ Bit. Der erschöpfende Test kann bis zu $n = 2^{16^{10000}}$ Testschritte erfordern.

Systeme ohne variable Eingabe wie in Beispiel a) werden praktisch immer erschöpfend getestet. Entsprechend hoch ist die Fehlerüberdeckung. Programme mit einer variablen Eingabe wie in Beispiel b und c können aus Zeitgründen praktisch nicht erschöpfend (nach der Wertetabelle), sondern nur mit einer winzigen Stichprobe aus ihrem Eingaberaum getestet werden.

Lösung zu Aufgabe 1.6

Zu jedem gültigen Codewort gibt es nach Gl. 1.41

$$N_{CWK/CWG}(N_{Korr} = 3) = \sum_{i=1}^{3} \binom{N_{Bit}}{i}$$

$$= N_{Bit} \cdot \left(1 + \frac{(N_{Bit} - 1)}{2} \cdot \left(1 + \frac{(N_{Bit} - 2)}{3}\right)\right)$$

Variationen für 1-, 2- und 3-Bit-Fehler (N_{Bit} – Bitstellen der Codewörter). Nach Gl. 1.39 muss ferner gelten, dass die Anzahl aller gültigen Codewörter N_{CWG} plus die Anzahl der zu korrigierenden Codewörter $N_{CWK/CWG}$, die durch Verfälschung von bis zu drei beliebigen Bits aus gültigen Codewörtern entstehen können, nicht größer als die Anzahl der Variationen des gesamten Codewortes ist:

$$N_{CWG} \cdot (N_{CWK/CWG} + 1) \leq 2^{N_{Bit}}$$

Das Matlab-Programm zur Lösung dieser Ungleichung liefert folgende Ergebnisse:

a) Für 2^8 gültige Codewörter sind mindestens $N_{Bit} = 18$ Bit
b) für 2^{32} gültige Codewörter sind mindestens $N_{Bit} = 46$ Bit

große Codeworte erforderlich.

Lösung zu Aufgabe 1.7

Ausgangspunkt zur Bestimmung der erforderlichen Anzahl der redundanten Bits ist Ungleichung 1.42:

$$N_{CWG} \cdot \left(\sum_{i=1}^{N_{Korr}} \binom{N_{Bit}}{i} + 1\right) \leq 2^{N_{Bit}}$$

Für den betrachteten Fall, dass die Anzahl der Informationsstellen gegeben ist, lässt sich die Ungleichung weiter vereinfachen. Die Anzahl der gültigen Codewörter beträgt in Abhängigkeit von der Anzahl der Informationsbits:

$$N_{\mathrm{CWG}} = 2^{N_{\mathrm{IB}}}$$

Die Gesamtbitanzahl ist die Summe der Anzahl der Informationsbits und der redundanten Bits:

$$N_{\mathrm{Bit}} = N_{\mathrm{IB}} + N_{\mathrm{RB}}$$

Eingesetzt in Gl. 1.42 ergibt sich:

$$\left(\sum_{i=1}^{N_{\mathrm{Korr}}} \binom{N_{\mathrm{IB}} + N_{\mathrm{RB}}}{i} + 1 \right) \leq 2^{N_{\mathrm{RB}}}$$

Die Lösung verlangt ein Programm mit dem Algorithmus:

Wiederhole für $N_{\mathrm{RB}} = 1$ bis die Ungleichung erfüllt ist
$N_{\mathrm{RB}} = N_{\mathrm{RB}} + 1$

Die Ergebnisse sind in der nachfolgenden Tabelle dargestellt:

Aufgabe	N_{VCW}	N_{IB}	N_{Korr}	N_{RB}	N_{RBges}
a	8	128	1	8	64
b	4	256	2	16	64
c	2	512	4	32	64
d	1	1024	8	66	66

(N_{VCW} – Anzahl der verschränkten Codewörter; N_{IB} – Anzahl der Informationsbits je Codewort; N_{Korr} – Anzahl der korrigierbaren Bits je Codewort; N_{RB} – Anzahl der redundanten Bits je Codewort; N_{RBges} – Anzahl der redundanten Bits für alle verschränkten Codewörter zusammen). Ein Code zur Korrektur von Burstfehlern durch Verschränkung mehrerer Hamming-Codewörter verringert die Anzahl der redundanten Bitstellen nur unerheblich. Der Vorteil beschränkt sich im Wesentlichen darauf, dass eine Korrektur von wenigen Bits in mehreren kleineren Datenmassiven einfacher zu realisieren ist.

A.2 Lösungen der Aufgaben zu Kapitel 2

Lösung zu Aufgabe 2.1

a) Für unabhängig voneinander entstandene Fehler (keine Fehlerclusterung) gehorcht die Fehleranzahl einer Poisson-Verteilung nach Gl. 2.10. Der Erwartungswert ist $E\left(\varphi_\diamond\right) = 16$ Fehler:

$$P\left(\varphi_\diamond = k\right) = e^{-16} \cdot \frac{16^k}{k!}$$

Die Verteilung ist in Abbildung A.1 dargestellt.

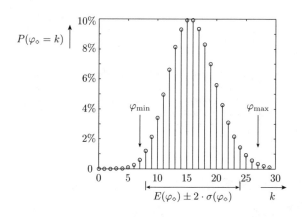

Abb. A.1. Verteilung der Fehleranzahl zu Aufgabe 2.1

b) Die Varianz hat denselben Zahlwert wie der Erwartungswert. Ihre Maßeinheit ist, wenn sie mit angegeben wird, Quadratfehler:

$$D^2\left(\varphi_\diamond\right) = 16 \left(\text{Fehler}^2\right)$$

Die Standardabweichung ist die Wurzel aus der Varianz:

$$\sigma\left(\varphi_\diamond\right) = 4 \left(\text{Fehler}\right)$$

und hat wie der Erwartungswert die Maßeinheit Fehler. Der Bereich »Erwartungswert plus/minus doppelte Standardabweichung« ist das Intervall

$$\varphi_\diamond \in [8,\ 24] \text{ Fehler.}$$

Die Wahrscheinlichkeit, dass die Fehleranzahl in diesem Bereich liegt, beträgt:

$$P\left(8 \leq \varphi \leq 24\right) = e^{-16} \cdot \sum_{k=8}^{24} \frac{16^k}{k!}$$
$$= 96{,}77\%$$

c) Der Wert $\varphi_{\min}$ muss die Bedingung:

$$\sum_{k=0}^{\varphi_{\min}} e^{-16} \cdot \frac{16^k}{k!} \leq 0,5\%$$

erfüllen und beträgt $\varphi_{\min} = 7$. Der Wert $\varphi_{\max}$ ergibt sich aus

$$\sum_{k=0}^{\varphi_{\max}} e^{-16} \cdot \frac{16^k}{k!} \geq 99,5\%$$

und beträgt $\varphi_{\max} = 27$. Die Ergebnisse sind gleichfalls in Abbildung A.1 eingetragen. Die Wahrscheinlichkeit, dass die Fehleranzahl in diesem Bereich liegt, beträgt:

$$P\left(7 \leq \varphi \leq 27\right) = e^{-16} \cdot \sum_{k=7}^{27} \frac{16^k}{k!}$$
$$= 99,19\%$$

Lösung zu Aufgabe 2.2

Unter der Annahme, dass die Tests alle Verbindungsfehler, aber keine Bauteilfehler erkennen, ist die Anzahl der Verbindungsfehler einschließlich der Leiterplatten- und Lötfehler in den als gut befundenen Rechnern $\varphi_{\mathrm{VB}} = 0$. Nicht erkannt und damit noch vorhanden sind die Schaltkreisfehler und die Fehler in den diskreten Bauteilen. Unter der in der Aufgabenstellung getroffenen Annahme, dass die Fehleranzahl poisson-verteilt ist, ergibt sich der Gesamtfehleranteil über Gl. 2.25:

$$E\left(DL_{\mathrm{Sys}}\right) = 1 - \left(1 - E\left(DL_{\mathrm{IC}}\right)\right)^{N_{\mathrm{IC}}} \cdot \left(1 - E\left(DL_{\mathrm{BT}}\right)\right)^{N_{\mathrm{BT}}}$$
$$= 1 - 0{,}9998^{100} \cdot 0{,}99999^{200}$$
$$= 21.800\,\mathrm{dpm} = 0{,}0218\,\mathrm{dpu}$$

(N_{IC} – Anzahl der Schaltkreise; DL_{IC} – Fehleranteil der Schaltkreise; N_{BT} – Anzahl der diskreten Bauteile; DL_{BT} – Fehleranteil der diskreten Bauteile). Etwa jeder 45. Rechner enthält eine fehlerhafte Hardwarekomponente. Die zu erwartende Fehleranzahl des Rechners kann über Gl. 2.21 aus seinem zu erwartenden Fehleranteil bestimmt werden und ist für einen geringen Fehleranteil nur unwesentlich größer als dieser:

$$E\left(\varphi_\circ\right) = -\ln\left(1 - E\left(DL\right)\right)$$
$$= -\ln\left(1 - 0{,}0218\right) = 0{,}0220$$

Lösung zu Aufgabe 2.3

a) Die zu erwartende Fehleranzahl ergibt sich über Gl. 1.16:

$$E(\varphi_\circ) = N_{\text{Sys}} \cdot Q_{\text{Proz}}^{-1}$$

Die Ausbeute, wenn alle Fehler gefunden werden, ergibt sich über Gl. 2.21 und Gl. 2.31 und beträgt:

$$Y = e^{-E(\varphi_\circ)}$$

Die Ergebnisse sind in der nachfolgenden Tabelle dargestellt:

Schaltkreistyp	$E(\varphi)$ in Fehlern	Y
A	0,1	90,5%
B	1	36,8%
C	5	0,67%

b) In der Aufgabenstellung ist unterstellt, dass sich die Herstellungskosten eines Schaltkreises proportional zur verbrauchten Chipfläche verhalten:

$$K_{\text{IC}.i} \sim A_{\text{VIC}.i}$$

Die verbrauchte Chipfläche ist die Summe der Chipfläche für den funktionierenden Schaltkreis und der Chipflächen der Ausschussschaltkreise, die im Mittel hergestellt und weggeworfen werden, bis ein funktionierender Schaltkreis entsteht. Sie ist unter den Vorgaben in der Aufgabenstellung proportional zur Transistoranzahl und umgekehrt proportional zur Ausbeute:

$$K_{\text{IC}.i} \sim A_{\text{VIC}.i} \sim \frac{N_{\text{Sys}}}{Y}$$

Für die Kosten der Schaltkreise vom Typ $i \in \{\text{B, C}\}$ gilt:

$$\frac{K_{\text{IC}.i}}{K_{\text{IC.A}}} = \frac{N_{\text{Sys}.i} \cdot Y_{\text{A}}}{N_{\text{Sys.A}} \cdot Y_i}$$

Für Typ B betragen die Herstellungskosten abschätzungsweise

$$K_{\text{IC.B}} \approx 1\,\text{Geldeinheit} \cdot \frac{10^6\,\text{Transistoren} \cdot 90{,}5\%}{10^5\,\text{Transistoren} \cdot 36{,}8\%}$$
$$= 24\,\text{Geldeinheiten}$$

und für Typ C:

$$K_{\text{IC.C}} \approx 1\,\text{Geldeinheit} \cdot \frac{5 \cdot 10^6\,\text{Transistoren} \cdot 90{,}5\%}{10^5\,\text{Transistoren} \cdot 0{,}67\%}$$
$$= 6754\,\text{Geldeinheiten}$$

Die Schaltkreisgröße und auch ganz allgemein die Größe eines nicht reparierbaren Systems ist dadurch nach oben hin begrenzt, dass im Mittel nicht wesentlich mehr als ein Fehler pro System entstehen darf. Größere Systeme lassen sich zwar in Einzelfällen herstellen, aber nicht zu bezahlbaren Preisen.

Lösung zu Aufgabe 2.4

a) Die Verteilung lautet:

$$P\left(\varphi_{\diamond \text{MC}} = k\right) = 0{,}3 \cdot e^{-0{,}5} \cdot \frac{0{,}5^k}{k!} + 0{,}2 \cdot e^{-2} \cdot \frac{2^k}{k!} + 0{,}5 \cdot e^{-10} \cdot \frac{10^k}{k!}$$

und ist in Abbildung A.2 dargestellt.

b) Der Erwartungswert beträgt nach Gl. 2.35:

$$E\left(\varphi_{\diamond \text{MC}}\right) = 0{,}3 \cdot 0{,}5 + 0{,}2 \cdot 2 + 0{,}5 \cdot 10 = 5{,}55$$

c) Die Wahrscheinlichkeit, dass ein System mit der Mischverteilung aus Aufgabenteil a) fehlerfrei ist, beträgt:

$$P\left(\varphi_{\diamond \text{MC}} = 0\right) = 0{,}3 \cdot e^{-0{,}5} + 0{,}2 \cdot e^{-2} + 0{,}5 \cdot e^{-10} = 0{,}209$$

Die Wahrscheinlichkeit, dass ein System ohne Fehlercluster mit poissonverteilter Fehleranzahl und gleichem Erwartungswert fehlerfrei ist, beträgt:

$$P\left(\varphi_{\diamond} = 0\right) = e^{-5{,}55} = 0{,}0039$$

Der Anteil der fehlerfreien Objekte mit Fehlerclusterung ist gegenüber dem Anteil der fehlerfreien Objekte ohne Fehlerclusterung um den Faktor

$$k_{\text{Cl}} = \frac{P\left(\varphi_{\text{Cl}\diamond} = 0\right)}{P\left(\varphi_{\diamond} = 0\right)} = 53{,}8$$

größer.

Lösung zu Aufgabe 2.5

a) Der Vergrößerungsfaktor der Fehleranzahl durch die Fehlerbeseitigungsiteration ist nach Gl. 2.68:

$$K_{\text{XR}} = \frac{Q_{\text{Rep}} \cdot \eta_{\text{Rep}}}{Q_{\text{Rep}} \cdot \eta_{\text{Rep}} - FC_{\diamond}} \approx \frac{5 \cdot 0{,}25}{5 \cdot 0{,}25 - 0{,}75} = 2{,}5$$

Bei der Reparatur entstehen im Mittel 1,5-mal so viele Fehler, wie das System vor der Beseitigungsiteration enthält. Davon und von den ursprünglichen Fehlern sortiert der Test 75% aus.

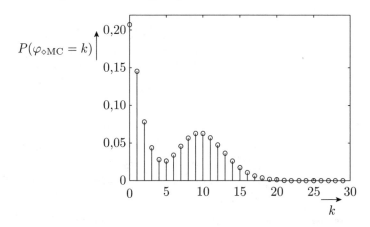

Abb. A.2. Verteilung der Fehleranzahl zu Aufgabe 2.4

b) Die Fehleranzahl nach dem Test ist das Produkt aus der Fehleranzahl vor dem Test, dem Vergrößerungsfaktor und dem Anteil der nicht nachweisbaren Fehler:

$$\varphi_{T\diamond} \approx \varphi_{E\diamond} \cdot K_{XR} \cdot (1 - FC_\diamond)$$
$$= 20 \cdot 2{,}5 \cdot (1 - 0{,}75) = 12{,}5$$

Zu den 20 Fehlern aus dem Entstehungsprozess kommen 30 Fehler hinzu, die bei der Reparatur entstanden sind. Davon werden 75%, d. h. 37,5 Fehler, beseitigt und 25%, d. h. 12,5 Fehler, bleiben im System. Die Fehleranzahl nimmt insgesamt nur um 37,5% ab[1].

Lösung zu Aufgabe 2.6

a) Die vorgegebene Prüftechnologie besteht aus einer Folge von drei Tests mit den Parametern (vgl. Abschnitt 2.2.3.4):

i	Test	$\eta_{\diamond.i}$	$t_{T.i}$
1	Inspektion	50%	0
2	Syntaxtest	80%	0
3	Zufallstest	0	t_T (gesucht)

---

[1] Selbst wenn die Beseitigungsiteration die Fehleranzahl insgesamt gar nicht reduziert, erhöht sie die Zuverlässigkeit. Denn sie erhöht die effektive Testzeit der als gut befundenen Systeme und dadurch die minimale Teilzuverlässigkeit der einzelnen Fehler, die im System verbleiben (vgl. Gl. 2.116).

Nach Gl. 2.98 ist der Anteil der Fehler, die unabhängig von ihrer Teilzuverlässigkeit nachgewiesen werden:

$$\eta_{\diamond \text{ges}} = 1 - \prod_{i=1}^{3} (1 - \eta_{\diamond i}) = 90\%$$

Die effektive Gesamttestzeit beträgt nach Gl. 2.99:

$$t_{\text{T.ges}} = \sum_{i=1}^{3} t_{\text{T}.i} = t_{\text{T}}$$

Eingesetzt in Gl. 2.97 lautet das Gesamtfehlernachweisprofil:

$$p_{\diamond}(Z) = 1 - 0{,}1 \cdot e^{\frac{t_{\text{T}}}{Z}}$$

b) Die gegebene Fehlerdichte ist eine Potenzfunktion vom Typ Gl. 2.110

$$f_{\diamond}(Z) = \frac{t_{\text{T0}}^{k}}{\Gamma(k)} \cdot Z^{-(k+1)} \cdot e^{-\frac{t_{\text{T0}}}{Z}}$$

mit $k = 0{,}5$ und $t_{\text{T0}} = 1$ Stunde, für die unter der Vorgabe, dass bei der Fehlerbeseitigung kaum neue Fehler entstehen, die zu erwartende Anzahl der nicht beseitigten Fehler Gl. 2.103 gehorcht:

$$E(\varphi_{\text{T}\diamond}) = E(\varphi_{\diamond}) \cdot 0{,}1 \cdot \left(\frac{1\,\text{Stunde}}{t_{\text{T}}}\right)^{0{,}5}$$

Umgestellt nach der effektiven Testzeit t_{T} und mit $E(\varphi_{\diamond}) = 1000$ zu erwartenden Fehlern vor sowie $E(\varphi_{\text{T}\diamond}) = 10$ zu erwartenden Fehlern nach der Fehlerbeseitigungsiteration beträgt die erforderliche effektive Testzeit:

$$t_{\text{T}} = t_{\text{T0}} \cdot \left(\frac{0{,}1 \cdot E(\varphi_{\diamond})}{E(\varphi_{\text{T}\diamond})}\right)^{2}$$

$$= 1\,\text{Stunde} \cdot \left(\frac{0{,}1 \cdot 1.000}{10}\right)^{2}$$

$$= 100\,\text{Stunden}$$

Abzüglich der Bezugszeit t_{T0} von einer Stunde, die in der berechneten effektiven Testzeit t_{T} mit enthalten ist, verlangt die Reduzierung der zu erwartenden Fehleranzahl auf 10 für den Zufallstest eine effektive Testzeit von 99 Stunden.

c) Die fehlerbezogene Teilzuverlässigkeit des getesteten Systems ergibt sich über Gl. 2.116 und beträgt:

$$Z_{\text{T}\diamond} = \frac{t_{\text{T}}}{k \cdot E(\varphi_{\text{T}\diamond})}$$

$$= \frac{100\,\text{Stunden}}{0{,}5 \cdot 10}$$

$$= 20\,\text{Stunden}$$

d) Die erforderliche Testzeit, um die fehlerbezogene Teilzuverlässigkeit auf 30 Tage zu erhöhen, ergibt sich durch die Umstellung von Gl. 2.115 nach der effektiven Testzeit und beträgt:

$$t_T = t_{T0} \cdot \left(\frac{k \cdot E(\varphi_\diamond) \cdot 0{,}1 \cdot Z_{T\diamond}}{t_{T0}} \right)^{\frac{1}{k+1}}$$

$$= 1\,\text{Stunde} \cdot \left(\frac{0{,}5 \cdot 1000 \cdot 30\,\text{Tage}}{1\,\text{Stunde}} \right)^{\frac{1}{0{,}5+1}}$$

$$= 1090\,\text{Stunden}$$

Um eine fehlerbezogene Teilzuverlässigkeit von 30 Tagen (mittlere fehlerfreie Betriebsdauer zwischen zwei durch Fehler verursachte Fehlfunktionen) zu erreichen, ist eine effektive Testzeit von etwa 45 Tagen erforderlich.

Lösung zu Aufgabe 2.7

a) Wie in Beispiel 2.4 sollen die Werte der Fehlerdichte $f_{\diamond 1}$ bis $f_{\diamond 4}$ und die zu erwartende Fehleranzahl $E(\varphi_\diamond)$ über ein Gleichungssystem mit zwei Gleichungen je Intervall vom Typ

$$\varphi_{\diamond\surd}(t_{T.j}) \approx E(\varphi_\diamond) \cdot \left(1 - \sum_{i=1}^{4} f_{\diamond i} \cdot t_{T.j} \cdot u_{j.i} \right)$$

und je einer Gleichung pro Intervallgrenze vom Typ

$$f_{\diamond i} - f_{\diamond.i+1} = 0$$

zur Glättung abgeschätzt werden. Die Testzeiten, nach denen Fehler erkannt werden, liegen im Bereich von 15 Sekunden bis 8 Stunden (28800 s). Es bieten sich für die Bereichsgrenzen (Gl. 2.129) und die Testzeiten, für die Gleichungen aufgestellt werden (Gl. 2.130), folgende geometrischen Reihen an:

$$Z_i = 10^i\,\text{s}$$
$$t_{T.j} = 10^{\frac{j+1}{2}}\,\text{s}$$

Die Anzahl der nachgewiesenen Fehler zu den Zeitpunkten j betragen:

j	1	2	3	4	5	6	7	8
$t_{T.j}$	$10\,\text{s}$	$10^{1{,}5}\,\text{s}$	$10^2\,\text{s}$	$10^{2{,}5}\,\text{s}$	$10^3\,\text{s}$	$10^{3{,}5}\,\text{s}$	$10^4\,\text{s}$	$10^{4{,}5}\,\text{s}$
		$32\,\text{s}$	$1{,}7\,\text{min}$	$5{,}3\,\text{min}$	$17\,\text{min}$	$53\,\text{min}$	$2{,}8\,\text{h}$	$8{,}8\,\text{h}$
$\varphi_\surd(t_{T.j})$	0	2	4	7	10	13	15	17

Die Koeffizienten $u_{1.1}$ bis $u_{4.8}$ im nachfolgenden Gleichungssystem wurden numerisch über Gl. 2.131 mit Matlab berechnet:

$$
\begin{pmatrix} 0 \\ 2 \\ 4 \\ 7 \\ 10 \\ 13 \\ 15 \\ 17 \\ 0 \\ 0 \\ 0 \end{pmatrix} =
\begin{pmatrix}
1 & -71 & -877 & -8.977 & -89.977 \\
1 & -45 & -831 & -8.928 & -89.927 \\
1 & -15 & -708 & -8.774 & -89.770 \\
1 & -1 & -454 & -8.314 & -89.276 \\
1 & 0 & -148 & -7.077 & -87.741 \\
1 & 0 & -9 & -4.539 & -83.142 \\
1 & 0 & 0 & -1.485 & -70.767 \\
1 & 0 & 0 & -87 & -45.386 \\
0 & 1 & -1 & 0 & 0 \\
0 & 0 & 1 & -1 & 0 \\
0 & 0 & 0 & 1 & -1
\end{pmatrix} \cdot
\begin{pmatrix}
E\left(\varphi_\diamond\right) \\
E\left(\varphi_\diamond\right) \cdot f_{\diamond 0} \\
E\left(\varphi_\diamond\right) \cdot f_{\diamond 1} \\
E\left(\varphi_\diamond\right) \cdot f_{\diamond 2} \\
E\left(\varphi_\diamond\right) \cdot f_{\diamond 3}
\end{pmatrix}
$$

Die Lösung des Gleichungssystems lautet

$E\left(\varphi_\diamond\right)$	$f_{\diamond 0}$	$f_{\diamond 1}$	$f_{\diamond 2}$	$f_{\diamond 3}$
18,9	$2{,}41 \cdot 10^{-4}$	$4{,}03 \cdot 10^{-5}$	$2{,}97 \cdot 10^{-6}$	$2{,}24 \cdot 10^{-7}$

und ist in Abbildung 2.25 links dargestellt. Abbildung 2.25 rechts zeigt die experimentell bestimmte Treppenfunktion und die zu erwartende Anzahl der beseitigten Fehler nach Gl. 2.127 mit der abgeschätzten Fehlerdichte.

b) Gesucht ist ein Satz von Parametern für eine Funktion nach Gl. 2.132

$$
E\left(\varphi_{\diamond\sqrt{}}(t_{\mathrm{T}})\right) = E\left(\varphi_\diamond\right) \cdot \left(1 - \left(\frac{t_{\mathrm{T}0}}{t_{\mathrm{T}}}\right)^k\right),
$$

die die experimentell bestimmte Kurve gut annähert. Lösungsverfahren sei wie in Beispiel 2.5 eine experimentelle Suche eines geeigneten Parametersatzes. Eine brauchbare Näherung ergibt sich mit den Parametern:

$$
E\left(\varphi_\diamond\right) = 36{,}5\,\text{Fehler}
$$
$$
t_{\mathrm{T}0} = 48\,\text{s}
$$
$$
k = 0{,}1
$$

In Abbildung A.4 ist der zeitliche Verlauf der Anzahl der beseitigten Fehler aus dem Experiment und sein Erwartungswert mit dem geschätzten Parametersatz für die Fehlerdichte dargestellt.

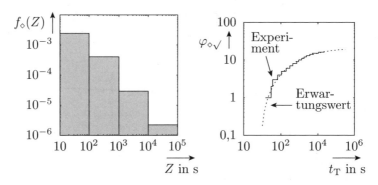

Abb. A.3. Ergebnis zu Aufgabe 2.7 a: links geschätzte Fehlerdichte, rechts Vergleich der Anzahl der beseitigten Fehler aus dem Experiment mit dem Erwartungswert für die geschätzte Fehlerdichte

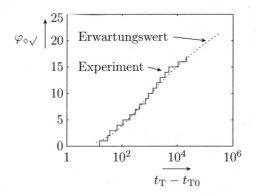

Abb. A.4. Anzahl der beseitigten Fehler und der zu erwartende Verlauf mit dem geschätzten Parametersatz zu Aufgabe 2.7 b)

c) Die zu erwartende Fehleranzahl $E\left(\varphi_{T\diamond}\right)$ nach der Fehlerbeseitigungsiteration ist um die insgesamt 17 beseitigten Fehler kleiner als der Schätzwert für die zu erwartende Fehleranzahl vor der Fehlerbeseitigungsiteration:

$$E\left(\varphi_{T\diamond}\left(8\,\text{Stunden}\right)\right) = E\left(\varphi_{\diamond}\right) - 17 = 19{,}5$$

Die fehlerbezogene Teilzuverlässigkeit nach der Fehlerbeseitigung ergibt sich über Gl. 2.116 und beträgt:

$$Z_{T\diamond}\left(8\,\text{Stunden}\right) = \frac{t_T}{k \cdot E\left(\varphi_{T\diamond}\right)}$$

$$= \frac{8\,\text{Stunden}}{0{,}1 \cdot 19{,}5} = 4{,}1\,\text{Stunden}$$

Lösung zu Aufgabe 2.8

Der Erwartungswert und die Varianz der experimentell bestimmten Stichprobe von Fehlerüberdeckungswerten betragen:

$$E\left(\widetilde{FC_M}\right) = \frac{1}{10}\sum_{i=1}^{10} FC_{M.i} = 89{,}75\%$$

$$D^2\left(\widetilde{FC_M}\right) = \frac{1}{9}\cdot\sum_{i=1}^{10}\left(FC_{M.i} - E\left(\widetilde{FC_M}\right)\right)^2 = 7{,}68\cdot 10^{-4}$$

Eingesetzt in Gl. 2.154 ergibt sich eine effektive Fehleranzahl von:

$$\varphi_{\text{eff}} = \min\left(\frac{E\left(\widetilde{FC_M}\right)\cdot\left(1 - E\left(\widetilde{FC_M}\right)\right)}{D^2\left(\widetilde{FC_M}\right)}, 200\right) = 119{,}8$$

Die experimentell bestimmbare Modellfehlerüberdeckung streut genauso stark, als wenn die Modellfehlermenge nur etwa 120 Fehler groß wäre und der Test alle 120 Modellfehler unabhängig voneinander nachweisen würde.

Lösung zu Aufgabe 2.9

a) Es findet ein Reifeprozess statt, denn die beobachtete Zuverlässigkeit nimmt zu.

b) Zur Abschätzung der Parameter d_0 und k wird die beobachtete Zuverlässigkeit in Abhängigkeit von der Nutzungsdauer in einem Koordinatensystem mit logarithmisch unterteilten Achsen dargestellt. Dabei wird d_0 so variiert, dass die dargestellte Treppenfunktion durch eine Gerade mit einem Anstieg im Bereich von 1 bis 2 angenähert werden kann. Das ist im Beispiel der Bereich $10 < d_0 < 20$ Tage. Der Wert für k ist nach Gl. 2.162 der Geradenanstieg minus 1.

c) Zur Abschätzung der zu beobachtenden Zuverlässigkeit einer Version, die zwei Jahre nach der ersten Version herausgegeben wird, genügt es, die Ausgleichsgeraden zu verlängern und die Zuverlässigkeit für

$$d_i = d_0 + 2\,\text{Jahre}$$

abzulesen. Die Ablesepunkte sind in Abbildung A.5 durch Quadrate gekennzeichnet. Die zu beobachtende Zuverlässigkeit wird etwa in einem Bereich von 25 bis 80 Tagen liegen, vorausgesetzt, der Hersteller lässt in seinen Bemühungen, die von den Anwendern entdeckten Fehlfunktionen zu beseitigen, nicht nach.

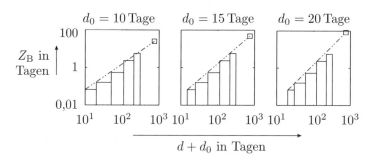

Approximation	d_0	k	Z_B nach 2 Jahren
1	10 Tage	0,37	24,3 Tage
2	15 Tage	0,67	46,7 Tage
3	20 Tage	0,96	83,1 Tage

Abb. A.5. Ausgleichskurven mit unterschiedlichen Parametersätzen für Gl. 2.162 zu Aufgabe 2.9 b

Lösung zu Aufgabe 2.10

In der Frühphase eines Rechners oder eines Schaltkreises ist die Ausfallrate deutlich höher als in der Gebrauchsphase. Die Voralterung bewirkt, dass die Frühausfälle, die für die erhöhte Ausfallrate in der Frühphase verantwortlich sind, vor dem Einsatz stattfinden und die Lebensdauer im Einsatz nicht mehr beeinträchtigen.

Software unterliegt als intellektuelle Ware keinem Verschleiß. Ihre Ausfallrate ist Null und lässt sich nicht weiter verringern. Nur der Rechner, der die Software abarbeitet, kann ausfallen.

Lösung zu Aufgabe 2.11

Die Ausfallrate des Plattenlaufwerks ist nach Gl. 2.177:

$$\lambda = \tau_L^{-1} = \frac{1}{350.000 \, \text{Stunden}} = \frac{1}{39{,}95 \, \text{Jahre}}$$

Eingesetzt in Gl. 2.178 beträgt die Überlebenswahrscheinlichkeit nach 5 Jahren:

$$R\,(t = 5 \, \text{Jahre}) = e^{-\frac{5 \, \text{Jahre}}{39{,}95 \, \text{Jahre}}} \approx 88\%$$

Lösung zu Aufgabe 2.12

Das Flugsteuersystem besteht aus zwei identischen Systemen, von denen eines funktionieren muss (Parallelschaltung). Jedes der beiden Teilsysteme besteht aus zwei Rechnerpaaren und Aktoren, wobei die Aktoren und mindestens ein Rechnerpaar funktionieren müssen (Parallelschaltung der Rechnerpaare in Reihe zu den Aktoren). Jedes Rechnerpaar besteht aus einem Steuerrechner und einem Überwachungsrechner, die beide funktionieren müssen (Reihenschaltung, Abbildung A.6).

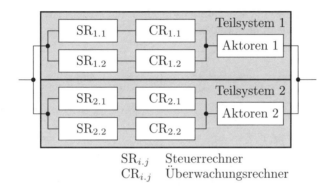

$\mathrm{SR}_{i.j}$ Steuerrechner
$\mathrm{CR}_{i.j}$ Überwachungsrechner

Abb. A.6. Überlebensplan des Flugsteuersystems für den Airbus A3XX zu Aufgabe 2.12

Lösung zu Aufgabe 2.13

Ein System ohne redundante Komponenten überlebt, solange alle Komponenten überleben (Reihenschaltung im Überlebensplan). In der Gebrauchsphase addieren sich nach Gl. 2.186 die Ausfallraten aller Komponenten:

$$\begin{aligned}
\lambda_{\mathrm{Sys}} = {} & 10 \cdot 10\,\mathrm{fit} \\
& + 100 \cdot 100\,\mathrm{fit} \\
& + 200 \cdot 5\,\mathrm{fit} \\
& + 10.000 \cdot 1\,\mathrm{fit} = 2{,}11 \cdot 10^4\,\mathrm{fit}
\end{aligned}$$

In 10^5 Stunden Betriebszeit sind 2,11 Ausfälle zu erwarten. Die mittlere Lebensdauer ist nach Gl. 2.183 das Reziproke der Ausfallrate und beträgt:

$$E\left(t_{\mathrm{L}}\right) = \lambda^{-1} = 47.393\,\mathrm{Stunden} \approx 5{,}4\,\mathrm{Jahre}$$

Lösung zu Aufgabe 2.14

a) Nach Gl. 2.210 beträgt die zu erwartende Gesamtfehleranzahl:

$$E(\varphi_\triangleright) = \frac{|\mathbf{M}_{\triangleright A}| \cdot |\mathbf{M}_{\triangleright B}|}{|\mathbf{M}_{\triangleright A} \cap \mathbf{M}_{\triangleright B}|}$$

$$= \frac{25 \cdot 19}{11} = 43 \tag{A.1}$$

Abzüglich der gefundenen $25 + 19 - 11 = 33$ Fehler beträgt die zu erwartende Anzahl der nicht gefundenen und nicht beseitigten Fehler 10.

b) Die zu erwartenden Datenfehlerüberdeckungen der beiden Inspektionen einzeln und zusammen betragen:

	A	B	zusammen
$\varphi_{\triangleright\checkmark}$ (gefundene Fehler)	25	19	33
$E(\varphi_\triangleright)$	43	43	43
$E(FC_\triangleright) = \frac{\varphi_{\triangleright\checkmark}}{E(\varphi_\triangleright)}$	58%	44%	77%

Lösung zu Aufgabe 2.15

Die zu erwartende Datenfehlerüberdeckung bei einer Ergebnisüberwachung durch Verdopplung und Vergleich gehorcht Gl. 2.218:

$$E(FC_\triangleright) = E(\eta_\star) + (1 - E(\eta_\star)) \cdot E(\eta_{\mathrm{Div}})$$

Der zu erwartende Anteil der unbeständigen Datenfehler ergibt sich über Gl. 2.217:

$$E(\eta_\star) = \frac{Z}{Z_\star}$$

Die Gesamtzuverlässigkeit Z je Einzelsystem beträgt:

$$Z = \frac{Z_\diamond \cdot Z_\star}{Z_\diamond + Z_\star} = 7{,}5\,\text{Stunden}$$

Eingesetzt in Gl. 2.218 ergibt sich für den Anteil der unbeständigen Datenfehler:

$$E(\eta_\star) = \frac{7{,}5\,\text{Stunden}}{30\,\text{Stunden}} = 25\%$$

Mit diesem Zwischenergebnis, eingesetzt in Gl. 2.218, beträgt die zu erwartende Datenfehlerüberdeckung:

$$E(FC_\triangleright) = 25\% + 75\% \cdot 95\% = 96{,}25\%$$

Lösung zu Aufgabe 2.16

a) Die zu erwartende Datenfehlerüberdeckung ist hier der zu erwartende Anteil der verfälschten Datenobjekte, die trotz ihrer Verfälschung mit ihrem Prüfkennzeichen zusammenpassen und dadurch nicht zu erkennen sind. Sie gehorcht Gl. 2.229:

$$E\left(FC_{\triangleright}\right) = 1 - 2^{-r}$$

(r – Anzahl der Bitstellen des Prüfkennzeichens) und hängt nicht von der Größe des Datenobjekts, in der Aufgabenstellung der Blockgröße, ab. Für die fünf Lösungsalternativen betragen die zu erwartenden Datenfehlerüberdeckungen:

Blockgröße	32	64	128	256	512	1024
r je Block	1	2	4	8	16	32
Blockanzahl	32	16	8	4	2	1
$E\left(FC_{\triangleright}\right)$	$1-2^{-1}$	$1-2^{-2}$	$1-2^{-4}$	$1-2^{-8}$	$1-2^{-16}$	$1-2^{-32}$

b) Die mit Abstand höchste Datenfehlerüberdeckung hat die letzte Lösung, bei der für das gesamte Datenmassiv ein gemeinsames 32-Bit-Prüfkennzeichen gebildet wird.

Lösung zu Aufgabe 2.17

Von den 10^{10} übertragenen Datenmassiven werden im Mittel 10^8 Datenmassive fehlerhaft übertragen. Von den fehlerhaft übertragenen Datenmassiven darf im Mittel nur eines unerkannt bleiben. Die zu erwartende Datenfehlerüberdeckung muss mindestens

$$E\left(FC_{\triangleright}\right) \geq 1 - 10^{-8}$$

betragen. Unter Verwendung von Gl. 2.229 muss das Prüfkennzeichen mindestens

$$r \geq \log_2\left(10^{-8}\right) = 27\,\text{Bit}$$

groß sein.

Lösung zu Aufgabe 2.18

Der Gesamtzuverlässigkeit Z der Einzelsysteme beträgt:

$$Z = \frac{Z_\diamond \cdot Z_\star}{Z_\diamond + Z_\star} = 7{,}5\,\text{Stunden}$$

Eingesetzt in Gl. 2.217 ergibt sich daraus für den Anteil der unbeständigen Datenfehler:

$$E(\eta_\star) = \frac{Z}{Z_\star} = \frac{7{,}5\,\text{Stunden}}{30\,\text{Stunden}} = 25\%$$

Aus ihm und aus der zu erwartenden Diversität ergibt sich über Gl. 2.241 ein zu erwartender Korrekturfaktor von:

$$E(\eta_{\text{Korr}}) = E(\eta_\star) + (1 - E(\eta_\star)) \cdot E(\eta_{\text{Div}})$$
$$= 25\% + 75\% \cdot 95\% = 96{,}25\%$$

Die Gesamtzuverlässigkeit des Dreiversionssystems beträgt nach Gl. 2.242:

$$Z_{\text{FT}} = \frac{Z}{(1 - E(\eta_{\text{Korr}}))}$$
$$= \frac{7{,}5\,\text{Stunden}}{1 - 96{,}25\%} = 200\,\text{Stunden}$$

A.3 Lösungen der Aufgaben zu Kapitel 3

Lösung zu Aufgabe 3.1

a) Die fehlerorientierte Testauswahl basiert auf einer Strukturbeschreibung, aus der mit Hilfe eines Fehlermodells eine Modellfehlermenge generiert wird. Der Sinn und Vorteil dieses Ansatzes ist, dass es ein bestimmbares Gütemaß für Testsätze gibt, die Modellfehlerüberdeckung. Die Modellfehlerüberdeckung hat zwar nicht denselben Wert wie die tatsächliche Fehlerüberdeckung, aber sie erlaubt zumindest vergleichende Aussagen über die Güte unterschiedlicher Testsätze.

Eine Funktionsbeschreibung ohne Kenntnis der Realisierung sagt nichts über die zu erwartenden Fehler und ihre Nachweismöglichkeiten aus. Damit sind keine Güteaussagen für Testsätze möglich. Aus Sicht der Fehlerüberdeckung sind auf Basis einer Funktionsbeschreibung ausgewählte Testsätze Zufallstestsätze, deren Güte allein von der Anzahl der Testschritte bestimmt wird.

b) Die fehlerorientierte Testauswahl setzt ein geeignetes Fehlermodell voraus. Für eine gezielte Testauswahl lautet die Forderung, dass das Fehlermodell für jeden potenziellen Fehler zumindest ähnlich nachweisbare Modellfehler erzeugen muss. Für eine zufällige Testauswahl genügt es, wenn die Fehlerdichten der Fehler und der Modellfehler vergleichbar oder ineinander umrechenbar sind. Im Grunde genügt eine Stichprobe von Nachweisbedingungen, die in ähnlicher Weise von der Struktur des Systems abhängt wie die Nachweiswahrscheinlichkeiten der zu erwartenden Fehler.

Lösung zu Aufgabe 3.2

Der Multiplexer besteht aus zwei Transistorpaaren, die wahlweise den Eingang x_1 oder den Eingang x_2 mit dem Ausgang y verbinden. Das dritte Transistorpaar bildet einen Inverter, der das invertierte Auswahlsignal $\bar{s}$ für die Ansteuerung der Transistoren Tp1 und Tn2 bildet.

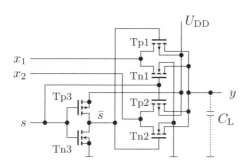

Lösung zu Aufgabe 3.3

a) Je schwerwiegender die Fehlerwirkung ist, desto größer ist die Wahrscheinlichkeit, dass ein Fehler durch Zufall gefunden wird und desto unwichtiger ist es, diesen Fehler bei der Testauswahl zu berücksichtigen. Schwerwiegende globale Fehler werden auch ohne explizite Berücksichtigung praktisch von keinem Testsatz übersehen.

b) Der unterstellte Prozesssteuerfehler ist, falls vorhanden, an jedem NMOS-Transistor nachweisbar. Wenn ein Transistor untersucht wird und richtig funktioniert, ist ausgeschlossen, dass *alle* Transistoren eine falsche Einschaltspannung haben. Die Überprüfung einer Stichprobe größer 1 dient zum Ausschluss des Fehlertyps »die meisten Transistoren ...«.

Lösung zu Aufgabe 3.4

Mehrfachfehler sind tendenziell einfacher nachzuweisen als Einzelfehler. Bei einer gezielten Testauswahl erhöht sich die Anzahl der ähnlich nachweisbaren Fehler und über Gl. 2.89 die Fehlernachweiswahrscheinlichkeit. Bei zufälliger Testauswahl erhöhen sich die Fehlernachweiswahrscheinlichkeiten der Mehrfachfehler über die Vergrößerung der Fehlernachweismengen. Insgesamt erhöht das Auftreten von Mehrfachfehlern die tatsächliche Fehlerüberdeckung bei gleicher Modellfehlerüberdeckung.

Lösung zu Aufgabe 3.5

a) Der einzige redundante Haftfehler ist sa1 ($x_{2.3}$). Um den Fehler anzuregen, muss an Eingang x_2 Null angelegt werden. Damit die Fehlerwirkung an Ausgang y_3 beobachtbar ist, muss weiterhin $z_3 = 1$ eingestellt werden. Aus $x_2 = 0$ folgt jedoch $z_3 = 0$. Der Fehler kann nicht gleichzeitig angeregt und beobachtet werden. Abbildung A.7 zeigt die vereinfachte Schaltung.

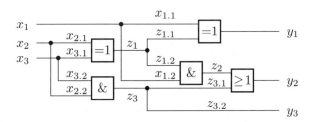

Abb. A.7. Vereinfachte Schaltung zu Aufgabe 3.5

b) Die Anfangsfehlermenge der Schaltung in Abbildung A.7 ohne den redundanten Fehler lautet:

sa0(x_1)	sa0($x_{1.1}$)	sa0($x_{1.2}$)	sa0(x_2)	sa0($x_{2.1}$)	sa0($x_{2.2}$)
sa0(x_3)	sa0($x_{3.1}$)	sa0($x_{3.2}$)	sa0(z_1)	sa0($z_{1.1}$)	sa0($z_{1.2}$)
sa0(z_2)	sa0(z_3)	sa0($z_{3.1}$)	sa0($z_{3.2}$)	sa0(y_1)	sa0(y_2)
sa0(y_3)	sa1(x_1)	sa1($x_{1.1}$)	sa1($x_{1.2}$)	sa1(x_2)	sa1($x_{2.1}$)
sa1($x_{2.2}$)	sa1(x_3)	sa1($x_{3.1}$)	sa1($x_{3.2}$)	sa1(z_1)	sa1($z_{1.1}$)
sa1($z_{1.2}$)	sa1(z_2)	sa1(z_3)	sa1($z_{3.1}$)	sa1($z_{3.2}$)	sa1(y_1)
sa1(y_2)	sa1(y_3)				

(38 Modellfehler)

c) Teilfehlermengen identisch nachweisbarer Fehler sind:

$$\{\text{sa0}\,(x_{2.2})\,,\ \text{sa0}\,(x_{3.2})\,,\ \text{sa0}\,(z_3)\}\quad \{\text{sa0}\,(x_{1.2})\,,\ \text{sa0}\,(z_{1.2})\,,\ \text{sa0}\,(z_2)\}$$
$$\{\text{sa0}\,(z_{3.2})\,,\ \text{sa0}\,(y_3)\}\qquad\qquad \{\text{sa1}\,(z_2)\,,\ \text{sa1}\,(z_{3.1})\,,\ \text{sa1}\,(y_2)\}$$

Die vereinfachte Fehlermenge lautet:

$\mathrm{sa0}(x_1)$	$\mathrm{sa0}(x_{1.1})$		$\mathrm{sa0}(x_2)$	$\mathrm{sa0}(x_{2.1})$	
$\mathrm{sa0}(x_3)$	$\mathrm{sa0}(x_{3.1})$		$\mathrm{sa0}(z_1)$	$\mathrm{sa0}(z_{1.1})$	
$\mathrm{sa0}(z_2)$	$\mathrm{sa0}(z_3)$	$\mathrm{sa0}(z_{3.1})$		$\mathrm{sa0}(y_1)$	$\mathrm{sa0}(y_2)$
$\mathrm{sa0}(y_3)$	$\mathrm{sa1}(x_1)$	$\mathrm{sa1}(x_{1.1})$	$\mathrm{sa1}(x_{1.2})$	$\mathrm{sa1}(x_2)$	$\mathrm{sa1}(x_{2.1})$
$\mathrm{sa1}(x_{2.2})$	$\mathrm{sa1}(x_3)$	$\mathrm{sa1}(x_{3.1})$	$\mathrm{sa1}(x_{3.2})$	$\mathrm{sa1}(z_1)$	$\mathrm{sa1}(z_{1.1})$
$\mathrm{sa1}(z_{1.2})$		$\mathrm{sa1}(z_3)$		$\mathrm{sa1}(z_{3.2})$	$\mathrm{sa1}(y_1)$
$\mathrm{sa1}(y_2)$	$\mathrm{sa1}(y_3)$				

(31 Modellfehler)

d) Implizit nachweisbare Modellfehler sind:

- bedingt durch die Gatterfunktion:

$$\mathrm{sa1}(x_{2.2}), \mathrm{sa1}(x_{3.2}) \Rightarrow \mathrm{sa1}(z_3) \quad \mathrm{sa1}(x_{1.2}), \mathrm{sa1}(z_{1.2}) \Rightarrow \mathrm{sa1}(z_2)$$
$$\mathrm{sa0}(z_2), \mathrm{sa0}(z_{3.1}) \Rightarrow \mathrm{sa0}(y_2)$$

- bedingt durch Auffächerungen:

$$\mathrm{sa0}(x_{1.1}), \mathrm{sa0}(x_{1.2}) \Rightarrow \mathrm{sa0}(x_1) \quad \mathrm{sa1}(x_{1.1}), \mathrm{sa1}(x_{1.2}) \Rightarrow \mathrm{sa1}(x_1)$$
$$\mathrm{sa0}(x_{2.1}), \mathrm{sa0}(x_{2.2}) \Rightarrow \mathrm{sa0}(x_2) \quad \mathrm{sa1}(x_{2.1}), \mathrm{sa1}(x_{2.2}) \Rightarrow \mathrm{sa1}(x_2)$$
$$\mathrm{sa0}(x_{3.1}), \mathrm{sa0}(x_{3.2}) \Rightarrow \mathrm{sa0}(x_3) \quad \mathrm{sa1}(x_{3.1}), \mathrm{sa1}(x_{3.2}) \Rightarrow \mathrm{sa1}(x_3)$$
$$\mathrm{sa0}(z_{1.1}), \mathrm{sa0}(z_{1.2}) \Rightarrow \mathrm{sa0}(z_1) \quad \mathrm{sa1}(z_{1.1}), \mathrm{sa1}(z_{1.2}) \Rightarrow \mathrm{sa1}(z_1)$$
$$\mathrm{sa0}(z_{3.1}), \mathrm{sa0}(z_{3.2}) \Rightarrow \mathrm{sa0}(z_3) \quad \mathrm{sa1}(z_{3.1}), \mathrm{sa1}(z_{3.2}) \Rightarrow \mathrm{sa1}(z_3)$$

- Die vereinfachte Fehlermenge lautet:

	$\mathrm{sa0}(x_{1.1})$			$\mathrm{sa0}(x_{2.1})$	
	$\mathrm{sa0}(x_{3.1})$			$\mathrm{sa0}(z_{1.1})$	
$\mathrm{sa0}(z_2)$		$\mathrm{sa0}(z_{3.1})$		$\mathrm{sa0}(y_1)$	
$\mathrm{sa0}(y_3)$		$\mathrm{sa1}(x_{1.1})$	$\mathrm{sa1}(x_{1.2})$		$\mathrm{sa1}(x_{2.1})$
$\mathrm{sa1}(x_{2.2})$		$\mathrm{sa1}(x_{3.1})$	$\mathrm{sa1}(x_{3.2})$		$\mathrm{sa1}(z_{1.1})$
$\mathrm{sa1}(z_{1.2})$				$\mathrm{sa1}(z_{3.2})$	$\mathrm{sa1}(y_1)$
$\mathrm{sa1}(y_2)$	$\mathrm{sa1}(y_3)$				

(20 Modellfehler)

Lösung zu Aufgabe 3.6

Der Kurzschluss in Abbildung A.8 a ist nachweisbar, wenn entweder $z_1 = 0$ gilt und einer der sa0-Fehler auf den Zweigen der unteren Leitung nachweisbar ist, oder wenn $z_2 = 0$ gilt und gleichzeitig einer der sa0-Fehler auf den Zweigen der oberen Leitung nachweisbar ist. Mit der Vorgabe, dass beide Leitungen mit einer Wahrscheinlichkeit von $g(z_1) = g(z_2) = 50\%$ den Signalwert 1 führen, impliziert der Nachweis von einem der $N_{TpF} = 4$ sa0-Fehler den Nachweis des Kurzschlusses mit einer Wahrscheinlichkeit $p_{i.j} = 50\%$. Das ist genau derselbe Zusammenhang, wie er auch im Beispiel 3.1 abgeschätzt wurde.

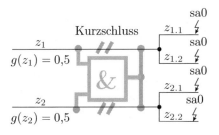 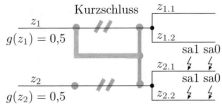

a) der Kurzschluss wirkt wie ein
   logisches UND

b) der Wert der oberen Leitung
   setzt sich durch

Abb. A.8. Nachweisbeziehungen zwischen Kurzschlüssen und Haftfehlern zu Aufgabe 3.6

Bei dem Kurzschluss in Abbildung A.8 b setzt sich der Wert von Leitung z_1 durch. Es gibt gleichfalls $N_{TpF} = 4$ ähnlich nachweisbare Haftfehler, hier alle Haftfehler auf den Zweigen der Leitung z_2. Der Kurzschluss ist zum einen bei $z_1 = 0$ nachweisbar, wenn gleichzeitig sa0 ($z_{2.1}$) oder sa0 ($z_{2.2}$) nachweisbar ist. Zum anderen ist er bei $z_1 = 1$ nachweisbar, wenn gleichzeitig sa1 ($z_{2.1}$) oder sa1 ($z_{2.2}$) nachweisbar ist. Die Anzahl der ähnlich nachweisbaren Modellfehler ist auch hier $N_{TpF} = 4$ und die bedingte Wahrscheinlichkeit, dass ein Testschritt, der einen der ähnlich nachweisbaren Modellfehler nachweist, auch den Kurzschluss nachweist, ist wieder $p_{i.j} = 50\%$.

Lösung zu Aufgabe 3.7

Die minimal nachweisbare Erhöhung der Signallaufzeit des Gatterverzögerungsfehlermodells ergibt sich aus der Differenz zwischen der Dauer einer Taktperiode und der Soll-Pfadverzögerungszeit des Pfades, über den der Signalwechsel getestet wird (vgl. Abbildung 3.26 und Gl. 3.14). Gatterverzögerungsfehler, die über unterschiedliche Schaltungspfade nachgewiesen werden können, sind nur dann durch einen Test sicher auszuschließen, wenn der Nachweis über den Pfad mit der längsten Pfadverzögerungszeit erfolgt.

Das Modell des robusten Fehlernachweises enthält eine Zusatzbedingung für die Testauswahl. Entlang des Pfades, über den die Signallaufzeit kontrolliert wird, dürfen keine weiteren Signaländerungen stattfinden. Das stellt sicher, dass Testsätze die einzelne Gatterverzögerungsfehler nachweisen, auch alle Kombinationen mehrfacher Gatterverzögerungsfehler nachweisen. Der Nachteil ist, dass es dadurch schwieriger wird, Tests zu finden.

Das Pfadverzögerungsfehlermodell verlangt, dass jeder Gatterverzögerungsfehler über alle Pfade einer Schaltung, auf denen er liegt, nachgewiesen wird. So ist der Pfad, der im fehlerfreien Fall die längste Pfadverzögerungszeit besitzt, natürlich auch dabei. Der Nachteil ist, dass die Anzahl der Pfade in einer Schaltung und damit auch die Anzahl der Modellfehler stark überproportional mit der Anzahl der Gatter zunimmt, so dass dieses Fehlermodell nicht für die Testauswahl für größere Systeme geeignet ist.

Lösung zu Aufgabe 3.8

In einer integrierten CMOS-Schaltung dürfen nur während der Umladevorgänge nennenswerte Ströme fließen. Wenn die Stromaufnahme des Schaltkreises nach einem Signalwechsel an den Eingängen nicht auf einen Wert nahe Null abklingt, ist irgendetwas im Schaltkreis defekt. Zu den Fehlern, die sich auf eine erhöhte Ruhestromaufnahme abbilden, gehören Kurzschlüsse und Signalwerte im verbotenen Bereich, verursacht z. B. durch Unterbrechungen und andere potenzielle Schaltkreisfehler.

Vorteile des Fehlernachweises über die Überwachung der Ruhestromaufnahme sind

- die viel höhere Fehlernachweiswahrscheinlichkeit bei einem Zufallstest
- die wesentlich einfachere Testsatzberechnung
- der Nachweis von logisch nicht nachweisbaren Fehlern.

Lösung zu Aufgabe 3.9

Testsätze, die auf der Basis von Modellfehlern berechnet werden, haben nur dann eine höhere Fehlerüberdeckung als gleichlange Zufallstestsätze, wenn die Modellfehlermenge für die zu erwartenden Fehler mindestens ähnlich nachweisbare Modellfehler enthält. Entwurfsbeschreibungen, die als Grundlage zur fehlerorientierten Testauswahl für Entwurfsfehler dienen, können nicht als fehlerfrei angenommen werden. Es können möglicherweise komplette Teilfunktionen fehlen. Für diese und auch andere Arten von Fehlern ist es nicht möglich, mit einem Fehlermodell ähnlich nachweisbare Modellfehler zu erzeugen. Es bleibt nur der zufällige Nachweis. Der Zufallstestsatz, der für die nicht anders nachweisbaren Fehler erforderlich ist, weist natürlich auch den größten Teil der Fehler nach, für die eine gezielte Testauswahl möglich wäre. Gezielte Testauswahl lohnt sich deshalb nicht.

Lösung zu Aufgabe 3.10

Die nachfolgende Tabelle zeigt die Soll- und die Ist-Ausgabe am Ausgang y_2:

x_3	x_2	x_1	$y_{2.\text{soll}}$	$y_{2.\text{ist}}$	Auftrittshäufigkeit
0	0	0	0	0	0,1
0	0	1	0	0	0,15
0	1	0	0	0	0,05
0	1	1	1	0	0,2
1	0	0	0	0	0,05
1	0	1	1	0	0,2
1	1	0	1	1	0,05
1	1	1	1	1	0,2

Der eingezeichnete Haftfehler besitzt die Nachweismenge $\mathbf{T}_{\diamond i} = \{011, 101\}$.

a) Die Nachweiswahrscheinlichkeit je Testschritt, wenn alle Variationen der Eingabe mit gleicher Häufigkeit auftreten, beträgt:

$$p_i = 2/8 = 0{,}25$$

b) Die Nachweiswahrscheinlichkeit je Testschritt mit den Auftrittshäufigkeiten der einzelnen Eingabevektoren entsprechend Vorgabe beträgt:

$$p_i = 0{,}2 + 0{,}2 = 0{,}4$$

Lösung zu Aufgabe 3.11

a) Die Nachbildung der Soll-Funktion der Schaltung mit bitweisen Logikoperationen ergibt:

```
 1:  z1  = not x1
 2:  z2  = z1 and x2
 3:  z3  = not x2
 4:  z4  = not x3
 5:  z5  = z1 and x4
 6:  z6  = not x4
 7:  z7  = z3 and z4
 8:  z8  = x5 and z6
 9:  z9  = z2 or z7
10:  z10 = z5 or z8
11:  z11 = x4 and z9
12:  z12 = z4 and z10
13:  y   = z11 or z12
```

b) Berechnung der Nachweisbarkeit der Modellfehler F1 bis F3 nach dem
   PPSF (parallel pattern single fault) -Prinzip:

```
# Fehler F1: sa0(z2)
#    z9_F1  = 0 or z7    => z9_F1 = z7
14: z11_F1 = x4 and z9_F1        = x4 and z7
15: y_F1   = z11_F1 or z12
16: F1     = y_F1 xor y
# Fehler F2: sa1(z5)
#    z10_F2 = 0xffffffff or  z8  = 0x...ff
#    z12_F2 = 0xffffffff and z4  = z4
17: y_F2   = z11 or z12_F2       = z11 or z4
18: F2     = y_F2 xor y
# Fehler F3: sa1(z4)
#    z12_F3 = 0xffffffff and z10 = z10
19: y_F3   = z11 or z12_F3       = z11 or z10
20: F3     = y_F3 xor y
```

c) Simulation der Fehler in unterschiedlichen Bitstellen:

```
 1: z1   = not x1
 2: z2   = z1 and x2
 3: z2   = z2 and 0xfffffffd    # z2.Bit1 = 0
 4: z3   = not x2
 5: z4   = not x3
 6: z4_2 = z4 or 0x8            # z4_2.Bit3 = 1
 7: z5   = z1 and x4
 8: z5   = z5 or 0x4            # z5.Bit2 = 1
 9: z6   = not x4
10: z7   = z3 and z4
11: z8   = x5 and z6
12: z9   = z2 or z7
13: z10  = z5 or z8
14: z11  = x4 and z9
15: z12  = z4_2 and z10
16: y    = z11 or z12
17: y_soll = ExpBit0 y
18: F    = y xor y_soll
```

d) Der erschöpfende Test umfasst $2^5 = 32$ Testschritte. Beim PPSF-Verfahren
   mit 32-Bit-Variablen können alle 32 Testeingaben in einem Schritt simuliert werden. Der gesamte Rechenaufwand umfasst 20 Operationen. Beim
   SPPF-Verfahren erfordert die Simulation eines Testschrittes mit allen Fehlern 18 Operationen. Multipliziert mit der Anzahl der Testschritte ergibt
   sich ein Gesamtaufwand von $32 \cdot 18 = 576$ Operationen.

Lösung zu Aufgabe 3. 12

Weder die Lösung noch die Suchreihenfolge ist eindeutig. Nachfolgend ist eine Beispiellösung dargestellt:

a) Einstellen der lokalen Anregungs- und Beobachtungsbedingung für den Fehler sa1(z_5). Für den Fehlernachweis muss z_5 gleich 0 und beobachtbar sein.

b) Eindeutige Werte: Der Beobachtungspfad ist eindeutig und muss über z_{10} und z_{12} nach y führen. Aus $z_5 = z_{10} = $ D folgt $z_8 = 0$. Aus $z_{10} = z_{12} = $ D folgt $z_4 = 1$. Aus $z_4 = 1$ folgt $x_3 = 0$. Aus $z_{12} = y = $ D folgt $z_{11} = 0$.

c) Es sind noch von den Signalen z_5, z_8 und z_{11} Steuerpfade zu Eingängen zu suchen. Entscheidung für z_5. Zur Einstellung von $z_5 = 0$ gibt es die Möglichkeiten $x_4 = 0$ oder $z_1 = 0$. Entscheidung für $x_4 = 0$.

d) Eindeutige Werte: Der Wert $x_4 = 0$ impliziert $z_{11} = 0$ und $z_6 = 1$. Die Werte $z_6 = 1$ und $z_8 = 0$ implizieren $x_5 = 0$. Alle Bedingungen für die Fehleranregung und die Sensibilisierung des Beobachtungspfades sind damit erfüllt. Die noch nicht festgelegten Werte sind für den Fehlernachweis ohne Bedeutung.

	x_1	x_2	x_3	x_4	x_5	z_1	z_2	z_3	z_4	z_5	z_6	z_7	z_8	z_9	z_{10}	z_{11}	z_{12}	y
a)										0/D								
b)			0				1	⇓					0		D	0	D	D
c)			⇓	0			⇓	⇓					⇓		⇓	⇓	⇓	⇓
d)			⇓	⇓	0		⇓	⇓	1				⇓		⇓	⇓	⇓	⇓
	X	X	0	0	0	X	X	X	1	D	1	X	0	X	D	0	D	D

A.4 Lösungen der Aufgaben zu Kapitel 4

Lösung zu Aufgabe 4.1

a) Ausführlich geschrieben lautet die Summenfunktion:

$$q_1 = x_1 \oplus x_3 \oplus x_4$$
$$q_2 = x_2 \oplus x_4 \oplus x_5$$
$$q_3 = x_1 \oplus x_4 \oplus x_5$$
$$q_4 = x_1 \oplus x_2 \oplus x_5$$
$$q_5 = x_2 \oplus x_3$$

Die Teilsummen $x_1 \oplus x_4$ und $x_2 \oplus x_5$ können ausgeklammert werden, so dass sich zwei EXOR-Gatter einsparen lassen:

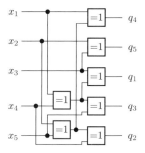

b) Abbildung A.9 zeigt die Wertetabelle der Summenfunktion. Die Abbildung der Eingabe auf die Ausgabe hat den erwarteten Pseudozufallscharakter.

	$x_5\,x_4\,x_3\,x_2\,x_1$	$q_5\,q_4\,q_3\,q_2\,q_1$			$x_5\,x_4\,x_3\,x_2\,x_1$	$q_5\,q_4\,q_3\,q_2\,q_1$	
0	0 0 0 0 0	0 0 0 0 0	0	16	1 0 0 0 0	0 1 1 1 0	14
1	0 0 0 0 1	0 1 1 0 1	13	17	1 0 0 0 1	0 0 0 1 1	3
2	0 0 0 1 0	1 1 0 1 0	26	18	1 0 0 1 0	1 0 1 0 0	20
3	0 0 0 1 1	1 0 1 1 1	23	19	1 0 0 1 1	1 1 0 0 1	25
4	0 0 1 0 0	1 0 0 0 1	17	20	1 0 1 0 0	1 1 1 1 1	31
5	0 0 1 0 1	1 1 1 0 0	28	21	1 0 1 0 1	1 0 0 1 0	18
6	0 0 1 1 0	0 1 0 1 1	11	22	1 0 1 1 0	0 0 1 0 1	5
7	0 0 1 1 1	0 0 1 1 0	6	23	1 0 1 1 1	0 1 0 0 0	8
8	0 1 0 0 0	0 0 1 1 1	7	24	1 1 0 0 0	0 1 0 0 1	9
9	0 1 0 0 1	0 1 0 1 0	10	25	1 1 0 0 1	0 0 1 0 0	4
10	0 1 0 1 0	1 1 1 0 1	29	26	1 1 0 1 0	1 0 0 1 1	19
11	0 1 0 1 1	1 0 0 0 0	16	27	1 1 0 1 1	1 1 1 1 0	30
12	0 1 1 0 0	1 0 1 1 0	22	28	1 1 1 0 0	1 1 0 0 0	24
13	0 1 1 0 1	1 1 0 1 1	27	29	1 1 1 0 1	1 0 1 0 1	21
14	0 1 1 1 0	0 1 1 0 0	12	30	1 1 1 1 0	0 0 0 1 0	2
15	0 1 1 1 1	0 0 0 0 1	1	31	1 1 1 1 1	0 1 1 1 1	15

Abb. A.9. Wertetabelle der linearen Summenfunktion zu Aufgabe 4.1

Lösung zu Aufgabe 4.2

Die erforderliche Gesamtbitanzahl N_{Bit} der Codewörter ergibt sich aus Gl. 1.42 durch Einsetzen der Anzahl der gültigen Codewörter $N_{\mathrm{CWG}} = 2^{26}$ und der Anzahl der zu korrigierenden Bits $N_{\mathrm{Korr}} = 1$:

$$2^{26} \cdot (N_{\mathrm{Bit}} + 1) \leq 2^{N_{\mathrm{Bit}}} \tag{A.2}$$

Die gesamten Codewörter müssen mindestens $N_{\mathrm{Bit}} = 31$ Bit groß sein. Abzüglich der $w = 26$ Datenbits ist eine Prüfsumme von $r = 5$ Prüfbits erforderlich.

Damit der Differenzvektor der Kontrollstellen wie in Abschnitt 4.1.1.4 die Nummer des verfälschten Bits angibt, muss für die Differenz zwischen der übertragenen und der im Empfänger gebildeten Prüfsumme gelten:

$$\Delta q_0 = b_1 \oplus b_3 \oplus b_5 \oplus b_7 \oplus b_9 \oplus b_{11} \oplus b_{13} \oplus b_{15} \oplus b_{17} \oplus b_{19} \oplus b_{21}$$
$$\oplus b_{23} \oplus b_{25} \oplus b_{27} \oplus b_{29} \oplus b_{31}$$

$$\Delta q_1 = b_2 \oplus b_3 \oplus b_6 \oplus b_7 \oplus b_{10} \oplus b_{11} \oplus b_{14} \oplus b_{15} \oplus b_{18} \oplus b_{19} \oplus b_{22}$$
$$\oplus b_{23} \oplus b_{26} \oplus b_{27} \oplus b_{30} \oplus b_{31}$$

$$\Delta q_2 = b_4 \oplus b_5 \oplus b_6 \oplus b_7 \oplus b_{12} \oplus b_{13} \oplus b_{14} \oplus b_{15} \oplus b_{20} \oplus b_{21} \oplus b_{22}$$
$$\oplus b_{23} \oplus b_{28} \oplus b_{29} \oplus b_{30} \oplus b_{31}$$

$$\Delta q_3 = b_8 \oplus b_9 \oplus b_{10} \oplus b_{11} \oplus b_{12} \oplus b_{13} \oplus b_{14} \oplus b_{15} \oplus b_{24} \oplus b_{25} \oplus b_{26}$$
$$\oplus b_{27} \oplus b_{28} \oplus b_{29} \oplus b_{30} \oplus b_{31}$$

$$\Delta q_4 = b_{16} \oplus b_{17} \oplus b_{18} \oplus b_{19} \oplus b_{20} \oplus b_{21} \oplus b_{22} \oplus b_{23} \oplus b_{24} \oplus b_{25} \oplus b_{26}$$
$$\oplus b_{27} \oplus b_{28} \oplus b_{29} \oplus b_{30} \oplus b_{31}$$

Die Kontrollstellen sollen genau wie in Abschnitt 4.1.1.4 die niederwertigsten Bitstellen im Differenzvektor sein:

$$q_0 \Rightarrow b_1 \Big| q_1 \Rightarrow b_2 \Big| q_2 \Rightarrow b_4 \Big| q_3 \Rightarrow b_8 \Big| q_4 \Rightarrow b_{16}$$

Mit dieser Zuordnung lautet die Berechnungvorschrift für die Prüfsumme:

$$q_0 = b_3 \oplus b_5 \oplus b_7 \oplus b_9 \oplus b_{11} \oplus b_{13} \oplus b_{15} \oplus b_{17} \oplus b_{19} \oplus b_{21}$$
$$\oplus b_{23} \oplus b_{25} \oplus b_{27} \oplus b_{29} \oplus b_{31}$$

$$q_1 = b_3 \oplus b_6 \oplus b_7 \oplus b_{10} \oplus b_{11} \oplus b_{14} \oplus b_{15} \oplus b_{18} \oplus b_{19} \oplus b_{22}$$
$$\oplus b_{23} \oplus b_{26} \oplus b_{27} \oplus b_{30} \oplus b_{31}$$

$$q_2 = b_5 \oplus b_6 \oplus b_7 \oplus b_{12} \oplus b_{13} \oplus b_{14} \oplus b_{15} \oplus b_{20} \oplus b_{21} \oplus b_{22}$$
$$\oplus b_{23} \oplus b_{28} \oplus b_{29} \oplus b_{30} \oplus b_{31}$$

$$q_3 = b_9 \oplus b_{10} \oplus b_{11} \oplus b_{12} \oplus b_{13} \oplus b_{14} \oplus b_{15} \oplus b_{24} \oplus b_{25} \oplus b_{26}$$
$$\oplus b_{27} \oplus b_{28} \oplus b_{29} \oplus b_{30} \oplus b_{31}$$

$$q_4 = b_{17} \oplus b_{18} \oplus b_{19} \oplus b_{20} \oplus b_{21} \oplus b_{22} \oplus b_{23} \oplus b_{24} \oplus b_{25} \oplus b_{26}$$
$$\oplus b_{27} \oplus b_{28} \oplus b_{29} \oplus b_{30} \oplus b_{31}$$

Die übrigen Bits des Gesamtvektors sind für Datenbits frei. Als Zuordnung kann z. B. gewählt werden:

$$x_0 \Rightarrow b_3 \Big| x_3 \Rightarrow b_7 \Big| x_6 \Rightarrow b_{11} \Big| x_9 \Rightarrow b_{14} \Big| x_{12} \Rightarrow b_{18}$$
$$x_1 \Rightarrow b_5 \Big| x_4 \Rightarrow b_9 \Big| x_7 \Rightarrow b_{12} \Big| x_{10} \Rightarrow b_{15} \Big| \quad \cdots$$
$$x_2 \Rightarrow b_6 \Big| x_5 \Rightarrow b_{10} \Big| x_8 \Rightarrow b_{13} \Big| x_{11} \Rightarrow b_{17} \Big| x_{25} \Rightarrow b_{31}$$

Lösung zu Aufgabe 4.3

a) Das Produkt der Polynome $P(v) = G(v) \cdot X(v)$ ist:

$$\left(v^8 \oplus v^5 \oplus v^3 \oplus 1\right) \cdot \left(v^5 \oplus v^2 \oplus 1\right) = v^{13} \oplus v^{10} \oplus v^8 \oplus v^5 \oplus$$
$$v^{10} \oplus v^7 \oplus v^5 \oplus v^2 \oplus$$
$$v^8 \oplus v^5 \oplus v^3 \oplus 1$$
$$= v^{13} \oplus v^7 \oplus v^5 \oplus v^3 \oplus v^2 \oplus 1$$

b) Der Quotient

$$\frac{P(v)}{G(v)} = \frac{v^{13} \oplus v^7 \oplus v^5 \oplus v^3 \oplus v^2 \oplus 1}{v^5 \oplus v^2 \oplus 1} = v^8 \oplus v^5 \oplus v^3 \oplus 1$$

ergibt wieder das Polynom $X(v)$ und den Divisionsrest Null.

c) Abbildung A.10 zeigt den Automaten zur Nachbildung der Polynommultiplikation aus Aufgabenteil a.

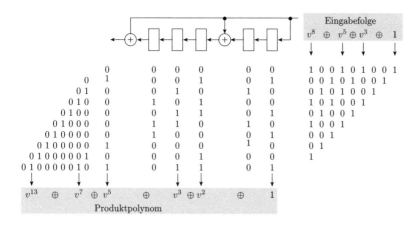

Abb. A.10. Automat zur Realisierung der Polynommultiplikation zu Aufgabe 4.3

Lösung zu Aufgabe 4.4

a) Der einfachste Automat zur Rückgewinnung der Originalfolge ist ein rückgekoppeltes Schieberegister, das in jedem Abbildungsschritt genau die umgekehrte Funktion wie der Automat in Abbildung A.10 realisiert. Er ist in Abbildung A.11 dargestellt.

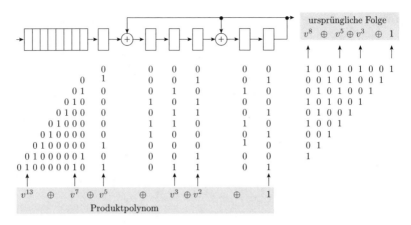

Abb. A.11. Schrittweise Umkehrung der Polynommultiplikation zu Aufgabe 4.4 a

b) Verfälschungen der Produktfolge werden daran erkannt, dass das rückgekoppelte Schieberegister in Abbildung A.11 nicht den Zustand Null erreicht. Eine Polynommultiplikation besitzt bezüglich potenzieller Verfälschungen Pseudozufallscharakter. Die korrespondierende Folge zum Polynomprodukt ist ein fehlererkennender Code mit $w = 8$ Datenbits und
$r = 5$ Prüfbits. Die zu erwartende Datenfehlerüberdeckung beträgt nach
Gl. 2.227:

$$E\left(FC_\triangleright\right) = 1 - 2^{-5} = 96{,}9\%$$

Lösung zu Aufgabe 4.5

Das inverse Polynom zum charakteristischen Polynom $G\left(v\right) = v^4 \oplus v \oplus 1$ lautet
nach Gl. 4.58:

$$\begin{aligned} G\left(z\right) &= v^4 \cdot \left(v^{-4} \oplus v^{-1} \oplus 1\right) \\ &= v^4 \oplus v^3 \oplus 1 \end{aligned}$$

Abbildung A.12 zeigt alle vier linear rückgekoppelten Schieberegister und ihre
Zyklusstrukturen. Achtung, in Abbildung A.12 ist die Signalflussrichtung im
Vergleich zu Abbildung 4.12 umgekehrt! Der Maximalzyklus aller vier Lösun-
gen beträgt

$$N_{\text{Zykl}} = 2^4 - 1 = 15,$$

d. h., die charakteristischen Polynome sind nach Gl. 4.52 alle primitiv. Rückgekoppelte Schieberegister gleichen Typs mit inverser Rückführung erzeugen
zueinander gespiegelte Folgen (umgekehrte Bitnummerierung und umgekehrte
Reihenfolge).

	Lösung a	Lösung b	Lösung c	Lösung d
$G(v)$	$v^4 \oplus v \oplus 1$	$v^4 \oplus v^3 \oplus 1$	$v^4 \oplus v \oplus 1$	$v^4 \oplus v^3 \oplus 1$

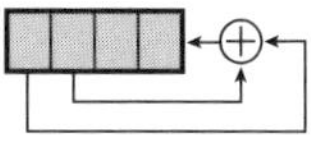

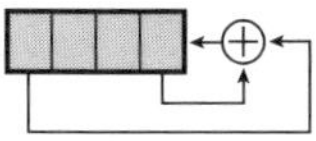

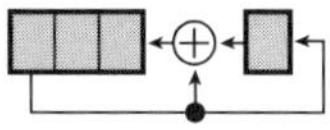

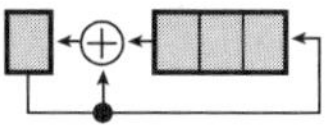

Zyklusstruktur	Lösung a	Lösung b	Lösung c	Lösung d
	0 0 0 1	0 0 0 1	0 0 0 1	0 0 0 1
	0 0 1 0	0 0 1 1	0 0 1 0	0 0 1 0
	0 1 0 0	0 1 1 1	0 1 0 0	0 1 0 0
	1 0 0 1	1 1 1 1	1 0 0 0	1 0 0 0
	0 0 1 1	1 1 1 0	0 0 1 1	1 0 0 1
	0 1 1 0	1 1 0 1	0 1 1 0	1 0 1 1
	1 1 0 1	1 0 1 0	1 1 0 0	1 1 1 1
	1 0 1 0	0 1 0 1	1 0 1 1	0 1 1 1
	0 1 0 1	1 0 1 1	0 1 0 1	1 1 1 0
	1 0 1 1	0 1 1 0	1 0 1 0	0 1 0 1
	0 1 1 1	1 1 0 0	0 1 1 1	1 0 1 0
	1 1 1 1	1 0 0 1	1 1 1 0	1 1 0 1
	1 1 1 0	0 0 1 0	1 1 1 1	0 0 1 1
	1 1 0 0	0 1 0 0	1 1 0 1	0 1 1 0
	1 0 0 0	1 0 0 0	1 0 0 1	1 1 0 0
	0 0 0 0	0 0 0 0	0 0 0 0	0 0 0 0

Abb. A.12. Autonome primitiv rückgekoppelte Schieberegister und ihre Zyklen zu Aufgabe 4.5

Lösung zu Aufgabe 4.6

Eine Zykluslänge $N_{\text{Zykl}} \geq 4000$ verlangt, dass der Generator mindestens

$$r = \log_2 (N_{\text{Zykl}} + 1) = 12$$

Speicherelemente enthält. Das sind zwei Speicherzellen mehr, als der Generator Ausgänge aufweisen muss. Mit der Konstruktionsregel in Anhang D.2 für Zellenautomaten mit $r = 12$ Speicherzellen ergibt sich die folgende Übergangsfunktion:

$$s_1(n+1) = s_1(n) \oplus s_2(n)$$
$$s_2(n+1) = s_1(n) \oplus s_3(n)$$
$$s_3(n+1) = s_2(n) \oplus s_3(n) \oplus s_4(n)$$
$$s_4(n+1) = s_3(n) \oplus s_5(n)$$
$$s_5(n+1) = s_4(n) \oplus s_5(n) \oplus s_6(n)$$
$$s_6(n+1) = s_5(n) \oplus s_7(n)$$
$$s_7(n+1) = s_6(n) \oplus s_7(n) \oplus s_8(n)$$
$$s_8(n+1) = s_7(n) \oplus s_9(n)$$
$$s_9(n+1) = s_8(n) \oplus s_9(n) \oplus s_{10}(n)$$
$$s_{10}(n+1) = s_9(n) \oplus s_{11}(n)$$
$$s_{11}(n+1) = s_{10}(n) \oplus s_{11}(n) \oplus s_{12}(n)$$
$$s_{12}(n+1) = s_{11}(n)$$

Von welchen der Speicherzellen die zehn Ausgabesignale abgegriffen werden, ist ohne Bedeutung.

Lösung zu Aufgabe 4.7

Ein erschöpfender 2-Pattern-Test für ein Testobjekt mit mit $N_{BY} = 10$ Eingängen umfasst alle Variationen von zwei auseinanderfolgenden 10 Bit großen Datenobjekten, d. h. mindestens 2^{20} Testschritte. Die erforderliche Testzeit beträgt entsprechend mindestens:

$$t_T \geq 10\,\text{ns} \cdot 2^{20} \approx 10\,\text{ms}$$

Der Generator selbst ist ein erschöpfend rückgekoppeltes Schieberegister der Länge $r = 20$, von dem nur jeder zweite Generatorausgang mit dem Testobjekt verbunden ist (vgl. Abschnitt 4.3.2). Als primitives Polynom vom Grad 20 wird das aus Anhang D.1 verwendet:

$$G(v) = v^{20} \oplus v^3 \oplus 1$$

Gemeinsam mit der NOR-Verknüpfung der Ausgänge der Speicherzellen s_1 bis s_{19} lautet die Funktion der Rückführung:

$$s_1(n+1) = s_3(n) \oplus s_{20}(n) \oplus \overline{(s_1(n) \vee s_2(n) \vee \ldots \vee s_{19}(n))}$$

Abbildung A.13 zeigt die Gesamtschaltung des Generators.

Lösung zu Aufgabe 4.8

Die Maskierungswahrscheinlichkeit eines Signaturanalysators hängt nur von der Anzahl der Speicherzellen des Signaturanalysators ab. Für eine Maskierungswahrscheinlichkeit von

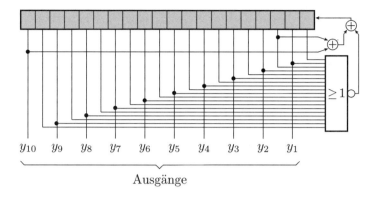

Abb. A.13. Erschöpfender Testsatzgenerator zu Aufgabe 4.7

$$p_{\not\!p} \le 10^{-5}$$

ist eine Registerlänge von

$$r \ge -\log_2\left(10^{-5}\right) \ge 17$$

erforderlich. Weder eine Verlängerung der auszuwertenden Datenfolge von 10^3 auf 10^5 Datenvektoren noch der Initialisierungswert des Signaturanalysators beeinflussen die Maskierungswahrscheinlichkeit.

B

Symbolverzeichnis

$\langle \ldots \rangle$ Folge von Elementen

$|\ldots|$ Betrag einer Zahl / Anzahl der Elemente einer Menge / Größe eines Intervalls

$\{\ldots\}$ Darstellung einer Menge durch Aufzählung ihrer Elemente

$\widetilde{\ldots}$ Schätzwert für den Erwartungswert einer Zufallsvariablen

$\oplus$ Modulo-2-Addition

$\cup, \cap, \setminus$ Mengenoperationen: Vereinigung, Durchschnitt, Differenz

$\sim$ proportional

$\sqrt{}$ richtige und als richtig klassifizierte Daten

. richtige Daten

$\diamond$ (beständiger) Fehler

$\diamond\sqrt{}$ erkannter Fehler

$\diamond!$ nicht erkannter Fehler

$\blacklozenge$ Ausfall

$\circ$ Prozessfehler

$\triangleright$ Datenfehler (Ausgabefehler oder Fehlfunktion)

$\triangleright i$ Datenfehler i

$\triangleright\sqrt{}$ erkannter/erkennbarer Datenfehler (Ausgabefehler oder Fehlfunktionen)

$\triangleright!$ nicht erkannter/erkennbarer Datenfehler (Ausgabefehler oder Fehlfunktionen)

$\not\triangleright$ Phantomfehler

$\blacktriangledown$ Absturz

$\star$ Störungen

$\perp$ Masse, Bezugspunkt für Spannungspotenziale

A Koeffizientenvektor eines Prüfbits / Koeffizientenmatrix einer Modulo-2-Prüfsumme / Systemmatrix eines linearen Automaten

$A_{\diamond[i]}$ kritische Fläche des geometrischen Modellfehlers $[i]$

Abst$(\ldots)$ Funktion zur Berechnung eines Abstandsmaßes

A_i Koeffizientenvektor von Prüfbit i / Zeilenvektor i der Koeffizientenmatrix

a_i Anteil der Objekte, die zur Grundgesamtheit i gehören / Element des Koeffizientenvektors eines Prüfbits

$a_{i.j} \in \mathcal{B}$ Element der Koeffizienten- oder Systemmatrix

a_{L} Leitungsabstand

$A_{\mathrm{VIC}.i}$ verbrauchte Chipfläche für die Herstellung von Schaltkreistyp i

B Eingangsmatrix eines linearen Automaten

b Formfaktor der Weibull-Verteilung

$\mathcal{B} = \{0, 1\}$ Menge der Binärziffern

$b(\ldots)$ Beobachtbarkeit des Signals oder der Variablen $\ldots$

Bin(k, N, p) Binomialverteilung

$$= \binom{N}{k} \cdot p^k \cdot (1-p)^{N-k}$$

b_L Leitungsbreite

C Überwachungssystem (engl. checker)
C Ausgabematrix eines linearen Automaten
c_i Additionsübertrag
c_in Übertragseingang
C_i Zeilvektor i der Ausgabematrix
C_L Lastkapazität
c_out Übertragsausgang
c_T Konstante, die im Kontext erklärt wird
$CW_\triangleright$ verfälschte Codewörter
CW_i gültige Codewörter

D Pseudosignalwert zur Beschreibung der Sichtbarkeit des Fehlerorts
$D^2(\dots)$ Varianz einer Zufallsvariablen
det$(\dots)$ Determinante einer Matrix
d_0 fiktive Bezugszeit, Maß für den Testaufwand vor der Einsatzfreigabe
d_i Datum des Nutzungsbeginns von Programmversion i
DL Fehleranteil
$DL_{\text{BT}[.i]}$ Fehleranteil des Bauteils $[i]$
DL_FA Fehleranteil verursacht durch Frühausfälle
DL_IC Fehleranteil der Schaltkreise
dpm, dpu defects per million/unit, Maßeinheit des Fehleranteils

E Einheitsmatrix
e Eulersche Konstante

$$e = 2{,}718\dots$$

$E(\dots)$ Erwartungswert einer Zufallsvariablen
eV Elektronenvolt, Maßeinheit der Energie
$\mathcal{F}$ Klassifikationsaussage (0 kein Datenfehler erkannt, 1 Datenfehler erkannt)
$F(\dots)$ Verteilung
$f(\dots)$ Soll-Funktion eines Systems
$F_\diamond(Z)$ Fehlerverteilung
$f_\diamond(Z)$ Fehlerdichte
$f_{\diamond i}$ Wert der Fehlerdichte im Zuverlässigkeitsintervall $\mathbf{Z}_i$
$f_{\diamond i}(\dots)$ Systemfunktion mit Fehler i
$f_\triangleright(Z)$ Inspektionsfehlerdichte
$f^{-1}(\dots)$ Umkehrfunktion zur Soll-Funktion
$f_\text{AT}(\dots)$ Funktion zur Ausgabetransformation
$f_\text{ET}(\dots)$ Funktion zur Eingabetransformation
$f_i(\dots)$ Abbildungsfunktion für Eingabefolgen aus der Menge $\mathbf{X}_i^*$
$\mathcal{F}_\text{IDDQ}$ Klassifikationsausgang für erhöhte Ruhestromaufnahme
$\mathcal{F}_\text{Logik}$ Klassifikationsausgang für logische Fehlfunktionen
$f_{\text{T}\diamond}(Z)$ Fehlerdichte eines getesteten Systems
$FC_\diamond$ Fehlerüberdeckung
$FC_\triangleright$ Datenfehlerüberdeckung
$FC_{\triangleright\star}$ Datenfehlerüberdeckung für störungsbedingte Datenfehler
$FC_{\triangleright\diamond}$ Datenfehlerüberdeckung für fehlerbedingte Datenfehler
FC_M Modellfehlerüberdeckung
FC_Obj Objektüberdeckung, Anteil der erkannten fehlerhaften Objekte
FC_Pat Musterüberdeckung, Anteil der vorgegebenen Testeingaben, die ein Zufallstestsatz enthält
FC_sa Haftfehlerüberdeckung

$FC_{\text{sa}.i}$ Haftfehlerüberdeckung von Teilsystem i

FC_{short} Kurzschlussfehlerüberdeckung

fit (failure in time) Maßeinheit der Ausfallrate

g Gewicht der Eingabesignale

$g\,(\ldots)$ Gewicht des Signals $\ldots$

$G\,(v)$ Generatorpolynom

$\mathbf{G}_i$ Gewichtsvektor nach Berechnungsschritt i

$g_{[i]}$ Koeffizient $[i]$ des Generatorpolynoms

h Stunden

$h_{\diamond i}$ Auftrittshäufigkeit von Fehler i

$h_{\triangleright i}$ Auftrittshäufigkeit von Datenfehler i

I_{DDQ} Betriebsruhestrom

I_{DDQmax} maximal zulässiger Betriebsruhestrom

$I_{...}$ andere, im Kontext erklärte Ströme

k Exponent der Fehlerdichte / Realisierungswert einer diskreten Verteilung / Spezialparameter für gewichtete Zufallstestsätze

k_i beliebiger Faktor

k_{Cl} Clusterparameter

K_i Kegel i, Menge der Eingabesignale, von denen Ausgang i funktional abhängt

$K_{\text{IC}.i}$ Herstellungskosten für Schaltkreistyp i

$K_{i.j}$ Konjunktion j der Fehlernachweisfunktion für Modellfehler i

K_{XR} Vergrößerungsfaktor der Fehleranzahl durch die Fehlerbeseitigungsiteration

L_{Burst} Länge eines Burstfehlers in Bit

l_{K} Kanallänge des Transistors

L_{KB} korrigierbare Burstlänge in Bit

l_{L} Länge der parallelen Leitungsführung

$l_{\max}$ maximale Kanallänge

$l_{\min}$ minimale Kanallänge

m Nummer des Simulationsschrittes

$\mathbf{M}_i$ Menge i

$\mathbf{M}_{\diamond}$ Fehlermenge, Menge der vorhandenen Fehler

$\mathbf{M}_{\diamond\checkmark}$ Menge der beseitigten Fehler

$\mathbf{M}_{\triangleright}$ Menge der Daten- oder Ausgabefehler

$\mathbf{M}_{\triangleright i}$ Datenfehlermenge, die eine Person i bei einer Inspektion findet

$\mathbf{M}_{\text{E}\diamond}$ Menge der Fehler aus dem Entstehungsprozess

$\mathbf{M}_{\text{PKZ}}$ Wertebereich für Prüfkennzeichen

$\mathbf{M}_{\text{R}\diamond}$ Menge der durch Reparaturversuche entstandenen Fehler

$\mathbf{M}_{\text{T}\diamond}$ Menge der vom Test nicht erkannten Fehler / Fehlermenge im getesteten System

$MTTR$ mittlere Reparaturzeit

Mux Multiplexer

N ganzzahliger Wert

n Abbildungsschritt / Testschritt / Testsatzlänge

$N_{\dagger}$ Anzahl der zu unterscheidenden Katastrophenklassen

$N_{\blacktriangledown}$ Anzahl der zu unterscheidenden Zustandsfehler (aus Sicht der Verfügbarkeit)

$N_{\blacklozenge}$ Anzahl der zu unterscheidenden Ausfallmöglichkeiten

N_{ADR} Adressbusbreite

N_{BF} Anzahl der Bitfehler

N_{Bit} Bitanzahl des Codewortes

N_{BS} Bitanzahl des Zustands

N_{BT} Bauteilanzahl

N_{BX} Bitanzahl der Eingabe

N_{BY} Bitanzahl der Ausgabe

N_{Burst} Anzahl der Burstfehler in einem Datenblock

N_{CB} Anzahl der Care-Bits

N_{CBmax} obere Schranke für die Anzahl der Care-Bits

$N_{Checker}$ Größe des Überwachungssystems

N_{CWG} Anzahl der gültigen Codewörter

$N_{CWK/CWG}$ Anzahl der einem gültigen Codewort zugeordneten ungültigen Codewörter

N_{DBT} Anzahl der diskreten Bauteile

N_{Einsen} Anzahl der Einsen in der Koeffizientenmatrix

N_{EO} Entwurfsaufwand in elementaren Entwurfsoperationen

N_{ERep} Anzahl der Reparaturversuche für Fehler aus dem Entstehungsprozess

N_{Erk} maximale Anzahl der erkennbaren falschen Bits je Codewort

$N_{fa}(z_i)$ Auffächerung, Anzahl der Zweige, über die sich Signal z_i weiter fortpflanzt

N_{FK} Anzahl der Fehlfunktionsklassen

N_{Konj} Anzahl der Konjunktionen

N_{GA} Gatteranzahl

N_{GG} Anzahl der Grundgesamtheiten einer Mischverteilung

N_{Ham} Hamming-Abstand

N_{IB} Anzahl der Informationsbits

N_{IC} Anzahl der Schaltkreise

$N_{Impl.i}$ Anzahl der Modellfehler, die den Nachweis von Fehler i implizieren

N_K Anzahl der Komponenten

N_{KB} Anzahl der korrigierbaren Burstfehler

N_{Konj} Anzahl der Konjunktionen der Fehlernachweisfunktion

N_{Korr} maximale Anzahl der korrigierbaren falschen Bits je Codewort

N_{KP} Anzahl der parallelen Komponenten im Überlebensplan

N_{KR} Anzahl der Komponenten der Reihenschaltung im Überlebensplan

N_{Obj} Objektanzahl

$N_{Obj\sqrt{}}$ Anzahl der vom Test als fehlerfrei ausgewiesenen Objekte

$N_{Obj\diamond}$ Anzahl der fehlerhaften Objekte

$N_{Obj\diamond!}$ Anzahl der beanstandeten fehlerhaften Objekte

$N_{Obj.i}$ Anzahl der (fehlerhaften) Objekte, die im Ersetzungsschritt i ausgetauscht werden müssen. In Schritt 0 sind das per Definition alle Objekte.

N_{Pat} Anzahl der berechneten Testschritte, die die Zufallsfolge enthalten soll

N_{Phas} Phasenverschiebung

$N_{Pot\diamond}$ Anzahl der potenziellen Fehler

$N_{Pot\triangleright}$ Anzahl der potenziellen Datenfehler

N_{RB} Anzahl der redundanten Bits

N_{RBges} Anzahl der redundanten Bits für alle verschränkten Codewörter zusammen

N_{Rep} Anzahl der Reparaturversuche

N_{RRep} Anzahl der Reparaturversuche für Fehler, die bei der Reparatur selbst entstanden sind

N_{SD} Anzahl der ähnlich nachweisbaren Modellfehler

N_{Sim} Simulationsaufwand

N_{Sys} Systemgröße

N_{Test} Anzahl der unterschiedlichen Tests

$N_{TpF[.i]}$ Anzahl der unterschiedlichen Testschritte je (Modell-) Fehler $[i]$

$N_{TpFsoll}$ angestrebte Anzahl der unterschiedlichen Testschritte je Modellfehler

$N_{Trans.i}$ Anzahl der Transistoren von Teilsystem i

N_{TS} Anzahl der Teilsysteme

N_{VA} Anzahl der Volladdierer

N_{VCW} Anzahl der verschränkten Codewörter

N_{Vers} Anzahl der Berechnungsversionen

N_{XOR} Anzahl der EXOR-Gatter

N_{ZI} Anzahl der Zuverlässigkeitsintervalle

N_{Zykl} Zykluslänge

$P(\dots)$ Wahrscheinlichkeit eines Terms mit Zufallsvariablen

$p_{\diamond i}$ Fehlernachweiswahrscheinlichkeit von Fehler i je Testschritt

$p_{\diamond i.j}$ bedingte Nachweiswahrscheinlichkeit, dass ein Testschritt für einen (Modell-) Fehler i auch Fehler j nachweist

$p_{\diamond i}(t_{\text{T}})$ Fehlernachweiswahrscheinlichkeit von Fehler i eines Tests mit der effektiven Testzeit t_{T}

$p_{\diamond[i]}(Z)$ Fehlernachweisprofil [von Test i]

$p_{\diamond\,\min}(n)$ geforderte Fehlermindestnachweiswahrscheinlichkeit

$p_{\triangleright[i]}$ Erkennungswahrscheinlichkeit für Datenfehler $[i]$

$p_{\triangleright}(Z)$ Datenfehlernachweisprofil für Inspektionen

$p_{\not\triangleright}$ Maskierungswahrscheinlichkeit

$p_{\not\triangleright}(N_{\text{BF}})$ Maskierungswahrscheinlichkeit in Abhängigkeit von der Anzahl der Bitfehler

Par $(\dots)$ Parität eines Datenobjekts

p_i Koeffizienten des Produktpolynoms

PKZ Prüfkennzeichen

$p_{\text{M}.i}(n)$ Nachweiswahrscheinlichkeit von Modellfehler i in Abhängigkeit von der Testsatzlänge

Poi(k, μ) Poisson-Verteilung

$$= e^{-\mu} \cdot \frac{\mu^k}{k!}$$

Probe $(\dots)$ Probefunktion

p_{sa} Haftfehlernachweiswahrscheinlichkeit je Testschritt / Mittelwert der Nachweiswahrscheinlichkeiten der ähnlich nachweisbaren Haftfehler

$p_{\text{sa}0\dots}$ Nachweiswahrscheinlichkeit des sa0-Fehlers $\dots$

$p_{\text{sa}1\dots}$ Nachweiswahrscheinlichkeit des sa1-Fehlers $\dots$

$p_{\text{sa}.j}$ Nachweiswahrscheinlichkeit des ähnlich nachweisbaren Haftfehlers j

$p_{\text{short}.i}$ Nachweiswahrscheinlichkeit von Kurzschluss i je Testschritt

p_{sop} Nachweiswahrscheinlichkeit eines Stuck-open-Fehlers je Testschritt

$P(v)$ Produktpolynom

$P(X_j)$ Auftrittshäufigkeit des Eingabewertes j

Q Modulo-2-Prüfsumme

$q_{[i]}$ Prüfbit $[i]$

Q_{ist} Ist-Wert der Prüfsumme

Q_{Proz} Prozessgüte

Q_{Rep} Güte der Reparaturarbeiten, Anzahl der Fehlerbeseitigungsversuche je neu entstandenem Fehler

Q_{RP} Güte eines Reifeprozesses

Q_{soll} Soll-Wert der Prüfsumme

r Anzahl der redundanten Bits / Anzahl der Prüfbits / Größe eines Prüfkennzeichens in Bit / Grad des Polynoms

$r_{\diamond}$ Radius der Fehlerfläche

Reg Register

$R_i(t)$ Überlebenswahrscheinlichkeit von Komponente i

$R(t)$ Überlebenswahrscheinlichkeit

$R_{\text{Sys}}(t)$ Überlebenswahrscheinlichkeit des Systems

S Zustand / Signatur

S Zustandsraum

$s_{\diamond i}$ (...) Steuerbarkeit des Fehlers ...

S^* Zustandsfolge

S_0 Anfangszustand

sa0(...) Stuck-at-0-Fehler auf Signal ...

sa1(...) Stuck-at-1-Fehler auf Signal ...

S_{Back} Sicherheitskopie des Zustands

s_{in} Scan-Eingang

S_{Init} Initialisierungsvektor

S_{ist} Ist-Signatur

s_j Bit j des Generatorzustands

S_n Zustand nach Abbildungsschritt n

S_{NW} Nachweisvektor

sop Stuck-open-Fehler

s_{out} Scan-Ausgang

s_{sa0} (...) Steuerbarkeit des sa0-Fehlers ...

s_{sa1} (...) Steuerbarkeit des sa1-Fehlers ...

S_{soll} Soll-Signatur

S_{Ziel} Zielsignatur

$\mathcal{T}$ Testergebnis (gut/schlecht)

t Zeit

$...^T$ transponierte Matrix

$T_{\diamond i}$ Nachweisfunktion für Fehler i

$\mathbf{T}_{\diamond i}$ Nachweismenge des Fehlers i

t_{AN} akkumulierte Nutzungsdauer

t_{B} Beobachtungszeitraum

$t_{\text{Clk0/1}}$ Zeitdauer Takt = 0/1

$t_{\text{d}\diamond}$ fehlerbedingte Erhöhung der Pfadverzögerung

$t_{\text{dG}.i}$ Soll-Verzögerungszeit von Gatter i

t_{dP} Soll-Laufzeit eines Pfades

t_{EPR} effektiver Reifezeit des Prozesses

t_{Erhol} Erholzeit nach einem Zustandsfehler

t_{hold} Haltezeit

t_{Insp} Inspektionszeit

t_{L} Lebensdauer allgemein / Lebensdauer einer Komponente

$t_{\text{L}.i}$ Lebensdauer von Komponente i

$t_{\text{L.Sys}}$ Lebensdauer des Systems

t_{Proz} Entstehungsdauer

$t_{\text{Rep}.i}$ Problembeseitigungszeit

$t_{\text{RP}[.i]}$ effektive Reifezeit [von Programmversion i]

$\mathbf{T}_{\text{sa}...}$ Nachweismenge des Haftfehlers ...

t_{set} Vorhaltezeit

t_{T} [effektive] Testzeit

t_{T0} Bezugszeit oder effektive Testzeit der vorgelagerten Tests

t_{T1} effektive Testzeit des eigentlichen Tests

$t_{\text{T}.i}$ effektive Testzeit von Test i

$t_{\text{T.ges}}$ effektive Gesamttestzeit einer Prüftechnologie oder einer Folge von mehreren unterschiedlichen Tests

Tol (absoluter) Toleranzbereich

Tol_{rel} relativer Toleranzbereich

t_{Vot} Votierabstand, Zeit zwischen zwei Mehrheitsentscheiden

$t_{[\text{Typ}]}$ andere, im Kontext erklärte Zeitangabe

u allgemeine Variable / Anzahl der Schaltschritte eines Pseudozufallsgenerators je Testschritt

$u_{j.i}$ Matrixkoeffizienten des Gleichungssystems zur Abschätzung diskreter Fehlerdichten

U (...) Potenzial von Signal ... (Spannung zwischen Signal und Masse)

U_{DD} Versorgungsspannung

U_{DS} Drain-Source-Spannung

U_{GS} Gate-Source-Spannung

U_{short} Kurzschlussspannung

U_{T} Einschaltspannung

V Verfügbarkeit

v Argument einer Modulo-2-Polynomfunktion, v^n Verzögerung um n Abbildungsschritte

$v(\ldots)$ Sichtbarkeit des Signals ...

$V_{\blacklozenge.i}$ Teilverfügbarkeit in Bezug auf die Ausfallmöglichkeit i

$V_{\blacktriangledown.i}$ Teilverfügbarkeit in Bezug auf den Zustandsfehler i

v_{BI} Burn-in-Beschleunigung

V_i Teilverfügbarkeit i / Verfügbarkeit von Teilsystem i im Verfügbarkeitsplan

$V_{Parallel}$ Gesamtverfügbarkeit einer Parallelschaltung im Verfügbarkeitsplan

V_{Reihe} Gesamtverfügbarkeit einer Reihenschaltung im Verfügbarkeitsplan

V_U Verfügbarkeit der Spannungsversorgung

w Größe eines Datenobjekts in Bit

Wei$(\ldots)$ Weibull-Verteilung

$$\text{Wei}(t,\,\tau,\,b) = 1 - e^{-\left(\frac{t}{\tau}\right)^b}$$

w_i Kegelweite

w_{max} – maximale Kegelweite

X Signalwert unbestimmt oder beliebig

X Eingabe

x allgemeine Variable / Wert einer Zufallsvariablen

$\mathbf{X}$ Eingaberaum

X^* Eingabefolge

x^* Bitfolge

$\mathbf{X}_i$ Teilbereich des Eingaberaums

x_i Eingabebit i

$x_{i.j}$ Signalwert von Bit i der vorgegebenen Eingabe X_j

X_{ist} Ist-Wert

X_j berechneter Testschritt für den Nachweis von Fehler j

X_n Eingabe in Abbildungsschritt n

XR experimentelle Reparatur

X_{soll} Soll-Wert

$X(v)$ Modulo-2-Polynom zur Darstellung einer Eingabefolge

Y Ausgabe / Ausbeute

$\mathbf{Y}$ Ausgaberaum, Menge der zulässigen Ausgaben

$Y_{\diamond i}$ durch Fehler i verfälschte Ausgabe

$Y_{\triangleright i}$ durch Datenfehler i verfälschte Ausgabe

Y^* Ausgabefolge

$\mathbf{Y}_{Darst}$ Menge der darstellbaren Ausgabewerte

y_i einzelnes Ausgabebit

Y_{ist} Ist-Wert der Ausgabe

Y_n Ausgabe in Abbildungsschritt n

$y_{ist.i}$ Ist-Wert eines einzelnen Ausgabebits

Y_{soll} Soll-Wert der Ausgabe

$y_{soll.i}$ Soll-Wert eines einzelnen Ausgabebits

$Y_{Vers.i}$ Ausgabe der Berechnungsversion i

$Y_{V.i}$ Vorgabewert i für die Ausgabe

Z Zuverlässigkeit, mittlere Zeit zwischen zwei Fehlfunktionen

$\mathbf{Z}$ relative Zuverlässigkeit, Zuverlässigkeit geteilt durch die Dauer eines Abbildungsschrittes

$z_{\ldots}$ binärer Signal- oder Variablenwert

$Z_{\diamond}$ fehlerbezogene Teilzuverlässigkeit

$Z_{\diamond i}$ Teilzuverlässigkeit des Fehlers i

$Z_{\triangleright i}$ Teilzuverlässigkeit von Datenfehlers i, Reziproke der Auftrittshäufigkeit von Datenfehlers i

$Z_{\blacktriangledown.i}$ Teilzuverlässigkeit des Zustandsfehlers i

$Z_{\not p}$ Teilzuverlässigkeit in Bezug auf Phantomfehler

$Z_{\star}$ störungsbezogene Teilzuverlässigkeit

$Z_\dagger$ Sicherheit

$Z_{\dagger i}$ Teilsicherheit i

$Z_{\dagger\uparrow}$ Sicherheitserhöhung durch den Technikeinsatz

$Z_{\dagger B}$ Sicherheit des Bezugssystems

$Z_{\dagger T}$ Sicherheit des technischen Systems

$Z_{\dagger X}$ Wandalismussicherheit

Z_0 untere Schranke für die Teilzuverlässigkeiten der Fehler

$Z_{B.i}$ beobachtete Zuverlässigkeit einer Programmversion i

Z_{FT} Zuverlässigkeit eines fehlertoleranten Systems

Z_i Teilzuverlässigkeit bezüglich einer Fehlfunktionsklasse i oder des Verfügbarkeitsproblems i

$\mathbf{Z}_i$ Zuverlässigkeitsintervall i

$z_{i.\diamond j}$ binärer Signal- oder Variablenwert i für ein System mit Fehler j

$Z_{\text{Insp}.i}$ mittlere Inspektionszeit, nach der ein Datenfehler i erkannt wird

$Z_{\min}$ Mindestzuverlässigkeit

$Z_{RP\diamond[i]}$ fehlerbezogene Teilzuverlässigkeit [der Programmversion i] eines reifenden Systems

Z_{Proz} Prozesszuverlässigkeit in Zeiteinheiten je Produktfehler

$\mathbf{Z}_{\text{Proz}}$ Prozesszuverlässigkeit in elementaren Entwurfsoperationen je Entwurfsfehler

$Z_{\text{Proz}\diamond}$ fehlerbezogene Prozesszuverlässigkeit

$Z_{\text{Proz}\star}$ störungsbezogene Prozesszuverlässigkeit

z_{short} logischer Signalwert auf kurzgeschlossenen Leitungen

Z_{Sys} Zuverlässigkeit des eigentlichen Systems

$Z_{T\diamond}$ fehlerbezogene Teilzuverlässigkeit eines getesteten Systems

α Clusterparameter

$\beta_{\text{n}.i}$ Verstärkungen des NMOS-Transistors i

$\beta_{\text{p}.j}$ Verstärkungen des PMOS-Transistors j

$\Gamma(\dots)$ Gammafunktion

ΔQ Soll/Ist-Abweichung (Modulo-2-Summe) der Prüfsumme

ΔX Soll/Ist-Abweichung (Modulo-2-Summe) eines Datenobjekts

ε Fehlerschranke

$\zeta_{\triangleright i}$ zweiwertige Zufallsvariable, die für jeden vorhandenen Datenfehler i beschreibt, ob er nachgewiesen wird oder nicht

ζ_i zweiwertige Zufallsvariable, die entweder beschreibt, ob Objekt i fehlerhaft oder fehlerfrei ist oder ob der Modellfehler i nachgewiesen wird oder nicht

$\eta_{\diamond[i]}$ Anteil der Fehler, die [von Test i] unabhängig von ihrer Teilzuverlässigkeit erkannt werden

$\eta_{\diamond\text{ges}}$ Gesamtanteil der Fehler, die von einer Folge von mehreren Tests unabhängig von ihrer Teilzuverlässigkeit erkannt werden

$\eta_\star$ Anteil der unbeständigen Datenfehler

η_{BF} Anzahl der Beinahefehler je richtiger Fehler

η_{Code} Codeauslastung

η_{Div} Diversität

η_{Korr} Korrekturfaktor eines fehlertoleranten Systems

$\eta_{\text{Korr}\star}$ Korrekturfaktor für unbeständige Datenfehler

$\eta_{\text{Korr}\diamond}$ Korrekturfaktor für beständige Datenfehler

η_{Rep} Fehlerbeseitigungsrate der Reparatur als das Verhältnis aus der

Anzahl der beseitigten Fehler zur Anzahl der Reparaturversuche

λ Ausfallrate

$\lambda_{BI}(t)$ Ausfallrate während der Voralterung

λ_i Ausfallrate von Komponente i

λ_{Sys} Ausfallrate des Systems

ν Basis der geometrischen Reihe für die Unterteilung der Zuverlässigkeitsintervalle

$\nu(\dots)$ Varianzkoeffizient einer Zufallsvariablen

$\sigma(\dots)$ Standardabweichung einer Zufallsvariablen

$\sigma_{max}(\dots)$ obere Schranke für die Standardabweichung

τ_0 Dauer eines Abbildungsschrittes

τ_{Clk} Dauer einer Taktperiode

$\tau_{Clk0/1}$ Mindestzeit, die der Takt 0 bzw. 1 sein muss

τ_{EPR} Bezugszeit für die Prozessreifezeit, effektive Testzeit des Prozesses vor seinem Einsatz

τ_{hold} minimale Haltezeit

τ_{Insp0} Dauer eines Inspektionsschrittes

τ_L charakteristische Lebensdauer

τ_{LB} charakteristische Lebensdauer während der Voralterung

τ_{set} minimale Vorhaltezeit

$\tau_{[Typ]}$ andere Zeitkonstante, die im Kontext erklärt ist

$\varphi_\diamond$ Fehleranzahl, Anzahl der vorhandenen Fehler

$\varphi_{\diamond\checkmark}$ Anzahl der nachweisbaren Fehler

$\varphi_{\diamond i}$ Zufallsvariable, die beschreibt, ob der potenzielle Fehler i vorhanden ist oder nicht / Fehleranzahl der Grundgesamtheit i

$\varphi_{\diamond MC}$ Fehleranzahl mit Clusterung

$\varphi_{\diamond OC}$ Fehleranzahl ohne Clusterung

$\varphi_{\triangleright}$ Anzahl der Datenfehler (Ausgabefehler oder Fehlfunktionen)

$\varphi_{\triangleright\checkmark}$ Anzahl der erkannten Datenfehler (Ausgabefehler oder Fehlfunktionen)

$\varphi_{\triangleright!}$ Anzahl der nicht erkannten Datenfehler (Ausgabefehler oder Fehlfunktionen)

$\varphi_{\triangleright\diamond}$ Anzahl der durch Fehler verursachten Datenfehler (Ausgabefehler oder Fehlfunktionen)

$\varphi_{\triangleright\diamond\checkmark}$ Anzahl der unterscheidbaren Datenfehler (Ausgabefehler oder Fehlfunktionen), die durch Fehler verursacht werden

$\varphi_{\triangleright\star}$ Anzahl aller durch Störungen und unbeständige Fehler verursachten Datenfehler (Ausgabefehler oder Fehlfunktionen)

$\varphi_{\triangleright i}$ Anzahl der Fehlfunktionen der Klasse i / Zufallsvariable, die beschreibt, ob Datenfehler i im Beobachtungszeitraum auftritt oder nicht

$\varphi_{\not\triangleright}$ Anzahl der Phantomfehler

$\varphi_{\uparrow\diamond}$ Anzahl der bei einem Reparaturversuch neu entstehenden Fehler

$\varphi_{BT.i}$ Fehleranzahl des Bauteils i

$\varphi_{E\diamond}$ Anzahl der Fehler aus dem Entstehungsprozess

φ_{eff} effektive Fehleranzahl

φ_{FT} Anzahl der nicht korrigierten Datenfehler eines fehlertoleranten Systems

φ_{Korr} Anzahl der korrigierten Datenfehler

φ_M Anzahl der Modellfehler

$\varphi_{M\checkmark}$ Anzahl der nachweisbaren Modellfehler

$\varphi_{M!}$ Anzahl der nicht nachweisbaren Modellfehler

φ_{MN} Anzahl der nicht redundanten Modellfehler

φ_{MNSim} Anzahl der nachweisbaren (nicht redundanten) Modellfehler, die mit Testschritt m simuliert werden müssen

φ_{MR} Anzahl der redundanten Modellfehler

φ_{Proz} Anzahl der Prozessfehler

$\varphi_{\mathrm{R\diamond}}$ Anzahl der durch Reparaturversuche entstandenen Fehler

$\varphi_{\mathrm{RP\diamond}}$ Fehleranzahl eines reifenden Systems

$\varphi_{\mathrm{T\diamond}}$ Anzahl der vom Test nicht erkannten Fehler / Fehleranzahl eines getesteten Systems

φ_{VB} Anzahl der Verbindungsfehler

φ_{Vot} Anzahl der gleichzeitig falschen Ergebnisse zum Votierzeitpunkt

$\Phi(u,\,\mu,\,\sigma^2)$ Normalverteilung

$$= \int_{-\infty}^{u} \frac{1}{\sigma \cdot \sqrt{2\pi}} \cdot e^{-\frac{(x-\mu)^2}{2 \cdot \sigma^2}}\, dx$$

C

Mathematische Herleitungsschritte

C.1 Grenzwertübergang Gl. 2.54

Es soll gezeigt werden, dass folgende Beziehung gilt:

$$\lim_{v \to 1} \left(\frac{1 - \nu^{-k}}{\nu - 1} \right) = k$$

Mit der Ersetzung

$$\nu = 1 + x$$

wird aus dem Term

$$\lim_{v \to 1} \frac{1 - \nu^{-k}}{\nu - 1} = \lim_{x \to 0} \frac{1 - (1 + x)^{-k}}{x} \tag{C.1}$$

Der Term $(1 + x)^{-k}$ wird durch seine Taylor-Reihe ersetzt:

$$(1 + x)^{-k} = \sum_{i=0}^{\infty} \binom{i}{k} \cdot (-x)^i$$

$$= 1 - k \cdot x \cdot \left(1 - \underbrace{\sum_{i=2}^{\infty} \binom{i}{k} \cdot \frac{(-x)^{i-1}}{k}}_{R(x)} \right)$$

Eingesetzt in Gl. C.1 ergibt sich:

$$\lim_{v \to 1} \frac{1 - \nu^{-k}}{\nu - 1} = \lim_{x \to 0} \frac{1 - (1 - k \cdot x \cdot (1 - R(x)))}{x}$$

$$= \lim_{x \to 0} (k \cdot (1 - R(x)))$$

wobei $R(x)$, ein Polynom von x ohne konstanten Anteil mit $R(0) = 0$ ist. Daraus folgt zusammenfassend:

$$\lim_{v \to 1} \frac{1 - \nu^{-k}}{\nu - 1} = k$$

C.2 Übergang von Gl. 2.78 zu 2.79

Gl. 2.78

$$p_{\diamond i}(n) = 1 - (1 - p_{\diamond i})^n$$

wird umgestellt in die Form:

$$p_{\diamond i}(n) = e^{\ln(1 - p_{\diamond i}) \cdot n}$$

Der Exponent besitzt die Taylor-Reihe:

$$-\ln(1 - p_{\diamond i}) = p_{\diamond i} + \frac{p_{\diamond i}^2}{2} + \ldots \geq p_{\diamond i}$$

Wenn die Taylor-Reihe nach dem ersten Glied abgeschnitten wird, entsteht die Ungleichung:

$$p_{\diamond i}(n) \geq 1 - e^{-n \cdot p_{\diamond i}}$$

Für geringe Nachweiswahrscheinlichkeiten je Testschritt $p_{\diamond i} \ll 1$ streben die abgeschnittenen Glieder der Taylor-Reihe gegen 0 und die untere Schranke geht in den exakten Wert über:

$$\lim_{p_{\diamond i} \to 0} p_{\diamond i}(n) = 1 - e^{-n \cdot p_{\diamond i}}$$

C.3 Gammafunktion

Die Gammafunktion ist u. a. durch das zweite Eulersche Integral definiert:

$$\Gamma(k) = \int_0^\infty e^{-x} \cdot x^{k-1} \cdot dx$$

Eine Haupteigenschaft der Gammafunktion ist:

$$\Gamma(k) = k \cdot \Gamma(k - 1) \tag{C.2}$$

Abbildung C.1 zeigt die Gammafunktion im Bereich $0 < k < 4$.

In diesem Buch wird mehrfach folgende Darstellung für die Gammafunktion benutzt:

$$\Gamma(k) = \int_0^\infty t_T^k \cdot Z^{-(k+1)} \cdot e^{-\frac{t_T}{Z}} \cdot dZ$$

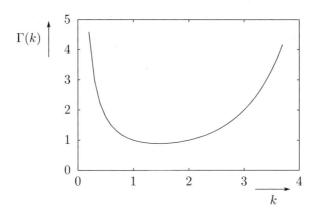

Abb. C.1. Gammafunktion

Sie ergibt sich über die Substitution:

$$x = \frac{t_T}{Z} \text{ und } dx = -\frac{t_T}{Z^2} \cdot dZ$$

$$\Gamma(k) = \int_\infty^0 -e^{-\frac{t_T}{Z}} \cdot \left(\frac{t_T}{Z}\right)^{k-1} \cdot \frac{t_T}{Z^2} \cdot dZ$$

$$= \int_0^\infty t_T^k \cdot Z^{-(k+1)} \cdot e^{-\frac{t_T}{Z}} \cdot dZ \qquad (C.3)$$

C.4 Abschätzung von t_{T0} in Gl. 2.153

Durch Einsetzen von Gl. 2.153 in Gl. 2.152

$$10 \cdot \left(\frac{t_T}{\tau_0}\right)^{-0.9} \approx \int_0^\infty \frac{t_{T0}^{0,9}}{\Gamma(0,9)} \cdot Z^{-(0,9+1)} \cdot e^{-\frac{t_{T0}}{Z}} \cdot e^{-\frac{t_T - t_{T0}}{Z}} \cdot dZ$$

$$= \frac{t_{T0}^{0,9}}{\Gamma(0,9) \cdot t_T^{0,9}} \cdot \underbrace{\int_0^\infty t_T^{0,9} \cdot Z^{-1,9} \cdot e^{-\frac{t_T}{Z}} \cdot dZ}_{\Gamma(0,9)}$$

$$= \left(\frac{t_{T0}}{t_T}\right)^{0,9}$$

ergibt sich für den Parameter t_{T0}:

$$\left(\frac{t_{T0}}{t_T}\right)^{0,9} \approx \left(\frac{\sqrt[0,9]{10} \cdot \tau_0}{t_T}\right)^{0,9}$$

$$t_{T0} \approx 12,9 \cdot \tau_0$$

C.5 Herleitung einer oberen Schranke für die Varianz der Anzahl der nachweisbaren Modellfehler

Die Wahrscheinlichkeiten, dass die einzelnen Fehler nachweisbar sind, weichen alle um einen Wert δ_i von ihrem Mittelwert ab:

$$p_{\text{M}.i} = \frac{E\left(\varphi_{\text{M}\checkmark}\right)}{\varphi_{\text{M}}} + \delta_i$$

Die Summe der Abweichungen ist

$$\sum_{i=1}^{\varphi_{\text{M}}} \delta_i = 0.$$

Eingesetzt in Gl. 2.139 gilt:

$$
\begin{aligned}
D^2\left(\varphi_{\text{M}\checkmark}\right) &= \sum_{i=1}^{\varphi_{\text{M}}} \left(\frac{E\left(\varphi_{\text{M}\checkmark}\right)}{\varphi_{\text{M}}} + \delta_i\right) \cdot \left(1 - \frac{E\left(\varphi_{\text{M}\checkmark}\right)}{\varphi_{\text{M}}} - \delta_i\right) \\
&= \sum_{i=1}^{\varphi_{\text{M}}} \frac{E\left(\varphi_{\text{M}\checkmark}\right)}{\varphi_{\text{M}}} \cdot \left(1 - \frac{E\left(\varphi_{\text{M}\checkmark}\right)}{\varphi_{\text{M}}}\right) + \delta_i \cdot \left(1 - 2 \cdot \frac{E\left(\varphi_{\text{M}\checkmark}\right)}{\varphi_{\text{M}}}\right) - \delta_i^2 \\
&= E\left(\varphi_{\text{M}\checkmark}\right) \cdot \left(1 - \frac{E\left(\varphi_{\text{M}\checkmark}\right)}{\varphi_{\text{M}}}\right) \\
&\quad + \left(1 - 2 \cdot \frac{E\left(\varphi_{\text{M}\checkmark}\right)}{\varphi_{\text{M}}}\right) \cdot \underbrace{\sum_{i=1}^{\varphi_{\text{M}}} \delta_i}_{=0} - \underbrace{\sum_{i=1}^{\varphi_{\text{M}}} \delta_i^2}_{\geq 0}
\end{aligned}
$$

$$D^2\left(\varphi_{\text{M}\checkmark}\right) \leq E\left(\varphi_{\text{M}\checkmark}\right) \cdot \left(1 - \frac{E\left(\varphi_{\text{M}\checkmark}\right)}{\varphi_{\text{M}}}\right)$$

Die Standardabweichung als die Wurzel aus der Varianz beträgt maximal:

$$\sigma_{\text{max}}\left(\varphi_{\text{M}\checkmark}(n)\right) = \sqrt{E\left(\varphi_{\text{M}\checkmark}(n)\right) \cdot \left(1 - \frac{E\left(\varphi_{\text{M}\checkmark}(n)\right)}{\varphi_{\text{M}}}\right)}$$

C.6 Beweis, dass die Anzahl der nachweisbaren Fehler aus einer vorgegebenen Fehlermenge im Einzugsbereich der Normalverteilung liegt

Ausgangspunkt ist die in [152] bewiesene Ljapunoff-Bedingung des Zentralen Grenzwertsatzes der Wahrscheinlichkeitsrechnung:

Für unabhängige Zufallsgrößen ζ_i, für die die ersten drei Momente $M\left(\zeta_i\right) = E\left(\zeta_i\right)$, $M^2\left(\zeta_i\right) = D^2\left(\zeta_i\right)$ und $M^3\left(\zeta_i\right) = H^3\left(\zeta_i\right)$ existieren, gilt für deren Summe

$$\varphi_{M\checkmark} = \sum_{i=1}^{\varphi_M} \zeta_i$$

unter der Bedingung

$$\lim_{\varphi_M \to \infty} \left(\frac{\sqrt[3]{\sum_{i=1}^{\varphi_M} H^3(\zeta_i)}}{\sqrt{\sum_{i=1}^{\varphi_M} D^2(\zeta_i)}} \right) = 0 \qquad (C.4)$$

dass sie normalverteilt ist.

Das dritte Moment der nach Gl. 2.134 verteilten Zufallsgrößen ζ_i beträgt

$$H^3(\zeta_i) = (1 - p_{M.i}(n)) \cdot (0 - E(\zeta_i))^3 + p_{M.i}(n) \cdot (1 - E(\zeta_i))^3$$
$$= p_{M.i}(n) - 3 \cdot p_{M.i}(n)^2 + 2 \cdot p_{M.i}(n)^3$$

und ist im gesamten Definitionsbereich $0 \leq p_{M.i}(n) \leq 1$ nach oben hin beschränkt:

$$H^3(\zeta_i) \leq \varepsilon_H^3$$

Die Varianz der nach Gl. 2.134 verteilten Zufallsgrößen beträgt nach Gl. 2.136:

$$D^2(\zeta_i) = p_{M.i}(n) \cdot (1 - p_{M.i}(n))$$

Sie ist im Bereich $0 < p_{M.i}(n) < 1$, in dem die Fehler weder sicher nachgewiesen werden noch sicher nicht nachgewiesen werden, nach unten beschränkt:

$$D^2(\zeta_i) \geq \varepsilon_D^2$$

Für die Ljapunoff-Bedingung existiert die obere Schranke:

$$\lim_{\varphi_M \to \infty} \left(\frac{\sqrt[3]{\sum_{i=1}^{\varphi_M} H^3(\zeta_i)}}{\sqrt{\sum_{i=1}^{\varphi_M} D^2(\zeta_i)}} \right) \leq \lim_{\varphi_M \to \infty} \left(\frac{\sqrt[3]{\sum_{i=1}^{\varphi_M} \varepsilon_H^3}}{\sqrt{\sum_{i=1}^{\varphi_M} \varepsilon_D^2}} \right) = \lim_{\varphi_M \to \infty} \frac{1}{\sqrt[6]{\varphi_M}} \cdot \frac{\varepsilon_H}{\varepsilon_D} = 0$$

Für eine hinreichend große Anzahl von Fehlern, die weder sicher nachgewiesen noch sicher nicht nachgewiesen werden, ist die Anzahl der nachgewiesenen Fehler näherungsweise normalverteilt.

C.7 Abschätzung der Frühausfallrate

Ausgangspunkt ist der empirische Zusammenhang zwischen der zu erwartenden Anzahl der nachweisbaren Fehler $E(\varphi_\checkmark)$, dem Clusterparameter α und der Ausbeute nach Gl. 2.39

$$Y \approx \left(1 - \frac{E(\varphi_\checkmark)}{\alpha} \right)^\alpha \approx 1 - DL$$

Für eine gegebene Ausbeute beträgt die zu erwartende Fehleranzahl je Schaltkreis:

$$E\left(\varphi_\sqrt{}\right) \approx \alpha \cdot \left(1 - Y^{\frac{1}{\alpha}}\right)$$

Nach [13] kommt auf 100 nachweisbare richtige Fehler etwa ein Beinahefehler:

$$E\left(\varphi_{\mathrm{BF}\sqrt{}}\right) \approx \eta_{\mathrm{BF}} \cdot E\left(\varphi_\sqrt{}\right) \approx \alpha \cdot \eta_{\mathrm{BF}} \cdot \left(1 - Y^{\frac{1}{\alpha}}\right)$$

($\eta_{\mathrm{BF}} \approx 1\%$ – Anzahl der Beinahefehler je richtiger Fehler). Die richtigen Fehler werden vor dem Einsatz beseitigt. Zu Beginn der Einsatzphase ist die Anzahl der nachweisbaren Fehler 0 und nach der Frühphase etwa gleich der Anzahl der Beinahefehler. Die Beinahefehler entstehen im selben Prozess wie die richtigen Fehler und haben folglich denselben Clusterparameter. Durch Einsetzen in Gl. 2.39 ergibt sich nach der Frühphase ein Anteil von defekten Schaltkreisen entsprechend Gl. 2.179:

$$DL_{\mathrm{FA}} \approx \left(1 - \frac{E\left(\varphi_{\mathrm{BF}\sqrt{}}\right)}{\alpha}\right)^{\alpha}$$

$$= 1 - \left(1 - \eta_{\mathrm{BF}} \cdot \left(1 - Y^{\frac{1}{\alpha}}\right)\right)^{\alpha}$$

C.8 Lösungsschritte zu Gl. 2.183

Aus

$$E\left(t_{\mathrm{L}}\right) = \int_0^\infty t \cdot \left(\frac{d\left(1 - e^{-\frac{t}{\tau_{\mathrm{L}}}}\right)}{dt}\right) \cdot dt$$

$$= \frac{1}{\tau_{\mathrm{L}}} \cdot \int_0^\infty t \cdot e^{-\frac{t}{\tau_{\mathrm{L}}}} \cdot dt$$

mit

$$\int t \cdot e^{-\frac{t}{\tau_{\mathrm{L}}}} \cdot dt = \tau_{\mathrm{L}}^2 \cdot e^{-\frac{t}{\tau_{\mathrm{L}}}} \cdot \left(-\frac{t}{\tau_{\mathrm{L}}} - 1\right)$$

folgt:

$$E\left(t_{\mathrm{L}}\right) = \tau_{\mathrm{L}}$$

D

Tabellen

D.1 Primitive Polynome

$v \oplus 1$

$v^2 \oplus v \oplus 1$

$v^3 \oplus v \oplus 1$

$v^4 \oplus v \oplus 1$

$v^5 \oplus v^2 \oplus 1$

$v^6 \oplus v \oplus 1$

$v^7 \oplus v \oplus 1$

$v^8 \oplus v^6 \oplus v^5 \oplus v \oplus 1$

$v^9 \oplus v^4 \oplus 1$

$v^{10} \oplus v^3 \oplus 1$

$v^{11} \oplus v^2 \oplus 1$

$v^{12} \oplus v^7 \oplus v^4 \oplus v^3 \oplus 1$

$v^{13} \oplus v^4 \oplus v^3 \oplus v \oplus 1$

$v^{14} \oplus v^{12} \oplus v^{11} \oplus v \oplus 1$

$v^{15} \oplus v \oplus 1$

$v^{16} \oplus v^5 \oplus v^3 \oplus v^2 \oplus 1$

$v^{17} \oplus v^3 \oplus 1$

$v^{18} \oplus v^7 \oplus 1$

$v^{19} \oplus v^6 \oplus v^5 \oplus v \oplus 1$

$v^{20} \oplus v^3 \oplus 1$

$v^{21} \oplus v^2 \oplus 1$

$v^{22} \oplus v \oplus 1$

$v^{23} \oplus v^5 \oplus 1$

$v^{24} \oplus v^4 \oplus v^3 \oplus v \oplus 1$

$v^{25} \oplus v^3 \oplus 1$

$v^{26} \oplus v^8 \oplus v^7 \oplus v \oplus 1$

$v^{27} \oplus v^8 \oplus v^7 \oplus v \oplus 1$

$v^{28} \oplus v^3 \oplus 1$

$v^{29} \oplus v^2 \oplus 1$

$v^{30} \oplus v^{16} \oplus v^{15} \oplus v \oplus 1$

$v^{31} \oplus v^3 \oplus 1$

$v^{32} \oplus v^{28} \oplus v^{27} \oplus v \oplus 1$

$v^{33} \oplus v^{13} \oplus 1$

$v^{34} \oplus v^{15} \oplus v^{14} \oplus v \oplus 1$

$v^{35} \oplus v^2 \oplus 1$

$v^{36} \oplus v^{11} \oplus 1$

$v^{37} \oplus v^{12} \oplus v^{10} \oplus v^2 \oplus 1$

$v^{38} \oplus v^6 \oplus v^5 \oplus v \oplus 1$

$v^{39} \oplus v^4 \oplus 1$

$v^{40} \oplus v^{21} \oplus v^{19} \oplus v^2 \oplus 1$

$v^{41} \oplus v^3 \oplus 1$

$v^{42} \oplus v^{23} \oplus v^{22} \oplus v \oplus 1$

$v^{43} \oplus v^6 \oplus v^5 \oplus v \oplus 1$

$v^{44} \oplus v^{27} \oplus v^{26} \oplus v \oplus 1$

$v^{45} \oplus v^4 \oplus v^3 \oplus v \oplus 1$

$v^{46} \oplus v^{21} \oplus v^{20} \oplus v \oplus 1$

$v^{47} \oplus v^5 \oplus 1$

$v^{48} \oplus v^{28} \oplus v^{27} \oplus v \oplus 1$

$v^{49} \oplus v^9 \oplus 1$

$v^{50} \oplus v^{27} \oplus v^{26} \oplus v \oplus 1$

$v^{51} \oplus v^{16} \oplus v^{15} \oplus v \oplus 1$

$v^{52} \oplus v^3 \oplus 1$

$v^{53} \oplus v^{16} \oplus v^{15} \oplus v \oplus 1$

$v^{54} \oplus v^{37} \oplus v^{36} \oplus v \oplus 1$

$v^{55} \oplus v^{24} \oplus 1$

$v^{56} \oplus v^{22} \oplus v^{21} \oplus v \oplus 1$

$v^{57} \oplus v^7 \oplus 1$

$v^{58} \oplus v^{19} \oplus 1$

$v^{59} \oplus v^{22} \oplus v^{21} \oplus v \oplus 1$

$v^{60} \oplus v \oplus 1$

$v^{61} \oplus v^{16} \oplus v^{15} \oplus v \oplus 1$

$v^{62} \oplus v^{57} \oplus v^{56} \oplus v \oplus 1$

$v^{63} \oplus v \oplus 1$

$v^{64} \oplus v^4 \oplus v^3 \oplus v \oplus 1$

$v^{65} \oplus v^{18} \oplus 1$

$v^{66} \oplus v^{10} \oplus v^9 \oplus v \oplus 1$

$v^{67} \oplus v^{10} \oplus v^9 \oplus v \oplus 1$

$v^{68} \oplus v^9 \oplus 1$

$v^{69} \oplus v^{29} \oplus v^{27} \oplus v^2 \oplus 1$

$v^{70} \oplus v^{16} \oplus v^{15} \oplus v \oplus 1$

$v^{71} \oplus v^6 \oplus 1$

$v^{72} \oplus v^{53} \oplus v^{47} \oplus v^6 \oplus 1$

$v^{73} \oplus v^{25} \oplus 1$

$v^{74} \oplus v^{16} \oplus v^{15} \oplus v \oplus 1$

$v^{75} \oplus v^{11} \oplus v^{10} \oplus v \oplus 1$

$v^{76} \oplus v^{36} \oplus v^{35} \oplus v \oplus 1$

$v^{77} \oplus v^{31} \oplus v^{30} \oplus v \oplus 1$

$v^{78} \oplus v^{20} \oplus v^{19} \oplus v \oplus 1$

$v^{79} \oplus v^9 \oplus 1$

$v^{80} \oplus v^{38} \oplus v^{37} \oplus v \oplus 1$

$v^{81} \oplus v^4 \oplus 1$

$v^{82} \oplus v^{38} \oplus v^{35} \oplus v^3 \oplus 1$

$v^{83} \oplus v^{46} \oplus v^{45} \oplus v \oplus 1$

$v^{84} \oplus v^{13} \oplus 1$

$v^{85} \oplus v^{28} \oplus v^{27} \oplus v \oplus 1$ $v^{113} \oplus v^9 \oplus 1$ $v^{141} \oplus v^{32} \oplus v^{31} \oplus v \oplus 1$

$v^{86} \oplus v^{13} \oplus v^{12} \oplus v \oplus 1$ $v^{114} \oplus v^{82} \oplus v^{81} \oplus v \oplus 1$ $v^{142} \oplus v^{21} \oplus 1$

$v^{87} \oplus v^{13} \oplus 1$ $v^{115} \oplus v^{15} \oplus v^{14} \oplus v \oplus 1$ $v^{143} \oplus v^{21} \oplus v^{20} \oplus v \oplus 1$

$v^{88} \oplus v^{72} \oplus v^{71} \oplus v \oplus 1$ $v^{116} \oplus v^{71} \oplus v^{70} \oplus v \oplus 1$ $v^{144} \oplus v^{70} \oplus v^{69} \oplus v \oplus 1$

$v^{89} \oplus v^{38} \oplus 1$ $v^{117} \oplus v^{20} \oplus v^{18} \oplus v^2 \oplus 1$ $v^{145} \oplus v^{52} \oplus 1$

$v^{90} \oplus v^{19} \oplus v^{18} \oplus v \oplus 1$ $v^{118} \oplus v^{33} \oplus 1$ $v^{146} \oplus v^{60} \oplus v^{59} \oplus v \oplus 1$

$v^{91} \oplus v^{84} \oplus v^{83} \oplus v \oplus 1$ $v^{119} \oplus v^8 \oplus 1$ $v^{147} \oplus v^{38} \oplus v^{37} \oplus v \oplus 1$

$v^{92} \oplus v^{13} \oplus v^{12} \oplus v \oplus 1$ $v^{120} \oplus v^{118} \oplus v^{111} \oplus v^7 \oplus 1$ $v^{148} \oplus v^{27} \oplus 1$

$v^{93} \oplus v^2 \oplus 1$ $v^{121} \oplus v^{18} \oplus 1$ $v^{149} \oplus v^{110} \oplus v^{109} \oplus v \oplus 1$

$v^{94} \oplus v^{21} \oplus 1$ $v^{122} \oplus v^{60} \oplus v^{59} \oplus v \oplus 1$ $v^{150} \oplus v^{53} \oplus 1$

$v^{95} \oplus v^{11} \oplus 1$ $v^{123} \oplus v^2 \oplus 1$ $v^{151} \oplus v^3 \oplus 1$

$v^{96} \oplus v^{49} \oplus v^{47} \oplus v^2 \oplus 1$ $v^{124} \oplus v^{37} \oplus 1$ $v^{152} \oplus v^{66} \oplus v^{65} \oplus v \oplus 1$

$v^{97} \oplus v^6 \oplus 1$ $v^{125} \oplus v^{108} \oplus v^{107} \oplus v \oplus 1$ $v^{153} \oplus v \oplus 1$

$v^{98} \oplus v^{11} \oplus 1$ $v^{126} \oplus v^{37} \oplus v^{36} \oplus v \oplus 1$ $v^{154} \oplus v^{129} \oplus v^{127} \oplus v^2 \oplus 1$

$v^{99} \oplus v^{47} \oplus v^{45} \oplus v^2 \oplus 1$ $v^{127} \oplus v \oplus 1$ $v^{155} \oplus v^{32} \oplus v^{31} \oplus v \oplus 1$

$v^{100} \oplus v^{37} \oplus 1$ $v^{128} \oplus v^{29} \oplus v^{27} \oplus v^2 \oplus 1$ $v^{156} \oplus v^{116} \oplus v^{115} \oplus v \oplus 1$

$v^{101} \oplus v^7 \oplus v^6 \oplus v \oplus 1$ $v^{129} \oplus v^5 \oplus 1$ $v^{157} \oplus v^{27} \oplus v^{26} \oplus v \oplus 1$

$v^{102} \oplus v^{77} \oplus v^{76} \oplus v \oplus 1$ $v^{130} \oplus v^3 \oplus 1$ $v^{158} \oplus v^{27} \oplus v^{26} \oplus v \oplus 1$

$v^{103} \oplus v^9 \oplus 1$ $v^{131} \oplus v^{48} \oplus v^{47} \oplus v \oplus 1$ $v^{159} \oplus v^{31} \oplus 1$

$v^{104} \oplus v^{11} \oplus v^{10} \oplus v \oplus 1$ $v^{132} \oplus v^{29} \oplus 1$ $v^{160} \oplus v^{19} \oplus v^{18} \oplus v \oplus 1$

$v^{105} \oplus v^{16} \oplus 1$ $v^{133} \oplus v^{52} \oplus v^{51} \oplus v \oplus 1$ $v^{161} \oplus v^{18} \oplus 1$

$v^{106} \oplus v^{15} \oplus 1$ $v^{134} \oplus v^{57} \oplus 1$ $v^{162} \oplus v^{88} \oplus v^{87} \oplus v \oplus 1$

$v^{107} \oplus v^{65} \oplus v^{63} \oplus v^2 \oplus 1$ $v^{135} \oplus v^{11} \oplus 1$ $v^{163} \oplus v^{60} \oplus v^{59} \oplus v \oplus 1$

$v^{108} \oplus v^{31} \oplus 1$ $v^{136} \oplus v^{126} \oplus v^{125} \oplus v \oplus 1$ $v^{164} \oplus v^{14} \oplus v^{13} \oplus v \oplus 1$

$v^{109} \oplus v^7 \oplus v^6 \oplus v \oplus 1$ $v^{137} \oplus v^{21} \oplus 1$ $v^{165} \oplus v^{31} \oplus v^{30} \oplus v \oplus 1$

$v^{110} \oplus v^{13} \oplus v^{12} \oplus v \oplus 1$ $v^{138} \oplus v^8 \oplus v^7 \oplus v \oplus 1$ $v^{166} \oplus v^{39} \oplus v^{38} \oplus v \oplus 1$

$v^{111} \oplus v^{10} \oplus 1$ $v^{139} \oplus v^8 \oplus v^5 \oplus v^3 \oplus 1$ $v^{167} \oplus v^6 \oplus 1$

$v^{112} \oplus v^{45} \oplus v^{43} \oplus v^2 \oplus 1$ $v^{140} \oplus v^{29} \oplus 1$ $v^{168} \oplus v^{17} \oplus v^{15} \oplus v^2 \oplus 1$

D.2 Zellenautomaten maximaler Zykluslänge

Die nachfolgende Tabelle gibt für die Registerlängen $r = 11$ bis $r = 50$ je einen Diagonalenvektor für einen linearen Zellenautomaten an, mit dem der Zellenautomat eine maximale Zykluslänge besitzt [60].

r	Diagonalenvektor: $a_{r.r} \ldots a_{2.2}\, a_{1.1}$
11	1101 0101 010
12	0101 0101 0101
13	1100 1010 1010 0
14	0111 1101 1111 10

15	1001 0001 0100 001
16	1101 1010 0101 0101
17	0111 1101 1111 1001 1
18	0101 0101 0101 0101 01
19	0110 1001 1011 0001 001
20	1111 0011 1011 0111 1111
21	0111 1001 1000 0011 1101 1
22	0101 0101 0101 0101 0101 01
23	1101 0111 0011 1010 0011 010
24	1111 1101 0010 1101 0101 0110
25	1011 1101 0101 0100 1111 0010 0
26	0101 1010 1101 0001 0111 0110 00
27	0000 1111 1000 0011 0010 0001 101
28	0101 0101 0101 0101 0101 0101 0101
29	1010 1001 0101 1100 1010 0010 0001 1
30	1110 1000 1001 1011 0010 1000 1111 01
31	0100 1100 1010 1101 1111 0111 0011 000
32	0100 0110 0000 1001 1011 1011 1101 0101
33	0000 1100 0100 1110 0111 0010 1100 0010 1
34	0011 1100 0010 1101 0000 1100 0110 1110 10
35	0101 0111 0011 1101 1001 1101 0100 1010 011
36	1010 0110 0100 1000 1111 1010 1100 0010 0011
37	0010 0101 1001 1110 1011 0101 1000 0101 1001 1
38	0001 1100 1010 1111 0110 0110 0111 1000 0100 11
39	1101 0001 0111 1101 1011 1100 1100 1110 1101 100
40	0000 1110 1100 1010 1011 1110 0100 0010 1110 0101
41	0110 1011 1111 1010 0001 0110 0110 0011 1100 0011 1
42	0010 0111 1110 1100 1110 0101 0010 0110 0111 1001 10

43	0011 1010 1110 0010 1110 0010 0001 0110 1011 0010 010
44	0011 1100 1111 0111 0101 1011 1000 0100 1010 1100 0010
45	0011 0100 1011 0011 0110 1001 0001 0011 0001 1010 0110 1
46	0001 0010 1001 1001 0100 0110 1000 1011 0011 1011 0101 10
47	0011 1001 0111 1110 0111 0010 1010 0100 0101 1100 0001 101
48	0001 1000 0110 1111 1001 0010 1001 1101 0001 1110 0000 1111
49	0010 1101 1110 1100 1000 1100 1011 1110 0010 1110 1100 1100 1
50	1001 1010 0110 1100 0000 1100 0110 1000 1011 0010 0010 0101 10

Literaturverzeichnis

1. Bracing for the millennium. *Computer*, 22(1):51–56, 1988.
2. *Schülerduden, Die Mathematik. Bd.2.* ISBN: 3-411-04273-7, 1991.
3. J. E. Aas and I. Sundsbo. Harnessing the human factor for design quality. *IEEE Circuits and Devices Magazine*, 11(3):24–28, 1995.
4. N. Ahmed and M. Tehranipoor. Improving transition delay fault coverage using hybrid scan-based technique. In *20th IEEE International Symposium on Defect and Fault Tolerance in VLSI Systems*, pages 187 – 195, 2005.
5. S. B. Akers. The use of linear sums in exhaustive testing. *Comput. Math. Applic.*, 13(5/6):475–483, 1987.
6. S. B. Akers and W. Jansz. Test set embedding in a built-in self-test environment. In *IEEE International Test Conference*, pages 257–263, 1989.
7. A. Amghar. *Microprocessor system development.* Prentice Hall International (UK) Ltd, 1990.
8. P. E. Ammann and J. C. Knight. Data diversity: an approach to software fault-tolerance. *IEEE Transactions on Computers*, 37(4):418–425, 1988.
9. H. Ando. Testing VLSI with random access scan. In *COMPCON*, pages 50–22, 1980.
10. D. Astels. *Test-driven development.* Pearson Education Ltd., 2003.
11. P. H. Bardell and W. H. McAnney. Pseudorandom arrays for built-in self-tests. *IEEE Transactions on Computers*, C-35(4):653–658, 1986.
12. T. Barnett, M. Grady, K. Purdy, and A. Singh. Combining negative binomial and weibull distributions for yield and reliability prediction. *IEEE Design and Test of Computers*, 23:110–116, March-April 2006.
13. T. S. Barnett and A. D. Singh. Relating yield models to burn-in fall-out in time. In *IEEE International Test Conference*, pages 77–84, 2003.
14. A. Bauer, H. Noll, and H. Pimingstorfer. Hot carrier suppression for an optimiezed 10V CMOS process. *Simulation of Semiconductor Devices and Processes*, (5):221–224, 1993.
15. K. Beck. *Test Driven Development.* Eddison-Wesley, 2002.
16. G. Becker. *Softwarezuverlässigkeit.* de Gruyter, 1989.
17. H. D. Benington. Production of large computer programs. *Annals of the History of Computings*, 5(4):1983, October 1995.
18. J. Benkoski and A. J. Strojwas. Computation of delay defect and delay fault probabilities using a statistical timing simulator. In *IEEE International Test Conference*, pages 153–160, 1989.

19. R. G. Bennets and F. P. M. Beenker. Partial scan: What problem does it solve? In *European Test Conference*, pages 99–106, 1993.

20. B. Benware, C. Schuermyer, S. Ranganathan, R. Madge, P. Krishnamurty, K. H. T. N. Tamarapalli, and J. Rajski. Impact of multiple-detect test patterns on product quality. In *IEEE International Test Conference*, volume 1, pages 1031–1040, 2003.

21. P. Bernstein. Sequoia: a fault-tolerant tightly coupled multiprocessor for transaction processing. *Computer*, 21(2):37–45, 1988.

22. H. Bleeker, P. v. d. Eijnden, and F. de Jong. *Boundary-Scan Test*. Kluwer Academic Publishers, 1993.

23. B. W. Boehm and V. R. Basili. *Foundations of empirical software engineering: the legacy of Victor R. Basili*. Springer, 2005.

24. M. A. Breuer and A. D. Friedman. *Diagnosis and reliable design of digital systems*. MA: Computer Science Press, Rockville, 1976.

25. F. Brglez and H. Fujiwara. A neutral netlist of 10 combinatorial benchmark circuits and a target translator in FORTRAN. In *Int. Symposium on Circuits and Systems; Special Session on ATPG and Fault Simulation*, 1985.

26. E. M. J. G. Bruls. Reliability aspects of defect analysis. In *European Test Conference*, pages 17–26, 1993.

27. J. A. Brzozowski and H. Jürgensen. A model for sequential machine testing and diagnosis. *J. Electronic Testing*, 3(3):219–34, 1992.

28. P. Camurati, P. Prinetto, and M. S. Reorda. Random testability analysis: Comparing and evaluating existing approaches. In *IEEE International Conference on Computer Design*, pages 70–73, 1988.

29. S. Chandra. Crosscheck: An innovative testability solution. *IEEE Design and Test of Computers*, 10(2):69–77, 1993.

30. M. Chatterjee and D. K. Pradhan. A BIST pattern generator design for near-perfect fault coverage. *IEEE Transactions on Computers*, 52(12):1543–1557, 2003.

31. C.-I. H. Chen and G. E. Sobelman. An efficient approach to pseudo-exhaustive test generation for BIST design. In *IEEE International Conference on Computer Design*, pages 576–579, 1989.

32. T. Cheng. Test grading the 68332. In *IEEE International Test Conference*, pages 150–156, 1991.

33. M. A. Cirit. Switch level random pattern testability analysis. In *ACM/IEEE Design Autom. Conf.*, pages 587–590, 1988.

34. C. Crapuchettes. Testing CMOS IDD on large devices. In *IEEE International Test Conference*, 1987.

35. W. Daehn. Deterministische Testmustergenerierung für den eingebauten Selbsttest. In *Großintegration: NTG-Fachberichte: 82*, pages 16–19. VDE-Verlag, 1983.

36. S. DasGupta and E. B. Eichelberger. An enhancement to LSSD and some application of LSSD in reliability, availability and serviceability. In *Int. Symp. on Fault-Tolerant Computing*, pages 32–34, 1981.

37. R. David, J. A. Brzozowski, and H. Jürgensen. Random test length for bounded faults in RAMs. In *European Test Conference*, pages 149–158, 1993.

38. R. David, A. Fuentes, and B. Courtois. Random pattern testing versus deterministic testing of RAM's. *IEEE Transactions on Computers*, 1989.

39. B. I. Dervisoglu and G. E. Stong. Design for testability: Using scanpath techniques for path-delay test and measurement. In *IEEE International Test Conference*, pages 356–374, 1991.

40. L. Dümbgen. *Stochastik für Informatiker*. Springer, 2003.

41. N. B. Ebrahimi. On the statistical analysis of the number of errors remaining in a software design document after inspection. *IEEE Transactions on Software Engineering*, 23(8):529–532, 1997.

42. E. Eichelberger and T. W. Williams. A logic design structure for LSI testability. In *ACM/IEEE Design Autom. Conf.*, pages 462–468, 1977.

43. F. Fantini. Reliability problems with VLSI. *Electron Reliab.*, 24(2):275–298, 1984.

44. M. Favalli, M. Dalpasso, and P. Olivo. Modeling and simulation of broken connections in CMOS IC's. pages 808–814, 1996.

45. A. V. Ferris-Prabhu, L. D. Smith, H. A. Bonges, and J. K. Paulsen. Radial yield variations in semiconductor wafers. *IEEE Circuit and Devices Mag.*, (3):42–47, 1987.

46. F. Fink, F. Fuchs, and M. H. Schulz. Robust and nonrobust path delay fault simulation by parallel processing of patterns. *IEEE Transactions on Computers*, 41(12):1527–1536, 1992.

47. R. A. Frohwerk. Signature analysis: A new digital field services method. *Hewlett-Packard Journal*, 28(5):2–8, 1977.

48. H. Fujiwara and T. Shimona. On the acceleration of test generation algorithms. In *Int. Symp. on Fault-Tolerant Computing*, 1983.

49. K. Furuya. A probabilistic approach to locally exhaustive testing. *Trans. of IEICE*, E72(5):656–660, 1989.

50. T. Gilb. *Principles of Software Engineering Management*. Eddison-Wesley, 1988.

51. P. Goel. An implicit enumeration algorithm to generate tests for combinational logic circuits. *IEEE Transactions on Computers*, pages 215–222, 1981.

52. L. H. Goldstein. Controllability/observability analysis of digital circuits. *IEEE Trans. on Circuits and Systems*, (9):685–93, 1979.

53. A. J. v. d. Goor. Using march tests to test SRAMs. *IEEE Design and Test of Computers*, 10(1):8–14, 1993.

54. A. J. v. d. Goor and A. C. Verruijt. An overview of deterministic functional RAM chip testing. *ACM Computing Surveys*, 22(3):5–33, 1992.

55. J. Gray. A census of tandem system availability between 1985 and 1990. *IEEE Trans. on Reliability*, 39(4):409–418, Oct. 1990.

56. J. Hartmann. *Analyse und Verbesserung der probabilistischen Testbarkeit kombinatorischer Schaltungen*. PhD thesis, Diss. Unversität des Saarlandes, 1992.

57. J. Hartmann and G. Kemnitz. How to do weighted random testing for BIST? In *IEEE Internationale Conference on Computer-Aided Design*, pages 568–571, 1993.

58. C. F. Hawkins, J. M. Soden, R. R. Fritzemeier, and L. K. Horning. Quiescent power supply current measurement for CMOS IC defect detection. *IEEE Trans. on Industrial Electronics*, 36(2):211–218, 1989.

59. C. L. Henderson, J. M. Soden, and C. F. Hawkins. The behavior and testing implications of CMOS IC logic gate open circuits. In *IEEE International Test Conference*, pages 302–310, 1991.

438   Literaturverzeichnis

60. P. D. Hortensius, R. D. McLeod, W. Pries, D. M. Miller, and H. C. Card. Cellular automata-based pseudorandom number generators for built-in self-test. *IEEE Transaction on Computer-Aided Design*, 8(8):842–59, 1989.

61. H. R. Huff and F. Shimura. Silicon material criteria for VLSI electronics. *J. Solid-State*, (3):103–118, 1985.

62. R. J. Illman. Self-tested data flow logic: A new approach. *IEEE Design and Test of Computers*, 3(4):50–58, 1985.

63. M. Jamoussi and B. Kaminska. M-testability: An approach for data-path testability evaluation. In *European Design and Test Conf.*, pages 449–455, 1994.

64. A. Jee and F. J. Ferguson. Carafe: An inductive fault analysis tool for CMOS VLSI circuits. In *IEEE VLSI Test Symposium*, pages 92–98, 1993.

65. T. Juhnke and H. Klar. Calculation of soft error rate of submicron CMOS logic circuits. In *Twentieth European Solid-State Circuits Conference*, pages 276–279, Ulm, 1994.

66. J. Kalinowski and A. Albicki. Hold mode in the BILBO register: An application to systolic array testing. *Comp. Science and Eng. Rev.*, 1986.

67. R. Kapur, J. Ferguson, and M. Abadir. Trade-off analysis of the effectiveness of testability estimators. In *European Test Conference*, pages 341–349, 1991.

68. R. Kapur, J. Park, and M. R. Mercer. All tests for a fault are not equally valuable for defect detection. In *IEEE International Test Conference*, pages 762–769, 1992.

69. G. Kemnitz. Verfahren und Schaltungsanordnung zur Steuerung eines Betriebsruhestromtests. *DE Patent 41.17.493*, 1992.

70. G. Kemnitz. Synthesis of locally exhaustive test pattern generators. In *IEEE VLSI Test Symposium*, pages 440–445, 1995.

71. G. Kemnitz. *Test und Selbsttest digitaler Schaltungen*. PhD thesis, TU Dresden, 1995.

72. G. Kemnitz and R. Kärger. Fault aliasing of signature analyzers. In *Baltische Testkonferenz*, 1994.

73. G. Kemnitz and H. Köhler. Substratstromtest für CMOS-Schaltungen. In *Proc. 6. Workshop Testmethoden und Zuverlässigkeit von Schaltungen und Systemen*, pages 76–79, Vaals, 1994.

74. G. Kemnitz, H. Köhler, and R. G. Spallek. Defect detection by the bulk current. In *5th Eurochip-Workshop*, pages 170–175, 1994.

75. F. Kesel. Built-in self-test of CMOS random logic using IDDQ-testing. In *17th Workshop on Design for Testability*, Vail, Colorado, 1994.

76. U. Kiencke. *Signale und Systeme*. R. Oldenbourg Verlag, 1998.

77. B. Koenemann. Biased random pattern test generation. *IBM Technical Disclosure Bulletin*, 33(2), 1990.

78. A. Krasniewski and K. Gaj. Is there any future for deterministic self-test of embedded RAMs? In *European Test Conference*, pages 159–168, 1993.

79. A. Krasniewski and S. Pilarski. Circular self-test path: A low cost BIST technique. In *ACM/IEEE Design Autom. Conf.*, pages 407–415, 1987.

80. W. Kuo, W.-T. K. Chien, and T. Kim. *Reliability, Yield, and Stress Burn-in*. Kluwer Academic Publisher, 1998.

81. R. Kärger. *Diagnose von Computern*. Teubner, 1996.

82. R. Kärger and G. Kemnitz. Schaltungsanordnung zur Erweiterung der Anzahl der Eingänge für parallele Signaturanalysatoren. *DD Patent 282.532*, 1990.

83. R. Kärger and G. Kemnitz. Modengesteuertes Testregister in CMOS-Technik. *DD Patent 287.791*, 1991.

84. R. Kärger and G. Kemnitz. Verfahren und Schaltungsanordnung zum Test von Speichern mit wahlfreiem Zugriff. *DE Patente 41.30.570 und 41.30.572*, 1992.

85. B. Könemann. Delay test: The next frontier for LSSD test systems. In *IEEE International Test Conference*, pages 578–587, 1992.

86. B. Könemann. A pattern skipping method for weighted random pattern testing. In *European Test Conference*, pages 418–428, 1993.

87. B. Könemann, J. Mucha, and G. Zwiehoff. Built-in logic block observation techniques. In *IEEE International Test Conference*, pages 257–261, 1979.

88. P. Lee. Software-faults: The remaining problem in fault tolerant systems? In *Lecture Notes in Computer Science 744*. Springer Verlag, 1994.

89. D. Leisengang. Berechnung von Fehlererkennungswahrscheinlichkeiten bei Signaturregistern. *Elektronische Rechenanlagen*, 24(2):55–61, 1982.

90. C. J. Lin and S. M. Reddy. On delay fault testing in logic circuits. *IEEE Transaction on Computer-Aided Design*, (5):694–703, 1987.

91. S.-K. Lu and M.-J. Lu. Enhancing delay fault testability for FIR filters based on realistic sequential cell fault model. In *Second IEEE International Workshop on Electronic Design, Test and Applications*, pages 416–418, 2004.

92. R. F. Lusch and E. F. Sarkany. Techniques for improved testability in the IBM ES/9370 system. In *IEEE International Test Conference*, pages 290–294, 1989.

93. F. Maamari and J. Rajski. A method of fault simulation based on stem regions. *IEEE Transaction on Computer-Aided Design*, 9(2):212–219, 1990.

94. R. Madge, B. Benware, R. Turakhia, R. Daasch, C. Schuermyer, and J. Ruffler. In search of the optimum test set - adaptive test methods for maximum defect coverage and lowest test cost. In *IEEE International Test Conference*, pages 203–212, 2004.

95. H. Maeno. Testing of embedded RAM using exhaustive random sequences. In *IEEE International Test Conference*, pages 105–110, 1987.

96. W. Maly, A. J. Strojaws, and S. W. Director. VLSI yield prediction and estimation: A unified framework.

97. W. Mao and M. D. Ciletti. DYTEST: A self-learning algorithm using dynamic testability measures to accelerate test generation. *IEEE Transaction on Computer-Aided Design*, 9(8):893–898, 1990.

98. E. J. McCluskey and F. Buelow. IC quality and test transparency. In *IEEE International Test Conference*, pages 295–301, 1988.

99. K. Miyase, K. Terashima, S. Kajihara, X. Wen, and S. Reddy. On improving defect coverage of stuck-at fault tests. In *Proc. 14th Asian Test Symposium*, pages 216–223, December 2005.

100. M. J. Ohletz, T. W. Williams, and J. P. Mucha. Overhead in scan and self-testing designs. In *IEEE International Test Conference*, pages 460–470, 1987.

101. F. Padberg, T. Ragg, and R. Schoknecht. Using machine learning for estimating the defect content after an inspection. *IEEE Transactions on Software Engineering*, 30(1):17–28, 2004.

102. E. S. Park, M. R. Mercer, and T. W. Williams. The total delay fault model and statistical delay fault coverage. *IEEE Transactions on Computers*, 41(6):688–697, 1992.

103. S. Pateras and J. Rajski. Cube-contained random patterns and their application to the complete testing of synthesized multi-level circuits. In *IEEE International Test Conference*, pages 473–482, 1991.

104. P. Pirsch. *Architekturen der digitalen Signalverarbeitung*. Teubner, 1996.

105. J. Plusquellic, D. Acharyya, A. Singh, M. Tehranipoor, and C. Patel. Quiescent-signal analysis: A multiple supply pad IDDQ method. *IEEE Design & Test of Computers*, 23(4):278– 293, 2006.

106. D. K. Pradhan. *Fault-Tolerant Computer System Design*. Prentice-Hall, Inc., 1996.

107. D. K. Pradhan, D. D. Sharma, and N. H. Vaidya. Roll-forward checkpointing schemes. In *Lecture Notes in Computer Science 744*, pages 93–116. Springer Verlag, 1994.

108. M. M. Pradhan, E. J. O'Brien, L. Lam, and J. Beausang. Circular bist with partial scan. In *IEEE International Test Conference*, pages 719–729, 1988.

109. R. S. Pressman. *Software Engineering: A Practitioner's Approach*. McGraw-Hill Companies, Inc., 1997.

110. C. Pyron and S. Vining. A user's view of the new MIL-STD-883 procedure 5012. *IEEE AES Systems Magazine*, 6(1):6–12, 1991.

111. M. K. Reddy and S. M. Reddy. Detecting FET stuck-open faults in CMOS latches and flip-flops. *IEEE Design and Test of Computers*, 3(5):17–26, 1986.

112. S. M. Reddy, M. K. Reddy, and V. D. Agrawal. Robust tests for stuck-open faults in CMOS combinational logic circuits. In *Int. Symp. on Fault-Tolerant Computing*, pages 44–49, 1984.

113. M. Renovell and G. Cambon. Topology dependence of floating gate faults in MOS circuits. *Electr. Letters*, 22(3):152–153, 1986.

114. E. H. Riedemann. *Testmethoden für sequentielle und nebenläufige Software-Systeme*. Teubner, 1997.

115. R. Rodriguez-Montanes, J. A. Segura, V. H. Champac, J. Figueras, and J. A. Rubio. Current vs. logic testing of gate oxide shorts, floating gate and bridging failures in CMOS. In *IEEE International Test Conference*, pages 510–519, 1991.

116. P. Rosinger, B. Al-Hashimi, and N. Nicolici. Power profile manipulation: a new approach for reducing test application time under power constraints. *IEEE Transactions on Computer-Aided Design of Integrated Circuits and Systems*, 21(10):1217 – 1225, 2002.

117. T. Safert, R. Markgraf, E. Trischler, and M. Schulz. Hierarchical test pattern generation based on high-level primitives. In *IEEE International Test Conference*, pages 470–479, 1989.

118. F. Salles. Metakernels and fault containment wrappers. In *9. Annual Symposium on Fault-Tolerant Computing*, pages 303–306, 1999.

119. S. M. Samsom, K. Baker, and A. P. Thijssen. A comparative analysis of the coverage of voltages and IDDQ tests of realistic faults in a CMOS flip-flop. In *Twentieth European Solid-State Circuits Conference*, pages 228–231, Ulm, 1994.

120. M. Saraiva. Physical DFT for high coverage of realistic faults. In *IEEE International Test Conference*, pages 642–650, 1992.

121. J. v. Sas, F. Catthoor, S. Vernalde, and M. Wouters. IC realization of a cellular automata based self-test strategy for programmable data path. In *European Test Conference*, pages 35–44, 1991.

122. K. Scheuermann and H. Ebert. Latched-flip-flops: A new scantest-methodology. In *Twentieth European Solid-State Circuits Conference*, pages 232–235, Ulm, 1994.

123. M. H. Schulz. Socrates: A highly efficient automatic test pattern generation system. *IEEE Transaction on Computer-Aided Design*, (1):126–137, 1988.

124. A. Singh and C. Krishna. On optimizing wafe-probe testing for product quality using die-yield prediction. In *IEEE International Test Conference*, pages 228–231, 1991.

125. J. M. Soden and C. F. Hawkins. Test considerations for gate oxide shorts in CMOS ICs. *IEEE Design and Test of Computers*, 3(4):56–64, 1986.

126. Q. Song, M. Shepperd, M. Cartwright, and C. Mair. Software defect association mining and defect correction effort prediction. *IEEE Transactions on Software Engineering*, 32(2):69–82, 2006.

127. J. J. H. T. d. Sousa, F. M. Goncalves, and J. P. Teixeira. Physical design of testable CMOS digital integrated circuits. *J. Solid-State*, 26(7):1064–1072, 1991.

128. G. Spadacini and S. Pignari. A bulk current injection test conforming to statistical properties of radiation-induced effects. *IEEE Transactions on Electromagnetic Compatibility*, 46(3):446–458, 2004.

129. W. Stahnke. Primitive binary polynomials. *Math. Comp.*, 27(124):977–980, 1973.

130. C. H. Stapper. Correlation analysis of particle clusters on integrated circuit wafers. *IBM J. Res. Develop.*, 31(6):641–649, 1987.

131. J. H. Steward. Future testing of large LSI circuit cards. In *Semi. Test Symp.*, pages 6–17, 1977.

132. T. M. Storey and W. Maly. CMOS bridging fault detection. In *IEEE International Test Conference*, pages 842–845, 1990.

133. J. Stressing. Fault simulation and test generation - an overview. *Computer-Aided Engineering Journ. (UK)*, 6(3):92–98, 1989.

134. G. Swartz. Gate oxide integrity of MOS/SOS devices. *IEEE Trans. on Electron. Devices*, ED-33(1):119–125, 1986.

135. S. Swaving, A. Ketting, and A. Trip. MOS-IC process and device characterization within philips. *EEE Proceedings on Microelectronic Test Structures*, 1:180–184, 1988.

136. T. Takeshima. A 55-ns 16-Mb dRAM with built-in self-test functions using microprogram ROM. *J. Solid-State*, 25(4), 1990.

137. Y. Tamir and C. H. Sequin. Design and application of self-testing comparators implemented with MOS PLA's. *IEEE Transactions on Computers*, C-33(6):493–506, 1984.

138. Technix. Web-Seite zum Buch: Matlablösungen etc. *http://technix.in.tu-clausthal.de/tv*.

139. S. M. Thatte. Universal testing circuit and method. *US Patent 4.594.711*, 1986.

140. Y. Tian, M. Grimaila, W. Shi, and M. Mercer. An optimal test pattern selection method to improve the defect coverage. In *IEEE International Test Conference*, page 9, 2005.

141. P. A. Tipler. *Physik*. Spektrum Akademischer Verlag, 1994.

142. P. P. Trabado and A. Lloris-Ruiz. Solution of switching equations based on a tabular algebra. *IEEE Transactions on Computers*, 42(5):591–596, 1993.

143. P. Traverse. Dependability of digital computers on board airplanes. *Dependable Computing for critical applications*, 4:134–152, 1991.

144. P. Tsalides. Cellular automata-based built-in self-test structures for VLSI systems. *Electr. Letters*, 26(17):1350–1352, 1990.

145. S. J. Upadhyaya and L.-C. Chen. On-chip test generation circuit by LFSR modification. In *IEEE Internationale Conference on Computer-Aided Design*, pages 84–87, 1993.

146. H. T. Vierhaus and U. Gläser. Automatische Testsatzgenerierung für hierarchische sequentielle Schaltungen. In *Proc. 6. Workshop Testmethoden und Zuverlässigkeit von Schaltungen und Systemen*, pages 2–8, Vaals, 1994.

147. T. Vogels. Effectiveness of I-V testing in comparison to IDDq tests. In *Proceedings. 21st VLSI Test Symposium*, pages 47–52, 2003.

148. J. A. Waicukauski, E. Lindbloom, B. K. Rosen, and V. S. Iyengar. Transition fault simulation. *IEEE Design and Test of Computers*, 4(2):32–38, 1987.

149. J. Waikukauski, E. Lindbloom, E. B. Eichelberger, and O. Forlenza. A method for generating weighted random test patterns. *IBM J. Res. Develop*, pages 149–161, 1989.

150. L.-T. Wang and E. J. McCluskey. Circuits for pseudo-exhaustive test pattern generation using shortened cyclic codes. In *IEEE International Conference on Computer Design*, pages 450–453, 1987.

151. H. Warren. A method for consistent fault coverage reporting. *IEEE Design and Test of Computers*, 10(3):68–79, 1993.

152. F. Weinberg. *Grundlagen der Wahrscheinlichkeitsrechnung und Statistik sowie Anwendung in Operations Research*. Springer-Verlag.

153. C. L. Wey and S. M. Chang. Test generation of C-testable array dividers. *IEE Proc.*, 136 Pt. E(5):434–442, 1989.

154. S. Wolfram. Statistical mechanics of cellular automata. *Reviews of Modern Physics*, 55(3):601–644, 1983.

155. H.-J. Wunderlich. Self-test using unequiprobable random patterns. In *Int. Symp. on Fault-Tolerant Computing*, pages 258–263, 1987.

156. B. Xue and D. Walker. Built-in current sensor for IDDQ test. In *Current and Defect Based Testing*, pages 3–9, 2004.

157. M. N. R. D. Yacoub and P. D. Noakes. An investigation of statistical fault analysis for combinational logic circuits. In *IEE Colloquium on Design for Testability*, pages 5/1–5/4, London, 1988.

158. C. Yilmaz, M. B. Cohen, and A. A. Porter. Covering arrays for efficient fault characterization in complex configuration spaces. *IEEE Transactions on Software Engineering*, 32(1):20–34, 2006.

159. M. E. Zaghoul and D. Gobovic. Fault modeling for physical failures for CMOS circuits. In *ISCAS*, pages 677–680, 1988.

160. G. Zorpette. Technology '90: minis and mainframes. *IEEE Spectrum*, 27(1):30 – 34, 1990.

Sachverzeichnis

Druck: Krips bv, Meppel
Verarbeitung: Stürtz, Würzburg